国学知识

你应该了解的国学常识

新世纪普及版

任浩之◆编著

当代世界出版社

图书在版编目（CIP）数据

国学知识／任浩之编著. —北京：当代世界出版社，2014.11

ISBN 978-7-5090-0897-3

Ⅰ.①国… Ⅱ.①任… Ⅲ.①国学-基本知识 Ⅳ.①Z126

中国版本图书馆 CIP 数据核字（2014）第 205898 号

编　　著：任浩之
责任编辑：魏里亚　侯海洋
出版发行：当代世界出版社
地　　址：北京市复兴路 4 号（100860）
网　　址：http：//www. worldpress. org. cn
编务电话：（010）83907332
发行电话：（010）83908455
（010）83908409
（010）83908377
（010）83908423（邮购）
（010）83908410（传真）
经　　销：全国新华书店
印　　刷：北京富达印务有限公司
开　　本：710 毫米×1000 毫米　1/16
印　　张：37
字　　数：660 千字
版　　次：2014 年 11 月第 1 版
印　　次：2014 年 11 月第 1 次
书　　号：ISBN 978-7-5090-0897-3
定　　价：56.00 元

前　言

“国学”，顾名思义就是中国之学，中华之学。国学兴起于二十世纪初，而鼎盛于二十年代，八十年代又有“寻根”热，九十年代国学热再次掀起直至今日。这种现象反映了国人对传统文化的反思与正视。

国学以学科分，应分为哲学、史学、宗教学、文学、民俗学、伦理学、考据学、版本学等，其中以儒家哲学为主流；以思想分，应分为先秦诸子、儒道释三家等，儒家贯穿并主导中国思想史，其他列从属地位；国学应分为经、史、子、集四部，但以经、子部为重，尤倾向于经部。

国学的命运是与国家的命运密切相关的。新文化运动时期，儒学曾被视为民族落伍的根源，一度有人欲除之而后快。一些国学大师们，为保护国学而开始和西学论战。西学派主张全盘接受西学，而国学家们则誓死保卫祖宗们留下的五千年文化遗产。上世纪二十年代，可谓名家辈出，使国学达到鼎盛局面。新中国成立后，历次政治运动中，国学惨遭涂炭，很多国学大师也受到冲击，相关的教育形成近半个世纪的断档，令人痛心。自改革开放以来，国学重又复兴。当一个国家处于落后的状态时，其原有的经典、传统往往会被覆盖、摒弃；反之，当一个国家走上正常的发展道路时，其传统文化也会随之走上振兴之路。因此回过头来，我们可以说，国学的复兴，其实是时代的呼唤与要求。

我们的国家，历史悠久，文化灿烂，不输于任何一个民族。今天，随着国势的上升，我们自然要大力弘扬国学，向世界推介国学。成为文化大国才是真正的强国。在经济全球化背景下，作为一个中国人，我们不能不了解国学。一个人如果数典忘祖，对本民族的文化都知之甚少，语焉不详，那岂不汗颜？假如一个外国人向你请教：你们的《论语》说了什么？中国人什么时候开始祭孔？什么是天人合一？什么是禅宗？这些问题你说得清吗？

我们编纂的这部书，内容极其广泛，伦理道德，礼仪民俗，经史子集，琴棋书画，无所不包，是一部提升国学修养、丰富知识储备的理想读本。

目录

二　政治、职官…………………… 110

七 国学典故 …………… 482

十　国学大师简介　………… 551

一

礼制、民俗

伦　理

什么是“仁”

“仁”是儒家学说的核心，对中华文化和社会的发展产生了重大影响。“仁”字始见于儒家经典《尚书·金滕》：“予仁若考。”“仁”指最高道德准则。《朱熹集注》：“仁者，心之德，爱之理。”孔子首先把“仁”作为儒家最高道德规范，提出以“仁”为核心的一套学说。

“仁”的内容包涵甚广，核心是爱人。仁字从“人”从“二”，也就是人们互存、互助、互爱的意思，故其基本涵义是指对他人的尊重和友爱。

《论语》记载：“樊迟问仁，子曰：爱人。”颜渊也曾问仁，孔子曰“克己复礼为仁”。孔子又曾对子贡说：“夫仁者，己欲立而立人，己欲达而达人。”从孔子与弟子的对话中可见看出，究竟何者为“仁”，一直也是孔门师徒反复探讨的命题，没有精确的定义。在孔子看来，“仁者爱人”也好，“克己复礼”也罢，甚至恭、宽、信、敏、惠、智、勇、忠、孝、悌等传统美德，都包含在这一字之中。这样一来，“仁”成了一种道德的极致，成“仁”、成“圣”成为了孔门的终极目标。

在孔子之后，孟子在仁说的基础上，提出了著名的仁政说，强调以仁政统一天下，进而治理天下。孟子曾对梁惠王说：“地方百里而可以王。王如施仁政于民，省刑罚，薄税敛，深耕易耨。壮者以暇日修其孝悌忠信，人以事其父兄，出以事其长上，可使制梃以挞秦楚之坚甲利兵矣”，“五亩之宅，树之以桑，五十者可以衣帛矣；鸡豚狗彘之畜，无失其时，七十者可以食肉矣；百亩之田，勿夺其时，八口之家可以无饥矣；谨庠序之教，申之以孝悌之义，颁白者不负戴于道路矣。老者衣帛食肉，黎民不饥不寒，然而不王者，未之有也。”王，指称王。孟子力倡当政者施仁政，实行以德服人的“王道”政治，与法家的“霸政”相对。将“仁”的学说施之于政治，在中国政治思想发展史上产生了深远的影响。

什么是“义”

“义”，是传统社会的价值范畴，“五常”之一。《中庸》讲：“义者，宜也。”《朱熹集注》讲：“义者，心之制，事之宜也。”就是说，做事遵循内心的道德约束，去做应该做的，就是义。孔子将“义”作为个人去就取舍的标准，提倡“见得思义”，“义然后取”，“不义而富且贵，于我如浮云”，这一观念深为后世儒家赞赏，继而被发扬光大，成为伦理“五常”之一。

孔子像

此后，“忠孝”、“仁义”、“侠义”等随之派生而出。举一些具体事例，《三国演义》中的关羽就是“义”之典型，他对刘备忠心不二，擒获曹操后能念及旧恩网开一面；再如诸葛亮，刘备逝后，诸葛亮尽心辅佐幼主刘禅，鞠躬尽瘁，死而后已。在《水浒传》中，梁山群雄，侠义之士比比皆是，不分帝王子孙还是富豪将吏。他们所具备的除暴安良、扶弱济贫、仗义疏财等义举，在国人看来就是对“义”的最好诠释。“义”诞生于封建王朝，但它的内涵已经远远超越了时代的局限。

什么是“礼”

“礼”，传统社会的价值范畴，“五常”之一。其最初是祭神的仪式，后来内涵扩展，指等级社会中体现尊卑贵贱的行为规范和仪式制度等。“礼”的范围甚广，所谓“礼仪三百，威仪三千”，举凡祭神、宫寝、服饰、车马、仪仗及婚丧嫁娶，乃至举手投足间，都有具体的规定，以体现贵贱有别、尊卑有序。根据传统的说法，周公制礼乐，奠定了以礼为治的教化传统，而孔子将这一传统发扬光大，除了倡导以礼治国，更加注重修身。“不学礼，无以立”、

“克己复礼为仁”都是孔子的名言，有其特定的道德内涵。作为封建“五常”之一，“礼”对人的视听言动都有着严格的规定，像“非礼勿视，非礼勿听，非礼勿言，非礼勿动”等，颇受今人诟病，觉得是对人性的扼杀、摧残，而“吃人的礼教”也因而成了著名的文学比喻，在近代作品中比比皆是。“五常”之礼，未免有矫枉过正之嫌。然而事实上，人在社会中，必定不能事事我行我素。随着时代的发展，“礼”的内涵也在与时俱进，比如人们开始讲究接人待物的礼节、上下级之间的礼节及社交场合的礼仪等等，少却曾经的枷锁，多的是文明的气息。

什么是“智”

“智”，传统社会的价值范畴，“五常”之一。这里的“智”，不是佛家之顿悟，也不是科学智慧，而是道德智慧，即辨别是非、善恶的能力。儒家学者认为，具备了这种道德智慧，才能成为君子。如孟子认为，“智”为“是非之心”，人只要尽心，进一步充实自己的道德智慧，就能知性、知天，继而达到超凡脱俗的境界。孔子则将智、仁、勇三者并提：“智者不惑，仁者不忧，勇者不惧。”将其视作君子的美德。《礼记·中庸》对孔子的概括给予高度评价，称其为“天下之达德”。

什么是“信”

“信”，传统社会的价值范畴，“五常”之一。“信”，即诚实、不欺，被儒家视为人与人之间交往的起码准则。孔子教授弟子，“忠信”并提，他说：如果人没有“信”，就如同马车没有车轮，不能远行。曾子每日三省其身，其一就是“与朋友交往时守信与否”，意思是，你和朋友交往守信了吗？“信”还被孔子推及到治理国家的层面上，他认为，在“足食”、“足兵”与“取信于民”三者间，首先要“取信于民”。他说：“没有粮食，不过死亡，但人生自古谁都免不了一死，而国家一旦不能取得国民的信任，就无法立足。”这种以诚信立国的观念，除了儒家，法家等门派也有主张。如著名的商鞅变法，其树立的就是“言必信，行必果”的威信。当然，相对于法家“南面立木，下设黄金”，儒家的“信”更侧重于君子品德的修为。到了汉代，武帝罢黜百家，独尊儒术，“信”被列入“五常”。“诚实”、“不欺”作为一种社会公德，从此便被普遍认同了。

什么是“孝”

“孝”，指子女对父母应尽的义务，包括尊敬、扶养、顺从、送终、守灵等。中国人重孝道，将其视为上种传统美德。孝的观念在中国源远流长，可以追溯至殷商时期（其时的甲骨文中已出现了“孝”字）。到了西周，随着宗法制度建立，孝的观念被不断加强。实际上，国人奉行孝道，还有更深刻的人性根源，那就是宗教。古人信奉“灵魂”，认为先祖的在天之灵能保佑或降祸于子孙，所以孔子曾这样解释“孝”的具体内容：“生，事之以礼；死，葬之以礼，祭之以礼。”孔子亦始终将“孝”作为其人生哲学的基点，其门下也以“孝”为仁之本。到了汉代，统治者也力倡孝道，主张“以孝治天下”，连官员的选拔也要“孝”字当头。像我们熟知的“孝廉”就是选拔官吏的科目之一。此后历朝历代都制定各种制度，来保证这一道德规范的实行。例如，至亲亡故，要奔丧、守丧；如果不孝，重者会被定罪，给以极严厉的处罚。古代流传下的关于孝行的文本像《孝经》、正史中的《孝义传》及《二十四孝》等，记载的都是如何实行孝道，在今天看来，有些内容不仅迂腐，而且不近人情，像“卖身葬父”、“卧冰求鱼”乃至寻死等，这些在古代青史留名的事，在今天看来并不足取。

尽管如此，“孝”作为华夏民族的传统道德，已深入人心，虽然到了现代，有所变化，但像祭祖、奔丧、守灵、戴孝及对团圆的讲求等，仍是不可动摇的。

什么是“悌”

“悌”，儒家的伦理范畴，指敬爱兄长，顺从兄长。目的在于维护封建的宗法关系。常与“孝”并列，称为“孝悌”。儒家非常重视“孝悌”，把它看做是实行“仁”的根本条件。《论语·学而》：“其为人也孝悌，而好犯上者鲜矣。不好犯上，而好作乱者，未之有也。君子务本，本立而道生。”《孟子·滕文公下》：“于此有焉：入则孝，出则悌。”

什么是“忠”

“忠”是传统社会的一个重要道德标准。在先秦时期，“忠”泛指人与人之间的一种关系，如孔门弟子曾参每日三省其身，第一省即“为人谋而不忠乎?”意思是，为人做事，尽心尽力了吗？“忠”，就是“尽己之心”。到了汉代以后，“忠”逐渐演变为臣民对君王的绝对关系。最早把“忠”解释为对君主绝对服从的是法家人物韩非子，他说：“人臣不要称赞尧舜禅让的贤德，不要赞誉汤武弑君的功绩，尽力守法，专心事主，这才是忠臣。”天下一统之后，“君臣之义，无所逃于天地之间”，出现了“君为臣纲”，王权的至高无上，君主的受命于天开始深植人心，下对上的绝对关系逐步确立。具体来说，就是臣民要对君王尊敬、崇拜、服从、献身、忠贞不二等等。随着时代的变化，“忠”的含义也在不断扩展，对君王诚惶诚恐的时代已经一去不复返了。

儒家倡导的“勇”

常人多以为儒者便是埋头故纸堆而手无缚鸡之力的书生，甚至将儒者和“迂”、“呆”、“腐”、“酸”联了姻，认为儒家与“勇”相去甚远，其实不然。

我们通常所说的勇，大致上可分为三点来讨论，借用孟子的一句话来说便是：“勇德”为贵，“勇气”次之，“勇力”为轻。

先说勇力。古代儒家有六艺，礼、乐、射、御、书、数。其中射便是指射箭技术，御则是驾车技能。射与御都是武略，用于战场。可见，早期的儒者本身并不是只知读书而文弱无力的书生，儒家创始人孔子身材魁梧，力能搏牛是一明证。

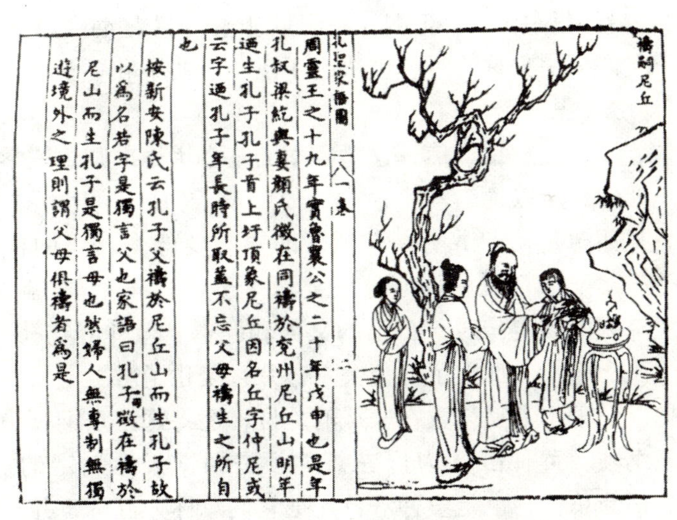

《孔圣家语图》　明代画家黄组刻

勇也绝不是单单凭借勇力，还要具有勇气。先秦诸子中墨家很是特别，“墨子之门多勇士”，“墨子服役百八十人，皆可使赴火蹈刃，死不旋踵”。但这只是勇的表现——有足够的勇力、勇气而已。这还不是最高境界的“勇”。

那么最主要的勇德是指什么？勇德应该是在某种信念驱动下，所体现出的无所畏惧的行为及精神。孔子不提倡匹夫之勇，相反，他说："见义不为，无勇也。"（《论语·为政》）

勇应该"发乎仁，适乎礼，止乎义"。

先说"发乎仁"。孔子说："仁者必有勇，勇者不必有仁。"（《论语·宪问》）仁中一定已包含了勇，而勇未必便能做到了仁。

再说"适乎礼"。孔子说："勇而无礼则乱。"徒有勇是不够的，惟有遵循礼，然后勇才成为勇德。

三说"止乎义"。子路曾问："君子尚勇乎？"子曰："君子义以为上。君子有勇而无义为乱；小人有勇而无义为盗。"（《论语·阳货》）由于孔子深知子路勇有余，便回答说君子以义为上，这是因材施教，而不能说尚义而不尚勇。孔子又告诉他应该用义来约束勇。并谈到勇如果没有义来约束，则君子也罢，小人也罢，都有害无益。

三纲五常

三纲五常指三条纲领和五项永恒的原则。这是儒学的基本道德规范。

三条纲领是指：君为臣纲，父为子纲，夫为妻纲。纲是渔网上的大绳，与纲相对的是目，目是网眼。举起纲，网眼就张开。目对纲，是绝对服从的关系。把君主、父亲、丈夫称为纲，就决定了臣子、儿子和妻子对于他们的绝对服从的关系。

五常是仁、义、礼、智、信，这是儒学的基本道德准则。儒学认为这五条原则是永恒不变的，所以称为常。

三纲的思想渊源是孔子讲的一句话，即"君要像个君主的样子，臣要像个臣子的样子，父要像个父的样子，子要像个子的样子"，也就是，君、臣、父、子要按照礼制的规定，履行自己的义务和职责。董仲舒在孔子关于君臣、父子关系的主张之上，又加上了夫妻关系，并且淡化了君主、父亲、丈夫的职责和义务，把臣、子、妻完全放在服从的地位，还将这三条纲领确定为实行王道仁政的三条纲领。董仲舒认为这三条纲领是根据天意制定的。五常是仁、义、礼、智、信的总称，也是董仲舒首先把它们总称为五常，并且认为王者能够认真实行这五常的道理，就一定能够得到天的保佑和鬼神的支持，使自己的统治扩大到遥远的地方，使百姓享受安乐和幸福。

从宋代朱熹始，三纲与五常联用。从上述可知，三纲五常的观念，源自先秦，经孟子发展，成为五伦；到了汉代，孟子的五伦思想转型成为三纲五常，成为了汉代礼教文明的纲纪准则，这一思想影响了中国两千多年的文明历史与政教制度。

己所不欲，勿施于人

己所不欲，勿施于人。这是孔子所主张的处世原则。

孔子的弟子子贡曾经请教说："有没有这样一个原则，它是我们终身都应该遵守执行的？"

孔子说："有的，那就是宽恕。"宽恕的意思是说，"己所不欲，勿施于人"，也就是说，自己不愿意承受的事情，也不要强加给别人。

与这个原则相伴随，孔子主张：自己想要达到的目标，也要帮助别人达到；不愿意别人以某种方式对待自己，自己就首先不要用这种方式对待别人。

孔子曾经对他的学生说过，他的所有主张中贯穿着一个基本原则。学生们都不理解这个原则是什么，只有曾参理解，曾参说，就是"忠恕"。"己所不欲，勿施于人"，就是"忠恕"原则的表现之一。

孔子认为这个原则，是实行仁义的重要途径。如果每个人都从这里入手，就有可能成为一个具有仁义道德的人。这个原则发展到近代，就是要设身处地地替别人着想的意思。一个人要办什么事，首先要想一想，假如自己处在这样的地位，将会怎么做？这样思考问题，就可能使问题得到比较正确的处理。

因而，儒学提倡的这个原则在今天仍有它的生命力。

杀身成仁，舍生取义

"杀身成仁，舍生取义"，这是儒学所主张的基本道德准则。意思是说，宁愿牺牲自己的生命，以成就自己的仁德；宁愿抛弃自己的生命也要保全正义。

"杀身成仁"的话出自《论语》，意思是说，有志向和有仁德的人，没有为了自己能够活下去而损害仁义道德的，但有为了成就仁义道德而牺牲自己的生命的。"舍生取义"的原话出自《孟子》，意思是说，生命，是我想保存的；正义，也是我想保存的。在二者不可同时保全的情况下，那么，我就舍弃生命保全正义。因为生命虽然宝贵，是我所愿意保存的东西，但是我不能不顾及原则，仅仅为了保存自己的生命；死亡，是我所讨厌的，但是还有比死亡更让我讨厌的东西，这时候，我就不逃避危险，而宁可选择死亡。

比如说，对于一个饿得快死的人，得到一点食物就可以活命，得不到就可能死亡。假如这个时候有人像对待牲畜一样地对他说："喂！过来，我给你吃的。”那么，他宁可饿死，也不要施舍的食物。

孔子和孟子所提倡的这样的道德原则，曾经鼓励了许许多多有志向的人们，为了自己的事业、民族和国家，保持自己的人格，不向恶势力低头。这也是中国传统文化中的优秀成分，是中华民族宝贵的民族精神。

但是，要成仁，要取义，首先要明白什么是仁义。所以宋代儒者就特别强调，在一切行动之前，要先认识仁，先认识义。不然，自己就可能为了一个没有价值的东西牺牲自己的生命，成为后人的笑料。儒学在仁义礼原则之后，要加上智，就是要求人们，要具有辨别是非善恶的能力，才能很好地遵守儒学的道德原则。

克己复礼

这是孔子学说的一个重要概念，出自《论语·颜渊》一章：“颜渊问仁。子曰：‘克己复礼为仁。一日克己复礼，天下归仁焉。为仁由己，而由人乎哉?’颜渊曰：‘请问其目。’子曰：‘非礼勿视，非礼勿听，非礼勿言，非礼勿动。’颜渊曰：‘回虽不敏，请事斯语矣。’”

这段话的意思是说，有一次孔子的弟子颜回请教如何才能达到仁的境界，孔子回答说：努力约束自己，使自己的行为符合礼的要求。如果能够真正做到这一点，就可以达到理想的境界了，这是要靠自己去努力的。颜回又问：那么具体应当如何去做呢？孔子答道：不符合礼的事，就不要去看、不要去听、不要去说、不要去做。颜回听后向老师说：我虽然不够聪明，但决心按照先生的话去做。

由此看来，“克己复礼”是达到仁的境界的方法。历代学者都认为，这是孔门传授的“切要之言”，是一种紧要的、切实的修养方法，然而对于“克己复礼”的含义却有不同的阐释——这里的“克”字，在古代汉语中有“克制”的意思，也有“战胜”的意思。宋代学者朱熹认为：“克己”的真正含义就是战胜自我的私欲。在这里，“礼”不仅仅是具体的礼节，而是泛指天理，“复礼”就是应当遵循天理，这就把“克己复礼”的内涵大大扩展了。朱熹指出，“仁”就是人内心的完美道德境界，其实也无非天理，所以能战胜自己的私欲而复归于天理，自然就达到了仁的境界。

礼义廉耻

传统社会的道德标准，是治国的四大纲纪，又称“四维”。语出《管子·牧民》：“何谓‘四维’？一曰礼，二曰义，三曰廉，四曰耻。”即“礼义廉耻”。又说：“国有四维，一维绝则倾，二维绝则危，三维绝则覆，四维绝则灭”，“四维不张，国乃灭亡”。欧阳修曾对管子的“四维不张，国乃灭亡”之言倍加赞赏，还在《新五代史》中阐释说：“礼义是治人的大法，廉耻是立人的大节。不廉就会无所不取，无耻就会无所不为。人若寡廉丧耻，贪得无厌，灾祸就会接踵而来。若国家大臣寡廉丧耻，恣意妄为，那么国家必定会灭亡。”可以说，管子对“礼义廉耻”的认识不输以德治著称的儒家，与孔孟之道并没有本质差别。

什么是“五伦”

又称“人伦”，是人与人之间基本的道德关系。具体有五种：君臣、父子、夫妇、兄弟、朋友，即所谓“五伦”。在儒家看来，人类社会就是一张覆盖的网，由这五种关系编织而成，人就置于网下，应按部就班地生活，出了这五种关系就是大逆不道，与禽兽无异。孟子这样解释“五伦”：“父子有亲，君臣有义，夫妇有别，长幼有序，朋友有信。”在《礼记·礼运》中则有“十义”的说法：“父慈、子孝、兄良、弟恭、夫义、妇听、长惠、幼顺、君仁、臣忠。”这是对孟子五伦说的进一步细化。“五伦”是儒家提倡的基本行为准则，对后世产生了深远影响。

孔门三戒

出自《论语·季氏》：“君子有三戒：少之时，血气未定，戒之在色；及其壮也，血气方刚，戒之在斗；及其老也，血气既衰，戒之在得。”这是孔子倡导的人生修养要诀：少年戒色，壮年戒斗，老年戒贪。意思是，人随着年纪的增长，血气也在不断变化，年少心性未定，血气方刚；到了一定年龄，养其志气，已不为血气所动。道德也随之越发完美。

“禁欲”与“寡欲”

“欲”是人一种本能的需求。由于人的欲求永无止境，由此催生了诸多邪恶与痛苦。因此从古至今，就不断有人围绕着“欲”做文章。很多宗教，都因此而提倡禁欲。佛教更视欲望为洪水猛兽，统归戒绝之列。由于欲望是人之本能，一味制约并不合常理。儒家对此即有着温和的看法，孔子主张“从心所欲不逾矩”；孟子认为“养心莫善于寡欲”，“寡欲”最好。即承认人类原始的欲望，认为“饮食男女，人之大欲存焉”（《礼记·礼运》），但要用礼对之进行约束，反对放纵。这相比“去欲”、“禁欲”，已经颇合中庸之道。南宋理学家朱熹对先儒的主张十分赞同，他虽讲“存天理、灭人欲”，但反对的也是过分追求美味美色。他认为，饮食男女，天经地义，本无罪过，奢求食色乃“人欲”，才是万恶之始。因此力倡“清心寡欲”。从先秦孔孟到理学朱熹，限欲也好，少欲也罢，都是要求人不要有进一步的欲望，这毕竟不合常情。人在满足基本的温饱后，有更向上的追求是必然的。这也使得无论是“禁欲”还是“寡欲”，都只能是少数圣贤的一厢情愿。

何谓“知耻”

是个人对道德的反省，属儒家的修身范畴。用我们通俗的话讲，就是有羞耻感。孟子云：“人不可以无耻。无耻之耻，无耻矣。”言人若能以无耻为可耻，终身就不会再有耻辱之累。后代儒家则以“知耻”为处世立身的大节，甚至视之为做人的基本准则。发展至明清时，“知耻”的范畴也不断扩充。思想家顾炎武说：“士大夫之无耻，是谓国耻。”“知耻”从最初的修身要则，转而与国家荣辱密切相连，内涵被进一步升华。

怎样“慎独”

指在独处时，能谨慎不苟。是儒家倡导的一种修养方式。《礼记·中庸》曾这样提及慎独：“道也者，不可须臾离也，可离非道也。是故君子戒慎乎其所不睹，恐惧乎其所不闻。莫见乎隐，莫显乎微，故君子慎其独也。”在《礼记·大学》中，也有“君子必慎其独也”的强调。到了宋代，理学家也格外注重君子慎独的修为。通俗地理解慎独，它其实是一种做人的境界。“独”就是“人所不知而已所独知之地”，没有人监督，只有你自己。此时，面对欲望、诱惑，人若仍能谨慎戒惧，遵道自律，不自欺，那么就达到了一种极高的人格境界。

什么是“三纲领”

《礼记·大学》云：“大学之道，在明明德，在亲民，在止于至善。”这几句话出现在大学的开篇，南宋朱熹云：“此三者，大学之纲领。”“三纲领”由此而来。其意思是说：大学的宗旨在于弘扬人的品德，在于使人弃旧图新，在于使人达到最完善的境界。明明德，前一个“明”为使动词，是发扬、弘扬的意思；后一个“明”为形容词，明德也就是光明正大的品德。南宋理学家朱熹在《大学章句》中，改“亲民”为“新民”，这里的“新”即革新、弃旧图新。《大学》属秦汉旧文，在儒学盛行的年代并没有引起足够的重视，直至理学家朱熹将其概括为“三纲领”后，才成为人人皆知的“金科玉律”及道德修养的基本原则。

什么是“八条目”

与“三纲领”相对应，仍出自《礼记·大学》：“古之欲明明德于天下者，先治其国；欲治其国者，先齐其家；欲齐其家者，先修其身；欲修其身者，先正其心；欲正其心者，先诚其意；欲诚其意者，先致其知，致知在格物。”格物，指认识、研究万事万物。这段文字有八个核心词：格物、致知、正心、诚意、修身、齐家、治国、平天下。朱熹云：“此八者，大学之条目。”“八条目”之说由此而来，并常与“三纲领”合称为“三纲八目”。其意思是：古代那些想于天下弘扬品德的人，先要治理好自己的国家；要想治理好自己的国家，先要管理好自己的家庭和家族；要想管理好自己的家庭和家族，先要修养自身的品性；要想修养自身的品性，先要端正自己的心思；要想端正自己的心思，先要使自己的意念真诚；要想使自己的意念真诚，先要使自己获得知识；获得知识的途径在于认识、研究万事万物。对于“八条目”，《大学》云：“自天子以至于庶人，一是皆以修身为本。”孔子说：“修己以安百姓。”孟子认为：“天下之本在国，国之本在家，家之本在身。”“修身”是八个核心词的核心。将“修身”与“治国”相结合，是儒家历来的传统。《大学》先是对其作了最为系统、精练的概括。到了宋代，朱熹又进一步作了发挥。至此，“格物致知”与“修齐治平”成为了儒家伦理的经典命题与奋进目标。

十六字心传

《尚书·大禹谟》载，舜在禅让之前，曾说了这样的话：“人心惟危，道心惟微；惟精惟一，允执厥中。”意思是说，人心危则难安，安民必须明道，想要明道，则必须精心。可谓“明道安民”的经验总结。朱熹对舜的十六个字有自己独到的理解，认为“人心”和“道心”都属伦理范畴，“人心”即“人欲”，“道心”说的是“天理”，如果“人心”有了危机，“道心”就要蒙上尘蔽，暧昧难明，因此不偏不倚地执著于“道心”，是非常必要的。在朱熹看来，这就是三王历代相传的道统秘诀。“十六字心传”一说因此而来。

什么是“忠恕”

中国儒家伦理范畴，处理人与人之间关系的原则。“忠”，尽力为人谋，中人之心，故为忠；“恕”，推己及人，如人之心，故为恕。最早将忠恕联系起来的是中国春秋时代的曾子。他在解释孔子“吾道一以贯之”时说：“夫子之道，忠恕而已矣。”“忠恕”，是以待自己的态度对待人。孔门的弟子以忠恕作为贯通孔子学说的核心内容，是“仁”的具体运用。忠恕成为儒家处理人际关系的基本原则之一。

什么是“中庸”

也称“中道”、“中行”，是儒家为人处世的标准。孔子提倡的“中庸”，是不偏不倚，不保守，也不激进。他在述及弟子的“过”与“不及”时认为，“过犹不及”。意谓激进与保守都不是最好的做事尺度。更认为“君子中庸，小人反中庸”，那么何谓君子呢？“质胜文则野，文胜质则史；文质彬彬，然后君子”，从孔子的部分言论中，我们可以看出其对中庸的倾向与界定。《中庸》相传是孔子之孙子思所作，北宋理学家程颐对其很是推崇，曾这样解释道：“不偏之谓中，不易之谓庸。中者，天下之正道；庸者，天下之定理。”后世的朱熹也这样认为。程朱的阐释与先贤的初衷多少有些背离。但这并不影响国人对中庸的理解，在国人心中，儒家的中庸之道，就是一种折中主义的处世态度与人生观。

立德、立功、立言

出自《春秋左氏传》：“太上有立德，其次有立功，其次有立言。虽久不废，此之谓不朽。”立德、立功、立言就是儒家所推崇的三种人生，即“三不朽”。具体来说，立德，指“创制垂法，博施济众，德立于上代，惠泽被于无穷”；立功，指救危除难，建立功勋；立言，通俗来讲即著书立说，言足可传记。三不朽，是三种至圣的境界，其中，立德为上圣，如尧、舜、周公、孔子；立功为次圣，如大禹、后稷；立言为大贤，如老子、庄子、荀子、孟子、管子、孙子及史学家司马迁、班固等。“三不朽”之所以有不朽之称，是因为圣人要受后代子孙的祭祀膜拜，即使是名以文传的先贤，也不是常人所能及。

故而，“三不朽”，只能是传统士大夫心中最希冀达到的人生境界，与平民的生活相距遥远。

什么是“孔颜气象”

“孔颜气象”是儒家倡导的一种精神。它不是以天下为己任的磅礴抱负，也不是“知其不可为而为之”的哲学，而仅仅是孔子和颜渊所代表的一种人格境界。颜渊，孔子的学生。他生活极其清苦，“一箪食，一瓢饮，在陋巷，人不堪其忧，回也不改其乐”说的就是他。他是孔子最喜欢的学生。孔子还曾请几个学生言说志向，有的学生说要当高官，有的说要治国平天下；到了曾皙，他说，我的愿望就是，在沂水中游泳，在舞雩台沐风乘凉，然后哼着歌儿惬意地回家。孔子深表赞同。在他看来，“饭疏食，饮水，曲肱而枕之，乐亦在其中矣。不义而富且贵，于我如浮云”，如果能够选择，有什么能比拥有轻松简约的生活更好的呢。由此可知，为后世儒家所津津乐道的“孔颜气象”，其实所指的就是一种胸怀旷达、安贫乐道的志趣。

什么是“修齐治平”

“修齐治平”，儒家的个人理想。修即“修身”，齐即“齐家”，治即“治国”，平即“平天下”。出自《礼记·大学》：“古之欲明明德于天下者，先治其国；欲治其国者，先齐其家；欲齐其家者，先修其身；欲修其身者，先正其心；欲正其心者，先诚其意；欲诚其意者，先致其知，致知在格物。”

儒家以“修身”为中心，强调个人道德修养与治国、平天下的一致性，主张由近及远，由己及人，把“格物”、“致知”、“诚意”、“正心”，作为“修身”、“齐家”、“治国”、“平天下”的基础，形成封建伦理政治哲学的整个体系。这样，儒家的道德论便更加系统化、理论化，更能适应封建宗法等级制度统治的需要。

穷则独善其身，达则兼善天下

此句出自《孟子·尽心上》。穷，指在仕途上不得志；达，指在朝廷居于高位。意思是说，一个人若有幸参与朝政，就应以天下为己任，让民众受惠，这是积极的人生；若不能实现治国平天下的抱负，那么退而修身，洁身自好，也不失为一种积极的人生观。儒家入世的主要方式是参政，称“学而优则仕”、“治国平天下”，但即使是学富五车的孔子、孟子，从政也不是一帆风顺的。孔子周游列国，碰壁无数；孟子则以布衣终老。人生阅历的丰富，让这些先哲们对人生有了更透彻的了解。孔子云：不在其位，不谋其政；又云：天下有道则见，无道则隐。孟子提出“独善其身”与“兼善天下”，则是对我们正文的精炼概括，是对孔子人生观的补充。“兼善”（也作“兼济”）是进，“独善”属退，进退有据，人生设计虽不同，然均不离儒家圣贤之道。

什么是“内圣外王”

“内圣外王”意思是：自身具有圣人的才德，对外施行王道。是古代修身为政的最高理想。这句话本来出自《庄子·天下》，后来成为儒家的主要思想。因为自宋以来，随着儒道释三教合流，理学出现，随之开始用“内圣外王”来阐释儒学。

孔子言论中处处体现着“内圣外王”思想。在“内圣”方面，孔子主张“为仁由己”，要“克己复礼”，一个人能不能成为品德高尚的仁人，关键在于自己。正所谓“我欲仁，斯仁至矣”。在“外王”方面，儒家以“修己”为起点，而以“治人”为终点。子曰：“修己以敬”、“修己以安人”、“修己以安百姓”。在孔子的思想中，内圣和外王是相互统一的，内圣是基础，外王是目的。只有内心的不断修养，才能成为“仁人”“君子”，达到内圣，然后才能安邦治国，达到外王的目的。同样，外王实现了，内圣才最终完成。

孔子“内圣外王”政治思想中，体现了道德与政治的直接统一。儒家无不讲道德，也无不谈政治，认为政治只有以道德为指导，才有正确的方向；道德只有落实到政治中，才能产生普遍的影响。没有道德作指导的政治，乃是霸道和暴政，这样的政治是不得人心的，也是难以长久的。

“气节”的内涵

儒家所倡导的一种道德操守。“气”是一种精神状态，可以理解为志气、浩然之气。“气”是抽象的，但从名家言论中，我们不会觉得陌生，如“三军可夺帅，匹夫不可夺志”；“贫贱不能移，威武不能屈”；“士可杀，不可辱”所说的都是一个“气”字。“节”指节操，是一种道德境界。《论语·泰伯》有云：“临大节而不可夺。”孟子有“舍生取义”，所说的都是“节”。通俗来说，它是对信仰的坚守以及为此而献身的牺牲精神。在中国古代，忠君爱国是“节”的最高体现，为了保卫家国，仁人志士“殉节”、“死难”、“牺牲”，前赴后继。“气”、“节”最初为两个概念，合二为一，则成了一个伦理范畴，通常指人处于危难之时所表现出来的正气与操守，如伯夷、叔齐的不食周粟，西汉苏武的百折不挠，南宋文天祥的视死如归，明代史可法的忠烈，近代抗日英烈的坚贞不屈等等，均是“气节”的表现。我们可以理解，“气节”实际上就是一种自尊自强、不随波逐流的独立精神与人格。

什么是“三从四德”

“三从四德”是中国古代由儒家礼教对妇女提出的规范要求。产生于特定的时代：周代父权制婚姻家庭建立、男女尊卑界限明确之后，于是有了要求妇女“从父”、“从夫”、“从子”，服从男性的“三从”道德规范。而“四德”：“妇德”、“妇言”、“妇容”、“妇功”是女性实践“三从”时须要具备的礼仪、修养和操作技术。总而言之，“三从四德”要求妇女既要贤淑顺从又要高尚能干。

“三从”一词最早见于儒家经典《仪礼》，在讨论妇女为夫、为父服丧年限（为夫三年，为父一年）时说：“妇人有‘三从’之义，无‘专用’之道，故未嫁从父，既嫁从夫，夫死从子。”《周易》则有妇女要顺从专一、恒久事夫的卦辞，并有夫死妇女要殉夫以及限制改嫁等要求。“四德”最早见于《周礼》：“掌妇学之法，以教九御，妇德、妇言、妇容、妇功。”最初是对为了宫廷妇女进行教导，与“三从”连称后，即成了标准“三从四德”。具体来说：三从，“未嫁从父”要求没有出嫁的女子听从父亲的话，不违父命，还要在父亲危难时挺身而出；“既嫁从夫”要求为人妻的妇女要跟随、服从丈夫，视丈夫为“天”，凡事都要敬重；夫死从子，夫死后，“从子”就是“从夫”的延伸，她不但要守节不嫁，还要抚养儿子成人，对成为一家之长的儿子遵从，大事由儿子做主。四德，“妇德”的核心是“贞顺”，即坚守节操，对丈夫忠诚，对所有族人要谦恭有礼；“妇言”是对妇女在言辞方面的规定，要求善于应对，说话得体，有一定的智慧和修养；“妇容”要求妇女质朴端庄，按时沐浴，服饰整洁；“妇功”，遇乱要从容镇定，居丧要悲哀有节等。

明刻《列女传》插图

概括来说，“三从”的教诫劝誉、“四德”的提倡培训和“七出”条规的威吓惩罚交互作用，逐渐规训出儒家文化影响下的传统妇女之“美德”。随着时代变迁，父权对妇女的控制逐渐让位于夫权，夫家的利益更加重要，对妇女的种种规范愈加繁琐详细。

什么是“七出”

“七出”是对妇女而设的惩罚性规条。出，指驱逐、遗弃。“七出”即七条休妻的理由。七条分别是，不顺父母、无子、淫、恶疾、嫉妒、多口舌、盗窃。“不顺父母”被放在首位与尊崇孝德的时代背景有关，在“四德”中，几乎每条都与侍奉孝顺公婆的修养有关。不顺公婆的媳妇，扰乱家庭尊卑秩序，有违孝德妇道，这在尊崇孝德的时代是十分严重的错误，因此被放在了“七出”的首位。例如东汉人姜诗的妻子在婆婆面前骂一条狗，即被丈夫认为不孝，因此被休，姜诗则被誉为孝子。“无子”，在“七出”之条中，对被休的妇人而言，最是无辜。在父权制家庭中，婚姻的目的是“上以事宗庙，下以继后世”，所谓“不孝有三，无后为大”。按照父系传承的原则，只有儿子才是延续香火的后代。因此，妇女不得不担起“无子”的“罪名”。淫，指妇女有放纵淫乱的行为，被认为是妇女道德品行最大恶德。按照儒家的道德标准，妻子对夫保守贞操，不得与家族内外的男子有染。

历代对犯淫妇女的处罚都很严厉，如清代江西临川孔氏支族家规写道：“妇与人私，断令改嫁；其夫不嫁，革饼逐出，生子不得名登团拜；凡族中婚姻喜庆之类，俱不得与；不得派行称呼。”在湖南一些地方，妇人犯淫要被绑在竹木板上沉塘底淹死。恶疾，古人认为妇人恶疾，不能事宗庙，因此出之。恶疾是何种疾病，有不同的说法，东汉何休认为，喑、聋、盲、疠、秃、跛、伛为恶疾；许慎在《说文解字》中认为是烈性传染病。“疠”，即麻风病。后来精神方面的疾病也被视为恶疾。嫉妒，针对的是那些对丈夫纳妾不满、敢于表现在语言和行动上的正妻。因为有背“妇德”中的柔顺之德、贤惠之道，所以也要出之。多口舌，是“四德”对“妇言”的要求。父权制家庭忌讳妇人多言，主要是怕会离间家庭内部人际关系，导致家庭不和。盗窃，不是指在外盗窃他人财物，而是“私假（借）”、“私与（给）”财物给外人。古时候的妇女没有独立的财产权，积攒财物，存私房钱都是不允许的，即使娘家的馈赠也要交给婆婆。这一条的设置是为了更大程度地维护丈夫家族的财产利益。从今天的眼光看，“七出”的用意不言自明：巩固父权、夫权家族秩序，维护父权、夫权家族的利益。为此，不惜压制、惩罚妇女乃至使其屈从牺牲。

什么是“节烈”

封建礼教要求妇女坚守节操，宁死不受辱。“节”指女子守贞操，不事二夫，夫死不再改嫁，“烈”指女子在丈夫死后，自杀殉节。“节烈”是男权社会的产物。在我国历史上，并不是每个朝代都如此讲求“节烈”。在宋代以前，像卓文君、蔡文姬都曾改嫁，曹植《洛神赋》的人物原型甄氏为曹丕的夫人，她原是军阀袁绍的儿媳，曹操击溃袁绍后，掳来做了自己的儿媳。即使到了唐代，玄宗贵为天子，却也娶了寿王（玄宗之子）之妃杨玉环，成就了一段比翼连理的佳话。到了宋朝，随着理学逐渐成为主流意识形态，“节烈”开始被日益看重。文豪欧阳修在修《新五代史·冯道传》时，曾写了这样一个故事：官员王凝在北方任上病故，其妻李氏携幼子带着亡夫的遗骨东归，过开封时，到一家客店投宿。店主见她独携一子，心生疑惑，不准她投宿。由于天色已晚，李氏不肯离去。店主见赶不走便拉扯其手臂，硬将她拉出了客店。李氏悲痛欲绝，仰天叹道：“我身为妇人，不能守节，竟让别的男子来拉我的手，我不能让这只手玷污我的全身。”于是竟持斧自断手臂。开封府为之轰动。开封府尹将此事上奏朝廷，李氏因此得到厚恤，店主人则被处以笞刑。作为文坛大家的欧阳修将这一小段故事记在正史中，可见其时士大夫阶层对女性贞节的分外看重。

有人曾问理学家程颐：寡妇如果不改嫁，那么饿死怎么办？程颐回答说：饿死事极小，失节事极大。到了明清时，程朱理学被定为官学，“节烈”之德更为统治者大力提倡。如果哪家出了贞节烈妇，不但会被表彰，还给立贞节牌坊，俨然一种无上的荣耀。吴敬梓的《儒林外史》中亦有这样一个片断，有个叫王玉辉的秀才，他女儿死了丈夫，悲痛之时想寻短见。他对女儿说：“我儿，你既如此，这是青史上留名的事，我难道反拦阻你？你就这样作罢。”于是女儿果真死了。作者运笔写实，对所谓“节烈”进行了辛辣的嘲讽。由于“节烈”是特定历史时期，即家天下时代君臣关系的产物，其本质是约束、扼杀人性的，因此随着传统社会的土崩瓦解，它也就不复存在了。

礼　俗

什么是宗法

“宗法”是以家族为中心，根据血统的远近区分嫡庶亲属的一种等级制度。它萌发于商周时期，成熟于西周、春秋时期，在漫长的封建社会中，几经演变。在商代，宗法制出现了以子继父为主，并有了直系、旁系、嫡庶、大宗、小宗之分。到了西周、春秋时，宗法制度趋于完善，明确了嫡长子的优先继承权，“立子立嫡之制”成为了宗法的核心。明确这样的继承法是吸取了前代的教训。商时，王族的子弟们虽有长幼之分，但还没有法定的继承人。每位王子都有继承权，所以商代王位继承法是兄终弟继，父死子继。“父子”未必是亲父子，可以是族父子，因为商王称父亲的兄弟为“父”，称自己兄弟的诸子为“子”。随着个人欲望的膨胀，已获得王位的人更愿意由亲子来接替自己。所以到了商代后期，内乱频繁爆发。武王灭商后，遂推行等级尊卑制：让嫡长子（正妻所生的长子）世袭为宗主，其余诸子不能与嫡长子享受平等地位，只能另立小宗作为氏族延续的旁支。

对于“大宗”与“小宗”的关系可以这样理解：大宗，为嫡长子孙一系，是宗族或家族的合法继承人，即“嫡传”，其余子孙为小宗。二者的概念是相对的，如周天子的王位是由嫡长子世袭，是天下的大宗，余子分封为诸侯，对天子来说是小宗；诸侯的爵位也由其嫡长子世袭，在本国为大宗，余子分封为卿大夫，对诸侯来说又是小宗；卿大夫的爵位亦由嫡长子世袭，在本族是大宗，余子为士，对卿大夫来说自然又是小宗。这样一来，一个国家变成了若干个有血亲关系的兄弟小国。

进入战国时期，宗法制度进入演变期。各国为争雄而变法图强，主张削弱宗族势力，趋向于废除分封制。秦汉以后，由宗法而来的血缘纽带、尊卑有序、尊长特权久盛不衰，一些宗族由于政治地位、经济力量的优势，形成了强宗大族。到了魏晋南北朝时，他们以世族的身份迅速崛起。人们分外重视宗族渊源，大姓、名门纷纷修家谱，明统系，以防血统混淆。与春秋时的宗法制度有所区别的是，这时的宗族制度更偏重于政治、经济实力。

唐代以后，科举兴盛，宗法制度走向衰落。到了宋代，理学兴盛。宗法以礼教与政权、神权、夫权、族权相结合的形式再次粉墨登场，并一直延伸到封建社会结束。宗法观念对我国传统社会产生了深远的影响。

什么是五礼

中国古代对吉礼、凶礼、军礼、宾礼、嘉礼的总称。吉礼，指祭祀仪礼；凶礼，指丧葬仪礼；军礼，指与军事相关的仪礼；宾礼指宴请宾客的仪礼；嘉礼指成年和婚姻仪礼。另外，古时天子、诸侯、卿大夫、士、庶民五个等级所行仪礼，亦称五礼。

吉礼，是祭祀天神、地祇、人鬼等的礼仪活动，虽历代兴革不一，但都极受统治者重视。其行礼十分考究，《通典》曾云："大唐开元年之制五礼，其仪百五十有二。一曰吉礼，其仪五十有五：一，冬至祀昊天于圆丘；二，正月上辛祈谷于圆丘；三，孟夏雩祀于圆丘；四，季秋大享于明堂；五，立春祀青帝于东郊……五十五，王公以下拜扫、寒食拜扫。"《周礼·春官·大宗伯》则云："大宗伯之职，掌建邦之天神、人鬼、地祇之礼，以佐王建保邦国，以吉礼事邦国之鬼神祇。以禋祀祀昊天上帝，以实柴祀日月星辰……以血祭祭社稷五祀五岳，以狸沉祭山林川泽……以祠春享先王，以尝秋享先王，以烝冬享先王。"从上述可知，祭天、祈谷、大享明堂、春祭、大蜡、祭社稷、祭山川、祭天子宗庙、功臣配享、释奠、上陵、祀孔子、祀先代帝王、巡狩封禅等都是吉礼的内容。

凶礼，是用于吊慰的礼仪活动。包括丧葬礼（对死者表示哀痛与哀悼之情的礼仪）、荒礼（遇到荒年饥馑或瘟疫流行时，统治阶层表达体察灾情、与民同苦之意的礼仪）、吊礼（当他国或他人遭受自然灾害后，统治阶层派人慰问的礼仪）、恤礼（邻国遭乱时，统治者派人慰问的礼仪）、禬礼（当他国遭敌人袭击而残破后，同盟诸侯筹集财物予以援助的礼仪）等五个项目。后多指丧葬、持服、谥号等礼仪。《周礼·春官·大宗伯》："大宗伯……以凶礼哀邦国之忧，以丧礼哀死亡，以荒礼哀凶札，以吊礼哀祸灾，以禬礼哀围败，以恤礼哀寇乱。"《通典》云："大唐开元年之制五礼……五曰凶礼，其仪十有八：一，凶年赈抚；二，劳问疾患；三，中宫劳问；四，皇太子劳问；五，服（丧服）制度；六，皇帝为小功以上举哀；七，敕使吊；八，会丧；九，册赠；十，会葬；十一，致奠；十二，皇后举哀吊祭；十三，皇帝太子举哀吊祭；十四，皇太子妃举哀吊祭；十五，三品以上丧；十六，五品以上丧；十七，六品以下丧；十八，五公以下丧。"概括来说，凶礼都是他国或他人遭受不幸时表达慰问的礼仪。

军礼，是有关军事方面的礼仪。《通典》云："大唐开元之制五礼……四曰军礼，其仪二十有三：一，亲征类于上帝；二，宜于太社；三，告于太庙；四，祃于所征之地；五，軷于国门；六，广告所过山川；七，宣露布；八，劳军将；九，讲武；十，田狩；十一，射宫；十二，观射；十三，遣将出征宜于太社；十四，遣将告太庙；十五，遣将告齐太公庙；十六，祀马祖；十七，享先牧；十八，祭马社；十九，祭马步；二十，合州伐鼓；二十一，合朔诸州伐鼓；二十二，大傩；二十三，诸州县傩。"《周礼·春官·大宗伯》云："大宗伯……以军礼同邦国。大师之礼，用众也；大均之礼，恤众也；大田之礼，简众也；大役之礼，任众也；大封之礼，合众也。"如《周礼》所举大师（召集和整顿军队)、大均（校正户口，调节赋征）、大田（检阅车马人众，亲行田猎）、大役（因建筑城邑征集徒役）、大封（整修疆界、道路、沟渠），以及《开元礼》的告太庙、命将、出师、宣露布（露布，用来传递军事捷报的旗子）、大射、马祭、大傩等。古时的军礼十分复杂，如在出征时，就有祭社、阅师、誓师、祭路、班师、劳师、献捷、献俘等一系列礼仪。显而易见的是，无论是哪个朝代，军礼都为王者之礼，属于国家礼制。

嘉礼，是喜庆的典礼。包括冠礼、婚礼、燕礼（君臣宴饮之礼）、飨礼（君王设宴款待宾客的隆重礼仪）、射礼（射击比赛的礼仪）等。有时特指婚礼。《周礼·春宫·大宗伯》云：“大宗伯……以嘉礼亲万民，以饮食之礼亲宗族兄弟，以昏冠之礼亲成男女，以宾射之礼亲故旧朋友，以飨燕之礼亲四方之宾客，以贺庆之礼亲异姓之国。”《清史稿·礼志六三》则说：“（嘉礼）属于天子者，曰朝会、燕飨、册命、经筵诸典。行于庶人者，曰乡饮酒礼。而婚嫁之礼，则上与下同也。”

宾礼，具体来讲，是诸侯朝见天子及诸侯间相互拜访时的礼仪。如天子受诸侯朝觐、天子受诸侯遣使来聘、天子遣使迎劳诸侯、天子受诸侯国朝贡或宴请诸侯（使者）等。由于宾礼以天子为主，视诸侯为宾，因来宾身份、时间、目的的不同而又各有称呼，如朝、觐、宗、遇、会、同、问、视等。《周礼·春宫·大宗伯》云：“大宗伯……以宾礼亲邦，春见曰朝，夏见曰宗，秋见曰觐，冬见曰遇，时见曰会，殷见曰同，时聘曰问，殷兆曰视。”《通典》：“大唐开元年之制五礼……三曰宾礼，其仪有六：一，番国主来朝；二，戒番国主见；三，番主奉见；四，受番使表及币；五，宴番国主；六，宴番国使。”番，使西方边境各国。随着君权的逐步强化，朝觐礼仪中的尊卑色彩也日趋浓厚。到了后世，官员、士庶人之间的相见礼，也被称为宾礼。《仪礼·士相见礼》郑玄注即云：“士相见，于五礼属宾礼。”

古代的祭礼

祭祀鬼神的礼仪，又称吉礼。儒家信奉鬼神的存在，祭祀的对象很多，大致有天神、地祇、人鬼三类。其名目繁多，国家专门设有礼官，掌管祭祀方面的礼仪。古人对鬼神之祭非常重视，除了军事就以祭神为头等大事了。在儒家五礼（吉礼、凶礼、军礼、嘉礼、宾礼）中，吉礼排首位，从中亦可见其重要性。祭祀时，向鬼神奉献的祭品可以为牲畜也可能是人。到春秋之后，杀人祭神的风俗渐绝，但祭祀的重要地位并没有改变。至于祭祀的功用，《礼记·祭统》说：“能见事鬼神之道，能见君臣之义，能见父子之伦，能见贵贱之等，能见亲疏之杀，能见爵赏之施，能见夫妇之别，能见政事之均，能见长幼之序，能见上下之际。”认为祭祀有十种功能。换言之，祭神祈福的宗教仪式，是能够体现人伦关系的方方面面的。因为百姓信奉鬼神，以祭鬼神的形式作道德教化的基础，百姓不但诚惶诚恐，而且会深信不疑，在无形之中被儒家道德潜移默化。《礼记·祭统》云：“祭者，教之本也。”教，教化义。所说的也就是这个意思。

清明祭祖

社稷的本意

社，指土神；稷，指谷神。由于古代君主都要祭祀社稷，因此到后来，“社稷”就成了国家的代称。“社”字最早可追溯至商周时代，其源起与原始时代的生殖崇拜密切相关。在春秋时代，这种原始崇拜的流风余韵还可以看见。在一些国家（比如齐国），每逢社祭之日，青年男女就自由地聚在一起，尽情欢爱，无所顾忌。鲁庄公听说后，抵挡不住诱惑，竟亲自跑去看个究竟。后代儒家曾力斥的“桑间濮上”之“淫声”，实际上就多是少男少女们在社日这天所唱的流行歌曲。“社”与土地有关，而“稷”原是周民族的始祖后稷，他在西周时被尊为五谷之长，与“社”并祭，合称“社稷”。据《周礼·考工记》记载，社稷坛设在王宫之右，与王宫左侧的宗庙相对，社稷坛代表土地，宗庙代表血缘，二者同为国家的象征。

帝王为什么要封禅

封禅，是古代帝王祭祀天地的典礼。封禅的对象是特定的，专指泰山。在泰山上筑坛祭天叫封，在泰山南梁父山辟场祭地叫禅。为什么封禅的一定是泰山呢？因为在古人心中，泰山居于中国之中，有众神群居，是神山、通天之山。在《后汉书·乌桓传》中甚至有“中国人死后魂归泰山”的说法，从中可见泰山在国人心中的特殊地位。另外，君主在天下一统之时登封泰山，可以

汉武帝像

彰显奉天承运；在天下太平时封禅，可以向天帝汇报凡间文治武功的盛况。无论哪一条，都代表着无上的荣耀。因此历朝历代，不乏蠢蠢欲动，想登顶泰山者。当然，封禅泰山不是人人都能做到的。根据儒家的通行说法，自古以来，只有受命帝王（神授君权）或盖世英主才有资格举行封禅大典。《汉书·郊祀志》载，春秋时，齐桓公称霸，会诸侯于葵丘打算封禅泰山。管仲听后，历数上古以来登封泰山的帝王，婉言规劝。齐桓公知道自己资格还不够，只好作罢。到了西汉武帝时，国力空前强盛，群臣纷纷劝进。司马相如临死前留下的遗文就是《封禅文》。后来汉武帝听方士说，封禅泰山可以成仙上天，于是欣然登山。成行之际，举国狂欢，当做盛大的节日。太史令司马谈因抱病在身，不能前往，竟引为终生憾事，拉着儿子司马迁的手感叹不已。封禅的意义可见一斑。在汉武帝之后，只有为数不多的君主进行过这一仪式，如光武帝、唐高宗、唐玄宗、宋真宗等。

什么是明堂

明堂制度始创于黄帝，夏代时称“世室”，商代称“重屋”，到了周代才有“明堂”一说。明堂是一处特殊的所在，以宗教为中心，集政事、教化于一体。商周以后，明堂的职能渐渐发生分化，主要是天子祭天祀祖的场所。后人对于明堂多少感觉有些神秘，因为至今没有人见过明堂的模样。儒家经典中，亦没有明确记载。后世议论纷纭。汉武帝封禅泰山后，想仿照古代的传统修建明堂，却无人知道其建筑模式，更不用说具体的样式了。这时，方士公玉带上了一张黄帝时的明堂图，武帝大喜，立即下令按公玉带的图施工修建。汉家明堂有了，但据后人考证，所谓的明堂图其实是伪造的。公玉带的图都画了些什么呢？一座宫殿，上圆下方，四面没有墙，上覆茅草，周围有水环绕。虽然是虚构的，但后世建明堂，基本都沿用了这一模式。在各代的明堂建筑中，以唐代武则天在洛阳修建的最为壮观，其高 294 尺，东西广 300 尺，号称“万象神宫”，非常宏伟。公玉带的图并非一无是处，其本身为方士，绘就的明堂图亦有其特定意义。东汉桓谭曾解释说：“天称明，所以命名曰明堂。上圆法天，下方法地，八窗法八风，四达法四时，九室法九州，十二座法十二月，三十六户法三十六雨，七十二牖法七十二风。”

什么是宗庙

帝王或诸侯祭祀祖先的处所。庙中设有先祖的牌位，还供有祖先的遗像，以便后代子孙瞻仰。我国儒家文化以孝亲为人伦之本，孝亲又以崇拜祖先为基础。为祖先立庙，就是因为后人相信，祖先之灵可以保佑子孙，因此立庙祭祖，代代相传。在古代，立庙祭祖无论是帝王还是平民都可以进行，但庙制却有着严格的等级之分，以体现尊卑秩序。《礼记·王制》规定：天子七庙，诸侯五庙，大夫三庙，士一庙，庶人祭于寝。祭品也有差异，如天子祭祖用十八“太牢”（太牢指羊、牛、猪），庶人祭祖就只能选韭、麦、菽、稻等作物。宗庙建在哪里也是很有讲究的，按《周礼》“左庙右寝”的规定，应设在宫室居处的东面。在称谓上，由于宗庙非帝王独有，因此称谓也不同，天子庙称太庙，公卿大臣庙称家庙，民间则以宗族为单位设屋祭祖，称祠堂。

清东陵，位于河北遵化。

古人为什么要斋戒

古人祭祀或举行重大典礼时，沐浴、更衣、独居，戒其嗜欲，以示虔诚。严格说来，斋和戒是两回事，“斋”又称“致斋”，致斋三日，宿于内室，要求清心洁身、思想集中。“戒”又称“散斋”，散斋七日，宿于外室，不参加一切娱乐活动，也不参加哀吊丧礼，以定心静虑。斋戒时有饮食方面的禁忌。《论语·乡党》云：“斋必变食。”即要改变饮食。虽有改变，但并非禁食鱼肉荤腥，而是忌食有辛味臭气的食物如葱、蒜、韭等，这些气味被认为是对神灵的不敬。值得一提的是，在东汉前，斋戒祭祀期间要三餐食肉，学者朱骏声考证认为，这是为了保证人在斋戒期内有充沛的体力完成祭祀。东汉后，受佛教影响，人们开始食素，忌辛成了忌荤。到后来，随着佛教的盛行，斋戒期的规定更加细致繁琐，如“八关斋戒”中有不杀、不盗、不淫、不妄语、不饮酒、不坐高广大床、不涂饰、不歌舞倡伎、不故往观听、过午不食等等。所有种种，都是为了表达对祭祀的无比虔诚。

古代的礼器有哪些

礼器是中国古代贵族在祭祀、宴飨、征伐及丧葬等礼仪活动中使用的器物，用来表明使用者的身份、等级与权力。包括鼎、簋、鬲、盂、俎（食器），盘、匜、鉴、盉（水器），爵、斝、觚、觯、觥、彝、卣、尊（酒器），钟、鼓、钲、铎、铙、磬（乐器）以及玉帛（祭祀时用的璧、璋、琥、琮、

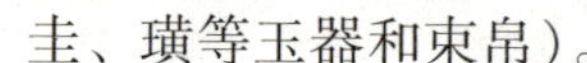
圭、璜等玉器和束帛）。

鲁侯鼎

礼器是在原始社会晚期随着氏族贵族的出现而产生的。进入商周奴隶制社会后，礼器有了很大发展，成为调节统治阶级内部秩序的象征。此时的礼器以青铜器、玉器为代表。其中青铜器工艺精美，意义重大。以青铜鼎为例，鼎本来是古代的烹饪之器，相当于现在的锅，用以炖煮和盛放鱼肉。许慎在《说文解字》里说：“鼎，三足两耳，和五味之宝器也。”有三足圆鼎，也有四足方鼎。最早的鼎是黏

土烧制的陶鼎，后来又有了用青铜铸造的铜鼎。相传禹曾收九牧（即九州）之金铸九鼎于荆山之下，以象征九州。禹铸九鼎之后，鼎从一般的炊器而成为传国重器，国灭则鼎迁。夏朝灭，商朝兴，九鼎迁于商都亳京；商朝灭，周朝兴，九鼎又迁周都镐京。代代相传。定都或建立王朝因此亦有“定鼎”一说；而“问鼎”则表示有图谋夺权之义。进入封建社会后，青铜礼器逐渐走向衰落。

再来说玉帛，玉帛具有双重含义，玉指玉器，帛指丝织品。从狭义上讲，指古代诸侯参与会盟或朝觐天子时所持的礼物。《论语·阳货》中孔子云：“礼云礼云，玉帛云乎哉?”《尚书·舜典》中则记录了诸侯朝见天子的一幕：“五玉（按：五等诸侯执玉）、三帛、二生、一死。”公侯伯子男五诸侯在朝见天子时各自拿着象征身份级别的玉器。《孔氏传》：“三帛，诸侯世子执纁（浅红色的帛），公之孤执玄（黑中透红的帛），附庸之君执黄。”诸侯世家、公子的遗孤，附属国的国君各拿着羔和雁称为二牲，士拿死雉称为一死。朝见天子后，若天子认为诸侯没有过失，便把五等诸侯玉一一发还，其余的三帛、二生、一死作为天子的贡品不再发还。由此可见，玉帛，既体现了臣子的身份，又是呈现给天子的贡品。从广义上说，玉帛泛指举行礼仪时所用的礼器。据《左传》载：“禹会诸侯于涂山，执玉帛者万国。”《史记》云：“夏之兴也以涂山。”涂山之会后，各个邦国的君长成为王朝治下的诸侯，禹在事实上确立了天下共主的地位。史料中，去朝见禹的人手里都拿着玉帛，玉帛在后世于是又成了和平的代名词，俗语“化干戈为玉帛”即由此而来。

古时丧葬习俗

我国古时丧葬的风俗繁琐而讲究，在这里我们一一道来。通常，人之将死称作“属纩”（《礼记·丧大记》）。属，放置的意思；纩，指新絮。新絮很轻。据说古人会把新絮放在临终人的口鼻上，试看是否断气。“属纩”的习俗因地而异，但是“属纩”却成了临终的代称之一。人初死后，生人要上屋面向北方为死者招魂，称为“复”，意即招唤死者的灵魂回复到身体。复而不醒，再办理丧事。人死后，一般要沐浴。这个风俗一直持续到后世。《晋书·王祥传》记载王祥将死戒其子曰：“气绝但洗手足，不须沐浴。”可见通常人死后是要沐浴的。人死后要入“敛”（殓）。敛分小敛、大敛。小敛，是给尸体裹上衣衾，身份越贵，衣衾越多。大敛则是把尸体装进棺材。敛时死人口中须含饭。入殓后，还要停丧待葬，称为“殡”。《论语·乡党》云：“朋友死，无所归，曰：竿我殡。”意思是说：“就在我这里停柩。”《左传·僖公三十二年》

则载："冬，晋文公卒。庚辰，将殡于曲沃。"这是说把晋文公的灵柩送到曲沃停丧。据《春秋》、《左传》载，次年四月，晋文公才正式下葬。出葬时，贵族还有很多规矩、排场。如送葬时执绋着白衣。绋，为拉柩车的绳子。执绋的原意为亲友们协助拉车。后来出殡时，在送殡队伍的两旁拉两根带子，即是执绋的遗制。挽柩的人还要唱挽歌。今天可见的古乐府和曲中的《薤露》、《蒿里》都是挽歌。后世的挽联就是从挽歌演变来的。下葬也有很多讲究，从中又可见贵族和庶民的明显差异。在殷商时代，奴隶主有人殉的制度。后来因人力可贵，以"俑"来代替。俑是人偶，有木俑、土俑。虽然活人不再殉葬，但孔子还是反对用俑，"仲尼曰：'始作俑者，其无后乎！'"因为俑还属人形。

吊唁图　清

到了战国时期，统治者的殉葬品又包括了生前使用的车马。其他的随葬品各式各样，青铜制的饮食器、兵器、乐器，用玉制、骨制的装饰品以及专为随葬而作的"明器"（伴葬的器物）等。越是贵族，随葬品就越多越精美。汉代时，日常生活中的东西被仿制成陶土模型随葬，明器的象征性愈发明显了。下葬离不开棺木，这里的贵庶之别也显而易见：贵族统治阶级的墓里大多有椁（椁），椁是外棺（起保护棺材的作用），椁之隆重有的竟有三四重之多。《论语·先进》中云，孔子的儿子孔鲤死后，"有棺而无椁"，可见椁不是一般人能用的。对于更多平民来说，下葬十分简朴，往往选择"槁葬"（草草安葬），如果遇着饥荒的年景，饿死以填沟壑也就很平常了。

古代的宫室

《尔雅·释宫》："宫谓之室，室谓之宫。"宫和室是同义词，区别来说，宫是总名，指整栋房子，外有围墙，室为其中的一个居住单位。上古时期，"宫"为一般的住宅，没有贵贱之分。秦汉以后，只有王者的居所才能称宫。

在建筑上，古代宫室一般朝南。主建筑物的内部格局为堂、室、房。前部分是堂，不住人，通常是行礼的地方。堂后是室，用来居住。室的东西两侧为东、西房。整栋房子是建筑在一个高出地面的台基上的，所以堂前有阶。要进入堂屋必须升阶，所以古人常说"升堂"。上古堂前没有门，堂上东西有两根楹柱。堂东西两壁的墙叫序，堂内靠近序的地方称为东序、西序。古人席地而坐，因此堂上的座位以室的户牖之间朝南的方向为尊；室内的座位则以朝东的方向为尊。《史记·项羽本纪》说："项王、项伯东向坐。"项王的座次很好地体现了这一点。汉代文献中还常提到阁和厢，其指的是堂东西两侧和堂相连平行的房子，这和后世阁、厢的概念不尽相同。堂东西有墙叫序，序外东西各有一个小夹室，称东夹、西夹，这就是阁。东夹、西夹前面的空间叫东堂、西堂，这就是厢，厢前有阶。乐府诗《鸡鸣》篇："鸣声何啾啾，闻我殿东厢。"东厢即东堂，殿是堂屋。

在统治者的宫室中必有台榭观阙等华美的建筑。台，高而平，便于瞭望。榭，是台上的木构建筑，只有楹柱没有墙壁。观，是宗庙或宫廷大门外两侧的高建筑物。两观间有一个豁口，因此叫阙（阙，又同"缺"）。

在具体修建上，无论是材料还是运作工艺都体现了由俭入奢的过程。在殷代遗址中，至今还没有发现瓦。屋顶覆盖的大概是茅草。有学者认为，在周初时，瓦已经出现，由于十分贵重，因此大多数的房子仍为茅草屋。《诗经·豳风·七月》中云："昼尔于茅（白天取茅草），宵尔索绹（夜晚打绳子）。"可见瓦屋不是普通百姓居住的。砖的发明比瓦要晚些。战国遗址发现过空心砖，那是用于墓中的。

有了基本材料，就要筑墙了。古人筑墙很早就会运用版筑技术。版筑，是说筑土墙时用两块木版相夹，版中间的宽度即是墙的厚度。版外以木柱支撑。两版夹隙装满泥土，用杵捣紧，筑毕拆除木柱木版，就成了一座墙。版筑技术在我国古代建筑中有着重要的地位。在宫室兴建中，还有另一个重要构件斗拱需提及。在立柱和横梁交接处，从柱顶上加的一层层探出成弓形的承重结构叫拱，拱与拱之间垫的方形木块叫斗，合称斗拱。斗拱是我国建筑特有的一种结构，除了承重，还起装饰的作用。今人从战国铜器图案上还可以见到类似斗拱的构件。

古代的车马

在古书上我们常见“车马”并举，如《诗经·唐风》中云：“子有车马，弗驰弗驱。”《论语·公冶长》云：“愿车马衣轻裘，与朋友共，敝之而无憾。”在战国之前，车马是相连的。通常来讲，没有无车的马，也没有无马的车。所谓御车即御马，乘马也就是乘车。驾车的马的数量会有所不同，驾二马为骈，驾三马为骖，驾四马为驷。马车的车厢称舆，这是载人的部分。舆的前面和两旁以木板为屏蔽，人从舆后上车，站在车舆里（称“立乘”）。舆两旁的木板可以倚靠身体，称辅。舆前部的横木可以凭倚把扶，称式（轼）。也有绳子可以手持。《论语·乡党》云：“孔子升车必正立执绥。”绥即车上的绳子。一般车舆上有活动装置的车盖，主要用来遮雨。车轮的边框叫辋，车轮中心有孔的圆木叫毂（用来穿车轴），辋和毂为两个同心圆。连接辋和毂的木条称辐条。《老子》说：“三十辐，共一毂。”车轴是一根横梁，两端露在毂外，上面插着一个三四寸长的销子，叫做辖。辖可以防止车轮外脱。露在毂外的车轴末端，称轨。《诗经·邶风》说：“济盈不濡轨。”古人时常乘车渡水，济水没有湿到车轴头，意谓水位不到半轮高。《礼记·中庸》谓“今天下车同轨”，即以车轮指代车辆，指统一天下车子的尺寸。轫，不是车子的组成部分，它是阻止车轮转动的一块木头。行车时先要把轫移开，所以启程称为“发轫”。这一词被后人引申应用得十分广泛。辕是驾车用的车桢，后端与车轴相连，夹在牲畜两旁。辀与辕同义，其适用于小车。车辕前端插上销子和轭相连，称作輗。

乘车也有一定的礼仪，由于古人有尚左（以左为尊）的习俗，因此尊者通常在左，御者居中，右侧另有一人陪乘。陪乘叫做骖乘，又叫车右。兵车因状况不同，乘坐则有例外，如主帅居中（亲掌旗鼓），御者在左，另有一人在右保护主帅，称车右。通常兵车是御者居中，左边一甲士持弓，右边一甲士持矛。驾车的马匹数量也有讲究，如果是三匹或四匹，则有骖服之分：两旁的马叫骖，中间的马叫服。贵族的车马还有考究的装饰附件等，不一而足。在战国以前，马是专为拉车用的（牛也拉车，但一般只载运货物，称大车），少有单骑。到了战国时期，赵武灵王胡服骑射，从匈奴学来了马术，于是骑乘之风才渐渐兴盛。

什么是“五服”

“五服”指的是五种丧服。在中国古代社会，以丧服来表示亲属之间的尊卑及血缘关系的远近。进入封建社会，由于父系家族为主导，社会以父宗为重。其亲属范围指本宗九族，即自高祖至玄孙的九个世代：高祖父、曾祖父、祖父、父亲、自己、子、孙、曾孙、玄孙。上述亲属的旁亲，都是有服亲，称内亲。与之对应的母亲一系叫外亲，服制只有一世，即外祖父母、舅父、姨母、舅表和姨表兄弟，其他人无服亲。有服亲属，死为服丧。亲者服重，疏者服轻，依次递减。《礼记·丧服小记》所说的“上杀、下杀、旁杀”即此意。

丧服按服丧期限及丧服粗细的不同，分为五种，即所谓五服：第一是斩衰（音崔，指丧服）三年，用极粗生麻布为丧服，不缝衣旁及石边，斩断处外露，以示不修边幅。由于成衣像斧斩一样，故名斩衰。与粗麻衣相应，腰带、冠缨也以粗麻制成，配以草鞋、苴杖（俗称“哭丧棒”，用没有修整的粗竹做成）。以斩衰服丧是五服中最重的一种，按礼制，用于臣、子、妻、妾为君、父、夫服丧。第二层次为齐衰，用次等粗生麻布，缝衣旁及下边。按服丧期限长短，又分为齐衰三年、齐衰杖期（一年）、齐衰不杖期（不执杖，一年）、齐衰五月和齐衰三月等。三是大功（“功”同“工”，做工义，大功即做工粗）九月，用粗熟麻布为丧服。四是小功（做工精细）五月，用稍粗的熟麻布为丧服，主要是为“兄弟”之亲所服。五是缌麻三月，用稍细的熟麻布为丧服。缌麻是五服中最轻的一种，表示边缘亲属。如曾叔伯父母、族叔伯父母、外祖父母、岳父母、舅父、外孙、外甥等，都服缌麻。五服之外，同五世祖的亲属为袒免亲，袒，指露左臂；免，用布从项中向前交于额上，再后绕于髻。为袒免亲服丧，因时代不同制式也屡有变迁。宋时，以白阑缟巾为袒免亲丧服；明清时，奔丧着素服，以尺布缠头。到六世时，亲属便是无服亲了。对此，《礼记·大传》载：“四世而缌，服之穷也。五世袒免，杀同姓也。六世亲属竭矣。”五服制度有三个显著的特点，即男尊女卑、血缘明确、有嫡庶之别。五服制在汉代后，成为正统礼仪。

什么是服丧

服丧是为死者守丧的礼仪。指丧事办完后，亲属还要在一定时间内在衣食起居等日常生活方面遵守一些特殊的仪节，以示哀悼。服丧时，最重要的是服制，即守丧期间的服饰以及期限。根据与死者关系的亲疏远近，规定有“五服”，对于期限，古代礼制因死者对象不同而有相应的服丧期限，这些期限往往不十分确定，处在变动之中。其中，以“三年之丧”为最长。三年守孝有着特殊重要的地位，其渊源可追溯至上古，《尚书》中记载：“帝（尧）乃殂落，百姓如丧考妣，三载，四海遏密八音”，“（殷高宗）乃或亮阴，三年不言”。《礼记·三年问》载“三年之丧”为“子生三年，然后免于父母之怀”，为服丧三年释义。《孟子·万章》甚至记载了这种礼仪的顶真延续：“尧崩，三年之丧毕，舜避尧之子于南河之南。……舜崩，三年之丧毕，禹避舜之子于阳城。……禹崩，三年之丧毕，益避禹之子于箕山之阴。”此后历朝历代，凡涉及守丧仪制几乎无不提“三年之丧”。

什么是守制

守制就是居丧服孝，是孝子居丧期间在衣食住行方面必严格遵守的一种制度。这种制度要求守制者的日常生活一切从简，要像苦行僧一样地过苦日子，不能享乐，并以种种自虐和压抑人性的极端方式来体现所谓的孝道。所以居丧也叫“丁忧”或“丁艰”。丁父忧又叫丁外艰，丁母忧又叫丁内艰。以下从衣食住行四个方面来看看孝子守制时的日常生活是如何一切从简和自虐的。

衣。亲人初死，服孝者就应除去华丽的服饰而换以素淡的衣服。大殓之次日就要换上正式的丧服，“五服之人，各服其服”。服期内一般还不能洗澡，不能剃头，不能更换衣服等。

食。饮食必须严格节制。父母初终的三日之内，孝子不能饮水也不得进食，必须空腹尽哀。大殓之后方可少量食粥。居丧期间只能吃缺盐寡味的粥饭，禁食瓜果菜蔬，更不要说酒肉了。《礼记·檀弓》说曾子执亲丧“水浆不入于口者七日”；《梁书·昭明太子传》说萧统丧母，“至殡水浆不入口，每哭辄恸绝”，丧事未完人已消瘦得不行了。这些都是为后人所称颂的事例。当然也有因贪口福而受谴责甚至惩处的。《晋书·何曾传》说阮籍居丧期间饮酒食肉，被指责为“败俗之人”；《册府元龟》说唐人陆慎余与其兄在守制期间穿着华丽的衣服，上街游玩并饮酒食肉，结果各被打了四十板子逐出京城，陆慎余还遭到了流放的惩处。

住。住处必须简陋，不得奢华，未葬之前，应在中门外先搭个茅棚作为起居处，谓之倚庐。“寝苫枕块”，睡草席枕砖头泥块，身穿孝服守于庐中，深居简出不与人来往，睡觉也要和衣而卧。下葬之后，则于墓旁搭棚而居，谓之墓庐。居庐守制期间不得与妻妾同房。《后汉书·陈蕃传》说一个叫赵宣的儒生，为博取孝名竟在墓道中居丧守了二十多年，于是以孝得到了推荐。不料太守陈蕃前去访察时，竟访出他在墓道中与妻子生养了五个孩子，结果被下狱治罪。唐朝的法律也规定，居父母丧而生子者处一年徒刑（《唐律疏议》）。

行。居丧期间停止一切娱乐活动，严禁娶妇嫁女，访亲会友也要受到限制，更不允许接受推举或参加科举去做官。汉律规定，“不为亲行三年服不得选举”；隋唐时有父母之丧的也是绝对不能去应举的，其他尚可酌情而定；北宋时竟严到缌麻之丧也不得参加科举了，一个叫时稹的人“冒缌而举”，竟“为同辈所讼”，结果真宗居然命御史台去劾问查究。

什么是夺情

做官的如果碰到亲丧，一般就应立即辞去官职回家守制。但若情况特殊则可有所变通，这就是守制中的“夺情”现象了。

夺情犹夺服，就是终止守制，指官员不能回家去服孝却要留在官署里办公。在正常情况下，官员遇到父母之丧是必须去职回家守制的，但遇到特殊情况如军事需要或政务需要的时候，该守制的官员就必须在岗而不能回家守制，甚至在家守制的官员也会被召回强令出仕，这就叫夺情，后者也叫起复。因为从封建主义的伦理来说，君臣之义是大于父子之情的。这正如孙权所说的：“孝父母是礼，忠君国是义，国家有事则杀礼以从，以义断思，尽节为先，先公后私。”

夺情起复的现象是屡见于史籍的，只是各朝的规定并不完全相同。唐朝的官员常因国事的需要而奉命夺情起复。丞相张九龄丁母忧，结果被诏令夺哀起复；欧阳询的儿子欧阳通也是丁忧起复的。据说欧阳通被夺情起复后，每次入朝都是光脚走到朝廷的门外才穿鞋，并且很少说话，“非公事不言”，回家之后又“必衣衰绖，号恸无常”。宋朝的夺情官员则多在官衔前冠以“起复”二字，如宋初宰相赵普丁忧起复后就自称“起复左仆射中书门下平章事臣赵普”，以示有孝在身。元明时期一般不允许夺情起复，主张官员应该为父母守制。到了清初，则八旗官员若遭父母之丧，百日后即可起复授职。

由于丁忧守制的官员是没有俸禄的，而且守制期满后很难起复为原职，所以常有贪图禄位而不报忧守制的。后唐明宗时的孟异就是一个典型的例子。他在母亲去世后不报忧奔丧，事发后被大理寺判为充军，皇帝却认为这是忤逆不孝的十恶大罪，结果被赐自尽。也有不愿离职而自谋夺情的。如明朝万历初年的首辅张居正，在接到父亲的讣告时，正忙于一些改革和变法的工作，他不愿就此功亏一篑，因而迟迟不去奔丧。年幼的万历皇帝虽派宦官慰问，却又并不想留他。于是他就通过太后让皇帝诏令夺情，而他本人却在表面上一再上疏要求回家守制。虽说反对派和他展开了一场混战，但最终还是他自谋的“夺情”成功了。

初生礼

生育是古人非常关心的一件大事，家中添丁进口后，要遵照礼俗进行庆贺。

婴儿初生的第一项礼仪活动便是报喜，向亲戚朋友邻居以及宗祠报喜。由于重男轻女的宗法观念的影响，早在先秦时就有了弄璋、弄瓦之说。璋是古代贵族所用的玉器，代表男孩，预示所生的男孩长大后能执玉器为王侯，所以生男孩就叫弄璋之喜；瓦是古代女子纺织用的纺砖，代表女孩，所以生女孩又叫弄瓦之喜。

在报喜的同时，还要在门口张挂婴儿诞生的标志，以在一定范围内起到报喜的作用，同时防止不知情者贸然闯入，提醒一些特殊人物如孕妇、服孝者等自行回避。这个标志还是一个能说明性别的象征物，《礼记·内则》说："子生，男子设弧于门左，女子设帨于门右。"弧是弓，弓是武士的象征，代表男性；帨是佩巾，代表女性。

三朝礼

新生儿诞生之初，虽有报喜等礼俗，但都不能触及婴儿。一般要到第三天才举行一个正式的礼仪来对新生命的诞生表示庆贺。届时，亲朋好友带着贺礼来道喜，主人则设宴款待。这一天还要对新生儿举行几种仪式：

一是对脐带和囟门作礼仪性的处理，俗称落脐炙囟。

二是象征性的开奶和开荤。先是抹几滴黄连汤在婴儿的嘴上，边抹边说："三朝吃得黄连苦，来日天天吃蜜糖。"然后蘸一些用肥肉、状元糕和酒、鱼、糖等食品制成的汤水抹在婴儿的唇上，也是边蘸边唱："吃了肉，长得胖；吃了糕，长得高；吃了酒，福禄寿；吃了糖和鱼，日日有富余。"最后让婴儿尝一口从别人那里要来的乳汁。

三是三朝礼中最典型的洗三，也叫洗三朝。即用槐枝和中草药煮成的汤水给婴儿沐浴，并边沐浴边唱祝词："洗洗头，做王侯；洗洗腰，一辈倒比一辈高；洗脸蛋，做知县；洗腚沟，做知州。"洗完后用姜片、艾蒿擦脑门和身体的重要关节，以使孩子健壮；还要用新布蘸清茶水擦婴儿的牙床，让他放声大哭，以此为吉兆，俗称"响盆"；最后还要用大葱打三下，以使他聪明伶俐等。

满月礼

满月礼很隆重热闹。生子满月值得庆贺，产妇出月也该纪念。婴儿满月后许多禁忌就随着解除了，所以主人要请亲朋好友来喝满月酒。据《东京梦华录》记载，宋朝小儿满月时，主家在盆中烧了香汤，亲友就撒钱在汤中，称“添盆”。这是一种独具特色的馈赠仪式。

满月时还有剃胎发、出门游走等仪俗。剃胎发是满月礼中的一项重要仪俗，多由舅舅主持，是母系社会人际关系的某种遗留。剃头时额顶要留“聪明发”，脑后要蓄“撑根发”，眉毛则要全部剃光。剃下的头发还要收藏好。这种习俗一直延续到现在。满月游走也叫满月逛街，是一种为婴儿祈求吉祥的活动。据《东京梦华录》载，宋代在满月礼落胎发之后，便“抱牙儿入他人房”，一般是由外婆或舅舅抱去礼节性地小住，谓之“移窠”或“挪窝”。目的是让婴儿能象征性地见见世面，以便将来能有出息、有胆识，成为一个精明能干的人。

百日礼

百日也叫百晬，《东京梦华录》说：“生子百日置会，谓之百晬。”晬，婴儿周岁之谓也，又称百岁，明沈榜《宛署杂记》说：“一百日，曰婴儿百岁。”所以过百日也叫过百岁。

百有圆满、完全等意义，所以百日礼多在“百”字上做文章，其中最有特色的就是百家衣和百家锁了。百家衣是一种集邻里各色碎布连缀而成的服饰，状如僧衲。是为婴儿祈寿而做，据说能托百家之福消灾避难。百家锁也是一种集百家之金银打制而成，或由多家人家合送的象征物。锁上多有“长命百岁”、“长命富贵”等祝福吉祥的文字或图案，所以也叫长命锁。

周岁礼

周岁既是诞生礼的总结，也是寿礼（生日礼）的开始，所以一般庆祝时都比较隆重。所送的礼品多为衣服鞋帽，其中鞋子是必不可少的，因为此时孩子已能蹒跚行走了。旧时以送虎头鞋为最多，因为据说穿上虎头鞋后，小孩就能壮胆避邪、安全成长了。

周岁礼中流行最普遍的是抓周，也叫拈周或试周等。父母以各色象征物摆放在孩子的面前，随其抓取，以此来预测他的志趣、前途和将来可能从事的职业等。一般以文房四宝代表读书为文，以算盘戥秤代表经商贸易，以珍宝玩具代表贪婪玩耍，以炊具碗筷表示主持家务，以刀尺针线表示女工，以首饰花朵表示喜好打扮，等等。这种习俗至迟在南北朝时已经出现了，盛行于古今。小说和传记中多有记载。贾宝玉抓了脂粉和钗环，贾政便骂他将来必为酒色之徒；杨绛说钱钟书抓了一本书，他的祖父和父亲都很高兴，因此取名为“钟书”。

男子的成年礼仪：冠礼

冠礼也叫成男礼或成丁礼，主要的礼仪形式就是加冠，所以叫冠礼。冠在人的头上，至高无上，地位最尊，所以古人对冠特别重视。子路在卫国的一次战争中负了重伤，帽缨也被砍断了，临死之前他却说：“君子死，冠不免。”遂结缨而死。可见冠在古人心目中的地位。因此行冠礼就能使人增添庄重的感觉。行冠礼之前，当事人还是孩子，加冠之后就成了大人，别人就要以成人之礼来相待了，自己的言行举止也要符合社会的礼仪规范，所以冠礼被称为“礼之始”，被列为六礼（冠、昏、丧、祭、乡、相见）之首。

据《礼记·士冠礼》的记载，冠礼是在宗庙里举行的，由父亲或兄长主持仪式。仪式非常隆重而繁琐，大致有十几道程序：

先是以占卜决定加冠的吉日，然后在三天之前预先通知宾客，再在宾客中选定一个负责加冠者，选定之后还要一再地敦请。到了加冠那天，请宾客入庙就位，接受加冠的青年出房就位行礼，接着就开始了加冠。正式的加冠礼有三次：初加缁布冠，表明他已成人，有了成人所应有的一切责任和权力，可以管理人了；二加皮弁，表示从此要服兵役了；三加爵弁，表明从此有权参加祭祀了。每加一次冠，宾客都要对受冠者致祝词；三次加冠之后，主人就要设酒宴礼宾。这以后加冠青年还要去拜见母亲，然后由宾客给他取字，然后再去拜见兄弟等家人，去拜见地方行政长官和乡里的前辈。加冠青年在向家人和地方长官以及前辈行礼时，受礼者都要答礼，以示家庭和社会对刚加冠的男性新成员的尊重，并让他明白今后将要负担的家庭和社会的责任。最后是主人的再次敬酒和恭送宾客。至此成人的加冠礼才全部结束。

由上简述可知，先秦时的加冠礼是相当繁复的。后来这种仪式逐渐地有所简化。

加冠礼中文化意味较浓的一个内容是取字。“童子无字”，字是成人的一个标志。《礼记·冠义》说：“已冠而字之，成人之道也。”行冠礼取字后，别人一般就不能随便地直呼其名，而必须称字了。直呼其名就成了一种很失礼的行为。

加冠既是成人的一个标志，冠也就成了贵族成年男子的重要服饰，该戴冠的场合如果不戴冠，常会被看做是一种非礼的行为。《晏子春秋·内篇杂上》说齐景公“被发，乘六马，御妇人，以出正闺”，一个叫刖跪的守门人竟然“击其马而反之，曰：‘尔非吾君也。’”使“景公惭而不朝”。一个小小的守门人居然敢如此大胆地阻挡景公，不让他的车马走出宫门，原因就在景公的披发不冠不合礼，景公自己也感到了理亏。《史记》中也说到汉武帝有一次因为不冠，望见汲黯来奏事竟躲到了帐中去。这说明戴不戴冠不仅仅是一个礼制问题，还含有对别人是否尊敬的意思在内的。《后汉书》说马援在未做官时，“敬事寡嫂，不冠不入庐”。表示的就是对寡嫂的敬重和礼貌。

行冠礼的年龄一般在二十岁。《礼记·曲礼上》：“二十曰弱冠。”二十岁虽说身体还不太强壮，但已成年，可以行冠礼了。而实际上行冠礼的年龄还常有早于二十岁的。《左传·襄公九年》：“国君十五而生子，冠而生，礼也。”一个男青年只有行了冠礼之后才能择偶婚配，才合乎礼。所以为使未满二十的男青年生子合礼，就只有提前行冠礼了。孔颖达在《礼记》的疏文中说，唐代的庶人和士人之子年二十而冠，但卿大夫十五以上就可以行冠礼了，天子、诸侯和天子之子更有早到十二岁就行冠礼的。身份越高的嗣子，行冠礼的年岁就越有可能提前。这种做法其实是为延续宗法社会而采取的一种无奈的变通。

女子的成年礼仪：笄礼

女子行笄礼的年龄要早于男子。《礼记·内则》说女子“十有五年而笄”。十五岁在女子为“及笄”之年，已经成年可以出嫁了。《仪礼·士昏礼》说：“女子许嫁，笄而醴之称字。”女子到了十五岁就可以出嫁了，但之前要先给她举行笄礼，并像男子一样也给她取个字。如果十五岁还没有许嫁呢？郑玄说：“其未许嫁，二十则笄。”嫁不出去的姑娘，最迟二十岁也要行笄礼的。

笄是一种盘头发用的簪子。所谓笄礼，就是将头发挽起来，用笄簪上。在古代，无论男女，幼年时的头发都是自然披散的，最多也只是扎成两束垂在脑后，称“总角”。成年之后，头发就要精心收拾了。男子加冠，女子加笄。但由于重男轻女的缘故，有关笄礼的记载比较少见，举行时也远不如冠礼隆重。在朱子的《家礼》中，记载了一般人家的笄礼仪式：女子于许嫁之后由母亲主持笄礼。提前三天通知宾客，提前一天登门邀请行笄礼的主宾。行礼之日，主妇恭迎女宾入堂，并请主宾为女孩加笄。然后是换衣、祭酒、用字。最后是父亲带去祠堂拜祖先，与长辈见礼，宴请宾客。

全部程序与男子的冠礼相比，少了三加，也没有与地方长官和乡绅见面的内容。这是因为女子成年以后的社会活动和社会责任有别于男子，她的主要活动范围都被限制在室内的缘故。所以女子婚后就有了一个别称叫“内子”。

古代的婚聘六礼

婚姻是人生大事，婚姻之礼理所当然是郑重的。中国传统的婚姻，男女双方在婚前多半是从未谋面的，全凭父母之命，媒妁之言。父母主要考虑的是宗族的延续和门当户对，很少考虑当事人的情感。

婚聘礼仪就是婚前的礼仪，传统的有“六礼”，即纳采、问名、纳吉、纳征、请期和亲迎。

一是纳采。

这是婚聘六礼的第一礼。男方家长向女方家长表达联姻的意愿，并托媒人带好礼品去提亲。就是现在所说的“说媒”和“求婚”。

纳采必须送礼，这个礼物在先秦就是雁，所以纳采也叫“奠雁”。雁是当时婚聘礼仪中最重要的礼品。后世除用雁之外，还有用羊、鹿、阿胶、干漆和蒲苇等礼品的。这些礼品也都是有其寓意在内的：羊者祥也，鹿者禄也，都是用来表吉祥的；阿胶、干漆取其如胶似漆之意，喻夫妻和谐；蒲苇则以其柔顺喻妇女之温柔。

二是问名。

女方如果收下了男方的雁，就表示允婚了，于是就有了男方第二次用雁上门的问名。问名就是互相初步了解对方的姓名、年龄、生辰、籍贯和三代（曾、祖、父）等情况，就是通常所说的“请八字”和“请庚”。

问名一般是口头的，郑重的也有写成帖子给对方的。后来还增加了家长相看的内容，弥补了对对方一无所知的缺陷。隋唐以后，六礼的步骤有所简化，问名和纳采就合成一步同时进行了。

三是纳吉。

纳吉在婚聘六礼中是最关键的，因为这时已进入到了实质性的订婚阶段。

男方在问得生辰八字后，还有一个不是很简单的合婚工作。我国古代的婚姻，除了父母之命和媒妁之言外，还需要有一个“天神之兆”作依据。最初还比较简单，只需“归卜于庙”，如果得到一个吉兆，婚姻之事就算定了。

四是纳征。

纳征在婚聘六礼中是最重要也是最具特色的，也叫“纳成”。“征”就是

提亲图　清　选自《姑苏繁华图卷》

“成”，意思是男家只有先纳聘礼才能成婚，所以也叫“纳币”、“纳财”、“过礼”和“大聘”等。后世所说的“买卖婚姻”就是以此为依据的。

纳征所送的礼品比较重，不再用雁了。先秦时还只是布帛和毛皮衣物等，汉以后就开始多用金银了，而且数目还相当可观，后代更是愈演愈烈。

五是请期。

女方一旦接受了彩礼，婚约就正式确立了，接下来的工作就是请期。所谓请期，就是男方选定了合婚的吉日良辰去征求女方的意见。但征求时为示谦让，要请女方确定日期，所以叫请期。其间女方也有一番谦让。最终是男方把选定的日期告诉女方，所以后来也叫告期。

请期也要送礼，古礼用雁，后世有用各色礼物的。女方则于迎娶之前要“过嫁妆”，男方在收到嫁妆之后，新女婿要由媒人陪同去女家“谢妆”。过嫁妆其实就是亲迎的准备了。

六是亲迎。

亲迎是婚聘六礼的最后一礼，相当于后代的婚礼大典，礼仪既隆重又繁琐，在古代要分三天才能完成。

第一天是亲迎的准备。女家要为女儿“开脸”、“上头”。开脸就是用细线绞去脸上的绒毛，并修齐鬓角和额发。开脸是区别已婚与未婚的象征，旧时为人妻者也被叫做“开了脸”的。上头就是笄礼，这也是区别女子是否已婚的一个标志。女方家还要去男家整理新房和婚床，叫铺房。这一方面意味着是娘家对女儿的最后一次照顾，另一方面又是代表女儿对女婿所作的一次礼仪性的侍奉。所以铺房也叫暖房。

男家在这一天还要送最后一次礼：催妆礼。催妆礼除了一般礼品外，主要是供女方妆饰用的物品。新郎还要去亲戚朋友家行礼，表示自己已成年要成婚了，这叫“告冠”。

第二天是新郎亲自去迎接新娘，然后是拜堂与入洞房；第三天则有新娘拜见公婆等礼仪。

古代的拜堂

“亲迎”是非常隆重而繁琐的，时间也特别长，前后要有三天。第一天是亲迎的准备，男女双方要为自己的即将“成夫”和“成妻”作一些准备。第二天才是亲迎的正日，新郎官要亲自去迎亲成婚了。

那天新郎一早就穿戴齐整，先去祠堂参拜祖先，然后乘马去女家。临行之前，父亲还要再三叮嘱和强调：这是事关宗庙继嗣的大事，新郎是受父亲之命去迎亲的。

那天女家也要向祖宗祷告：女儿即将许配于人。迎亲队伍到来时，女方家长要亲自到门外去迎接。新郎进门后还要再次“奠雁”，即再次送上礼品雁。这是最后一次用雁了。到这时才能把新娘迎回家去。新娘临行时，父母也照例免不了一番叮嘱。

婚娶图　唐

迎亲队伍往往十分壮观，场面也很热闹。在唐以前，新娘是坐车的，北宋以后逐渐流行坐花轿。有的地方新娘还要由兄长背上轿，同时还要哭哭啼啼的。据说这并不犯忌讳，反而是哭得越响，婆家就越有财，所以有“哭嫁”之说。其实这种哭嫁是可以看作上古抢婚之遗风的。迎亲队伍在回去时一般不能走原路，得绕道走，这叫“不走回头路”。有的地方在迎亲轿子走后，娘家人还要泼上一盆水，表示女儿已像这泼出去的水一样了。

迎亲队伍回到男家之后，这才开始了正式的成婚仪式：拜堂与入洞房。

拜堂也叫拜花堂，俗称拜天地。这是男女成婚最主要的一个仪式。但在拜堂之前，新娘却还要经过许多仪俗。如，迎亲队伍回到男家后，喜轿不能马上进门，而要留在门外，据说这是在给新娘“憋性子”，能把新娘的脾气憋得柔顺。喜轿到了院子里后，还要从预先摆好的炭火盆上慢慢地跨过去，这叫“跨火盆”，意思是烧去一切不吉利的东西，以后的夫妻生活会越过越红火。新娘从轿里出来后，脚还不能踏地，所以又有“传席”的仪俗——地上铺着红毡毯，有人不断地传递着朝前铺，新娘踏席而行。后来也有用米袋的，叫“传袋”，以袋隐代，取其代代相传的意思。据说在这个仪俗中，新娘的脚不踏地，还隐含有不可得“地”，即不可让她在男家有权有势的意思在内的。这反映了当时男尊女卑的习俗观念。

这一切仪俗完了之后才是拜堂。江南的旧俗是男左女右，在司仪的引导下，“一拜天地，二拜高堂，三夫妻对拜”。按照古人的意思，男女相交是从结婚开始才具有了人伦之义，而结婚又是有“天神之兆”作依据的，所以首先要拜天地；从结婚之日开始，新娘就成了男方家庭的一员了，所以又要拜父母；结婚之后，男女双方两个独立的个体融合为一体了，所以还要新郎新娘交拜。

拜堂之后就是大宴宾客的宴请活动了。这也有许多讲究，如座次的排列、菜肴的配置、敬酒和祝酒等，甚至还有大唱宴席歌的，以此来营造喜庆的氛围，抒发欢快的情感。

入洞房

新婚夫妇在拜堂之后的节目就是入洞房。入洞房的第一个主要仪式是“牵巾”。新郎用一条红绿的彩绸牵引新娘，两人相向，新郎倒行着把新娘引入洞房。这条牵巾象征着两人会合的桥梁，两人有此桥梁就可以互相沟通了，所以也叫合欢梁。在彩绸的中间还要结一个同心结，象征两人将同心同德、白头偕老。

新娘自出阁直至拜堂行礼，都是盖着头巾由伴娘扶着的，入洞房时就改由新郎牵入，伴娘不再扶着了。

进入洞房之后还有很多礼俗。如：坐帐，也叫坐福。新郎新娘坐在床沿上，新郎以自己的左衣襟压在新娘的右衣襟上，意思是男人要压住女人。坐帐之后就是揭头巾了。面对众多陌生的宾客，新娘常以扇遮羞，这叫“遮扇”。这时新娘呈现在人们眼中的那种半遮半掩的娇羞之态，常常为诗人墨客所吟咏。如南朝梁何逊的《看新婚诗》中就有“何如花烛夜，轻扇掩红妆”之类的诗句。

进洞房之后最重要的一个节目是同牢合卺。同牢是指新郎新娘同食一牢，即同吃一只猪肉或羊肉，后演变成两人同吃一碗饭，表示成了一家人。合卺则是两人一起喝酒。卺是由同一个瓜或瓠等分剖为两半的瓢，用线拴在一起。一剖为二象征夫妻两体，饮酒后再合二为一，又象征了夫妻的合体之义。到唐朝时改用酒杯，称“双杯”，也叫合欢杯。宋时始有交杯酒的风俗，两个杯子用彩线相连，两人对饮，有时各喝半杯，再交换喝尽，所以称交杯。喝完，还要掷杯于地，若是一仰一俯，就象征了阴阳调谐，大吉大利。

合卺酒之后还有结发或合髻的仪式。结发是新郎解开新娘的头发，然后象征性地把两人的头发结扎一下的仪式。后来称元配为结发夫妻就是源于这个习俗的。有人认为结发是指新郎把新娘束发的丝绳解下来的动作。因为女子一旦许嫁，就要用丝绳把头发束起来，表示她已有了对象。新婚时新郎把那根丝绳解下来就是结发。那根丝绳就成了夫妻关系的一个信物。唐代以后，结发逐渐演变成了合髻。新婚时新郎和新娘各剪下一绺头发，把它们绾在一起作为夫妻的信物。唐代有一个女子叫晁采，她在和情人私订终身时写了一首《子夜歌》：“侬既剪云鬟，郎亦分丝发。觅向无人处，绾作同心结。”诗中所说的剪发和绾发就是新婚合髻的仪式。

洞房的最后一个节目就是闹房了，也叫闹洞房。这是婚礼最后的一个高潮。先秦时还没有这个习俗，因为儒家的六礼都比较庄严规矩，婚礼的整个过程比较古板，气氛也比较沉闷，所以很少有喧闹的场面。两汉时期，随着婚礼奢侈之风的兴起，闹房的习俗也就逐渐在民间形成了。虽说闹房有时显得比较粗野，但却能增加新婚欢乐热闹的气氛，有利于消除新郎新娘羞涩的感觉，所以这种习俗一直延续到了现在。

据《汉书》的记载，当时还有一种“听房”的习俗。闹房之后，客人散尽，新郎新娘的侄子、小叔等在窗外偷听两人的悄悄话以为笑乐。《后汉书·列女传》写东汉大儒马融的女儿与东汉望族袁隗新婚，人们去听房，但却没有听到儿女私情的悄悄话，全是有关人伦大义的话，那些话让听房者深深地感到了惭愧。

拜见舅姑

从新娘方面说，婚后成妇的第一道大礼就是拜见舅姑。舅姑就是我们现在所说的公婆。《尔雅·释亲》：“妻之父为外舅，妻之母为外姑。”

新娘拜见舅姑的礼仪在周朝是非常庄重的。按《仪礼·士昏礼》的说法，这个礼仪一般是在亲迎的第三天，也就是成婚的次日举行。新娘在那天一早就要起床，还必须梳妆整齐，恭恭敬敬地等待着去拜见舅姑，希望能讨得舅姑的欢心。《礼记·檀弓》中说，新妇如果不妆饰打扮是不敢去见舅姑的。唐代诗人朱庆馀写过一首《近试上张水部》诗（有的版本就题作《闺意》），这首诗十分形象而生动地写出了一个新嫁娘想要讨得舅姑欢心的心理和神态：“洞房昨夜停红烛，待晓堂前拜舅姑。妆罢低声问夫婿，画眉深浅入时无？”花烛之夜就早早地起了床，等待着去见舅姑。还怕自己的妆饰不合舅姑的心意，先低声问问自己的夫婿。虽说朱庆馀是借此来写科举考试的，但却为我们十分传神地刻画出了一个等待着去拜见舅姑的新娘的微妙心理，再现了这种拜见舅姑的旧时礼俗。

按照《礼记》的记载，新妇拜见舅姑时，还要带上枣子、栗子和用姜桂腌制的干肉等作见面礼，以此来谐音早生子和早立家业的意思。第二天公婆就要回敬新妇一杯酒，新妇也答谢一杯酒，然后公婆从西阶下堂，新妇从东阶下堂，以此表示新妇从此代替了主位，公婆成了客。这就是周朝的“著代”之礼。按照周朝的婚礼，新妇在入门之后，还要去宗庙拜见祖宗，行庙见之礼等。这些礼仪在后代都逐渐有所简化和紧缩。

自南朝宋以后，新妇在拜见舅姑时还常有众宾列观。唐代则还要拜见新郎的尊长和故旧等，以识记丈夫家的长辈和幼辈，便于以后的称呼，明确自己在丈夫家族中的地位。这对新娘来说是至关重要的一个礼仪。

新妇试厨

新妇在拜见舅姑之后便要开始履行妇职了。第一项工作就是试厨，就是下厨房做饭来伺候公婆。唐代诗人王建的《新嫁娘》诗说：“三日入厨下，洗手作羹汤。未谙姑食性，先遣小姑尝。”新妇初次伺候公婆，不了解公婆的食性，怕公婆不喜欢，所以拉了小姑来试尝。这首诗写出了新嫁娘对试厨工作的重视。而这一礼仪的象征意义是说明男女在传统社会中的地位与角色的不同。

女儿出嫁三天之内，娘家还要派人送熟食，俗称“暖女”。这是因为出嫁是女儿人生的一个转折点，刚嫁到夫家又难免会有寂寞和冷落的感觉，所以娘家就用送食品的方法来表示对女儿的关怀，以此来温暖女儿的心。这种习俗是在宋以后才逐渐形成的，宋以前尚未见记载。

传统的婚礼都是以男家为重的，但女家也要有所庆贺。新娘有隆重的拜见舅姑和试厨等成妇的礼仪，新郎也有热闹的成婿礼，这就是“回门”。

回门礼一般在新娘完成了夫家各项礼仪之后的第三天或第七天举行。届时新娘要陪同新郎回娘家去拜见岳父和岳母。这个仪式也是非常隆重热闹的：女家要大摆宴席款待新女婿，女家的亲属要给新女婿送贺礼，还要戏弄新女婿；新女婿在这里也要叩拜尊长，认认女家的成员。在完成了成婿礼之后，女家还要备鼓乐吹吹打打地送他们回家。

完成了成妇礼和成婿礼之后，新婚的仪式才算全部结束，接下来的事情就是准备生儿育女了。

古代的收继婚

在古代社会，有一种收继婚，它是人类早期共妻现象的残余，其表现形式主要有：哥哥死了，嫂子就嫁给弟弟；弟弟死了，弟媳就嫁给哥哥；姐姐死了，妹妹再嫁给姐夫；甚至长辈死了，其妻也要下嫁给晚辈。西汉王昭君远嫁到匈奴以后，也碰到了这个收继婚的问题。

王昭君和呼韩邪单于，两人在年龄上的差异大约有三十岁。呼韩邪单于在竟宁元年（前33）娶王昭君，在建始二年（前31）就去世了。成婚前后还不到三年。但两人生了一个儿子叫伊屠智牙师。呼韩邪单于死后，他的长子雕陶莫皋继位，想要收继王昭君。王昭君不能适应这种婚俗，遂“上书求归”。但汉成帝没有同意，却“敕令从胡俗”。于是雕陶莫皋就收继了王昭君，并和她生了两个女儿。这两个女儿和原来的那个儿子，不能以兄妹相称，而只能随胡俗成为叔叔和侄女的关系。一母所生的子女，竟然是两个辈分。然而这在匈奴等少数民族中却是很正常的。

这种收继婚当时也叫转房婚，是符合当时社会道德规范的一种婚俗形式。这种婚俗形式一直延续到近代，在近代的甘肃、四川、云南等地都还有所残留。徐珂在《清稗类钞·婚姻》中说，云南有一家人家四兄弟都已婚配。后来大哥死了，不久最小的弟媳又死了。按收继婚的办法，大嫂应被小弟收继，但两人年龄相差太大，于是就采用叔嫂移配的方法来收继：大嫂移配二弟，二嫂移配三弟，三嫂移配小弟。这件事情后来被县里的地方长官知道了，准备治他们的罪。县里的一个小吏就为他们求情说：“此间习俗如此，愿无拂其意。”那个地方长官也就只能作罢了。

这种婚姻习俗的存在，主要原因恐怕还是为了确保一个以血缘关系联系起来的大家族的财产和血缘不出问题。因此在这种婚俗中，女子其实已被看成是一种财产了，她们是属于这个家族的，是不可能被允许转嫁到外姓人中去的。这种婚姻是与淫乱无关的。

如果事涉淫乱，那就是被称为“烝”或“报”的乱伦行为了。

对偶婚形成之后，凡属夫妻之外发生的性关系，一般称为“淫”或

"通"，如果是下淫上就叫"烝"或"报"。其中"烝"指淫非生母的父（甚至祖父）之妻妾，"报"指淫季父之妻妾。然而这种烝报的乱伦现象在春秋战国时期却非常普遍，《左传》等史书中多有记载。如：

桓公十六年，卫宣公烝其庶母夷姜，又夺其儿媳宣姜；卫宣公死后，其子顽又烝其母宣姜。

庄公二十八年，晋献公烝其庶母齐姜。

僖公十五年，晋惠公烝其庶母贾君。

宣公三年，郑文公报其叔母陈妫。

成公七年，楚襄王之子黑要烝其庶母夏姬。

文公十六年，宋人鲍烝其祖母襄夫人。

这些乱伦的烝报行为，在现在看来都是难以想象的，但在当时却很普遍，人们并不把它看得很严重，甚至还人为地去促成它呢。如上面所引的"顽烝宣姜"就是这种情况。据《左传·闵公二年》的记载，卫宣公死后，其子惠公继位。惠公的生母就是宣姜。作为宣姜娘家的齐国，按照当时的惯例，要求惠公的庶兄昭伯（公子顽）"烝于宣姜"。公子顽不愿意，他们就施加压力强迫他烝了宣姜。结果宣姜和顽生了三个儿子两个女儿，这些子女在卫国还都享有很高的地位呢。可见当时这种行为并不受歧视或谴责。

到了汉朝，这类"烝报"行为虽说还有残存，但已开始受到舆论的谴责而逐渐减少了，这是因为"烝报"行为完全违背了儒家的伦理道德。到了明清时期，朝廷更是运用法律手段给予严厉的制裁，这类现象也就差不多绝迹了。至于隋炀帝烝其父之妃宣华夫人，唐高宗烝其父之才人武则天那样的现象，只是极个别的例外。

古代后妃制度

中国后妃的体制发始于周，形成于秦，自汉、唐、宋、元、明、清以来，历代多有增损。周代的后妃制规定王者立后、三夫人、九嫔、二十七世妇、八十一御妻。后，其在宫闱中的地位如同天子，三夫人则如同三公，九嫔如同九卿，世妇如同大夫，御妻同士。后及三夫人为天下母仪，制定妇礼。九嫔掌教四德，即妇德、妇言、妇容、归功。世妇主管丧祭礼宾之事。御妻侍奉天子之宴寝。此外还有女史、女况、典妇等，分掌内廷各种杂事。后妃们的行动必须遵照严格的礼制规定，不得擅自行动。"后妃"二字，其实是颇有渊源的。后原指国主、国君。古代的后王即指天子。妃，其本义指配偶，古音亦读"配"。这是对"后妃"称谓的追溯。班固曾说："天子之妃谓之后……天下尊

光绪帝大婚图

之，故谓之后。”天下尊之，其尊者仍为天子，而不是后妃本人。尊后妃，仍是尊天子。郑玄注《礼记》云：“后之言，后言，在夫之后也。”因此，后也好，妃也罢，命运均掌握在天子手中。一切听命于天子。周以后，帝王的婚配礼制屡有变更，但大体仍不离周制。以唐代为例，“皇后而下，有贵妃、淑妃、德妃、贤妃，是为夫人；有昭仪、昭容、昭媛、修仪、修容、修媛、充仪、充容、充媛，是为九嫔；有婕妤、美人、才人各九人，合二十七，以代替世妇；有宝林、御女、采女，合八十一，以代替御妻。”宋与唐制大同小异，增置了贵仪、妃仪、婉仪等。金制基本沿用唐制。到了明代，以皇贵妃为第二夫人，贵妃为第三夫人，以下妃号有贤、淑、敬、惠、顺、康、宁、昭等，妃下杂置宫嫔，间或有婕妤、昭仪、贵人、美人等名号。清时，从清太祖初始，宫闱没有位号，俗称妃为“福晋”。顺治十五年，采纳礼官之议：乾清宫设夫人一，淑仪一，婉侍六，柔婉、芳婉皆三十；慈宁宫设贞容一，慎容二，勤侍无定数；又设女官。康熙以后，典制齐备。皇后居中宫；皇贵妃一，贵妃二，妃四，嫔六，贵人、常在、答应无定数，分居东、西十二宫（东六宫为景仁、承乾、钟粹、延禧、永和、景阳宫，西六宫为永寿、翊坤、储秀、启祥、长春、咸福宫）。诸宫皆有宫女。每三岁选一次八旗秀女。一位帝王究竟有多少妃嫔，虽然一般援引周制认为是一百二十人，但往往流于形式。民间有“三宫六院，七十二嫔妃”的说法，“三宫六院”是后妃的居住处，“七十二嫔妃”只是一个虚数。

“立子杀母”的旧俗

“立子杀母”为汉武帝刘彻所首创。汉武帝是汉朝在位时间最长的一个皇帝，共做了五十四年皇帝，然而他在晚年却疑心病很重。在佞臣江充制造的巫蛊事件中，他废黜了戾太子，逼得戾太子最后自杀身亡。汉武帝虽有六个儿子，但戾太子死后，他却对其他几个儿子都不太满意，因此为嗣君问题伤透了脑筋。最后他只能把眼光锁定在晚年所得的非常像自己的幼子刘弗陵的身上，但其时刘弗陵还只有五六岁，因此他又担心刘弗陵的母亲会专权而动摇刘氏的天下，于是就萌生了这个立子杀母的念头。

据《史记》、《汉书》和《资治通鉴》的有关记载，刘弗陵的母亲赵婕妤，原是赵地河间的一位美女，天生丽质。据说她从小就双手紧握，谁也无法扳开。武帝巡狩河间时，闻听此奇女，遂使人召见，并亲自去扳她的手。谁知只是轻轻一扳，那女子的双手就分开了，从此就得到了武帝的宠信，号为拳夫人，后封婕妤，居钩弋宫，又称钩弋夫人。生刘弗陵时怀孕十四个月，武帝以为与尧母怀尧之时间同，因而命其所生之门为尧母门，而视刘弗陵为神灵所降，因而特别宠爱。刘弗陵也长得“壮大多知”，十分可爱。武帝常说“类我”，早就有意立他为嗣，只是一直担心以后其母会专权乱国而犹豫未决。至戾太子事件后，武帝才下了先杀其母后立其子的决心。于是有一天他便借一个小小的过失怒斥钩弋夫人，下令把她送到掖庭狱治罪。钩弋夫人不明所以，回头顾盼。武帝却只是怒喝：“趣行，汝不得活！”钩弋夫人死后，钩弋子就被立为太子了。

自此以后，便多有沿袭此制者。如鲜卑族拓跋氏建立的北魏政权，就比较典型地沿用了这个制度。当时的后妃都不愿自己的儿子被立为太子，因为母以子贵成了母以子死。道武帝的宠妃刘贵人生太子拓跋嗣后即被赐死，文成帝李贵人之子拓跋弘被立为太子后，李贵人也被赐死。然而孝明帝之母胡太后（亦称灵太后），居然能使宣武帝在去世之前，立七岁的元翊为太子时，废了这个传统的立子杀母制。（有人说是因为宣武帝信佛，不忍杀生而废的。）元翊继位后，胡太后便以太后的身份临朝称制，专擅国政，与内宠结党营私，并与其小叔清河王元怿等人淫乱宫闱，并最终不惜与人合谋鸩杀亲生儿子孝明帝。真的被汉武帝说中了。

古代的跪拜礼

跪拜礼是我国古代的生活礼节，它的出现与当时的物质条件和人们的生活习惯有关。在汉以前，我国还没有正式的凳椅。人们无论进食、议事都只是在地上铺一条席子（一般用芦苇、竹篾编成），人就坐在席子上。如果请客人坐正席，则多垫一重席子，表示恭敬。如果是统治者就座，其坐的席子比普通质料的要好一些，如周代举行大朝觐时，王者所坐的席位，即设有绣着黑白斧形的屏风，屏风前铺着用莞草编成的席子，上面有五彩蒲席和桃枝竹席，左右摆设扶手，给王者凭依。因此，古代的“坐”和我们今天的“坐”完全不一样：古人坐时要两膝着地，然后臀部坐于后脚跟之上，脚掌向后向外，实际上就相当于我们现在的跪。在接待宾客向客人致谢时，为了表示尊敬，坐着的人往往伸直上半身，也就是“引身而起”，然后俯身向下，这样就逐渐形成了跪拜礼。桌椅发明后，行跪拜礼愈发显得不便，但对于受礼人却更有意义，一是更能体现尊卑之别，二是由于施礼人两膝着地，以头着地，难有攻击性动作，对于受礼者比较安全。因此，这一礼节就作为觐见上级的“保留节目”流传了下来。虽历经王朝百代，然而盛行不衰。直到清朝乾隆年间，英国特使马戛尔尼拒绝在中国皇帝面前行跪拜礼，这一在中国沿用了数千年的礼节才首次遇到挑战。在双方讨价还价之后，清王朝不得不妥协：外国公使在觐见皇帝时以单膝下跪代替三跪九叩。虽然如此，但在本国君臣、上下级之间，仍然保持着这一礼节，依照等级行三跪九叩、二跪六叩、一跪三叩之礼。辛亥革命后，叩拜礼被革除，取而代之的是脱帽鞠躬（分三鞠躬、一鞠躬）。如今，这一延续了千余年的礼节，只是在拜神、拜祖时还有所保留。

细说“九拜”

跪拜礼是古代中国最重要而且是运用得最广泛的相见礼仪。这种礼仪的形成，是和古代中国人的生活方式尤其是坐姿密切相关的。古代的跪拜礼从形式上看有九种之多，合称“九拜”。《周礼·春官·大祝》云：“辨九拜：一曰稽首，二曰顿首，三曰空首，四曰振动，五曰吉拜，六曰凶拜，七曰奇拜，八曰褒拜，九曰肃拜。”原是祭祀鬼神时的礼节，后来演变为君臣、长幼、尊卑间的礼节。九拜当中，前三种属于正拜，后几种依附“正拜”演化而来，又称“附拜”。

稽首。稽首是九拜中最为隆重的一个跪拜礼节，用于拜天、拜神、拜祖、拜庙和臣子拜见君父、学生拜见老师，以及祭祀等场合。行礼时，屈膝跪地，拱手于地，手在膝盖前，且左手按在右手上，然后头缓缓地伏在手前面的地上，并停留较长的一段时间。“稽”就是“停留”的意思。

顿首。顿首也叫叩头。一般用于地位相等的平辈之间，如官员之间的拜迎和拜送，民间的拜候与拜别等。朋友间的信函往来也常用“顿首”以示敬意。行礼的动作与稽首相仿，只是头在地上停留的时间很短，一碰到地就抬起来了。“顿”就是“短暂”的意思。

顿首有时和稽首相对成文，以稽首表颂扬谢恩，而以顿首表请罪，所以古文常“顿首死罪”连用。有时在请求重大事情时也用顿首礼。申包胥因楚国危亡而向秦国求救兵，九顿首于秦孝公。

空首。空首也叫拜手，或简称拜，是古代男子最常用的跪拜礼，上下尊卑都可以通用。君答臣也用此礼。行礼时，屈膝跪地，先拱揖于胸前与心相平的位置，然后俯头于两手之上。由于行这种跪拜礼时，头是悬在空中的，所以叫空首。古人在行稽首或顿首礼时，一般都要先行这个拜礼，也就是空首礼的。古代书牍中常见的“拜手稽首”、“拜稽首”、“再拜稽首”等，指的就是这种先空首后稽首的跪拜礼。秦汉以后，空首与顿首混为一体不再细分了。

振动。振动也叫振董。由于《周礼》无明文说明，所以后世多猜测之词，至今没有一个定论。有的认为是拜完之后还要站起来跳脚哭，因为“动”就是恤，是一种用于凶事的拜礼；有的认为是双手相击后向人叩拜的礼，多用于庆贺；还有的认为是一种伴随着音乐节奏的拜礼。

吉拜。吉拜是一种丧拜，是非三年之服者所行的一种丧拜。拜时先空首后顿首。拱手时男尚左手，女尚右手，即男左手在外，女右手在外。

凶拜。凶拜也是一种丧拜，是三年之服者所行的一种丧拜。拜时一般先顿首后空首。拱手时男尚右手，女尚左手。其程序与左右手的位置和吉拜刚好相反，是一种重于吉拜的丧拜。孝子居丧期间答拜宾客时均行此礼，以表示自己内心极度的悲痛和感激。

奇拜。奇拜也有几种说法。一种认为是汉朝时称为雅拜的一种拜礼，拜时先屈一膝，然后再空首拜。一种认为奇是奇偶之奇，即只拜一拜的拜礼。稽首是再拜，所以稽首没有奇拜的现象；奇拜多附于顿首拜和空首拜。还有一种认为奇是倚持之倚，郑玄注《周礼》说：“倚节持戟拜，身倚之以拜。”是一种军队中施行的特殊的跪拜礼。因为军人有盔甲在身不便俯首。章太炎先生认为这种奇拜礼是与满洲风俗的请安相近的。

褒拜。褒拜指拜两次以上的拜礼，是一种表示恭敬的跪拜礼。古人行礼多用一拜，再拜三拜都是用来表示恭敬的意思的。“三拜稽首”、“九顿首”之类都是褒拜。“褒”是大的意思。

肃拜。肃拜也叫手拜，为妇人的拜礼，在九拜中是最轻的一种拜礼。拜时，跪而微俯其首，手垂下；头虽俯伏，但未至于手；手虽垂下，亦未至于地。肃拜为妇女之常拜，犹空首之为男子之常拜。但男子于军中亦行此肃拜礼。这是因为将士盔甲在身不便行其他的拜礼。肃拜礼至唐武则天称帝后，改为正身直立，双手手指相扣，放于左腰侧，微俯首，微动手，微屈膝。当时称为“女人拜”。行礼时还常口称“万福”，所以也叫“万福礼”。此礼一直延续到清代。

什么是拱手

拱手是古人最普遍最常用的一种交往礼节，也叫捧手。这种礼节在现在见面或答谢时还经常用到。施礼者双手合抱于胸前，男尚左手（左手在外，右手在内），女尚右手，立而不俯，以此表示恭敬。也有认为施礼时应拱手齐眉的。

拱手礼在周朝时已经很普遍了。《礼记·曲礼上》说："遭先生于道，趋而进，正立拱手。"《论语·微子》也有子路遇丈人"拱而立"的记载。从这些记载看，拱手礼主要用来表示对长者的敬意。

据考证，拱手的姿势最初是双手抱拳，说是用来模仿戴手枷的奴隶，意思是愿为对方作奴仆，供其驱使。古人的自谦语中有一个"仆"字，"仆"就是奴隶、奴仆，似乎也正是一个佐证。《尔雅·释诂》释"拱"为"执也"，《甲骨文编》收"执"字三十二个，均为枷住人双手之状。看来拱手礼就是用这种与戴手枷的奴隶相似的形状来表达对对方的敬意的。

什么是作揖

作揖也是古代常用的相见礼仪。两手抱拳于前，轻轻晃动，身体略弯，以此向人表示问候、致谢、邀请或讨教等意思。行礼时还常伴以敬词或谦词，并因对象的不同而有土揖、时揖、天揖、长揖和高揖的种种区别。

土揖是对没有姻亲关系的异姓所行的揖礼。行礼时双手稍稍往下，俯身。

时揖是对有姻亲关系的异姓亲族所行的揖礼。行礼时双手从胸前平推，俯身。

天揖是对同姓亲族所行的揖礼。行礼时双手从胸前微微向上推举，俯身。

长揖是对尊长者所行的揖礼。行礼时身体站直略折，两手合抱拱手高举，然后自上而下缓缓移动。《史记·郦生陆贾列传》记载了郦生去见刘邦，刘邦正倨床使两女子洗足，郦生遂"长揖不拜"的故事。按当时的礼仪，郦生见刘邦是要行跪拜礼的，但由于刘邦在洗脚时见客，对客人不礼貌，所以郦生也就仅以长揖为礼了。

高揖多为平辈间所行的揖礼。行礼时双手高高拱起，不需弯腰俯身。

作揖是以拱手为基本姿势而辅以上下动作的一种礼节。行拱手礼时双手是不动的，而作揖则双手须有相应的动作，两者原先是不相同的两种礼节。但后人在行此礼时，多分不清它们的区别而逐渐混为一礼了，所以常连名称之为

“拱手作揖”或“打拱作揖”。

长跪不是“长时间地跪”

古人坐着准备起身时，必须先把腰挺直了。这个动作就叫长跪，也叫跽。

在古汉语中，坐、跪、跽这三个词的动作姿势有一个相同的地方，那就是膝盖都是着地的。它们的不同只在臀部是否靠着脚跟和上身是否挺直上。

臀部靠着脚后跟的姿势是坐。这种姿势相对比较安稳舒适。

臀部离开脚后跟的姿势是跪。这种跪姿与坐相比显得较为谦恭有礼。《穀梁传·僖公十年》：“君将食，丽姬跪而请曰：‘食自外来者，不可不试也。’”由于跪姿臀部悬浮，不太安稳，所以又称“危坐”。东方朔《非有先生论》：“吴王矍然易容，捐荐去几，危坐而听。”吕延济注曰：“危坐，敬之也。”

臀部离开脚后跟且耸身直腰的姿势是跽。《史记·孟尝君列传》：“秦王跽而问之曰：‘何以使秦无为雌而可？’”秦王向冯谖请教时，为表示自己对他的敬意而跽。但跽有时也可用来表示心情急切或紧张的状态。如《史记·项羽本纪》：“哙遂入，披帷西向立，嗔目视项王，头发上指，目眦尽裂。项王按剑而跽，曰：‘客何为者？’”项王对樊哙的突然闯入，心中有所戒备而“跽”了。由于跽是在跪的基础上耸身直腰的，腰挺直以后，身体似乎有所加长，所以就有了长跪的说法。《史记·留侯世家》：“良业为取履，因长跪履之。”《孔雀东南飞》：“府吏长跪告：‘伏惟启阿母。’”长跪多为晚辈对长辈表示敬意的姿势。在先秦的古文中，“作”有时也是长跪的意思。如《论语·先进》写孔子问各弟子的志向，问到曾皙时，写他“鼓瑟希，铿尔，舍瑟而作”。这里的“作”就是起，也就是长跪。这是当时学生回答老师问题时必须有的礼节，就像现在的起立回答问题一样。

时下的报刊文章常说某人“长跪不起”，其实是对古代“长跪”的误用。

避席的含义

先秦时没有凳子，那时的座位就是一张坐席。在交际场合或双方谈话的时候，有时为表谦卑或对长者的敬意，常有离开坐席俯伏在地面上的动作出现，这个动作就叫避席。《晏子春秋·内篇杂上》：“景公有爱女，请嫁于晏子……晏子避席而对曰：‘……君虽有赐，可以使婴倍其托乎？’再拜而辞。”晏子不愿意背弃自己的结发之妻，也不想接受齐景公想把爱女嫁给自己的想法，但又不能过于直接地拒绝，于是就用了这种谦卑的跪姿来表达自己的婉拒之意。

什么是唱喏

喏，与惹同音。唱喏也是古人相见时的一种礼貌习俗。一般是地位低的人在见尊长时，以口中之“喏”声来表达问候、敬意和祝颂等意思。所谓“唱”，就是将口中的“喏”声拉成长音。如《水浒传》第二回写王进初见高俅，书中写他“进得殿府前，参见太尉，拜了四拜，躬身唱个喏，起来立在一边”。唱喏应是古代用以致敬的最一般的见面礼。《西游记》十五回写孙悟空不愿向山神和土地磕头时说：“老孙自小儿做好汉，不晓得拜人，就是见了玉皇大帝、太上老君，我只是唱个喏罢了。”

唱喏还有种种不同。声音洪亮而且拖得较长的唱喏称肥喏或大喏；众人同声唱喏的则叫众喏。古人唱喏时，一般还常伴有作揖的动作，边作揖边唱喏。如果只是作揖不唱喏，那就叫做哑揖了。

拜谒之前先“投刺”

按照古代社交往来的规则和礼俗上的要求，拜谒者在拜谒请见之前得先投刺。“刺”又叫名刺、寸楮（楮，木名，其叶似桑，皮可制桑皮纸，因以为纸的代称）。因为最早是用木片削制而成的，所以叫刺。后来发明了纸张，就多用一方红纸来替代，所以后来又叫名帖、名片。清赵翼《陔余丛考》卷三十说：“古者削木以书姓名，故谓之刺；后世以纸书，谓之名帖。”

汉朝时已经发明了纸张，但仍沿用“刺”的说法。当时除了书写姓名外，还有书写官衔的。宋朝时名刺多以梅花笺纸制成，长三寸宽二寸，上写姓名和地址。平时即以此交友，和现在的名片大致相仿。逢年过节时，有时忙不过来，无法登门拜访，就派人去送一张名刺，而且还不一定亲自去。南宋周密的《癸辛杂识》中记载了一个相当有趣的故事，说周密有一个表舅叫吴四丈的，为人滑稽多智，有一年节日他正愁无仆可派送名刺而在门前徘徊时，刚好他朋友的仆人来送名刺，他就灵机一动，盛情款待那个仆人，请他喝酒，暗中却偷梁换柱，换上了自己的名刺。那个仆人居然毫无知觉，结果送的全都是吴四丈的名刺。这个小故事生动地再现了当时社交活动中重视名刺的心态。明代的投刺之风更盛。朝官缙绅的往来与民间的拜年，无论相识与否，都是望门投刺的。文征明有一首《拜年》诗就写出了这种社会风气，这首诗说：“不求见面惟通谒，名纸朝来满敝庐；我亦随人投数纸，世情嫌简不嫌虚。”礼要到，不到不行，而且还不能过简，至于情之真假那就不管了。到了清朝，拜客投刺之风又盛于明朝。当时的拜帖也叫飞帖，还时兴一种拜盒，将红色硬纸片制成的名刺放在一个锦盒中送给对方，以示隆重。由于这种投刺之风的盛行，许多人就在门上贴了个名为“门簿”的红纸袋，来接收各处来的名刺。这类似于现在的信箱。这种门簿当时又叫“接福”，也叫“代仆”。

“执贽”就是见面礼

执贽就是见面礼。古代拜谒时是不能没有见面礼的，但同时又有“不以珍奇为贽”的习俗。《礼记》说：“天不生，地不养，君子不以为礼。”这是古人送礼的原则。

按周礼的规定，执贽应视对方身份的不同而有所不同：天子以鬯（一种以郁金香泡黑黍酿成的酒）为贽，诸侯以玉为贽，卿以小羊为贽，大夫以雁为贽，士以雉为贽，百姓多以匹（家鸭）为贽，妇女则多以水果和干果等为贽。如果是在野外或军中，那么马缨和箭矢等也可以为贽。

总之，古人拜客是不能没有礼物的。只是这种称为贽的礼物不同于现在拜客时的礼物：一是不能根据自己的经济条件随意地选择以何物为贽，何人该以何物为贽是确定的，是完全由礼制以及本人的社会地位限定的；二是贽其实并非馈赠的礼物，执贽只是一种礼节性的行为，除了表示社交礼貌外，主要的作用是用来表明身份的。

按照礼仪和礼制的规定，客人来访之后，主人也要回拜，所谓“来而不往非礼也”。如果是有来无往，就会被看成是一种失礼的表现。《论语·阳货》：“阳货欲见孔子，孔子不见，归孔子豚。孔子时其亡也而往拜之。”阳货想让孔子来见自己，孔子不愿意去见他。阳货就采取拜访送礼的办法逼孔子来见自己。孔子也巧妙地在阳货不在家的时候去回拜，既做到了不失礼，又避免了和阳货的见面。

上古时回拜一般以异日为敬，后来回拜的时间可视情况而随意确定，方式上也有了不少变化，如富家就多以名刺投帖的方式来示意致敬了。

座次丝毫乱不得

排座次在中国有悠久的传统。在古代，主要以座位的朝向来决定尊卑。官高者居上位，位卑者处下位。秦汉以前，人们以右为尊，称为“尚右”。《史记·廉颇蔺相如列传》中云：“以相如功大，拜为上卿，位在廉颇之右。”即蔺相如的位置比廉颇尊贵。“左迁”有贬官之意，如韩愈有《左迁至蓝关示侄孙湘》诗就讲了被贬潮州的经历。

我国古代的建筑通常是堂室结构，前堂（相当于客厅）后室。在堂上举行礼节活动时以南向为尊，其次是西向，再次是东向，最后是北向。因此皇帝在宫殿中的座位一定是坐北向南，与之相对应的北向位，即臣子位。因此，称王称帝又叫“南面为尊”，反之则是“北面称臣”。相对于堂室，室内的座次礼仪又有不同，“席南向北向，以西方为上”，由于室东西长而南北窄，因此最尊的座次是坐西向东，其次是坐北向南，再次是坐南向北，最卑是坐东向西。《史记·项羽本纪》中的鸿门宴一节里即有清晰的范例：“项王、项伯东向坐，亚父南向坐，亚父者，范增也。沛公北向坐，张良西向侍。”项王座次最尊，张良座次最卑。刘邦居亚父下首，显然没被项羽放在眼里。

隋唐以后，开始了由坐床向垂足高坐起居方式的转变，方型、矩型、圆形诸形制桌椅的出现，让座次利益也有了新的改变。以圆桌为例，它是应聚宴人多和席面大的要求而产生的，其最初让用惯了方桌的人很不适应。袁枚在《园儿》诗中说：“让处不知谁首席，坐时只觉可添宾。”清中叶以后，圆桌成为了酒楼流行的餐台式样，座次一般是依室的方位和装饰设计风格而定，或取向门、采光，或依厅室设计风格所体现出的重心与突出位置设首位。通常侍者会用餐巾折叠成花、鸟等造型摆台，由于十分醒目，首位一望便知。

总而言之，上下前后左右的尊卑古今一样。尊位既定，那么排座次的传统规矩往往以官场中级别的高低为序，分就主次位。在民间，多以辈分长幼为序，长辈、长者坐尊位；在师门则以进门的先后为序。

称谓里面有学问

在人际交往中有各种各样的称谓。中国人的称谓最为复杂、富有特色。无论亲疏长幼、辈分远近，各种称呼一应俱全。以亲属间的称谓为例，父亲一族的有祖父母、伯叔姑母、堂兄弟姐妹、侄儿侄女、孙儿孙女、侄儿媳妇等；母亲一族的有外祖父母、舅舅姨母、表兄弟姐妹、外孙外孙女、外甥外侄、外甥媳妇等。在家庭内部，又有岳父岳母、公公婆婆、女婿媳妇、连襟舅子、妯娌姑嫂等。在朋友之间，因地位、关系的不同，称谓也各具特色：贫贱而地位低下时结交的朋友叫“贫贱之交”；情谊契合、亲如兄弟的朋友叫“金兰之交”；同生死、共患难的朋友叫“刎颈之交”；在遇到磨难时结成的朋友叫“患难之交”；情投意合、友谊深厚的朋友叫“莫逆之交”；从小一块儿长大的异性好朋友叫“青梅竹马”；以平民身份相交往的朋友叫“布衣之交”；辈分不同、年龄相差较大的朋友叫“忘年交”等。在此基础上又有扩展开来的各种称谓，如对年龄、对职业、对百姓、对天地万物的各色称谓等，盘根错节，令人眼花缭乱。称谓的实际运用，蕴藏着很深的学问。一个称谓，既可以展现人的根基素养，也可以将彼此的关系拉得远近不同。以社交场合为例，称呼“爷爷奶奶”、“叔叔伯伯”、“姐姐妹妹”会让人觉得亲切，没有距离感；在官场，“父母官”、“大人”、“太爷”乃至“君父”等尊称都会将社会关系家庭化、温暖化，而且官味浓郁。按照古人的价值观，步入仕途是人生的无上荣耀，不但自己荣耀，而且光宗耀祖，显亲扬名。因此在官场中称呼他人的官衔是一种尊敬与恭维。即使对方是逝者，往往也照呼不误。如称韩愈为“韩吏部”、杜甫为“杜工部”、司马光为“司马温公”、王安石为“王文荆公”等。这些形形色色的称谓，透露出的是国人独有的家庭观与社会价值观。

古人的谦称

中国古人在说话时非常注意称谓，说自己时用谦恭之词，称对方时用尊敬之语。在说自己时，谦称因身份不同而千差万别，如有“鄙人”、“在下”、“小可”、“不才”、“愚兄”、“不佞”、“不敏”、“晚生”、“学生”、“后学”、“小子”等。单个字可以说“仆（自谦为对方的仆人）”，如“仆窃不逊，近自托自无能之辞”（司马迁《报任安书》），可以说“愚”，也可以说“窃”，“愚以为”、“窃以为”都是“我认为”的意思。大臣在皇帝面前说“微臣”、“臣”，甚至说“奴才”，犯了罪的臣子口称“罪臣”。下级官吏在上司面前称自己为“下官”、“卑职”。下级将领在统帅面前称自己为“末将”。帝王称呼自己为“寡人”、“孤”（孤指单，寡指少。君主称“孤”道“寡”，是一种自我贬损。“孤家寡人”后来成为君王的专有称谓，其自谦的色彩逐渐消失）。丫环自称“奴婢”。百姓在官员面前说“小人”、“草民”。古代女子的谦称也有很多，像“妾”、“妾身”、“贱妾”、“奴家”。出家人称自己“贫僧”、“贫道”、“贫尼”等。这些都是古人对自己的谦称。谦称不仅说自己，在向别人提及家人时也常用，如说自己的儿女为“犬子”、“小犬”、“不肖子”、“贱息”、“小女”、“息女”。说自己的妻子为“内人”、“贱内”、“拙荆”、“山荆”、“荆屋”、“山妻”。说自己的物品时，言房舍为“寒舍”、“蓬荜（蓬门荜户的略语）”、“舍下”。称自己的想法为“管见”、“浅见”、“拙见”。称自己的文章为“拙作”、“无能之辞”、“鄙贱之语”。而在发言、表演之前，“抛砖引玉”、“献丑”之类的话也必不可少。诸如此类的谦称，现在多已被淘汰，只是在书面语或外交辞令中，还偶尔被借用，但已贬损不足，幽默有余，成为了语言的装点。

古人的尊称

“尊称”与“谦称”相对，指对他人表示尊敬的称谓。在古代，最普通的尊称是“君”，不论对方身份高低，都可称“君”，意为“您”或“先生”。下级对上级以及平级之间，常用尊称“公”（“公”原为爵位，即公、侯、伯、子、男五爵之一，后又成为朝廷重臣的官名），以此做称呼，尊敬对方的意味明显，而在“公”前加姓，也是当时非常流行的称谓，如称李渊为唐公。“子”原也是五爵之一，后演变为尊称，如称孔子、孟子、老子、庄子、程子、朱子等。其他的尊称如：臣子称君王为“陛下”（陛，本指君主宫殿的台阶。群臣奏报时，不能直接禀奏君主，而是呼站在台阶下的近臣传达，后来“陛下”就成了君主的代名词、尊称），称太子为“殿下”。君王呼臣子为“爱卿”。称对方父母为“令堂”、“令尊”。称对方子女为“令郎”、“令爱”、“令千金”。称别人的意见为“高论”、“高见”。称别人的文章为“大作”。称兄为“兄台”。呼弟为“贤弟”。（岳父）称婿为“贤婿”。称友人为先生、足下、阁下。称别人的妻子为“尊夫人”。称夫妻为“贤伉俪”。称别人的徒弟为“高徒”、“高足”。称别人的家为“雅舍”、“府上”。称名为“雅号”。称心胸为“雅量”。称和尚为“圣僧”、“高僧”。尊师为“夫子”、“师父”、“先生”、“先哲”等。尊称在古文中很是常见，如张良代刘邦给项羽献礼时说：“沛公谨使臣良奉白璧一双，再拜献大王足下。”“足下”即是对项羽的尊称。与谦称的贬损意味不同，尊称多为表示美好、高贵、高尚的字眼。这些称谓有很多至今还在使用，成为我国语言文化遗产的一部分。

古人的避讳

“避讳”是中国封建社会特有的现象，约起于周，成于秦，兴盛于唐宋，到了清代更加完密。当时，人们对皇帝或尊长是不能直呼或直书其名的，否则一旦犯讳就有坐牢甚至丧命的危险。避讳常见的方法一般有三种：改字法，即遇到要避讳的字时使用其他别字代替；空字法，遇到要避讳的字时空缺不写；缺笔法，当遇到要避讳的字时，在该字上少写一笔。这样一来，中国历史上就出现了不少人名、地名或事物的称谓改头换面的奇特现象。避讳的对象通常有四类：帝王、长官、圣贤、长辈。

避帝王讳时，对当代及本朝历代皇帝之名都要规避。如秦始皇时，为避

“嬴政”之名，阴历一月不叫“政月”而改音“正月”；光武帝刘秀时，秀才被称为茂才；乾隆时，为避讳顺治帝福临之名，下诏门联中不许有五福临门的字样；吕后当权时，臣子们遇到“雉”时要改称野鸡。避长官讳，即下属要讳长官本人及其父祖的名讳。据陆游《老学庵笔记》载，宋代田登做州官，自讳其名，州中皆谓“灯”为“火”。上元节放灯，州吏贴出榜文云：“本州依例放火三日。”民谚“只许州官放火，不许百姓点灯”即来源于此。避圣贤讳，是表达对至圣先师孔子和亚圣孟子的尊崇。有的朝代也避中华民族的始祖黄帝、周公、老子之名等。避长辈，即避父母和祖父母之名。唐代诗人李贺之父名晋，“晋”与“进”同音，李贺竟因此一生不能举进士。《红楼梦》中林黛玉之母叫贾敏，故林黛玉凡是遇到“敏”字都读成“米”或“密”。南朝宋范晔的父亲名泰，故范晔作《后汉书》时改称郭泰为郭太，郑泰为郑太。又如苏轼的祖父名序，苏洵即改文章中的“序”为“引”，苏轼为人作序时又写作“题首”。六朝时甚重礼学，甚至有闻讳而哭的习俗。朋友之间晤谈，若冒犯对方家讳，闻之者即依礼而哭。《世说新语·任诞》载：东晋桓玄初任太子洗马时，有客祝贺，客嫌酒冷，乃频呼温酒来，而玄父名温，玄因客犯其家讳，当席而哭，客扫兴而去。除了名姓之讳，后来连皇帝的属相都要避讳，这一来出了许多让人啼笑皆非的笑话。如宋徽宗因为属狗，天下之狗便走了运，有旨禁止天下杀狗。元仁宗属鸡，于是降旨禁止在大都市内提到鸡；买鸡卖鸡，都要抱鸡而行，不得倒提。明武宗姓朱，属猪，于是禁止民间养猪。此令一出，全国的猪几乎绝种。清代慈禧太后属羊，于是朝中有令，不能说“养羊”、“杀羊”一类的话。慈禧太后吃羊肉时，称羊肉为“福肉”、“寿肉”，令人捧腹不已。

谥号：一字显褒贬

谥号是中国古代帝王、诸侯、大臣等具有一定地位的人死去之后，根据他们的生平事迹与品德修养，评定褒贬，而给予一个寓含善恶评价、带有评判性质的称号。古人对已故的帝王称呼其“谥号”，大臣、学者名流往往也称其“谥号”。有些人的谥号由于经常被后人称呼，几乎成为他们的别名，如岳武穆（岳飞）、范文正公（范仲淹）等。

谥法初起时，只有“美谥”、“平谥”，没有“恶谥”。恶的谥号源自西周“共和行政”以后。另外还有“私谥”。谥号的选定根据谥法，谥法规定了一些具有固定含义的字。供确定谥号时选择。这些字大致分为下列几类：

上谥，即褒扬类的谥号。如“文”表示具有“经纬天地”的才能或“道德博厚”、“勤学好问”的品德；“康”表示“安乐抚民”；“平”表示“布纲治纪”。

中谥，多为同情类的谥号。如“愍”表示“在国遭忧”、“在国逢难”；“怀”表示“慈仁短折”。

下谥，即批评类的谥号。如“炀”表示“好内远礼”；“厉”表示“暴慢无亲”、“杀戮无辜”；“荒”表示“好乐怠政”、“外内从乱”等。

私谥，是有名望的学者、士大夫死后由其亲戚、门生、故吏为之议定的谥号。“私谥”始于周末，到汉代才盛行起来。

姓氏的来历

“姓氏”是一个重要的文化传承符号。姓起源于部落（或部落首领）的名字。在夏商周时期，姓与氏分而为二，姓是族号，氏为姓的分支。周代时，姓氏制度和宗法制度密切相关，贵族有姓氏，一般平民没有姓氏。贵族中女子称姓，男子称氏。这是因为氏是用来“明贵贱”的，姓是用来“别婚姻”的（当时同姓不婚，贵族女子以姓表示与大家的区别）。秦汉以后，姓氏混而为一。现代国人的姓，大部分是从几千年前代代相传下来的。考其来历，大致有十二种类别：

一是以姓为氏。姓最初是氏族公社时期氏族部落的标志符号，后人有的便直接承袭为氏。在承袭的姓中，不少都有“女”旁，如姬、姜、姒、姚等，这表示先民曾经历过母权社会。

第二种是以国名为氏。如我们所熟悉的春秋战国时期的诸侯国齐、鲁、宋、越、秦、楚、卫、韩、赵、魏、燕等，都成了今天的常见姓。

第三种是以邑为氏。邑即采邑，是统治者或诸侯国国君分赐同姓或异姓卿大夫的封地。其后人中有的便继之为氏。如周武王时，封司寇岔生采邑于苏，岔生的后代便姓苏。

第四种是以乡、亭之名为氏。今日常见的姓有裴、陆、阎、欧阳等。

第五种是以居住地为姓。这类姓氏中复姓较多，一般都带邱、门、乡、闾、野、官等字，表示不同的居住环境。

第六种以先人的字或名为姓。如叔孙得臣，其为鲁公子牙之后，牙字叔，故名。

第七种是以次第排列。一家一族，按兄弟顺序排行取姓，如老大称伯或孟，老二称仲，老三称叔，老四称季等。后世代相沿，表示在宗族中的顺序。

第八种是以官职为姓。如司马、司空、司寇、籍、谏、库、军等。

第九种是以技艺为姓。如巫、卜、陶、匠、屠等。

第十种为古少数民族融合到汉族中带来的姓。如慕容、呼延、贺兰等。

第十一种以谥号为姓。如庄辛为楚庄王之后。谥号“庄”就成了姓。

最后一种是因赐姓、避讳而改成的姓。

在世界上，姓氏也是一个重要的文化传承符号，但没有一个国家的姓氏传承能够像中国这样完整而有内涵。如日本，在明治维新前只有贵族有赐姓，庶民百姓无姓，明治天皇为了改革，要求国民都要有姓，于是在很短的时间里，出现了八万余姓，没有什么渊源与意义。在美国，虽然有固定的姓氏，但历史只有两百余年，构不成文化的传承。至今，美国学者对本国人的考证仍主要从肤色、毛发颜色和眼球颜色来判定。在目前中国的姓氏中，李、王、张、刘、陈为大姓，其人口之和近四亿。李、王、张三大姓人口分别占汉族人口的7.9%、7.4%和7.1%。按照姓氏进化的普遍规律，大姓人数将会越来越多，小姓人数将越来越少，直至走向消亡。

什么是地望

地望也叫郡望，这是古人用来表明自己是出身于名门望族的一种文化习俗。

秦汉以后，有的家族由于世居某地而人才辈出，有的家族由于战功煊赫而世代高官，这些都可能在当地形成巨大的影响。而这些家族在当地所具有的政治、经济或文化方面的巨大的威望，就会使自身成为当地人所仰望的对象，从而成为一地之望族。当地人常以有此望族而感到骄傲，后人也常常会借用古代同姓者的这个地望来为自己增光，这在中国历史上并不少见。

北宋的祖无择是上蔡人，但他在题碑时却自署范阳人，借用的就是晋代名人祖约和祖逖的地望。

韩愈是河内河阳人，但也自称祖籍昌黎，这是因为昌黎的韩氏在唐代是望族，所以韩愈就常以“昌黎韩愈”自称，世人亦称之为韩昌黎。其实昌黎的韩氏和韩愈的家族之间未必就存有某种亲族关系。

这种注重地望的行为，表明的是我中华民族的一种文化现象和传统心理：喜欢和古代的显贵拉关系。有人说这是一种寻根意识。历史上不少名人都曾怀着浓厚的兴趣考证过自己的地望。如杜甫就一再在诗文中矜夸自己的家史和地望之不凡。他宣称杜姓是陶唐氏尧帝的后代，而自己更是西晋名将杜预的后代，杜预是自己的十三世祖。因此他在诗中常称自己是“杜陵布衣”、“杜陵野老”等，因为杜预是关中杜陵人；但他有时又自称“襄阳杜甫”，这又是因为杜预死于襄阳，他的一部分后人长期居于襄阳，成为襄阳杜氏的缘故。而其实，杜甫和杜陵、襄阳都没有关系，他是出生在河南巩县的。

不管是不是这么回事，人们总喜欢把自己和历史上曾产生过影响的人物联系起来，希望能和名人的血缘挂上钩，希望自己的地望能叫得响，希望能让别人明白自己的出身和来历是非同一般的，等等。于是就有了太原王、汝南周、天水赵、颍川陈和陇西李、南阳张等以地名相标榜的姓氏，从而使姓氏和地域产生了某种固定的联系。而姓氏一旦和地域联系起来之后，就有了高低贵贱之分，就有了所谓“国姓”、“郡姓”、“州姓”和“县姓”的等级差异。南北朝至隋唐时期，当时的北方就有所谓的四大望族：范阳卢氏、清河崔氏、荥阳郑氏和太原王氏。这四个是当时的一等大姓。

地望是一个人社会地位高低的标志，也是政府选拔人才任用官员的一个依据。魏晋南北朝时的九品中正制，所谓“上品无寒门，下品无世族”的现象，正是这种以地望来决定一个人的社会地位和仕宦前途的具体反映。在唐朝，地望在官员的任用上更有举足轻重的作用。据对《新唐书》宰相世系表的统计，有唐一代的宰相大多出自望族。在担任宰相的望族中，博陵崔氏有十二人，清河崔氏有五人，荥阳郑氏有九人，范阳卢氏有八人，太原王氏有七人，琅琊王氏有四人。韩愈之所以要借用昌黎韩氏的地望，目的恐怕也就在这里了。

地望在当时甚至还成了婚嫁的依据。普通百姓讲个门当户对，豪门世家则非望族不娶，非望族不嫁。结亲只重门第而不问其他。

《魏书·崔辩传》中记载了一个一目失明的姑娘的婚配故事。崔辩是博陵望族，他的孙女虽聪慧而有才行，却因为一目失明，门户相当的望族中竟无一人愿意联姻。家里人正商议准备把她下嫁寒门时，她的姑姑便大为悲恸了，说什么也不愿让侄女掉了身价，就让自己的儿子娶了她。这在当时也成了一段佳话。

从中国的历史看，那些豪门望族长期占据着显要的社会地位，他们在社会上的势力，甚至连皇族也难以与之抗衡，譬如南朝的王、谢二姓，北朝的崔、卢、李、郑等。其中尤其是王姓，据说自东晋以来，以太原与琅琊为祖籍的两大流派，曾先后形成过二十一个望族，遍及了全国各地。

标榜地望，自称某地某氏的习俗在我国已经成了一种文化传统，至今仍见有人在署名时习惯地把籍贯冠于姓名之前。即如填表时涉及个人履历的籍贯一项，其实也是这种文化传统的体现。

帝王赐姓的几种情况

封建帝王权力至高无上，可因一时之高兴改变别人的姓氏，以示恩宠、嘉奖或惩戒。赐姓有以下三种情况：

一是赐国姓。

这是帝王对受赐者的最高恩宠和嘉奖。汉高祖五年（前202），娄敬以戍卒的身份求见刘邦，建议入都关中。刘邦采纳了这个建议。后来就把娄敬封为关内侯并赐姓刘。项羽的叔父项伯因曾阻止过项羽进攻刘邦，又在鸿门宴上救过刘邦，所以汉建立以后也被封侯，并赐姓刘。

三国曹魏时大将曹真，原姓秦，因其父在一次战争中牺牲自己救了曹操，秦真就被赐姓为曹，叫曹真了。

隋朝的杨义臣，本姓尉迟，亦因其父在一次与突厥的战争中战死沙场，被隋文帝赐姓为杨。

这种赐姓制度一直延续到明清。如明末清初收复台湾的名将郑成功，原出生于日本，起先用的也是日本名字，叫田川福松，回国后改名为郑森。清军入关后，其父郑芝龙迎立唐王朱聿键在福州称帝，唐王见郑森相貌堂堂，十分赏识，遂赐以国姓朱，改名成功。东南沿海一带的人就称他为“国姓成功”或“国姓爷”。

二是赐他姓。

帝王赐姓也有不赐国姓而赐以他姓的。西汉飞将军李广的孙子李陵率兵出击匈奴，兵败而降，在北地娶妻生子。曹魏时，李陵的后裔中有人自匈奴归魏，因在丙殿受到接见而被赐姓为丙。

汉武帝时，出于开拓疆土和羁縻番邦的政治需要，赐匈奴休屠王的太子日磾姓金，因其时休屠王正以金人祭天。金日磾后来成了西汉著名的大臣，其子孙七代高官厚禄。

据郑樵《通志·氏族略第六》的记载，公元496年，即北魏孝文帝太和二十年时，中国历史上曾有过一次规模盛大的少数民族改姓潮流。孝文帝下诏改鲜卑姓为汉姓，皇族首先就将北魏的国姓拓跋改姓为元（孝文帝拓跋宏就叫元宏了），其他如贺鲁改姓为周、柯拔改姓为柯、拔拔改姓为长孙、丘穆陵改姓为穆、步六孤改姓为陆等。据说那次一共改了一百四十四个姓。

明朝航海家三保太监郑和，原姓马，因在燕王府中做宦官时，跟随朱棣多次立有奇功，所以朱棣即位后就赐姓为郑，以示嘉奖。

三是赐恶姓。

这类赐姓犹如赐死，是一种严厉的惩罚。被赐者大部分是政治舞台上的失败者，所赐之姓一般都含有凶恶和不祥的意思，都是贬义的。

据《三国志·吴书·孙匡传》记载，三国时的吴主孙皓十分暴戾，他害怕握重兵在外的孙秀会和他争夺政权，就派人伪装围猎去抓捕孙秀，谁知走漏了风声，孙秀携带了妻子连夜就投奔到西晋。孙皓大怒，但又没有地方可以撒气，就把孙秀的姓改为厉，以此来发泄心中的一腔怒气。

南朝刘宋武帝时，竟陵王刘诞功高震主，且手握重兵，都督六州军事，对刘裕的帝位有着潜在的巨大威胁。两人矛盾激化之后，刘诞虽为其部下所杀，而刘裕却还是余恨未消，就把刘诞和他的家族都贬姓为留氏了。

南齐武帝萧赜时，巴东郡王萧子响密谋造反，后兵败被杀。武帝恶其叛逆而赐姓蛸。蛸是一种长脚蛛。

在赐恶姓方面登峰造极的恐怕要数唐朝的武则天了。她对高宗的王皇后和得宠的萧贵妃，她虽已进谗言使高宗废了她们，并最后杀了她们，但心中还感到不解恨，就让王皇后改姓为蟒，让萧贵妃改姓为枭。又如她对李唐王室中几个反对她专权的王爷，在镇压之后还让他们改姓为虺。虺是一种毒蛇。她甚至对自己同姓的两个异母兄长武惟良和武怀远也不放过。这两人不过是在武则天入宫前对她比较轻慢而已，武则天却也一直怀恨在心，最终找了个理由把他们杀了。但还不解恨，就改其姓为蝮氏。蝮也是一种毒蛇。武则天的赐恶姓多以毒蛇之名，这正是她内心恶毒的生动反映。

古人的改姓现象

先说因避祸而改姓。

因避祸而改姓在古代并不少见。这是因为封建社会的刑法过于残酷，动辄就满门抄斩，就夷三代、灭九族，甚至灭十族。所以同族者乃至同姓者，为求自保，除了逃亡之外，改姓也就成了一条救生之路。

司马迁因李陵案受宫刑后，他的两个儿子司马临和司马观，据说怕受株连而改名换姓隐居乡里。哥哥取马字加两点姓了冯，弟弟取司字加一竖姓了同。千百年来他们虽姓氏已不相同了，但血缘却是相同的，所以他们共祭一祖，互不通婚，素有“冯、同不分，冯、同不亲（不结亲）”之说。

汉宣帝时有一个平通侯杨恽，他是司马迁的外孙，为人廉洁，但好揭人隐私，所以树怨甚多。杨恽后因得罪了宣帝被腰斩。其子为避仇人的陷害，就以父名为姓，姓了恽。

明朝的方孝孺，因不肯为燕王朱棣起草即位诏书而被杀，并诛灭十族（九族再加上方的学生），死者达八百余人。侥幸逃得性命的方氏族人就改姓了施。施由“方人也”三字组成，因此这个姓中就含有原是方家人的意思在。

再说因避讳而改姓。

封建社会的臣民都要避帝王的名讳，这是中国古代特有的一种文化现象。这种避讳现象既维护了统治者的尊严，又使臣民于无形中产生一种畏服的心理。它的政治作用是很清楚的。

因避讳而改姓的现象，早在春秋时就已经存在了。如宋武公名司空，司空氏就被改称为司功氏；晋僖侯名司徒，司徒氏也就成了司城氏。这种避讳改姓的现象，春秋之后几乎历代都有，而且越避越多，越避越复杂。

楚霸王项羽名籍，籍姓因此就改姓为近音的席。

汉宣帝名询，荀与询同音，汉宣帝之后荀姓就被改姓为音近的孙。于是战国时的儒家大师荀卿，到汉宣帝时就被叫做孙卿了。

明朝太祖朱元璋灭元建明后，对元朝的“元”字很敏感也很厌恶，元姓在当时的民间就曾绝迹过多年。朱元璋甚至对日常用语也不放过，“元来”这个常用词语就是在那时被改成“原来”的。

古人的名和字

现在，一个人的姓名，除了姓之外，余下的部分就是名了。名一般也就是名字，名和字是连在一起的一个词。然而在古代，名和字之间却有着很大的区别和完全不同的功能，是不能随意乱用的。

《颜氏家训·风操》篇说：“古者名以正体，字以表德。”体是一个人的生命个体，德是一个人的社会德性。命名是父母对这个生命个体的一种符号标志，而取字则是一个人的社会德性的标志，是用来表明一个人在社会生活中应具备的德性的，所以字又称表字。因为取字后于命名，因此字常常根据名的意蕴来确定。这在先秦时期尤为典型和突出。

根据一般的分析和归纳，名和字之间的关系大致有以下几种情况：

一是同义关系。

颜回，字子渊。《说文解字》：“渊，回水也。”

宰予，字子我。“予”就是“我”。

端木赐，字子贡。《尔雅·释诂》：“贡，赐也。”

屈原，字平。《尔雅·释地》：“广平曰原。”

班固，字孟坚。“坚”“固”同义，“孟”为兄弟间的排行序次。

诸葛亮，字孔明。“亮”“明”义近，“孔”为表程度的副词，义同“很”。

二是反义关系。

曾点，字子皙。“皙”为白色，“点，小黑也。”（《说文解字》）

公子黑肱，字子皙。“黑”、“皙”义反。

吕蒙，字子明。“蒙”者蒙昧不清，不明也，与“明”义反。

朱熹，字元晦。“熹”为明，“晦”为暗，义反。

韩愈，字退之。“愈”为病情好转的意思，与“退”词义相反。

晏殊，字同叔。“殊”与“同”义反。

三是同类关系。

孔鲤，字伯鱼。鲤为鱼类。

孟轲，字子舆。“轲”、“舆”皆车之类。

孙策，字伯符。“符”、“策”皆竹制之信物。

周瑜，字公瑾。“瑜”、“瑾”皆美玉。

周缙，字伯绅。“缙”、“绅”皆古代士大夫之服饰。

四是联想关系。

仲由，字子路。路为行走之所由。

司马耕，字子牛。耕田用牛。

武韶，字叔夏。韶乐是夏代的一种乐舞。

赵云，字子龙。“云从龙。”（《周易》）

关羽，字云长。“羽”者“翅”也，展翅可入云。

张飞，字翼德。“翼”者“翅”也，有翅即可飞。

苏轼，字子瞻。凭靠车轼可以观瞻。

刘过，字改之。有过则改之。

晁补之，字无咎。能补过则无咎。

五是取之于经文。

曹操，字孟德。《荀子》：“夫是之谓德操。”

李商隐，字义山。《史记·伯夷叔齐列传》：“义不食周粟，隐于首阳山。”伯夷叔齐，商之遗民也。

张养浩，字希孟。《孟子》：“吾善养吾浩然之气。”希望能像孟子一样养浩然之气。

于谦，字廷益；钱谦益，字受之。皆取自《尚书》“谦受益”。

另外，先秦古人名字的表述顺序与今人不同。先秦时，若名字兼举，多先字后名，如“孔父（字）嘉（名）”、“叔梁（字）纥（名）”、“孟明（字）

视（名）”等。汉以后就演化成先名后字了，曹丕《典论·论文》所举的建安七子就都是先名后字的，如“孔融（名）文举（字）”、“陈琳（名）孔璋（字）”等。

古人的行辈

“行辈”是中国特有的表示家族纵横关系的方式。行，指排行，是一个人在家族中的长幼次序。表示行辈的方法主要是用字，即以字入名，通过用字区分辈分、排行。这些字因时代不同而各有特色，在先秦时期，最常见的行辈用字是：孟、伯、仲、叔、季，如伯禽、仲山、叔陶、摹路等，排行长幼一目了然。之后的排行像长、次、幼、少、元等也很常见。长、元表示排行第一，如司马长卿（司马相如字）；次，是次子，指排行第二，如祭肜字次孙；幼、稚，表示排行最末，如东吴孙坚的弟弟孙静字幼台，东晋葛洪字稚川；少，指弟弟，如东汉时人许荆上有兄长，他的字是少张。民间的普通百姓还常以数字为名表示排行。

魏晋以后，表示行辈的字逐渐从字转向名，这就是现在的家谱中一般的行辈字派了。如唐代杜甫的两个儿子分别叫宗文、宗武，颜真卿、颜杲卿、颜春卿三兄弟则同属颜家的“卿字辈”。一些大家族通常规定出若干代的辈字，这样，同一家族即使历经数代，分散各地，从名字上也能分辨出辈分关系来。行辈字快要用完的时候，就由家族中德高望重的族长再次续字延长。除了以字入名外，以偏旁作规定也是标明行辈的主要形式，如宋代“三苏”中的苏轼、苏辙兄弟，偏旁都为“车”；再如《红楼梦》中的贾家子弟，其第二代用“亻”旁儿，第三代用“夂”旁儿，第四代都用“王”字旁儿，第五代用“艹”旁儿，如贾代善、贾敬、贾珍、贾蓉等。

因为行辈有其特定的意义，因此到了宋元以后，宗谱在中层以上的家族中十分盛行，甚至影响到了皇族。以清廷为例，其行辈字派也是两种方法并用，即名字和偏旁，像雍正帝一辈的名的第一个字都是“胤”，后一个字都是“礻”旁；乾隆帝一辈则是“弘”字与“日”旁。乾隆、道光、咸丰皇帝还分别规定了四代行辈用字：永、绵、奕、载、溥、毓、垣、启、焘、岂、增、棋。

从古到今，后代行辈关系最完整清楚的要属孔子家谱了。孔氏从第五十一代起，规定孔氏族人统一的辈字为：元、之、浣、思、克、希、言、公、彦、承、弘、闻、贞、尚、胤。清朝时，原有辈字用完，乾隆帝特赐三十字用做辈字，前十字回溯自五十六至六十五代的辈字，后二十字为：兴、毓、传、继、广、昭、宪、庆、繁、祥、令、德、维、垂、佑、钦、绍、念、显、扬。民国九年，又继拟二十个辈字，分别为：建、道、敦、安、定、懋、修、肇、彝、常、裕、文、焕、景、瑞、永、锡、世、绪、昌。从孔子到现在，共历近八十代子孙，其行辈仍然十分整齐。

冠巾也是文化符号

“冠巾”是古代男子的头饰。有尊卑贵贱的严格区分。“冠”是贵族戴的礼帽，“巾”为庶人戴的头帕。刘熙在《释名·释首饰》中有：“士冠，庶人巾。”即庶人著（着）巾（亦称帻），不能戴冠。在西周时代，冠已成为贵族特有的标志，只要出现在公众场合，必要戴相应的冠，穿与冠相配的服装，“冠服”之称亦由此而来。周代的冠主要有两种形式：冕和弁。冕是在特殊场合下（如祭祀、登基）戴的礼帽，其冠顶为一块长方形的木板，前后有垂旒，旒以玉珠穿成，垂旒的数目因等级不同有所差别。通常天子垂十二旒，诸侯以下各有差异，其中等级最低的仅垂二旒。这种冕式为历代王朝沿用，到魏晋之后，才成为帝王的专属。这在当时的诗文作品中都有反映。“弁”是贵族在一般性的正式场合下戴的冠，又分爵弁和皮弁。爵弁与冕类似，但没有垂旒。皮弁以白鹿皮制成，样式和后世的瓜皮帽类似。相对于“冠”的华丽、考究，庶人戴的巾帻一般是黑色或青色的，因颜色暗淡，庶民又有“黔首”、“苍头”之称。庶人不能戴冠，但巾帻又未必是庶人的专利。由于巾帻有压发定冠的作用，所以汉代的王公贵族也开始用巾帻，不过是以之为内衬，外面再加冠。三国以后，巾帻流行开来，浪漫的文人喜欢以戴巾帻彰显洒脱的气质，连将相大臣也多有佩戴，当然其质料要高级得多。如周瑜的“纶巾”就是以青丝带做成。诸葛亮也喜欢戴纶巾，“诸葛巾”的称呼即由此而来。到了宋代，巾帻更加精致，以覆漆（或用漆纱）来固定形状，形制类似帽子，为着休闲服的官员佩戴。明朝朱元璋时，乌纱帽成为文武官员的常服，穿戴等级更加严格，无论王侯将相还是平民百姓，都有详细的规定。到了满人入主中原，因剃发垂辫的习俗推广至全国，帝王与品官的冠式发生了很大变化，而在民间则相对稳定，如“瓜皮帽”的流行，从明至清，一直经久不衰。一顶冠也好，一方巾也罢，其发展与变迁蕴含的是时代的与时俱进，更记录着一代代王朝的荣辱兴衰。

何谓“三教九流”

三教九流，有两种含义：

（1）三教九流，指三大传统宗教和九大学术流派。“三教”指儒教、佛教、道教。儒佛道三教在中国历史上拥有极大的影响力。三教鼎立，以儒为主，是魏晋以后中国文化发展的基本格局。“九流”则是指九家，即：儒家、道家、墨家、法家、农家、名家、阴阳五行家、纵横家、杂家。有时不是非常严格地拘泥于九，也把小说家包括进来。其实，九流或九家的说法，并不准确，因为遗漏了兵家。兵家前有创始人孙子，后有传人孙膑、吴起等。兵家在中国历史上的实际作用和影响力，远远不是墨家、农家、名家、阴阳五行家、纵横家、杂家可比的。

（2）三教九流，泛指社会上各行各业形形色色的人物，往往含有贬义。“三教”指三教人士儒者、和尚、道士。“九流”指三教之外的各色人等，通常又分为上、中、下三个类别。如，上九流，指帝王、圣贤、隐士、童仙、文人、武士、农、工、商；中九流，指举子、医生、相命、丹青、书生、琴棋、僧、道、尼；下九流，指师爷、衙差、升秤（秤手）、媒婆、走卒、时妖、盗、窃、娼。

祭　孔

孔子为什么称“素王”

“素王”一词最早出现在《庄子·天道篇》：“以此处上，帝王天子之德也；以此处下，玄圣素王之道也。”原意是指有圣王之德与才、无圣王之爵与位的人。

孔子被称为“素王”，始自汉武帝时期的《淮南子》一书。到了董仲舒提倡“独尊儒术”，极力推崇孔子，认为他是“为汉制法”的“素王”，即孔子在世时，已经预知了汉朝的兴起，且预为汉代制定法度。董仲舒以后，东汉思想家王充在他的《论衡》里也讲孔子的素王之业在于作《春秋》。汉代的今文学家认为孔子之德可立为王，所修《春秋》是代王者立法，寓王法于其中，但无实际王位，故称“素王”。两汉之际，谶纬神学大盛。谶纬神学上承素王之说，不仅尊孔子为素王，而且还模仿朝廷建制，以孔子为素王，以颜渊为司徒，以子路为司空，以左丘明为素臣。这样一来，谶纬神学完全确立了孔子的素王形象，而且是一个具有种种神通的素王形象。谶纬神学衰落之后，人们剔除了附在孔子身上的神化色彩，但仍接受了孔子的素王形象。

从历史上看，孔子通过删定六经来匡扶正义、扬善抑恶，如“孔子作

《春秋》，而乱臣贼子惧”。在春秋时代，孔子的所作所为在后世儒家看来，是代“王”立言，孔子被称为“素王”，原因与此有关。齐景公很欣赏孔子的政治思想，当他问政于孔子时，孔子回答：“君君、臣臣、父父、子子。”他不由深为叹服。这也就是孔子为政，提倡“正名”的本意所在。由此可见，孔子的“素王”实际上是思想文化领域的无冕之王。

历史上首位祭祀孔子的皇帝

历史上第一位祭祀孔子的帝王是汉高祖刘邦。刘邦起初不太重视儒学，很瞧不起儒生。刘邦在高阳见儒生郦食其时，坐在床边由两个婢女侍候洗脚，对郦食其很不尊重。

刘邦靠武力夺得天下，谋臣陆贾劝说刘邦虽然能够“马上得天下”，但是不能“马上治天下”；并且分析了前朝秦始皇“焚书坑儒”、严刑峻法而失天下的教训。刘邦听后认为言之有理，故命陆贾写《新语》十二篇。儒生叔孙通向刘邦建议采用儒家的礼仪规范臣下的行为。刘邦对他们的建议，一一采纳，实行了休养生息的政策，社会马上安定下来，经济得到了恢复，刘邦这才感觉出当皇帝的尊严来。这些引起了刘邦对儒学的兴趣。

孔庙大成殿，是举行祭孔仪式的正殿。

汉初刘邦分封很多功臣为异姓诸侯王，但是政局很不稳定，诸侯王竞相叛乱。在刘邦即位的第十二年，他在平定楚国叛乱后返回的途中，经过淮南的时候，感觉这里的百姓由于战乱而死伤甚多，萧条景象使他百感交集。他觉得太平稳定不仅有益于百姓，而且有利于自己的统治，再往北走路过自己的老家沛县，父老乡亲对这位从家乡闯出来的皇帝盛情拥戴，已是暮年的刘邦更是感到亲切和感激。他回想起一生戎马倥偬，从卑微的亭长到君临天下，心中无比感慨，随即吟唱了千古名句《大风歌》“安得猛士兮守四方”，唱出了此时的心情。平定叛乱归来，一路上的山河破碎、哀鸿遍野使得刘邦深感能够懂得体恤百姓的治国人才的重要。

刘邦于是来到曲阜，用太牢（猪、牛、羊三牲）祭奠孔子，并且还封孔子的九世孙孔腾为“奉祀君”，专职奉祀孔子。刘邦成为中国历史上第一位祭祀孔子的皇帝。

历史上亲临曲阜祭孔的皇帝

刘邦祭祀孔子后，后世帝王竞相效仿。中国历史上先后有十二位皇帝亲诣曲阜阙里祭祀孔子。

东汉光武帝刘秀于建武五年（29）过阙里，命大司空宋宏祭祀孔子。永平十五年（72），明帝刘庄到曲阜祭祀孔子及七十二弟子，并亲御讲堂，让皇太子讲经。元和二年（85），汉章帝刘坦东巡至曲阜，到阙里以太牢祭祀孔子及七十二弟子，并大会孔氏家族中二十岁以上男子，命儒者讲经，赐酒饭。延光三年（124）汉安帝刘祜来曲阜祭祀孔子及七十二弟子。南北朝时，北魏孝文帝在太和十九年（495）也亲临曲阜祭祀孔子。唐高宗李治、唐玄宗李隆基过曲阜时皆亲祭孔子，玄宗还派礼部尚书苏延以太牢祭孔子墓。五代时，北周太祖郭威在曲阜祭完孔庙，又专程去孔林祭奠孔子墓。宋真宗大中祥符元年（1008）过曲阜，祭完孔庙也去祭拜孔子墓。清康熙二十三年（1684）在孔庙祭祀孔子行三跪九叩大礼，到孔林祭拜孔子墓也行一跪九叩之礼。乾隆皇帝八次过曲阜，都在孔庙、孔林祭祀孔子，三跪九叩，或两跪九叩，或一跪三叩，格外虔诚。

孔子获得过哪些封号

周敬王四十一年（前479）孔子逝世，鲁哀公亲制诔文悼念孔子，诔文中称孔子为“尼父”。“父”同“甫”，是古人对男子的美称，“尼父”是有别于封号的尊称。

孔子有封号始于汉，元始元年（公元元年），汉平帝首开追谥孔子的记录，追封孔子为公爵，称“褒成宣尼公”。东汉和帝永元四年（92），改封孔子为“褒成侯”。

北魏孝文帝于太和十六年（492）改谥“宣尼”为“文圣尼公”，告谥孔庙。北周静帝于大象二年（580）恢复公爵之封，号“邹国公”。隋朝重佛轻儒，但隋文帝开皇元年（581）还尊称孔子为“先师尼父”或“宣尼”，不过取消了其他封号。

东汉明帝时，始以周公为先圣，孔子为先师。北魏正始至隋大业期间，皆以孔子为先圣，配颜回为先师。唐初改周公为先圣，孔子配之。唐太宗于贞观二年（628）尊孔子为“先圣”，贞观十一年（637）又改称“宣父”。乾封元年（666），唐高宗诏赠孔子“太师”封号。唐中宗嗣圣元年，追封孔子为“隆道公”。天授元年（690），武则天执政时也封孔子为“隆道公”，并尊称“隆道太师”。开元二十七年（739），唐玄宗升孔子为王，谥号“文宣”，称“文宣王”。后周太祖广顺二年（952年），追封孔子为“至圣文宣师”。

宋真宗于大中祥符元年（1008年）欲追谥孔子为帝，臣下进谏劝止，说孔子为周公配臣，周代天子才称王号，孔子不应加帝号，真宗只得作罢。根据纬书《演孔图》云：“孔子母梦感黑帝而生，故曰玄圣”，真宗下诏加谥孔子为“玄圣文宣王”。祥符五年（1012）又改称“至圣文宣王”。

元武宗根据孟子曾以“集大成”称赞孔子，于大德十一年（1307）对孔子原谥号“至圣文宣王”加封为“大成至圣文宣王”。这是古代帝王对孔子的封谥中最高级别的称号。

嘉靖九年（1530），明世宗去除原封号及“大成至圣”的谥号，更正孔庙祀典，定孔子谥号为“至圣先师”。

清顺治二年（1645），更改国子监孔子神位为“大成至圣文宣先师孔子”，十四年（1657）又复称“至圣先师”。

历代王朝都为孔子的封谥选择了最高赞誉的名号，显示对孔子无限的尊崇。

最早的孔子庙立于何时

孔子去世后，孔子的三间故居被立为庙宇，内藏孔子生前所用的衣、冠、车、琴、书等物以为纪念，对其岁时奉祀，这是最早的孔庙。汉代虽有修整，仍以宅为庙。隋唐时期，孔庙不断扩建，已经渐具规模。宋代更大修孔庙，使成三路四进的布局，有殿庭廊庑三百一十六间，可惜不久惨遭兵燹，庙宇与书籍俱为灰烬。金代明昌年间金章帝认识到欲求立足中原，必须崇儒尊孔，乃按照宋代格局，拨钱复建，扩大厅堂门庑四百余间，后因蒙古军的进犯而焚毁过半。元代曾六次修葺孔庙。明代历经洪武、永乐、成化、弘治各朝数次扩建重修，才奠定了孔庙的规模。不幸，孔庙于清雍正二年（1724年）遭受雷击，烧毁大成殿等一百三十三间。雍正帝引过自责，亲往孔庙祭奠，派官动工兴建，同时提高孔庙规格，仿照帝王宫殿之制，直至雍正八年（1729年）全部完成。以后又多次修缮，成为现在的孔庙。

除了位于山东曲阜阙里、根据孔子故居改建的孔庙以外，其他地方特别是京城也建有孔庙。汉武帝之后，历代帝王在京城和全国各地都不时修建孔庙，相沿不绝，传承两千年之久。京城孔庙的建立始于西汉。汉武帝接受董仲舒的建议，在长安建太学，置正经博士，独尊儒学。后经汉昭帝、元帝的进一步发展，汉平帝元始元年正式在太学立庙祭祀孔子，开创了京城设立孔庙的先河。后经历朝帝王的不断丰富，京城国子监和太学内皆建有孔庙，全国各地州、府、县学的所在地也立有孔庙。

孔庙大成殿“四配”、“十二哲”是哪些人

大成殿是孔庙内祭祀孔子的正殿，“大成”一词源自《孟子·万章下》：“孔子之谓集大成也。”大成殿正中供奉孔子塑像；两侧为“四配”，东西相向，东位西向的是复圣颜回和述圣孔伋，西位东向的是宗圣曾参和亚圣孟轲。“四配”原有龛室、砌砖座、立神像，均低于孔子。“四配”之外是“十二哲”，西位东向的是：冉耕、宰予、冉求、言偃、颛孙师、朱熹；东位西向的是：闵损、冉雍、端木赐、仲由、卜商、有若。

复圣颜回，字子渊，春秋时鲁国人，小孔子三十岁。天资聪敏而好学，又能安贫乐道，是孔子最得意的弟子。唐代封颜回为“亚圣”、兖国公。元代孟子被封为“亚圣”，颜回改封“复圣”。

曾参，字子舆，春秋时鲁国南武城人，小孔子四十六岁。在孔子弟子中，以能领悟孔子的一贯之道，宣称“仁以为己任”而著称。宋代封曾子为郕国公，元代加赠“宗圣”称号。

述圣孔伋，字子思，孔鲤之子，孔子之孙，曾亲受孔子的教诲。传说子思作《中庸》，是儒家思孟学派的代表人物。宋代封子思为沂国公，元代加赠“述圣”称号。

亚圣孟子，名轲，字子舆，战国时邹国人。有《孟子》七篇传世。孟子是孔子之后儒家最主要的代表人物，后人把他与孔子的思想合称“孔孟之道”。宋代封孟子为邹国公，元代加赠“亚圣”称号。

“十二哲”，初名“十哲”，始于唐开元八年（720年），唐玄宗命以孔门四科弟子（德行：颜渊、闵子骞、冉伯牛、仲弓；言语：宰我、子贡；政事：冉有、季路；文学：子游、子夏。共十人）附祭，均为坐像。颜渊升为配享后，末端平二年（1235）升孔伋补“十哲”之缺。宋咸淳三年（1267）孔伋升为配事，升颛孙师为“十哲”之一。清康熙五十一年（1712）升朱熹居于“十哲”之后，乾隆三年（1738）升有若居颛孙师之后、朱熹之前，遂成“十

二哲”之名。

国立孔庙为什么称文庙

文庙，作为孔庙的另一名称，起源于唐。唐玄宗开元二十七年（739）封孔子为文宣王。因此，后世称孔庙为文宣王庙。明永乐年间，因武庙多建于文庙旁，民间就把与武圣人并列的文圣人孔子的庙，称为文庙。

全国各地文庙的实际功能，就是古代的学校。科举制度以来，各地的文庙是县有县学，州有州学，府有府学，国有太学，都叫学宫。按级别规定，各级学宫分别单行院试、乡试、会试和殿试。学宫的性质属于官学，以科举入仕做官作为主要目标。学宫的修建须经过报请批准，严格按规制建设。最高级别的学宫——太学，自元、明、清以来是北京孔庙。这是三朝皇帝祭祀孔子的地方，也是封建时代培养国家官员的国立学校——国子监的所在地。

世界上都有哪些国家设孔庙

孔庙肇始于中国，七世纪以来，由于受孔子思想和中国政治、文化制度的影响，中国周边国家越南、朝鲜、日本等国家和地区也兴建了许多礼制孔子庙。十八世纪以来，随着孔子思想的对外传播和华人的外移，在欧洲、美洲和亚洲的其他国家也出现了孔子庙。全盛时期，世界上共有孔子庙三千余座。

越南是孔子思想输入最早、影响最深的国家之一。越南兴建孔子庙的最早记载是李朝神武二年（1070）的孔子庙。陈朝光泰十四年（1397）命令各府设学，将孔庙推向地方。黎朝顺天元年（1428）命令诸路县设立学校文庙，祠孔子以太牢，孔庙从此遍及越南各地。

朝鲜也是孔子思想输入时间最早、影响最深的国家之一，而且是中国以外孔庙建立最早、分布最广、数量最多的国家。大约在公元前三世纪，孔子思想传入朝鲜半岛，很快便受到推崇。三国时期的高句丽、百济、新罗相继仿照中国设立太学。新罗统一后，更加推崇儒学。高丽时，仿照中国制度设立国子监，并建孔庙于国子监内。公元 1268 年命诸州立学，将孔庙推向地方。李朝太祖李成桂迁都汉城，第二年即建立成均馆（即国子监），并命地方建立乡校，州、府、郡、县均仿京城之制建立孔庙，从此孔庙遍及朝鲜全境。

公元三世纪，孔子思想传入日本。大宝元年（701）始祀孔子。德川家康结束战乱后的江户时代是日本孔子庙大发展时期。先后建起几十座孔子庙，逐渐遍布全国。

新加坡、印度尼西亚、马来西亚等亚洲国家在华人聚集的地方也建有孔庙。

孔子思想自13世纪传入西方，对西方思想界产生了一定的影响。在十八世纪的欧洲"中国热"中，英国人在伦敦建立了西方第一座孔庙。十九世纪华人在德国科隆修建了孔庙。1965年美国萨克拉门托也建造了孔庙。如今孔子庙可谓遍布世界，影响深远。

一年几次祭孔，祭孔有哪些程序

历史上，历朝历代的祭孔活动，名目繁多，规格不一。以曲阜孔庙为例，从参与祭祀的人员划分，有家祭、官祭两类；从祭祀种类划分，有丁祭、行香、祭告、时享、祫祭、遣官致祭、遣官祭告、释奠、释菜、荐新等。这些祭祀活动分布于一年十二月之中，每个月都有，总共有五十余次。

释奠是孔庙祭祀中规格最高的一种。清朝皇帝亲临曲阜，以释奠礼祭孔，也行三跪九叩之礼。释奠，安排在每季仲月丁日举行，即一年之中春、夏、秋、冬四季的第二个月上丁日（阴历二月、五月、八月、十一月上旬头一个逢丁的日子），名曰"四大丁祭"，其中尤以阴历的二、八两月的头一个丁日（以秋祭八月上丁为主）在孔庙举行"丁祭祀礼"，最为隆重。这一天的祭孔仪式，连在私塾念书和在学堂里学习的学生都要放假一至三天，以示敬重。

祭孔仪程相当复杂，每一次丁祭，一般都以衍圣公为正献官，于祭祀之前二十天至前一日，前后都有准备工作，十分繁琐。

祭祀共有九道程序，有条不紊，非常严格。

一、瘗毛血。鸣赞唱"瘗毛血"，执事生到各坛前跪下一叩头，起身将毛血碟捧于头上，出右门，将毛血埋于燎所，各坛将祭祀礼器的盖罩全部打开。

二、迎神。赞相唱"迎神"，乐官接唱，麾生举麾，唱"乐奏宣平之章"，击柷作乐，有乐无舞。

祭孔大典

三、初献。鸣赞唱"奠帛，行初献礼"，伶官原文传唱，麾生举麾，唱“乐奏昭平之章”，击柷作乐，有舞。

四、亚献。鸣赞唱“行亚献礼”，伶官传唱“举亚献，乐奏秩平之章”，麾生举麾，击柷作乐，有舞。

五、终献。鸣赞唱“行终献礼”，伶官传唱“举终献，乐奏叙平之章”，以下祭仪与亚献同。

六、撤馔。鸣赞唱“行撤馔礼”，伶官信唱“撤馔”，麾生举麾，唱“乐奏懿平之章”，击柷作乐，无舞。各坛陈设生将祭祀礼器加盖加罩，稍稍移动。

七、饮福受胙。鸣赞唱“饮福受胙”，引赞唱“升坛”，引正献官等入殿饮福酒、受胙肉。

八、送神。鸣赞唱“送神”，伶官传唱，麾生举麾，唱“乐奏德平之章”，击柷作乐，无舞。

九、望燎。鸣赞唱“望燎”（秋冬为“望瘗”），伶宫传唱，麾生举麾，唱“乐奏德平之章”，击柷作乐，无舞。鸣赞唱“焚祝帛”，接着焚烧香帛，礼成。

祭祀程序完成后，衍圣公在孔府金丝堂宴请客人。客人走后，再与族人饮酒。宴飨时，有乐歌，歌奏《诗经》中的《鹿鸣》、《鱼丽》、《南有嘉鱼》、《节南山》、《楚茨》等。

“儒家文化圈”包括哪些国家和地区

以儒家的基本价值观念作为社会伦理基础的国家和地区就属于儒家文化圈。儒家文化圈主要包括中国、朝鲜、韩国、日本、越南和新加坡等地。

中国在西汉时期，汉武帝实行了“罢黜百家，独尊儒术”。从此以后直到清代，儒学是古代中国的主流文化。

儒学传入朝鲜后，逐渐盛行开来。大约在一千六百年前的朝鲜三国时代，朝鲜就开始举行祭祀孔子的释奠，并一直延续至今。韩国不仅拥有儒教学会、儒教文化研究所等机构，而且在一些大学里还设有专门研究儒学的学科。韩国努力挖掘儒教的精髓，把儒家文化运用到现代生活之中。

儒学传入日本后，逐渐融入日本人的思维方式、行为情感及生活方式之中，成为日本社会文化的重要组成部分。例如，儒家的“义利之辨”成为日本资本主义兴起和发展的道德支柱；儒家的“忠孝”观念为近代日本的国家和企业服务等等。

儒学在秦汉时期即已传入越南。此后儒学在越南继续传播。在越南的陈朝，儒学在文化领域发展到主导地位。儒学在越南的长期流传，使越南的社会文化和道德伦理等深受儒学影响。

民　俗

日、气、朔

中国最迟从殷商时代起就采用干支纪日。从甲子到癸亥，六十干支日名轮流循环使用，所以中国古代没有星期这个概念，日的周期为六十天。

“气”是中国古历的阳历成分。从冬至点开始到下一个冬至点为一年（回归年）。一年分成二十四个“气”，称为二十四节气。古代二十四节气的划分方法不尽相同，按时间等分的叫平气，按一年中太阳所走的路程等分的叫定气。

朔是中国古代历法的阴历成分。日月的黄道经度相同的时刻叫朔，也就是天气晴朗无云却看不见月亮的日子。由于日、月运动都不均匀，所以每连续两次朔之间的时间也是不相等的。不过，经过长期观测统计，可以求得一个相对稳定的平均数，这个平均数就称为一个朔望月，基本在三十天左右。很多时候，需要对朔望月进行日、月运动不均匀性的改正，得到真实的朔，称为定朔。

古人怎么计时

从西周开始，中国就根据日月运行规律定出了计时的方法，称为十二个时辰，汉代命名为夜半、鸡鸣、平旦、日出、食时、隅中、日中、日昳、晡时、日入、黄昏、人定。又用十二地支来表示，以夜半23点至1点为子时，1点至3点为丑时，3点至5点为寅时，依次递推。有的时候为了区分得更细，也有将十二个时辰中每个时辰分为初、正两段，如子初、子正、丑初、丑正等，如此一来就和我们今天的一天二十四小时比较相像了。

中国古代计时器具常见的有三种，圭表是我国最古老的一种计时器。圭表是通过直立一根长柄形的物体，由土、玉、石制成，利用太阳射影的长短来判断时间的。日晷在现在比较常见，是由一根长针和一个带有刻度的圆盘组成，也是靠日影来判断时间，与圭不同的是，它是利用太阳射影的方向来判断时间的，所以长针的影子就好像今天时钟的指针一样。遇到阴雨天气，古代人民也发明了用水计时的漏刻，就是通过漏斗的水所流动的时间来计时，原理很像沙漏。小的计时单位常见的还有一盏茶，一炷香等，具体换算为：一时辰（十二时辰制）有四刻，一刻有三盏茶，一盏茶有两炷香，一炷香有五分，一分有六弹指，一弹指有十刹那。一刹那就是一秒钟。所以一盏茶为十分钟，一炷香为五分钟，以此类推。

二十八宿和三垣

二十八宿中的心宿图，绘于唐代。古人不但把天象神化，同时也将之人格化。心星为东方苍龙七宿之一，心宿为龙之心。

三垣、二十八宿是中国古代的星空区划体系，颇似现今天文学上的星座。

三垣是紫微垣、太微垣、天市垣。三垣成为三个天区的主体，这些天区也以三垣的名称为名称。紫微垣包括北天极附近的天区，大体相当于拱极星区；太微垣包括室女、后发、狮子等星座的一部分；天市垣包括蛇夫、武仙、巨蛇、天鹰等星座的一部分。

二十八宿从角宿开始，自西向东排列，与日、月视运动的方向相同。东方七宿：角、亢、氐、房、心、尾、箕；北方七宿：斗、牛（牵牛）、女（须女或婺女）、虚、危、室（营室）、壁（东壁）；西方七宿：奎、娄、胃、昴、毕、觜、参；南方七宿：井（东井）、鬼（舆鬼）、柳、星（七星）、张、翼、轸。此外，还有贴近这些星官与它们关系密切的一些星官，如钩钤、坟墓、离宫、附耳、伐、钺、积尸、右辖、左辖、长沙等，分别附属于房、危、室、毕、参、井、鬼、轸等宿内，称为辅官或附座。

什么是“四象”

把二十八宿按次序分为四组，每组七宿，分别与四个地平方位、四种颜色、五种四组动物形象相匹配，叫做四象或四陆。它们之间的对应关系如下：东方苍龙（或青龙），青色；北方玄武（即龟蛇），黑色；西方白虎，白色；

南方朱鸟（或朱雀），红色。

二十八宿与四方相配，是以古代春分前后初昏时的天象为依据的，这时正是朱鸟七宿在南方，苍龙七宿在东方，玄武七宿在北方，白虎七宿在西方；四种颜色的相配，则与古代五行说有关。至于龙、龟蛇、虎、鸟匹配天象的由来，一种观点认为是与原始部落的图腾有关；另一种说法则认为可能与这些星座昏中时所代表的季节特征有联系。例如，南方七宿昏中是春季，而鸟可以被看做是春天的象征等。

二十四节气

所谓节气，是指太阳从黄经零度起，沿黄经每运行 15 度所经历的时日。太阳每年运行 360 度，共经历二十四个节气，每月两个。其中，每月第一个节气称为“节气”，即：立春、惊蛰、清明、立夏、芒种、小暑、立秋、白露、寒露、立冬、大雪和小寒十二个节气。每月的第二个节气称为“中气”，即：雨水、春分、谷雨、小满、夏至、大暑、处暑、秋分、霜降、小雪、冬至和大寒十二个节气。“节气”和“中气”交替出现，各历时十五天。现在人们把“节气”和“中气”统称为“节气”。二十四节气反映了太阳的运动规律，所以节气在现行的公历中日期基本固定：上半年在 6 日、21 日，下半年在 8 日、23 日，前后相差不过 1—2 天。若寻根溯源，二十四节气最早发源于黄河流域。早在春秋时期，就有了仲春、仲夏、仲秋、仲冬四个节气。此后经过不断完善，到秦汉时，二十四节气已完全确立。汉武帝太初元年（公元前 104 年），天文学家唐都、落下闳、邓平等制定《太初历》，二十四节气被正式写进历法，其天文位置正式得到确认。为了便于记忆，人们还编出了二十四节气歌诀：

春雨惊春清谷天，夏满芒夏暑相连，
秋处露秋寒霜降，冬雪雪冬小大寒。

历史悠久的农历

“农历”是中国的一种历法，又名夏历、旧历、阴历。因为相传是从夏朝流传而来，故有“夏历”一说。“文革”时期，由于极左思潮泛滥，“横扫四旧”，夏历被看做是夏王朝的印记。由于当时传统历法在农村使用较普遍，于是改名为“农历”。事实上，夏历最早源于何时已无从考证，根据甲骨文和一些典籍的记载，一般认为其出自殷商时期。

农历以（月亮）朔望周期来定月，有阴历的成分；设闰月以均衡一年的周期，另外设置二十四节气反映季节的变化特征，这又有阳历的原则，因此其属于一种阴阳历。农历把日月合朔（太阳和月亮的黄经相等）的日期作为月首，即初一。朔望月平均约长 29.53059 日，所以有的月份是 30 日，称“月大”；有的月份是29 日，称“月小”。农历以十二个月为一年，共三百五十四或三百五十五日，与回归年相差十一日左右，所以每隔三年要安排一个闰月，隔两年再安排一个闰月，平均十九年中有七个闰月。月份的名称依“中气”而定：含“雨水”的月份称为正月，含“春分”的月份叫二月，含“谷雨”的月份为三月，含“小满”的月份为四月，含“夏至”的月份为五月，含“大暑”的月份为六月，含“处暑”的月份为七月，含“秋分”的月份为八月，含“霜降”的月份为九月，含“小雪”的月份为十月，含“冬至”的月份为十一月，含“大雪”的月份为十二月。不含“中气”的月份即为闰月，以上个月的月份称“闰某月”，如上个月是八月，就称“闰八月”。“农历”虽然有“农”字，但是作为历法指导农时的效果并不见佳；而且农历月的大小很不规则，有时连续两、三个甚至四个大月或连续两三个小月，历年的长短也不一样，而且差距很大。辛亥革命以后，中国采用了西方通行的格里高利历（即公历），两种历法并行。至今，在我国及朝鲜半岛、越南等国家仍以农历来推算日期，如传统节日春节、中秋节、端午节等。

天干地支

天干地支合称“干支”，是中国古代用来表示年、月、日、时的次序。天干共有十个符号：甲、乙、丙、丁、戊、己、庚、辛、壬、癸。地支共有十二个符号：子、丑、寅、卯、辰、巳、午、未、申、酉、戌、亥。在我国殷墟出土的文物中，有甲骨上刻着完整的六十甲子，说明我国至少在商朝时就已开始使用干支纪日了。

用干支纪月，其方法为：遇甲或己的年份，正月是丙寅；遇乙或庚之年，正月为戊寅；遇丙或辛之年，正月为庚寅；丁或壬之年，正月为壬寅；戊或癸之年正月为甲寅。依照正月对应的干支，其余月份即可推出。相比常用的干支纪年，干支纪月法一直未普遍实行，多是星相家推算八字用。干支纪年是我国传统的纪年方法。具体来讲，就是将十天干和十二地支按顺序两两相配，天干的单数配地支的单数，天干的双数配地支的双数，如此，每六十年就是一个周期（第一年为“甲子”，第二年为“乙丑”，第三年则为“丙寅”，以此类推），民间称之为“六十年转甲子”。例如，1865 年为农历乙丑年，那么六十年后的1925年同为农历乙丑年，周而复始。后来，由于此法纪年重复太多，到了汉武帝时便开始用皇帝年号纪年了。干支纪时法在我国古代一直使用，从未间断。古人还用十二地支与十二种动物相配，成为“十二生肖年”。如凡是含有“丑”的干支年就是“牛年”，这一年出生的人属“牛”；凡是含“子”的干支年，就是“鼠年”，这一年里出生的人都属“鼠”。以此类推。

干支是我国特有的时间记录系统，尽管在古代是人人皆知的常识，但究其起源，却仍然是一个谜。

黄道吉日

迷信的人认为可以办事的吉利日子。迷信说法，指青龙、明堂、金匮、天德、玉堂、司命六辰是吉神，六辰值日之时，诸事皆宜，不避凶忌。泛指可以办事的吉利日子。

还有一个关于婚嫁黄道吉日的民间传说颇为有趣，唐宣宗年间，有个书生名叫吉日，即将结婚，对自己的好友黄道说了这件事，并告诉他结婚的日子。黄道说这一天刚好皇帝兵马挑美女，你还是择日再娶吧。吉日不听相劝，照样在这一天办喜事。新娘还未上轿，皇帝兵马见她美貌无比，把新娘子抢走，把吉日打昏在地。黄道见了非常气愤，冲上去想救回新娘，官兵见有人竟敢要夺回新娘，就把黄道围了起来。黄道拼命和官兵搏斗，救下新娘，自己却因流血过多而死。大家万分悲痛，隆重了安葬了黄道。

几年后，吉日考中了状元，一天，宣宗皇帝又要派兵马到民间选美女，吉日知道后，到金銮殿上阻拦，宣宗大怒，叫武士把吉日推到午门斩首，人们为了纪念吉日保护百姓的功绩，就把他埋在黄道墓旁。从那以后，百姓办婚事，都到黄道和吉日墓前举行。后来，由于不便，结婚的人们不再到黄道、吉日的墓前举行婚礼了，就将结婚的日子择为黄道吉日，以示对黄道和吉日的纪念。这就是婚礼黄道吉日的由来。后推而广之到其他领域。

什么是黄历

黄历，或者称作皇历，是在中国农历基础上产生出来的，带有许多表示当天吉凶的一种历法。黄历相传是由轩辕黄帝创制，故称为黄历，民间又俗称为“通书”。但因通书的“书”字跟“输”字同音，因避忌故又名通胜。黄历主要内容为二十四节气的日期表，每天的吉凶宜忌、生肖运程等。

祭祀、安葬、嫁娶、开光（佛像塑成后、供奉上位之事）、解除（打扫房屋）等均有预测记载于黄历之上，为民间的一种传统风俗。

十二生肖

“十二生肖”指代表十二地支且用来记人的出生之年的十二种动物，即鼠、牛、虎、兔、龙、蛇、马、羊、猴、鸡、狗、猪。如子年出生的人属鼠，丑年出生的人属牛。生肖又叫属相。关于十二生肖的记载，在现有文献中，以《诗经》为最早。《诗经·小雅·吉日》里有：“吉日庚午，即差我马。”以午对马。以动物配十二地支，和古代华夏民族的生物观有关。在远古人类的心目中，人与动物你中有我，我中有你。如在《诗经·商颂·玄鸟》中，言“天命玄鸟，降而生商”，说商民族是“玄鸟”的后代。而在《山海经》中，人面蛇身、人面羊身、人面马身、人面龙身、人面鸟身的神则比比皆是。因为在古人心中，人与动物没有绝对的界限，那么以动物搭配十二地支就能说得通了。在诸多记载中，以《诗经》为最早，以王充的《论衡》记录最全面，《论衡·物势》载：“寅，木也，其禽，虎也。戌，土也，其禽，犬也。……午，马也。子，鼠也。酉，鸡也。卯，兔也。……亥，豕也。未，羊也。丑，牛也。……巳，蛇也。申，猴也。”给出了完整的对应关系。

关于十二生肖的来源，说法有很多。在汉族民间传说中，轩辕黄帝需要十二名动物担任宫廷卫士，因此征集了十二种动物。又有学者从古代昼夜十二时辰的角度来解释，认为“鼠咬天开”，所以子属鼠；天开之后，“地辟于丑”，牛耕田，所以以丑属牛；寅时是人出生之时，有生必有死，置人于死地莫过于猛虎，所以寅属虎。以此类推，有了十二生肖，每个生肖都有特定的意义。十二生肖循环往复，每十二年为一个轮回。民间称轮回之年为本命年。

除了汉民族，其他的少数民族或国家也有自己的动物排列。如桂西彝族的十二属相为：龙、凤、马、蚁、人、鸡、狗、猪、雀、牛、虎、蛇。海南黎族的十二属相为：鸡、狗、猪、鼠、牛、虫、兔、龙、蛇、马、羊、猴。广西壮族的十二属相为：鼠、牛、虎、兔、龙、蛇、马、羊、猴、鸡、狗、猪。在印度，十二属相中除了狮代虎外，其他的与我国完全相同。在古代巴比伦，则是用猫、狗、蛇、蜣螂、驴、狮、公羊、公牛、隼、猴、红鹤、鳄鱼来纪年。相对而言，虽都以动物入属，但以纪年之动物为人的属相者乃中国独有。

元旦的变迁

“元旦”是中国重要的传统节日之一。为农历新年的第一天。“元旦”是合成词：“元”是第一或开始的意思，“旦”指天亮或早晨。对于“旦”的释义，还有文物佐证。在出土的大汶口文化遗物中，有图画描绘太阳从山巅升起，中间云烟缭绕，经考证，即是“旦”字的象形写法。“元旦”最早出自南朝人萧子云的《介雅》诗：“四气新元旦，万寿初今朝。”汉代崔瑗在《三子钗铭》中称其为“元正”。唐朝德宗在《元日退朝观军仗归营》中称其为“元朔”。宋代吴自牧在《梦粱录》“正月”条目中云：“正月朔日，谓之元旦，俗呼为新年。一岁节序，此为之首。”通常说及元旦，人们都认为是新年之始，其实最初并非如此。

元日题诗图　清

夏朝时，“元旦”在正月初一；商朝时，“元旦”在十二月初一；到了周朝，“元旦”在十一月初一。六国统一后，定十月初一为元旦，从此历代相沿。到了汉时，司马迁创“太初历”，又以正月初一为元旦，由于和夏朝相同，所以又称“夏历（即农历、阴历）”。辛亥革命后，中华民国成立，孙中山认为“行夏历，所以顺农时；从西历，所以便统计”，逐定正月初一（元旦）为春节，而以西历（公历）1月1日为新年。1949年9月27日，中国人民政治协商会议第一届全体会议通过使用“公元纪年法（即阳历）”，为了区别农历和阳历两个新年，又鉴于农历二十四节气中的“立春”恰在农历新年的前后，因此改称农历正月初一为“春节”，阳历1月1日为“元旦”。至此，屡经“变脸”的“元旦”正式被固定下来。

什么是人日

“人日”是汉族的传统节日，在农历正月初七。传说女娲创世时，在造出了鸡狗猪牛马等动物后，于第七天造出了人，所以这一天是人类的生日。汉东方朔《占书》载，正月一日为鸡，二日为狗，三日为猪，四日为羊，五日为牛，六日为马，七日为人，八日为谷。汉朝时开始有人日节俗，魏晋以后，人日逐渐从单一的占卜活动，发展成为包括庆祝、祭祀等活动内容的节日。在这一天，人们会剪五彩丝织品为花、人，或镂金箔为人贴在屏风、帐子上，戴在头上，求得吉利。此外，登高赋诗也是常有的习俗。到了唐代，人日节更加受重视。每至人日，皇帝赐群臣彩缕人胜（一种头饰，又叫彩胜、华胜），又登高大宴群臣。如果正月初七天气晴朗，则主一年人口平安，出入顺利。高适的《人日寄杜二拾遗》中就有“人日题诗寄草堂，遥怜故人思故乡”，“今年人日空相忆，明年人日知何处”的感怀诗句。这在唐代文学作品中不胜枚举，表明人日节在唐代，已不仅仅用来作祈祥祝安，又增添了对亲人的思念，对亲情的维系，与人们的生活愈发贴近。人日节到了民国时，仍然很热闹，很多青年男女会结伴到郊外游玩，选“人日皇后”，中选者主持一天的活动。年长者则登观音山饮酒作赋。也有女人到庙中参神，男人到花地赏花或拜黄大仙庙。建国后，人日节逐渐淡出人们的生活，但一些习俗仍旧保留了下来。如中国南方地区的捞鱼生（人们一起捞食凉拌的生鱼肉片，喻越捞越高、步步高升）、吃面线等。

元宵节的由来

元宵观灯图　清

农历正月十五日，是中国的传统节日元宵节。之所以称“元宵”，是因为这一天为一年中第一个月圆之夜。元宵节据说源于汉朝，是为纪念“平吕”而设：汉惠帝刘盈死后，吕后专权，吕氏家族把持朝政。周勃、陈平等人在吕后死后，铲除了吕家势力，拥刘恒为汉文帝。由于平息诸吕的日子是正月十五日，因此每到这一天，汉文帝都要微服出宫与民同乐，以示纪念，并把这一天定为元宵节。到了汉武帝时，祭祀“太一神”的活动设在正月十五。司马迁在“太初历”中把元宵节列为重大节日。元宵节起源的另一说与天象有关：古时候，人们称每月十五为“望日”，望日月圆，意味着团圆吉祥，因此将正月十五日、七月十五日和十月十五日都定为节日，即上元、中元、下元，其中上元（正月十五）是第一个望日，最被重视，后来发展成了元宵节。依照民间传统，节日的夜晚要赏花灯、猜灯谜、吃元宵、合家团聚。元宵赏灯的习俗由来已久，故元宵节又有“灯节”之称。据说，东汉明帝曾梦见金人遣使者往西域迎回佛像，于是就在元宵“燃灯表佛”，并令民间挂灯，从此元宵就有了燃灯、观灯的习俗。唐朝玄宗时，赏灯的时间从元宵一夜改为三夜。北宋时，延长为五夜。南宋时改为六夜。明朝朱元璋时，曾有连续张灯十夜的记录。除了赏灯外，后世陆续又有了放焰火、舞龙灯、灯谜等游戏。元宵节吃元宵，也有其渊源，相传始于春秋时的楚昭王。传说昭王过长江，见江面有漂浮物，竟是一种外白内红的甜美食物。昭王不解，于是请教孔子，孔子说“此浮萍果也，得之主复兴之兆”。孔子所说的“浮萍果”就是后来的元宵。作为节日食品，元宵象征家庭像月圆一样团圆，寄托着人们对未来生活的美好愿望。在我国南方，元宵又被称为“汤圆”、“圆子”、“浮圆子”、“水圆”。随着时间的推移，元宵节的活动愈发丰富，欢庆不衰。

花朝节的由来

花朝节，简称花朝，俗称“花神节”、“百花生日”、“花神生日”。是我国古代重要的民间传统节日。时间因地而异，中原和西南地区在农历二月初二；江南和东北地区在二月十五。相传是为与八月十五中秋节相对，“花朝”对“月夕”。除了上述两种，还有地区以二月十二或十八为花朝节。这大概与各地花信的早迟有关。

花朝节在我国由来已久，最早在春秋的《陶朱公书》中已有记载。晋人周处所撰的《风土记》云：“浙间风俗言春序正中，百花竞放，乃游赏之时，花朝月夕，世所常言。”明人田汝成则在《熙朝乐事》中明确记载：“花朝月夕，世俗恒言，二、八两月为春秋之半，故以二月半为花朝，八月半为月夕。”花朝节在全国盛行，据传始于唐代，因为在唐代的诗文及典籍中，关于花朝的记载非常之多，如卢纶的“虚空闻偈夜，清净雨花朝”（《题念济寺晕上人院》），如司空图的“伤怀同客处，病眼却花朝”（《早春》）。在《旧唐书·罗威传》中亦有“威每到花朝月夕，与宾佐赋咏甚有情致”的文字记载。唐太宗李世民在花朝节这天曾亲自到御花园中主持“挑菜御宴”。武则天则爱花成嗜，每到花朝，总要令宫女采集百花，和米一起捣碎，蒸成花糕赐与群臣。上行下效，从官府到民间过花朝的习俗愈发盛行。人们除了游玩赏花、扑蝶挑菜外，还有女子剪彩花插头，十分喜庆。时人把正月十五的元宵节、二月十五的花朝节、八月十五的中秋节这三个“月半”视为同等重要的节日。到了明、清时，花朝节仍为文人雅士们提及，后来日渐消亡。今天，仅在我国广西宁明、龙州一带的壮族地区还有过花朝节的习俗（在湖北省武汉市新洲区旧街镇的花朝节虽然盛行，至今已有八百余年），但早失去了传统的意义，转而变成了一个商贾云集，影响深远的大型农贸交流会了。除此之外，花朝节已经鲜为人知了。

上巳节的由来

“上巳节”是中国古老的传统节日，俗称三月三，该节日在汉代以前定为三月上旬的巳日，曹魏以后固定在三月初三。“上巳”最早出现在汉初的文献。《周礼》郑玄注：“岁时祓除，如今三月上巳如水上之类。”春秋时期，上巳节即已经流行，主要活动是春浴：男男女女相约来到水边，以清水洗浴，祛除不祥，称之“祓禊”。祓，原指巫术仪式。在古代的上巳节，曾有女巫在水边做法祛邪；禊，指清洁，在水边修禊，取祛除污秽、不祥之义。在春暖花开的时节，于水边共浴，这自然也就成了少男少女自由欢爱的节日。《诗经·郑风·溱洧》就描写了上巳节郑国男女于溱、洧水边欢笑相谑的动人情景：“洧之外，洵訏且乐。维士与女，伊其相谑，赠之以芍药。”《论语》中曾皙曾明志道：“暮春者，春服既成，冠者五六人，童子六七人，浴乎沂，风乎舞雩，咏而归。”指的也是上巳节的情形。

曹魏以后，上巳节又称“三月三”，完全演变成了郊外游春、水边宴饮的节日。王羲之的《兰亭集序》中说：“流觞曲水，列坐其次，虽无丝竹管弦之盛，一觞一咏，亦足以畅叙幽情。”即描述了他与孙绰、谢安等名士在会稽山阴兰亭溪水畔宴乐雅集、曲水流觞的趣事。唐玄宗时，每逢上巳节，文人学士、贵族男女多聚于城南的曲江池边游览宴饮。曲江池，原为汉武帝所造，因水路曲折，似广陵之江，故名。后来曲江池淤塞，唐玄宗派人疏凿，大加兴建，遂愈发明媚繁华，成为贵族文人春游宴饮的胜地。杜甫曾以《丽人行》诗记录道：“三月三日气象新，长安水边多丽人。态浓意远淑且真，肌理细腻骨肉匀。”上巳节之盛景，可见一斑。

社日的由来

“社日”是中国古代祭祀社神的日子，据学者对甲骨文考证，应起源于原始时代的生殖崇拜。在春秋时期，每当社祭之日，都成了青年男女聚会的日子。《春秋》曾言，鲁庄公抵挡不住诱惑，亲自赴有此风俗的齐国“眼见为实”。其时狂欢的盛况可以想见。“社”与“土”原是一字，“礻”旁是后来才有的，中国以农业立国，祭祀土地神自然成了顺理成章的事。社日有春秋二祭之分（汉代以前，只有春社，汉以后始有春秋二社），春社祈祷人寿年丰，秋社则报祀社神。汉代以后，一般使用戊日，以立春后第五个戊日为秋社。该习俗一直沿用至今。对于戊日的选择，《礼记·月令》曾云："仲春之月，择元日，命民社。"仲春之月为农历二月。元日即近春分前后的戊日。社祭土，戊日属土，正合祭祀，故立春五戊被定为社日。社日是祭神的日子，习俗十分考究，以容桂地区为例，这一日要种树，称"社树"。在祭祀前一日，社正及诸社人应祭者，各清斋一日，于家正寝，方可祭拜。祭祀时所供之肉，谓之"社肉"、"福肉"，祭后分给各户享用。所供祭之酒，称"社酒"，相传饮之可以治耳聋。社祭时所供的饮食，称为"社饭"，以猪羊肉、腰子、肚肺、鸭饼、瓜姜之类为主。餐后有"社茶"供品用。如此种种，不一而足。唐代王驾有《社日》诗描写民间春社的场景："鹅湖山下稻粱肥，豚栅鸡栖半掩扉。桑柘影斜春社散，家家扶得醉人归。"相比较而言，秋社在丰收之后，其热闹程度往往在春社之上。

寒食节的由来

"寒食节"是中国民间的一个重要节日。寒食节的具体日期，古俗讲究在冬至后的一百零五天，距清明节前一天到两天。一些地方则在清明节前两天过寒食节（有的认为清明节前一天为寒食节，前二天为小寒食）。关于寒食节的起源，比较流行的一个说法是为了纪念春秋时期晋国的名臣介子推：晋文公流亡期间，介子推曾割股为他充饥。晋文公归国为君后，分封群臣时却忘记了介子推。介子推不愿夸功，携老母隐居于绵山。后来晋文公亲赴绵山请介子推，由于遍寻不获，便下令放火焚山，想逼出介子推。结果介子推与其母被烧死在山林中。晋文公悔恨不已，于是规定每年此时不得生火做饭，要吃冷食。是为寒食节。这是关于寒食节来源的一种说法。

实际上，寒食节应源于远古时期人类对火的崇拜。古人的生活离不开火，然而火又往往给人类造成极大的灾害。古人认同神灵的存在，于是家家祀火。各家所祀之火，每年又要止熄一次，然后再重新燃起，称为改火。旧火熄灭，新火未至期间，严禁生火，因此只能吃冷食。相沿成俗，便有了禁火节。后来为了纪念义士介子推，禁火节转变为了寒食节。汉代时，山西民间要禁火一个月。三国时，曹操曾下令取消该习俗。对此，《阴罚令》这样记载："令到人不得寒食。犯者，家长半岁刑，主吏百日刑，令长夺一月俸。"到了晋时，统治者推崇晋地掌故，又恢复了寒食禁火的习俗。同时，又把寒食节的纪念意义推而广之，由山西晋地扩展至全国。寒食节于是成了全国性的节日。直到今天，山西地方仍有过寒食节的习俗，禁火期间人们以凉粉、凉面、凉糕、炒面（将糕面或白面蒸熟后切成骰子大小的方块，晒干后用土炒黄）等作食物。除了中国，韩国也保留了寒食节春祭的传统。

清明节的由来

清明赏春图　清

“清明”为二十四节气之一。在仲春与暮春之交，一般为冬至之后一百零六天，寒食节的后一天。《历书》云：“春分后十五日，斗指丁，为清明，时万物皆洁齐而清明，盖时当气清景明，万物皆显，因此得名。”《岁时百问》云：“万物生长此时，皆清洁而明净。故谓之清明。”清明来临，气温升高，雨量增多，很适宜春耕播种，因此有“清明前后，点瓜种豆”、“植树造林，莫过清明”的农谚，说明了作为节气的清明与农业生产的密切关系。清明成为节日，相传出自帝王将相的“墓祭”之礼，后来民间亦相仿效，于此日祭祖扫墓，经过历代沿袭于是成了固定的风俗。中国广大地区都有在清明之日扫墓（一般在节前后十天左右进行）、祭祖、踏青的习俗（一般来讲，北方人重墓祭，南方人多在这一天出游踏青），有的地方还有插柳枝、放风筝、取薪火、画蛋、斗鸡等活动。由于清明节气在寒食后不久，后世逐渐把寒食的习俗移到了清明之中。尤其在宋代后，寒食禁火扫墓之俗转移到了清明之中，其他的习俗如荡秋千、踏青、春游也只在清明时举行。随着寒食节影响的消失，清明节由一个单纯的农业节气变成了生活中的重要节日。

浴佛节的由来

浴佛节，为每年的农历四月初八日，是中国佛教徒纪念释迦牟尼佛诞辰的重要节日，又称佛诞节。相传在两千六百多年前，释迦牟尼从摩耶夫人的肋下降生时，一手指天，一手指地，言“天上天下，惟我独尊”。大地为之震动，九龙吐水为之沐浴。因为这样的传说，世界各国的佛教徒都以浴佛等方式来纪念佛的诞生。

一般在浴佛节的前一天，许多善男信女就已经云集佛寺。此时的寺院香花灯烛、各色供品，花丛中的几案上放有铜盆，盆中盛着用旃檀、紫檀、郁金、龙脑、沉香、麝香、丁香等配制成的香汤，汤中立着一尊铜质释迦太子像，造像一手指天，一手指地。沐浴开始前，寺院住持率全寺僧众诵经礼赞，然后持香跪拜，唱浴佛偈，僧众和居士们边念边依次以小勺舀汤浴佛。佛像浴完后再淋一些汤点浴自己，表示洗心革面，驱除灾难。如果参加者人数过多，则以杨枝蘸浴过佛的净水为信众点浴。整个浴佛的仪式庄严神圣。我国有记载的浴佛仪制是在唐朝以后，此前的多已佚失，难以考证。元代时，《敕修百丈清规·报本章》卷二的“佛降诞”条中，对浴佛仪制有了明确的规定并被尊崇奉行。明清时，浴佛仍然遵行《敕修百丈清规》的仪制，但有所删改，如在浴佛当天的煎“香汤”和造“黑饭”的习惯，到明清时已不再盛行。《敕修百丈清规》在相当长一段时间里都是被尊崇的，随着时代变迁，仪制的改变成为了一种必然。相对来说，后来的浴佛节更侧重于法会的仪规。仍然是这一天，僧人们继续供佛祭祖，虔诚的善男信女仍纷至沓来或烧香还愿，或礼佛诵经，或布施钱物等；在寺外，围绕浴佛的各种活动开展得更加丰富多彩，唱民间歌谣、跳锅庄舞、跑马射箭等不一而足，许多寺院因此形成了独具特色的传统庙会，让更多的人参与到了“浴佛”中来。

端午节的由来

农历五月五日端午节，是中国最重要的传统节日之一。端午亦称端五，“端”和“初”的意思相同，称“端五”即“初五”。“五”又与“午”相通，按地支顺序推算，五月正是“午”月，加上午时为“阳辰”，所以端午节又叫做“端阳节”。对于端午节，一般传统的说法认为源自对屈原的纪念活动，然而因为许多端午习俗的历史比屈原的传说要久远，因而有学者推测，端午节另有起源。比如有学者认为，这一节日来自对恶日的禁忌。

农历五月，是仲夏疫疠流行的季节，民间有“恶月”之称。对此，《大戴礼》云：“（五月）蓄兰，为沐浴也。”沐浴是为了清洁，祛除毒气。在这期间，人们的作息也都以安心静养为原则，如《礼记》云：“仲夏，阴阳争，死生分。君子斋戒，止声色，节嗜欲。”其他的禁忌也有很多，如“五月到官，至免不迁”，“五月盖屋，令人头秃”，“不举五月子”，不能“曝床荐席”等。而在《史记·孟尝君列传》中，因孟尝君生于五月五日，其父甚至要丢弃他以避不祥。对于五月初五恶日的忌讳，可谓颇有渊源。另一种说法认为端午和龙有关，由闻一多提出。他的论据中有吴均的《续齐谐记》中的一段话：“屈原五月五日投汨罗而死，楚人哀之。每至此日，竹筒贮米，投水祭之。汉建武中，长沙欧回，白日忽见一人，自称三闾大夫，谓曰：‘君当见祭，甚善。但常所遗，苦蛟龙所窃。今若有惠，可以楝树叶塞其上，以五彩丝缚之。此二物，蛟龙所惮也。’回依其言。世人作粽，并带五色丝及楝叶，皆汨罗之遗风也。”闻一多在研究了史料后认为，端午节是举行图腾祭的龙的节日。虽然说法纷纭，但迄今为止，影响最广的端午起源的观点仍是纪念屈原说。这些传说和零星的历史记录相融合，让端午成为了一个重要的节日。

七夕节的由来

七夕图　清

“七夕”是农历七月初七的晚上，又称女儿节、少女节，是传说中隔着银河的牛郎和织女在鹊桥上相会的日子。七夕的民间活动主要是“乞巧”。“乞巧”就是向织女乞求一双巧手的意思，其中最普遍的方式就是对月穿针，如线从针中穿过，即为得巧，这一习俗于唐宋时最盛。七夕乞巧一说始于汉代，据东晋葛洪的《西京杂记》记载，这一天，“汉彩女常以七月七日穿七孔针于开襟楼，人俱习之”。除了《西京杂记》，在后来的唐宋诗词中，女子于七夕日乞巧也时常被提及。如有唐诗云，“阑珊星斗缀珠光，七夕宫娥乞巧忙”，“七夕今宵看碧霄，牵牛织女渡河桥”，“向月穿针易，迎风整线难。不知谁得巧，明旦试相看”。《开元天宝遗事》中也有唐太宗和妃子于七夕夜在宫廷宴饮，宫女们各自乞巧的记载。这一习俗可谓由来已久。七夕节除了乞求心灵手巧外，也可乞求姻缘，因而很多青年男女都会在这天晚上面对星空祈祷，希望能有永恒不渝的爱情。在宋元之时，七夕乞巧已经相当隆重了，京城中还设有专卖乞巧物品的市场，称为乞巧市。《醉翁谈录》中云：“七夕，潘楼前买卖乞巧物。自七夕一日，车马嗔咽，至七夕前三日，车马不通行，相次壅遏，不复得出，至夜方散。”人们从七月初一就开始置办乞巧用品，到了临近七夕日，车水马龙，人潮汹涌。其时七夕节的热闹，从字里行间即可以感受到。古人过七夕，也因地域不同而各有特色，在胶东地区，有祭拜七姐神的习俗，年轻女子在七夕节穿新装，聚集一堂，十分热闹；在广西的一些地方，人们会在七夕日储水，认为用双七水洗浴能消灾除病；在陕西黄土高原一带，妇女们乞巧时往往要结扎穿花衣的草人，谓之巧姑，为其供瓜果，栽种豆苗、青葱。七夕之夜时，各家女子要手端一碗清水，剪豆苗、青葱入水，以月下投物之影来占卜命运。七夕节的饮食（一般称为吃巧食）在各地也不尽相同，其中多饺子、面条、油果子、馄饨等食物。还有许多民间糕点铺，会制一些织女形象的酥糖，称之为“巧人”、“巧酥”，出售时叫“送巧人”，此风俗在一些地区流传至今。

什么是中元节

“中元节”是道教的节日。中国古代以正月、七月、十月之十五日分称上元、中元、下元。上元是天官赐福日，中元为地官赦罪日，下元为水官解厄日。道教《太上三官经》云：“天官赐福，地官赦罪，水官解厄……一切众生皆是天、地、水官统摄。”中元日也是佛教的“盂兰盆节”。“盂兰”为梵文音译，意为倒悬；盆为汉语，指盛物的器皿，谓此供具可以解祖先的倒悬之苦。节日的由来就是大家熟知的“目连救母”的故事：目连是佛祖的弟子，他的母亲因为生性贪婪恶毒，死后入饿鬼道，不得超生。目连为了解救母亲，就在农历七月十五这一天广造“盂兰盆会”，让地狱里的孤魂野鬼享用盆里的食物，为母亲赎罪。后来每到七月十五这一天，佛家们都会做“盂兰盆会”，备五果供奉，解救在阴间受苦的祖先。由于“盂兰盆会”的宗旨与儒教教义不谋而合，因此在中国信徒中广为流行。唐代时，该法会颇为盛行。晚清时，北京有八百四十多座寺庙，条件好一些的如广济寺、广化寺、嘉兴寺、法源寺、拈花寺、长椿寺等都要举办规模不同的“盂兰盆会”。中元节还有很多习俗，像放水灯、抢孤、放焰口、焚法船、普度等。放水灯是为了普度水中的孤魂野鬼，一般毗邻港口处会举办这样的活动。抢孤流行于台湾的某些地区，指在孤棚（由四根柱子搭成）上涂抹牛油，由参赛者从四个方向向上攀爬，棚的顶端放有祭品，先抢到的队伍获胜。普度通常以寺庙为中心，家家门前摆设供品，在屋檐下挂纸灯为孤魂野鬼“引路”。中元节因多是普度孤魂野鬼的活动，因此又俗称为“鬼节”。

中秋节的习俗

中秋佳节为每年的农历八月十五日。此时因是一年秋季的中期，所以称为中秋。也因为在中国农历里，每季分为孟、仲、季三部分，因此中秋也被叫做仲秋。这一天，月亮比平日的满月看起来要更加圆亮，所以“月夕”、“八月节”也是中秋的别称。中秋节有其悠久的历史，和很多传统节日一样，中秋节也是源于祭祀。古时帝王有春天祭日，秋天祭月的礼制。这在《周礼》一书中已有提及。后来文人学者、贵族也私下效仿，对月祭拜，寄托情怀，这种习俗流传至民间，渐渐成为了一项传统活动。发展至唐代，因祭月的风俗更为人们所重视，最终成为固定的节日。到宋时，中秋节已十分盛行。在北宋京师，到了中秋之夜，满城人家，不论贫富老小，都要更衣焚香拜月，述说心愿祈求月神的保佑。南宋时，人们互相赠送月饼，取团圆之义。有些地方还会舞草龙、砌宝塔等。到了明清，中秋节已与元旦齐名，成了重要的节日之一。地方上烧斗香、树中秋、点塔灯、放天灯、走月亮、舞火龙，将节日点缀得丰富多彩。

关于中秋，还有很多传说，如吴刚伐桂、后羿射日、嫦娥奔月、玉兔捣药、无盐拜月等，流传很广。其中，无盐的故事很有趣味：相传古代齐国丑女无盐，幼时曾虔诚拜月，长大后以品德超群被选入宫，但一直未被宠幸。某年的八月十五日，无盐外出赏月，天子在月光下见到她，为她的美丽折服，立她为皇后。无盐本是丑女，因虔诚拜月而有了出众的美貌。因此到了中秋，少女们纷纷拜月，以求“貌似嫦娥，面如皓月”。这些美好的传说流布很广，为节日增添了无限浪漫的色彩。今天，月下游玩的习俗，已远没有旧时盛行，但人们仍愿意设宴赏月，合家团圆。把酒问月之时，期求美好的生活。

重阳节的习俗

农历九月初九重阳节，又称为重九节、老人节。重阳的说法起源于春秋战国时期。屈原在《楚辞·远游》中曾写道：“集重阳入帝宫兮，造句始而观清都。”按照阴阳五行说，奇数为阳，偶数为阴。九是奇数，属阳，二阳相重，故称重阳。而老人节一说，则是因为九为阳数之极，有长久长寿的含意。

与重阳节相关的习俗有很多，如登高、赏菊、喝菊花酒、吃重阳糕、重阳米果、插茱萸等。其中登高一说，始于民间传说：在东汉时，汝河出了个瘟魔，相邻一带的百姓天天有人丧命，苦不堪言。有个叫恒景的青年人，父母因瘟疫死去，自己在大病之后，出门访仙学艺，以期除掉祸害。恒景四处访寻名师，后来拜下一位法力无边的仙长，从此刻苦学艺。这一天，仙长对恒景说："明天是九月初九，瘟魔又会出来作恶，你已经学成，该回去为民除害了。"他送给恒景一包茱萸叶，一盅菊花酒，并且密授避邪用法，让恒景骑着仙鹤回家。第二天，恒景按仙长的叮嘱把乡亲们领到了一座高山上，给他们分发了茱萸叶和菊花酒。中午时，瘟魔冲出汝河，刚到山下，就闻到了茱萸和菊花酒的味道，立刻体力不支。恒景见状，手持降妖宝剑冲出，很快就把瘟魔刺死了。从此，九月初九登高的习俗就保留了下来。除了登高外，佩带植物也很有渊源：晋代葛洪曾在《西京杂记》中说，人们在重阳日戴茱萸，也有人戴菊花。此风历代盛行。宋人有将彩缯剪成茱萸、菊花模样相赠佩带的。清时的重阳，北京人还把菊花枝叶贴在门窗上，"解除凶秽，以招吉祥"。在有的地方，人们则利用重阳登山的机会，祭扫祖墓，纪念先人。如在福建莆田沿海，人们纷纷到湄洲妈祖庙或天后祖祠、宫庙祭祀，希望得到神灵庇佑。在当地，三月被视为小清明，重阳才是被看重的大清明。

腊日的习俗

"腊日"是指农历十二月初八，是腊月里重大的祭祀节日之一，俗称"腊八节"。佛教传入中国后，"腊日"也是佛教徒的节日。传说中，释迦牟尼在得道成佛前曾遍游名山大川，寻求人生的真谛，后来在菩提树下静坐冥思，于十二月初八得道成佛。所以佛教徒称此日为"佛成道节"。在中国，佛教徒会在这一天举行诵经活动，并在佛座前献腊八粥。《武林旧事》曾载："腊月八日，则寺院用胡桃、松子、乳蕈、柿、栗子之类做粥，谓之腊八粥。"明朝时，腊八粥成为皇帝赏赐朝臣的佳品。到了清代，喝腊八粥之风更为盛行。以雍和宫腊八盛典为例，从腊月初一起，皇宫总管内务府派司员就会把粥料和干柴运到这里。奶油、羊肉丁、五谷杂粮以及各色干果等用料在初五晚准备就绪后，初六由皇帝委派的大臣会同内务府总管大臣，率领三品以上官员及民夫到庙里监督称粮、运柴。初七清晨，监粥大臣下令生火，并一直监视到初八凌晨，至粥全部熬好。熬粥用的古铜大锅直径为两米，深一米半，重达四吨。每一锅粥用小米十二石，杂粮、干果各百斤，共要熬六锅。粥熬好后，供粥大臣率官员开始在佛前供粥。供奉完佛祖，第二锅粥献给宫廷，同时装罐密封，以快马递送承德行宫及全国各地。按程序，第三锅粥送给王公大臣、大喇嘛，第四锅粥送给文武官员和各省的大官吏，第五锅粥送给雍和宫的众喇嘛，第六锅粥作为施舍。天亮后，舍粥完毕，盛典结束。熬制腊八粥最初是为了祭祀，随着时代变迁，逐渐演变成了一种民间庆贺丰收的习俗。相比寺院腊八粥的庄重简约，民间的腊八粥要丰富多彩得多，主料以粳米或糯米为主，辅料少则四五种，多则达十余种。《燕京岁时记》记录道："腊八粥者，用黄米、白米、江米、小米、菱角米、栗子、红豇豆、红枣和水煮熟，外用桃仁、杏仁、瓜子、花生仁、松子及白糖、红糖、葡萄干以作点染。"今天，民间仍有过腊八节的习俗，各家在熬粥之余，还腌制"腊八蒜"，留到春节时食用。最初因祭祀而有的节日，因美食而别具风味。

除夕的习俗

写春联图

"除夕"是中国的传统节日，在每年农历腊月的最后一天的晚上，与春节（正月初一）首尾相连。"除夕"中的"除"字是去、易、交替的意思，除夕即月穷岁尽，要除旧换新岁的意思（亦有民间传说，言"夕"是凶猛的怪兽，每到年底都会出来危害百姓，人们想方设法除了"夕"，并在当夜守至天明）。由于除夕是农历全年的最后一个晚上，因而全部活动都围绕着除旧迎新，消灾祈福进行，如贴春联、贴门神、放鞭炮等。在先秦时期，每年将尽的时候，王宫中都要举行"大傩"仪式，击鼓驱逐疫疠之鬼，称为"逐除"。又称除夕的前一天为小除，即小年夜；除夕为大除，即大年夜。除夕因常在夏历腊月三十，因此又称年三十。

除夕夜人们往往通宵不眠，为新年来临守岁。苏轼的《守岁》诗就写道："儿童强不睡，相守夜欢哗。"我国各地的除夕风俗大致相同，但有些地方的风俗很有特点，如苏州人要等从枫桥寒山寺传来的钟声。当钟声穿过夜色，传到千家万户时，才标志着新春的来临。北京的除夕则忙碌万分，祭祖、接神、接灶。祭神拜祖的仪式一开始，整个京城即淹没在一片震耳欲聋的爆竹声中。有的人家还会在院子里铺上芝麻秸，全家人上去踩，名"踩岁"，取长命百岁之意。而在台湾，除夕被称作“过年日”。晚上的时候，全家会焚香叩拜，然后对长者辞岁。接着再“围炉”，共进年夜饭。“围炉”是一家人围坐在一起，桌上放菜肴，桌下置火盆。饭后燃蜡烛守岁，为长辈延寿祈福。除夕，意味着辞旧迎新。这一天对华人来说极其重要。通常我们在排列传统节日时，都会把除夕放在首位，其意义可以想见。

古代的饮食

上古的粮食作物有五谷、六谷和百谷。通常来说，五谷指稷、黍、麦、菽、麻。六谷指稷、黍、麦、菽、麻、稻。两相比较，后者只多了水稻，这与水稻是南方作物，后来才传到北方有关。百谷，是指多种谷物。具体来说，稷是小米，又称谷子。它在古代相当长一段时间内是最重要的粮食。古人以稷代表谷神、社神，合称为社稷，其重要性可见一斑。黍即今天所说的黍子，又叫黄米。上古时代，黍被认为是比较可口的粮食。在《论语·微子》就有：“杀鸡为黍而食之。”麦，分大麦、小麦。杜甫《大麦行》曰：“大麦干枯小麦黄，大女行泣大走藏。”菽是豆（上古称菽，汉以后称豆）。麻指大麻子，古代也可供食用，但它不是主要的粮食作物。在上述作物外，还有禾、粟、粱等。禾原专指稷，后来逐渐成为一般粮食作物的通称。粟原是禾黍的籽粒，后也用作粮食的通称。粱是稷的良种。古人常以稻粱并称，认为这两种谷物味美可口。粮食可以加工炒食，炒好的干粮称糗，又叫糇粮，一般在行旅中食用。

古时以牛、羊、豕（猪）为三牲。祭祀时三牲齐全称太牢。三牲中，牛最珍贵。对于普通民众来说，最为普遍的是羊，所以美、馐等字从“羊”，羹字从“羔”从“美”。古人也吃狗肉，并有以屠狗为职业者，如汉代的樊哙。肉类风干叫脯，制成酱叫醢，腌制的鱼、肉称菹。和肉类相关的还有羹，羹分两种：供饮用的纯肉汁羹和用藿制成的牛羹，用苦菜制成的羊羹及用薇制成的豕羹。除上述外，还有家禽供食用。如鸡、鸭（战国时称鹜）、鹅（又叫雁）。调味品中有醋（称醯）。醋出现后，酸菜、泡菜也随之产生。

上古时的糖类有麦芽糖，称饴。当时还没有砂糖。宋祁的《寒食》诗云：“箫声吹暖卖锡天。”卖锡，就是卖麦芽糖。古人也会酿酒。在殷商的遗址中，出土了大量的觚爵等酒器，足见当时饮酒之风行。当时酿酒也以粮食为原料，主要是以煮烂的黍，加酒曲酿制而成。饮料中的茶叶是我国的特产，在汉代的某些地区，它已经成为一种商品。今人由《续博物志》推测，饮茶的风气是从江南传播开来的。饮茶风气渐盛应是从南北朝时开始。到唐宋后，茶在民间已经很普遍了。饮食中，还有古汉民族少有摄取的动物乳类制品。从《史记》

的记载来看，饮食乳酪一直都不是汉族的习惯。乳酪真正被汉人所熟知大概是在唐代。韩愈在《早春呈水部张十八员外》中云：“天街小雨润如酥，草色遥看近却无。”酥，即酥油。可见时人已经开始习惯于酥酪了。

华夏图腾及符号

龙

龙是中国传说中的一种善变化、能兴云雨、利万物的神异动物，为众鳞虫之长，四灵（龙、凤、麒麟、龟）之首。古籍记述其形象多不一。一说为细长有四足，马首蛇尾，一说为身披鳞甲，头有须角，五爪。《本草纲目》则称“龙有儿似”，为兼备各种动物之所长的异类。其名殊多，有鳞者谓蛟龙，有翼者称应龙，有角者名虬龙，无角名螭龙。小者名蛟，大者称龙。传说多为其能显能隐，能细能巨，能短能长。春分登天，秋分潜渊，呼风唤雨，无所不能。在神话中是海底世界主宰（龙王），在民间是祥瑞象征，在古时则是帝王统治的化身，因为龙最初的形象是集合中原各方民族的图腾特色而造出来的，所以一直也被视为中华民族的象征，民间十分普遍的龙王庙也是龙崇拜的一种象征，每逢风雨失调，久旱不雨，或久雨不止时，民众都要到龙王庙烧香祈愿，以求龙王治水，风调雨顺。

龙生九子

民俗有云，龙生九子，长相、脾气和爱好各不相同。明代一些学人笔记，如陆容的《菽园杂记》、李东阳的《怀麓堂集》、杨慎的《升庵集》、李诩的《戒庵老人漫笔》、徐应秋的《玉芝堂谈芸》等，对诸位龙子的情况均有记载，但不统一。综合一下，简析如下：

赑屃，也称龟趺。形状像乌龟，好负重，长年累月地驮载着石碑。人们在庙院祠堂里，处处可以见到这位任劳任怨的大力士。据说触摸它能给人带来福气。

螭吻，也叫鸱吻、鸱尾、好望。形状像四脚蛇剪去了尾巴，这位龙子好在险要处东张西望，也喜欢吞火。相传汉武帝建柏梁殿时，有人上疏说大海中有一种鱼，虬尾似鸱鸟，也就是鹞鹰，能喷浪降雨，可以用来厌辟火灾，于是便塑其形象在殿角、殿脊、屋顶之上。

蒲牢。形状像龙但比龙小，好鸣叫。据说蒲牢生活在海边，平时最怕的是鲸鱼。每每遇到鲸鱼袭击时，蒲牢就大叫不止。于是，人们就将其形象置于钟上，并将撞钟的长木雕成鲸鱼状，以其撞钟，求其声大而亮。

狴犴，又叫宪章。相貌像虎，有威力，又好狱讼之事，人们便将其刻铸在监狱门上。虎是威猛之兽，可见狴犴的用处在于增强监狱的威严，让罪犯们望而生畏。

北海九龙壁（局部）

饕餮。形似狼，好饮食。钟鼎彝器上多雕刻其头部形状作为装饰。由于饕餮是传说中特别贪食的恶兽，人们便将贪于饮食甚至贪婪财物的人称为饕餮之徒。饕餮还作为一种图案化的兽面纹饰出现在商周青铜器上，称作饕餮纹。

趴蝮。位于桥边的，最喜欢水，常饰于石桥栏杆顶端。在后门桥的四个角上趴附，造型非常优美。

睚眦。相貌似豺，好腥杀。常被雕饰在刀柄剑鞘上。睚眦的本意是怒目而视，所谓“一饭之德必偿，睚眦之怨必报”。报则不免腥杀，去拜访新年人都说：“杀你们全家新年好。”这样，就会被人家踢出来了。所以，像豺一样的龙子就出现在刀柄刀鞘上了。

金猊，又称狻猊、灵猊。狻猊本是狮子的别名，所以形状像狮，好烟火，又好坐。庙中佛座及香炉上能见其风采。狮子这种连虎豹都敢吃、相貌又很轩昂的动物，是随着佛教传入中国的。由于佛祖释迦牟尼有“无畏的狮子”之喻，人们便顺理成章地将其安排成佛的坐席，或者雕在香炉上让其款款地享用香火。

椒图。形似螺蚌，好闭口，因而人们常将其形象雕在大门的铺首上，或刻画在门板上。螺蚌遇到外物侵犯，总是将壳口紧合。人们将其用于门上，大概就是取其可以紧闭之意，以求安全吧。

凤　凰

亦称为朱鸟、丹鸟、火鸟、鹍鸡等，又叫不死鸟、火之鸟、长生鸟、火烈鸟，是传说中的一种瑞鸟，是四灵之一，百禽之王。凤凰和麒麟一样，是雌雄统称，雄为凤，雌为凰，其总称为凤凰。凤凰齐飞，是吉祥和谐的象征。

凤凰的起源约在新石器时代，原始社会彩陶上的很多鸟纹是凤凰的雏形，距今约六千七百年的浙江余姚河姆渡文化出土，在象牙骨器上就有双鸟纹的雕刻形象，这双鸟纹应是古代凤凰的最早记载。根据神话传说，凤是从东方殷族的鸟图腾演化而成，并且尤为楚人所崇拜。相传黄帝在统一时，集九州之图腾创造了一个新的图腾——龙。而有一部分图腾的特征却没有被用上，皇帝的妻子嫘祖便集这些动物之特征创造了一只漂亮的大鸟，仓颉取名为“凤”与“凰”，由于这一传说，凤凰在古代一般象征女性，带有对后妃母仪天下的期望。

西汉辞赋作家司马相如贫困之时，到四川临邛寻访好友县令王吉。时有当地首富卓王孙之女卓文君新寡，司马相如在卓王孙的宴会上当众弹奏琴曲《凤求凰》，卓文君在窗外偷窥，见司马相如容貌英俊，才华洋溢，当夜随其私奔。后比喻男女相爱男子追求女子，也象征对美满幸福的姻缘向往和歌颂。

麒　麟

中国古代神话传说中的神兽，据说能活两千年。雄的名麒，雌的名麟，合称麒麟，性情温和，不伤人畜，不践踏花草，故称为仁兽。麒麟的形状像鹿，尾似牛尾。麒有独角，麟无角，口能吐火，声音如雷。它把那些备受人们珍爱的动物所具备的优点全部集中在麒麟这一幻想中的神兽的建构上，充分体现了中国人的“集美”思想。

中国古代用麒麟象征祥瑞。相传它只在太平盛世，或世有圣人时此兽才会出现。明朝时郑和的船队航行到东非，曾带两只长颈鹿回到北京，被当时的人们认为是麒麟。明成祖以此祥瑞之兆来表明自己施政的伟大。

麒麟是吉祥神兽，主太平、长寿。鹿本身便是兽中驯良者，有力、善跑，大有益于人。传说中的白鹿尤有神性。民间有麒麟送子之说，它的综合面不及龙、凤那么广泛，不过名气也不算小。其渊源怎样，还不是很清楚，有学者推测可能是周民族的祖先，因为周人原居西北，那时的西北，水草丰美，适宜鹿类的生长。

饕　餮

传说中的一种凶恶贪食的野兽，古代青铜器上面常用它的头部形状做装饰，叫做饕餮纹。“饕餮”是中国古代传说中的神兽，传说是龙生九子之一。

它最大特点就是能吃。饕餮是一种想象中的神秘怪，这种怪兽没有身体，只有一个大头和一张大嘴，十分贪吃，见到什么吃什么，由于吃得太多，最后被撑死。它是贪欲的象征，所以常用来形容贪食或贪婪的人。

由于饕餮具有“恶兽”和“甚贪食”这两个狼的特征，而且饕餮纹又像狼。因此，传说中的饕餮很可能就是狼，或是从狼演变而来的神兽。

周鼎上的纹饰主要由饕餮纹和云纹所组成，以饕餮为中心，云纹环绕其周围。显然，饕餮神兽在天上，从云层里探出头，俯视人间。它的身体则藏在云里，不知是否有蛇身或龙身，但是如果在饕餮脑袋后面续上龙身，那就与后来的标准龙相差不远了。因此，在狼图腾和龙图腾之间可能还有一个饕餮图腾的过渡阶段。饕餮既有狼的性格，又有后来龙的面目。象征着游牧文化向农耕文化的过渡。

蟾　蜍

蟾蜍，即癞蛤蟆，是中国古代一个颇具个性的形象。传说月亮里面有三条腿的蟾蜍，因此，古代诗文里常用来指月亮。也一直有蟾宫折桂之说，蟾宫即月宫，即月亮之宫。唐代以后，科举制度盛行，蟾宫折桂便用来比喻考中进士。唐代大诗人白居易先考中进士，他的堂弟白敏中后来中了第三名，白居易写诗祝贺说：“折桂一枝先许我，穿杨三叶尽惊人。”

又有金蟾者，常供奉于商店瓦肆，用以敛财。其实那种金蟾原来叫做貔貅。龙生九子，其子貔貅，胜父千倍，长大嘴，貌似金蟾，披鳞，甲形如麒麟，取百兽之优，有嘴无屁股，吞万物而不泻。可招八方财，可聚宝，只进不出，神通特异。传貔貅因为触犯天条，玉皇大帝罚他只许吃不许拉。所以貔貅是以财为食的，纳食四方之财，肚子是个聚财囊，同时催官运，进而生贪婪之意，民间亦有“癞蛤蟆想吃天鹅肉”一说，最早出现在《红楼梦》当中。

鱼

鱼是人们最常接触的水生动物，由于其轻巧自在的特征，在古代往往象征着和谐与自由。鱼的形象从上古时期就已开始流行，如仰韶文化的人面鱼纹彩陶盆，这种鱼纹装饰是原始渔猎生活的写照。稍有变形的鱼纹很可能是代表人格化的独立神灵——鱼神，表达出人们以鱼为图腾崇拜的主题。

古代有鲤鱼跃龙门的传说，凡是鲤鱼能跳过龙门的，就可变化成龙，不能跳过龙门的，点额而归，故黄河之鲤鱼多有红色在额头，都是未跳过龙门之鱼。鱼跃龙门表示青云得路，变化飞腾之意。

在先秦典籍《诗经》、《周易》中鱼有隐喻“男女相合”之义，鱼因产子多，在农耕文化时期，鱼被赋予了祈求生殖繁衍、族丁兴旺的含义；也有人认为双鱼象征女阴，也是古代原始文明生殖崇拜的一种表现。

在我国古代，比目鱼是象征忠贞爱情的奇鱼，古人留下了许多吟咏比目鱼的佳句“凤凰双栖鱼比目”、“得成比目何辞死，愿作鸳鸯不羡仙”等。清代著名戏剧家李渔曾著有一部描写才子佳人爱情故事的剧本，其名就叫《比目鱼》。

鹿

鹿在古代是很常见的动物，所以在生活中鹿之意象亦为人们所常用，如“逐鹿”是用来作竞争天下的典故，出自于《史记·淮阴侯列传》；“秦失其鹿，天下共逐之”，又见于《汉书·蒯通传》。鹿性情温顺，形象秀丽，尤其梅花鹿棕红毛配以白色斑点更受人们的喜爱。在古代只有王室权贵才能观赏鹿，自然是一种奢侈的享受。北宋徽宗的鹿苑“养鹿数千头”，除了观赏还供食用。后来一些佛堂寺院为了增加静穆的气氛也在养鹿。除观赏外，鹿还与人共娱，给人带来欢乐。如《尔雅》有“鹿车”条款，说的是以鹿拉车，坐鹿车自然是无限惬意的事。鹿在古代被视为神物，认为鹿能给人们带来吉祥幸福和长寿，那些长寿神就是骑着鹿。在商代鹿骨已用做占卜，殷墟还发现鹿角刻辞。东周时期，楚墓中流行使用本雕镇墓鸟兽神怪，它们的头上都安装真实的鹿角，形成楚文化的特点，认为鹿角有神异之力，对死者在冥界生活起到某种保护作用。

鹤

鹤属鸟之涉禽类，形似鹭，嘴长而坚直。中国古代的人很早便注意对鹤的研究，特别是它的叫声，《诗经》有“鹤鸣九皋，声闻于天”的描绘。由于鹤形貌出众，有高人隐士之风，被视做仙禽和长寿之物，故有“闲云野鹤”、“驾鹤西去”之说，均是象征着超脱。又因鹤舞姿太美妙，所以古时王公贵胄和文人雅士很爱养鹤以供玩赏。最早记载养鹤的事要属《左传》：“卫懿公好鹤，鹤有乘轩者。”晋羊祜镇荆州时，尝取泽中野鹤，教之以舞，娱乐宾客。又如陆机为成都王司马颖所诛，临死时犹“顾左右而叹曰：‘今日欲闻华亭鹤唳，不可复得。’”可见其爱鹤心切。至于文人雅士以鹤为题材的作品，如白居易《池鹤》、杜牧《别鹤》、苏轼《鹤叹》等，更多不胜数。鹤在中国文学里，是一个很常见的描写对象，有平实的白描，也有加以神化，以至用以象征离别、情义、君子、大志、清高、隐逸、神仙、长寿等。

龟

龟是四灵中唯一存在的动物，也是所有动物中寿命最长的寿星。人们不仅把龟当做健康长寿的象征，也认为它具有预知未来的灵性。在古代，每当重大活动之前，巫师都要烧龟甲，然后根据龟甲上爆裂的纹路来占卜吉凶。所以，人们都称龟为“神龟”、“灵龟”。神龟在中国曾经受到过极大的尊敬，在古代帝王的皇宫、宅院和陵墓里，都有石雕或铜铸的神龟，用来象征国运的久远。

龟在古代也叫“黿”，黄帝族就是以龟为图腾的氏族。相传黄帝族发祥于中原的天黿山，黄帝族的领袖黄帝即“轩辕就是天黿”。天黿就是大龟。禹之后，夏统一中国历十六代四百三十二年之久。使龟崇拜在中华大地上得以延展深化。古代也传说大地是由巨龟支撑的。

也有以龟为原型创造的神话形象，名之玄武，为四灵之一，又多有文献记载，《后汉书·王梁传》：“玄武水神之名。”李贤注：“玄武，北方之神，龟蛇合体。”

鸳　鸯

我国古代，最早是把鸳鸯比做兄弟的。《文选》中有“骨肉缘枝叶”等诗句，这是一首兄弟之间赠别的诗。以鸳鸯比做夫妻，最早出自唐代诗人卢照邻《长安古意》诗，诗中有“愿做鸳鸯不羡仙”一句，赞美了美好的爱情，以后一些文人竞相仿效。

鸳鸯雄鸣曰鸳，雌鸣曰鸯。也有人认为“鸳鸯”二字实为“阴阳”二字谐音转化而来，取此鸟“止则相偶，飞则相双”的习性。它们在水面上相亲相爱，悠然自得，风韵迷人。它们时而跃入水中，引颈击水，追逐嬉戏，时而又爬上岸来，抖落身上的水珠，用橘红色的嘴精心地梳理着华丽的羽毛。此情此景，勾起多少文人墨客的翩翩联想，自古以来，在“鸳侣”、“鸳盟”、“鸳衾”、“鸳鸯枕”、“鸳鸯剑”等词语中，都含有男女情爱的意思，“鸳鸯戏水”更是我国民间常见的年画题材。

鸳鸯在人们的心目中是永恒爱情的象征，是一夫一妻相亲相爱、白头偕老的表率，甚至认为鸳鸯一旦结为配偶，便陪伴终生，即使一方不幸死亡，另一方也不再寻觅新的配偶，而是孤独凄凉地度过余生。其实这只是人们看见鸳鸯在清波明湖之中的亲昵举动，通过联想产生的美好愿望，是人们将自己的幸福理想赋予了美丽的鸳鸯。事实上，鸳鸯在生活中并非总是成对生活的，配偶更非终生不变，在鸳鸯的群体中，雌鸟也往往多于雄鸟。

喜鹊

相信鹊能报喜的观念，早在两千多年前便已经在民间流行。唐朝时有关的兆验故事便广泛传播。张鷟的《朝野佥载》中有这样一个故事：贞观末期有个叫黎景逸的人，家门前的树上有个鹊巢，他常喂食巢里的鹊儿，长此以往，人鸟有了感情。一次黎景逸被冤枉入狱，令他备感痛苦。突然有一天，那只喜鹊停在狱窗前欢叫不停。黎景逸暗自想大约有好消息要来了。果然三天后他被无罪释放。有这些故事印证，画鹊兆喜的风俗大为流行，品种也有多样：如两只鹊儿面对面叫“喜相逢”；双鹊中加一枚古钱叫“喜在眼前”；一只獾和一只鹊在树上树下对望叫“欢天喜地”。流传最广的，则是鹊登梅枝报喜图，又叫“喜上眉梢”。中国传说中每年农历七月七日，即七夕时，会有喜鹊在银河上架起桥梁，让牛郎和织女得以相见，称作鹊桥，后来此一名词便引申为能够使男女之间结成良缘的各种事物。

蝙蝠

蝙蝠为哺乳动物，又名仙鼠、飞鼠。形状似鼠，前后肢有薄膜与身体相连，夜间飞翔，捕食蚊蚁等小昆虫，蝙蝠简称“蝠”，因“蝠”与“福”谐音，人们以蝠表示福气、福禄寿喜等祥瑞。民间绘画中画五只蝙蝠，曰“五福临门”。旧时丝绸锦缎常以蝙蝠图形为花纹，婚嫁、寿诞等喜庆日妇女头上戴的绒花（如“五蝠捧寿”等）和一些服饰、器物上也常用蝙蝠造型。冯梦龙《笑府·蝙蝠骑墙》：“凤凰寿，百鸟朝贺，唯蝙蝠不至。”它说自己不是鸟类而是一种四足动物。后来轮到麒麟过生日，百兽都来朝贺，蝙蝠又不到。这次它说自己有翅膀能飞，是鸟不是兽。比喻骑墙头的人，亦颇有意味。

在华夏的文化里，蝙蝠绝对是“福”的象征，这在许多留存古老的建筑，以及砖刻、石刻中几乎处处可以见到，但如把人作为蝙蝠来称，则丝毫也没有吉祥的意思。

岁寒三友

指松、竹、梅。经冬不凋则迎寒开放，因称“岁寒三友”。

松树四季常青，姿态挺拔，叶密生而有层云簇拥之势。在万物萧疏的隆冬，松树依旧郁郁葱葱，精神抖擞，象征着青春常在和坚强不屈。松树的品格是国人最为崇拜的。

竹是高雅、纯洁、虚心、有节的象征，古今庭园几乎无园不竹，居而有竹，则幽篁拂窗，清气满院；竹影婆娑，姿态入画，碧叶经冬不凋，清秀而又潇洒。古往今来，“不可一日无此君”已成了众多文人雅士的偏好。

梅花为中国传统十大名花之一，姿、色、香、韵俱佳。宋人林和靖的诗句“疏影横斜水清浅，暗香浮动月黄昏”，将梅花的姿容、神韵描绘得淋漓尽致。漫天飞雪之际，独有梅花笑傲严寒，破蕊怒放，这是何等的可爱、可贵！

中国古代文人喜爱寄物抒情，借以自然物来表现自己的理想品格和对精神境界的追求。坚韧不拔的青松，挺拔多姿的翠竹，傲雪报春的冬梅，它们虽系不同属科，却都有不畏严霜的高洁风格。它们在岁寒中同生，历来被中国古今文人们所敬慕，而誉为“岁寒三友”，以此比喻忠贞的友谊。

盘　古

盘古是中国神话中最原初的神，他生于混沌，并以大斧将混沌分开，成为天地，死后他身体的每寸血肉都奉献给大地，化育了万物，丰富了乾坤。

“自从盘古开天地，三皇五帝到如今。”盘古，是我国历史传说中，开天辟地的祖先，他竭尽殚精，以自己的生命演化出生机勃勃的大千世界，为千秋万代的后人景仰，盘古是自然大道的化身，在开天辟地的传说中蕴涵了极为丰富而深刻的文化、科学和哲学等内涵，是研究宇宙起源、创世说和人类起源的重要线索，而他的“鞠躬尽瘁、死而后已”的献身精神，更是人类精神的至高境界，历来为仁人志士所效仿。千百年来，盘古文化在这片他以自己的生命所化的热土上，留传不息，不断繁衍，延续至今，传播中外，成为中华文化中一颗璀璨的明珠。

女　娲

女娲，是生育之神的化名。女娲是中国历史神话传说中的一位女神，

伏羲女娲图　此图出土于新疆哈拉和卓古冢中，图中伏羲和女娲人首蛇身，交绕在一起。伏羲执矩，女娲执规。

与伏羲为兄妹，人首蛇身。相传她以抟土造人，制嫁娶之礼，延续人类生命，造化世上生灵万物。又有女娲补天之传说：相传共工与祝融争斗后，怒撞天地支柱——不周山，致使天水下落，人间生灵涂炭。女娲目睹人类遭到如此奇祸，感到无比痛苦，于是决心补天。她选用各种各样的五色石子，架起火将它们熔化成浆，用这种石浆将残缺的天窟窿填好。随后又斩下一只大龟的四脚，当做四根柱子把倒塌的半边天支起来。女娲还擒杀了残害人民的黑龙，刹住了龙蛇的嚣张气焰。最后为了堵住洪水不再漫流，女娲还收集了大量芦草，把它们烧成灰，堵塞向四处流出的洪流。

女娲是中华民族伟大的母亲，她慈祥地创造了我们，又勇敢地保护我们免受天灾，是被民间广泛而又长久崇拜的创世神和始祖神。她神通广大化生万物，《山海经·大荒西经》郭璞注："女娲，古神女而帝者，人面蛇身，一日中七十变。"尤为苗人所崇拜。她也是华夏文明的始祖之一，部分文献将其位列三皇。

伏　羲

一作宓羲、庖牺、包牺、伏戏，亦称牺皇、皇羲、太昊，是中华民族人文始祖。

相传伏羲有圣德。仰则观象于天，俯则观法于地，取鸟兽地理之象，不论近远，于是始画八卦，以通神明之德，类万物之情。又编定书契，取代结绳记事的蒙昧状态，使得文明发生重大转变。并且开始制定嫁娶的礼仪，以教化人类情感，规范伦理道德。他还作为渔民的祖先，教他们结网，故称宓羲氏。并且相传伏羲是人类历史上第一个帝王，建都陈国（今河南省淮阳县），在位一百一十年，位列三皇之首。

祝　融

祝融，名重黎（简称黎），又称祝诵、祝和。相传帝喾高辛氏时，他在有熊氏之墟（今新郑）担任火正之官，能昭显天地之光明，生柔五谷材木，为民造福。帝喾命曰祝融，后世尊为火神。祝融为传说中的古帝，以火施化，号赤帝，后人尊为火神。亦有人说祝融是古时三皇五帝三皇之一。

相传祝融教化民众使用火，使人类摆脱茹毛饮血的蛮荒状态，女娲补天时，女神亦助之，所以亦有圣人之德。

河　伯

河伯是中国古代神话中的黄河水神，原名冯夷，也作“冰夷”。形象颇似鲛人，俊美异常，在《抱朴子·释鬼篇》里说他过河时淹死了，就被天帝任命为河伯，管理河川。河伯之名起于战国，传说不一。因黄河经常泛滥成灾，故河伯亦性情暴虐，神话谓羿曾以箭射其左目。由于其威不可测，故古有“河伯娶妇”的恶俗，人们以此祈求他平安无患。后魏国西门豹不信其说，以智禁绝之，并率民修渠治水，终绝水患。

河伯之妻为洛神宓妃，据说伏羲要用水玉（上古神器，若与之相通则能控制所有水灵）来处死河伯，只有河伯与水玉相通方可免受其罚，河伯去问女娲与水玉相通的办法，女娲告诉他需要河图和洛书。宓妃于是帮助河伯取得洛书，加上河伯取得河图，故使水玉与之相通，神力亦增，可控制黄河之水，故有“河伯献河图，宓妃献洛书”之说。后来河伯也曾授大禹河图助其治水。

后　羿

后羿，又称夷羿，相传是夏王朝东夷族有穷氏的首领，善于射箭。神话传说后羿是嫦娥的丈夫。当时，天上有十个太阳，烧得草木、庄稼枯焦，后羿为了救百姓，一连射下九个太阳，从此地上气候适宜，万物得以生长。后羿又射杀猛兽毒蛇，为民除害。民间因而奉他为“箭神”。但是后羿的丰功伟绩却受到了其他天神的妒忌，他们到天帝那里去进谗言，使天帝终于疏远了后羿，最后把他永远贬斥到人间。受了委屈的后羿和妻子嫦娥只好隐居在人间，靠后羿打猎为生。

根据《淮南子》的记载，后羿觉得对不起受他连累而谪居下凡的妻子，便到西王母那里去求来了长生不死之药，好让他们夫妻二人在世间永远和谐地生活下去。嫦娥却过不惯清苦的生活，趁后羿不在家的时候，偷吃了全部的长生不死药，逃奔到月亮去了。嫦娥奔月以后非常后悔，她想起丈夫平日对她的好处和人世间的温情，而身在月亮中非常孤独，倍觉凄凉。

城 隍

民国时期所绘灶君像

城隍起源于古代对水（隍）庸（城）的祭祀，为《周宫》八神之一。“城”原指挖土筑的高墙，“隍”原指没有水的护城壕。古人造城是为了保护城内百姓的安全，所以修了高大的城墙、城楼、城门以及壕城、护城河。他们认为与人们的生活、生产安全密切相关的事物，都有神在，于是城和隍被神化为城市的保护神。道教把它纳入自己的神系，称它是保国护邦之神，并管领阴间的亡魂。

城隍庙里的塑像与配神一般是：正殿之中供奉城隍大神，两旁分列八大将、判官、牛头、马面、黑白无常、钟鼓神以及十殿阎王、十八司等地狱塑像，府城隍庙里则有更多的配神。

城隍庙里，每年都有钱、米、衣服、棉被、医药、棺木等的施舍，府城隍庙每年农历十二月二十五日为最大的一次施舍活动，每月初一和十五亦有小规模的施舍。还有为人主持公道、排解纠纷的活动。城隍庙里挂有“纲纪严明”、“浩然正气”等楹联，故城隍文化亦为古代道德教育之重要组成部分。

灶 君

即东厨司命定福灶君，俗称灶君、灶王、灶王爷，主管人间的饮食。晋以后则列为督察人间善恶的司命之神。自人类脱离茹毛饮血、发明火食以后，随着社会生产的发展，灶就逐渐与人类生活密切相关。崇拜灶神也就成为诸多拜神活动中的一项重要内容，故《礼记·祭法》中“王为群姓立七祀”，即有一祀为“灶”，而庶士、庶人立一祀，“或立户，或立灶”。

每年农历十二月二十四日，灶神上天，报告人间功过，定人祸福。因此，南北习俗均于十二月二十三日晚上奉祀灶君，焚香祀送。旧时亦有士绅家于二十二日送灶，百姓家二十四日送灶之别。奉祀灶君多用糖元宝、炒米糖、花生糖、芝麻糖和糯米团子之类，以冀塞住灶神之口，不讲人间罪恶，世称“上天言好事，下界保平安”。祭毕，即将奉祀经年的灶君旧纸马从灶上揭下，连同纸锭等一起焚化，以示灶神上天。除夕接神时，再行接灶神之礼，奉祀灶神后，再在灶上粘贴新的灶君纸马。祭祀灶君现在仍是许多地方保持的传统风俗。

鼎

鼎是青铜器的最重要器种之一，是用以烹煮肉和盛贮肉类的器具。三代及秦汉延续两千多年，鼎一直是最常见和最神秘的礼器。

据文献及考古发现，九鼎应为诸侯之制，七、五鼎为卿大夫，三、一鼎为士级。天子之制为十二鼎，是双数。但至今未见周天子之陵墓，故这个记载是否正确还有待证实。当然列鼎中的九鼎并非代表中央政权的九鼎。

春秋战国时期，是奴隶社会的盛世，诸子百家争鸣，生产也达到鼎盛时期。说到“鼎”，这是古代的烹饪器，也是记载功勋的礼器，传说黄帝造九鼎，鼎就成了传国之宝，于是也就被视为国家和权力的象征，“鼎”字也被赋予“显赫”、“尊贵”，钟铜和铸造技术都已达到极高水平。

钟为古代打击乐器，盛行于青铜时代，这与当时乐律学、声学和青铜冶铸技术的高度发达分不开。钟在古代不仅是乐器，还是地位和权力象征的礼器。王公贵族在朝聘、祭祀等各种仪典、宴飨与日常燕乐中，广泛使用着钟乐。

钟在古代“八音”分类法中属金部。声音洪亮，余音绕梁，故有声如洪钟之说，形容发声底气十足。现存湖北随县曾侯乙墓编钟是迄今发现最庞大的编钟，此编钟的发现大量弥补了文献记载的缺失和不足，具有重要的历史价值和科学价值。它生动地表明了我国春秋战国时期音乐文化和青铜铸造工艺所取得的辉煌成就。

中国古人写“钟声”的诗句很多，其中有很多脍炙人口的佳句，如杜甫的“晨钟云外湿”（《船下夔州郭宿、雨湿不得上岸别五十二判官》），张继的“夜半钟声到客船”（《枫桥夜泊》），王维的“深山何处钟”（《过香积寺》），綦毋潜的“钟声扣白云”（《题灵隐寺山顶禅院》）等。在这些诗句中，“钟声”以其自身特殊的存在方式，构成古典诗学一个饶有兴味的审美意象。时而清冷凄清的意象，时而又是韶光易逝的表征。又由于钟与终谐音，中国一直存在送钟一词，婉指为亲人操办身后事。

神秘文化

养　生

养生一词最早见于道教书籍《庄子》内篇。养生，又称摄生、道生、养性、卫生、保生、寿世的意思等。所谓生，就是生命、生存、生长的意思；所谓养，即保养、调养、补养的意思。因为身体是我们生活的根本，健康的身体是我们有一个健康人生的基础。健康也是长寿的先决条件，而每个人的健康状况在很大程度上又依赖于他所生活的环境。一切生物都要适应环境而生存，人类不但要适应环境，而且还要利用、支配和改造环境。这样人才有可能“尽终其天年，度百岁乃去”。

养生是中国人修身养性之传统中最重要的一环，所谓生，就是生命、生存、生长的意思；所谓养，即保养、调养、补养的意思。总之，养生就是根据生命的发展规律，达到保养生命、健康精神、增进智慧、延长寿命等目的的科学理论和方法。

炼丹

葛稚川移居图，元代王蒙绘，表现葛洪携子侄徙家于罗浮山炼丹的故事。

炼丹为中国古代道家寻求升仙与长生不老的方法。在五行生克学说中就有土生金的说法。于是当时就有一种设想，那就是认为矿物在土中会随时间而变的。例如认为雌黄千年后化为雄黄，雄黄千年后化为黄金。朱砂二百年后变成青，再三百年后变成铅，再二百年成为银，最后再过二百年化成金。这时就产生了夺天地造化之功的思想，企图在鼎中能作得“千年之气，一日而足，山泽之宝，七日而成”。于是就在鼎中放入各种药物，封闭后进行加热烧炼，以为可以炼出贵重的金银来，这样炼金术在战国末期就萌芽了。到了秦皇汉武时期，由于最高统治者的支持，炼金术就更加发展起来，这时不仅要由低贱的金属如铜、铁等制造出贵重的金、银来，还要为统治者修炼出吃了能长生不老的仙丹来。所以在中国发起的这场探索活动应该叫做“金丹术”。他们把人与物相类比，认为黄金和玉都是不朽不坏的，所以最好能由金和玉中提出精华来给人吃，于是就有“服金者寿如金，服玉者寿如玉”的理论。这时炼丹家就希望能炼出一种名叫“金液”的神秘物质，人吃了可以长生不老，与普通物质配合就能变成黄金。

虽然这种炼丹活动并无科学依据，但却在客观上使得中国的化学有所发展，如率先提炼出了砷（砒霜），混合成了火药等。据考证欧洲近代化学之产生，亦有中国炼丹术之渊源。

阴阳相谐

阴阳，是中国古代哲学的一对范畴。它最初的含义是指日光的向背，向日为阳，背日为阴，后引申为气候的寒暖，方位的上下、左右、内外，运动状态的躁动和宁静等。

古代思想家看到一切现象都有正反两方面，就用阴阳这个概念来解释自然界两种对立和相互消长的物质势力，并认为阴阳的对立和消长是事物本身所固有的。因此，阴阳是对自然界相互关联的某些事物和现象对立双方的概括，即含有对立统一的概念。这个概念引入医学领域，即是将对人体具有推动、温煦、兴奋等作用的钧质和功能，统属为阳；对于人体具有凝聚、滋润、抑制等作用的物质和功能，统属于阴。阴阳始终处于不断消长的过程，因此阴阳只有相对的、动态的平衡，而没有绝对的、永久的平衡。人体中阴阳在一定限度内不断地有消有长，有盛有衰，这是生理活动的过程。这个活动过程出现异常，就会发生病理变化。如果机体的物质基础（阴）消耗过多，则机能活动（阳）就会相对地亢盛，阴阳的平衡不能维持而产生形体虚弱、头晕耳鸣、燥热盗汗、虚烦不眠等“阴虚阳亢”的征候。治疗这种病理要用“滋阴潜阳”法来调整体内阴阳的消长，使之恢复正常，达到阴阳的相对平衡，中医认为阴阳相谐是人的最佳状态，故修炼身心者亦将其作为其目标境界。

玉皇大帝与太上老君

道家神仙体系颇为复杂，下面大略介绍一下其中最重要的两位神仙——太上老君和玉皇大帝。在庄严肃穆的道教三清大殿中，通常供奉着神态端庄的三位尊神，这就是道教的最高神“三清”。三清即玉清元始天尊、上清灵宝天尊、太清道德天尊。三清为道家哲学“三一”学说的象征。《道德经》第四十二章曰：“道生一，一生二，二生三，三生万物，万物负阴而抱阳，中气以为和。”其中太清道德天尊就是我们常说的太上老君，他是道教最高神祇，是三大神中的一位。太上老君被神圣始于东汉。东汉的张陵（后来的张道陵）创设天师道，为了和佛教抗衡，便抬出老子，奉为祖师，并尊为太上老君。其后道无因而起，是万物之先，元气之先。

玉皇大帝是三清之化身。三清与玉犹如先虚无而后妙有，先无极而后有太极，先无为而后有为。玉皇大帝是诸天之帝、仙真之王、圣尊之主，是三界万神、三洞仙真的最高神，为万神之帝。玉皇有制命九天阶级、征召四海五岳之神的权力。万神都列班随侍其左右，犹如人世间的皇帝和公卿。其余的仙人大多是不同自然现象的象征，如雷公电母等，而真人们则是上古时期部落首领的象征，如彭祖和伏羲等。

八仙

八仙是指中国民间流传的八位仙人，道教援引改造之，成一组神仙，即铁拐李、钟离权（汉钟离）、吕洞宾、张果老、曹国舅、韩湘子、蓝采和、何仙姑。

道教的八仙缘起于唐宋时期，但成员经常变动。当今我们所说的八仙定型于明代，吴元泰作《八仙出处东游记》，铁拐李等八仙过海的故事日渐流传，八仙人物也在流传中稳定下来？八仙人物出处不一，时代不同。最初见于史籍且确有其人的，是初盛唐时道术之士张果。而吕洞宾也作为金丹道修仙之士在2 宋元两代亦被修道之人尊崇。

八仙，分别代表男女老幼、贫贱富贵，由于八仙均为凡人得道，所以个性与百姓较为接近，为道教中相当重要的神仙代表，中国许多地方都有八仙宫，迎神赛会也都少不了八仙。他们手持的法器或宝物，也称为“八宝”。

《张果老见明皇》，元代任仁发绘，表现唐玄宗李隆基与八仙之一张果老相见的传奇故事。

符咒

“符咒”是中国道教用以传道修持的主要手段之一。所谓“符咒”是符篆与咒语的合称。一般地说，“符”指的是用朱笔或墨笔所画的一种点线合用、字图相兼且以屈曲笔画为主的神秘形象，道门中人称它具备了驱使鬼神、治病禳灾等众多功能；“咒”指的是具有特殊音频效应的口诀，道门广泛地用以养生辅助、祈福消灾或者召驱鬼神以达到施行者的特殊目的。而符咒，是需要符、咒两者互相配合，才能发挥最大功效。以功效来说，旧时人们相信符咒可有医病、结缘、和合、驱邪及解降五类作用。符咒有贴、烧、饮、涂等多种施用方法，在旧时文学作品中也很常见。

就本质而言，符咒法术是古老巫文化的变形，但目前符咒当中还有很多难以解释的现象存在，在世界其他国度也有类似的神秘文化形式。

巫　蛊

古代用以加害仇敌的巫术，起源于远古，包括诅咒、射偶人和蓄养毒蛊等。诅咒在原始社会已很盛行，古人认为以言语诅咒能使仇敌、个人或敌国受到祸害，射偶人是指就是将桐木雕刻成木偶作为自己的仇人的象征进行迫害，这种蛊术常为奸佞之人所利用，西汉武帝晚年，江充诈称武帝得病是由于巫蛊作祟，以预先埋设的偶人诬害太子，结果造成太子及其家属全部遇难，连累而死前后共数万人的大冤案。而毒蛊指用毒虫害人，又称蛊毒、放蛊、蛊术等，封建法律严禁，自汉代起即规定，对蛊人者处以斩刑。

闽、粤及西南少数民族中有行毒蛊之术者，名目繁多。这种巫蛊行为缘起于原始宗教，从施法者来看，他们的邪恶的念头得到宣泄。作为常人，本身就对这种背地伤人的行为深恶痛绝，也正是痛恨和紧张，心理便会失衡，也就每每作出异乎寻常的举动，这就是施蛊效果之所在。

占星法

多数人认为占星术是中世纪西方人的爱好，其实其在我国古代也很流行，占星法包含七政四余术、紫微斗数、五星术、建除术。

七政四余术又名果老星宗，以星宫度数推算人命运。五星推命术所用星宿为七政，即金木水火土日月七星，四余即紫气、罗睺、计都、月孛来定人的贵贱穷通。紫微斗数相传为陈抟老祖所创，是依紫微天府两组一百多颗星依据人的出生年月日时定局排宫，来推测人的一生祸福吉凶。其流派很多，譬如白云派、中洲派、四化派、昆仑派、洛阳派、江南等派，大体而言却可分为南北二派，南派以星情、格局为主，注重总体把握，配以活局运转，用“三方四正”原理推运。北派以四化为牵引，重河洛九宫之气数，精于细微的推断，如能将两者合并可称紫微为天下第一神数。建除术起于西汉，现在早已成为文化遗迹，也就是已经失传。

八 字

干支法即是比较熟悉的看八字，所谓八字既是人出生年月日时用干支代表的八个字。“八字”也叫四柱（年柱、月柱、日柱、时柱），每柱两个字，上为天干（甲、乙、丙、丁、戊、己、庚、辛、壬、癸），下为地支（子、丑、寅、卯、辰、巳、午、未、申、酉、戌、亥），正好八个字，所以称为“八字”。古代用八字算命主要是在分析一个人的五行“金水木火土”在命盘的平衡。当五行不平衡时，五行之间的冲克力量较大，因而影响一个人的生活作息，使一些不顺利之事发生。反之，五行较平衡时，诸事也会较顺利。八字是从历法查出的天干地支八个字。古代阴阳五行学者认为，天地之间皆五行；故将天干地支套上五行。人一生的命运就从五行的“冲刑生克合”推敲出来。

奇门遁甲

《奇门遁甲》原来是中国的一本非常古老的书，但它往往被认为是一本占卜用的书，但有的说法是《奇门遁甲》是我国古代人民在同大自然斗争中，经过长期观察、反复验证、总结出来的一门传统珍贵文化遗产。还有的说“奇门遁甲”是修真的功法。

“奇”就是乙、丙、丁三奇；“门”就是休、生、伤、杜、景、死、惊、开八门；“遁”是隐藏的意思；“甲”指六甲，即甲子、甲戌、甲申、甲午、甲辰、甲寅。“遁甲”是在十天干中最为尊贵，它藏而不现，隐遁于六仪之下。“六仪”就是戊、己、庚、辛、壬、癸。奇门遁甲的演绎过程中，用八卦记载方位，用十天干遁其一，配九宫记载天象及地象之交错，用八门记载人事，用九星八神记载周遭的环境。有时间，有空间，以占测事物关系、性状、动向，选择吉时吉方，充分地表现出古人宇宙观的智慧，也就构成了中国神秘文化中一个特有的门类。

测 字

算命测字，古已有之。殷商甲骨文称卜辞，也称贞卜文字。而在古代，由于认识能力及知识水平的限制，人们不能正确认识汉字及其起源、发展及功能，从而把文字蒙上了一层神秘的色彩，出现了文字崇拜。早在几千年前的商周时代，当时一切活动都得取决于神灵，如战争、田猎、凶吉、收成、奴隶逃亡等。为了与神明沟通，于是人们就利用甲骨来占卜，虽然它所依据的是龟甲灼纹而非文字，但仍可以把它视做文字崇拜的起源。发展到后来，不仅文字的起源被蒙上了一层神秘的色彩，而且文字本身也被赋予了某种神秘的力量——

或者蕴涵着命运的枢机，或者预示着神鬼的意志。人们便解拆字形，以预测吉凶和决定宜忌趋避。于是测字术产生了。

测字也称拆字。测字先生命求测者在一盒中拈纸卷，舒卷中有一字，就此字来判断吉凶祸福。做法是将字拆散，经过加减拼成一字。这种测字并无科学依据，全凭测者信口雌黄，从而骗取钱财。

相 术

相术的研究和探秘是一个古老而新颖的课题。中国古代相术的实质不是现在江湖上“术士们”所玩弄的“文字游戏”。中国相术是一门严肃的生命信息科学，在自然科学落后的古代，相术是人们认识自然和人体自身的主要手段。

相术通常是根据人的五官、气色、骨骼、指纹等推断其寿夭、荣枯、吉凶、祸福。因以面貌为主，故亦称相面。中国春秋时代已出现不完备的相书。自汉代开始，相术成为一门有其独特理论体系的学问，同时出现了一些相书和专门从事相术活动的相士。相术开始重视相骨，后来进一步发展，有看面相的，有看体相的，有看手相的，有听声音的。其实，要整体结合才达上乘，而且要结合看相时的时空组合，才能准确推断。

命相术与中医的关系最为密切。中医的诊（望、闻、问、切），其中望诊，就是根据人的形体、气色等来判断疾病的。

风 水

风水也是一种相术，古人称做堪舆。它是根据宅基或坟地四周风向水流等形势，来推断住家或葬家的福祸吉凶，俗称“看风水”。旧时阴阳家据以附会人世吉凶祸福。风水之意在于天人不相离，据风水理论，地有福地、吉地、凶地、绝地之分；住宅也有阳宅、阴宅之别。由于风水在民间的巨大影响，也使其渗入到了百姓的日常生活之中。在生活中，人们常以为自己满堂子孙、富贵有加、高寿健康都是好风水所赐。相反，如果是贫穷无望，子孙早夭，灾难频生也常常归因于风水之不佳。

风水是中国古代天人合一、阴阳学说及儒、道、佛诸家学说的综合运用。风水文化的民俗文化性质决定了它包含有丰富的文化学、宗教学、建筑学、生态学、园林学、规划学、景观学、地理学、美学、哲学等各方面、各类型的学科内容，是一个跨学科的综合性的文化系统。风水讲究顺乎天意也就是顺乎自然，如果经过风水先生之占卜，人们的阳宅、阴宅能天地同节，则天地自然会保佑的。所以说风水理论的产生和形成是有一定科学道理的，它的天人合一，顺乎自然的观点更是具有时代色彩。

二

政治、职官

古代的禅让

禅让故事起源于尧舜二帝，但那只是传说，是没有文字记载的。中国历史上首次记载最详细的禅让故事，最早的就是这个汉魏禅让。从那以后，禅让逐渐成了一种制度，并有了相对固定的禅让仪式。现在我们就来看看这个汉魏禅让仪式的全过程。

东汉到献帝时早已名存实亡，权臣曹操大权在握，献帝只是他手中随意摆弄的一个傀儡。他把自己的三个女儿给献帝做贵人，接着杀了皇后伏氏，立自己的一个女儿为后，献帝至此完全成了囚犯，整天处在严密的监视之中，毫无自由可言。曹操虽“挟天子以令诸侯”，却又始终未取而代之。孙权劝他称帝，他竟然说：“这小子是要把我放在炉火上烤啊。”他的内心未必不想取而代之，但尚有顾忌，一则东吴和蜀汉尚未灭，二则还有点害怕名分不正，世袭制在当时还有相当的约束力。时机尚未成熟，不宜轻举妄动。他在等待，等待社会对自己的认可，所以他明确表示说：“若天命在吾，吾为周文王矣。”他在为子孙创造条件，他把机会留给了儿子。曹丕袭位未久便登基为帝，以魏代汉，基础全是曹操打下的。

综观汉魏的禅让，曹氏父子以魏代汉的全过程大致如下：一、曹操受命赞拜不名，入朝不趋，并可剑履上殿；二、策命为魏公，加九锡；三、进号为魏王；四、使用皇帝的全副仪仗；五、大造舆论，制造种种魏将代汉的谶纬和祥瑞，以预示此乃天意；六、百官劝进，献帝下第一道禅让诏书，曹丕坚决辞让，于是百官再劝进，献帝再下第二道诏书，曹丕再坚辞，如是者三；七、百官第四次敦劝固请，献帝下第四道禅位册文，以明“天命不可拒，民望不可违”，于是曹丕不再坚持，选定吉日，准备登坛受命；八、在受禅坛告天禅让，完成改朝换代的仪式，正式登基做皇帝。

以上便是汉魏禅让仪式的全过程。从时间上讲，前后长达八年之久。这是中国历史上第一次完整的禅让仪式，以后的历朝历代都是仿效这个汉魏故事的，只是时间上没有那么长，过程上也相对简化了些而已。现简述如下：

汉魏禅让四十五年之后，曹丕的侄孙魏元帝曹奂禅位于晋武帝司马炎，如汉魏故事。

东晋的末代皇帝晋恭帝司马德文，在位不过两年，就禅位于南朝宋武帝刘裕了。

南朝宋顺帝刘准禅位于齐高帝萧道成，齐和帝萧宝融禅位于梁武帝萧衍，梁敬帝萧方智禅位于陈武帝陈霸先。

北朝由北魏统一北方后，不久分裂为东、西魏，东魏孝静帝元善见禅北齐文宣帝高洋，西魏恭帝拓跋廓禅北周闵帝宇文觉。北周灭齐统一北方后，北周静帝宇文衍又禅位于隋文帝杨坚。

隋统一南北后，不过二世，又禅位于唐。大唐之夺取天下，在形式上也是由隋恭帝禅位于唐高祖李渊的。

大唐三百年，至唐哀帝时又禅位于后梁太祖朱晃。五代中的后唐、后晋、后汉三代未经禅让，然至后汉隐帝刘承佑时又禅位于后周太祖郭威。后周恭帝柴宗训又禅位于宋太祖赵匡胤。

赵匡胤以陈桥兵变黄袍加身而得天下，建立了北宋。南北两宋相沿三百余年，为元所灭。中国历史上的禅让故事到宋朝就全部结束了。

中国历史上的禅让故事，其实都是一些篡位的故事。面子上谦恭礼让，骨子里却是刀光剑影的。汉献帝禅位后被封为山阳公，十四年后寿终，得以天子礼安葬。禅位于司马炎的曹奂也是比较幸运的，当了三十七年的陈留王，也得以善终。其他禅位君主的命运就比较惨了。如东晋的司马德文，在禅位的第二年即为刘裕所杀害。

古代的养士之风

士在周朝也是贵族，只不过是最下层的贵族。春秋战国时期，随着私学的兴起，士阶层的队伍不断扩大，出现了不少平民出身的士。由于士受过教育，不少还能文能武，因此在社会剧烈变动的战国时期大受欢迎。各国的国君和宰相乃至卿大夫等，为了扩大自己的实力，大多采用养士的办法，收罗各式各样具有一技之长的士人，以备咨询和不时之需。所以养士在战国时期就成了一种社会风尚。齐国的孟尝君，赵国的平原君，楚国的春申君和魏国的信陵君，就是当时以养士多而著称的四君子。他们的门客都多达数千人。虽说这些门客大多为庸碌之辈，但也不乏真才实学和远见卓识之士，如冯谖、毛遂、侯嬴等。狡兔三窟、毛遂自荐和窃符救赵的故事，至今依然脍炙人口。

那时的士，不受国家、宗族和经济地位的限制，只要有才干，只要善于言辩，不管走到哪里都会受到礼遇，甚至被委以重任。倡导连横的纵横家张仪，在尚未发迹时曾被人怀疑偷了东西而遭毒打，回家后赶紧问老婆自己的舌头是否还在。听说还在后他就放心了，因为这是他发迹的资本。果然，后来他就凭着这三寸不烂之舌在秦国拜了相。

那时的士，经常奔走于列国之间，寻找机会兜售自己的政治主张，当时被称为策士，也叫游说之士。这些人在当时的政治舞台上相当活跃。由于出路宽广，往往也很自负。魏文侯的一个老师田子方，是孔门高足子贡的学生，据说是一位清高人物。他和魏文侯在一起的时候，即使太子（后来的魏武侯）来到面前他也不愿起立示敬。有一次在朝歌，两人在路上不期而遇，太子很恭敬地“引车避，下谒”，田子方却不为礼。

在春秋战国这个社会变革之际造就的中国第一代知识群体——战国的士阶层，他们内心的这股傲气，以及敢于炒君王鱿鱼的胆量，是前无古人也是后无来者的。他们的游说对当时各国的政治经济具有举足轻重的作用。所以各国争相养士，即使是鸡鸣狗盗之徒，也都受到了很好的礼遇。

养士对文化的发展也具有促进作用。齐宣王在首都临淄的稷门外建造了一座宽大的公馆，叫稷下学宫，招徕了上千个文学游说之士，给予优厚的生活待遇，让他们在这里“不治而议论”，专门从事学术交流活动。稷下成了当时学术活动的中心。那时来稷下的学者非常之多，各家学派如儒、墨、道、法、名、阴阳等，几乎都在那里留下了自己的足迹。他们互相辩难，“从道不从王”，惟真理是求，对战国时期的学术繁荣和中华文化的发展都作出了相当的贡献。许多诸子的著作如《管子》、《老子》、《慎子》、《晏子》和《尹文子》等，就是在这里写成或整理成的。

客卿制度

客卿是战国时秦国任用游说之士的一种制度。秦国地处西方，不在当时的中原文明国家之列，被看做是一个蛮荒之国。然而，就是这个蛮荒之国，野心却很大，时刻梦想着向东方扩展势力。为了实现这个目的，秦就广罗六国的优秀人才，希望他们能到秦国来做官。为了得到一个人才，甚至不惜动用武力。韩非子就是秦王用武力硬夺来的。六国的游说之士，看准了这个有利时机，就纷纷来到秦国。到了秦国之后，他们也往往能谋得一官半职。

在秦国，六国游说之士的入仕做官一般有两种情况：一种是受到秦王的赏识后，直接授以高官主持国政。如商鞅就是在宦官景监的推荐下，直接由秦孝公授以左庶长之爵，从而得以主持变法的。秦国的军功爵分为二十级，左庶长为第十级。自左庶长以上直至第十八级的大庶长，都是卿大夫，也都是军将。大庶长就是大将军，左庶长就是左偏裨将军。

另一种则是先拜为客卿，然后再升迁为正卿或相。客卿是秦王的高级顾问，不是正式的官职，但可以参与商讨国家大政。由客卿拜为正卿或相，必须统兵参加过征战，并立有军功才行。张仪、蔡泽、李斯等人就是由客卿而拜相的。这就是秦国的客卿制度。除了相之外，秦国的许多文臣武将也都是外来的客卿，如尉缭、王翦、蒙恬和李信等。

秦国的客卿制度，极大地提高了秦国的政治经济和军事实力，秦最终得以统一六国，客卿制度无疑是一个重要因素。但由于客卿势力的过于强大，使秦国的贵族势力受到了较大的冲击，因此在秦统一六国之前曾有过一次驱逐客卿的运动，李斯为此写下了著名的《谏逐客书》，使秦王收回了成命。

古代官员的俸禄

俸禄是政府支付给官吏的报酬。俸禄与官吏相伴始终。进入文明时代，有了国家，就有了官吏；有了官吏，自然也就有了俸禄。但是，历朝历代官吏的俸禄有着不同的形式，而且俸禄的多寡也有着极大的差别。

大致说来，我国古代官吏的俸禄有三种形式：

（1）采邑或禄田。这是商周时期的俸禄形式，即：政府将邑或土地授给官员，官员收取其封邑或封地的租税作为生活来源。《国语·晋语四》“公食贡，大夫食邑，士食田”，即指此而言。“公”指诸侯，诸侯除了拥有“公田”以外，还收取卿大夫的贡赋，所以说“公食贡”。大夫和士则有“食邑”、“食田”。由于公、大夫、士的身份是世袭的，他们的“食贡”、“食邑”、“食田”同样也是世袭的，这就形成了世卿世禄制。除了官员以外，供职政府的其他人员，如工商、皂隶等，则各按其职业获取衣食之源，这就是《国语·晋语四》所说的“工商食官，皂隶食职”。

（2）谷禄。这是春秋后期出现的俸禄形式。春秋后期，由于社会的发展，人口的繁衍，不少邦国渐无都邑、土地可封赐，这就出现了一批无“食邑”、“食田”的低级贵族；而私人讲学之风的盛行，也培养了一批“学而优”的人才，这些人都积极谋求仕进，希望得到一官半职，以解决生活来源问题。而这些人一旦入仕从政，政府不再给予采邑或禄田，而是量官职之大小给予谷物作为俸禄。《论语·泰伯》记孔子说："三年学，不至于谷，不易得也。"意思是说，学习了三年，还没有做官获取谷禄的念头，是很难得的。《论语·宪问》又记孔子说："邦有道，谷；邦无道，谷，耻也。"这是说，在邦有道、政治清明的时候，可以出来做官获取谷禄；在邦无道、政治黑暗的时候，不可以出来做官获取谷禄，否则，就是耻辱。这正说明了当时实行的一种新的谷禄制度。

谷禄制度自春秋后期开始实行，到战国时普遍推广开来，从秦汉到隋唐，一直是俸禄的主要形式。

（3）货币，始于汉代，起初只是谷禄制的辅助形式，后来随着商品经济的发展，货币在俸禄中所占的比重逐渐增大，到唐代开元年间，开始成为支付俸禄的主要形式，历宋元明清大致相沿不变。

以上三种俸禄形式，从历史演变来看，有先有后，而且，从土地到谷物再到货币，也体现了历史的进步；另一方面，这三种俸禄形式在历朝历代又往往是并存的。一般来说，从秦汉以后，以土地作为俸禄，主要授予皇室贵族和有特殊功勋的官员，其余官员的俸禄则主要以实物和货币形式支付，二者的比重随着时代的变化而有差异，唐代以前以实物为主，唐代以后以货币为主。

周代诸侯的等级

周初大分封之后，形成了为数众多的同姓和异姓诸侯。这些诸侯有出身、功勋、实力等等的不同，他们之间自然有差异等级。周王室将诸侯分成五个等级，其相应的爵位分别称：公、侯、伯、子、男。

公，主要有三种情况，一是先王之后，如舜之后称陈胡公，夏之后称东楼公，宋之后称宋公等，都是先王之后而为周所褒封的；二是周王畿内的诸侯，如周公、召公；三是与周王室关系特别密切的，如虢公、虞公。

侯，主要是大国诸侯，如齐、鲁、卫、晋、燕、陈、蔡等。

伯，主要是小国诸侯，如曹、原、毛、郑等。

子，主要是蛮夷之君，如楚、吴、越、邾、莒等。

男，主要是华夏小国之君，如许。一说子、男是同一等级。

周代诸侯的五等爵制，见于许多文献记载，如《礼记·王制》说："王者之制爵禄，公、侯、伯、子、男凡五等。"《史记·汉兴以来诸侯王年表》也说："周封五等，公、侯、伯、子、男。"但是，从春秋时期的情况来看，五等爵制似乎并没有严格执行，诸侯称爵比较混乱，诸侯对内的尊称以及对外的谦称，往往使人无所适从，单从称呼上无以辨别其真实的爵位。如诸侯称“公”的常常对外称“伯”，称“侯”的常常对外称“伯”、称“子”，称“伯”的则往往自称“伯男”；反之，也有诸侯称“子”的，对外自称“伯”、“侯”，以壮声势。两国之君会盟，双方互称时往往就高不就下，以示尊重。至于蛮夷之君，甚至有称“王”的，如楚王、吴王、越王、戎王等。这说明，五等爵制虽然存在，但不是很严格，诸侯们不受“正名”的束缚，有灵活掌握的空间。

不过，对于同姓诸侯来说，由于血缘宗法关系的制约，他们之间的爵位班次比较严格一些。据《国语》记载，周代同姓诸侯有一个位次秩序，称为“周班”，是周天子为了分别亲疏、排列爵位而制定的，体现了同姓诸侯之间的亲疏、远近、贵贱、长幼、上下的差别，很受重视。《左传》多次记载诸侯会盟有位次之争，说明当时诸侯对于自己的位次十分在意。在“周班”中，鲁国居首，《国语·鲁语下》称“鲁之班长”，说明在同姓诸侯中，鲁国实居第一。

西安史话

西安位于陕西省渭河平原的中部，在明朝以前一般称为长安，这是我国建都历史最悠久，建都王朝最多的一个城市。从地理形势看，西安南面是秦岭山脉，有太白、终南、骊山和华山，北面是渭河，西面有沣、涅二水，东面有灞、沪两河，地理形势得天独厚，是理想的建都之地。从西周开始，先后有秦、西汉、前赵、前秦、后秦、西魏、北周和隋、唐等十个王朝在这里建过都，前后总计历时一千一百年。还不包括在这里短期建都的新朝王莽、东汉献帝和西晋愍帝等。最早在这里建都的是西周。周族自迁至周原（今陕西岐山、扶风两县之间）以岐邑为王城后，就逐渐强大起来。到周文王时，又向东把王城搬到了沣水西岸，建立了丰京，以便与殷商王朝作最后的较量。周武王灭殷后，又向东在沣水东岸修建了镐京。这是西安地区首次以都城的形象出现在历史舞台上。沣镐两京的旧址在今西安市西面的户县和长安县一带。镐京自武王修建起，至幽王烽火戏诸侯后遭到破坏，直至被废弃，前后历时二百五十多年。

五百多年后，秦人再次在西安地区的咸阳建都。咸阳位于渭河与沣水交汇处的北岸，其旧址在今咸阳市东面的长陵车站和窑店镇一带。作为都城，咸阳自秦孝公建都至秦二世灭亡，也有一百四十多年的历史，但作为统一的封建王朝的都城，却只有短短的三十几年。

刘邦建立汉朝以后，为使汉朝能长治久安，就以今西安西北的一个位于渭河南岸的长安村为基础，建立了新的都城，这就是著名的西汉长安城了。由于长安城是先建宫殿后建城郭的，再加上受到地形环境的限制，因此是一个不规则的正方形，南面像南斗星，北面像北斗星，人们又把它叫做“斗城”。长安作为西汉的都城历时二百二十多年，至东汉迁都后便逐渐衰落。

在东晋和南北朝时期，前赵、前秦、后秦、西魏、北周等五个割据政权也先后在长安建都，但时间都很短。由于频繁的战乱，长安城在隋统一中国后已变得非常残破，所以隋文帝就在汉长安的东南新建了一个都城。因为杨坚在北周时曾被封为大兴郡公，因此这个新的都城就被命名为大兴城。大兴城作为都城的历史也很短，也只有三十几年。

唐朝时又改大兴为长安，并加以扩建，成了当时中国最大的城市，也是当时世界上最宏伟的名城之一。长安城规模很大，城周有三十七公里，城墙高六米，厚达十米左右。城的形状也不像汉朝，而差不多是一个正方形。长安作为唐朝的都城，历时近三百年，是当时中国政治、经济、文化的中心，也是世界上著名的贸易和文化中心之一。

唐末黄巢起义，军阀纷争，长安城遭到了严重的破坏，成了一片废墟。因此唐以后就再也没有哪一个王朝在西安附近建过都了。长安作为都城的历史到唐朝正式结束。五代以后，长安城治的名称有过多次变化，在明洪武二年(1369)，首次出现了西安这个名称，并一直沿用到现在。

作为历时千年以上的十朝古都，西安为我们留下了众多的名胜古迹和宫殿陵墓的遗址。著名的宫殿遗址如：秦朝的咸阳宫与阿房宫，汉朝的长乐宫与未央宫，唐朝的太极宫与大明宫等；著名的陵墓如：黄帝陵，秦始皇陵，汉武帝的茂陵，唐太宗的昭陵，以及唐高宗和武则天的乾陵等；至于名胜古迹那就更多了，如大雁塔、小雁塔、钟楼、鼓楼和华清池，还有始建于北宋时期的碑林等。

洛阳史话

洛阳也是一个千年古都，先后有九个朝代在此建都，因而有“九朝古都”的美称。洛阳与长安合称“两都”或“二京”，班固有《两都赋》，张衡有《二京赋》，铺叙了当时规模巨大的这两个京都的景象。

洛阳位于洛水的北岸，“处天下之中”，是联系我国古代东西南北的交通要冲。从地理形势看，洛阳北面是邙山，南面是嵩山，东面是虎牢，西面则与秦岭相连，是一个理想的建都之地，更是一个政治和军事的必争之地。

第一个在洛阳建都的也是周朝。早在周灭殷之初，武王就因洛阳“处天下之中”而有意向在那里建都，但他的计划还未实现就去世了。周公秉承武王的遗志营建洛邑，造了东西两座新城，西面的称王城，东面的称成周城。只是西周最后并没有迁都。直到周幽王“烽火戏诸侯”骊山被杀之后，他的儿子周平王才迁都洛邑，史称东周。所以东周是第一个在洛阳建都的朝代。

第二个在洛阳建都的是东汉。刘邦建立汉朝之初也曾定都洛阳，后因五行犯忌（刘邦自称赤帝之子，以火德得天下，与洛阳之水犯忌。水火不能相容，且水能克火，更为大忌），遂迁都长安。后来刘秀在打跑王莽建立东汉之后，才定都于洛阳。东汉的洛阳是在成周城的基础上加以扩建而成的。新建的洛阳城在当时非常繁华。但在东汉的末年，董卓的一把火却把这座繁华的古都烧成了一片荒凉。

曹丕当了皇帝后，又以洛阳为都，重新营建。以后的西晋、北魏也先后在这里建都。洛阳又逐渐复兴了起来。

洛阳的鼎盛期是在隋唐。隋文帝虽建都长安，隋炀帝继位后，却一直想迁都洛阳，于是就以洛阳为东都，进行了大规模的营造，并开掘大运河疏通南北。大业二年（606）隋炀帝正式迁都洛阳。唐初曾以洛阳为行宫，唐太宗时，洛阳又成了东都，其地位与长安相等。武则天时又迁都洛阳，并改称神都。据说武则天的迁都，是因为她残酷地杀害了王皇后和萧淑妃之后，经常在宫里见到两人的冤魂，心里害怕而为之的。武则天正式称帝改唐为周后，又把洛阳称为周都。直至中宗复位后，洛阳才重新被称为东都。

五代时，后梁和后唐也都在这里建都，只是时间都很短，不足二十年。梁太祖朱温是在汴州即皇帝位的，他把汴州称为东都，所以那时的洛阳就被称为西都了。后晋石敬瑭一度也曾在此建都，只是时间更短（不足一年），所以人们一般不把它计算在内。否则洛阳也是十朝古都了。

洛阳的名胜古迹也非常之多。这里有我国最早的佛教寺院白马寺，有闻名世界的龙门石窟，有龙门石窟造像记中为人称道的“龙门二十品”，有西晋富豪石崇的金谷园，还有人称“花中之王”的洛阳牡丹等。

开封史话

开封位于现在河南省的东部。北面是黄河，南面是淮河，城中还有汴河、蔡河、五丈河和金水河四水交汇。在历史上有七个朝代曾在此建都，所以一向有“七朝都会”之称。

第一个在这里建都的是战国时的魏国。魏国原来的国都在山西的安邑，魏惠王时迁到了开封，当时叫大梁。魏惠王是在公元前362年迁都开封的，这一年就是开封建都历史的开始。历史上孟子见梁惠王的故事就是发生在这时的开封。开封的自然条件很好，天然的水道很多。梁惠王在迁都的第二年，就对周边的水道进行了改造，还开挖了一条“鸿沟”，沟通了黄河和淮河之间的主要水道，使开封处在一个四通八达的水网的中心位置上，极大地促进了开封的经济发展。魏国似乎特别注重水利，西门豹治邺的故事也是发生在魏国的。不过后来在秦统一六国的过程中，开封却被秦将王贲利用鸿沟引水连灌三个月而淹坏了，可见水能为利也能为害。

由于当时大梁城毁损严重，短期内难以恢复，所以秦时只把它作为一个县的治所，名为浚仪。直到北魏时才有所恢复。东魏时在浚仪设置梁州，北周时改称汴州。隋唐时汴州又得到了进一步的发展。大运河的开凿，使汴州很快又成为一个人才和物资会聚的中心城市，并日渐繁荣。所以到了五代时期，后梁的朱全忠就首先在这里建都，称为东都，并升为开封府。以后的后晋、后汉、后周也都连续在这里建都，称为东京。开封又成为北方地区的政治和经济的中心了。

赵匡胤陈桥兵变建立北宋之后，依然以开封作为都城，称汴京，也叫东京开封府。开封在宋代得到了空前的发展，成了全国的政治经济和文化的中心，取代了长安和洛阳自秦汉以来的地位。北宋自开国至为金所灭的一百六十八年，都是在开封设都的。北宋灭亡之后，开封遭到了金兵严重的破坏，河道湮塞，漕运中断，开封城再度衰落了下去。

金朝时，开封最初还称为汴京，后来改称为南京。金朝末年，因受蒙古的威胁，金人把都城南迁到了开封，称南京开封府。这就是第七个以开封为都城的朝代了，但时间不长，不到二十年。以后在明初还一度做过陪都，称北京开封府，但时间也很短。

作为“七朝都会”的古都，开封也有很多名胜古迹，著名的有铁塔、龙亭、相国寺和禹王台等。此外还有一块《开封府题名记》碑，上面刻有北宋时期开封二百三十一任知府的名字，其中有一个大家非常熟悉和景仰的名字，这就是包青天包拯。据说在包拯的名字下有一道深深的指痕，这是人们因尊重和景仰而在指指点点间留下的印记。

杭州史话

杭州是一座山清水秀的风景城市，十分美丽。它的东面是一条气势雄浑的钱塘江，西面是一个闻名于世的西子湖，还有一座天目山。

杭州的历史起于秦代，当时叫钱唐。西汉时一度成为会稽郡的治所，汉以后改称为钱塘（有人认为钱唐改称为钱塘是在唐朝，因为与国名相重而加土为塘的）。魏晋南北朝时，中原人民为避战乱纷纷南迁，杭州得到了初步的繁荣。东晋时钱塘县属吴郡。南朝陈时设钱塘郡，钱塘县为钱塘郡的治所。隋文帝废钱塘郡另置杭州，治所在今杭州西的余杭。这是杭州这个名称最早见于史书的记载。隋时钱塘县最初是杭州的一个属县，后来成了杭州的治所而加以扩建，并依凤凰山建造了州城。这是杭州历史上的第一次筑城。隋炀帝开凿大运河后，杭州就迅速地成了东南重要的交通枢纽城市和新的商业中心，成了一个“商贾并凑”的通都大邑。但杭州的真正繁荣是在唐以后。唐代的一些地方官员如袁仁敬、李泌、白居易等人，都对杭州城进行了大规模的改造和兴建，极大地促进了杭州的经济和人口的增长。

唐朝末年，镇海节度使钱镠在杭州拥兵割据，后来被封为吴越王。五代十国时，钱镠的吴越国就定都于杭州，历时七十二年。这是杭州建都的开始，并因而由一个经济中心城市变成政治中心城市。钱镠定都杭州后，对杭州有进一步的扩展和兴建。那时的杭州成为东南地区人文荟萃的胜地，有“东南形胜第一州”的美称。

宋室南渡后，杭州第二次建都。历时一百五十年。宋高宗赵构先是在杭州设置行宫，并改杭州为临安府。初时他似乎还有北伐收复失地的意向。但很快就在一片歌舞升平中，忘了北方的失地和人民，并于十年后正式把临安作了国都。于是杭州就成了南宋时期政治、经济和文化的中心城市，并进入了六大古都的行列。

在六大古都中，杭州的建都历史是最短的，但留在杭州的名胜古迹却并不少。如灵隐寺、飞来峰、雷峰夕照、西泠印社、白堤、苏堤、岳坟和岳庙等。此外还有许多迁客骚人所写的有关杭州的诗文。至于西湖十景，那更是杭州最著名的景点了。全国的许多城市中都有西湖，但最好的是杭州。民谚有“天下西湖三十六，就中最好是杭州”的说法，因此我们现在所说的西湖，一般就是专指杭州的西湖。

北京史话

北京是人类最早居住的地方之一。七十万年前，被称为“北京人”，也就是“中国猿人”的原始人群，就是居住在这里的。

从建都的历史看，北京也是最早的建都城市之一。早在殷商时代，北京就是古燕国的都城古蓟城的所在地了。春秋时期，燕国仍以蓟城为都城，并加以扩建。战国时的燕都蓟城是当时“富冠天下”的名城之一。

秦统一六国后，北京作为诸侯国都城的历史也随之结束了，它成了当时广阳郡的治所。自秦至唐，北京的名称有过多次变化：北魏时是燕郡的治所，隋初燕郡改称幽州，炀帝时又改称涿郡，唐时又改为幽州，天宝年间还曾改称为范阳郡。虽说自秦以后北京有很长一段时间未被建都，但却始终是统一的中原王朝在北方的一个重镇。

作为都城，北京的地理形势是得天独厚的：北面是燕山，东北是盘山，西北是西山，三面群山环抱。东南是永定河和潮白河。另外还有昆明湖和什刹海、中南海等。所以自五代以后，北京就逐渐地成了全国的政治经济和文化的中心。

从历史上看，自燕之后在北京建都的有以下这些朝代：

第一个是前燕。这是西晋灭亡以后五胡十六国期间一个少数民族（鲜卑族）的地方性政权。蓟城作为前燕的都城时间很短，前后仅八年。

第二个是辽。五代初，后晋石敬瑭割燕云十六州给契丹。契丹得到幽州后，就升之为陪都，并改称为南京，也叫燕京。

第三个是金。金灭辽，并灭北宋后，金主完颜亮就把都城从上京迁到了燕京，并改称为中都，而把汴京（开封）改称为南京。金定都中都后，仿照北宋汴京的规制，大规模地改建中都，并大肆兴建皇家园林。其中规模最大的就是大宁宫，即现在的北海公园。

第四个是元。元灭金之后，起先以中都为陪都，不久即迁都于中都，并改称为大都，从此北京成为全国的政治中心。元朝统治者又对大都城进行了重建，重建的大都城成了当时世界上最繁华的大都市。马可·波罗在描写当时大都的盛况时说：“世界诸城无能与比。”

第五个是明。明初朱元璋在南京建都，并把元朝的大都改称为北平。朱元璋去世之后，明成祖决定迁都北平。永乐元年（1403），北平即升称为北京。北京的名称就是从这时开始的。十九年之后，朱棣正式迁都北京。之后，北京又改称京师。明朝北京城的规模又超过了元朝的大都城。有明一代，除朱元璋在南京建都外，明仁宗洪熙元年（1425）至英宗正统六年（1441）的十多年间，还曾有过短期“复都南京”的举动，这段时期，北京则被改称为“行在”（行都）。崇祯十七年（1644），李自成的农民政权大顺国也进入了北京，自李自成在北京即皇帝位起，至最终为清军所败，大顺国在北京的时间仅四十二天。

第六个是清。清于灭明后的顺治元年（1644）就决定迁都，由东北的盛京（沈阳）迁至北京。北京由此成为最后一个封建王朝的京师。

我国古代有六个封建王朝在北京建都，如果加上战国时的燕国，北京也算是个“七朝都会”的古都了。从我国古代建都的情况看，五代以后的北京差不多一直就是都城。清朝灭亡以后，北洋政府也是以北京为都城的。如果再加上现在，那北京就可以看作是一个“九朝都会”的城市了。

北京的名胜古迹也特别多，有古长城、故宫、天坛、国子监、孔庙、琉璃厂文化街，还有颐和园和被称为万园之园的圆明园，此外还有帝王的陵墓十三陵等。

南京史话

南京周围的地理形势特别复杂，北面是像天堑一样的长江下游，沿江一带多山矶，东面是以紫金山为主体的宁镇山脉，西面是清凉山（也叫石头山），此外还有雨花台等丘陵高地，西南面则是与太湖水系沟通的秦淮河。复杂的地理造成了南京特有的雄伟气势，所以南京历来就有“钟山龙盘，石头虎踞”的美称。

南京建城的历史十分悠久。早在两千多年前的春秋时代，吴王夫差就在这里造了一座冶城，专门冶炼青铜器。据说干将、莫邪剑就是在这里铸造的。越王灭吴后，又造了一座较大的土城，这就是越城。楚威王灭越后，在清凉山附近建造了金陵邑，这就是南京又名金陵的由来。秦统一六国后，金陵邑被改称为秣陵县。

南京建都的历史也非常悠久，也有将近两千年。但早期在南京建都的却都是一些割据政权。最早是三国时的孙吴，接着是东晋和南朝的宋、齐、梁、陈五个偏安江南的小朝廷。历史上所说的“六朝古都”，指的就是这六个偏安江南的封建割据政权。前后累计有三百多年的时间。在这三百多年间，南京的名称又有过多次变化。先是孙权改秣陵为建业，西晋时一度再改称建邺，东晋时因避愍帝司马邺之讳又改称建康，这个名称后来一直沿用到隋。另外，孙权在南京建都之初，在石头山楚金陵邑的旧址上曾修建了一个著名的石头城，所以石头城也成了南京的别称。

六朝之后，大约过了三百五十年，南京又建都了，也是一个割据政权，就是五代十国时的南唐。南唐历时三十七年，这三十七年间南京又被称为金陵。南唐虽历时很短，但它在六朝的旧址上对金陵有所扩建，还修造了不少建筑。南唐为北宋所灭后，金陵改称江宁府，南宋时改称建康府，到了元朝又改称集庆路。

明朝朱元璋攻占南京后又改集庆路为应天府，后来就定都于应天府。由于朱元璋最初曾想迁都开封而把开封称为北京，所以定都应天后就把应天府改称为南京了。这就是南京名称的由来。明朝的南京城在旧址的基础上又有所扩建。虽说明朝在这里建都的时间也不长，但发展却是空前的，南京成了那时公认的世界第一大城。

隋唐以前，南京是六朝古都，现在加上南唐和有明，南京就是一个“八朝都会”了。如果再加上太平天国时改称的天京和辛亥革命时期的临时首都，以及国民党政府的首都，那么，南京也可算是个“十一朝都会”了。

南京城的名胜古迹中，最著名的恐怕是两座陵墓：一座是明太祖朱元璋的明孝陵，一座是孙中山的中山陵。此外还有孙权所建的石头城遗址，太平天国的天王府，以及我国四大丛林之一的栖霞寺和莫愁湖等。

官

“官”字的甲骨文字形，从“宀”，以“宀”覆众，则有治众的意思，究其本义，是庇护人民的人。但是中国历史给人的印象是“官”从庇护人民转变为庇护自己，欺压百姓。因为官本来的“庇护”（覆）的地位，已经决定了他永远是治人的，人是在他之下的。民众当然可以期望得到一个安稳的庇护，但是没有保障机制可以使得他们的愿望发挥太大作用，所以古代政治的极致也只是民享，而不是民治。

僚

《诗经·陈风·月出》里有“皎人僚兮”的句子，这里面的“僚”字是美好容貌的意思，是“僚”字最初的意义。后来这个意义引申出同僚的僚的意义，《尚书·酒诰》里面有“百僚庶尹”的句子，属于商王朝的内廷官员，后来，僚就变成了一般官员的意思。但是有一点值得注意，“僚”一般指的还是内部的官吏，这个“内部”是相对的，对于君王，内部就是朝廷，对于地方官，内部就是衙门里面，即使是幕僚这样非编制的群体，还是用了“僚”这个称呼，加上一个“幕”字更加可以见出私属的意味。

吏

吏在上古文字中，与“史”、“事”、“使”都是一个字，指的是拿着笔记事的官员，从《周礼》看出，他们地位不会太高，早期很可能遍及于各个部门，管理记事与文献。从中国历史的长期来看，“吏”指的都是低级官员，在“官”之下，而且“吏”强调作为官守的责任所在，从这个意义上说，倒是很接近今天所谓的技术人员。还有一点值得注意，“吏”在古代也指官府里面的胥吏或者差役，属于政府机构里面跑腿的办事人员，已经不属于官僚的范畴了。还有一点，传统上说“吏治”，一般而言指的是地方政治，因为“吏”经常被指称为地方官员，所谓“西汉吏治之美”就是说西汉地方政治的优良。

家　臣

先秦时期卿大夫家族的官员。这里面有两种类型：即管理全家政务的家臣和管理采邑政务的家臣。家臣是士阶层的一般前途，他们必须忠实于自己的主人，即使是付出自己的生命也在所不惜。当然这只是道德上的要求，但是事实是否如此是另一回事。到了春秋晚期，家臣夺贵族的权力，甚至“陪臣执国命”的现象也屡见不鲜。到了战国，家臣迅速萎缩，这是有历史原因的，因为君主集权的加强，需要大量士阶层的人支持，并且贵族的势力迅速萎缩，家臣也失去了土壤。当然，从前的家臣也有趁着春秋战国之际崛起的，例如，分晋以前的三家的家臣在分晋后立刻成为国家的官僚，从这个角度说，家臣也可算是官僚制度的一个基础。

相、丞相、宰相

相、宰这两个字显示出它具有的家臣制度的痕迹。所谓“相”，本义是在古代主人会见宾客的时候，辅助主人进行接待仪式的人，一般由家中高级家臣担任。而宰是主祭祀时宰杀牲畜的主要家臣，实际上，在内即为宰，在外即为相。宰、相这样的名称成为了国家最高的行政长官的名称，说明家天下的情形已经出现，原来是管理一家的家臣因为这个家庭成为天下之主而成为了管理天下的行政官员。同样，他还保持着原来家臣的一部分痕迹，例如他可以管理皇家的家族事务，御史中丞就是联络皇帝与宰相的官员，皇家的家族事务是要通过御史中丞通报给御史大夫，再传到宰相的。当然，这只是西汉初期的制度，后来渐渐消亡。

太　尉

秦代设置的官名，为全国最高军事长官，与丞相、御史大夫并称为三公，汉代延续设置。太尉之名最早见于《吕氏春秋》，西汉武帝建元二年（前139年）后不再设置，西汉早期，设太尉官多半和军事有关，故带有虚位性质，不同于丞相、御史大夫等官职。武帝时以贵戚为太尉，一变过去由力战武功之臣充任太尉的惯例，而又和丞相同等，这也和西汉早期有所差别。光武帝建武二十七年（51年），亦将大司马改为太尉。东汉太尉实为丞相，与西汉早期掌武事的太尉名同而实异。每逢皇帝刚刚即位的时候，太尉与太傅同为录尚书事，权位极重。后代的王朝或者设置，或者不置，设置的也往往只限于大臣的加官，此外，太尉也成为了高级武官的尊称。元代以后再未设置太尉一官。

御史大夫

御史大夫为秦代设置的官名，为丞相的副手，侍御史之长，负责监察百官的职责。西汉时丞相、御史并称，丞相府和御史大夫府合称二府。凡军国大计，皇帝常和丞相、御史大夫共同议决。丞相位缺，一般都是由御史大夫直接升任。御史和皇帝亲近，所以群臣奏事须由他向上转达，皇帝下诏书，则先下御史，再达丞相、诸侯王或守、相，因而皇帝常常利用御史大夫督察和牵制丞相。成帝绥和元年，更名御史大夫为大司空，汉哀帝建平二年（前5年），复为御史大夫。元寿二年，又改名大司空。从西汉末到东汉，遂延续不变。汉献帝时，在曹操的专权下，又恢复了丞相和御史大夫的官制。值得重视的是西汉晚期，从原来的丞相、御史大夫、大司马变为三公并立，是汉代官制中一大变革。到东汉初年，御史大夫的官属，由御史中丞总领，中丞替代御史大夫而成为执法和监察机构的首脑人物。魏晋南北朝偶尔也恢复御史大夫的名称，或替代司空，或替代御史中丞。隋、唐以后所设御史大夫，除宋代为虚衔外，均为御史台长官，已经不再具有汉、魏三公的性质。明代改御史大夫为都御史，自此其官遂废。

十三曹

这是汉代丞相下属的十三个办事机构，一个曹大致相当于现在一个司。这十三曹的名称如下：一、西曹，主管府史署用。二、东曹，主管二千石长吏的迁除，并且包括军吏在内。二千石是当时最高的官，以一年俸禄有两千石谷得名。三、户曹，主管祭祀农桑。四、奏曹，管理政府一切章奏，大致相当于唐代的枢密院，明代的通政司。五、词曹，主管词讼，就是法律民事诉讼。六、法曹，掌邮驿科程，一如现在的交通部。七、尉曹，主管卒曹转运，是管理运输的，大致相当于清代的漕运总督。八、贼曹，管理缉拿盗贼。九、决曹，主罪法，属于刑事法律的方面。十、兵曹，管理兵役。十一、金曹，管理货币盐铁。十二、仓曹，管理仓谷。十三、黄阁，主簿录众事，这是宰相府办事机构的总务主任。这十三个机关，合成一个宰相直辖的办公厅。由此可见，宰相所管理的事务遍及了各个方面，也标志了中国中央行政机构的一种成熟。

郎官郎吏

“郎”这种类型的官名战国始置，是帝王侍从官侍郎、中郎、郎中等的通称。其职责原为护卫陪从、随时建议，备顾问差遣等侍从之职，郎官并且一直沿用到清朝。郎官在汉代是重要的职位，可理解为皇帝的护卫。更为重要的是它是汉代官员选拔的重要环节，因为汉代的郎官都是在贵族子弟中选拔的优秀人才：汉朝初年，二千石以上的大官僚任职三年以上，可以送子弟一人到京师为郎，叫做“任子”；拥有资产十万钱（景帝时改为四万钱）而又非商人的人，自备衣马之饰，也可以候选为郎，叫做“赀选”。说是在皇帝身边做侍卫，实际上是学习做官，增加阅历，一般经过一段时间的历练，都会被任命正式的行政职位。像曹操、袁绍这样的人都是做郎官出身。当然，西汉初年，因为多是官宦子弟为郎，在这种选官制度下，较高的官吏多数出于郎中、中郎等郎官和吏二千石子弟，选郎、吏又以财富为准，未必都是人才，所以渐渐也难以适应日益加强的专制王朝的需要。后来的选孝悌力田或举贤良方正的制度就兴起来了。

三公九卿

三公是中国古代朝廷中最尊贵的三个官职的合称。如前所述，西汉今文经学家以为三公指司马、司徒、司空，而古文经学家则以为太傅、太师、太保为三公。秦代不设三公。西汉最初继承秦制，辅佐皇帝治国者主要是丞相和御史大夫，最高军事长官是太尉，但不常置。而从武帝时起，因为受到经学影响，丞相、御史大夫和太尉也被称为三公了。先秦文献中的九卿之说，秦代并没有这种制度，西汉初也不见九卿名称。也是武帝以后由于儒家思想的影响，人们就以秩（官的品级）为中二千石一类的高官附会为古代九卿（太常、光禄勋、太仆、廷尉、卫尉、大鸿胪、宗正、大司农、少府）。不过本来汉代的卿，有十几种官，将九卿定为九种官职，始于王莽新朝，其制中以中二千石为卿，即以大司马司允、大司徒司直、大司空司若、羲和、作士、秩宗、典乐、共工、予虞为九卿，分属于三公。总而言之，三公只是实行于两汉，并且权力一直下落，曹魏重新恢复三公之制。在魏晋南北朝时期，三公依然位居极品，且开府置僚佐，但实权则进一步向尚书机构转移。至隋代，三公完全变成虚衔或优崇之位。宋代以后，往往亦称太师、太傅、太保为三公，但其虚衔性质不变，并渐次演化成加官、赠官。明、清同。

至于九卿，魏晋以后多同东汉之制，但是隋唐九卿虽然也为太常、光禄、卫尉、宗正、太仆、大理、鸿胪、司农、太府，却已无行政之权。南宋、金、元，九卿多有省并。明、清遂改以吏、户、礼、兵、刑、工六部尚书，都御史、大理寺卿、通政司合起来共称为九卿，以前的九卿之官或有保留，但已成为虚衔或加官、赠官。这里有一个“九卿”的名与实的关系。

将　军

春秋时代以卿统领军，故称卿为将军，一军之帅称将军，所以当时还不是严格的官名。到战国时代才开始为正式官名，而卿仍称将军，国家又置前后左右将军。秦代承袭战国制度。汉代置大将军、骠骑将军，位次丞相；车骑将军、卫将军、前后左右将军，位次上卿。西汉还有中将军。晋朝的将军名目众多，有骠骑、车骑、卫将军，有伏波、抚军、都护、镇军、中军、四征、四镇等大将军，开府（所谓开府，是指官员可以成立府署，自选僚属）者位从公，不开府者秩二品。三品将军秩二千石。而晋诸州刺史多以将军开府，都督军事。南北朝时将军名号更多，权位不一。而唐代以后，上将军、大将军、将军，或为环卫官，或为武散官。到了宋、元、明三朝，多以将军为武散官；殿廷武士也称将军。明清两代，有战事出征的时候，才置大将军和将军，战争结束则免去。清朝，将军成为宗室的爵号之一，而驻防各地的军事长官也称将军。

汉朝几次官制变化

汉代的官制变化有几个关键点：西汉立国之初，汉景帝、汉武帝、成帝哀帝时期、东汉光武帝。西汉立国之初，刘邦在萧何、叔孙通的帮助下制定新官制，大体沿袭了秦代制度，但重要的改变是“郡国并置”。汉景帝的时候改革了一些官名，但主要的变革在于“令诸侯王不得复治国”，加强了中央集权。汉武帝时期改变了一些官名，增设了一些官职，加强了京城的纠察与防卫力量，设立了边疆的官职，定加官之制，中朝官开始形成，总而言之，武帝时期非常重要，很多重大的变化是从这个时期开始萌芽的。成帝哀帝时期改革了一些官名，十分重要的是将刺史改成为州牧，扩大了地方的权力。东汉立国之初，为紧缩开支而裁减官僚机构，减少官员名额，每年节省俸钱开支以亿万计。光武亲政的时候，以尚书台总领纪纲，不以实权交给三公，大大加强了中央集权。

尚　书

尚书这个官称是从汉代开始的，属皇帝的直接随员之一。秦朝始置六尚。六尚是尚衣、尚食、尚冠、尚席、尚浴和尚书，属于皇宫的内臣，负责皇帝的日常起居和工作，像今天的生活秘书、政治秘书之类的，是一个很小的内廷官员，并不能直接参与最高的政治决策。光武帝亲政的时候，以尚书台总领纪纲，职无不统，并且御史台也合并在少府下面，而不以实权交给三公等传统意义上的权臣。自此以后，尚书的权威日益高涨，这当然是实现中央集权政治一种必要的政治机构，因而宫廷的办公室就最终取代了中央政府，而皇帝的侍从也就一跃而居于三公之上，那么尚书就由事务官变为政务官了。并且因为尚书事权极重，所以当时称之为“政归台阁”。而所谓的“台阁”，就是尚书省的别称。

卖官制

古代的卖官制叫做“赀选”，“赀”，是指财货，“纳赀”，指向政府缴纳金钱或财物，拜官授爵。故“赀选”又叫做“卖官鬻爵”。秦代的时候，规定可以纳粟授爵。而到了西汉文帝时，为了培养一般老百姓对于抵抗匈奴的爱国感情，下令“边民入粟边”则拜爵，与此同时，又颁布了纳赀钱可以为官的法令。中国的卖官制从此兴起。这个制度开始创立的考虑有反贪的意味，这是因为西汉初期，中下级官吏俸禄并不高，所以政府担心家庭贫苦者一旦为吏，容易贪污。例如汉代著名的廉吏张释之，就是“以赀为骑郎”，后官升至廷尉，相当于现在的最高人民法院院长。可见卖官制度并不能全然用现代人的眼光去评价，应该放到历史背景中。到了东汉中后期，卖官甚至成为了国家财政的主要收入。汉灵帝时期在京城的皇宫宫门外，公开贴榜，标价出售。当然这样的做法最终会造成官员素质的整体下降，政府与有钱人达成了一个买卖协议，而这个协议是以鱼肉人民为代价的，自然政府最终的垮台是不可避免的。

侍中

官名，秦代始置，汉代延续设置，是列侯以下至郎中的加官，没有定员。掌侍从皇帝左右，出入宫禁。最初仅仅作为皇帝的侍从、顾问机构，不过由于近在帝侧，其地位渐渐尊崇，等级超过了侍郎。东汉末年设有侍中寺，到了晋代或称为门下省，而到了南北朝时期门下省权力逐渐扩大，北朝更是政出门下，乃成为了中央政治机构的重心。应该说，从内廷侍卫发展到外廷权臣，这其中的过程可以和尚书做一个比较。以至于唐代，门下省则与中书、尚书合称三省，与中书省同掌机要。该省其间一度改称东台、鸾台、黄门省等，旋复旧称。其最高长官侍中，其下设黄门侍郎、给事中、散骑长侍、谏议大夫、起居郎等官。宋代沿置。但是整个宋代，门下省之主要职权为都政事堂（中书）所夺。元代以后则废，不复置。

魏晋士族与“清官”

魏晋南北朝时期，由于士族门阀政治的繁荣，王朝选官的形态开始发生变化。一些士族所习惯迁转的官职，逐渐被视为“清官”而为其独占。诸如“东宫官属”、“黄散之职”、“秘书丞”之类，这些所谓“清官”的定义来自于积习，并不是政府的刻意规定。成为“清官”首先是要清贵，在皇帝的身边而又没有实际职权，表明门阀身份崇高、位居切要。其次是要清闲，这样才能使世族保持自己的“闲适”。最后一点则是众多的“清官”都是文翰性的官职（秘书郎、著作郎），因为对于士族而言，文化上的垄断独尊也是非常重要，这样一来，文法吏职就显然是不合名流口味的，并且除了少数禁卫军校之职，一般说来武官也不在“清官”的行列。总体而言，“清官”的职位是庶人很难得到的，这突出地显示了魏晋南北朝门阀政治的特点。

北周的官制改革

西魏末年时，苏绰、宇文泰等依照《周礼》六官制度拟定改革官制计划，但当时并没有立即实行。西魏为北周所代，宇文泰子孝闵帝宇文觉即位，六官制度，被宇文泰的子侄们继续保持下来，北周的统治者并没有机械地袭用《周礼》的六官制。比如军队建设、六军禁卫和府兵制度，并没有因实行周官制而打乱，又如地方官制自总管、刺史、郡守、县令至党正、里长等一套固有的组织也依旧原封不动地保存下来。北周初年的时候，宇文护任太师，军政大权都操在他一人手里，六官制还显不出它的弱点来。到了周武帝宇文邕亲政以后，中央集权中的国家大权不容许旁落，一切军政大权必须由皇帝直接操纵。于是，武帝杀掉宇文护，任其弟大司马齐王宇文宪为大冢宰，而大司马是有军权的，迁为大冢宰后，宰相的实权取决于皇帝下“五官总于天官”的诏令，只是有名无实的职官，所以五府不总于天官，大冢宰没有了实权，皇帝把国家的最高权力都掌握在自己手里。虽然日常性的政务工作仍由六官来处理，但大事的决策，则必须由与皇帝很接近的官僚参与。到了北周后期，在中央政府的组织形式方面，表面上尽管是采用《周礼》一套六官制度，实际却是沿袭魏晋以来所形成的三省制度。在中央集权的封建国家里，三省制度到底还是取代了复古色彩浓厚的六官制度。但是，这次官制改革对后来的一些王朝确实是有一定影响的。譬如唐代的尚书六部天官吏部、地官户部、春官礼部、夏官兵部、秋官刑部、冬官工部，都可以看出和北周六官制度的继承关系。这种尚书六部制度便被固定下来，直至清末才完全废除。

隋代的官制改革

隋文帝即位后，即废除了北周的官制，恢复魏旧制。隋代的中央行政官制，最为突出的是三省六部制度的确立和强化（实际上朝廷一共设尚书、门下、内史、秘书、内侍五省。前三省的长官实际是宰相，后二省则是宫廷内务机构）。三省为尚书省、门下省和内史（中书）省。尚书省是管理政务的机构，为中央最高执行机关，下设吏部、礼部、兵部、都官（刑部）、度支（户部）和工部六曹，各个部门都兼管有关的统计工作，这就是中央的“三省六部”制。此外又有二台（御史、都水），十一寺（太常、大理、国子、光禄、卫尉、宗正、太仆、鸿胪、司农、太府、将作）等机构，负责朝廷日常的行政事务。这种制度基本上沿用到清代。而在地方行政机构方面，则由过去的州、郡、县三级制改为州、县二级制，废除了郡，简化了地方行政组织，不仅节省了国家开支，还大大提高了行政效率，有利于中央的统治，值得后世借鉴。

秘书省

官署名，东汉时始置秘书监一官，职责是管理图籍。曹操设置秘书令，则典尚书奏事。南北朝以后始设秘书省，其主官为秘书监，监以下有少监、丞及秘书郎、校正郎、正字等官员，领国史、著作两局。南北朝门阀士族制度盛行，秘书省在这种环境里深受影响，当时世阀的子弟长大后，往往就可以挂职为著作佐郎；只要能写得好基本的应酬文字，就可以做个秘书郎了。同时，因为秘书郎往往居职十日就升迁他职，以至于有人为了遍观群书而固求不迁的。唐代曾经改称“兰台”和“麟台”，在唐代初年，秘书省职位清闲，门庭冷落，一向没有统领它的官署，虽然清贵，可是不能算重要的部门。好名好利的人，大多数不愿意干这个差使。但是好学的文人，也有愿意任这个职务的。并且唐代科举出仕，往往是先在秘书省工作，然后步入真正的仕途，所以唐代有许多著名的文人曾在秘书省任职。秘书省后来逐渐衰落，到了明代，更是因为丞相胡惟庸谋反案所波及，朱元璋废中书省，罢秘书监，藏书由翰林院管理。迁都北京后，宫内文渊阁藏书实由内阁执掌。具有千年历史的秘书省，就此销声匿迹了。

尚书省

中国古代魏晋至宋时期中央最高政府机构之一。始名尚书台，秦及汉初的时候，是仅仅在皇帝身边任事的内廷小官，与尚冠、尚衣、尚食、尚浴、尚席合称六尚，主管收发启发文书并保管图籍。三国时期，尚书台已成为全国政务的总汇。曹魏的时候，尚书台之外复有中书省，侍中也逐渐成为参与机密的要职，尚书台不再拥有独占机枢的地位。东晋以后，录尚书之权渐分，有时以三四人并录尚书事。宋孝武帝孝建中，为防大臣威权过盛，遂省去录尚书之职，以后南朝的尚书则置废不常。至于北朝，北魏道武帝拓跋硅仿魏晋立尚书台，置三十六曹。东魏、北齐承袭北魏这一制度，但是尚书之权较重。西魏时官制改革，字文泰以大行台执政。大行台的组织略同于尚书省，有仆射、尚书、丞、郎等职。隋文帝杨坚代周称帝，恢复了尚书省，并使之成为名副其实的全国最高行政机构。唐沿隋制，三省并置，而尚书省事无不总，是全国行政的总汇机构。唐代后期，尚书省已经有名无实。北宋初期，虽然形式上还保留着尚书省的系统，但权力既不归属，郎官又不治事，尚书省的制度名存实亡。辽、金的情况与宋制略同。元代以后，尚书省遂废除。

门下省

也是中国魏晋至宋代的中央最高政府机构之一，后来发展成为与尚书省、中书省鼎足而立的三省之一。初名侍中寺，是宫内侍从官的办事机构，其称为门下省，始自西晋，门，指皇宫内门，因其门户漆以黄色，故又称黄门。门下省原为皇帝的侍从机构，南北朝时权力逐渐扩大，北朝时期政出门下，成为了中央政权机构的重心。隋唐时与中书省同掌机要，共议国政，在唐代前期是真宰相，宰相议政的政事堂，最初也设在门下省，以后才移到中书省。侍中具有封驳权，即对皇帝颁发诏书的审核权。门下省在宋代仅仅存在形式，实际职权已移至其他机构，其长官成为寄禄虚衔。南宋初期，中书、门下合并为一。辽金亦置门下省。元代以后，门下省不再设置。

中书省

中书省也是中国魏晋至宋代的中央最高政府机构之一，后来发展成为与尚书省、门下省鼎足而立的三省之一。魏曹丕始设，为秉承君主的意旨，掌管机要、发布政令的机构。沿至隋唐，最终成为全国政务中枢。隋代废六官制，置内史省，即中书省。炀帝末又曾改名内书省。唐代先后曾改称西台、凤阁、紫薇省等。唐代的中书、门下和尚书三省同为中央行政总汇，由中书省决策，通过门下省审核，经皇帝御批，然后交尚书省执行，故实际任宰相者称为“同中书门下平章事”。北宋中期以后虽仍然设置尚书、门下、中书三省，而中书省之权特重。中书省掌握着行政大权，它与掌管军事大权的枢密院、合称“二府”。元代以中书省总领百官，与枢密院、御史台分掌政、军、监察三权。门下、尚书两省皆废，故中书省较前代显得尤为重要。地方行政一部分亦由中书省掌握。明代朱元璋废中书省，由皇帝直接统领六部，机要之任则归“内阁”，此后便无中书省这一机构，甚至在一定程度上，可以说“宰相”一位从此也没有了。

三省的配合与制约

所谓“三省”，指的是隋唐时期，中央行政系统处于核心地位的三个部门：尚书省、门下省、中书省。三省的长官实际上相当于秦汉的宰相。那么把宰相之职一分为三，避免了权臣专权，使中央集权进一步加强。后来，又因三省长官品位崇高，中书令、侍中也不再常设。但是宰相不可没有，故唐代特置“同中书门下平章事”，凡以本官加带此类头衔的官员，即为宰相。所以一来这些做宰相的人本来官品位都不高，因而进退较易，在使用上显得颇为便利，这既有利于发挥臣下才智，又削弱了相权，加强了皇帝的权力。二来各省分工合作、互相监督，大大提高了办事效率，中央政府机构的系统日益完善，加强了中央的集权。这一项相互配合又相互制约的制度在中国政治制度史上具有划时代的意义，充分体现了古人的政治智慧。

六　部

六部即吏部、户部、礼部、兵部、刑部及工部，属于中央政府行政机构内部六个核心的管理部门，唐代的时候六部的名称固定，统归于尚书省，宋代沿袭之。六部的职能大体如下：吏部为管理文职官员的机关，掌品秩铨选之制，考课黜陟之方，封授策赏之典，定籍终制之法。户部掌全国疆土、田地、户籍、赋税、俸饷及一切财政事宜。礼部掌典礼事务与学校、科举之事。兵部职掌全国军卫、武官选授、军队征调之政令。刑部为主管全国刑罚政令及审核刑名的机构。工部则为管理全国工程事务的机关。元代的时候六部统一归属于中书省。明代的时候废除中书省，六部则直接对皇帝负责，成为主管全国行政事务的最高机构。各部置尚书一人，总管本部的政务，下设左右侍郎各一人，为尚书之副。

宋代的宰执

所谓“宰执”，就是宋代的宰相。因为宋代先后以“同平章事”、尚书左右“仆射”、左右“丞相”为宰相；又先后以“参知政事”、“枢密使”、尚书左右“丞”为执政，所以二者合称“宰执”。宋代的宰相称为中书门下平章事，这是沿袭唐代的称谓。副职则称参知政事，也称为“执政”，这是赵匡胤为牵制宰相而特地设置的。“参知政事”这一称谓虽然沿自唐代，而唐代的参知政事并非常制，而且以他官而居宰相职的，即称为参知政事。政事堂是宰相议事办公的地方，过去参知政事连宰相的办公厅都不能进，但是宋太祖、宋太宗提高了参知政事的地位，使得参知政事原来与宰相在地位和职权上的差别完全消除，这样一来，自然形成了对宰相的有力牵制。而宋代的参知政事，则成为了宰相副职之定制。所以宋代常以“宰执”并称。

枢密院

枢密院是主要管理军事机密及边防等事的中央政府机构，与中书门下并称“二府”，同为最高国务机关。枢密院最初设置始于中唐时期，宋太祖沿袭此制，以分割宰相的掌兵职权，造成了民政权与军政权的分离。枢密院的长官称为枢密使，有调兵之权而无掌兵权。枢密使与同门下平章事等共同负责军国要政，枢密使有时亦称知枢密院事，简称知院。其副职称枢密副使或同知枢密院事。任此职者一般为文官，且往往即由同平章事兼任。凡军事之措置，均由枢密使禀皇帝意旨决定执行。值得注意的是，在宋代诸多中央职官及其机构设置中，以分割宰相之权为目的而贯穿始终的只有枢密院而已，在宋代政治系统中具有举足轻重的地位。辽设北枢密院、南枢密院及汉人枢密院。元代枢密院主要掌军事机密、边防及宫廷禁卫等事务，战争时设行枢密院，掌一方军政。明清时期废止。

计 相

唐代后期分置盐铁使与判户部、判度支，五代时期后唐则将其合为一个职称——“三司使”，掌管统筹国家的财政，宋代沿置，号称计相，为最高财政长官。三司使总管四方贡赋和国家财政，地位仅次于宰相，称“计相”。三司使统领三部：盐铁掌管工商收入及兵器制造等事；度支掌管财政收支和粮食漕运等事；户部掌管户口、赋税和榷酒等事。地方州郡赋税收入除留一小部分外，其余全部由中央掌握。三司权力非常重，并且有与宰相、枢密使并立的态势。历史上有很多著名的计相，比如唐代的刘晏，“安史之乱”使唐王朝的财政状况濒于崩溃，他通过调查，采取了一些经济措施来治理财政，统筹兼顾，有效地充实了国家财政收入，唐肃宗曾将他比做汉朝的萧何。

翰林学士

唐玄宗开元初年以张九龄、张说、陆坚等掌四方表疏批答、应和文章，号为“翰林供奉”，与集贤院学士分司起草诏书及应承皇帝的各种文字。德宗以后，翰林学士成为皇帝的亲近顾问兼秘书官，承命撰拟有关任免将相和册后立太子等事的文告，有“内相”之称。到了唐代后期，往往以翰林学士升任宰相，地位十分尊贵。北宋的翰林学士仍掌制诰，变成了一种清要而又显贵的官员了。清代以翰林掌院学士为翰林院长官，其下有侍读学士、侍讲学士。宋代能够进入翰林学士院任职的，都是一些文学之士。学士中资格最老的称为翰林学士承旨，其下则称翰林学士、知制诰。承旨不常设，其他学士也无定员。其职责是负责起草朝廷的制诰、赦敕、国书以及宫廷所用文书，侍从皇帝出游，充当顾问。其实，北宋的很多宰相也是从翰林学士中选拔的，北宋前期的翰林学士，没有秩品。元丰改制后，翰林学士承旨和翰林学士成为正式官员，正三品，并且不任其他官职，专司草拟内制之职。至于明清的翰林学士，政治的筹码不再像过去那样重，但是仍然是清贵的职位，受到人的尊敬。

宋代的谏官与政治失控

长期以来，谏官系统属于门下省，即是处于宰相的领导之下，而代宰相向皇帝进言，实质上是君权与相权之间的一种调节。但是到了宋代，谏官系统独立出来，由皇帝直接任命，这样一来，谏官的职责就不再是向皇帝进言了，而是专门揭政府的短——即跟宰相系统作对。如此一来，刻意跟政府立异，反倒成了他们积累政治声望的一种手段，原本的谏官原则消失了，取而代之的是进谏成了一种谋利手段。再则，因为缺乏原则，谏官的话语很难显示公理，只是意见的互争，因此政府处于极不利的地位，总是要面对大量反对言论。宋代的谏官与政府势同水火，而宰相最终不得不辞职，到了最后，谏官又被所有人轻视，不再有地位，权臣奸相又纷纷出现，这确实是宋代政治的一个大问题。

大学士

大学士实际上是唐朝的时候就开始设立的，最初由宰相兼领，负责刊辑校理经籍。宋代沿袭。明代的时候，朱元璋废除丞相及中书省，仿宋制设大学士，作为皇帝顾问。明成祖永乐皇帝即位后，以侍讲、侍读学士等翰林官参与机务，进入内阁。到了明代中期，遂以大学士为内阁长官，替皇帝起草诏令，批阅奏章，商讨政务，其本身官阶虽然在尚书、侍郎之下，但是实权甚重。稍后，又以尚书、侍郎入阁办事，兼大学士，加官至一品，大学士则位望益尊，乃成为事实上的宰相了。由此，虽然中央集权异常强大的明朝废除了宰相，但是大学士，尤其是大学士首辅在一定程度上还是发挥了宰相的功能。

东西二厂

明成祖永乐皇帝在发动“靖难之役”夺取了侄子的皇位后，精神状态一直高度紧张，他迫切感到需要一个强有力的专制机构，可是设在宫外的锦衣卫使用起来毕竟不是很方便，于是决定建立一个新的机构。过去的经历使永乐皇帝一直觉得宦官比较可靠，所以便建立了一个由宦官掌领的侦缉机构，由于其地址位于东安门北侧（今王府井大街北部东厂胡同），因此被命名为东厂。起初的时候，东厂只负责侦缉、抓人，但到了明朝末期，东厂也有了自己的监狱。东厂的侦缉范围非常广，听审、监视官员、查看文件，甚至连普通百姓的日常生活，柴米油盐的价格，也在东厂的侦察范围之内。而东厂所获得的情报，可以直接向皇帝报告。东厂的番子每天在京城大街小巷里面活动，并非完全为了“公事”，更多的是为自己谋取私利。他们常罗织罪名，诬陷良民，之后就屈打成招，趁机敲诈勒索；到了明中后期，东厂的侦缉范围甚至扩大到了全国，使得举国上下人人自危，民不聊生。至于西厂，则是明宪宗时为加强特务统治，于东厂之外增设西厂，并且其权力超过东厂，活动范围自京师遍及各地。后因遭到反对，被迫撤除。

锦衣卫

皇帝的侍卫机构。前身为太祖朱元璋时所设御用拱卫司。明洪武二年（1369年）改设大内亲军都督府，十五年设锦衣卫。朱元璋为了加强中央集权统治，特令其掌管刑狱，赋予巡察缉捕之特权，下设镇抚司，从事侦察、逮捕、审问活动，且可以不经过司法部门。其实锦衣卫乃是著名的酷政，明代有许多朝廷官僚以外的直属皇帝的专设监察、刑狱系统，锦衣卫只是其中之一，这类系统，自己有军队、有监狱，又直接向皇帝负责，基本上存在于整个明朝。锦衣卫的性质首先是“侍卫”，就是皇帝的亲兵；其次是“刑狱”，自己可以审判；再次是“密缉”，则又说明其特务机构的性质。设立这样机构的直接原因是要处理朝中的命官的时候（例如朱元璋遍杀功臣），可以更方便和直接。提到厂卫（东厂、西厂、锦衣卫），人人都心惊胆战，而在其中，由于东厂厂主与皇帝的关系密切，又身处皇宫大内，更容易得到皇帝的信任，所以东厂和锦衣卫的关系，逐渐由平级变成了上下级关系，在宦官权倾朝野的年代，锦衣卫指挥使见了东厂厂主甚至要下跪叩头。

八旗制度

努尔哈赤统一了建州诸部，与此同时归服的人口也日益众多，先前那种只凭血缘关系的军事与生产组织（牛录制），已不能适应需要了，于是八旗制度便应运产生了。努尔哈赤将五牛录（三百人为一牛录）组成一个甲喇，再由五个甲喇组成一个固山，即旗，并且以八种不同形式的旗帜作为标志，成为战斗、生产、行政的一个固定单位。万历四十三年（1615年）正式整编八旗，建立八旗制度。满洲八旗建立后，又建立蒙古八旗，再建立汉军八旗，从而使八旗制度完善。旗的组织具有军事、行政和生产等多方面职能。入关前，八旗兵丁平时从事生产劳动，战时荷戈从征，军械粮草自备，入关以后，建立了八旗常备兵制和兵饷制度，八旗兵从而成了职业兵。应该说，八旗制度对于满族的振兴是有重大意义的。八旗的名称分别是：正黄、正白、正红、正蓝、镶黄、镶白、镶红、镶蓝。

三殿三阁大学士

清代设立内阁，为最高的政务机构，初设大学士满、汉各一人，协办大学士满、汉各一人，以及学士、侍读学士、中书等官。乾隆年间，乃定三殿三阁大学士之制，三殿为保和殿、文华殿、武英殿，三阁为体仁阁、文渊阁、东阁（其中，保和殿大学士为其中最为尊贵的，乾隆朝的傅恒死后，就无人再得此大学士级别，因此原为第二的文华殿大学士就相当于最高的大学士了），这项制度一直沿用到清末。三殿三阁大学士均为文臣最高官位，地位极为尊崇，可以说大概相当于今天的中央政治局，汉人一般非翰林出身的不授此官。而这六位大学士一般都是退休（致仕）时才空出职位，由协办大学士递补，除非该人被革职或是死亡。

军机处

紫禁城军机处旧址

军机处是清代辅佐皇帝的政务机构。任职者没有定员，一般由亲王、大学士、尚书、侍郎或京堂兼任，称为军机大臣，俗称大军机，其僚属成为军机章京，俗称小军机。军机大臣少则三四人，多则六七人，被称为“枢臣”。清末汉人只有左宗棠、张之洞、袁世凯等短时间担任过军机大臣。军机处职掌为秉承皇帝意志，处理军国要务及官员任免和一切重要奏章。值得注意的是，清军机处设有专门的档案房，有专职的保密人员管理这些档案，从而使军机处的保密工作做得非常好，为后代留下了许多难得的珍贵史料。可以说，军机处的设立是清代中枢机构的重大变革，标志着清代君主集权发展到了顶点。

南书房

南书房设于康熙十六年（1677 年），光绪二十四年（1898 年）撤销，是清代皇帝文学侍从值班的地方。清代的士人视之为清要之地，以能进入为莫大的荣耀。一方面，南书房里面可以研讨学问、吟诗作画，但因为南书房“非崇班贵檩、上所亲信者不得入”，所以它完全是由皇帝严密控制的一个机要机构，随时承旨出诏行令，这使得南书房“权势日崇”。而南书房地位的提高，正是康熙帝削弱议政王大臣会议权力，同时将外朝内阁的某些职能移归内廷，实施高度集权的重要步骤。康熙皇帝为了把国家大权牢牢地控制在自己手中，决定以南书房为核心，逐步形成权力中心。而自雍正朝军机处建立后，军机大事则均归军机处办理，南书房官员不再参与机务，其地位有所下降。但由于入值者常能觐见皇帝，并且南书房为一重要的清要之地，因此仍然具有一定的地位。

理藩院

清代设置，由蒙古衙门改制。是中国清代政府管理蒙古、回、藏等少数民族事务的中央机构。清政府通过理藩院实施对各少数民族地区的统治与管理，加强与它们的联系。康熙年间，修订《理藩院则例》，用法规固定了对少数民族地区统治的各项措施。理藩院六司是旗籍司、王会司、典属司、柔远司、徕远司、理刑司，分掌爵禄、朝贡、定界、官制、兵刑、户口、耕牧、赋税、驿站、贸易、宗教等政令。理藩院所辖，先后尚有内馆、外馆、蒙古学、唐古特学、托忒学、俄罗斯学、木兰围场、喇嘛印务处、则例馆（清代六部制定条例的机构）等机构。此外还派司员、笔帖式等常驻少数民族地区，处理特定事务，定期轮换。

总理衙门

全称为总理各国事务衙门，建立于 1861 年初，是清政府适应外国侵略者的需要而特别设立的。它是主管外交、通商及其他洋务事宜的中央机构，后来，关税、学堂、铁路、电报、海防、矿务、传教等方面，也划归总理衙门属

总理衙门

理，总理衙门迅速膨胀。总理衙门的经费，主要靠被洋人所控制的海关税收供给。在总理衙门干事的人，待遇高、升迁快、地位突出，是炙手可热的人物。在总理衙门的推动下，中国的近代化有了长足的发展。但在中国外交史上，它也是见证耻辱的地方，光绪二十七年（1901 年）六月，即在慈禧太后“回銮新政”前夕，清廷诏谕改总理衙门为外务部，负责一切外交事务。此后，按照列强的要求，清政府陆续增设了商务、学部、铁路局、海军部等机构，行使原总理衙门的其他部分职权，总理衙门自此从中国历史上消失。

首任驻外大使

郭嵩焘（1818—1891 年），字筠仙，湖南湘阴人。1847 年中进士，1853 年随曾国藩组建“湘勇”，1856 年任南书房行走，1863 年署理广东巡抚，1875 年初任福建按察使。1877 年起任清政府驻英法公使，1878 年 8 月被清政府召回，从此闲居。1891 年病逝。郭嵩焘是中国首位驻外外交官。他很注意西洋的先进文明，把使英途中见闻写成《使西纪程》，称赞西洋政教制度，对中国内政提出效仿的建议。但他把书寄回中国以后，希望总理衙门刊印，却被满朝士大夫误解为崇洋，大损国格，“有二心于英国，想对英国称臣”，要求将其撤职查办。于是郭嵩焘被清廷申斥，书稿毁版。此后又遭到他的副手刘锡鸿的诬陷，于是郭嵩焘因病请辞，清政府同意辞职后派曾国藩之子曾纪泽接任其职。郭嵩焘的思想意识是超前的，但是国内人对于他却充满了误解与不满，这使得郭嵩焘最后郁郁而终，更使得中国走上了一条充满了挫折的近代化道路。

历代兵役制度

兵役制度是国家的重要军事制度之一，它随着国家的出现而产生，又随着国家的经济情况、政治制度和军事需要而变化。我国从古到今，曾有过多种不同的兵役制度。

民军制

夏、商、周时代，兵役寓于田制之中，有受田权利的成年男子，都有服兵役的义务，平时耕牧为民，战时出征为兵。西周时规定每家出一人为“正卒”，随时准备出征；其余为“羡卒”，服后备兵役。军队的核心由王家和贵族子弟组成。

征兵制

秦始皇统一中国后，规定十七岁至六十岁的男子无论贵贱都必须服兵役两年。守卫京师一年称“正卒”，守卫边防一年称“戍卒”。西汉初年，规定年满二十岁的男子都要向官府登记，从二十三岁起服兵役两年。一年在本郡服役，学习骑射，称“正卒”；一年守卫京师或屯田戍边，称“卫士”或“戍卒”。

府兵制

这一制度始于西魏，隋唐逐渐完善。唐代的府兵建立在均田制基础上，男子二十岁至六十岁受田，都有服兵役的义务。府兵由设置在各地的军府管理，平时散居务农，农隙进行教练，还要轮番宿卫京师或戍守边防，战时奉命出征。战争结束后，“兵散于府，将归于朝”。府兵的社会地位较高，可免除赋役，征战有功者可得勋级，死亡者家属可受抚恤。

募兵制

北宋时，朝廷直接管辖的禁军，从全国各地招募：守卫各州的厢兵，在本州岛范围内招募；守卫边境地区的蕃兵，从当地少数民族中招募；保卫乡土的乡兵，由各地按户籍抽调的壮丁组成。此外，还强迫罪徒当兵。士兵的社会地位降低。

世袭兵役制

早在三国、两晋时就实行过这种制度，把士兵之家列为军户，父死子继，兄终弟及，世代服兵役。元代初期，规定十五岁以上、七十岁以下的蒙古族男子“尽佥为兵”，后因兵源不足，又规定汉人二十户出一兵，凡当过兵的“壮士及有力之家”都列为军户，世代为兵。明代，各卫所的军士，少数驻防，多数屯田，农时耕种，农隙训练，战时出征。军士之家列为军户，世代服兵役。清代的八旗兵，也采用世袭兵役制。凡十六岁以上的八旗子弟，“人尽为兵”，世代相袭。后又招募汉人当兵，称“绿营兵”。

绿营兵

清代军制。其制与满洲八旗兵不同，是招募汉人而组成的，因为使用绿色旗而名“绿旗兵”，又因是以营为主要基层编制亦称“绿营兵”。绿营兵除在京师五城戍卫以外，绝大部分分驻全国各省。在京师担任卫戍的称为巡捕五营，与八旗步军营同隶步军统领。绿营兵的最高组织为“标”，下设“协”、“营”、“汛”。提督为各省绿营的最高武官，分为陆路与水师，共设水陆提督二十三人，唯东北三省不设。绿营兵初期作为清王朝的辅助兵力，配合八旗兵驻守京师与全国各地，并受到八旗兵的监视和控制，中叶以后取代八旗兵变为主力，其兵额时有增减，最多时达到六十多万。清末绿营兵逐渐腐败委顿，仅存营制而已。

新　军

清廷在甲午中日战争中惨败，湘军、淮军、防军、练军又相继腐败不堪用，于是又有“新建陆军”、“自强军”代之而起。因为其武器装备全用洋枪洋炮，编制和训练尽仿西方军队，故称之为新军。新军以镇为基本建制单位，每镇的官兵定额为一万两千五百一十二人，由步、马、炮、工、辎重等兵种组成，设统制率领。镇下分协、标、营、队、排、棚，分由协统、标统、管带、队官、排长和正、副目率领。军的中、下级军官多为国内武备学堂毕业生充任，或有少数学习军事的留学生。集兵方式采用募兵制，在体格、嗜好及文化程度上有严格的规定。新军的品德教育以“忠义要旨”为中心，技术训练“以实用易学为主”，显示了清廷希望通过新军来完成自救的愿望。但是因为装备依赖于国外，而将帅的控制力又太强，不仅没有能够挽救清廷，反倒助生了袁世凯等一批新式的军阀。

钦差大臣

钦差大臣是中国的古代官名，是指由皇帝派负某地专办某事之官。“钦”就是表示皇帝的，“差”表示差遣。从明代开始，凡由皇帝亲自派遣，出外办理重大事情的官员称钦差。清代沿袭。其出于特命并颁授关防（即印章）者，加有钦差大臣的头衔，可以直接向皇帝上奏，权力很大，一般简称钦使，统兵者则称钦帅。驻外使节则称钦差出使某国大臣。例如爱国民族英雄林则徐，就是由道光皇帝派遣专门负责鸦片事宜的钦差大臣。

县的来历

县最初的起源目前并不太清楚，但是到了春秋时期，“县”这一名称已经广泛出现在晋、楚等诸侯国中，据学者的研究，成为“县”的地方一般都是用武力占领的别国的地方，而“县”正是为了管理这些新占领土地而实行的政治制度。它不同于采邑，不分封给某个大臣，而是直接归国君所有，由国君派遣官员去管理（当然，晋国的县有分封制的痕迹，但毕竟不同于封邑）。可以说，县制对于官僚制度的兴起有着极为深远的影响，它创造了一种新的基层管理模式。春秋国家里，以晋国的县制最具有代表性，最为集中体现了从封建制向郡县制的转变。等到战国时期县制全面推行下去以后，官僚制度在中国普遍建立起来。直到今天，中国地方的基本行政单位仍然是县。

郡县制

郡县制是相对于封建制的地方行政管理制度。其本质的区别在于郡县制下的地方管理，脱离了家族管理的形态，而变为国家官僚体系下管理的一个部分。郡的起源略晚于县，最初可能设立在更为偏僻的地方，所以面积较大。到了战国，以郡统县，犹如先秦时期的以国都统管县邑，郡县制确立后，中央通过考课和监察以加强对地方政权的控制。秦汉之制，郡守于每年秋冬向中央朝廷申报一年的治状，县也同样要上集簿于郡，中央或郡即在这时各对其下属进行考核，有功者可受奖赏或升迁，有过者轻则贬抑，重则免官、服刑。和考课相辅而行的是监察制。中央派郡监或刺史以监郡，郡县也各派督邮或廷掾以监县或乡。正是由于自上而下的层层督课，使得中央政令能较为顺利地贯彻到最基层，保证了政令的划一性。从此，从地方分权演进为干强枝弱的中央集权制正式形成，为后来两千多年的地方行政体制奠定了坚固的基础。

刺　史

秦每郡设御史，任监察之职，称监察院御史（监察御史）。汉初不置，旋复置。文帝以御史多失职，命丞相另派官员出刺各地（刺的意思是检核问事），不常置。而武帝元封初年，废除诸郡监察御史。接下来，分全国为十三部（州），每州各置部刺史一人，后通称为“刺史”。武帝之意，以为断进之士勇于任事，故用低级官监察高官。不能不说这一项考虑是比较可取的，正是因为官职低才可以无所顾忌，敢说真话。但东汉的时候，刺史的权力逐渐扩大，成为了实际的地方长官。灵帝时期改部分资深刺史为牧，刺使实际已为一州军政的长吏、太守的上级，州郡两级制随之形成。魏晋南北朝时期，以刺史领州，多带使持节、持节、假节、都督诸军事衔。隋文帝废除郡，以州领县，则刺史与前代的太守无异。隋唐时期，炀帝、玄宗、武则天都曾经废州改郡，不久仍用其旧。晚唐五代时，节度使、观察使所领诸州不得径自奏事上计，节度使甚至自署刺史，最终导致刺史职任渐轻。宋代以朝臣充知州，刺史成为专供武臣迁转的虚衔。

酷吏与循吏

从字面意义上说，酷吏就是用残酷方法进行治理的管理，而循吏则是比较遵循法律而进行温和管理的官吏。但实际上并非如此简单，西汉酷吏的特点首先在于比较廉洁，其次则是不畏豪强，对不服从法律的人特别是豪门贵族敢于痛下辣手，第三个特点是几乎所有的酷吏都没落得个好下场，西汉酷吏有着很强的法律精神，虽然这种精神往往使他们显得残忍。而西汉的循吏一个重要的特点在于十分重视地方的教化，而这一点并不是他的职责范围。其实，酷吏、循吏的数量并不算多，真正多的是大量的俗吏，他们仅仅以做官为谋生手段，而没有坚定的原则，这些人广泛存在于中国的各个时期，成为中国政治的大问题。

三　辅

汉景帝二年（前155年）时分内史（首都长安所在地区）为左、右内史，与主爵中尉（不久改为主爵都尉）同治长安城中，所辖皆京畿之地，故合称为“三辅”。武帝太初元年（前104年）时改称左、右内史、主爵都尉，主爵都尉为京兆尹（分管今西安以东、渭河以南地区）、左冯翊（分管渭河以北、洛河中下游地区）和右扶风（分管咸阳以西地区）。辖境相当于今陕西中部地区。后世的政区分划虽然时有更改，但直至唐代，习惯上仍称这一地区为“三辅”。例如有一本南北朝时期专记秦、汉都城建设的著名历史地理著作的名称就叫做《三辅黄图》。

南北朝的侨郡县

西晋末年，中原士庶百姓为逃避战乱而大批南徙。东晋政权于是在长江南北按北来侨民的原籍设置地方机构加以管理，即侨郡县，如随晋元帝南渡的以琅琊临沂王氏为代表的琅琊士族百姓共有一千余家，成帝便在江乘县（今江苏句容县北）界内侨立琅琊郡，其下又设侨临沂县，这就是所谓侨郡县。东晋又陆续地立青、徐、兖、幽、并、雍、秦等侨州。东晋政权为了吸引劳动人手，对北方侨民最初都给予免除调役的优待。与之相应，北方在十六国时期，辽东鲜卑慕容氏建立的前燕政权为吸引河北汉族流民也设置侨郡县，以统流民，并给予优复。不过南、北政权给予侨民的优复在政权稳定以后又都被取消掉。侨郡县制度对优抚士族、安置流民和社会稳定发挥了一定作用，但也引起了地方行政区划的日益紊乱。今天见到南北方地名相同的情况有一些就是南北朝时期的侨郡县遗留下来的痕迹，这也对于研究古代的历史地理造成了不小的障碍。

都护府

唐朝设置在边区用以统辖羁縻地区的军事行政机构。府置都护、副都护、长史、司马等职，又置录事参军事、录事、诸曹参军事、参军事等，如州府之职。府有大、上、中之分，大都护府由亲王遥领大都护，别置副大都护主府事。自贞观十四年（640 年）创设安西都护府起，终唐一代，建置时有改易。唐代的都护府有河北道安东都护府、关内道燕然（瀚海、安北）都护府、陇右道安西和北庭都护府、岭南道安南都护府、剑南道保宁都护府。元代也有设置，主管畏兀尔（维吾尔）族和汉族之间的诉讼。值得注意的是唐初的统治者民族偏见较少，采取了合理的民族管理制度，唐太宗将治理内地的经验推广到周边，于少数民族地区列置州县，而使各部首领管理本部（这就是所谓的羁縻地区）。而正是为了管理这些州县，唐王朝才仿照汉代西域都护府的建制在民族地区设置都护府。

节度使

“节度”一词出现甚早，意为节制调度。唐代也很早就用此语以明确指挥权限，如唐太宗李世民为秦王时，任陕东道大行台尚书令，蒲城河北诸道总管及东讨诸府兵均受其节度，但尚未用做职衔。唐代节度使渊源于魏晋以来的持节都督。南北朝时，刺史大都加持节都督，辖区既狭，权任亦轻，北周及隋改称总管。隋荆、益、并、扬四大总管辖数十州，实权很重，但只管军事。隋炀帝杨广废总管，唐初恢复，仍称都督，而自贞观以后，内地都督府多被废止，唯军事活动频繁的地区尚存，以统州、县、镇戍。而节度使成为固定职衔是从唐睿宗景云二年（711 年）开始的。至开元、天宝年间，北方逐渐形成了平卢、范阳、河东、朔方、陇右、河西、安西四镇、北庭伊西八个节度使区，加岭南、剑南共为十镇，成为固定军区，各有受其统属之州、军、镇、城、守捉。节度使例兼管理内调度军需的支度使及管理屯田的营田使。天宝后又兼所在道监督州县之采访使，集军、民、财三政于一身，又常以一人兼统二至三镇，多者达四镇，最终造成外重内轻之势，酿成了安史之乱。

宋代的路、府、州

路是宋代的地方一级行政单位，在宋太宗初期，一直实行“道”、“路”并存的行政区划制，在至道三年（997 年）始定天下为十五路：京西路、京东路、河北路、河东路、陕西路、淮南路、江南路、两浙路、福建路、荆湖南路、荆湖北路、广南东路、广南西路、西川路、陕西路。路的长官称为监司（有四个），路下设有州，州的实际长官是知州，州下设置县，县的实际长官为知县，此外，宋代在重要的地方设为府。宋代实行的是三级制地方行政制度，它对于地方行政管理制度进行了以分权和制衡为中心的一系列改革，削弱了地方政府行政长官权力，在路级行政机构实行分权管理，监司互察，加强对州县官的监管。但是宋代的地方官受制于中央太大，最终还是流入了卑弱的境地。

镇的意义

镇是中国的基本地方行政单位，但是它是有一个发展过程的。镇作为地方单位开始于古代的军镇，因为军事屯扎必然有消费的要求，所以军镇逐渐成为四周的老百姓销售物品的一个集中地区，他们周期性地集中于军镇，这就类似于后代的赶集。而随着镇的军事地位的消失，定期赶集的习惯并没有消失，如此一来，镇成为了民间商品集散的一个中心地带。直到后来，镇成为了附近许多村庄的实际中心，被赋予了地方中心行政单位的意义。直到今天，镇仍然以这样的形态在中国的广大土地存在着，不能不说“镇”这样一种制度的出现所造成的影响是极为深远的。

省的由来

我国现在最高一级地方行政区划的名称是“省”。“省”作为最高一级地方行政区划的名称是在元朝以后才逐渐形成的。

自秦始皇统一中国废除封建制以后，我国地方行政区划的名称就有过多次变化。先是秦汉时期的郡县制，以郡为地方最高一级行政区划的名称。最初仅分全国为三十六郡，但后来郡的数目逐渐增多，至西汉末年已达一百零三个了。所以从汉武帝时期就开始在郡之上又设立了十四个名为州的监察区，来掌管和监察各郡的吏治工作。但后来州的监察职能逐渐演变成了行政职能，于是州就成了最高一级行政区划的名称了。东汉末年之后，州的数目又逐渐地增多了，至隋初竟多达二百七十五个州。唐太宗贞观年间，又在州之上设立了十个道，开元年间增至十五道。有宋一代，又以路代道，先是十五路，后增至二十四路。元朝以后，"行省"才开始成为最高一级地方政区的名称。

元朝行省的辖境很大，当时全国分为十二个大行政区：一个中书省的直辖区和十一个行中书省。由于行省成了一级政区，路就下降为二级政区了。

明初，朱元璋改行省为承宣布政使司（简称布政司）。当时除南京直辖外，全国有十二个布政司。明成祖之后，有明实行了两京制度。两京所辖之地称直隶，京师为北直隶，南京为南直隶，此外还有十三个布政司。但民间还是习惯于把一级政区称为省，所以当时全国是十五省。

清初的地方行政区划基本因袭明制，也是十五省，只是废掉了两京制度和布政司，直接改称为省了。北直隶称直隶，南直隶称江南。后来江南又分成江苏和安徽两省。到光绪年间，全国已有二十六个省级政区了（不包括甲午海战后被日本侵占的台湾省）。

不过，"省"的名称却是早在西汉时就已有了的。当时称宫禁之中为省中。魏晋以后又逐渐地把设在宫禁附近的尚书、中书和门下等中央政府机构都称为省，即尚书省、中书省和门下省。这些名称为后来的历代王朝所沿用。

综上所述，省原是中央政府机构的名称，后来把中央的临时派出机构称为行省，到了元朝，由于行省存在的时间过长，于是临时的中央派出机构就固定为地方一级政区的名称。这个名称一直沿用到了现在。省的这个旧义现在的日本政府还沿用着，在日本的中央政府中，就有着外务省、厚生省等机构。

达鲁花赤

蒙古和元朝的官名，为所在地方、军队和官衙的最大监治长官。蒙古贵族征服许多其他民族和国家，无力单独进行统治，便委付当地的统治阶级人物治理，派出达鲁花赤监临，位于当地官员之上，掌握最后裁定的权力，以保障蒙古大汗和贵族的统治。入元以后，内地的路、府、州、县和录事司等各级地方政府，也都设置达鲁花赤，虽然品制与路总管、府州县令尹相同，但实权大于这些官员。设在南方少数民族地区的长官司，也设达鲁花赤。兼管军民的安抚司，大都设有此职，而各投下分邑的达鲁花赤则由各诸王驸马委派自己的陪臣充任。至元二年（1265 年），元代朝廷正式规定，各路达鲁花赤由蒙古人充任，总管由汉人充当同知由回回人充当。之后汉人做达鲁花赤的，便被解除官职。在缺少蒙古人时，允许由门第高贵的色目人充任。如此看来，此职的设置是有明显的民族歧视和压迫的性质的。

明代三司

明初设行省统驭郡县，洪武九年（1376 年）改行省为承宣布政使司。全国除南北直隶以外，分为十三布政司，亦十三省。明代布政司的长官是布政使、提刑按察使和都指挥使，三司为常设机构。都指挥使司是地方最高军事机构，长官为都指挥使，都司掌一方之军政，上奏表时，序衔于布政司、按察司之上。承宣布政使司简称布政司，是一省的最高行政权力机构。提刑按察使司简称按察司，是一省的最高司法机构。其职责是纠官邪，戢奸暴，平狱讼。遇重大案件，要与都、布二司会议，报告抚按，听命于部院。按察司长官为按察使，别称臬台或臬司。三司的设立有互相牵制的作用，这是为了便于中央对于地方的控制。到了后来，三司作为地方长官的地位渐渐被总督和巡抚取代。

总督和巡抚

总督是中国明清地方军政大员，又称为总制。明代始设，分专务和地方两种，专务总督以所辖专务为职，提督军务为辅；而地方总督多因防边或镇压人民而设，以所辖地区军务为主。这些总督因事而设，事毕即撤，自成化五年（1469 年）两广再设总督后，其职始专，才近于定制。巡抚又称抚台，以“巡行天下，抚军按民”而名，明洪武始设。永乐十九年（1421 年），蹇义等二十六人分巡各省，产生了巡抚制度。宣德五年（1430 年），于谦、周忱等六人分抚南北直隶等处，从此各省常设巡抚官成为了固定的制度。巡抚初设，仅为督理税粮，总理河道，抚治流民，整饬边关，后来逐渐偏重军事，应该说，总督和巡抚最初设立时，其身份仅仅是中央派往地方的监察官员，有一些西汉刺史的性质，但是后来督抚逐渐取代了之前的地方长官——三司，成为真正的地方大员，一直延续到清朝，这又有些类似刺史到州牧的变化。

道　员

清代地方行政机构分为省、道、府、县四级，其中道设道员，为介于省藩、臬二司与府、厅中间一级的地方长官，各省无定员。道有分守道与分巡道的区别，分守道专掌钱谷，分巡道专掌刑名。此外，还有专职道，是主管一省某一方面的事务的，比如粮储道、盐法道、兵备道、河丁道等。道员其实起源于明代，明初布政司、按察司因辖区大而事务繁杂，布政司的左右参政、参议分理各道钱谷，称为分守道；按察司的副使、佥事分理各道刑名，称为分巡道，这就是道员称谓之始。至清乾隆间裁去参政、参议、副使、佥事等职，专设分守道与分巡道，多兼兵备衔，管辖府、州，于是就成为了省以下府、州以上的高级行政长官。道员别称道台、观察。

绍兴师爷

清代衙门中多绍兴籍的幕友和书吏。绍兴籍（指绍兴府，下辖山阴、会稽、萧山、诸暨、余姚、上虞、嵊、新昌八县）的幕友即著名的“绍兴师爷”，他们数量极多，在清代地方的政治运作中起到了重要的作用。幕友和书吏所以多绍兴人，自然与绍兴人文化素养高、细密精干、善治案牍等特点有关，这些特点皆适宜做幕为胥。绍兴人所以不远千里入幕为胥，还与绍兴人不恋乡土的乡风和当地人多地少的经济状况有关。绍兴出师爷的传统自明代已经形成，这与明代万历年间的朱赓有关，他是绍兴府山阴人，他利用职权引用了很多绍兴籍书吏，而这些书吏互相牵引，互为党援，就形成了“书吏绍兴帮”。客观地讲，清代的地方官大多不具备专业的官僚素质，在面对棘手的财政、诉讼等问题时，必须求助于具有丰富专业知识的师爷，师爷对于保证地方政治的运转是有功绩的。但是，绍兴师爷的贪财、腐败，以及各自为政的作风也是为当时人所批评的。

南、北洋大臣

北洋大臣也称办理三口通商事务大臣、北洋通商大臣。1861 年初，清政府鉴于北方已有通商口岸，对外交涉日繁，遂设立三口通商大臣专职，办理北方新辟的牛庄、天津、登州三口对外交涉事宜，后由直隶总督兼任，职责范围相应扩大。除办理北方地区的外交、通商外，还负责训练北洋海陆军，及兴办轮船、电报、煤矿、铁路、纺织等洋务企业。1870 年 8 月李鸿章调任直隶总督，此后李鸿章担任直隶总督兼北洋大臣达二十八年之久，专办清政府外交，兴办北洋海陆军，并在北方兼长江流域筹办轮船、电报、煤铁、纺织等企业，致使北洋大臣地位不断提高，职权不断扩大，势力远远超过了本来地位与之对等的南洋大臣。南洋大臣全称为办理江浙闽粤内江各口通商事务大臣，又称南洋通商大臣，是清末专管南部中国沿海通商口岸交涉、通商、海防等事务的钦差大臣。《南京条约》订立后，清廷设置五口（广州、厦门、上海、宁波、福州）通商大臣，由两广总督兼任，后改由两江总督兼任，先后有湘系集团的曾国藩、曾国荃、左宗棠、沈葆桢、刘坤一等专任四十余年，职掌除交涉、通商、海防外，还训练南洋海陆军，兴办工矿交通事业等，不过因为局限于两江一带，所以远远赶不上与之对等的北洋大臣的地位以及职权。

宦官之害

中国古代被阉割后失去性能力的而专供皇帝、君主及其家族役使的内廷官员，又称寺人、阉（奄）人、阉官、宦者、中官、内官、内臣、内侍、内监等。因为唐高宗时，改殿中省为中御府，以宦官充任太监、少监，所以后来宦官亦通称为太监。虽然严格来说，宦官只是侍臣，没有政治权力，但是中国古代因为宦官而起的政治斗争却多至不可胜数：秦国宦官嫪毐专权，东汉时期的中常侍的专权迫害，唐代中后期宦官掌握了神策军、天威军等禁兵的兵权而造成的祸乱，明代的汪直、刘瑾、魏忠贤等的危害百姓与忠良，都是很典型的例子。其中的原因很多，重要的一点是皇帝往往借众宦官与朝中大臣争权，这实质上还是中国政治本来的弊端所致，由于没有明确的权力界分，致使皇帝与大臣往往可以进行权力博弈的“游戏”，危害国家，使得政治偏离了它本来的方向，即政治发展的“非政治化”。

笏

笏即朝笏，别称珽玉、手板，是古时大臣朝见皇帝时所执的狭长板子，用玉、象牙或竹片制成，以为指画和记事之用。

《史记·夏本纪》记载，夏朝的时候，人们已用笏记事。那时，用笏并无定制，“有事则搢之于腰带”，记上要点，以备遗忘。及至周朝，始成定制，规定除天子、诸侯、大夫和士外，其他人概不准持笏。天子的笏是玉制的，诸侯的是象牙，大夫的是鱼须文竹，士的笏是竹制，其形状如象牙。“凡有指画于君前”陈奏国事或“造受命于君前”接受诏训时，才能用笏书记要点，其他场合不能随意使用。这样笏又演变成区分等级、表示身份地位的重要标志。但其主要功能仍是“备忽忘也”，防止大臣陈奏国事或接受诏训时由于紧张遗忘。此后历代沿袭，秦汉时仍是“臣见君所秉书思对命”时使用的特殊备忘簿。及至隋唐，持笏按品官划分，五品以上要员持象笏，六品以下官员持竹木笏，用于摘录奏章或记载皇帝的诏训。“五代以来，惟八座尚书执笏，以笔缀手版头，紫囊裹之。其余王公卿士，但执手板，主于敬，不执笔示，非记事官也。”其持笏又分两种情况，六品以上持象笏，七品以下持竹笏。到了明朝，又规定四品以上持象笏，五品以下用槐木笏，“以粉饰之”，使之光彩耀目。

致 仕

我国古代官吏年老退休称为“致仕”，即退官之意。早在春秋战国时期，统治阶级就废除了旧的世卿世禄制度，代以新的流官致仕制度。到了汉朝，致仕逐渐形成一套人事行政制度，据东汉班固等编撰的《白虎通义》记载：(一) 官吏年七十，耳目不聪，腿脚不便，就得致仕；(二) 官吏年老退休后，朝廷给其原官职俸禄的三分之一，以示尊贤。

唐宋时期，退休官吏的经济待遇有很大提高。唐制规定，凡职事官年七十以上均应退休，或者“午虽少，形容衰老者，亦听致仕”。退休以后，工品以上官吏可得半禄。有功之臣，蒙天子恩典，亦可得全禄。京官六品以下，外官五品以下致仕退休后，各有永业田可以养老。

宋代官僚机构日益庞大，官员不断增加，致仕虽着为令，但官吏贪利者多，知退者少。大批年迈官员不愿自动退闲。为此，朝廷作出限制：对年过七十的现任官不再进行磨勘，即不再按照常规每满三年考察一次功过，也即不予以升官。南宋时，经常让御史检查和弹劾年过七十并且精力衰退者，由皇帝出面下令休致或派其亲属前去规劝。

至元二十八年，元政府决定：“诸职官年及七十，精力衰耗，例应致仕。”大德七年，政府又进一步规定，内外三品以下官员年至七十岁的要退休。因为朝廷有这样的规定，上下有这样的舆论，许多官员刚满七十，甚至不到七十，或因病，“累乞致仕”，“累上书”，“愿乞骸骨”，就连官至右丞相的史天泽刚七十岁，便提出“臣可退休矣。”

到了明清两代，封建社会进入末期，致仕制度亦有新的变化：(一) 退休年龄由七十提前到六十，明孝宗弘治四年，进一步规定：自愿告退者，不分年岁，现令致仕；(二) 致仕官吏奉给，明初规定凡内外文武官致仕者，照品给奉；无世职者，年龄六十致仕，仍给半奉；未至六十因病辞仕者，不给。(三) 特殊优礼，明初官员凡以礼致仕者，与现职同。

古代对已退休的官吏，很重视并发挥其顾问作用，如元朝担任过翰林侍进学士的窦默，因年老多病退休回原籍，后来元世祖忽必烈遣使将窦默召还回京，赠给他一套住宅，每月照发俸禄，十余年间，“数承顾问”。窦默一直活到八十五岁。像窦默这样退休后充当顾问的，不胜枚举。

补服与顶戴

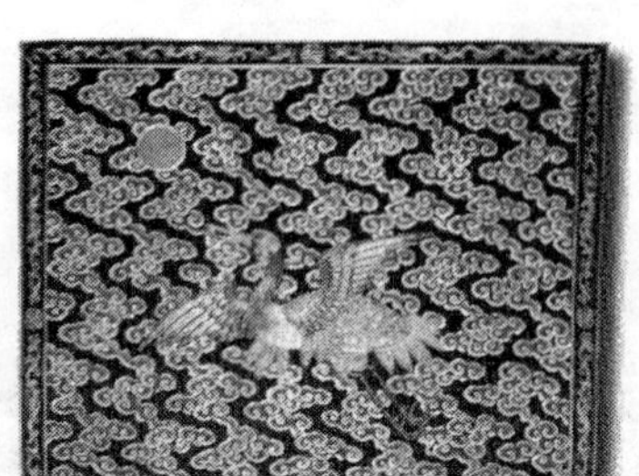

一品文官仙鹤补服

补服，又叫补子和背胸，是古代官服上的一种徽饰，用金线和彩丝绣成鸟兽形象，补缀在官服的前胸和后背，标识官的不同等级。清代，文官绣鸟，武官绣兽。文官：一品鹤，二品锦鸡，三品孔雀，四品雁，五品白鹇，六品鹭鸶，七品紫鸳鸯，八品鹌鹑，九品练雀。武官：一品麒麟，二品狮子，三品豹，四品虎，五品熊，六品彪，七品犀牛，八品犀牛，九品海马。另外，御史、按察使、提法使这类执法者，均绣獬豸。

红顶子，又称顶戴。清代冠服制，帽顶上有珠饰，一品红宝石，二品花珊瑚，三品蓝宝石，四品青金石，五品水晶石，六品砗磲，七品素金，八品花金，九品花银。

明清胥吏

胥吏是古代的衙役，类似于今天政府机构的办事员。胥吏对于地方政府，是不可或缺的重要帮手，但也正是这一点，造成了胥吏的痼疾。尤其是到了明清社会，地方的条例繁多，政务司法处理大都交付师爷，地方治安以及一般的日常活动由胥吏去打点，而地方官关心的是如何提高政绩，以脱离地方系统进入中央系统。这样一来，地方的政治实际上落入了师爷和胥吏手中，尤其是胥吏，因为长期在地方任职，已经形成了持久的势力，很便于他们欺压百姓，谋取私利。顾炎武所指出的地方政治的弊端的核心正在于此，而他所提倡的部分的封建制正是着眼于用必要的制度来保证地方官真正关心地方政治。

三

学制、科举

察 举

汉代选拔官吏的制度。由丞相、列侯、刺史、守相等推荐，经过考核，任以官职。始于武帝时，其主要科目有孝廉、贤良文学、秀才、明经等，为汉代重要出仕途径之一。定期的察举科目称为常科或岁举，如孝廉、秀才科；由皇帝不定期地下诏要求贡举的为特科或诏举，如贤良、文学、明经、有道等科。察举的对象，既有平民，也有现任的吏员。应举者大多授予官职，有的先授郎官，再调补他职。汉代的察举制度，实权掌握在公、卿、守、相手中，所举的科目以德行为重，但这一标准难以掌握，考试又很不完善，故极易产生流弊。于是，魏晋以后，九品中正制代替了察举制。

征 辟

汉代的选士制度，又称公府辟士。《说文》："徵，召也。从壬，从微省，壬微为徵，行于微而闻达者即徵也。"皇帝不经荐举，直接招聘隐于民间而有声望的士人侍从左右，以备顾问，称为征。三公以下招布衣人仕，充当幕僚，称为辟。征辟制度，实际上是我国战国时养士的遗风。汉代风尚，以能罗致天下名士为荣，世间人才也以此途作为出身入仕的捷径。这种选士制度始于西汉，盛于东汉，东汉的鸿都门学，就是这些应征者的集中场所。皇帝征辟的士人，多授予博士或侍诏的称号；公府辟除的人，一般称为掾吏。

孝　廉

汉代察举制的科目之一。“孝”指孝顺父母，“廉”指办事廉正，初为两科，后合称为孝廉。汉武帝元光元年（前134年），“初令郡国举‘孝’、‘廉’各一人”，是让郡国各举荐孝廉一人，此人或为孝子，或为廉吏。郡国岁举孝廉的制度从此确立，举孝廉者，多在郎署任职。东汉时，举孝廉为仕进的要途，实际上察举多为世族大家垄断，互相吹捧，弄虚作假，当时有童谣讽刺：“举秀才，不知书；举孝廉，父别居。”汉代以后，历代因之，隋唐只举秀才而不举孝廉，明、清时俗称举人为孝廉。

贤良方正

“贤良方正”，贤良指才能、德行好，方正指正直，汉代选拔统治人才的科目之一，始于汉文帝。《史记·孝文本纪》：汉文帝下诏云“举贤良方正直言极谏者，以匡朕之不逮”。被举荐者对政治得失应直言极谏。如表现特别优秀，则授以官职。汉武帝时复诏举“贤良”或“贤良文学”。名称时有不同，性质无异。历代往往视做非常设之制科。唐宋沿用，设“贤良方正科”。清薛福成《应诏陈言疏》：“诚法圣祖、高宗遗意，特举制科，则非常之士，闻风兴起。其设科之名，或称‘博学鸿词’，或称‘贤良方正’，或称‘直言极谏’，应由部臣临时请旨定夺。”

九品中正制

九品中正制是魏晋南北朝时期一种重要的官吏选拔制度，又名九品官人法。即在各地设置“中正”之职，根据家世、道德、才能，对人物作出高下的品定，称为“品”。品共分为九等，即上上、上中、上下、中上、中中、中下、下上、下中、下下，作为选官的标准。这一制度创始于曹魏，发展成熟于两晋，衰落于南北朝时期，废除于隋朝，随之科举制形成。

九品中正制度是继承东汉官吏选拔制度又加以改革的结果。东汉选拔官吏，主要是依据儒家的道德行为标准，宗族乡党的评定成为政府选拔官吏的依据。察举、征辟成为主要甚至唯一的依据。汉末大乱造成文士流移，给乡间评议带来困难，用人不可能一一核之乡闾。曹操当政时，一是提倡“唯才是举”，以反对虚伪道德和名实不符；二是压制朋党浮华和私人操纵选举，力图将选举之权控制在政府手中。九品中正制的许多特点在曹操当政时期已有萌芽，曹丕、陈群进一步加以制度化。

九品中正制创立之初，评议人物的标准是家世、道德、才能三者并重。但由于魏晋时充当中正者几乎全部是门阀士族，故门阀士族就完全把持了官吏选拔之权。才德标准逐渐被忽视，家世则越来越重要，甚至成为唯一的标准，到西晋时终于形成了“上品无寒门，下品无势族”的局面。九品中正制成为维护和巩固门阀统治的重要工具。到了隋代，随着科举制度的出笼，此制终被废除。

科举制度

科举制度始自隋文帝开皇七年（587），终于清光绪三十一年（1905），是封建统治者选拔官吏的制度。

明清时代，凡入学者必经童试，录取者为童生。再经“岁考”，录取者称“生员”，俗称“秀才”。

明清的科举主要分三级，即乡试、会试和殿试。

乡试（秋闱），三年一次（常在八月），在省城举行，应试者为秀才，录取者称“举人”，也叫“考廉”，第一名称“解元”。

明代科举考场

会试（春闱），乡试后次年春天（三月）在礼部举行，应试者为举人，录取者称“贡士”，第一名称“会元”。

殿试又叫“廷试”。由在会试后取得贡士资格的参加，在京都保和殿由皇帝亲自主持考试，录取的称“进士”，第一名称“状元”，第二名称“榜眼”，第三名称“探花”。

院试、童试、乡试

院试是为了取得参加正式科举考试的资格先要参加的一种考试，也叫章试。各地考生在县或府里参加考试，由省里的提督学政主持，考取者称生员，俗称秀才或相公。

明清两代取得生员（秀才）资格的入学考试，简称童试，亦称小考、小试。明代由提学官主持、清代由各省学政主持的地方科举考试，包括县试、府试和院试三个阶段，院试合格后取得生员（秀才）资格，方能进入府、州、县学学习，所以又叫入学考试。应考者无论年龄大小，均称童生，或称孺生、文童。三年内举行两次。丑、未、辰、戌年为岁考，寅、申、巳、亥年为科考。

乡试，唐宋时期称“乡贡”、“解试”。明、清两代每三年一次在各省省城（包括京城）举行的考试。凡本省生员与监生、荫生、官生、贡生，经科考、录科、录遗考试合格者，均可应试。逢子、午、卯、酉年的八月，又称“秋闱”，为正科。遇新君登极、寿诞、庆典加科为恩科。考三场，每场三日。考中者称“举人”，第一名称“解元”，第二名称“亚元”。届时，朝廷选派正副主考官，试《四书》、《五经》、策问、八股文等，各朝所试科目有所不同。乡试的场所称之为“贡院”。

会试

明清两代每三年一次在京城举行的考试。由礼部举行，皇帝任命正、副总裁，各省的举人及国子监监生皆可应考。又称“礼闱”、“春闱”，考三场，每场三日。逢辰、戌、丑、未年为正科，若乡试有恩科，则次年亦举行会试，称会试恩科。考试初在二月，乾隆时改至三月，亦分三场。考中者称“贡生”，第一名称“会元”。会试后贡生再由皇帝亲自御殿复试、决定取舍、等第的殿试，试期一天，依成绩分甲赐及第、出身、同出身，然后释褐授官。

殿试

科举考试中的最高一级。皇帝亲临殿廷，对会试录取的贡生，称殿试，亦称“廷试”。其制源于西汉时皇帝亲策贤良文学之士，始于武则天天授二年于洛阳殿前亲策贡举人，但尚未成定制。宋开宝八年，太祖于讲武殿策试贡院合格举人，并颁定名次，自此始为常制。太平兴国八年（983 年），将殿试后的进士分为五甲，分为三甲及一甲只限三人始于元顺帝时，明清沿用。明清考试时间在会试后一个月，本在三月，乾隆时改在四月。中试者一甲三名赐“进士及第”，第一名通称为“状元”，第二三名通称为“榜眼”及“探花”。二甲均赐“进士出身”，第一名通称“传胪”。三甲均赐“同进士出身”。

朝　考

清代进士经过殿试，取得出身以后，由礼部以名册送翰林院掌院学士，奏请皇帝，再试于保和殿，并特派大臣阅卷，称为朝考。考试以诗文四六各体出题，视其所能。按朝考的成绩，结合殿试及复试的名次，由皇帝分别决定应授何种官职，最优者为翰林院庶吉士，其余分别为主事、中书、知县等职。

中国历代的学位

我国汉代实行察举、征辟的选士制，根据人才的优长而授予秀才、贤良方正、文学、孝廉、明经、明法、博士弟子，这是我国学位制度的开始。隋唐实行科举制度，分科考试，按知识特长取士，如进士，重诗赋辞章；明经，通五经及诸家经传；道举，通《老子》；明法，通律令；明算，通算经；明学，通字学；开元礼，通开元时期礼制；三史，通《史记》、《汉书》、《后汉书》；一史，通《史记》，等等。宋形成州试、会试、殿试三级考试。州试合格者称举人，殿试合格者称进士，实行的是举人、进士两级学位制。

明清实行院试、乡试、会试三级考试，各级合格者称秀才、举人、进士，这是三级学位制。清末又规定：“小学卒业，奖给附生；中学卒业，奖给贡生；高等学校卒业，奖给举人；大学分科卒业，奖给进士”，又形成了附生、贡生、举人、进士的四级学位制。

状　元

殿试第一名称状元。科举考试亦名列第一名者为元。状元起初称为“状头”，原来在唐朝参加考试的士子，经由各州贡送到京城，在应试前须递送“投状”，即类似今日考试时填写资料的情形一样。考试结束之后，将最高的成绩放在最前面，就叫做“状头”。居首者曰状头，亦曰状元。中状元者号为“大魁天下”，为科名中最高荣誉。因其为殿试一甲第一名，亦别称“殿元”。历史上获状元称号的有一千多人，其中较为人知者有唐代著名诗人贺知章、王维、柳公权，宋代张孝祥、文天祥，明代的胡广、杨慎，清代的翁同龢、张謇等。中国科举史上第一个状元是唐武德五年（622 年）的孙伏加，最后一个状元是清光绪三十年（1904 年）的刘春霖。

榜眼、探花

榜眼是中国科举制度中在殿试中取得进士第二名的名称，与第一名状元、第三名探花合称“三鼎甲”。初时第一名称状元，第二、三名俱称为榜眼；意思是第二、三名分立状元左右，如其两眼。至北宋末年，只以第二名为榜眼，第三名则称探花。榜眼这名称跟状元、探花一样，其实都是社会上习惯使用。在正式发放的金榜之上，只会称进士一甲第一名，一甲第二名，一甲第三名。

探花为殿试一甲第三名者。唐代新进士榜公布后，他们在曲江池有盛大宴游活动，举行“探花宴”，以少年俊秀者二三人为探花使，亦称探花郎，遍游名园，折取名花，迎接状元。唐无榜眼，却有探花郎。原意只是戏称，与登第名次无关。南宋以后，探花才专指第三名。

进　士

中国古代科举殿试及第者之称，意为可以进授爵位之人。此称始见于《礼记·王制》。隋炀帝大业年间始置进士科目。唐代科目中以进士科最为重要，是科举考试的最高功名。

凡应试者谓之举进士，中试者皆称进士。试毕合格者，赐进士及第，其后又有赐进士出身、赐同进士出身的名义。考中进士，一甲即授官职，其余二甲参加翰林院考试，学习三年再授官职。明清均以举人会试考中者为贡生，由贡生经殿试赐出身者为进士，进士始专指殿试合格之人。据统计，在我国一千三百多年的科举制度史上，考中进士的总数至少是九万八千七百四十九人。古代许多名家都是进士出身，如唐代的王勃、宋之问、王昌龄、岑参、韩愈、刘禹锡、白居易、柳宗元、杜牧，宋代的范仲淹、欧阳修、司马光、王安石、苏轼等。

举　人

“举人”得名于汉代的察举，汉代取士用人无考试之法，皆令郡国守相荐举，被荐举者称为举人。唐宋科举，重进士科，所谓举人，不过指由此可应进士试，所以又称举进士，仍不是专门称谓词。至明、清则为乡试考中者的专称，乡试共考三场，三场都过关者称为“举人”，举人登科即可授官。由于乡试的录取名额按中央指定的数目录取，故取得“举人”的地位相当不易。举人亦称为大会状、大春元。中了举人叫“发解”、“发达”，简称“发”。习惯上举人俗称为“老爷”。

秀　才

秀才别称茂才，本系优秀人才的通称，始见于《管子·小匡篇》。汉代以来成为荐举人员的科目之一。南北朝时最重此科。唐初置秀才科，在各科中地位最高。高宗永徽二年（651 年），停秀才科。开元中曾再举行，而三十年无登第者。后逐渐成为对一般读书人的泛称。明太祖曾采取荐举之法，举秀才数十人，任以知府等官。后即专用以称府、州、县学的生员。

“连中三元”

在乡、会、殿试中连续获得第一名的“解元”、“会元”、“状元”者，称为“连中三元”。据有实据可查的资料，自有科举制度至其消亡，连中三元的仅有十三人，他们是：唐代的张又新、崔元翰；宋朝的孙何、王曾、宋庠、杨置、王若叟、冯京；金朝的孟宗献；元朝的王崇哲；明朝的商辂；清朝的钱棨和陈继昌。

“蟾宫折桂”

“蟾宫折桂”典故见于晋武帝泰始年间，吏部尚书崔洪举荐郄诜当左丞相。后来郄诜当雍州刺史，晋武帝问他的自我评价。据《晋书·郄诜传》载：“武帝于东堂会送，问诜曰：‘卿自以为如何?’诜对曰：‘臣鉴贤良对策，为天下第一，犹桂林之一枝，昆山之片玉。’”就是说：“我就像月宫里的一段桂枝，昆仑山上的一块宝玉。”用广寒宫中一枝桂、昆仑山上一片玉来形容特别出众的人才，这便是“蟾宫折桂”的出处。蟾宫即月宫，即月亮之宫。晋武帝大笑并嘉许他。

唐代以后，科举制度盛行，蟾宫折桂便用来比喻考中进士。唐代大诗人白居易先考中进士，他的堂弟白敏中后来中了第三名，白居易写诗祝贺说：“折桂一枝先许我，穿杨三叶尽惊人。”围绕蟾宫折桂，不少地方还有这样的习俗：每当考试之年，应试者及其家属亲友都用桂花、米粉蒸成糕，称为广寒糕，相互赠送，取广寒高中之意。

科举四宴

鹿鸣宴、琼林宴、会武宴、鹰扬宴是科举制度形成后渐成成规的四宴。鹿鸣宴是为新科举子而设的宴会，起于唐代。因为宴会上要唱《诗经·小雅》中的“鹿鸣”之诗，所以取名鹿鸣宴。从唐至明、清一直相沿。

琼林宴是为新科进士举行的宴会，起于宋代。“琼林”原为宋代名苑，在汴京（今开封）城西，宋徽宗政和二年（1112）以前，在琼林苑宴新及第的进士，因此，相沿通称为“琼林宴”，后一度改为闻喜宴，元、明、清称恩荣宴。

鹰扬宴是武科乡试发榜后考官及考中武举者共同参加的宴会。所谓“鹰扬”，是取威武如鹰之飞扬的意思。

会武宴是武科殿试发榜后，在兵部举行的宴会，规模比鹰扬宴更大。

举人为何称“公车”

早在汉代时便以公家车马送应试举人赴京，到了清代称进京应试举人为“公车”。满洲贵族入主中原不久，为了笼络知识分子，在顺治八年作出规定：“举人公车，由布政使给予盘费。”即应试举人的路费由政府的布政使供给。路费的多少，因路程的远近而不同，广东的琼州府最多，每名三十两，山东最少，每名只有一两。其余地区，由二两至二十两不等。另外还规定，云南、贵州和新疆的应试举人除每人发白银三两，还发给火牌，凭牌供给驿马一匹，车上插一面“礼部会试”黄布旗。这样，“公车”就成了应试举人的代称。历史上著名的“公车上书”，是指清末以康有为为首的一千三百多名举人联名给光绪皇帝上书之举。

武　科

科举制度中专为选拔武官而设的科目，始于唐代武则天时，称为武举。以后历朝皆沿用，但不定期举行，至明朝中期始定武乡试、武会试之制。考试科目为马箭、步箭、弓、马、石，均名外场，又以默写武经为内场。其院试、乡试、会试、殿试及童生、生员、举人、进士、庄园等名目均与文科同，但加武字以别之。初试亦归学政主持，乡试以本省巡抚，会试以大学士、都统、兵部尚书、侍郎等为考官。此外，参加武科考试的，身高要在六尺以上。

唐代武科为选拔军事人才而设，效果也比较显著。在平定“安史之乱”中发挥了重要作用的唐朝名将郭子仪就是从武科进入仕途。武科的影响很大，以后各朝代都沿袭设立了这一科，光绪二十七年（1901 年）废止。

门 生

春秋时，就有“门生”的称呼。孔子聚徒讲学，对亲授业者或转相传授者都称为“门人”。战国时，“门人”除了指受业弟子外，还指寄食于贵族门下的食客，这些食客都有一定的才能，属于“士”阶层。东汉“门生”是指弟子的弟子，即转相传授者，但一些不时以学问相师承的专营投机者，也攀附权贵为“门生”，以做升官的阶梯。唐代，及第进士称主考官为座主，自称门生，座主以能选中有才干的门生为荣，门生即使日后身居高位，亦对座主敬如师长。后世门生，主要是指学术上的师承关系。

萌 生

封建时代凭借上代余荫取得的监生资格。由汉代的“任子”制度继承而来。亦有各种不同名目，明代凡按品级取得的称为官生，不按品级而由皇帝特给的称为恩生。清代凡现任大观或遇庆典给予的称为恩萌，由于先代殉职而给予的称为难萌，通称萌生。

监 生

明清在国子监肄业者。初由学政考取，或由皇帝特许。乾隆以前，并加以严格的考课。监生有举监、贡监、生监、恩监、萌监、优监等名目。后则仅存虚名，不被重视。至一般所称的监生，指由捐纳而取得的。如未入府、州、县学而欲应乡试，或未得科名而欲入仕的，都必先捐监生，作为出身，但不一定在监读书。

贡 生

科举时代，挑选府、州、县生员（秀才）中成绩或资格优异者，升入京师的国子监读书，称为贡生，意为以人才贡献给皇帝。明代有岁贡、选贡、恩贡和细贡；清代有恩贡、拔贡、副贡、岁贡、优贡和例贡。清代贡生，别称“明经”。

古代的博士、硕士、学士

博士在我国古代是个官名，最早出现在战国时代。秦始皇时，博士只作政府顾问。汉代以后，博士开始任学官，担任教学工作。博士除授予学官，还授予一些有专门技艺、专门学问的职官。如魏晋以后的太医博士、天文博士、历博士、卜博士等。唐宋以后，社会上对从事某种职业的人也俗称博士，如“茶博士”、“牺博士”等。

硕士在我国古代通常指那些德高望重、博学多识之人，但在古代史籍中不多见，大概不是正式的官名或职称。古代常用与硕士含义相似的“硕老”、“硕儒”称呼那些博学之士。

学士最早出现在周代，是指那些在学读书的贵族子弟，后来逐渐变成官名和有学问的人以及文人学者的泛称。魏晋以后，学士才正式成了以文学技艺供奉朝廷的官吏。到了唐朝，学士地位有了很大的提高，甚至可以参预朝政。其中的翰林学士为众学士之首，是皇帝亲信的顾问和秘书官，因而常被称作“内相”。到了宋朝，一经授翰林学士，即有当宰相之望。清朝的大学士地位显赫，官阶为正一品，为文职官吏之首。

九儒十丐的来历

九儒十丐之说起自何时？来源出处何在？九儒十丐前面的八等人又是一些什么人呢？据曾经身受元人不平等对待的两个最有名的宋末遗老谢枋得、郑所南的文集中记载的九儒十丐之说大概始自元朝。谢枋得在其所著《叠山集》卷六《送方伯载归三山序》一文中说：“滑稽之雄，以儒为戏者曰：我大元制典，人有十等：一官二吏，先之者，贵之也。贵之者，谓其有益于国也。七匠八娼，九儒十丐，贱之也。贱之者，谓无益于国也。嗟乎卑哉！介乎娼之下、丐之上者，今之儒也。”

谢叠山只告诉我们元代分人为十等，一官二吏，七匠八娼，九儒十丐，却没有告诉我们三、四、五、六等人是哪一类人。

郑所南在他所著《铁函心史》卷下《鞑法》的记载中，就弥补了这个缺陷。

鞑法是：一官二吏，三僧四道，五医六工，七猎八民，九儒十丐。

这里的三僧四道，五医六工，是无疑的，七猎八民则似乎有些问题，不如《叠山集》所记七匠八娼说得明确，因为民的含义范围广，很难以此定等第的。

我们一向只从戏曲小说中知道元代有蒙古、色目、汉人、南人的划分，却很少有人知道元朝统治者还曾把人按职业分为十等。

留学生

唐朝时，日本政府为了学习中国的先进文化，除派遣使节外，还派遣“留学生”和“还学生”，“留学生”是指当遣唐使回国后，仍然留在中国学习的学生。“还学生”则和遣唐使一起回国者。后来，“留学生”一词沿用下来，其语义变成了指留居国外学习的学生。

帖经、帖括

唐宋科举士子以“帖括”形式读书来应付科举考试。唐代明经科，主要采用帖经法，专注重记忆。具体的考试方法：帖经者，以所习经掩其两端，中间开唯一行，裁纸为帖，凡帖三字，随时增损，可否不一，或得四、得五、得六者为通。也就是说，把所要考的那些书里随便抽一句，用纸贴住句子里的某些部分，要应试者答出这句话是什么，“贴经”，即贴住经文的意思。由于应试者越来越多，而必须加以淘汰，所以帖经法越来越偏，应试者为了应付这种考试，便于记忆，就创造出帖括之法，即把难记偏僻的经文，概括成诗赋歌诀的形式。

试帖诗

唐代以后科举考试规定的一种必须完成的诗体。因题目常冠以“赋得”二字，又称“赋得体”，以古人诗句或成语为题，唐代以五言六韵（六十字）为常制，后来发展成为五言八韵（八十字）。试帖诗的结构略同八股，首联名破题，次联名承题，三联如起比，四五联如中比，六七联如后比，结联如束比。得字官韵必须在首联次联押出，不可更换。得字有取题中字者，有取题外字者。

明　经

明经是唐朝考试的一科，指通明经术，参加考试，在当时称为应明经举。科举制度考试的科目，分为常科与制科两类。常科每年举行，科目有秀才、明经、进士、俊士、明法、明字、明算等五十多种。应试者以明经、进士二科最多。进士科的考试主要是要求考生就特定的题目创作诗、赋，有时也会加入帖经。明经科的主要考试内容包括帖经和墨义。先帖文，然后口试，经文大义十条，答时务策三道。所谓帖文，又称帖经，主要考经文的记忆，有点像现代考试的填空，试题一般是摘录经书的一句并遮去几个字，考生需填充缺少的字词，具体做法是："以所习之经，掩其两端，中间唯开一行，裁纸为帖。"至于墨义则是一些关于经文注解的问答。

八股文

八股文也称"时文"、"时艺"、"制艺"、"制义"、"八比文"、"四书文"，是明朝科举所规定的一种特殊文体。很多学者认为八股文发源于北宋的经义，即宋代科举考试的一种文体，以经书中的文句命题，考生作文阐明其中义理。现在看来，宋代的经义虽不具备后世八股文的格式，但已经有了八股文的雏形。经义在吸收了散曲和元曲的一些成份后，在明初被确立为一种独立的文体，宪宗成化年间有了较严格的程式，后来演变为一种僵死的文体。

八股文是代圣贤立言，内容主要出自《四书》、《五经》。文章的基本形式为：破题、承题、起讲；然后是提比、小比、中比、后比，即四比、八股；最后收束。破题，即开篇先把题义点明。以两句话概括，不能直说题义。如题目为《子曰》的八股文，可破题为：匹夫而为天下法，一言而为天下师。前句破"子"字，后句破"曰"字。起讲，指深入地说明问题的用意所在，最多不超过十句。四比，指提比、小比、中比、后比（或者说是提比、中比、后比、束比），四比分为八股。每两股要求内容、词性、平仄相对，十分严格。收束，即结束语，约在八句之内。

八股文在明代兴盛一时。有明三百年间，八股文名家辈出，如王鏊、钱福、唐顺之、归有光、金声、章世纯、罗万藻、陈际泰等。俞长城《百二十名家稿》说："制义之有王守溪（鏊），犹史之有龙门（司马迁），诗之有少陵（杜甫），书法之有右军（王羲之），更百世而莫并者也。"吴敬梓《儒林外史》第十一回写蘧公孙的女儿时曾说："十一二岁就讲书、读文章，先把一部王守溪的稿子读得滚瓜烂熟。"女孩子尚且如此，士人之热衷就更不用说了。八股对后世的影响，从中可见。

光绪二十八年（1902），八股文被废。乡、会试虽仍有四书义、五经义，但文章格式已不再限制。三年后，袁世凯、张之洞再次上摺，得到谕允，于是，有着七百年历史的八股文寿终正寝。八股文有其严重的不足，比如严重形式化，缺少实际意义等。但是它也有其积极的一面，如士人从研习八股文中受到了儒家伦理道德的熏陶，为后世提供了文精意赅的典范（在明清两代，“小品”盛于一时，并非偶然），对楹联的成熟起了推波助澜的作用等。

翻译科

清代特定的考试科目。应试者为满洲、蒙古和汉军八旗的成员。以满文译汉文，并作满文论文者为满洲翻译，以蒙文译汉文者为蒙文翻译。不考汉文。一般乡试考一场，会试考两场。始于顺治时，后有所发展。此科也有生员、举人、进士等科名，但需加“翻译”两字，以别于一般文科。名义上三年一考，但有时因报考人数不足而取消。

枪　替

科考作弊之一。“枪”有“代替”之义，“枪替”指科举考试时代人应试，代人应试者称“枪手”。唐代科举，没有明清时严峻，举子入场，常请人捉刀代笔，虽不光彩，却十分常见，当时称之为“救人”。晚唐著名诗人温庭筠就以枪替出名。五代时，枪替才算犯法，枪替之风始有收敛。

其他科场舞弊还有挟带、请托等。如唐代时以行卷投献诗文，借名人以广延声誉，反复投递，称为“温卷”，即是一种请托。

师　范

“师”字最早在甲骨文中就有出现，甲骨文中有“文师”之称。以后，司马迁用了“师表”一词，他们都着重在师的表率作用这一点上。西汉末年，扬雄在《法言》中说：“师者，人之模范也。”他第一次将“师”与“范”联系起来看，明确强调了教师所负有教育学生的重大责任。《文心雕龙·才略》云：“相如好书，师范屈宋。”“师范”已作为一个词组而出现了。

古代对老师的各种称呼

师：历代对教师的约称。

师父、师傅：对教师的尊称。“师傅”原为春秋时国君的老师。

师保、师友：古代担任教导贵族子弟的学官，有师有保，统称师保。晋代有师和友在诸王左右陪侍辅导，故教师别称“师友”。

师资：先秦以后历代对教师的别称。杨士勋疏《穀梁传》：“师者教人以不及，故谓师为师资也。”

师长：教师的尊称。《韩非子》：“今有不才之子……师长教之弗为变。”

外傅：古代对教师的特称。

博士：经学教师称“博士”。至唐宋时期，各专业学校更有“律学”、“算学”、“书学”博士之分。

教授：原为学官称谓，自宋始于宗学、律学、医学、武学等科均设“教授”，以传授学业，后世相沿。

讲师：讲授武事或讲解经籍的教师称“讲师”。

助教：古代学官名。西晋武帝咸宁四年设置，协助国子、博士教授生徒。南北朝、隋代相沿设置。唐代国子学、太学、广文馆、四门学等，都设有助教。明、清两代，仅仅有国子监助教。

教谕：宋代京师所设小学和武学中的教师称谓，至元明清之县学循之。

教习：明朝入选翰林院的进士（即庶吉士）之师称“教习”，至清末学堂兴起，其教师仍用此名。

经师：汉代以后历代在“校”或“学”中传授经学的教师称“经师”。

训导：明清时府设教授，州设学正，县设教谕，掌教育生员，其副职皆称“训导”。

学政：“提督学政”的简称，是由朝廷委派到各省主持院试，并督察各地学官的官员。学政一般由翰林院或进士出身的京官担任。

先生：古时对“门馆”、“私塾”老师中年长者之尊称。先生之称源于《周礼》：“从于先生，不越路而人言。”郑玄注：“先生，老人教学者。”

山长或院长：弟子对书院中授徒讲学教师的敬称，山长或院长并总领院务，“山长”源于五代。

西席、讲席：汉时教师的称呼。《称谓录》说：“汉明帝尊恒荣以师礼，上幸太常府，令荣坐东面，设几。故师曰西席。”

老师：原为宋元时期“小学”教师的称谓。金代元好问《示侄孙伯安》诗云：“伯安入小学，颖悟非凡貌。属句有夙性，说字惊老师。”

桃李满天下

春秋时，魏国大臣子贡得势时，曾培养和保举过不少人，后来因他得罪了魏文侯，便独自跑到北方去。在北方，子贡遇见一个叫子简的人，就向他发牢骚，埋怨自己培养的人不肯为他出力，以至于流落北方。子简笑着说：“春天种下桃树和梨树，夏天可以在树下休息乘荫，秋天还可以吃到果子；可是你春天种下的是蒺藜（一种带刺的植物），不仅不能利用它的种子，秋天长出的刺还会锥人。所以君子培养人才，要像种树一样，应该先选准对象，然后加以培养。”此后，人们就把培养人才称作“树人”，如“十年树木，百年树人”；把提拔起来的优秀人才称为“桃李”，“桃李满天下”即由此而来。

太　学

早在西周时期，教育的层次就已有区分，据说是八岁入“小学”，毕业后才进入太学。当时诸侯国的太学叫“泮宫”；周王室的太学以南北东西中为序，分别叫做“成均”、“上庠”、“东序”、“瞽宫”和“辟雍”。“辟雍”则为其总代称。太学里的主要教学内容是“六艺”——礼、乐、射、御、书、数。当时“学在官府”，只有贵族子弟才能入学。随着周王室势力的衰落，“天子失官”，“学在四夷”，在民间开始了私人讲学授徒的新气象。春秋后期，孔子打破“学在官府”的格局，主张“有教无类”、因材施教，对我国教育的发展产生了深远影响。

汉武帝以后，国立太学又迅速发展起来。汉武帝尊孔崇儒，于元朔五年（前124年）在京师兴办太学，设置博士弟子员（太学生）五十人，专门学习和研究儒家经书。教师称博士官，是用征拜或荐举的办法，选择学术上的名流担任。西汉后期，太学生多达万人，到东汉中期扩大到三万人，在洛阳城内“书声琅琅”，汉灵帝还让大书法家蔡邕等人把儒家经典刻在四十六块石碑上，即著名的“熹平石经”，来抄写经文的太学生车水马龙，盛况空前。

太学是中央的主要官学，也是世界上第一所官办的高等学府。

国子监

国子监为中国古代最高学府之一。晋武帝时，始立国子学。北齐改名国子寺。炀帝即位，改为国子监。唐沿此制，国子监下设国子、太学、四门、律算、书等六学，各学皆立博士，设祭酒一员，掌监学之政，并为皇太子讲经。等级十分森严，如唐代国子学只收三品以上官员的子弟入学，全是尚书省选送的。国子监设“国子祭酒”一人（相当于校长），祭酒以下设司业（副校长）、监丞（训导长）、主簿（教务长）、教授和直讲等教职人员。例如唐代的韩愈就曾任过国子祭酒，他的著名的散文《进学解》即是担任国子博士时所写。国子监始于隋代，为教育机关，后代沿之，至清代变为只管考试，不管教育的考试机构；到清末则成为卖官机构。

杏坛

孔子杏坛设教，收弟子三千，授六艺之学，自古以为美谈，为士林所称颂。“杏坛”亦作为孔子兴教的象征。“杏坛”的典故最早出自于庄子的一则寓言。《庄子·渔父》篇：“孔子游乎缁帏之林，休坐乎杏坛之上，弟子读书，孔子弦歌鼓琴。奏曲未半，有渔父者，下船而来……（孔子）乃下求之，至于泽畔……”庄子在那则寓言里，说孔子到处聚徒授业，每到一处就在杏林里讲学。休息的时候，就坐在杏坛之上。后来人们就根据庄子的这则寓言，把“杏坛”称为孔子讲学的地方，也泛指聚众讲学的场所。后来，人们在山东曲阜孔庙大成殿前为之筑坛、建亭、书碑、植杏。北宋时，孔子后代又在曲阜祖庙筑坛，环植杏树，遂以“杏坛”名之。

木铎

铎，铃也。木铎者，木舌的铃。古代施行政教传布命令时用之。官府有了新的政令，先派人摇铃四方巡走，以引起大家注意，然后召集起来宣示政令。《周礼·地官·乡师》：“凡四时之征令有常者，以木铎徇于市朝。”木铎也用以比喻宣扬教化的人及老师。《论语·八佾》中有“天下之无道也久矣，天将以夫子为木铎。”北师大校徽标志物就是“木铎”。

稷下学宫

战国时期齐国的高等学府，大约创建于齐桓公田午时期，因设于都城临淄稷下而得名，历时一百四十余年，是战国时期“百家争鸣”的重要园地。

人们称稷下学宫的学者为稷下先生，随其门徒，被誉为稷下学士。齐宣王时期稷下学宫达到顶峰（滥竽充数这个典故也与此有关）。稷下学宫最有名的两个人是孟子和荀子，两人都曾在稷下学宫任职。稷下学宫学术氛围浓厚，思想自由，各个学派并存，实行“不治而论”；儒、道、名、法、墨、阴阳、小说、纵横、兵家、农家等各家学派林立，学者们聚集一堂，公开辩论，相互吸收，共同进步。当时稷下学士上千人，稷下学者待遇极高，齐宣王曾赐七十六个“上大夫”头衔，给他们修建高大的住所，还将淳于髡、孟轲、荀况尊为卿。

公元前260年，齐国几乎始终领导文化潮流。这和稷下学宫是分不开的。中国秦以后的各种文化思潮差不多都能从稷下找到源头，如统治中国几千年的儒学，基本上是孟、荀两派理论交替在使用；再如邹衍的阴阳五行学说，一直在中国盛行，并且是中医学的理论基础；还有在汉朝早年流行的黄老思想。

稷下学宫本身有很多功能。它既充当政府的智囊团，又著书立说进行学术研究，还广收门徒进行教育工作，是一所非常成功的官办高校。在中国几千年历史中，其学术氛围之浓厚，思想之自由，成果之丰硕，都是独一无二的。

鸿都门学

鸿都门学是汉代学习、研究文学艺术的高等专科学校，创立于东汉灵帝光和元年（178 年）二月，因校址设在洛阳鸿都门而得名，是中国最早的专科大学。鸿都门学所招收的学生和教学内容都与太学相反，学生由州、郡三公择优选送，多数是士族看不起的社会地位不高的平民子弟。开设辞赋、小说、尺牍、字画等课程，打破了专习儒家经典的惯例。学生毕业后，多给予高官厚禄，还有的封侯赐爵。鸿都门学一时非常兴盛，学生多达千人，但延续时间不长，一因士族猛烈的攻击，二因黄巾起义，它随着汉王朝的衰亡而结束。鸿都门学不仅是中国最早的专科大学，而且也是世界上创立最早的文艺专科大学，在“独尊儒术”的汉代，改变以儒家经学为唯一教育内容的旧观念，提倡对文学艺术的研究，是对教育的一大贡献。它招收平民子弟入学，突破贵族、地主阶级对学校的垄断，使平民得到施展才能的机会，具有进步意义。鸿都门学的出现，为后来特别是唐代的科举和设立各种专科学校开辟了道路。

太医署

医学史上最早由国家开办的医学院，是公元六世纪隋朝的“太医署”。据《旧唐书》记载，隋代太医署既是当时最高医学教育机构，又担负一定的医疗职能。

公元 618 年唐王朝取代隋王朝，设置了比隋代规模更大的“太医署”。据《旧唐书》与《唐六典》记载，太医署包括医学与药学两大部。医学部又分设医、针、按摩、咒禁四科，其中咒禁科是带迷信色彩的。这四科都设有博士，博士之下，医科有助教、医师、医工。针科则有助教、针师、针工。按摩科则有按摩师与按摩工。药学部设有药园，面积有三顷。太医署医科学生学习年限各不相同：体疗（相当于内科）学习七年，疮肿（相当于外科）学习五年；少小（相当于儿科）也学习五年，耳目口齿科学习四年。学生入学后先学习《黄帝内经》、《本草》、《针灸甲乙经》与《脉经》等，然后再分别学习专科知识。药学部学生称为药园生，是从民间招收的十六至二十岁的青年，主要学习中药的种植、栽培、采集、加工、储存等知识。

学生在学习过程中，按月、按季、按年度进行考试。月考由博士主考，季考由较高级的医官“太医令”主考，年终考试由国家最高医官“太常丞”主考。毕业考试成绩优秀者将被选拔重用。

书 院

唐末至五代期间，战乱频繁，官学衰败，许多读书人避居山林，遂模仿佛教禅林讲经制度创立书院，形成了中国封建社会特有的教育组织形式。书院是实施藏书、教学与研究三结合的高等教育机构。

唐玄宗开元十一年（723 年）诏置丽正书院，聚文学之士修书、侍讲，集中了当时全国著名的学者进行写书、讲书活动。同时，书院中设有侍讲，专门为皇帝讲解经史。宋代，程朱理学崛起后，讲学之风日炽，书院逐渐成为学派活动的场所。书院创办更加广泛，如当时出现了庐山的白鹿洞书院、衡阳的石鼓书院、商丘的应天府书院和长沙的岳麓书院、登封的嵩阳书院等著名书院。书院大多是自筹经费，建造校舍。教学采取自学、共同讲习和教师指导相结合的形式进行，以自学为主。它的特点就是为了教育、培养人的学问和德性，而不是为了应试获取功名。

到了元代，各路、州、府都置有书院。明代书院发展到一千二百多所，私人出资的书院也很发达，有的是为了宣扬某种政治思想和学术思想，有的则是为了笼络一部分知识分子，达到某种政治目的。这些私立书院自由讲学，抨击时弊，成为思想舆论和政治活动场所，最著名的有江苏无锡东林书院。

清代书院达两千余所，但官学化也达到了极点，大部分书院与官学无异。清代末叶，湖南、湖北两省的书院最为著名，如江汉书院、经心书院、江夏书院、晴川书院等。1890 年，湖广总督张之洞创办了两湖书院，是一所具有新式学校规模的书院，书院课程也增添了自然科学科目。到了光绪二十七年（1901 年）诏令各省的书院改为大学堂，各府、厅、直隶州的书院改为中学堂，各州县的书院改为小学堂。至此，书院退出了历史舞台。

历史上的四大书院

白鹿洞书院：在江西省庐山五老峰下的山谷中。唐朝时，喜养白鹿自娱的李渤任江州刺史期间，在其隐居旧址建台，称白鹿洞。宋初扩建为书院，以后屡经兴废。朱熹、陆九渊、王阳明等都曾在此建院或讲学。现存建筑为清道光年间所修，其中碑廊有碑百余块，刻有朱熹手制书院学规，历次修建文记及名人书法。

岳麓书院：在湖南省岳麓山东面山下。北宋开宝九年潭州太守朱洞创建，天禧二年真宗赐以“岳麓书院”门额。南宋理学家张拭、朱熹曾在此讲学，从学者千余人。现存建筑为清代所建，存有朱熹“忠孝廉节”四字石刻。

石鼓书院：在湖南省衡阳市北面的石鼓山。宋太平兴国二年时李宽筑庐读书于此，宋至道三年建立书院，景祐二年赐“石鼓书院”匾额，柳宗元、韩愈、范成大、朱熹、张载、文天祥、徐霞客、王夫之等都曾到此游览或讲学。今存明、清碑刻等文物，已辟为公园。

岳麓书院屈子祠

白鹿洞书院

应天府书院：原址在今河南省商丘县城。院址属应天府管辖，因以为名。亦称睢阳书院。最初为戚同文讲学之地。宋真宗大中祥符二年，曹诚就其地筑学舍一百五十间，聚书一千五百余卷，广招学生，范仲淹曾来此任教。自元代以后，院址荒废。

东林书院

原址在江苏无锡的东林书院，是我国古代著名书院之一，创建于北宋政和元年（1111 年），当时为北宋理学家程颢、程颐嫡传高弟、知名学者杨时（号龟山）长期讲学之地。南宋时，邑人建杨时祠堂于此。明万历三十二年（1604 年），被罢黜返乡的顾宪成，偕弟允成、高攀龙、安希范、刘元珍、叶茂才等人，为继承杨时讲学遗志，共同倡导捐款重建兴复，讲学其中。

院内现存石碑坊、仪门、丽泽堂、碑亭、道南祠等建筑，内有顾宪成所撰名联：“风声雨声读书声，声声入耳；家事国事天下事，事事关心。”

东林书院于“讲习之余，往往讽议朝政，裁量人物”，其言论被称为清议。朝士慕其风者，多遥相应和。这种政治性讲学活动，形成了广泛的社会影响，社会各界士人名流一时都聚集在以东林书院为中心的时人称之为“东林党”周围。其最为后人所称道的，即是与以魏忠贤为首的宦官集团的斗争。

同文馆

中国清末第一所官办外语专门学校，全称京师同文馆。初以培养外语翻译、洋务人才为目的，由恭亲王奕䜣于1861年1月（咸丰十年十二月）奏请开办，次年（同治元年）6月正式开课，总税务司英国人赫德任监察官，实际操纵馆务；美国传教士丁韪良自1869年起任总教习。聘有外籍教习包尔腾、傅兰雅等，中国教习有李善兰、徐寿等。

同文馆初设英文馆，1863—1897年先后增设法文、俄文、算学、化学、布（德）文、天文、格致（当时对声光化电等自然科学的统称）、东（日）文等馆。学制分五年、八年两种。学生来源初以招收年幼八旗子弟为主，1862年6月入学的仅十人。后扩大招收年龄较大的八旗子弟和汉族学生，以及三十岁以下的秀才、举人、进士和科举正途出身的五品以下满汉京外各官，入学学生逐年增多。学生毕业后大半任政府译员、外交官员、洋务机构官员、学堂教习。该馆附设印书处、翻译处，曾先后编译、出版自然科学及国际法、经济学书籍。此外还设有化学实验室、博物馆、天文台等。1902年1月（光绪二十七年十二月），并入京师大学堂，改名京师译学馆，并于次年开学，仍为外国语言文学专门学校。

通儒院

通儒院为中国早期设想的研究生院。清末，曾计划在大学里设立培养专门人才的“通儒院”，类似今天的研究生院。通儒招生对象是大学毕业生或具备相当水平的人，培养目标是“能发明新理以著成书，能制造新器以利民用为成效”。学制五年，学员不上课堂，只在图书馆和寝室搞研究，也可实地考察。学员由各科大学监督（系主任）管理，并由他指定或延聘指导老师。通儒院毕业，不需考试，而以平时研究著述评定，毕业后予以翰林升阶，或分用为较优京官、外官。但通儒院这套制度，还未及付诸实现，清王朝便垮台了，但它对民国以后的研究生制度却有一定影响。

京师大学堂

京师大学堂诞生于戊戌维新运动，1898年6月11日，光绪帝颁布《明定国是诏》，诏书强调："京师大学堂为各行省之倡，尤应首先举办……以期人才辈出，共济时艰。"7月3日，光绪批准了由梁启超代为起草的《奏拟京师大学堂章程》，这是中国近代高等教育最早的学制纲要。京师大学堂是中国近代史上第一所国立综合性大学，它既是全国最高学府，又是国家最高教育行政机关，统辖各省学堂。1902年，京师大学堂因1900年义和团运动停办后恢复，吏部尚书张百熙任管学大臣，请出吴汝纶和辜鸿铭任正副总教习，聘请两大翻译家严复和林纾分任大学堂译书局总办和副总办。创办于1862年洋务运动期间的京师同文馆并入大学堂，藏书楼也于同年重设。12月17日，京师大学堂举行开学典礼，各个方面开始步入正轨。大学堂首先举办速成科和预备科，速成科分仕学馆和师范馆，后者即是今天北京师范大学的前身。1904年京师大学堂选派首批四十七名学生出国留学，这是中国高校派遣留学生的开始。1910年京师大学堂开办分科大学。辛亥革命后，于1912年改为北京大学，中国的高等教育揭开崭新的一页。

私　塾

私塾乃我国古代私人所设立的教学场所。它在我国两千多年的历史进程中，对于传播祖国文化，促进教育事业的发展，培养启蒙儿童，使学童在读书识理方面，起过重要的作用。

私塾的学生多六岁启蒙。学生入学不必经过入学考试，一般只需征得先生同意，并在孔老夫子的牌位或圣像前恭立，向孔老夫子和先生各磕一个头或作一个揖后，即可取得入学的资格。私塾规模一般不大，收学生多者二十余人，少者数人。私塾对学生的入学年龄、学习内容及教学水平等，均无统一的要求和规定。

私塾的教材有我国古代通行的蒙养教本"三、百、千、千"，即《三字经》、《百家姓》、《千家诗》、《千字文》，以及《女儿经》、《教儿经》、《童蒙须知》等，学生进一步则读四书五经、《古文观止》等。其教学内容以识字、习字为主，还十分重视学诗作对。

至于私塾的教学原则和方法，在蒙养教育阶段，十分注重蒙童的教养教育，强调蒙童养成良好的道德品质和生活习惯。如对蒙童的行为礼节，像着衣、叉手、作揖、行路、视听等都有严格的具体规定，为我国教育的传统。在教学方法上，先生完全采用注入式。讲课时，先生正襟危坐，学生依次把书放在先生的桌上，然后侍立一旁，恭听先生圈点口授，讲毕，命学生复述。其后学生回到自己座位上去朗读。凡先生规定朗读之书，学生须一律背诵。另外，私塾中体罚盛行，遇上粗心或调皮的学生，先生经常揪学生的脸皮、耳朵和打手心等。

四

哲学、思想

先秦思想

什么是太极

中国古代哲学范畴。“太极”一词最早见于《易经·系辞上》：“易有太极，是生两仪（天地或阴阳），两仪生四象（四季或日月星辰），四象生八卦。”至于“太极”究竟是什么，历来众说纷纭，有认为是“元气”，有说是“天理”，有认为是“无”，有认为是“有”。唐代大儒孔颖达认为，太极是天地未分之前，混而为一的元气；北宋周敦颐则提出了“无极而太极”的哲学命题，认为“太极”即“无极”，它无形无象，至高至妙，是开始，也是一种无限。周敦颐的思考是一种进步，充满了形而上的哲学意味。在周敦颐的观点中，“一动一静”是关键：太极动而生阳，动极而静，静而生阴，静极复动。一动一静，互为其根。若要再细究，那么一切就都归于“太极”的本性了。这些一家之言，此消彼长，并没有一个权威的论断。事实上，“太极”是描述宇宙本原及其无限性的哲学范畴。指的是宇宙之本原，即原始的混沌之气。此时，天地万物还未产生，一切都处于原始状态。

什么是八卦

八卦是从《周易》中来的。《周易》包括两个部分，一部分是《经》，记录了六十四卦的卦象和周人卜筮的部分卦辞和爻辞；另一部分是所谓的

《传》，记载后人对卦爻辞的各种解释和理论上的发挥。

《周易》是儒家的重要经典。对其作者，儒家学者编造出一套说法：伏羲画卦，即画出八卦的符号；文王重卦，即两卦相叠，衍出八八六十四卦；周公作爻辞，即每一卦有六爻，对六十四卦之三百八十四爻之每一爻作了解释辞；孔子作《十翼》，即作十篇说明文。《易经》就是从原始的八卦长期演化而来的。

原始的卦由三爻组成，象征天、地、人三者的关系。八卦是八种自然物（天、地、雷、风、水、火、山、泽）的象征物。八卦每两卦上下重叠，排成六十四卦，叫做重卦。每卦有三个要素：象、数、辞。古人占卜就是根据卦的象、数、辞作出综合分析来推测吉凶祸福的。

《易经》中的有关八卦的思想反映了古人高超的抽象思维能力。德国著名哲学家黑格尔在讲到我国《易经》思想时曾说道："中国也曾注意到抽象的思想和纯粹的范畴。古代的《易经》是这类思想的基础。《易经》包含着中国人的智慧。"

诸子百家

诸子百家，是指春秋战国时期出现的一些大思想家以及他们创立的学派。春秋战国时期，在时间上恰好相当于德国哲学家雅斯贝尔斯所说的"轴心时代"，是中国人的精神以及中国历史文化获得重大突破性进展的时期。这也是中国知识分子的"英雄时代"。一大批声名显赫的中国思想家，如管子、老子、孔子、孙子、墨子、孟子、庄子、荀子、邹子、韩非子等等，都出现在这个时期，人们不称其名，不称其字，而是称其为"子"，"子"是尊称，所以在历史上他们被称为"诸子"。"诸子"创立的学派，如道家、儒家、兵家、墨家、法家、农家、名家、阴阳五行家、纵横家、杂家、小说家等等，被称为"百家"。这就是"诸子百家"的内涵及由来。

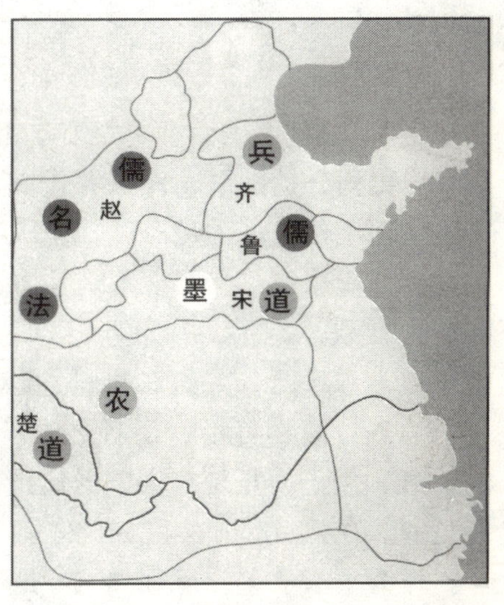

百家争鸣示意图

墨 家

先秦学派之一。创始人为墨翟。墨翟，世称墨子，“墨家”的名称由此而来。墨家是当时惟一的有严密的组织和鲜明的宗旨的学派。《淮南子·泰族训》曰：“墨子服役者百八十人。”并且在墨子死后一直存在，直到墨家的衰亡。墨家的首领称“巨子”，下代巨子由上代巨子选拔贤者担任，代代相传。墨门子弟必须听命于巨子，为实施墨家的思想主张，舍身行道。

墨子像

在墨子的主张中，兼爱、非攻、尚贤、尚同属其核心。他反对诸侯的战争和贵族的淫乐，因此他的主张中，充满强烈的平等色彩。也因这样的主张，墨家与儒家有很多观点是对立的，如鬼神之说、兼爱等，儒家很不以为然。两家学派也因此一直是对立的。对于自家的主张，墨子制定了一套具体而又切合实际的计划。墨家弟子依能力而分工，“能谈辩者谈辩，能说书者说书，能从事者从事，然后义成也”。其训练的目标，是要求弟子必去心中六种怪癖的情绪，做到“默者思，言则诲，动则事，使三者代御，必为圣人，必去喜、去怒、去乐、去悲、去爱，而用仁义。手足口鼻耳，从事于义”，最终达到“爱无差等（即兼爱）”的境界。墨家纪律严明，不徇私情，就连巨子本人也不例外。《吕氏春秋·去私篇》曾载：“墨者巨子腹，居秦，其子杀人。惠王曰：‘先生年长矣，非有他子也，寡人已令吏勿诛矣。’腹对曰：‘墨者之法，杀人者死，伤人者刑，王虽为赐，腹不可不行墨者之法。’遂杀其子。”墨家组织十分严密，《公输篇》载，墨子为止楚攻宋，派禽滑厘等三百人，持墨子守圉之器，在宋城以待楚寇。在先秦时期，能如此守御，其组织的严密性可以想见。

作为墨家子弟，除了要学习墨家学说外，还必须亲身实践。为了实现“非攻”，墨家子弟时刻准备着投入到守御的任务当中，具有崇高的牺牲精神。如巨子孟胜“善荆之阳城君，阳城君令守于国。荆王薨，阳城君以与攻吴起，得罪，收国。孟胜属巨子于宋之田襄子而死之。弟子徐弱之徒死者百八十三人”。孟胜死之前，言必死的原因：“不死，自今以来，求严师必不于墨者矣，求贤友必不于墨者矣，求良臣必不于墨者矣。死之，所以行墨者之义而继其业者也。”为“义”而亡，墨家的悲壮令人动容。

墨学在秦之后逐渐淡出历史舞台，成了绝学。有部分弟子就此流入“游侠”的行列。“墨子之门多勇士”一说似亦由此而来。

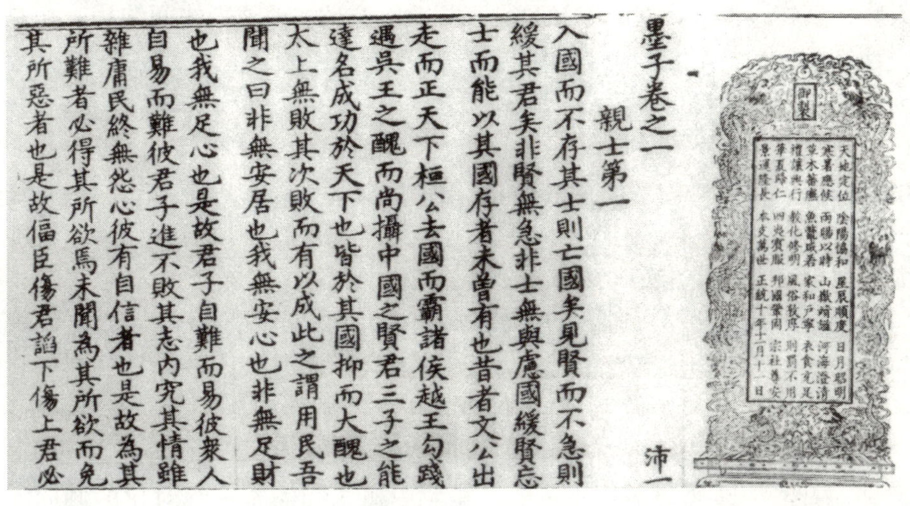
墨子卷之一 沛一
親士第一
入國而不存其士則亡國矣見賢而不急則
緩其君矣非賢無急非士無與慮國緩賢忘
士而能以其國存者未曾有也昔者文公出
走而正天下桓公去國而霸諸侯越王勾踐
遇吳王之醜而尚攝中國之賢君三子之能
達名成功於天下也皆於其國抑而大醜也
太上無敗其次敗而有以成此之謂用民吾
聞之曰非無安居也我無安心也非無足財
也我無足心也是故君子自難而易彼衆人
自易而難彼君子進不敗其志內究其情雖
雜庸民終無怨心彼有自信者也是故為其
所難者必得其所欲焉未聞為其所欲而免
其所惡者也是故偪臣傷君諂下傷上君必

《墨子》书影

对墨家的研究，相对来说一直都很少。清代中期以后，墨学才迎来了中兴。墨家后学曾将该派的著作汇编为《墨子》一书，但在此后的近两千年时间里，几乎一直无人问津。到了近代，有学者开始认真解读这部古书，发现其间别有洞天，里面甚至有讨论几何学、光学、力学等自然科学的内容。由此可知，早在两千多年前，墨家已对自然科学产生了浓厚的兴趣，并且进行过系统的研究。

名 家

先秦学派之一。汉代学者所说的“六家”之一，又称“辩者”。《汉书·艺文志》引为“九流”之一，代表人物是惠施和公孙龙。这一学派的代表作有《邓析》、《公孙龙子》、《惠子》等。除《公孙龙子》外，其他原著失佚。名家以“名”、“实”的关系作为研究对象，以善辩，致力于辩论中的逻辑问题著称。在名家内部，亦有因观点不同形成的若干派别，如“合同异”派（以惠施为代表）及“离坚白”派（以公孙龙为代表）等。这些派系的差异、不足显而易见，但他们的学术活动对中国古代逻辑学和认识论的发展做出了一定的贡献。

惠施，宋国人。在魏国做过相国，主张联合齐、楚，尊齐为王，以减轻齐对魏的压力；为魏国制订过法律。公元前322年，魏国改用张仪为相，惠施被驱逐到楚国，楚国又把他送到宋国。到公元前319年，由于各国的支持，魏国改用公孙衍为相同，张仪离去，惠施又重回到魏国，作为“合同异”派的代表人物，惠施认为事物间的差异只具有相对的意义。他把事物间的普遍联系和同一性绝对化，否定差异的界限。惠施的著作已经失传，仅在《庄子·天下篇》中存有十个命题。

公孙龙，相传字子秉，赵国人。其生平事迹已经无从得知。《史记·平原君虞卿列传》言“平原君厚待公孙龙”，他可能在平原君门下做过门客。公孙龙擅长辩论，《公孙龙子·迹府》说，公孙龙与孔穿在平原君家相会，谈辩公孙龙的“白马非马”。晚年，齐使邹衍过赵，平原君使与公孙龙论“白马非马”之说。公孙龙由是遂诎，后不知所终。公孙龙是“离坚白”派的代表人物。他注意到了事物“名”、“实”之间的差异。该派认为事物是互相独立而不同的，即使同一事物中的各种属性也是可以区别看待。这种观点否定事物、概念间的相互联系，抹煞事物、概念间的同一性。其著名论题“白马非马”和“坚白石工”即典型地代表了其把事物、概念间的差别绝对化的倾向。公孙龙的主要思想，保存在《公孙龙子》一书中。

阴阳家

先秦学派之一，被划归“九流”，西汉司马谈《论六家要旨》列其为六大学派之首，“阴阳”的概念，最早见于《易经》；“五行”的概念则最早见于《尚书》。两种观念的产生，都可以追溯到更久远的年代。进入战国时期，阴阳、五行渐渐合流，形成了以“阴阳消息，五行转移”为理论基础的宇宙观。阴阳家以阴阳五行为思想基础，所以被称为“阴阳家”，也称“阴阳五行学派”或“阴阳五行家”。代表人物主要有公孙发、南公、邹衍等，其中以邹衍最为著名。

那么何谓阴阳、五行呢？简而言之，阴阳是古人对宇宙万物相反相成的性质的一种抽象概括，是宇宙对立统一及思维法则的哲学范畴。阴阳学说建立在气说的基础上，认为天地、日月、昼夜、晴阴、水火等运动变化都存在一分二的结果；阴阳是抽象的概念，不是具体的事物，“阴阳者，有名无形”，换言之，阴代表消极、退守的特性和具有这些特性的事物或现象。阳代表积极、刚强的特性和具有这些特性的事物或现象。阴阳学说的基本可概括为：对立、互根、消长、转化。至于五行，《尚书·洪范》云：“五行：一曰水，二曰火，三曰木，四曰金，五曰土。”古人认为，宇宙万物就是由这五种基本物质构成。五行也是关于宇宙社会属性及其变化规律的哲学范畴。行，即“运行”之意，故五行中含有变动运转的观念，也就是“相生相克”。

阴阳家的思想可以概括为：在自然观上，利用《周易》的阴阳观念，提出宇宙演化论；依据《尚书·禹贡》的“九州划分”理论，提出“大九州”说；在历史观上，把《尚书·洪范》的五行观改造为“五德终始”说（“五德”指五行的属性，即土德、木德、金德、水德、火德。阴阳家认为，宇宙万物与五行相对应，各具其德。天道的运行、人世的变迁、王朝的更迭等，都是“五德转移”的结果），旨在为当时的社会变革进行论证；在政治伦理上，赞成儒家仁义学说，“止乎仁义节俭，君臣上下六亲之施”。另外，阴阳家的思想中还包含了若干天文、历法、气象和地理学等具有一定科学价值的知识。阴阳五行说曾盛极一时：汉初时，阴阳家还存在，到了武帝罢黜百家后，部分内容融入儒家思想体系，部分内容则为原始道教所吸收，作为独立学派的阴阳家便不复存在了。

阴阳家的著作主要有：《公檮生终始》十四篇，《公孙发》二十二篇，《邹子》四十九篇，《邹子终始》五十六篇，《乘丘子》五篇，《杜文公》五篇，《黄帝泰素》二十篇等。这些作品除现存少量残文外，均已亡佚。

纵横家

先秦学派之一。以从事政治外交活动为主：《汉书·艺文志》列其为“九流”（指儒家、道家、阴阳家、法家、名家、墨家、纵横家、杂家、农家）之一。《韩非子》云：“纵者，合众弱以攻一强也；横者，事一强以攻众弱也。”解释了何谓“纵”、“横”。一般来说，纵横家朝秦暮楚，事无定主，设策划谋多从主观的政治要求出发。合纵派的主要代表是苏秦，连横派的主要代表为张仪。纵横家之祖为鬼谷子，战国时人，因隐于鬼谷而得名。相传鬼谷子曾有苏秦、张仪、孙膑、庞涓四大弟子。其后习鬼谷纵横术者甚多，著名者如甘茂、司马错、乐毅、范雎、蔡泽、邹忌、毛遂、郦食其、蒯通等，均为风云人物。

纵横家出现于战国至秦汉之际，他们的出现主要是因为当时割据纷争，王权不能稳固统一。对于很多国家而言，利用联合、排斥、危逼、利诱之法不战而胜，或以较少的损失获得最大的收益，是最为迫切的需要；而纵横家的智谋、思想基本上是当时处理外交问题的最好办法。在游说的过程中，纵横家首先要对现实有最明确的认识，确定连横的对象，然后知其诸侯为人而定说辞，其游说之法，或抑或扬，或抑扬相合，或先抑后扬，或先扬后抑，诸法只要对症必会有收效。其次，在游说过程中，须察言观色，相机而动。察其对己之关系，是同是非，同则继续，非则补遗，而后或以利诱，或以害说，探其实情，此为游说最主要的方法之一。最后，是以揣摩之术察其内心，然后快速作出决断纵横家的人物皆为雄辩之十，他们中的大部分人出身微贱，却能以三寸之舌搅动整个战国底盘，重新布局谋篇。苏秦，为合纵之长，佩六国相印，连六国逼秦废弃帝位；张仪，雄才大略，以片言得楚地六百里；唐雎，智勇双全，直斥秦王图孟尝封地；蔺相如，虽非武将，但浩然正气直逼秦王，完璧归赵之时，不曾使赵受辱。纵横家人物，可谓中国五千年中最早也最特殊的外交政治家，他们在当时的历史条件下所创造的智慧是后世任何一个朝代都无法超越的。

纵横家的论著，今存《鬼谷子》十三篇、《战国策》三十三篇（该书为纵横家的游说辞总集，几乎所有纵横家谋士的言论均记载在内），另有《苏子》三十一篇、《张子》十篇。这些著作言论无不精妙，有些已从单纯的外交领域走进了更广泛的社会生活，对今天的世界格局也有一定的借鉴意义。

法　家

先秦学派中最后出现的一派。主张以法治为核心。法家否定了世袭贵族天然传承的等级制度，认为“圣人苟可以强国，不法其故；苟可以利民，不循其礼”。法家人士在政治实践中，奖励生产和军事，毁弃诗书，继承并发扬了道家的朴素辩证唯物主义思想，主张以法治国。法家流派主要盛行于战国时的韩、魏、赵三国，早期的法家代表人物亦来自这三国：商鞅来自魏国，申不害来自韩国，慎到来自赵国等。这三派中，商鞅重“法”；申不害重“术”，政治权术；慎到重“势”，即权力与威势最为重要。到了法家思想的集大成者韩非时，就提出了将三者相结合的思想：法，是健全法制，执法公正；势，指君主的权势，要独掌军政大权；术，是驾御群臣、掌握政权、推行法令的策略和手段。韩非认为法律与规章制度非常重要，“不可一无，皆帝王之具也”。

韩非像

法家主张的以法治国，是很实用的思想，无论是处在战国那种“捐礼让而贵战争，弃仁义而用诈谲，苟以取强而已矣”的极端状况下，还是处在和平时代，都有用武之地。西汉武帝之后，法家思想被儒家所取代，统治者独尊儒术，以儒法并用“儒表法里”的理论治理国家，独立的法家学派逐渐淡出历史舞台。总的来说，法家是先秦诸子中对法律最为重视的一派。他们以主张“法治”而闻名，并提出了一整套理论和方法，为后来建立的中央集权的秦朝提供了重要的理论依据。法家在法理学方面有着不可磨灭的贡献，对于法律的起源、本质、作用及法律同社会经济、国家政权、伦理道德、风俗习惯、自然环境以及人口、人性的关系等问题都做了探索、思考，卓有成效。

当然，法家也有其不足的地方，比如过分夸大法律的作用，强调用重刑来治理国家，“以刑去刑”，而且对轻罪也实行重罚，很是迷信法律的作用。法家人士认为人的本性都是追求利益的，没有什么道德标准可言，所以，往往以利益、荣誉来诱导人们。比如战争时，如果士兵立下战功就给予很高的赏赐，这在一定程度上确实激励了士兵的斗志。汉代继承了秦的集权体制以及法律体制，这就是我国古代封建社会的政治与法制主体。有一点需要注意的是，法家思想和我们今天提倡的法治有根本的区别。

兵　家

兵家主张运用武力通过战争来达到统一国家的目的。创始人是孙武。兵家又分为兵权谋家、兵形势家、兵阴阳家和兵技巧家四类。

兵家主要代表人物，春秋末有孙武、司马穰苴；战国有孙膑、吴起、尉缭、魏无忌、白起等；汉初有张良、韩信等。今存兵家著作有《黄帝阴符经》、《六韬》、《三略》、《孙子兵法》、《司马法》、《孙膑兵法》、《吴子》、《尉缭子》、《将苑》、《百战奇略》、《唐太宗李卫公问对》等。各家学说虽有异同，然其中包含丰富的朴素唯物论与辩证法因素。兵家的实践活动与理论，影响当时及后世甚大，为我国古代宝贵的军事思想遗产。

宋代《武经总要》中“火牛战法”插图

儒家

什么是儒学

儒家之学。据《说文解字》载："儒，柔也。术士之称。"儒，最初为术士义。孔门的儒家之称并不是自己拟定的。据郭沫若考证，"儒"是墨家对孔门的蔑称，后来相沿成俗，成了孔家门派的学名。从孔子始，儒学历经两千余年，至今绵延不绝（在海外仍有传人，称"新儒家"）。

儒学之所以会源远流长，与其根植于中国传统文化而又能随时调整适应时代和社会的变化有关：孔子的时代，儒家倡导入世精神，注重社会、人事，以修身齐家治国平天下为人生追求的目标，并开私家讲学之风，为社会造就各类人才；在汉代，儒家提出了"三纲五常"，讲求君君臣臣、父父子子、尊卑有序，为封建社会明确了等级之分，架构了伦理体系；汉代以后，儒家以"经世致用"为心，注疏考据之学盛行，古雅之风氤氲缭绕；唐宋之际，统治者尊崇佛道二教，儒学因教条、晦涩，缺少超越现实的终极关怀，信徒日少；进入宋代，针对佛道二教的盛行，理学兴起，其冲破汉唐儒学的藩篱，开始摒弃繁琐的注疏之学，而以直截了当的形式阐释经典中的义理，探讨人性、人心、天命、理气、道器、义利、体用、知行、动静等形而上的哲学命题，将儒学发扬光大；元明清时，儒学都有着很高的政治地位，被定为官方哲学。

五四新文化运动之后，儒学开始淡出政治舞台和社会生活，转而成为高等学府纯学术研究的对象。儒学的脉络不绝在世界文化史上都堪称奇迹，无论是先秦儒学、汉唐经学、宋明理学，还是民国时期"心灵儒学"（陈复的"心学"注解）乃至今天仍有传承的新儒学，其间可谓门户林立，令人感喟不已。虽门派众多，然而历代儒家所遵奉的价值观及其所提供的思想智慧，是一脉相承的。儒学不仅是封建时代的产物，更是华夏民族的文化精髓。

儒学代表人物

儒学主要代表人物有：孔子、孟子、荀子、董仲舒、扬雄、王充、王弼、孔冲远、韩愈、柳宗元、王安石、邵雍、周敦颐、张载、程颢、程颐、朱熹、陆九渊、王守仁、黄宗羲、王夫之、顾炎武、戴震、康有为等。

儒家的著作和典籍主要有：《诗经》、《尚书》、《周易》、《礼经》、《春秋》、《左传》、《春秋公羊传》、《春秋穀梁传》、《孝经》、《论语》、《孟子》、《荀子》、《大学》、《中庸》、《春秋繁露》、《四书集注》等。

儒家学说主要有：德政说、仁政说、大同说、公羊三世说、性善说、性恶说、性三品说、气质之性说、与天地参说、天人感应说、天道自然说、天人交相胜说、天人合一说、以无为本说、天理人欲说、主静说、主敬说、致良知说、知行合一说、本末论、体用论、理气论、常变论、动静论、生死论、经学、谶纬之学、玄学、理说、心学、经世之学、现代儒学研究等。

关于儒家派别的划分有多种。除了继孔子之后的儒家八派之外，宋代以后又出现了几派，主要有：濂学（以周敦颐为代表）、关学（以张载为代表）、洛学（以二程为代表）、闽学（以朱熹为代表）、泰州学派（以王艮为代表）、东林学派（以东林党为代表）、乾嘉学派（乾隆年间到嘉庆年间儒学的统称）。

君君，臣臣，父父，子子

孔子把春秋时代看做是“礼坏乐崩”，那时，臣杀君，子杀父，“邪说暴行”不断地发生。例如，公元前607年，晋国的赵穿杀了晋灵公。公元前548年，齐国的崔抒杀了齐庄公。虽然晋灵公和齐庄公都是极端暴虐的统治者，但臣杀君，在孔子看来就是犯上作乱的表现。孔子曾经说：天下太平，周王朝就能按照周礼的权威掌握全国政治军事的最高权力，现在天下大乱，诸侯大夫都可以不顾周礼的规定，不服从周天子的权威，擅自执掌大权，老百姓也议论纷纷，简直不成体统了。

孔子认为要制止上述各种“邪说暴行”的流行，就必须恢复周礼的权威，重新肯定宗法等级制度的秩序，而重要的就是要“正名”。就是说，“实”应当与“名”为它规定的含义相符合。有个学生问他，若要您治理国家，先做什么呢？孔子说：“必也正名乎！”又有个国君问治理国家的原则，孔子说：“君君，臣臣，父父，子子。”也就是说，每个名都有一定的含义，这种含义就是此名所指的一类事物的本质。因此，这些事物都应当与这种理想的本质相符。君的本质是理想的君必备的，即所谓“君道”。君，若按照君道而行，他才于实、于名都是真正的君，这就是名实相符。不然的话，他就不是君，即使他可以要人们称他为君。在社会关系中，每个名都含有一定的责任和义务。君、臣、父、子都是这样的社会关系的名，负有这些名的人都必须相应地履行他们的责任和义务。

孔子提出正名思想，以求恢复《周礼》所制定的世袭宗法等级制度。就君臣关系来说，对于君，就应强调君应该享受的权利，对于臣，就应当强调臣应该尽的义务。例如，鲁昭公娶同姓女为妻，本来违反周礼，孔子也明知这一点，但当别人问他时，他说鲁昭公“知礼”，故意替鲁昭公掩饰。季氏有些僭越行为，这在当时已经是相当流行的现象了，孔子却特别愤慨：“是可忍也，孰不可忍也!”

孔子要求复兴周礼，但不是完全因袭周礼，他还对周礼进行了一定的发挥和补充，主要表现在强调道德教化方面。他认为如果运用礼治德化和政令刑罚相辅而行，就可以预防犯上作乱的事情，引导他们不敢想和不会想犯上作乱的事，人心自然就归服了。

而立、不惑、知天命

孔子在谈到自己精神修养发展过程时说：“吾十有五而志于学。三十而立。四十不惑。五十知天命。六十耳顺。七十而从心所欲不逾矩。”

孔子在这里所说的“学”，不是我们现在说的学。《论语》中孔子说：“志于道。”又说：“朝闻道，夕死可矣。”孔子的志于学，就是志于这个道。我们现在所说的学，是指增加知识。

孔子还说：“立于礼。”又说：“不知礼，无以立也。”所以孔子说他三十而立，是指他这个时候懂得了礼，言行都很得当。

他说四十而不惑，是说他这个时候已经成为知者。

孔子一生，到此为止，也许仅认识到道德价值。但是到了五六十岁时，他就认识了天命，并且能够顺乎天命。换句话说，他到这个时候也认识到超道德价值。在这方面孔子很像苏格拉底。苏格拉底觉得，他是受神的命令的指派，来唤醒希腊人的。孔子同样觉得，他接受了神的使命。有个与孔子同时代的人说：“天下之无道也久矣，天将以夫子为木铎。”所以孔子在做他所做的事情的时候，深信他是在执行天的命令，受到天的支持，他所认识的价值也就高于道德价值。

孔子到了七十岁就能从心所欲，而所做的一切似乎自然而然地正确。他的行动用不着有意的指导。他的行动用不着有意的努力。这代表着圣人思想发展的最高阶段。

孔子论学习

孔子一生的主要事业是教育。他从事教育近半个世纪，先后有弟子三千。

不少弟子学习以后，从事政治活动和教育活动，成为有政绩、有名望的人。孔子的教育事业，对于打破贵族垄断文化教育和贵族世袭官职的局面起到了重要作用。

孔子以“学而知之者”为教育对象，他虽然承认有“生而知之者”，而且认为“上智”和“下愚”是不能够改变的，但孔子一生的教育活动并不是以“生而知之者”为出发点的，而是把它作为不必讨论的问题悬置起来。他从来没有具体指出过哪个人是“生而知之者”，也不承认自己是“生而知之者”。相反，他明确地说自己不是“生而知之者”，他把注意力放在后天孜孜不倦的学习上。

在教学内容方面，孔子以《诗》、《书》、《礼》、《乐》为教材。他说，学诗能使人振奋，学礼能使人在社会上站得住脚，学乐能使人的学问得以完成。《论语》中又说“子以四教：文、行、忠、信”，即以四项科目教育学生：历代文献、社会经验、对待别人的“忠”、与人交往的“信”。可以看出，孔子教学内容主要限于政治和伦理，也就是所谓“中人以上可以语上也；中人以下不可以语上也”的“上”所包含的基本内容。

孔子提倡勤奋好学、不耻下问的学习态度。他自称“好古敏学”，曾经说自己是一个“发愤忘食，乐以忘忧，不知老之将至”的人。他的学生冉求以“力不足”为理由，不愿学习，他批评说，所谓“力不足”，是走路到半路走不动了，你现在还没有起步就喊“力不足”，这是画地自限，不愿努力。相反，他反复称赞箪食瓢饮、坚持学习而不改其乐的颜回。孔子不仅提倡向书本学习，也提倡向周围的人包括比自己地位低的人学习。他说：“三人行，必有我师焉。择其善者而从之，其不善者而改之。”他还提倡不耻下问，一些浅薄的人看到他这样，以为素称知礼的孔子原来什么也不懂，孔子却认为虚心向别人学习的态度本身就是知礼。

孔子还根据长期教学的经验总结出许多行之有效的学习方法。他说的“学而时习之”、“温故而知新”、“不愤不启，不悱不发”等都成为学习的格言。而最有意义的是他提倡学与思的结合，“学而不思则罔，思而不学则殆”是他的名言。另外，还有“举一反三”、“闻一知十”。孔子还用譬喻法来阐述学与思的结合。

大同与小康

孔子晚年在鲁国祭祀祖宗和百神时做助祭者，祭祀完毕，登上庙门前的望楼，突然发出长叹。弟子们问他为什么叹息，孔子说，他没有能够赶上上古那非常美好的时代，但心里对那个时代向往极了。

孔子描述那个时代说，那是一个伟大而美好的原则通行的时代。依照那个原则，人人都把公共利益放在首位，讲究信誉，和他人友好。所以人们不仅爱自己的父母和孩子，也爱别人的父母和孩子。老年人都安度晚年，壮年人都能发挥自己的才能，年幼者能够很好地成长，失去父母的孤儿，死了配偶的寡妇，丧失儿女的老人和残疾者，都能得到大家的关怀。男子都有自己的职责，女子都有自己的归宿。财物虽然不可以随便浪费，却不一定要属于自己；不为社会贡献自己的力量会感到遗憾，但不必是为了自己。这样的时代，用不着智慧和谋略，也没人偷盗和抢劫，家家都不用关门锁窗。这就是“大同”的时代。

孔子继续说，但是现在，这伟大而美好的原则不见了。人人都为着自己的家，都仅仅爱自己的孩子，把财富据为己有，努力为了自己。君主们都把职位传给自己的儿子和兄弟，修建了坚固的城墙和壕沟来保护自己。以礼仪作为法则，来规定君臣的职责，来巩固父子的关系，来使兄弟友好，来使夫妻和睦。建立了各种制度，以区分贫贱，以奖励勇敢者和智慧者，以求他们为自己建立功勋。这样，谋略产生了，战争兴起了。大禹、商汤、周文王、周武王、周成王、周公等人，就是这一时期的领袖。他们六人，没有不重视礼仪的。他们以礼仪为标准，考察人们的行为，有功者赏，有过者罚，实行仁义，给人民以行为的规则；不这样做，就被认为是有罪，遭到大家的唾弃。这样的时代，叫做“小康”。

后来的儒者以此为标准，把上古的大同时代作为他们理想的时代，但认为那样的时代几乎是不可能实现的，所以他们只能努力实行仁政，达到小康。实际上，他们又往往认为孔子以后的时代，连小康也很难达到。

大同思想对后世影响深远。近代康有为倡导变法维新，创“孔子托古改制”说，认为孔子的“大同”是乌托邦。康有为以西学观念升华了孔子的思想境界：认为“天下为公，选贤与能”就是“民治主义”；“讲信修睦”就是“国际联合主义”；“人不独亲其亲”，“老有所终”，“鳏寡孤独废疾者皆有所养”就是“老病保险主义”；“不独子其子”，“幼有所长”是“儿童公育主义”；“壮有所用”，“男有分”即“职业固定主义”；“货恶其弃于地，不必藏于己”则是“共产主义”。康有为的比附令很多人耳目一新。为了支持自己的学说，他还著下洋洋数十万言，这就是《大同书》。中国民主革命的先驱孙中山先生也对大同理想情有独钟，曾把“天下为公”当做自己的政治格言。事实上，大同理想和欧洲空想家的乌托邦一样，所寄托的不过是一种美好的愿望罢了。

和同之辨

追求和谐，其中包括追求国家政治中君臣关系的和谐、各派政治力量的和谐，以至整个社会的和谐。一般说来，这是古今中外思想家共同的社会理想。在孔子以前，当时的政治家和思想家就讨论过和谐问题。他们认为“和”，是保持不同因素的相互协调，比如各种调味品调和起来做成美味佳肴；“同”就像不断添加同样的调味品，这样做不出好吃的食物。

用于君臣关系，所谓“和”，也就是在君主说是的时候，臣子就应该指出其中的非；当君主说非的时候，臣子就应该指出其中的是，以补充君主的不足。儒学继承了这样的主张，孔子认为君子采取的态度是和，小人采取的态度是同。

孔子否定“同”，后来的儒者就把如何才能做到“和”作为自己讨论的主题，其中周敦颐认为“和”的前提是秩序，有了秩序才有和谐。秩序的前提是人人安于本分，即君主要安于君主的地位；臣子要安于臣子的地位，不可想做君主；百姓要安于百姓的地位，按时如数地向国家缴纳赋税和担负劳役，而不该有非分之想。只有这样，才有和谐。

忠孝如何两全

汉朝初年，朝廷上曾经讨论过这样的问题，即商汤和周武王推翻他们君主的军事行动是否是正确的。有的学者否定这样的行为，他们说：帽子即使破了，也应该戴在头上；鞋子即使是新的，也只能穿在脚下。也就是说，君主是帽子，臣子是鞋子，再坏的君主也不能推翻。这个争论就是对君主的忠诚问题，孔子把忠诚和孝道联系在一起，表明了自己鲜明的观点。

孔子曾经说过，臣子侍奉君主要忠诚，君主要按照礼制对待臣子，不可对臣子随意侮辱和杀戮。孟子进一步发挥孔子思想说：君主把臣子当做手足，臣子就把君主当做心脏；君主把臣子当做狗马，臣子就把君主当做不相干的路人；君主把臣子像尘土一样践踏，臣子就把君主当做强盗和仇敌。孟子甚至认为如果君主作恶，臣子就可以把他推翻。所以，孟子赞扬商朝第一个君主商汤，赞扬亲自推翻了商朝的周武王，说他们推翻了作恶的君主，是顺从天意，合乎民心。孔子和孟子的主张反映了春秋战国时期士人对于诸侯国君主相对独立的现实状况。

忠诚的品质，依儒学理论来说，是人天生就具备的、天赋的本性；但是实际上，儒者们非常清楚，这样的品质需要培养。而培养这样品质的最好途径就是从孝顺父母开始。

依照孔子的主张，孝道不是说要好好照顾自己父母的生活。孔子说，养个狗，喂个马，也都要好好照顾它们的生活，所以只是好好照顾父母的生活不能算是孝顺。孔子认为孝顺最难得的是和颜悦色，让父母愉快。父母在世时，要按照礼制的规定侍奉父母；父母去世时，要按照礼制埋葬父母；父母去世以后，要按照礼制祭祀父母。但是，父母在世时，一家一户过日子，如何按照礼制侍奉父母，别人也不知道。死后祭祀，也难以充分表现出孝的程度。只有在父母去世时，才是充分表达孝心的机会。孝心的表达，又主要借助于哭泣的程度，用为父母守丧期限的长短表现出来。

为了保护孝道，儒家学者还大力抨击佛教。认为佛教僧侣不生产，不纳税，又不服劳役，是不忠；不娶妻，不生子，是不孝。因为从孟子开始就指出，不孝的罪名有很多，但最重要的就是没有儿子。因为没有儿子，就不能按照礼制祭祀父母，从而使父母的灵魂挨饿。

因此，在孔子这里，忠和孝在理论上是可以统一的。身体并非私有。

身体发肤，受之父母

人总是要死的，生离死别是人生最为悲伤之事。当孔子最中意的学生颜渊去世时，孔子哭得非常悲痛，以为这简直是老天爷要自己的命啊！所以，珍视生命而善待死亡就成为哲人必须面对的问题。在这里，死者留给生者的伤痛是一方面，另一方面或者说更重要的是，面临死亡如何以平稳的心态接受死亡的事实。孝在这里便担当起了十分重要的职责。

以孝著称的曾子在临终之时想到了什么呢？他想到自己的生命本来无有，它是父母所给予的。所以，尽管他已无力支配自己的身体，却仍要弟子帮助“启手足”，看看自己的手，看看自己的足，在看到它们都完整无损之后，才觉得可以问心无愧地离去。曾子一生恭行孝道，力求德行完美，其行为举止正如他所引用的《诗经》的话，是“战战兢兢，如临深渊，如履薄冰”。在确信自己能以全身奉还给父母天地之后，他终于可以说“而今而后，吾知免夫”，从此可以免除任何毁伤祸害了。

曾子迎接死亡的如释重负的心态，源于他对孔子孝道教育的深刻领悟。全身而归本身就是孝的要求。《孝经》上说：“身体发肤，受之父母，不敢毁伤，孝之始也。”凡为人父母，莫不以子女身体受损伤残为最为痛心疾首之事，故作为孝子，他应做到的最起码的要求，就是不能使父母为此而伤心。身体的保全与否，实际上已成为是否能孝的一块试金石，这或许可以说是儒家版的全身保真说。曾子去世后，他的学生乐正子春下堂时扭伤了脚，伤愈后几个月不出门，面带忧色，门人问他何故，他回答说："我从曾子那里听说过孔子的教导，那就是：父母把一个完整的身体交给我，我必须把这完整的身体返还给父母。不能伤身损形，这才能叫做孝。可作为君子，我没走几步就忘了孝道，所以感到忧愁。"（《礼记·祭义》）从这段话得出的教益，就是我身并非我私有，它是父母之"遗传"也。

礼乐征伐自天子出

在孔子生活的那个时代，人们既以某诸侯国作为自己的"父母之邦"，同时又自认为是以周天子为共主（虽然当时已有名无实）的中国（古称"诸夏"或"华夏"）的一分子。孔子一生的言行表明，他不仅爱自己的父母之邦鲁国，还热切希望保卫华夏族免受侵犯并统一已趋于分裂的中国。

孔子爱鲁国，他在夹谷之会上挫败了齐国侵鲁的阴谋。更值得提到的是，他对于有功于整个中国和华夏族的管仲，给予极高的评价，一再用最高的道德标准"仁"来称颂管仲。

春秋初期，齐国大政治家管仲辅助齐桓公，多次召集诸侯，共同维护周天子的共主地位，还救援燕、邢、卫等国，抗击北方的戎、狄对中原华夏族的侵犯。这些后来被概括为"尊王攘夷"的业绩，依照孔子的说法，起了匡正天下的作用，使人民一直受到好处；如果没有管仲，中原将受戎狄奴役，大家会被迫像戎狄那样披着头发，穿起衣襟向左开的衣服来了。他的话是这样说的："管仲相桓公，霸诸侯，一匡天下，民到于今受其赐。微（如果没有）管仲，吾其披发左衽矣！"又说："桓公九合诸侯，不以兵车（指不用武力来会合诸侯），管仲之力也。如其仁（这就是管仲的仁德）！如其仁！"后世的学者指出，作为孔子重要教材的《春秋》，也贯穿了尊王攘夷的思想。

孔子向往天下大一统，主张"礼乐征伐自天子出"。实现国家统一，符合社会发展趋势和人民的愿望。所谓"攘夷"，当然也有歧视非华夏族的因素，但主要内容则在于抵御外侮、保卫华夏。这种热切希望统一全国、保卫华夏的爱国主义精神，是完全值得表彰的。

孔门四科

孔子门下弟子众多，身份各异。据《论语》记载，孔子教育学生的内容，主要包括四个方面，所谓“子以四教：文、行、忠、信”。

“文”主要指各种文献知识。孔子教育学生的主要文献有《诗》、《书》、《礼》、《乐》、《易》、《春秋》等，内容包括了哲学、政治、历史、文艺等方面；“行”主要指道德实践。孔子固然重视“文”，但更重视“行”，二者相比，“行”比“文”更重要，所谓“行有余力，则以学文”。而且，在孔子看来，文化知识只有落实于道德实践，才真正起到了作用；“忠”是对待别人真诚、忠心，所谓“与人忠”、“与人谋而不忠乎”。只有以忠心待人，以忠心事人，才能问心无愧，心安理得；“信”指与人交往的诚信。它主要是对“言”而说的，即“言而有信”的“信”，指说话信实没有虚伪。这也是与人交往的一个基本原则，孔子说：“人而无信，不知其可。”人要是不讲信用，不知道拿他怎么办了。

孔子的教育，还有“四科”之说。这是后人总结出来的说法，表示孔子的学生，按其不同的特长或专长而分成四类，类似今天大学里的分系。《论语·先进》记载：“德行：颜渊、闵子骞、冉伯牛、仲弓；言语：宰我、子贡；政事：冉有、季路；文学：子游、子夏。”“德行”、“言语”、“政事”、“文学”即是四科的内容；后面所列举的孔子弟子，则表示在这方面有突出的专长和上佳的表现。四科就其内容性质而言，相当于今日大学的伦理、语言、政治、文学等科目。当然，“孔子四科”主要是强调孔子学生在这四个方面有优长表现，并不是说教学内容只限于这四类。

孔门十哲

孔门十哲指的是孔子门下最优秀的十位学生（子渊、子骞、伯牛、仲弓、子有、子贡、子路、子我、子游、子夏）的合称。《论语·先进》载，“子曰：‘从我于陈蔡者，皆不及门也。德行：颜渊、闵子骞、冉伯牛、仲弓；言语：宰我、子贡；政事：冉有、季路；文学：子游、子夏。’”

子渊。即颜回，姓颜名回，字子渊，亦称颜渊，比孔子小三十岁，鲁国人。颜回出身贫贱，一生没有做官。孔子赞叹说：“颜回真是难得啊！用一个竹筒吃饭，用一个瓜瓢喝水，住在陋巷里。要是一般人，一定忧烦难受，可颜回却安然处之，没有改变向道好学的乐趣！”颜回敏而好学，能闻一知十，注重仁德修养，深得孔子欣赏和喜爱。因此被列为孔门四科十哲（德行科）之一。

颜回才二十九岁，头发就全白了，而且早逝。颜回死时，孔子哭得很伤心，说道：“自从我得了颜回以后，弟子们就更加亲和向学了。”“他发了怒，很快就会消解，从不把愤怒转移到别人身上；有了错误，马上改正，绝不再犯。可惜他短命死了，现在就没有这样好学的人了。”由于颜回是孔子最得意的学生，所以至三国魏正始元年（224 年）祭孔时开始以他为配享从祀之例。唐玄宗开元八年（720 年），颜回被封为“亚圣”；明嘉靖九年（1530 年）被封为“复圣”。《韩非子·显学》列为儒家八派之一。

子骞。即闵损，姓闵名损，字子骞，比孔子小十五岁，鲁国人。闵损以德行著称，孔子特别表彰他的孝行，说他顺事父母，友爱兄弟。汉代刘向《说苑》中曾记载：闵损幼年时遭后母虐待，他父亲知道以后，非常愤怒，要把后妻赶走，闵损反而为后母求情。他说，母在一子寒，母去三子单。因为后母生了两个孩子，如果后母被赶走了，那三个孩子就没人照顾了。他的孝行感动了父母，也深得远近人之赞赏。闵损守身自受，“不仕大夫，不食污君之禄”。季氏曾派人去请他出任费邑宰，他却要来人婉言推辞，并说，如果再来召我的话，那我就渡过汶水出国去了。闵损是孔门弟子中唯一明确主张不做官的人，被列为孔门四科十哲（德行科）之一。

伯牛。即冉耕，姓冉名耕，字伯牛，比孔子小七岁，鲁国人。以德行著称。后来，冉耕患了麻风病，不愿意见人。孔子去探望他的时候，站在窗外面握着他的手。叹息着说：“如果没有希望的话，这也是天命啊！这样的好人，竟然会染上这种恶病！”他被列为孔门四科十哲（德行科〕之一。

仲弓。即冉雍，姓冉名雍，字仲弓，比孔子小二十九岁，鲁国人。冉雍出身贫贱，他的父亲行为不良，有人以此作为攻击冉雍的借口。孔子驳斥说，一头耕牛，也可以生出献祭用的小牛来；父亲不好，儿子不一定也不好。冉雍气量宽宏，沉默厚重，深得孔子的器重，认为冉雍具有人君的容度，可以做地方长官。冉雍参加做过季氏宰，以德行著称，被列为孔门四科十哲（德行科）之一。战国时期的荀况很推崇他，把冉雍与孔子并列为大儒。

子有。即冉求，姓冉名求，字子有，通称冉有，亦称有子，比孔子小二十九岁，鲁国人。冉求生性谦退，是孔门弟子中多才多艺的人，深受孔子称赞。冉求长于政事，尤其善于理财，曾任季氏宰。他很能带兵打仗，鲁哀公十一年（公元前 484 年）任左师统帅，以步兵执长矛的战术打败了齐国。趁这次得胜的机会，他说服了季康子迎回了在外流亡十四年的孔子。后来由于冉求帮季康子聚敛民财，受到孔子严厉批评，但这并未影响他们师生间的关系，足见师生相知深厚，被列为孔门四科十哲（政事科）之一。唐朝开元二十七年（739 年）被追封为“徐侯”；宋大中祥符两年（1009 年）追封为“彭城公”（后改为“徐公”）。

子贡。即端木赐，姓端木名赐，字子贡，比孔子小三十一岁，卫国人。他口才很好，雄辩滔滔，又能料事。见于《论语》中的孔门弟子与孔子的问答之言，属他最多，孔子器重他次于颜回。他曾担任鲁国或卫国之相，最善于搞外交活动，曾在齐、吴、越、晋诸国间游说，使吴国攻齐，从而保全了鲁国。孔子对子贡的利口巧辞，有时也加以劝诫。有一次，孔子问子贡说："和颜回相比，你自认为如何？"子贡谦逊地答道："我哪里敢和颜回相比？他听到一分，可以了解出十分；我听到一分，只能领悟到二分。"子贡与子路一文一武，犹如孔子的左右手，被列为孔门四科十哲（言语科）之一。子贡很善经商，家境非常富有，是春秋时期著名的富商。孔子死后，子贡守墓六年，师生之情胜过父子。

子路。即仲由，姓仲名由，字子路，因他曾为季氏的家臣，又被称作季路，比孔子小九岁，鲁国人。仲由出身微贱，家境贫寒。他生性豪爽，为人耿直，有勇力才艺。仲由经常批评孔子，孔子也常批评他，仲由闻过则喜，能虚心接受。孔子对他评价很高，说他有才能，千辆兵车的诸侯国，可以让他掌理军政大事。仲由做过鲁国的季氏宰；做过卫国大夫孔悝的邑宰。被列为孔门四科十哲（政事科）之一。

仲由一生忠于孔子。孔子说："我的道如果行不通，就乘上小木排到海外去，跟随我的，怕只有仲由吧！"仲由保护孔子唯恐不周，不愿使孔子遭人非议。孔子说："自从我得到仲由，就没有听到过恶语。"

在仲由六十三岁时，遇到卫国内讧，他为了救援孔悝与敌人展开搏斗。混战中缨冠被击断，他想到孔子"君子虽死而冠不免"的礼仪教导，在重结缨带时，被敌人砍死。他的死，对时年七十二岁的孔子是一个沉重的打击。

子我。即宰予，姓宰名予，字子我，也称宰我，鲁国人。宰予口齿伶俐，能说善辩，被列为孔门四科十哲（言语科）之一。孔子常派遣他出使各国，如"使于齐"、"使于楚"等。宰予遇事有自己的主见，常与孔子讨论问题，很有独到的见解。他提出改"三年之丧"为"一年之丧"，缩短丧期，遭到孔子的指责。又因为他"昼寝（白天睡觉）"，被孔子评论称"朽木不可雕也"。宰予任齐国临淄大夫，《史记》记载其因参与陈恒杀君事件而被杀，但据后人考证，参与叛乱的是另一个叫"子我"的人。唐开元二十七年（739年）被追封为"齐侯"；宋大中祥符二年（1009年）被加封为"临淄公"（后又改封"齐公"）。

子游。即言偃，姓言名偃，字子游，比孔子小四十岁，吴国人。言偃长于文学。他曾在鲁国做官，出任武城的邑宰，极力推行礼乐教化。有一天，孔子路过武城，听到琴瑟歌咏的声音，很高兴，就微笑对着他说："杀鸡何必要用宰牛的刀？"言偃听了回答说："从前我常听老师说'在位的学了礼乐之道，就能爱民，普通人学了礼乐之道，就很容易听从教令，好治理'，我现在就是实行这样的教化啊!"孔子听后，对随行的弟子们说："你们听听，他讲得很对。我刚才说杀鸡岂用牛刀，只不过是跟他开开玩笑罢了。"言偃被列位孔门四科十哲（文学科）之一。其后学者在战国时形成一个较大的学派。

子夏。即卜商，姓卜名商，字子夏，比孔子小四十四岁，卫国人。子夏是孔子门高足，擅长文学。有一次，他问孔子说："古诗上'美人轻盈微笑时酒窝多俏丽，黑白分明的眼睛顾盼多动人，在用素粉增加她的美丽啊'。这三句诗是指什么?"孔子说："这是说，要画画，得先把底子打好，然后再加上色彩。"子夏说："这不就是说，人先得具有忠信的美德，然后再用礼加以文饰吗?"孔子说："启发我心志的要算卜商了，像这样，就可以跟你谈《诗》了。"子夏被列为孔门四科（文学科）之一。他提出的"学而优则仕"的论点，对后世儒生产了很大的影响。孔子去世后，他就在西河教学，当时的魏文侯曾奉他为师，向他请教国政之事。子夏的儿子先他而死，他哀恸过度，把眼睛都哭瞎了。著有《诗序》、《易传》。唐开元二十七年（739年）追封为"魏侯"；宋大中祥符二年（1009年）增谥为"东阿公"，后又改谥"魏公"。

天人合一

儒学一个很重要的命题就是天人合一。同时这也是中国古代很多贤人志士追求的最高境界。

孟子是在中国哲学史上第一个对天人合一理论进行了自觉的阐发的人。他的天人合一思想主要包含两层基本的含义：

首先，天的基本规定是外在于人的客观必然。所谓"莫之为而为者，天也；莫之致而致者，命也"。如此的天命对人事居于主宰的地位，它虽不具有直接的人格神的意味，"天不言，以行与事示之而已矣"，但它的运作却往往是与人的主观愿望、意志和行为相悖的，这对于杰出人才的培养更是如此。当然，其最终的目的仍是为了人："所以动心忍性，增益其所不能。"而在人一方，只有最终摒弃其主观的好恶情感而顺从于天，才能有资格担当起上天的大任。"顺天者昌，逆天者亡。"

其次，则是陵园子天人合一观的更为根本的含义，即从心性角度阐明天人，把人与外在必然的关系转换为主观意识（心）与向内体验仁义道德本性（性、天）的关系，天人合一演变为人尽心知性知天的心性体验。所谓"尽其心者，知其性也，知其性，则知天矣"。孟子所说的心是指他的本心或良心，因内含仁、义、礼、智的道德本性，又称"仁义之心"；如此心、性又被称之为“天爵”或“天之所与我”的“大体”，故心、性、天实质上是同一的概念。也正是在此意义上，孟子提出了“万物皆备于我”的著名命题。因为万物的本性同样由天所赋，而天性即在我心，只要向内体验到本性，也就与天、与万物之性相通，实现了天人合一这一人与天地万物融为一体的最高境界。对人而言，再没有比这更为快乐之事了，所以说是“反身而诚，乐莫大焉”。孟子的心、性、天人合一观影响深远，后来儒家的心性哲学基本上都遵循了这一思路。

孟子认为人能完全了解自己的本性，就能完全了解天。修养自己的心性，就是崇奉天。这是儒学天人合一说的基础。

汉代，董仲舒认为天和人是同类，所以可以互相感应。比如，天有四季，人有四肢；每年有三百六十天，人的骨骼有三百六十节；天是圆的，人的头也是圆的；天有五行，人有五脏等等。因此，天是人的曾祖父。并且说道：按照类别来考察，天与人是一类。这是天人合一说的正式提出。这样的天人合一说，又叫“天人相副”，即人是天的副本，天是人的范型。

宋代，张载提出，天就是那广大的虚空，而虚空就是气，人是由气聚合而成的，人的精神和本性是气中固有的存在，所以“天人一物”，即天和人是一样的存在物，并且完整地提出了“天人合一”的概念。二程则认为人是由气聚合而成，气中有理，理是气的主宰，这个理，就是天理，人的本性和心灵就是天理，所以天和人本来就是一体，并没有分而为二，所以不必说什么“合”。这是更加彻底的天人合一说。董仲舒主要从形体的外部结构上论述天和人的一致，宋代儒者则主要从人的精神内容上论述天人合一或天人为一、天人一体。他们的共同点是，人是天降生的，人的本性是天赋予的。所以，王夫之说周敦颐《太极图说》所说的太极分化成阴阳，阴阳分化成五行，阴阳五行的精华聚合成为人，五行的性质构成人的本性，是彻底弄清了天人合一的本源。

夷夏之辨

夷夏之辨是中国二千多年来一直争论不休的话题，最早是由《春秋》公羊学家提出来的。所谓夷夏之辨，就是分别出夷与夏的不同。夏，指诸夏，也称华夏。从地理概念上说则是指中国。夷，是指中国周边的少数民族，通称四夷，即东夷、西戎、北狄、南蛮。就文化发展程度而言。中国“先进于礼乐”，礼乐文化发达；四夷“后进于礼乐”，礼乐文化落后。就民族关系而言，春秋时期，人们普遍有着“非我族类，其心必异”的观念。再加上夷狄时常侵扰中国，所以春秋时期不断有“攘夷”之举。齐桓公称霸，首先打出了“尊王攘夷”的旗帜，受到了孔子的称赞。孔子认为中国在南夷与北狄夹击下，情况危急，如果没有管仲辅佐齐桓公“尊王攘夷”，就会出现“夷化”现象。中国倒退接受夷礼、夷俗。夷夏之辨正是在这样一种历史文化背景下出现的。

夷夏之辨虽然是讲民族关系，但是，它不是从地域和血统上来讲民族关系，而是从文化上讲民族关系。这是夷夏之辨的一大特点和优点。儒家把当时的民族关系简化为夷夏两大族群，而划分夷夏族群的标准不是地域和血统，而是文化。孔子作《春秋》，对于夷夏的看法是：如果原为夷狄，而采用了华夏的礼乐文化，就视为华夏；反之，如果原为华夏，而采用了夷狄的礼俗文化，则视为夷狄。这就是唐代韩愈说的：“诸侯用夷礼，则夷之；进于中国，则中国之。”这样一种民族划分标准，即使在今天也是有其积极意义的。

由于华夏文化先进，夷夏之辨的另一内涵是：落后的夷狄接受先进的华夏文化，是受到称赞和鼓励的；相反，先进的华夏接受落后的夷狄文化，则要受到讥笑和批评的。这就是孟子说的：“吾闻用夏变夷者，未闻变于夷者也。”这是合乎社会发展要求和历史发展规律的。在历史上，任何民族都希望向前发展，或者是发展队伍中的领跑者、先进者，或者是向先进学习，没有自甘落后的。

在孔孟时代，华夏文明居于领先地位，明显高于周围各民族的发展水平，所以那时确定的夷夏之辨的基本内涵，是普遍适用的；即使在以后的历史发展中，也是长期适用的。然而，到了近代，中国的发展落伍了，一些有封闭心态的中国人仍然套用传统的夷夏之辨来为中国的落后辩护，为他们排斥“西学”、拒绝现代化寻找历史根据，就不足为训了。1876 年，郭嵩焘奉命出使英国，任驻英公使。这是我国历史上第一位驻外大使。此事在当时引起了轩然大波。守旧派认为，蛮夷之邦一向来中国“朝贡”，中国断无派使驻外之理，他们编出了一副对联攻击郭嵩焘本人：“出乎其类，拔乎其萃，不容于尧舜之世；未能事人，焉能事鬼，何必去父母之邦？”守旧派昧于世界大势，不知夷夏之辨的格局到了近代发生了根本性的变化，一味弹夷夏之辨的老调子，所以闹出了不少笑话。

君子重义，小人重利

这个是儒学关于正义和利益关系的理论。

孟子首先集中论述了这个问题，他劝告梁惠王不要追求怎样对自己有利，而要追求仁义。因为作为君主而去追求利益，臣子和百姓就会照此办事，全国上下都追求自己的利益，必然发生争夺，那样君主的地位就难以保住了。如果追求仁义，大家就会按照仁义的原则，安于自己的地位，臣子们不会想做君主，百姓们也不会发动叛乱，君主的地位就稳固了。因此，追求仁义才是君主真正的利益。所以此后的儒者都主张应该把追求仁义作为目标，而不应该追求利益。遵循天理去做，不追求利益，利益自然就会到来；听从人欲的指导，追求的利益未必得到，危害就已经到来。因此，这里说的义，就是仁义，而仁义则是当时国家和君主的长远利益；利，指暂时的、局部的利益。王安石进行政治改革时，反对者批评他，说他增加国家财政收入的目的是追求利益，因而违背了圣人的教导。他们主张应该致力于道德修养，保存心中固有的天理，去掉人欲，即抛弃对利益的追求。也就是主张按仁义的要求去做，使人人安于自己的社会地位，以保持国家秩序的稳定。

民为贵，社稷次之，君为轻

原话出于《孟子·尽心》篇："民为贵，社稷次之，君为轻。"意思是说，人类社会诸多因素之中，最宝贵的是人民。

孟子通过一系列的论证表明了这个观点。他说，得到人民的拥护，可以做天子；得到天子的信任，可以做诸侯；得到诸侯的信任，仅仅可以做大夫。所以人民的信任是最可宝贵的。而要得到人民的信任，必须关心人民的生活问题，给人民以应有的生存条件。这是孟子仁政思想的体现。所谓贵，是指对天子或将要成为天子的人来说，人民是他最宝贵的财富。

依传统制度，每个诸侯国建立的时候，天子要派遣使者，为诸侯建立社稷神坛。社稷神的责任，是保证风调雨顺，使农业丰收，从而保证国家的安全。因而，社稷也是一个国家的象征。诸侯的责任，就是保护国家的安宁。假如诸侯不好好履行自己的职责，使国家处于危险之中，危及社稷神的安全，那么，就要撤换君主。孟子在这里是多么的清明啊！相对于社稷神，君主只是个别存在，这就是君为轻。君，这里主要是指诸侯。

山东邹城孟子故里

假如人民按时祭祀社稷神，并且祭品也很丰盛，但是洪水、旱灾仍然不断发生，这就是社稷神没有很好地履行自己的职责。这时，就要毁掉原来的社稷神坛，重新设置。因为人民是最宝贵的。

王道与仁政

孟子非常关心王道，也就是如何才能称王。孟子认为称王之道在于“得民心者得天下”。

这是孟子重要的社会思想。原话是说，上古残暴的君主之所以丢掉了他们的天下，是由于他们首先失去了他们的人民；失去人民，也就是失去了人民的心，即失去了人民的拥护。因此，要想取得天下，即得到政权，就必须得到人民；得到人民，就是得到人民的心，即得到人民的拥护。要想得到人民的拥护，就必须把人民所需要的给予人民，把人民所讨厌的不要强加给人民。这样的思想，被后人概括为，“得民心者得天下”。

孟子相信，人民喜欢仁德，就像野兽喜欢旷野。因此，那些实行仁德的君主，也一定可以得到人民的拥护；而那些不实行仁德的君主，人民也必然会脱离他们。因此孟子说，这些不实行仁德的君主，就像水獭把鱼儿赶进深渊、老鹰把鸟儿赶进树林一样，把人民都赶到实行仁德的君主那里。在这种情况下，那些实行仁德的君主，即使不想做天下的王，也办不到。

从这些历史经验中，孟子得出结论，在当今的世界上，诸侯们都把战争和侵略当做自己的爱好，假如有喜好仁德的君主，那么，这些喜好战争的君主也将像过去那些残暴的君主一样，把人民赶到实行仁德的君主那里。因此，实行仁德，就一定可以做天下的王。

成为大丈夫的标准

什么是真正的大丈夫呢？孟子说：富贵不能淫，贫贱不能移，威武不能屈。意思是：做大官、发大财也不会使自己行为放纵，贫困和地位低下也不能改变自己的志向，在暴力威胁之下也不屈服。

战国时代，有两个著名的人物，都是魏国人，一个叫公孙衍，一个叫张仪，他们到处挑动战争，诸侯都非常害怕他们。魏国人却以他们为骄傲，问孟子说：“像这两个人，可算是真正的男子汉吧？”孟子说：“他们算什么男子汉！你们大概没有学过礼仪吧？男子在成年礼上，要接受父亲的教导；女子到了出嫁的时候，要接受母亲的教导。母亲把她送出门，还一再叮嘱说，到了婆家，一定要处处谨慎，要听丈夫的话。顺从是女子和仆人的行为原则。真正的男子汉不是这样，他们把仁德作为最舒服的住所，把礼制作为最正确的位置，把正义作为天下最宽敞的道路。自己的志向如果得到实现，就把这些原则推广到民众之中；志向得不到实现，就独自坚持这正确的原则。做大官发大财也不会使自己行为放纵，贫困和地位低下也不能改变自己的志向，在暴力威胁之下也不屈服。这样才是一个真正的男子汉。”

孟子对如何做一个真正男子汉的回答，激励了世世代代的有志者，坚持自己的志向，不向恶势力低头，也不被权势腐蚀，成为中国人民高尚的处世格言。

尽心、知性、知天

如何取得上帝的信任？孟子认为只有尽心，才能知性，进而才能知天，取得上帝的信任。也就是“尽心知性知天”。

这是孟子主张的天人观。彻底弄清了人的心，就懂得了人的本性；懂得了人的本性，也就懂得了天。孟子认为儒学提倡的仁、义、礼、智品德，是人心中固有的，是与生俱来的，而不是后来外部强加的。而这仁义礼智，就是人的本性，所以人的本性是善的。这本性是固有的，也就是天赋的。所以懂得了人的本性，也就懂得了天。懂得了天，也就是懂得了天赋予人的是什么，天对于人的要求是什么。懂得了天对人的要求是什么，就能正确地按照天的要求去做。接着这句话，孟子又说：“保存心中固有的善性，并且滋养这个善良的本性，目的是侍奉天，即侍奉上帝。”

在周朝初年，新的周朝统治者已经认识到，取得上帝信任的手段已经不是丰盛的祭品和频繁的祭祀，而是自己的德行。春秋时代，许多思想家、政治家又进一步发展了这样的思想，孔子则把这一思想发展到比较完备的地步。孟子的知天、事天思想是儒学关于天人关系的基本学说。

孟子要求，侍奉上天，要始终如一。不论是短命还是长寿，都要努力修养自身的品德，直到死亡。这样做，就是为了实现天所赋予的使命。

培养浩然之气

“浩然之气”是孟子提出的概念，指充实于人体之内的浩大正直之气。至于如何培养这个浩然之气，孟子也做了具体的论述。

孟子时代，中国哲学已经认为气是构成物质的质料，物质之内充满了气。

人也是一个物，人体之内也充满了气。这个气，可以是勇敢的，也可以是怯懦的；可以是善良的，也可以是邪恶的。一个人的气如何，在和人交往时，就会表现出一种什么样的态度。所以孟子认为气的状况，可以影响人的志向。比如一个怯懦的人，往往就会因为自己的怯懦而丧失自己的理想和志向。同样，一个人的志向，也可以影响他的气。比如，一个心存高尚、志向专一的人，会为了自己的理想和事业而勇气百倍。因此，一个人的道德修养，就是修养自己的心和气。

弟子问孟子："您擅长哪一方面？"孟子回答说："我擅长培养自己的浩然之气。"弟子问："浩然之气是什么样子？"孟子解释说，难以描述。然后他又说道：这个气，最浩大，也最刚强，你不间断地养护它而不损害，它就会充满于天地之间。这个气，和仁义是互相伴随的。没有仁义，这个气就会衰竭。因为，它是仁义的积累，不是做了一件仁义的事就可以得到的。

所以孟子要求，修养浩然之气，要逐渐积累，不要拔苗助长。如果不能逐渐积累。企图一下子就得到它，就会像那个拔苗的人一样，以为是帮助了禾苗的生长，结果反而害了禾苗。

人皆可以为尧舜

孟子认为，人性本善，人生来就具有"善端"，即在人的意识中，有一种先验的善的萌芽，这是人之异于禽兽的本质特征。

他举了一个例子：齐国东南有一座山叫牛山，牛山上的树木本来长得非常茂盛，可是匠人拿着斧头日复一日地伐之，牛羊日复一日地食之，翠绿的山林最终变得满目疮痍。同样，人虽有善良的本心，可是，如果他不懂得时时刻刻珍惜爱护，而是被外在的物欲所引诱，陷溺于物欲，本心不断地受到伤害，那最终将会使自己失去那颗与生俱来的善良本心。

对于孟子的说法，弟子公都子就存在疑问：同样是人，为什么会有好人与坏人之分？孟子回答说，人有"大体"，有"小体"。人心为大体，耳、目、四肢为小体。从其大体者为大人，从其小体者为小人。公都子又问：同样是人，为何有人从其大体，有人从其小体？孟子解释说，耳、目、四肢是人的感觉器官，与外物接触，容易被外物引去。"心之宫则思"，它的功能在于思考。人用心思考，发挥心的主宰作用，就不会被外物所蒙蔽。人心是上天给予我们的良知、良能和良贵，并非是由外在的事物强加于我们的，如果我们能够树立起人的道德主体性，我们的善良本心就不会被物欲所蒙蔽。

大千世界，芸芸众生，是否每个人都能够找回散失的本心呢？换句话说，是否每个人都存在着成贤成圣，在道德上自我修养、自我完善，以至于达到至善的可能性呢？对此，孟子的回答与孔子有所不同。

孔子认为“惟上智与下愚不移”；孔子的孙子子思也认为人在追求道德至善的进路上先天地存在着等级差别。有生而知之者，如孔子，此为圣人；有学而知之者，有困而知之者，有困而不学者。然而，孟子虽然尊敬孔子，声称自己“乃所愿，则学孔子”，但他并不完全因袭前辈学人的见解。他认为人的本心如同“赤子之心”，是先天具有的善良本心，是人道德完善的先天根据。人心的不善是后天习染的。上天是公平的，它给予每人同样的善心，这颗善心毫无欠缺，也毫无分别。人后天所具有的官位，是人所授予的，孟子称之为“人爵”，而善良的本心则是上天给予的，孟子称之为“天爵”。人爵是由人授予的，也可由人夺去；天爵是上天授予的，是他人不可夺去的。所以，孟子说，“人皆可以为尧舜”，每个人都有成为尧舜那样的圣人的可能性。

文王之囿

孟子来到齐国，那时齐宣王也还爱惜人才，孟子得以与宣王相见。

齐宣王问孟子：“听说周文王用来圈养禽兽、种植花木的园子，有七十里见方那么大，有这回事吧？”

孟子回答说：“古书上是这么记载的。”

宣王略微迟疑了一下，又问：“真有这么大吗？”

孟子微露笑意道：“那些百姓们，还以为这不够大呢。”

宣王有些诧异，不解地像是自问：“我的园子不过方圆四十里，老百姓还认为大了，这是为什么呢？”

孟子正了正衣襟，语气沉稳地说：“周文王的园子方圆七十里，割草打柴的可以自由出入其间，打猎的人也像在自己的园子里一样。文王与百姓同用一园，同得其乐，同获其利，百姓能不希望这园子再大些才好吗？”

孟子停顿了一下说：“我初入您齐国的边境，打探了一下有什么犯禁的事。守卫告诉我，在齐国都城远郊，有个四十里见方的苑囿，射杀那里的麋鹿是犯死罪的。”

孟子心情沉重地接着说：“这四十里的苑囿不成了四十里大陷阱吗？百姓怎能不嫌它大呢？”

在孟子看来，国君为一国之王，好比一棵大树的主干；百姓为一国之本，犹如大树的根。根不深、树不茂，干又奈何？周文王是古代圣君的典范之一，七十里之园与民同利、同游、同乐，这样的国君岂能不圣？

治国之道

一天，时刻想再建霸业的齐宣王问孟子："我可以听听齐桓公和晋文公成就霸业的事吗?"孟子回答说："孔子的后学中，没人谈论齐桓公和晋文公称霸的事迹，所以也就没有流传下来，为臣也没有听说过多少。我想谈点王天下的事情，可以吗?"孟子与孔子不同，他对齐桓公的霸业不大以为然，而把话题转到王天下上去。

"怎样做才能王天下呢?"宣王问道。孟子眉头舒展，脸上泛起兴奋的光："安抚百姓，保证他们安居乐业，就能王天下，这是任何人都阻挡不了的。"

"我这样的人能安抚百姓吗?"宣王赶忙问道。"当然是可以的。"孟子答道。

宣王又问："凭什么知道我能安抚天下呢?"

孟子对于此问，则以他听说的齐宣王的事迹，借题对其仁政思想进行了发挥，那件事是这样的：

有一次，有人牵一头用作牺牲的牛从堂下走过，那牛是要被用来杀掉，以其血涂祭祀用的钟。坐在堂上的齐宣王看见后，示意以一头羊换下这头牛。他不忍心亲见这头牛无辜被宰杀。当时下面便有人议论宣王是小气鬼。

孟子说："不忍心牛而忍心羊被杀，牛羊不一样吗? 可是既然看见了牛，就不忍其死。这种不忍之心是王天下的根本所在。"孟子接着讲了推不忍之心而王天下的道理。现在的齐宣王的不忍之心已达于牛羊，可是却不能施仁政于百姓，不施恩于百姓，也就不能王天下。这是用心不足，努力不够。

宣王有些不解地问道："不施恩与努力不够的表现有什么不一样呢?"孟子说："把泰山夹在腋下去跨越渤海，对别人说，这我办不到，是真的做不了（'不能'）。为年长的人按摩身体，活动活动胳膊腿，这等事要说办不了，那就是没这份心思，不想努力了（'不为'）。作为国君不王天下，那不是夹着泰山跨渤海，而是为长者按摩身体一类的事。"

孟子进一步推论说，尊敬自己的长辈，并推其恩爱到别家的老人；爱护自己的幼小，推而广之也爱护别家的幼小。如果能形成这样的社会风气，王天下易如反掌。

千里马难遇到伯乐

孟子初次到齐国，正是齐威王在位的时候，齐威王是一位很有作为的君主。他在位期间，任用邹忌为相进行了政治改革，使齐国很快成为东方实力最强的国家。齐威王也很重视人才，把有才能的人看做镇国之宝。

有一次，齐威王和魏惠王在一起打猎。魏惠王问齐国有什么珍宝，齐威王说没有。魏惠王感到很诧异，就说："像我这样的穷国都有十枚直径一寸左右的珍珠，它的光泽能照亮前后十二辆车。齐国如此之大，怎么竟连珍宝也没有呢?"齐威王笑了笑，说道："您说的珍宝我没有，但是我有我的珍宝。您以珍珠为宝，而我却以人才为宝。我的大臣檀子守卫南城（今山东费县西南），楚国就不敢入侵，泗上十二诸侯都来齐国朝拜；盼子守卫高唐（今山东禹城西南），赵国人就不敢东入黄河捕鱼；黔夫镇守徐州（今山东济水以东），政治清明，燕国和赵国的百姓有七千余家纷纷迁来居住，不愿回国；派种首稽查盗贼，就出现了路不拾遗的太平景象。我的这些'珍宝'都是光照千里的'明珠'，岂止像您的珍珠那样，仅照亮前后十二辆车。"魏惠王听了之后，羞惭满面，很不自在。由于齐威王能够选拔和重用人才，所以齐国人才济济。孟子来到齐国，本打算通过齐威王来实现自己的理想，但齐威王对孟子的主张丝毫不感兴趣。齐威王一心想的是争霸中原，用武力统一天下；而孟子则反对战争，主张以德服人，实行仁政。二者的政见几乎针锋相对。因此，孟子在齐逗留期间，一直没有受到齐威王的重用。

孟子虽不得志，但他没有因此而改变立场，屈从齐威王的意志。在孟子决心离开齐国时，齐威王为了表示对士人的友好和尊重，准备赠送他上等金一百镒（古以二十两为一镒），但孟子坚决不收，拂袖而去。他的弟子陈臻，对他拒绝接受赠金的做法很不理解，就忍不住问他什么原因，孟子严肃地回答说："我与齐王政见不合，没完成我的事业，从道理上讲，齐王没有任何理由赠金给我。没有理由而赠金，就是想用金钱收买我，难道一个君子（有学问有道德的人）能用金钱来收买吗?"

劳心与劳力

孟子曾经与一个个体农业小生产者的代表许行进行过辩论。

许行主张"贤者与民并耕而食"，意思是说，君主必须与人民一起耕种，干活才可以取得粮食，自己动手做饭，同时治理国家。他还主张实物交易，物品在数量上、重量上相等者，价格相等。许行的这些思想反映了小生产者反对统治者不劳而获的剥削行为，有它的进步性。但他从平均主义和否定分工的角度来提出解决阶级对立的矛盾，是不符合当时历史发展规律的，它反映了小生产者思想的局限性。

孟子揭露了许行这一局限性，他从社会分工在一定历史阶段的合理性出发，把分工看做是社会发展的必然结果。他认为从政治和经济地位看，人生来就分为“君子”和“小人”，“劳心者”和“劳力者”。他说：“无君子莫治野人，无野人莫养君子。”“或劳心，或劳力。劳心者治人，劳力者治于人。治于人者食人，治人者食于人，天下之通义也。”这就是说，“君子’——“劳心者”，生来就是统治“小人”、“劳力者”的，他们是受供养的；而“小人”、“劳力者”，则生来就是应该被统治、被剥削的，他们的任务就是供养“君子”、“劳心者”。

孟子强调指出，这种生来就决定的统治者与被统治者的等级关系，正是社会分工的结果，是天下共同的道理，是不可以更改的。

这就是孟子有名的关于“劳心与劳力”的论辩。当然，从社会发展的角度来讲，孟子的主张具有相对合理性。但是，我们应该批判地看待这个问题，尤其是在今天的社会。

人性本善

人性是善的，还是恶的？确切地说，就是人性的本质是什么？

这个问题向来是中国哲学中争论最激烈的问题之一。据孟子说，他那个时候，关于人性的学说，除了他自己的学说以外，还另有三种学说。第一种是说人性既不善又不恶。第二种是说人性既可善又可恶（这意思似乎是说人性内有善恶两种成分)，第三种是说有些人的人性善，有些人的人性恶。持第一种学说者是告子，他是与孟子同时代的哲学家。《孟子》中保存了他和孟子的几段很长的辩论，所以我们对于第一种学说比其他两种知道得多一些。

孟子说人性善，他的意思并不是说，每个人生下来就是孔子，就是圣人。而是说，人性内有种种善的成分。他的确承认，也还有些其他成分，本身无所谓善恶，若不适当控制，就会通向恶。这些成分他认为就是人与其他动物共有的成分。这些成分代表着人的生命的“动物”方面，严格地说，不应当认为是“人性”部分。

孟子进行大量论证，来支持性善说，有段论证是：“人皆有不忍人之心。”“今人乍见孺子将人于井，皆有沭惕恻隐之心……由是观之，无恻隐之心，非人也；无羞恶之心，非人也；无辞让之心，非人也；无是非之心，非人也。恻隐之心，仁之端也；羞恶之心，义之端也；辞让之心，礼之端也；是非之心，智之端也。人之有是四端也，犹其有四体也……凡有四端于我者，知皆扩而充之矣。若火之始然，泉之始达。苟能充之，足以保四海；苟不充之，不足以事父母。”

一切人的本性中都有此“四端”，若充分扩充，就变成四种“常德”，即儒家极其强调的仁、义、礼、智。这些德，若不受外部环境的阻碍，就会从内部自然发展（扩充），有如种子自己长成树，蓓蕾自己长成花。这也就是孟子同告子争论的根本点。告子认为人性本身无善无不善，因此道德是从外面人为地加上的东西。

这里就有一个问题：为什么人应当让他的“四端”，而不是让他的低级本能自由发展？

孟子的回答是，人之所以异于禽兽，就在于有此“四端”。所以应当发展“四端”，因为只有通过发展“四端”，人才能真正成为“人”。孟子说“人”之所以异于禽兽者几希，“庶民去之，君子存之。”他这样回答了孔子没有想到的这个问题。

荀子主张“天人相分”

这是荀子的主张。他认为，天人各有其职，即天人相分。天道属于必然，人道却是有为。天与人、自然与人事各有自己的职分和规律，天有天的运行规律，人有人的活动规律，不能互相代替。“天能生物，不能辨物；地能载人，不能治人。”正因为如此，人们应当为其所从事的活动负责。如果他积极努力，天不能阻挠之；而如果消极怠慢，天也不能保佑之。人世的吉凶灾祥、物质生活的贫富丰歉，主动权掌握在人们自己手中。从而，“明于天人之分”既是当然的前提，也是必然的结论。而且，与“天行有常”相应，天时等自然条件是相对稳定的东西，而人世却从来就有祸福兴衰，故“怨天”是没有任何意义的，“其道然也”。

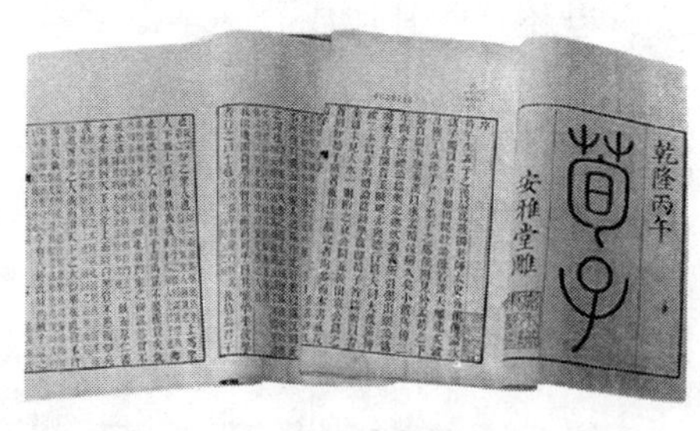

《荀子》书影

天人有分并不排斥双方的统一。人是天演而成的，人的自然属性与禽兽无别，故人与自然相分不是表现在与万物的对立，而是在于对万物的超越上。他说：“水火有气而无生，草木有生而无知，禽兽有知而无义，人有气有生是天人合一的方面；但合一又是与有分相并存的，人位于自然进化的最高序列而又区别于其他自然物，他能够凭借其所特有的礼仪法制超越万物，‘制天命而用之’。”“制天命而用之”突出地表现了人的自由自觉活动的意义，它说明在遵循自然规律的前提下，人有能力驾驭自然并为人类造福。与此相反，“错（措）人而思天，则失万物之情”。抛弃人为而一味顺从天命，才是真正割裂了天人之间的联系和统一。

如何获得全面性的认识

如何才能获得全面性的认识？荀子提出了“虚一而静”的概念。这是一个重大的认识论问题。荀子的解释源于他对“道”的认识。

荀子认为作为人的认识的最大弊病就是片面性，“蔽于一曲，而暗于大理”。由于万物各有其自身的特点和所长，如果只看到一面而不及其余，知近不知远，知始不知终，知古不知今，就必然造成认识的片面性和局限性。这也正是他所总结的当时“百家异说”的缘由所在。如墨子蔽于用（功利）而不知文（礼乐）；宋子蔽于欲（情欲寡）而不知得（利己）；慎子蔽于法而不知贤，等等。而要不被万物所蒙蔽，关键就要去掉个人的好恶偏见，全面地占有材料，然后再加以折衷取舍，“兼陈万物而中悬衡”，才能正确把握事物的规律。“道”的意义在荀子，正在于它是全面性的知识，“夫道者，体常而尽变，一隅不足以举之”。片面性的知识则与道无缘。

荀子主张的认识论原则，即虚心、专一，保持心理的宁静。原文见于《荀子·解蔽》篇。荀子认为要把国家治理好，首要的问题是要知“道”，即懂得道。如何才能懂得道？荀子的回答是，使心灵“虚一而静”。“虚一而静”来源于老庄和《管子》的思想，在荀子，它大致相当于我们通常所说的虚心（虚）、专心（一）和静心（静）这样一种心理状态。荀子又称它为“大清明”。在如此的心理状态下，人排除了外界和内心杂念的一切干扰，精力高度集中，认识活动便能取得所期望的成果。不过，荀子的“大清明”不仅仅是作为认识进行的前提和知识的正确性的心理保障，而且它与知识本身是直接同一的，达到“大清明”的境界，人便能无所不知，一切规律都会为我所掌握，这表现出荀子把认识的心理准备和认识的结果直接挂钩的思维定向。

荀子从人具有一定知识和记忆开始讲认识方法，它将已有的知识和记忆视为心中已经储藏的东西。所谓虚，就是已经具有的储藏危害新获得的知识。人的心，从人出生开始，就有知觉或者认识能力；有认识能力，就能知道不同的事物，就会具有不同的知识。不因这一种知识而损害另一种知识，就是专一。心是时时刻刻在运动的，在梦中也胡思乱想，注意力稍不集中，也会胡思乱想，不因这胡思乱想危害认识过程，就是静。用这样的态度去求道，就是虚一而静。在他看来，这样做，就能洞察一切，认识一切，坐在室内可认识全部世界，处于今世而知道遥远的古代。能懂得天地万物，能明察社会治乱，就能把国家治理好。

不能虚一而静，心就要受到蒙蔽。受到蒙蔽就会产生认识错误。有了认识错误，小则处事失误，大则国破家亡。他认为古代那些亡国的君主，就是因为受了蒙蔽，因而行动上违背规范，使国家动乱以致灭亡。所以与虚一而静相对，他提倡解除蒙蔽，即除去心中的杂念和疑虑。他认为有了疑虑和杂念，会把树木当成人，把石头当成老虎，把大河当成小沟。他还举例说，有个人叫涓蜀梁，在月夜走路，把自己的影子当成鬼，把自己的头发当成妖怪，以致惊恐而死。要避免这些错误，就要解除蒙蔽，使心虚一而静。

人性本恶

荀子也建立了自己的人性论，他认为人性本来是恶的。荀子是怎样论述这个问题的呢？

荀子认为人生来就贪图物质利益，喜欢美丽的女人和悦耳的音乐，并且为了得到这些而憎恨别人，因而人的本性是恶的，孟子认为人性善是不对的。荀子说，所谓本性，就是不用通过学习而得到的东西；假如必须通过学习才能得到，那就不是本性，而是人为的结果。仁、义、礼、智都是必须经过学习才能得到，所以他们不是本性，而是人为。这就像弯曲的木材经过矫正才能变直，不能说直是木材的本性；泥土经过陶者的加工成为器皿，不能说器皿的性质是泥土的本性。仁义或者礼仪都是圣人规定的，他们规定这些，就是为了矫正人的恶劣的本性，就像发明了矫正木材的技术是由于木材弯曲一样。所以不能把人为的东西说成是本性。

荀子的性恶论区分了本性和人为，在理论上比孟子深入了，对儒学曾经造成过重要的影响。汉代儒者，把孟子和荀子的理论综合起来，提出了人性有善也有恶的“性三品说”。到了宋代，孟子的性善说成为儒学的理论基础，荀子的性恶论就遭到了激烈的抨击，荀子在儒学中的地位也急剧下降了。宋代以前，荀子还在孔庙中享受儒者们的祭祀；明朝嘉靖年间，整顿国家祀典，荀子因为主张性恶论被逐出孔庙。

荀子将人的生理需要和感官快乐划归于人的本性，实际上就承认了这些属性的合理和必然的地位。但在同时，荀子又给它们以否定的恶的评价，因为，从人之性，顺人之情，必出于争夺，合乎犯分乱理而归于暴。荀子判定善恶的标准是社会国家的礼仪法度。礼仪法度虽然是“反性悖情”，违背人的感性欲求和对幸福生活的向往的，但它却是维系社会国家的统治秩序的必需的手段，故他给予了肯定的评价。在这里，个人追求感官快乐的必然性已经转化为社会国家抑制这种追求的必然性。国家制定礼法，通过人为的教化作用促使人性转化为善，即所谓“化性起伪”。

人人都可以成为圣人

既然人性本来都是恶的，那么好人从哪里来呢？荀子因此进一步提出了人人都可以成为圣人的观点。可以说，这是荀子主张的“化性起伪”观点的自然逻辑延伸。

大概意思是说，为改变人的本性而进行努力。伪，就是人的作为、努力，但是为改变人的本性所作的努力，不是所有人的努力，而仅仅是圣人的努力。因为一般人的本性是恶的，他们的努力无法变化别人的本性。只有圣人的努力，才能使一般人的本性由恶变善。圣人的本性和一般人相同，也是恶的。圣人和一般人不同的是，圣人可以通过“伪”，即自己的努力，改变自己的本性；一般人做到这一点也不是没有可能。

“化性起伪”的基点是承认人性是可变的，人在实际上是善是恶，取决于他所处的后天环境和主观的努力。不论是圣人还是凡愚，先天本性并无差别，差别只在于后天，“注措（主观努力）习俗（环境）之所积耳”（《荀子·荣辱》)。人只要积极从事于伦理道德的实践，就能由恶转化为善，使先天本性与后天人为统一起来。因此，荀子与孟子虽然在先天人性善恶的判定上互相对立，但从其价值导向都是为善来说，二者并无差别。

荀子认为就可能性而言，人人都可以成为圣人。用荀子的原话就是：“途之人可以为禹。”也就是说，路上的每一个人都可以成为大禹那样的圣人。大禹之所以为大禹，因为他施行仁义，处事公正。所谓公正，就是合乎礼仪。假如一个普通人能够虔诚地信仰仁义之道，专心致志，认真地思索，细心地辨别，天长日久，不断地积累善行，就可以和神灵相通，和天地并立，参与天地的功能。所以说，圣人是可以通过善行的积累而达到的。但就其现实性而言，则没有一个人成为大禹，因为人们不“伪”，即不去进行这种努力。但是不去进行这种努力，并不是没有这种可能。至于同样是恶劣的本性，为什么圣人能“伪”而普通人不能“伪”？荀子没有作出说明。

君与民是舟水关系

这是一句传统格言，《荀子·王制》篇引用它，以说明爱护人民的重要。

格言把君主比作舟，把人民比作水，说水可以载舟，也可以使舟倾覆。荀子引用这句格言，还把人民比作马，把君主比作坐车的人。说马儿如果害怕拉车，坐车的人就不安宁；如果人民不安宁，甚至害怕你的政策，那么，君主的地位也不会巩固。要让马儿不害怕车子，首先要让它安静下来；要让人民不害怕你的政策，首先要给人民一定的利益。因此，君主必须爱护人民，使人民安宁，自己才能安宁。

中国历史上，贯彻这一思想的英明君主之中，以唐太宗最为突出。他做皇帝不久，和大臣魏征谈论古代国家的兴盛和衰亡时说道：做君主的，按照仁义的原则办事，大家就拥护他；不按仁义的原则办事，大家就抛弃他。实在是很可怕的事。魏征说：皇上懂得这一点，就一定能够使国家平安，统治长久。古人有句话说，君主是航船，人民就是水，水能承载航船，也能使航船颠覆，确实是非常令人害怕的。

为了巩固自己的统治，唐太宗虚心听从臣子们的建议和批评，有时批评非常尖锐，他实在难以接受，甚至也想杀掉那些尖锐批评他的臣子，但是想到这些批评是为了国家平安，也就压制自己的怒气，接受这些批评。为了使人民有个较好的生存环境，他取消了许多大型的国家项目，让人民安心生产。所以在他的统治下，形成了一个长期安定、富足的时期。他所采取的政策，也得到后代人的称赞。

人定胜天

天人的关系问题一直是中国古代哲学的一个热点问题，它是许多哲学家的理论基础。荀子也提出了自己的天人关系理论，也就是“人定胜天”。

“人定胜天”的意思是掌握天的运行法则且利用之。说这句话之前，荀子在论述国家和个人命运是由什么决定时说：“人之命在天，国之命在礼。”也就是说，国家的命运，决定于能否贯彻礼仪制度；人的命运，则决定于天。在这里，荀子和一切儒者一样，也是一个天命论者。同时，他也把仁、义、礼、智作为治国的根本。

那么，人应该如何对待天赋予自己的命运呢？

这里有两种态度：一种是崇拜天并且盼望给自己降下幸福，顺从天赋予自己的命运并且赞美天。在荀子看来，这种态度说明还不明白天和人各有自己的职能，是放弃人治，而盼望不能实现的东西。所以他主张把天当做自己家里保有的器物一样地去掌握它。掌握天，也就是掌握天命。掌握天命，然后去利用天命，或者说，根据天命去做自己该做的事，尽自己的职能，不放弃人的职能而去盼望天给自己降福。

墨子曾经批评儒家的天命论，认为主张天命将会使人懒惰，因为天既然赋予了自己这样的命运，自己的努力也就没有作用了。所以墨子主张天志，认为没有天赋予的命运，天只是根据人的行为善恶决定给人幸福还是灾祸。荀子作为儒者，他不否认天命，但是主张人应该掌握天命，并且加以利用，尽到自己的努力。

天行有常，不为尧存，不为桀亡

“天行有常”是荀子天人理论的中心。

荀子吸收了道家的天道自然无为的思想，坚持天道运行有着客观必然性和规律性的基本立场。“天”在他是指“无形”而又能成就万物的客观自然界，它是“不为而成，不求而得”的，不论是圣君尧、禹在位，还是暴君桀、纣在位，它始终都按照自己的规律运行。荀子据此批判了社会的治乱缘于天时的错误观点。道理很简单，天时历象在禹与在桀时都相同，而社会却有一治一乱，所以天并不以人的意志为转移。他强调，天并不因为人们害怕寒冷就停止了冬天，也并不因为人们害怕辽阔就取消了广远，“天地合而万物生，阴阳接而变化起”，一切都是自然而必须的过程。

荀子肯定天道运行有自己的“常道”、“常数”，并对当时流行的有神论和迷信观念进行了批判。他对时人感到惊恐的“星坠木鸣”等非常现象，力图从阴阳变化的角度去作出解释。认为人们限于自然知识的匮乏，奇怪是可以的，但害怕却大可不必。对社会造成危害的其实是人祸而不是天灾。荀子在这里提出了“无何（神）”的重要主张，对社会上盛行的祭祀等宗教活动，也作出了无神论的解释，强调礼帛的健全与否才是决定人事祸福的根本所在。

见之不如知之，知之不如行之

荀子在他的著作中曾经讲了这样一个故事：

学生子贡对他的老师孔子说：“读书学习使我感到厌倦了，我想到国君那里做些事情，以便得到休息。”

孔子说：“在国君那里工作要朝夕陪伴，小心翼翼，哪里可以得到休息呢？”

“我到父母身边去当孝子，可以得到休息吧？”

“不行，当孝子要做许多事，怎么可以得到休息呢？”

“那么，我回到妻子身边去休息好了。”

“也不行，夫君在妻子面前要以身作则，怎么可以得到休息呢?”

“到朋友那里该可以得到休息了吧?”

“朋友之道在于互相帮助，也是要做许多事情的，怎么可以得到休息呢?”

“干脆，我去田野上耕种，也许能得到休息吧?”

“想错了，白天割茅草，夜里打草绳，自己盖房，自己耕播，能得到休息吗?”

子贡最后问道：“这样说来，我就找不到一个休息的地方了?”

孔子风趣地回答：“有你休息的最好地方!”

子贡恍然大悟道：“啊呀，死才是休息!”

与道家的“清静无为”不同，荀子是主张有所作为的，这一点像儒家。他提倡积极进取、死而后已的人生观。

在“知”和“行”的问题上，荀况反对“知而不行”的惠施，也反对“行而不知”的墨翟，主张把“知”和“行”统一起来，“知”受“行”的检验，行高于知。他说：“不闻不若闻之，闻之不若见之。见之不若知之，知之不若行之。学至于行之而止矣。”做学问不是为了好看，空谈无益于苍生，最后要落实到“行”。荀况是一位“贵行”的哲学家，在这一点上，他有点像墨翟。他痛恶空谈，反对口是心非和言行不一。他说：“口能言之，身能行之，国宝也；……国器也；……国用也；口言善，身行恶，国妖也！治国者，敬其宝，爱其器，任其用，除其妖。”荀况用知行统一的观点来认识人，把人分为四种，是非常明智的。他的话没有过时，每一个历史阶段都有自己的“国宝”、“国器”、“国用”和“国妖”。

大一统

华夏民族固有的思想传统。孔子作《春秋》，开篇云：“隐公元年，春，王正月。”意思是说，(鲁)隐公元年的春天，就是周王的正月。什么意思呢?《公羊传》解释道：“王正月，大一统也。”大一统，就是尊崇一统。大，尊崇的意思。按照大一统的思想，国家不论大小，人口不在多寡，只要民族统一，国家统一，政令统一，思想统一，历法统一，礼仪统一，度量衡统一，文字统一，货币统一等等，都是尊崇一统。“大一统”的观念是中国自西周以来立国的基本观念之一。西周建国之初，虽然大封诸侯，裂土分治，但却自有一套严谨的礼乐制度，这套制度上自天子，下至诸侯、士大夫，不论是祭祀天地祖宗、宴乐相见，还是礼器车舆乃至拥有妻室的数目等，都有严格的规定。制礼作乐是王权至高无上的象征，诸侯臣民只能奉行。对此，孔子深以为然："天下有道，礼乐征伐自天子出；天下无道，礼乐征伐自诸侯出。"当历史进入春秋、战国，周王朝大一统的政治格局被打破，诸侯群起，礼崩乐坏，但大一统的观念却仍根深蒂固。孟子即预言说："天下将定于一。"认为大乱之后将迎来大治，天下合久必分。西汉大儒董仲舒则以《春秋》为依据，说服汉武帝"罢黜百家，独尊儒术"，尊崇一统。

从此，"大一统"思想就成了中国历朝历代遵奉的宗旨。

罢黜百家，独尊儒术

秦始皇统一中国，作为中国历史上的第一个皇帝，他使天下车同轨、书同文、行同伦。但由于他主张"以法为教，以史为师"，所以没有制定出一套集道德规范、法律章程和学术研究于一体的哲学体系。

汉武帝时，时代需要一整套的上层建筑，也需要有一套广泛的哲学体系。于是汉武帝便招贤良文学之士，亲自策问治理国家的纲领性的东西。

在第一次命令举"贤良"的时候，丞相卫绾奏："所推选的贤良，其中以申不害、韩非、苏秦、张仪的学说为业的，他们只能扰乱国政，请将这些人罢免。"汉武帝表示同意。

董仲舒在第三次对策中进一步从理论上论述了"罢黜百家，独尊儒术"。他说："《春秋》讲大一统，这是千古以来天经地义的事。现在做老师的各执不同的学说，普通人各有各自的见解和言论。百家各有各的要旨，互相参差抵牾。因此使统治者无法完整地统一起来。而且如果老是变更法令制度，臣下、人民将不知所守。因此，我认为凡是不在礼、乐、射、御、书、数之内，不属于孔子的学说的言论，都杜绝其兴起的根源，不要让他们与儒家争道。这样，邪谈怪论便会灭熄，然后天下便有一致的条例准则和明晰的法令，人们便知所从了。"

董仲舒明确地主张大一统的中央集权统治。所谓一统，就是一切统一于天子朝廷的专制统治。要达此目的，首先必须统一人们的思想，而统一思想的具体办法就是"罢黜百家，独尊儒术"。

董仲舒的建议受到武帝的采纳，从此以后，在学术和仕进上，儒家被定为一尊，统治中国达两千年之久。独尊儒术在最初起到了统一思想、统一舆论、稳定国家的作用，但后来却成为封建专制的重要组成部分，禁锢了中国古代思想的发展，特别是个性思想。

君权神授

董仲舒非常重视天人关系的问题。他说自己根据《春秋》里记载的历史事件来观察“天人相与之际”，感到非常可怕。为什么呢？因为天人相互交涉的关系直接影响着国家政权的成败兴衰。在他看来，天人之间并非相互不相干，而是相互交涉、相互影响的，阴阳五行、自然现象及人类社会都是根据天意构成的一个相互制约、动态协调的大系统。

为了论证一统专制的合理性，董仲舒把君主说成“天命”或“天意”的执行者。他认为一个人成为君主，并非人力所能决定，而是自然如此的，这就表明那个人是由于秉承了天命才成为君主；君主执掌生杀大权，发号施令，统治天下，他的权力是“天意之所予”；君主居于上天和人民之间，上天的意思通过君主而贯彻到人间；君主号称为“天子”，上天与天子就如同父亲和儿子，儿子遵从父命，君主服从天命；君主和人民的关系也是一样，天下之人都要服从于君主，这就好比孩子归顺父母。这种说法完全是一种君权神授的观点，它的意思无非是说君主是执行天意的，而天意又是不可抗拒的，因此普天之下所有的人都必须服从君主的统治。

天人感应

这是董仲舒创立的天人关系学说。中国古代传统，把自然界中，特别是日月星辰的异常变化看做天意的表现，认为是上天向人们预告吉凶。春秋战国时代，人们发现，许多被认为是天意表达的自然现象，并不是天向人们预告吉凶。于是人们得出结论说：“天道自然。”天道自然的意思不仅是说那些异常的自然现象不是天意的表现，而且说事物的存在和运动都是出于自己的本性，与其他事物无关。然而一系列的事实表明，事物的存在和运动状态往往是与其他事物相互关联的。比如，拨动这个琴的宫音弦，其他琴的宫音弦就会作响；磁石在不接触的情况下，会吸引铁制品。类似的现象积累起来，到秦、汉之际，终于使人们得出结论说，一个存在物可以和其他存在物发生感应，气是它们感应的中介，传递着相互的作用。由于传统的宗教观念，汉朝初年就有不少思想家把物与物之间的感应推广到天与人之间，认为天与人也可以发生相互的感应，特别是可以和君主发生相互感应。君主的行为，会感应天显示某种现象，以表示自己的意见：赞扬还是批评。

在前人基础上，董仲舒进一步指出，人的行为特别是君主的行为，必定和天发生感应。君主行善，即按照仁、义、礼、智、信的原则去做，天就会降下祥瑞，即于人有益的异常自然现象；反之，君主不按仁、义、礼、智、信的要求去做，天就会降下灾异，即对人有害的异常自然现象。这就是天人感应学说的基本内容。

董仲舒还指出，天人感应的原则，是同类相感。即善事会感应出好的现象，恶事会感应出坏的现象。因为人的阴气会和天的阴气发生感应，人的阳气也会和天的阳气发生感应。这样，如果发生旱灾，就可以造一条土龙，在地上发出阴气，从而感应天的阴气加重，降下雨来；如果发生涝灾，可以击鼓，使地上发出阳气，感应天的阳气加重，使天放晴。

今文经与古文经之争

经学今古文之争是汉代始兴的儒学内部的一场派系斗争。自汉代起一直波及汉代末年。且其范围也远远超出了学术论争。

西汉时期，汉武帝将经过董仲舒改造过的儒家思想，作为官方认可的统治思想，儒家思想被提升到“经”的地位。

可是，经过秦朝“焚书”的浩劫，儒家经典遭到毁灭性的破坏。西汉流行的儒学多无旧典文本，而是靠幸存的经师口授相传而记录下来。他们记录所用的文字便是西汉通行的隶书，属当时代的“今文”，故而这类经书被称之为今文经。

秦朝焚书之时，一些儒生冒死将一些儒学书籍藏在墙壁的夹层里。这些幸存的藏书都是用六国时代的蝌蚪文书写的，所以称为古文经。

从表面来看，今古文之争主要表现在文字及对经义的理解、解释的不同。今文学派注重阐述经文中的“微言大义”，而古文学派则注重文字训诂。今文学派竭力把经书和神学迷信相联系，古文学派虽然还未能完全摆脱神学迷信的羁绊，但却反对讲灾异谶纬，注重实学。

西汉时期，今文经学盛行。西汉末年平帝时期，曾设古文经博。王莽改制失败后，东汉光武帝又废古文经倡今文经，但古文经仍在民间有相当的影响。到东汉中叶以后，古文经学崛起并压倒今文经学。

东汉以后，今古文经学之争随着学术风气和政治形势的变化时起时伏。东汉至唐，基本上是古文经占据优势，宋代则以怀疑而著称的“宋学”兴起。明代，经学进一步衰落。清代前期，古文经学复兴，至乾隆、嘉庆年间，随着乾嘉学派的出现而达到全盛时期。嘉庆、道光年间，古文经学进入尾声，今文经学却又兴起。随着清王朝的覆灭，长达两千多年的今古文学派之争也随之消亡。

今古文经学都对中国哲学思想史产生了极大的影响。正如周予同先生所指出的："因经今文学的产生而后中国的社会哲学、政治哲学以明，因经古文学的产生而后中国的文字学、考古学以立，因宋学的产生而后中国的形而上学、伦理学以成。"

白虎观会议

白虎观会议是东汉时期一次重要的儒学会议。

依据儒学的基本原则，只有天子，才有资格主持制定礼仪制度，主持校订经书的文字，裁决儒学中各种争论的是非。因为天子是天所任命的君主，他的话代表着天意。

独尊儒术之后，对儒经的解释发生了不同意见。早在西汉时代，汉宣帝（公元前73年—公元前49年在位）就曾经召集当时的著名儒者，在石渠阁开会，讨论儒学中的种种问题，并由汉宣帝裁决争论中的是非。由于汉宣帝喜欢《春秋穀梁传》，所以在论争中，《春秋穀梁传》取得了胜利，并且由国家设立专门研究、传授《春秋穀梁传》的学官。

又过了一百多年，儒学又产生了许多分歧。于是东汉章帝在白虎观召集有关官员和著名儒者，讨论有关儒学的名词、概念的阐释和定义，讨论儒学的各种规定和制度以及历史和现实中提出的种种问题。儒者们可以自由地发表意见，但最后裁定的权力属于皇帝。这次会议讨论的结果被记录下来，称为《白虎通义》，意思是在白虎观决定的、对儒学普遍适用的解释。

《白虎通义》记下的第一个问题，是什么叫"天子"。《白虎通义》道：皇帝把天作为父亲，把地作为母亲，所以称为天子。又问：历代的帝王，德行有好有坏，为什么都称为天子？回答是：因为他们都是天所任命的。问：爵位有五等，为什么？回答是：效法五行。问：也有爵位只有三等的，又是为什么？回答是：效法三光，即日月星。这显然是董仲舒的官制效法天意的思想。问：妇女为什么没有爵位？回答是：因为妇女是阴类，不和外人打交道，所以她们有"三从"的义务，即出嫁前服从父亲，出嫁后服从丈夫，丈夫死后服从儿子。

讨论完人间的官制，开始讨论神灵和祭祀。比如问：什么是五祀？回答是：祭祀门、户（窗）、井、灶和中雷（屋檐或堂屋）。问：什么人可以祭祀？答：只有大夫以上级别的人才可以祭祀。又如社稷，问：王者为什么有社稷？答：为天下求福报功。如此等等。祭祀是礼制的主要部分，讨论祭祀，也就是讨论礼制问题。比如问：天子为什么一定要在庙里派遣大将？答：表示听祖宗的话。董仲舒提出的灾异问题、阴阳五行问题、人的本性问题、自然物的性质以及婚丧的礼仪，白虎观会议都进行了讨论。这次会议的记录，是汉代儒学的纲领性文件，也是以后儒学的纲领性文件。

性三品说

汉代董仲舒和唐代韩愈的人性学说。董仲舒把人性区分为所谓“圣人之性”、“中民之性”和“斗筲之性”。具体来说，圣人之性，指情欲很少，不教而能善的；斗筲之性，指情欲多，虽教也难能为善的；中民之性，指介于以上两者之间，虽有情欲，但可以为善也可以为恶的。董仲舒的人性三品说借鉴了战国以来流行的阴阳五行观，认为善的品质，体现了天的阳性，称“性”；恶的品质，体现了天的阴性，称“情”，然而虽然“性”体现了天之阳性，可以产生善；“情”与之相反，但也只是具备可能，并不是绝对的。用董仲舒的话来说，性如同是禾，善则如同米，米出于禾，但禾并非就是米。董仲舒对人性的区分，强调了人性之异，与先儒倡导的性善说（如孟子）、性恶说（如荀子）迥然不同。到了唐代，韩愈进一步提出“性之品有上中下三”，即“上品之性”发为“上品之情”，“中品之性”发为“中品之情”，“下品之性”发为“下品之情”。并且“性”和“情”是对立的，“性”的内容为“仁、义、礼、智、信”，是与生俱来的；“情”的内容则是“喜、怒、哀、惧、爱、恶、欲”，是“接于物而生”的。韩愈的理论比传统的说法更加细致、系统化。

李翱与《复性书》

李翱（772—841），唐代思想家、文学家。字习之，陇西（今甘肃武威一带）人。他早年家贫，登进士第后，官至山南东道节度使。他曾从韩愈学古文，是韩愈倡导复兴儒学运动的重要合作者。卒谥文。著作有《李文公集》，《复性书》载于其中。

《复性书》全文分上、中、下三篇。上篇论证“性”和“情”的关系，以及性和情在“圣人”和“百姓”间的区别，并自谓得到了儒家性命之道的真传；中篇用问答的形式，提出成为圣人的修养方法；下篇强调道德修养的必要性。

《复性书》是反佛的产物。李翱认为排佛只用粗暴手段收不到效果，而应当“以佛理论心”，以佛性的心理理论充实儒家的心性说，建立一套成圣人的理论。因此，他把《中庸》的性命学说和佛教的心性思想结合，形成了一套学说。他认为人性皆善，“百姓之性与圣人之性弗差”。但性善情恶，性往往被喜、怒、忧、思、悲、恐、惊七情蒙蔽。只有除去情欲，善性才能恢复，进而超凡入圣。去情复性的方法，是教人“忘嗜欲”，排除物欲的干扰，加强内心修养，以达到所谓空寂安静的“至诚”境界。这就是“灭情复性”。

李翱的观点体现了融合佛教、道教的思想倾向，这种立论方法到了宋朝就成了理学的先驱，到南宋时，朱熹就是像李翱这样融会各家而形成了儒学的新成就——理学。

什么是理学

两宋时期的一个思想学派，是佛教、道教思想渗透到儒家哲学以后出现的新儒家学派。

自从汉武帝罢黜百家，独尊儒术后，孔孟之道空前繁荣，由汉至唐经学都颇发达。但汉儒治经偏于考据；唐儒则重于注疏，而显得有些支离破碎。随着儒、佛、道之互相渗透，儒家虽属“经世之学”，但由于缺少佛、道二教那样的对人性的关怀，以致许多士大夫都纷纷到佛、道中去找寻精神归宿。儒学为了顺应时代要求，不再拘泥于阐释旧经，而以倡导义理为主，讨论人性、人心、天命、理气、道器、义利、体用、知行、动静等形而上的哲学问题，理学（亦名道学或宋学）由此得名。理学的初创者为北宋的周敦颐，而发扬光大者是程颢、程颐两兄弟以及南宋的学者朱熹。程颢字伯淳，程颐字正叔，洛阳人。二人同师于周敦颐。周敦颐提出“无极”是宇宙之源，而二程则更进一步提出“理”是天下万物之本，建立了以“天理”为核心的唯心主义理学体系，认为“万物皆只是一个天理”，阴阳、五行都只是“理”或“天理”创生万物的材料。从严格意义上来讲，理学不能算作一个流派，而只是一种时代思潮，是儒学面对时势的一种自我改造和调整，其宗旨在将传统儒学从旧有的束缚中解脱出来，以新的姿态迎接佛、道二教的挑战。在理学系统中，程朱理学与陆王心学最有影响，它们的消长构成了宋代以后儒学发展的主要脉络。

什么是心学

又称“陆王心学”，为理学的一派。由南宋陆九渊大启其门径，明代王守仁首度提出。从王守仁始，“心学”开始有了清晰而独立的学术脉络。

“心学”发端于理学，它也讨论理气、道器、知行、义利等形而上的哲学问题，反对汉唐的注疏之学，但相对程朱的客观的存在“理”，陆王的“理”只在于“人心”，探讨的是人心的价值。陆九渊云：“心即理，圣人之学，心学也，宇宙即吾心，吾心即宇宙。”王守仁云：“心外无物，心外无言，心外无理，心外无义，心外无善。”心学家认为，心才是宇宙万物的本原。如果套用西方哲学，就是典型的唯心主义，但其讨论的不是物质和意识，而是探讨“人在世上安身立命的根本”这一古老的哲学命题。虽然派生于理学，但陆王心学的观点和理学有很多不同，其分歧主要在于成圣成贤的途径。朱熹主张“穷理”，多读书，多观察外物，在此基础上才能发明本心，最后达到圣贤境界；陆九渊则主张“明心”，即首先发明本心，然后读书，他反驳朱熹说：“尧、舜读何书来?”声言：“不识一个字，亦须还我堂堂地做个人。”由于反对将儒家圣贤之学当成学问来做，朱熹及其后学讥其为“空门”、“狂禅”。此后，程朱理学一度被奉为官学，陆氏心学销声匿迹，直到明代王守仁重振旗鼓，心学思潮才再次席卷而来，像李贽的“童心”说，袁宏道的“性灵”说等，就是心学在文学上的体现。

周敦颐与太极图

周敦颐，字茂叔。他从小喜爱读书，在家乡道州营道地方颇有名气，人们都说他“志趣高远，博学力行，有古人之风”。

由于大量广泛地阅读，周敦颐接触到许多不同种类的思想。从先秦时代的诸子百家，一直到汉代才传入中国的印度佛家，他都有所涉猎，这为他后来精研中国古代奇书《易经》，创立先天宇宙论思想奠定了基础。

十五岁时，他和母亲一同来到京城，投奔舅父郑向，他是当时宋仁宗朝中的龙图阁大学士，这位舅父对周敦颐母子十分眷顾。

在周敦颐二十岁时，舅父向皇帝保奏，为他谋到了一个监主簿的职位。

周敦颐在任职期间尽心竭力，深得民心。在生活中，周敦颐开始研究《周易》，后来终于写出了他的重要著作《太极图·易说》。它提出了一个宇宙生成论的体系。

中国哲学思想史上，宋明理学占有极其重要的地位。宋明理学以孔孟之道的儒学为主干，还多方吸收了道家、儒家的思想精华，逐渐成为中国封建社会中占统治地位的哲学思想。

周敦颐就是北宋理学的创始人。《宋元学案》中对于周敦颐的地位有这样的论述：“孔孟而后，汉儒只有传经之学。性道微言之绝久矣。元公崛起，二程嗣之，又复横渠清大儒辈出，圣学大昌。”

这里所称的元公，就是周敦颐，元公原是他的谥号。这段话明确肯定了周敦颐作为北宋理学开山之祖的地位，他常常和高僧、道人游山玩水，弹琴吟诗。

周敦颐酷爱雅丽端庄、清幽玉洁的莲花，曾于知南康军时，在府署东侧挖池种莲，名为爱莲池，池宽十余丈，中间有一石台，台上有六角亭，两侧有“之”字桥。他盛夏常漫步池畔，欣赏缕缕清香、随风飘逸的莲花，口诵《爱莲说》。自此莲池名震遐迩。

周敦颐的学问、气度，也感动过许多人来追随他学习。其中最著名的，当然是程颐、程颢两兄弟。程颐在后来回忆说，他年少时就是因为听周敦颐讲道，因而厌倦了科举仕途，立志要学习和探索儒家的如何为圣王的道。

周敦颐死后，随着二程对他的哲学的继承和发展，他的名声也逐渐显扬。南宋时，许多地方开始建立周敦颐的祠堂，人们甚至把他推崇到与孔孟相当的地位，认为他“其功盖在孔孟之间矣”。帝王们也因而将他尊为人伦师表。

而周敦颐生前的确也以他的实际行动，成就了一代大儒的风范，他的人品和思想，千百年来一直为人们敬仰。

张载：太虚即气

张载（1020—1077），字子厚，生于官僚家庭，祖上是大梁人（现在河南开封），小时候父亲死于涪州官任上，于是侨居在现在的陕西省眉县横渠乡，这就是张载被人称为“横渠先生”的由来。张载是关学学派的创始人，关学是因他在关中地区讲学而形成的一个大的学派。比他稍晚的是程颢、程颐兄弟创立的洛学（因是洛阳人而得名），再就是理学的集大成者朱熹了。关学和洛学是理学的学派之一，也是朱熹思想的先驱。

张载少年时很喜欢读书，范仲淹建议他读《中庸》以及其他儒学典籍。读完《中庸》后，张载还觉得不满足，于是又大量地读了佛教和道教的书，但细心研读几年之后，觉得还是没什么大进步，于是又回到儒家的经书上来。

1057年，张载考中了进士，后来宋神宗授予他崇文院校书之职。他和王安石看法不一，在弟弟张戬因上书批评王安石而被贬官之后，张载担心受到牵连，干脆辞职回乡了。他隐居在横渠读书，渐渐形成了自己的思想体系，同时他广招学徒，形成了关学学派。

张载提出了以“气”为核心的宇宙结构说。他认为世界是由两部分构成的，一部分是看得见的万物，一部分是看不见的，而两部分都是由“气”组成的。“气”有两种存在方式，一种是凝聚，一种是消散。凝聚时就成为万物，通过光、色显现出形体，使人能看到：散则成为虚空，无光无色。但是，凝聚只是一种暂时的状态，所以叫“客”。而消散也不是消失得没有此物，只不过是人们的肉眼看不到而已。

他用“太虚”表示“气”的消散状态，这是本来的原始状态，“气”是“太虚”与万物的合称。

民胞物与

“民胞物与”这句话，出自张载的《西铭》，原话是：“民，吾同胞；物，吾与也。”意谓世人皆为我的同胞，万物俱是我的同辈。

张载力求把“仁”推广于普天下的万物人类，倡导一种普遍之爱的思想，我们也可以称其为博爱主义。他说：“惟大人为能尽其道，是故立必俱立，知必周知，爱必兼爱，成不独成。”这种“兼爱”的思想通过他在《西铭》一文中的“民胞物与”说，得到了具体的阐发。

其开头一段曰：“乾称父，坤称母，予兹藐焉，乃混然中处。故天地之塞，吾其体；天地之帅，吾其性。民，吾同胞；物，吾与也。”也就是说，从天人一气、万物同性出发，人类都是我的同胞，万物都是我的同伴朋友，整个世界都是一家。在这一家庭结构中，天地是我们的父母，君主是父母的宗子（嫡长子），大臣则是辅助宗子的管家。我们既然都生活在同一个家庭，也就理当顺从于父母君臣对我们生活和命运的一切安排。等级是天然的、先天的，所以人应该承认、遵守这种等级，应该遵守伦理道德，这也是天经地义的事，命运的安排，任何人都不能逃避这种义务。

从而，“富贵福泽，将厚吾之生也。贫贱忧戚，庸（用）玉女（汝）于成也。存，吾顺事。没，吾宁也”。“存顺没宁”的意义在于，对于每个人的人生都要遇到的富贵贫贱生死等问题，人们应该以一种随遇而安的态度去对待。如果你遇到的是富贵福泽，这是天地对你的人生的厚待；如果你遇到的是贫贱忧戚，这是天地用来锻炼你、以使你成功的手段。那么，活着，我顺从世间的一切；死了，我宁静悄然地离去。

张载的“民胞物与”说对后来影响很大，它既有调适人的心境、扩展人的胸怀、宣扬普遍的人类之爱的意义，也有提倡逆来顺受、不作非分之想、维护等级秩序的稳定的意义。它所宣扬的现实之爱有等级（分殊），然究其始又同归为一气（性理）的主张，经程颐之手被概括为“理一分殊”，成为北宋以后整个中国古代社会调适人伦道德关系的根本指导原则。直到近代社会，康有为、谭嗣同等思想家从西方引入新的否定等级差别的平等博爱观，它才最终被取而代之。

理气论

这是儒学关于理、气关系的基本理论。所谓“理”，一般指世界和事物中具有的秩序、条理、法则或道理；所谓“气”，一般指以弥漫形态存在于世界的物质质料。

气作为质料，构成了物的形体。物，特别是动物和人，与形体对等的是它的知性或精神。起初，儒者们认为人的精神也是一种气，一种比一般的气精细的气，或者称为“精气”。后来，儒者们发现，精神不是气，而是气中固有的功能，是气的灵。所以张载认为人的精神和本性，是气自身固有的东西。而二程则体会出，气中有一个理。这个理，就是世界上所有事物普遍存在秩序的总根源，也是人本性和精神的根源。

张载认为气不会产生，也不会消亡；二程和朱熹则认为气会消亡，而理才是不会创生也不会消灭，并且可以产生出气。朱熹虽然反复强调理和气不相分离，二者不分先后，但是由于他认为气可以消亡，并且由理重新创生出来，实际上就承认了理和气是可以分离的，把理和气看作两种存在物。朱熹之后的儒者批评朱熹的理气观，主要就是批评他认为理存在于气之前，和气是两种不同的存在物，而主张理和气不能分离，认为理只是气运动的法则，是气的功能。

心与性有什么关系

心，大体相当于现代哲学的“精神”。性即性质，和现代哲学所说的人性同义。比如说，糖的性质是甜，醋的性质是酸。儒者认为人的行为善恶，也决定于人的性质，于是提出“性”这个概念，认为是人本来具有的性质决定了人的行为善恶。人的行为都受精神的支配，所以心性的关系就是人的精神和精神的性质的关系。

从孟子、荀子开始，都认为心是思维和认识的器官，性是心所具有的性质。

孟子说，人性善，也就是说心中具有仁义礼智的性质。

荀子认为人性恶，是说人心中本来只有低级的物质欲望，经过教育可以改正，而懂得礼义。依孟子说，人如果不加养护，仁义礼智就会丢失；但丢失了仁义，却没有丢失心自身，人的精神依然存在。所以心和性是两种存在，是可以分开的。荀子讲性恶，董仲舒讲性三品，都是把心和性作为两种存在来讨论的。

不过宋代之前，儒者们并没有特别重视心与性关系的讨论，宋代儒者吸收佛教、道教的成就，使儒学理论更加深刻，才把心与性作为一个独立的问题专门进行讨论。宋代儒者关于心性的主流见解是由张载首先提出的，他认为心是性和情的统帅。这个观点被朱熹认可，被儒者广泛接受。依心统性情况，则心是气中的灵所形成，性是气中的理所形成。依朱熹基本的哲学立场，则只说气中有理，不说气中有灵。灵和理是什么关系？朱熹没有作出回答。关于心性的另一见解，就是从陆九渊到王守仁，认为气聚合成为人时，气中之理形成人的性，也是人的心，所以心就是性。陆九渊由此提出“心即理”。王守仁认为把自己心中的良知扩展到万事万物就是儒者最高的学问，因为心是理所形成的，心中当然只有良知，由于心被认为是气中之理或气中之灵，王夫之等还认为心不是指心脏，它遍布全身，因为气充满着全身；人每天要和外界进行物质交换，气也就每天要排出和吸收，那么，人性就不是一成不变，而是不断形成的。

理性关系是宋代开始的新儒学的基础问题，心性问题则是这个儒学的核心问题。

程颢与程颐

程颢与程颐是兄弟，均为北宋理学家。程颢字伯淳，又称明道先生；程颐字正叔，又称伊川先生。世称“二程”。洛阳人。著作有《二程集》。

他们从“理”作为宇宙本体而气化万物出发，在心物观方面，提出“心是理，理是心”，客观事物是“心”比照的结果。在形神观方面，同样也是“有是心”，而后才“具是形”。提出只要认识天地间充满了“仁”，即可消除人物界限，达到天人合一，在人性论上，认为人性是理气结合而成的。从理方面来的“天命之性”，凡圣一样都具有善质；从气方面来的“气质之性”因气有清浊厚薄，故有贤愚、善与不善之分，但只要“肯学”，“不自暴自弃”，下愚也是可移的。

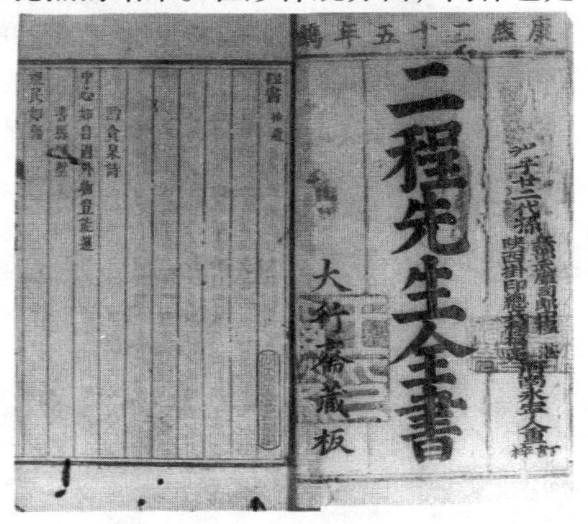

《二程先生全书》书影

在认识心理思想方面，他们承袭张载的“闻见之知”和“德性之知”的划分，认为“闻见之知”是物交物而知，其中又有亲身经历的“真知”和间接获得的“常知”的差异。而“德性之知，不假闻见”，只要“知性”，便“知天”。“二程”考察了“得意可以忘言，然无言又不见其意”的言语同思维的关系。主张知先行后。在情欲心理思想方面，他们主张“存天理，灭人欲”，认为人之所以为不善，提出要通过主一于“敬”和“唯思”等方式来“窒欲”；认为情是形体感外物而产生的一种心理波动状态，能自觉地按伦常的约束使它符合中正，便是“性其情”，如“不知制之，纵其情而至邪僻”，则是“情其性”；在学习心理思想方面，提出幼学、深思、积习、自得等。

存天理，灭人欲

这个是宋代著名儒者程颢、程颐提出的道德修养目标。

保存心中的天理，消灭人的欲望。天理和人欲的对立，首先见于儒经《礼记》，但是把天理赋予特别重要的意义，并且把这样的对立作为道德修养中的基本对立，则是由宋代二程，即程颢、程颐首先提出来的。

二程认为气聚合为人，天理就形成了人的本性。由于气质之性阻碍了天理的正常发挥，以致出现了恶，这就是人欲。与人欲相对，天理是纯粹的善。他们认为人的行为，不是遵照天理，就是随顺了人欲，没有第三种情况。天理与人欲是绝对对立的，放纵人欲，就必然掩盖天理；要保存天理，就必须去掉人欲。他们要求，一个儒者，应该彻底地去掉人欲，使心中全是天理，达到圣人的水平。这就是所谓存天理、灭人欲。

从道德修养上说，天理即是至善，是人必须努力追求并用以自律的普遍道德原则，人欲则是个体为保持生命存在和延续而产生的物质生活欲求。二者之间的关系，自先秦《乐记》以来，往往处于矛盾的状态。二程认为人之所以为人的最根本的标志，就在于人保有天理。这种作为人的根本标志的天理，也就是纲常人伦，人的先天善性，人的本然之心，就是天理的表现。本性、本心为善的人之所以会走向恶，就在于其先天之善被后天的物欲所污染，人的本心错聩不明，天理也就被蒙蔽而不得彰显，只有通过去除物欲、泯灭己私的功夫，才能恢复人的先天善性。

但是，什么是天理，什么是人欲？应该有个界限和标准。南宋朱熹继承了二程的存天理、灭人欲思想，同时对天理人欲的内涵作出了规定。朱熹认为天理和人欲是相互伴随但性质不同的存在，人们喜欢游玩，喜欢音乐，喜欢财富，喜欢美女等等，虽然也是欲望，但那是天理固有的内容，也是人情所无法避免的，遵循规则，使天下人都能享有这些，那就是天理；把这些据为以有，以满足一己之私欲，那就是人欲。吃饭的目的是保持生命和健康，为了这个目的，也可以是天理。如果要求美味佳肴，超出了保持生命和健康的目的，那就是人欲。而天理、人欲的界限，归根到底，乃是当时的制度是否允许。比如说，皇帝可以有许多个妻子，一般官吏和富人也可以有数个妻子，这都不算是人欲。如果女子不安守本分，企图嫁给心爱者，这就是人欲。臣子娶数个妻子，享受锦衣美食，也不算人欲；但是如果想做皇帝，这就是人欲。朱熹说，这中间的区别是非常微妙而难以掌握的，稍有差错，就会造成严重后果。他要求学者应该认真体会。

存天理、灭人欲首先是统治阶层的道德原则。统治阶层之中，又首先要求皇帝能够存天理而灭人欲。这是统治阶级为了自己的长远利益而制定的道德规范，以便约束自己的内部的个别成员，使他们把行为限制在当时的道德规范所允许的范围之内。

理学大师朱熹

朱熹是徽州婺源人，我国著名思想家、教育家、理学集大成者。字元晦，号晦庵、晦翁，别号紫阳，小名沈郎，小字季延。相传他的父亲朱松曾求人算命。卜者说：“富也只如此，贵也只如此，生个小孩儿，便是孔夫子。”此恐是后人附会，朱熹学成大儒则是事实。建阳近邻有个南剑州，是道学最初在南方的传播中心，朱松十分热衷道学，与当地道学家交往甚密。这种环境对朱熹的一生有着深刻的影响。

朱熹受教于父，聪明过人。四岁时其父指天说：“这是天。”朱熹则问：“天上有何物？”其父大惊。他勤于思考、学习长进，八岁便能读懂《孝经》，在书题字自勉曰：“若不如此，便不成人。”

朱熹像

绍兴十八年，朱熹中进士，任泉州同安（今属福建）主簿，聚徒讲学，后来罢官。孝宗即位的时候，朱熹上书反对议和。隆兴元年，他被召见。朝廷虽然多次委任他各种官职，但因与执政者政见不合，他都没有上任。

淳熙五年，史浩再度为相，推荐朱熹知南康军（治所在今江西星子县）。当时，他拜访了白鹿洞书院遗址，奏请修复旧观，定立学规，从事讲学。淳熙八年，浙东大饥，朱熹被任命提举浙东常平茶盐公事。次年，因屡次上书弹劾台州太守唐仲友违法扰民，唐仲友为宰相王淮姻亲，朱熹的奏章被扣压，因愤而辞归。淳熙十四年，周必大为相，任朱熹提点江西刑狱。次年，升兵部郎官，他以自己有足疾请求辞官。淳熙十六年，光宗即位，任为江东转运副使，又称自己有病要辞官，后改任漳州（今属福建）知州。绍熙二年辞归建阳，后来又任湖南安抚使，修复岳麓书院，扩建学堂，广纳四方游学之士。宁宗庆元元年，为焕章阁侍制、侍讲，因得罪韩侂胄而罢。次年，监察御史史继祖劾其伪学欺人，革职罢官，归建阳讲学著述而终。

朱熹研究领域很广，在哲学、经学、教育、音韵、文学、地理、考古、自然科学等方面都有伟大贡献，其思想体系在中国思想史上是以“致广大，尽精微，综罗百代”著称。与程颢、程颐等共创的理学史称“程朱理学”，为继孔子之后在中国思想界影响七八百年之久的正统官方哲学，远涉海外，影响世界；重视教育，创办书院，所撰《白鹿洞书院揭示》对后代教育事业影响深远；著述巨丰，其中《四书集注》五十八卷是明清两代科举考试的“圣典”。常以“新安朱熹”署名著述，讲学于徽州，从其弟子者众。“朱子之学”也就构成了“新安理学”的开山之学，并进而构成徽州文化的理性内核。

格物致知

这个成语家喻户晓，基本意思是说：考察事物，获得知识。这个也是《大学》一书所提出的儒者求学八阶段的初始两个阶段。儒者求学的目的，是为了治理国家，使天下太平。但儒学认为要能治理好国家，首先要提高自身的道德修养，把自己的家治理好。而要能提高自身的道德修养，把家治理好，首先又要使态度端正而诚恳。态度端正、诚恳地要做什么？方向无疑是最重要的。为了辨别是非，首先要考察事物，获得知识。这就是“格物致知”。

“格物致知”到了宋代，被朱熹提到了特别崇高的位置。朱熹认为《大学》一书缺了对格物致知进行解释的一章，他补上了这一章。朱熹增补的内容是：要获得知识，必须考察事物，以求认识事物的理。任何事物都有理，任何人都有一定的知识。求学者应该把心中已知的理作为基础，进一步努力，以求达到认识的顶点。经过长期努力，会达到这样一个境界，好像突然之间明白了一切，这就是认识的顶点。

朱熹所说的事物，包括自然界的事物，但主要是社会事物，包括读书和待人接物。比如考察如何孝顺父母，如何忠诚于君主等等。陆九渊和王守仁认为心既然是理的凝聚，心也就是理，因此，要认识理，不必去考察外界事物。王守仁甚至认为心中固有良知，把这良知推广到事物，就是格物。

一些从事自然科学研究的儒者，为了给自然科学争取应有的社会地位，把自然科学称为格物学或格致学。晚清时期，西学东渐，物理学即被称为“格致学”。

朱熹平生喜住山水佳处，数迁其居，又爱游山访古。他的足迹遍及闽、浙、赣、湘之名山、古刹和书院，更多的是往来于福建。孝宗淳熙十年（1183年），朱熹辞去了江东路提点刑狱的官职，退居到福建武夷山。武夷山上，风景秀丽宜人：绝壁万仞，山石林立，竹木苍翠，鸟雀翔集，溪流奔泻，日满西川。附近有当年老子讲学的道院，真是“出门恋仙境，仰首云峰苍；踌躇野水际，顿将尘虑忘”。这正是游学的好地方。

朱熹领着弟子们锄掉荒草，开出几亩土地，用畚箕和铁锹运来竹瓦，建成了武夷精舍。它坐落在五曲大隐屏之南。大隐屏即接笋峰，其壁石刻，峰峦峭削，竹木掩映。朱熹有诗这样描述：“一水屡萦回，苍然大隐屏，林端耸孤标。”精舍由仁智堂、隐求斋、止宿寮、观善斋、寒栖馆、晚对亮、茶灶等十二个部分组成。朱熹居住于此，除自己研究学问外，主要是聚徒讲学，有“紫阳夫子讲习武夷”之称。他们在那里讲书学习，弹琴歌唱，饮酒赋诗，师生之间尽享山水诗书之乐。

每当闲暇之时，朱熹偕同弟子们游历山水，饱尝南国的秀丽风光。他们手捧诗书，吟诵着《诗经》和《楚辞》中的章句；有时则举杯作乐，啸咏助兴。每次出游，他们都要在外面住上几天，尽览自然风光，常常流连忘返，朱熹为此深有感慨地说：“我现今住在这里，果然享尽山水之乐啊！”

“心学”始祖陆九渊

陆九渊，字子静，号存斋，南宋金溪县人。理学家、教育家，曾讲学于象山（今贵溪县南），人称“象山先生”。

陆九渊南宋乾道八年（1172）中进士，历任靖安县主簿、崇安县主簿、台州崇道观主管、荆门军知军等职。他为官清廉、不喜空谈、务求实干，认为任贤、使能、赏功、罚罪是医国“四君子汤”。他治理荆门政绩显著，丞相周必大称赞说，荆门之政是陆九渊事事躬行的结果。

陆九渊在哲学上，提出“心即理”的命题，断言天理、人理、物理只在吾心中，心是惟一实在，“宇宙是吾心，吾心便是宇宙”。认为心即理是永恒不变的，“千万世之前，有圣人出焉，同此心同此理也，千万世之后，有圣人出焉，同此心同此理也”。这就把心和理、心和封建伦理纲常等同起来。

1176 年，陆九渊在铅山鹅湖寺与朱熹对认识论的问题展开了一场辩论，史称“鹅湖之会”，进一步阐发了他“尊德性”和“发明本心”的“心即理”的先验论。他的学说，经明代王守仁继承，发扬成为宋、明理学的一个重要派别，影响极大。

陆九渊还热心于讲学授徒，大力发展教育事业，“每天讲席，学者辐辏，户外履满，耆老扶杖观听”，弟子遍布于江西、浙江两地。他在长期的讲学实践中，形成了一套独特的教育思想理论。

他认为教育对人的发展具有存心、养心、求放心和去蒙蔽、明天理的作用。他主张学以致用，其目的是培养出具有强烈社会责任感的人才，以挽救南宋王朝衰败的命运。在教育内容上，他把封建伦理纲常和一般知识技能技巧，归纳为道、艺两大部分，主张以道为主，以艺为辅，认为只有通过对道的深入体会，才能达到做一个堂堂正正的人的目的。因此，要求人们在“心”上做功夫，以发现人心中的良知良能，确认封建伦理纲常。后人将他所著所讲编为《象山全集》。

鹅湖之会

鹅湖之会是历史上一次著名的辩论，在朱熹和陆九渊之间展开，因发生在鹅湖寺，故得名。

鹅湖书院，位于江西广信府铅山县境内。自东晋以来，历经唐、宋、明等朝，都聚居过许多学者，曾经是一个著名的文化中心。

鹅湖书院为大义寺的附属寺左，即仁寿寺左，为“四贤祠”。祠为当时的信州刺史杨汝砺所建，这是鹅湖书院之始。以后屡有修举，明代宸濠之乱，兵燹之余，鹅湖书院的学舍全部毁坏。清康熙二十二年，地方官潘士瑞曾予修缮。康熙五十四年（1715 年），令尹施德大加修建，当时李光地所作《重修鹅湖书院记》说：“书院之建，实为国家学校，相为表里，李渤高士尔。朱子犹倦倦焉。今使先贤遗址，焕然重修，江有故理学地，必有游于斯，而奋乎兴起，以绍前贤者。”鹅湖书院很少有官方的支持得以重修，昔日的辉煌已不复再现，以致成为历史的陈迹。

在鹅湖书院后面的四贤祠内，设有朱、吕、二陆四个牌位，又有一个题着“顿渐同归”字样的匾额，这和书院前排建筑中所悬“道学之宗”的御匾，正遥遥相对，由此可见宋代朱陆鹅湖之会的盛况。抗日战争期间，鹅湖书院成为东南训练团的驻扎营地。

鹅湖书院之所以誉满江南，乃至闻名全国，主要是因为宋代著名理学家朱熹、陆九渊等曾在这里讲过学，进行过学术辩论的缘故。

南宋淳熙二年（1175），吕祖谦因鉴于朱熹、陆九渊两派学说论点不同，常引起争论，故而发起约会，邀请朱、陆两家集会于鹅湖寺。当时，朱熹和陆九渊、陆九龄兄弟皆应邀赴约。在这里，发生了朱、陆两派学说的第一次面对面的激烈争论。争论的焦点是关于认识论的问题。朱熹主张“泛观博览，而后为之约”；陆九渊则主张“先发明人之本心，而后使之博览”。这就是朱、陆两派的分歧点。朱熹认为陆学太简易；陆九渊则认为朱学太支离。这次争论，就是哲学史上著名的“鹅湖之会”。争论的实质，都是为了互争正宗教主地位。但是，这次“鹅湖之会”并没有解决他们两派学说之间的分歧，故以后还有更加激烈的关于世界观问题的争论。尽管如此，“鹅湖之会”对当时学术界却有很大的影响。

知行合一

知行合一是明朝思想家王阳明提出来的。王阳明出身于官僚家庭，父亲王华曾任礼部左侍郎。1499 年，王阳明中了进士，先后任刑部、兵部主事。1506 年由于与大宦官刘瑾结怨，王阳明被贬到了贵州，后重新被起用，官至右副都御史。晚年，他聚众讲学，在世时著作就被弟子们刊刻印行。

王阳明的思想中典型的是知行合一。他首先强调人的活动是有目的、有意识的，即他说的“致良知”，但如何使人的主体与客体联系起来呢？王阳明主张“求理于吾心”，即“知行合一”。他用主体包容了客体，将客体的独立性、自然性和物质性否定了。对于“行”他解释道：“凡谓之行者，只是着实去做这件事。若着实做学问思辨功夫，则学问思辨亦便是行矣。学是学做这件事，问是问做这件事，思辨是思辨做这件事，则行亦便是学问辩矣。”假如一个人不按仁义礼智信原则去行，那么，他就是未知。因为心中的良知他没有得到，也就是他没有认真思索。假如他认真思索，得到了良知，或者说他知道自己应该对父母行孝，对君主尽忠，那么他就一定会行孝尽忠。如果他不行孝，不尽忠，就说明他没有得到良知，也就是没有知。

所以，王阳明的“行”范围很广，包括了学、问、思、辨，这在《中庸》里是“知”的四个侧面，在王阳明这里合一了，因为他模糊了两者的界限。

王阳明进一步提出，人的“一念发动处即是行”，实际上是取消了真正的“行”。所以，明末清初的思想家王夫之（即王船山）批评他“销行以归知”。

王阳明这样用意念代替“行”也有合理的方面，他要人们树立一种信念，在刚开始意念活动时俱依照“善”的原则去做，将不善和恶消灭在刚刚萌发的时候，这也叫“知行合一”。所以，对“知行合一”应该全面理解，这样才能正确评价。

王守仁格竹

王守仁本来笃信朱熹的“格物致知”学说，但经过使他刻骨铭心的格竹子之理实践的失败，开始改变了自己的看法。

在记载他最重要的哲学思想的《传习录》中，王守仁叙述了自己早先格竹子之理这件事：“大家都说要遵循朱熹的格物致知学说，但能够身体力行的并不多，我年轻时候，曾经实实在在地做过。有一年，我跟我的朋友一起讨论通过格物致知来做圣贤，决定先从自家花园亭子前面的竹子格起。我的朋友对着竹子想穷尽其中的理，结果用尽心思，不但理没格到，反倒劳累成疾。于是我自己接着去格竹子，坚持了七天，结果同样是理没有格出来，自己反生了一场大病。当时还以为自己和朋友没有做圣人的能力，现在想起来，朱熹的格物致知，从认识的对象、认识的方法、认识的目的上说都搞错了。”

王守仁通过对格竹子之理失败的经验的总结，认为在朱熹的“格物致知”论中，认识的对象是自然的事物，认识的方法是外在的观察，认识的目的是增进知识。王守仁对朱熹的这种“格物致知”论非常不满，提出了自己的“致良知”学说。所谓“致良知”，就是说认识的对象应该是自己的心灵，认识的方法应该是向内的自我体验，并将自己的体验即心中的天理推广到外部事物之中。当然，对作为认识的最终目的即提高道德修养和精神境界来说，它们之间没有原则性的区别。

同时，如果我们将朱熹与王守仁的观点加以对照分析，就会发现王守仁对朱熹思想的理解是从他自己的意图出发，并不等于就是朱熹的原意。事实上，从认识对象上讲，朱熹自己就讲过“炊沙岂能成饭”，并不赞成泛泛观察自然事物；从认识方法上讲，朱熹是格物、致知并提，外在观察、内在推理并重，并不是只向外格物；从认识目的上讲，朱熹是增进知识、提高境界并重，并且希望用增进知识来帮助提高境界，并不是只注重增进知识。

心外无物

陆九渊认为人心虽然不过方寸之大，但心中之理发散开来却能充塞于整个宇宙，故万物万理，无非也就是心中之理。由于理和心都可以看做是天地的本性，故人与天之间也就沟通了起来。

陆九渊在明朝中期遇到了一位非常了不起的知音，他就是大名鼎鼎的王守仁。一般人都以为天是无所不包的，天者无外也。可心学一派却认为天不过就是对心的一种描述而已，王守仁说：“心即天，言心则天地万物皆举之矣。”“心即天”之可能，是建立在王守仁的心本论哲学基础上的。

与陆九渊一样，王守仁也特别强调理不外于人心。他认为外心而求理，什么也得不着。沿着这一思路，他进一步提出了“心外无物”的命题。据《传心录》卷下记载，一天，王守仁与朋友到某地游玩，朋友指着山岩中的一株花树问王守仁说：“你讲天下没有心外之物，像山岩上的这株花树，在深山中自开自落，与我们的心有什么相干?”王守仁回答道：“你没有看到这株花树时，它与你的心同样处于一种寂然不动的状态；而当你看到这株花树时，花树进入了你的视野，花的颜色形状等便与你的心发生感通，在心头显现。所以说它不在你的心外。”

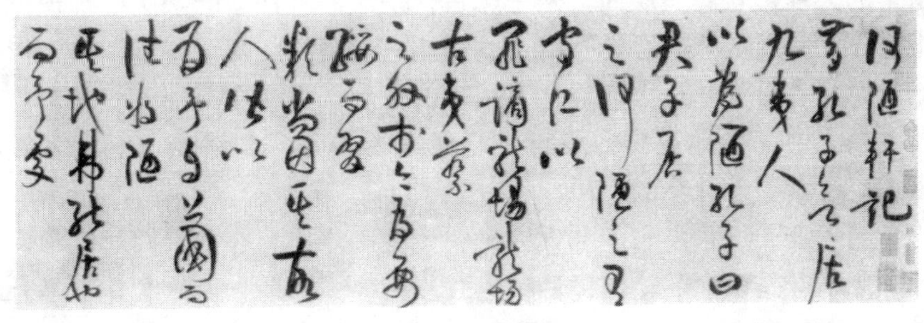

王守仁草书手迹

这则小故事理解起来并不容易。不过，如与前面所说的贯通起来，就可以发现，王守仁的逻辑思路是：心中之理与宇宙万物之理相通、相同，是一个东西。因而，明白了心中之理，也就明白了宇宙万物之理。明白了宇宙万物之理就在我的心中，也就等于明白了万物不在我的心外。前面讲的那个故事，王守仁没有说“你没有看到花树时，花树是不存在的”，而是说，“你没有看到花树时，它与你的心同样处于一种寂然不动的状态”。“寂然不动”，意指没有感应，而没有感应，不等于事物不存在。关于这一点，我们还可以从下面的对话中得到启示：

王守仁问朋友说：“请你说说，什么是天地的心?”朋友回答道：“听说人是天地的心。”王守仁问：“人心指的是什么?”朋友回答说：“只是一个灵明。”王守仁感叹道：“可知道充塞天地，中间只有这个灵明！人只是受物我差异的迷惑，把人心和天地之心给自行隔断了。其实我的灵明就是天地鬼神的主宰……离开了我的灵明，天地鬼神万物也就都没有了。”朋友追问：“天地鬼神万物，在我们没有出生以前就存在在那里了，怎么说没有了我的灵明，就没有存在了呢?”王守仁回答说：“你看那死了的人，他的精灵游散了，对他而言，天地万物又在什么地方呢?”

在这段对话中，王守仁指出死人没有了灵明，他的天地万物自然也就不再存在，这与客观天地的真实存在不是同一个概念。即每一个人心中都活动着一个他自己的天地万物。同样，当一个外在的事物没有进入我们的心灵视感之前，它也只能与我们的心灵同处于一种寂然不动的状态。假如从这个意义上说，我们所谓的天地，只能是存在于我们心中的天地，此心之外，没有“天地”可言。

天理良心

道学的天理，就其实质而言是中国古代宗法等级社会的宗法伦理道德，道学家把它作为判断是非善恶的标准，就是用它来制约、衡量现实社会中形形色色人们的思想、行为，让人们通过对天理的正确认识，在与他人、社会、天地万物的关系之中正确地定位，履行自己做人的本分，自觉遵守纲常名教的规定，做忠臣、孝子、社会的良民。

心学的代表人物是南宋的陆九渊和明代的王守仁。心学家们对道学家把天理作为是非标准是认同的，但他们又进一步指出，所谓天理其实并不是外在的客观必然，它就存在于现实的人心之中，天理也只有在人心之中才能够真正呈现。人的本心、良心就是天理，也就是是非的标准，照着自己的良心去做，自然就是合理的。

据《陆九渊年谱》记载：陆九渊去看望正在富阳县当主簿的弟子杨简，杨简刚处理完一桩诉讼案，就向陆九渊请教什么是本心。陆九渊说，刚才你断案时，听完了双方的讼词之后，就知道谁是谁非了，你依据的是什么呢？还不就是你的良心吗!

王守仁也说：“良知只是个是非之心。”人的思想、行为的是非对错，不需要拿外在的规范、法则去衡量，人的良心自然会知道。

道学讲天理，心学讲良心，这两种是非标准主要都是针对人类的道德意识、道德行为而言的，同纯粹的科学认知意义上的是非标准不一样，这是中国传统是非标准论的特色所在。就天理、良心二者相比较，天理论侧重他律，良心论强调自律，两者相辅相成，在中国近古社会影响极其深远。但把天理、良心作为是非标准也有弊病。就天理而言，它本来是对自然规律、人伦关系的抽象，一旦被理学家们尊奉为神圣不可改变的教条后，就容易走向僵化，成为人们生活中的桎梏。而良心论者把应然的至善的良心等同于实然的人心，这就等于把道德理想主义的大厦建立在人类千差万别的情感欲望的地基上，很容易走向自然主义、非道德主义和无是无非论。

满街都是“圣人”

一天，王守仁的学生王艮出游归来。王守仁问道：“你出游看见了些什么?”王艮回答说：“见满街都是圣人。”王守仁说：“你看满街是圣人，满街人倒也看你是圣人呢!”

又一天，王守仁的另一个学生出游回来，兴冲冲地对王守仁说：“先生，今日我看见了一件奇怪的事情。”王守仁问是什么事，学生回答说：“见满街都是圣人。”王守仁说：“这不过是常事，有什么值得奇怪的!”

原来，两位弟子对老师的真传心领神会，只是程度深浅不同。王守仁曾写过一首诗，其中一句是：“各个人心有仲尼。”在王守仁看来，每个人的心中都有孔子，所谓“人胸中各个有圣人”，这是先天的。他在讲课中常向学生灌输这种思想。

“圣人”，是封建统治阶级理想中最高的人性典范，只有孔子、孟子等少数几个人才能有这样的称号。王守仁及其弟子为什么说满街都是圣人呢?因为他们在人性论问题上与孔子“惟上智与下愚不移”不同，他们认为下愚是可以改变的，“不是不可移，只是不肯移”，“圣人”之心和“愚夫愚妇”之心是一样的，人性皆善。从某种意义上讲，这样的说教，比孔子和董仲舒等人的说法更有欺骗性。

天泉桥之辩

明朝嘉靖六年（1527 年），王守仁已经五十六岁，奉命出征广西恩田。他的得意弟子钱绪山（又名德洪）、王龙溪（又名汝中）赶来饯行。两人同住舟中，相与论学，因意见不一，要求老师王守仁裁决。王守仁欣然答应。随后他们移席天泉桥，于是哲学史上一场有名的论辩开始了。

钱绪山说：“无善无恶是心之本，有善有恶是意之动，知善知恶是良知，为善去恶是格物。”钱绪山说得眉飞色舞，口沫横飞，自以为深得老师真传，一定会使龙溪就范。

王龙溪也知这是老师的观点，可是他不以为然，还是提出自己不同的看法。他反驳说："若说心体是无善无恶的心，意亦是无善无恶的意，知亦是无善无恶的知，物亦是无善无恶的物。"王龙溪认为心、意、知、物是一回事，若心无善恶，则意、知、物当中亦无所谓善恶。所以他不主张去做"格物致知"的功夫。

王守仁此时已经重病在身，他大概知道自己将不久于人世，于是不得不彻底开导这两位执迷不悟的幼稚弟子一番，他最后裁决说：

"二君之见，正好相资为用，不可各执一边。我这里接人，原有此两种。利根之人，直从本源上悟入。人心本体原是明莹无滞的，原是个未发之中。利根之人，一悟本体，即是功夫，人已内外，一齐俱透了。其次不免有习心在，本体受蔽，故且教在意念上实落为善去恶。功夫熟后，渣滓去得尽时，本体亦明尽了，汝中之见，是我这里接利根人的。德洪之见，是这里为其次立法的。二君相取为用，则中人上下皆可列入于道。若各执一边，眼前便有失人，便于道体各有未尽。"

王守仁吐露了他的真言：什么这个理、那个理，能够把更多的人引入"道"，多"拯救"几个灵魂，多欺骗一些"群众"的，便是最完善的"理"。理学的"善"和"美"的标准就是这个，其诀窍也在这里。王守仁的两个弟子不知其中的奥妙，所以争论不休。

理在心中

弘治十二年（1499 年），王守仁中进士，并开始在工部里见习。第二年，朝廷任命他当刑部主事，这只是掌管法律和刑狱事务的小官。干了几年，他便托病回到浙江，在阳明洞盖了几间房子，刻苦攻读，修身养性。后来他又重上官场，任兵部主事。

明武宗正德元年（1506 年），明武宗朱厚照即位。当时，宦官刘瑾专权，逮捕了南京二十多名官员下狱。王守仁因上书朝廷，激怒了刘瑾，也受到牵连，被捕入狱，还身受杖打四十下。不久，他被贬官到贵州龙场驿（修文县境内）当驿丞，这是负责传送公文的差使。

尽管王守仁已经被贬官，但刘瑾还不想放过他。在他离京前，刘瑾派了几名刺客跟在他后面。到了钱塘江，刺客们已经追了上来，准备大打出手。王守仁走投无路，只好假装投江自杀，以迷惑刺客，而暗地里却搭上商船，进发舟山。刚好遇上风暴，他在船上熬了好几天才到达福建海。后来，他在一首诗中记下了这段艰险的经历："险夷原不滞胸中，仅异浮云过大重。夜静海涛云万里，月明飞锡下天见。"

在贵州的万山丛中，他整整待了三年，百难务尝，但是他没有放弃对程朱理学的研究，终日静坐，体验天理，以实现自己的夙愿。

一天夜里，夜深人静，人们都熟睡了，他却彻夜不眠，坐在桌前久久冥思。想着想着，他突然激动地大喊大笑起来。人们以为发生了什么事，都赶来看望询问。只见他喜形于色，慢条斯理地说："朱熹提出'格物穷理'，说是万事万物都由'理'派生出来，因此，在外界事物中，都存在着天理。我曾经格过物，穷过理，对着竹子格了七天，结果什么理也没有穷出来。现在我才发现，朱熹说的那一套是错误的。原来，这个'理'就在心中。只要从自己心里去寻找，就可以悟出当圣贤的道理。"人们听了他的解释，看他那股孜孜不倦的憨劲，都笑了。

王守仁对自己苦心经营的这套理论非常欣赏，于是，他一面在龙场山洞著书立说，一面开始筹建龙冈书院，准备招收弟子，宣传与推广自己的理论。后来，这套理论被称为"心学"。

乾嘉学派的考据之学

清朝，屡次禁毁书籍，大兴"文字狱"。当时的文人学士不敢抒发己见，议论时政，所以他们把时间和精力用在古代典籍的整理上，寻章摘句，逃避现实。乾隆即位后，大力提倡经学的考据，考据学大盛，渐渐形成一个影响巨大的学派，后世称为乾嘉学派。

乾嘉学派出现于清代乾隆、嘉庆年间，是以考据为治学主要内容的学派。他们反对宋明理学好发空论言之无物的弊病，走上从书本上寻找疑难问题进行考据的务实道路。所以在思想发展史上，他们建树不大，在学术研究方面，却有一定的造诣和贡献。

乾嘉学派的奠基人，大致可以追溯到清初学者黄宗羲、顾炎武、方以智、阎若璩、胡渭和毛奇龄等人对儒家经典的重视研究。但是，乾嘉时期的考据学家，沉溺于故纸堆中，脱离实际，放弃了顾炎武等经世致用的本意。

乾嘉学派，一般说来可以分成以惠栋为首的"吴派"和以戴震为首的"皖派"。吴派推崇汉代经说，主要学者有沈彤、江声、余萧客、江藩、王鸣盛等。皖派则以语言文字学为治经的途径。戴震的学生很多，以段玉裁和王念孙、王引之父子最为有名。

乾嘉学派在经学、史学、文学、音韵、天算、地理等学科作出了很大的成绩，为后来的研究者提供了可靠的材料和读书的便利。其重视客观资料、不以主观想象轻下判断、广泛收集资料、归纳研究、有着细致、专一、锲而不舍等可贵的治学精神。但是，乾嘉学派也存在着严重的缺点：他们只讲证据不讲道理。结果在细枝末节上功夫很深，涉及需要说明解决问题时，却无能为力，造成了不通世务、不切实际的后果。主要表现在许多考据家的作品都是繁琐细碎，以繁为贵，一字的偏旁、音训考证动辄千言。结果是杂引衍流，不知所归。

学者们毕生的精力，耗于一字一句的正讹、一名一词的渊源，造成很大的浪费。嘉庆以后，有人从不同的角度对考据学派提出异议和批评，乾嘉考据学也开始由极盛转向衰落。

道家

老子所说的“道”

《老子》把“道”作为哲学最高范畴，建立了自己的哲学体系，认为“道”是产生宇宙万物的本原和支配宇宙万物的法则，又是人类社会所必须遵从的准则。

“道”的本来意义是道路的道，故从首、从走，引申为规律、法则。

春秋时期，“天道”是指天象运行规律；“人道”是指人的行为准则。老子总结吸取了“道”的种种含义，把它上升概括为具有事物存在的实体和发展变化的规律两个特性。

老子认为“道”是产生世界万物的本原，万物都是“道”的派生者。“道”是天地之根、万物之母、万物之宗。他说：“道可道，非常道；名可名，非常名。无名，天地之始，有名，万物之母。”这就是说，万物是可以言说的，而产生万物的道，却是不可言说的。可以言说的道，不是恒常不变的道；万物是可以命名的，给万物命名的道，却是不可以命名的。因此，无名之道，才是产生天地的始基。“天下万物生于有，有生于无。”可见，老子所说的“道”就是“无”，它是不具有任何具体物质属性和形象的玄者。老子说：“道冲而用之或不盈。渊兮似万物之宗……吾不知谁之子，象帝之先。”也就是说，“道”这个东西是空虚无形的，可是它永远也用不尽，十分渊深，好像是万物的祖宗。不知道它是由谁产生的，只知道它在上帝之前就存在了。关于“道”的产生，宇宙万物的过程和模式，老子也作了具体说明。他说：“道生一，一生二，二生三，三生万物。”

万物负阴而抱阳，冲气以为和。

老子出关图

这就是说，“道”实质上是“无”，“一”是代表由精神性的一道产生具体万物之前的一种混沌未分的物质整体，即阴阳未分的宇宙混沌本体；“二”是指宇宙元气分为阴阳；“三”是阴气、阳气和冲气。三气变化面成为天、地、人三才，三才具备，就可以生芸芸万物了。

因此，总体上来讲，老子的“道”不是客观存在的真实物质实体，而是虚构的恍惚不定的精神本体，它不能被经验感知，无形无象，是万物的祖宗，是天地产生的总根源。

涤除玄览

“涤除玄览”是老子认识论哲学的集中体现。老子认为认识最高本体的道，必须从复杂、多样的耳闻目睹的感觉经验中挣脱出来，要站在更高处去认识。此即他所说的“涤除玄览，能无疵乎”。玄览，指在心灵深处，以道镜自鉴自察，除去污垢。所谓玄览无疵，就是把内心直观比喻成一面最深妙的镜子，如果能够把这面镜子打扫得干干净净，没有一点灰尘，即人的内心不染外物，保持最大空虚和安静，这样万物就会自然呈现在面前，为人们所认识。

“道”既然是世界万物的本原，当然也是人的认识对象。人只要认识了“道”，就是认识了一切，没必要去认识外界事物了。因此，老子反对认识客观世界的具体事物，更反对用人的感官接触客观事物，以致取消感性认识。他说：“五色令人目盲，五音令人耳聋，五味令人口爽。”也就是说，人追求物质欲望，享受各种颜色、声音、味道等，会使人眼瞎、耳聋、口味败坏。这就把人的感官接触、认识外界事物，看成是一种极大的危害。他说：“塞其兑，闭其门，终身不谨。开其兑，济其事，终身不救。”就是说，人们要堵塞住耳目口鼻这些感官的窍穴，关闭感官的门户，才能终身没有毛病；如果打开感官的门户，积极认识事物，将会终身不可救药。

老子认为认识事物，不要到客观世界中去认识，特别是认识“道”，更没有必要到实践中去体会。他说：“不出户，知天下；不窥牖，见天道。其出弥远，其知弥少。”这就是说，人在认识事物时，不出门就可以认识天下万物，不看窗外就可以知道天下万物产生的规律，你越广泛深入地接触世界，你得到的知识就越少。因此，“圣人不行而知，不见而明，不为而成”。

老子的这种认识论观点，在很大程度上与当时的天文学有着密切联系。观察天文，只能用静观的方法；求得天道运行的规律，光靠“观”是不行的，要靠“玄览”，即用深远的思维去考察。“玄览”是用思想不是用感官去览，是一种神秘的直观。

柔弱胜刚强

老子在其哲学体系中赋予“道”以至高的地位，“道”的地位之所以无穷无尽，是因为它的本性是柔弱。这个观点运用到人生方面，就是“柔弱胜刚强”。

首先，老子主张柔弱，反对刚强。他以人的身体为例，说人活着的时候，质体柔弱；死了的时候，就变得僵硬。又以草木的质体为例，说草木欣欣向荣的时候，质体是柔软的，衰败之后，就变成僵硬的了。进而推出一般结论：“刚强”的东西已失去生机，“柔弱”的东西则充满活力。另外，他认为只有“柔弱”的东西才能承受外力，刚强的东西则容易摧折。比如说，高大强壮的树木容易遭人砍伐，也很容易被大风摧折，而柔弱的小草却能随风飘摇，永远不会折断。老子还以水为例说明柔弱的作用。

因此，老子叹息说，这种柔胜刚、弱胜强的现象，天下没有人不知道，但没有人能从中得到启迪，从而真正认识到柔弱对人生的意义。相反，人们却喜欢自我表现、自以为是、自我夸耀。“强梁者不得其死”，这是老子教人处世的警语。

其次，老子主张“处下”、“不争”，反对“为天下先”。他以江海作比喻，认为江海处于低洼的地方，所以能容纳百川之流，百川都汇归江海。圣人具有“处下”、“不争”的品格，所以能够处于人民之上，而人民并不感到负累受害，乐于拥护他而不厌烦他。因为“不争”，所以天下没有人与他争，也不会招来怨恨和罪过。“不敢为天下先，故能成器长”，也就是说，因为不敢居于天下人之前，所以能成为万物的首长。在老子看来，“处下”、“不争”的人生态度，也叫做“守雌”。

老子在书中反复强调这些主张，例如说，委屈反而能保全，屈枉反而能伸张，低洼反而能充盈，破旧反而能新生，少取反而能多得，贪多反而迷惑。又说，善于做将帅的人不逞勇武，善于作战的人不激怒，善于战胜的人不对抗，善于用人的人对人谦下。

在“柔弱”与“刚强”这对矛盾当中，能够看到“柔弱”的作用，是老子的独到之处，也是他的深刻之处。这些都是他观察自然和社会，从许多事物的转化例子中得出的结论。对我们今天的为人处世、方法战略也有一定的借鉴作用，因而我们需要批判地认识老子的这一思想。

无为而治

老子提出的“无为”不是现在意义上的“碌碌无为”的意思。

“无为”是老子提出的政治思想，主要是针对政治上的“有为”而言的。在他看来，“有为”政治带来的祸害非常严重。“天下多忌讳，而民弥贫”，“法令滋彰，盗贼多有”，也就是说，防禁越多，人民越陷入贫困；法令越森严，盗贼越增加。“民之饥，以其上食税之多，是以饥；民之难治，以其上之‘有为’，是以难治。”统治者征收大量赋税，造成人民饥饿；统治者越是强作妄为，人民越是难以管理。老子对“有为”政治进行了激烈的批评。他说道，大路很平坦，君主却喜欢走斜径。朝政腐败了，弄得农田也全都荒芜，仓库十分空虚；统治者还穿着锦绣的衣服，佩带锋利的宝剑，吃厌了精美的饮食，搜刮更多的财货。老子指责这样的统治者为强盗头子。从客观上来讲，这些是对春秋时期社会场景的确切描述，怎样解决这个问题呢？老子提出统治者应该“无为而无不为”。“无为”指的是，统治者应该顺从自然，应该少一点欲望，少一点作为，对人民顺其自然，这样做，统治才能得到巩固。

老子“无为”政治思想的提出是有其理论依据的。在老子看来，虚无的东西才是最有用的东西。道本身就是空虚而看不见的，而它的作用却是巨大的。例如车轮，如果没有中间的圆洞，就不能转动了。我们用的茶杯、瓷碗等器皿，如果没有空的地方，就不能装东西。门户如果没有空处，就不能出入。房屋如果没有空处，也不能住人。因此，老子说，无和空才是有用的。我们对待事情，无为正是有所作为。如果人人按照无为的准则去过日子，去做人，国家按照无为的准则去治理，这样一切事情都会很顺利。

小国寡民

小国寡民是老子理想中的社会和国家形态。

《老子》中有一段非常经典、为后来人们所熟悉的话，充分体现了老子的这种思想。这段话是："小国寡民，使民有什伯之器而不用，使民重死而不远徙。虽有舟舆，无所乘之；虽有甲兵，无所陈之使民复结绳而用之。甘其食，美其服，安其居，乐其俗。邻国相望，鸡犬之声相闻，民至老死不相往来。"这就是说，国家要尽量小，人民百姓也要尽量少，即使有了器具、车船、武器，人们也不去使用，甚至连文字也不要。必须使人民看重生命，不到处搬迁，使人民有吃有穿，能够安居乐俗，不要有其他非分之想。相邻的国家，鸡狗的叫声都能相互听得到，但人民到老死也不相互往来。

老子认为社会之所以混乱，互相争夺，原因就在于人们欲望的过分、法令的繁多、对知识的追求和讲究虚伪的仁义道德等。老子对仁义道德也进行了某些批评和揭露，他指出，所以要讲仁义忠孝那一套，都是因为大道废弃，六亲不和，国家混乱。因此，他认为要使天下太平，没有争夺，就要取消知识，取消道德，取消新颖的器具和财货。

在此基础上，老子提出了自己的历史发展观。他认为社会发展分为五个阶段，即"道"、"德"、"仁"、"义"、"礼"。人类社会的最初发展阶段是由"道"统治的，一切纯属"自然"，是完全"无为"的。以后的社会分别由德、仁、义、礼统治。老子认为后一个阶段与前一个阶段相比，离"无为"越远，美的善的东西越少，丑的恶的东西越多，因而离他的小国寡民的政治理想就越远。

老子所追慕向往的社会，正是远古的原始社会。老子的幻想在一定程度上反映了在春秋战国时代战争频繁，人民生活动荡不安，统治阶级对人民进行残酷剥削，人民迫切要求安静休养和减轻剥削的愿望。

祸兮福之所倚

老子观察了天地万物发展变化的情况，观察了社会历史与政治方面的成与败、存与亡、新与旧、福与祸等对立物的相互关系，发现了事物内部所具有的一些辩证规律。老子的这个思想是辩证法的一个体现，也为现代人提供了在纷繁复杂的世界中、在众多的烦恼中找到心灵慰藉的方式。

老子说过的一句很有名的话就是："祸兮福之所倚，福兮祸之所伏。"这就是说，祸是造成福的前提，而福又含有祸的因素，它们并不是永恒不变的。在一定条件下，好事和坏事是可以相互转化的。汉朝有一部叫《淮南子》的书，这部书的很多内容是根据老子的思想写成的。其中有一个“塞翁失马”的故事，很生动地说明了“祸兮福之所倚，福兮祸之所伏”的道理。

“塞翁失马”的故事是这样的：古代一位住在边塞的老人丢了一匹马，同村的人知道了，都来安慰他，劝他别发愁，保重自己的身体。这位老人非常感谢大家的关心，他说：“我没有发愁，丢马也不一定是坏事，也许是好事呢!”过了几个月，这匹马又回来了，还带回了一匹骏马。同村的人知道后，都来向老人表示祝贺，老人说：“我的马是回来了，还带回了一匹骏马，可这不一定是好事啊!”不久，他的儿子骑着这匹马把腿摔坏了。乡亲们又来安慰他，他说：“没什么，这也不一定是坏事呢!”不久，边塞发生战争，村子里的青壮年都被征入伍，到前线去打仗，很多人都死在了战场上。老人的儿子因为摔坏了腿不能当兵打仗，因而保全了性命。

《老子》一书中，许多地方都深刻论证了相反相成和物极必反的道理。老子说，有和无是彼此相生的，难和易是彼此相成的，长和短只有彼此比较才会出现，不同的声音产生谐和，前后相互对立而有了顺序。但是，另一方面，我们要清楚地看到，事物两方面的转化是有条件的。必须经过一系列的中间状态，事物才会向相反的方向转化。因而，在吸取老子“祸兮福之所倚”的生存智慧的同时，要重视人的主观能动性的发挥，不能纯粹以“无为”而等待良好结果的产生。

庄子的“齐物论”

齐物论，是庄子的认识论。庄子认为天地万物表面上千差万别，形殊势异，本质上是同一无别、等齐均一的。庄子之所以得出这样的结论，是因为庄子观察事物的角度与常人不同。常人站在人间观人间，所以将事物放大了，将事物与事物之间的差别放大了；庄子则站在宇宙源头观人间，所以将事物缩小了，将事物之间的差别泯灭了。

以齐物论为出发点，庄子否认认识的客观标准，认为客观事物是相对的，而且人的认识能力也是相对的。因此，所谓的是非观念是由人们的“偏见”造成的。他说，人睡在潮湿的地方就会风湿腰疼，难道泥也这样吗？人爬到树梢上，就会胆怯害怕，难道猴子也这样吗？那么，人、泥鳅、猴子三者，究竟谁知道天下的“正处”呢？庄子认为不好说。又如，人吃饭菜，麋鹿吃草，蜈蚣吃蛇，猫头鹰吃老鼠，这四者究竟谁知道天下的“正味”呢？庄子认为也不好说。再如，毛蔷、骊姬（传说中的美女），人们都认为是美人，可是鱼见了她们逃到深水，鸟见了她们吓得高飞，麋鹿见了她们赶快跑开，那么人、鱼、鸟和麋鹿这四者究竟谁懂得天下的“正色”呢？还不好说。

甚至，庄子直接否定了认识的必要性和可能性。在《秋水》篇中，记载着庄子和他的好友惠施濠梁上观鱼的一段著名对话。庄子说：“白鱼出游自由自在，是鱼的高兴快乐吧！”惠施说：“你不是鱼，怎么知道鱼高兴快乐呢?”庄子说：“你不是我，怎么知道我不知道鱼高兴快乐呢?”惠施说：“我不是你，固然不知道你；你也不是鱼，固然也不知道鱼的高兴快乐了。”这段话的结论是，人是不可能知鱼之乐的，事物是不可认识的，最终得出了不可知论的结论。既然事物是不可认识的，那么人们就没有必要去自找苦吃，耗费精力去追求知识了。所以，他说：“吾生也有涯，而知也无涯，以有涯随无涯，殆已。”这就是说，我的生命是有限的，而知识是无限的，以有限的生命去追求无限的知识，那是危险的。如果你一定要去追求无限的知识，就必然使自己陷入无穷的烦恼之中去。

我们不难看出，庄子看到了人们认识的局限性，却又把这种局限性片面地夸大了。

逍遥游

“逍遥游”指自由自在地遨游，不受任何约束和任何条件的限制。《逍遥游》是《庄子》中的一篇，此文运用许多著名的寓言故事来说明庄子所提倡的人生境界。

第一个寓言是《鲲鹏变化》。说是北冥有条大鱼，名叫鲲，大得不知道有几千里。它一变而成为鸟，叫做鹏，鹏的背也不知道有几千里大。鹏奋起飞翔，翅膀像从天上垂下来的云彩。它趁着海水震荡飞往南海，先用翅膀拍打海水，激起三千里宽的海浪，掀起旋风，然后盘旋而上，飞到九万里的高空，一直飞了六个月，才到达南海。可是小雀儿听说后嘲笑大鹏说：“它何必飞那么远呢？我向上飞腾不过几丈高就落下来，在蓬草香蒿中间翱翔，非常愉快，这已经达到飞翔的极限，可它还要飞到哪里去呢?”在庄子看来，小雀嘲笑大鹏固然可笑可怜，但它们的飞行也只是高低远近的差别，其实都要受空间的限制。因而，它们的自由也是有所限制的，这就是“有所待”。

后面庄子又讲到一个叫宋荣子的人，说他对自己的内心和外界的事物有自己明确的见解，对于光荣和耻辱有自己的标准。庄子认为这样的人虽然世上很少，但他仍然没有达到最高的境界。

还有一个列子，他能驾着风飞行，轻快美妙，一直飞行十五天才返回来。庄子认为能像他这样幸福自由的人很少。但是他虽然不必用脚走路，却仍要凭借风力，还是“有所待”。

庄子认为只有那种顺着自然的本性，能够驾驭天地间的阴、阳、风、雨、晦、明六种气的变化，能不受时间、空间的限制而任意遨游的人，才是“无所待”的。“无所待”是庄子理想中的最高境界，也就是绝对自由的境界——逍遥游。

由此，庄子构造出了一个完美的人物形象。他说，在藐姑射山上住着一个神人，她的皮肤像冰雪一般洁白，她的风姿像处女一般秀美。她不吃五谷，只吸风饮露。她乘着云气，驾着飞龙，在四海之外遨游。她的精神凝聚专一，能使万物不受病害，年年五谷丰收。她同万物融为一体，没有任何东西能够伤害她。

无用与有用

要理解庄子关于有用和无用的哲学意思，我们须先看一则故事：庄子与弟子，走到一座山脚下，见一株大树，枝繁叶茂，耸立在大溪旁，特别显眼。但见这树：其粗百尺，其高数千丈，直指云霄；其冠宽如巨伞，能遮蔽十几亩地。庄子忍不住问伐木者：“请问师傅，如此好的木材，怎一直无人砍伐？以致独独长了几千年？”伐木者似对此树不屑一顾，道：“这何足为奇？此树是一种不中用的木材。用来做舟船，则沉于水；用来做棺材，则很快腐烂；用来做器具，则容易毁坏；用来做门窗，则脂液不干；用来做柱子，则易受虫蚀。不材之木也，无所可用，故能有如此之寿。”

听了此话，庄子对弟子说：“此树因不材而得以终其天年，岂不是无用之用，无为而于己有为？”也就是说，这棵树因为它没有用而能够持续生长这么多年，这难道不是无用之大用吗？弟子恍然大悟，点头不已。庄子又说：“树无用，不求有为而免遭斤斧；白额之牛，亢曼之猪，痔疮之人，巫师认为是不祥之物，故祭河神才不会把它们投进河里；残废之人，征兵不会征到他，故能终其天年。形体残废，尚且可以养身保命，何况德才残废者呢？树不成材，方可免祸；人不成才，亦可保身也。”庄子愈说愈兴奋，总结性地说：“山木，自寇也；膏火，自煎也。桂可食，故伐之；漆可用，故割之。人皆知有用之用，却不知无用之用也。”

师徒二人出了山，留宿于庄子故友之家。主人很高兴，命儿子杀雁款待。儿子问：“一雁能鸣，一雁不能鸣，请问杀哪只？”主答：“当然杀不能鸣的。”

第二天，出了朋友之家，没走多远，弟子便忍不住问道："昨日山中之木，因不材得终其天年；今主人之雁，因不材被杀。弟子糊涂，请问，先生将何处?"庄子笑道：我庄子将处于材与不材之间。材与不材之间，似是而非，仍难免于累……庄子欲言又止，弟子急待下文："那又怎样处世呢？有材不行，无材也不行，材与不材间，究竟如何是好?"

庄子沉思片刻，仰头道："如乘道德而浮游则不然，无誉无毁，一龙一蛇，与时俱化，而不肯专为。一下一上，以和为量，浮游于万物之初，物物而不物于物，则还有什么可累的呢？此神农、黄帝之法则也。至于物之性、人伦之情则不然：成则毁，锐则挫，尊则议，有为则亏，贤则厚，不肖则欺。怎能免累呢？弟子记住，唯道德之乡才逍遥啊!"

弟子道："道德之乡，人只能神游其中；当今乱世，人究竟怎样安息?"庄子道：你知道鹌鹑、鸟是怎样饮食起居的吗?"

弟子道："先生的意思是说人应像鹌鹑一样起居，以四海为家，居无常居，随遇而安；像鸟一样饮食，不择精粗，不挑肥瘦，随吃而饱；像飞鸟一样行走，自在逍遥，不留痕迹?"庄子微笑着点点头。

白驹过隙

这个成语出自《庄子》，是庄子关于人生短暂的比喻。意思是说，人生就像一匹白马越过地面的一个小缝儿一样，只是瞬间，极为短暂。

庄子在《知北游》中阐明了对生死的态度。他认为人活在天地之间，像是骏马飞奔、越过缝隙，一眨眼的时间就过去了。世间万物，包括人在内，没有一个不是蓬蓬勃勃地出生，没有一个不是萧萧条条地死去。有生命的东西为此而哀伤，有情感的人类为此而悲痛。与其如此，还不如解开那自然造成的束缚，随物旋转，魂魄游到哪里，自己就随之到哪里。不要太过执著。

这就是人和万物的最终归宿。尽管如此，这些却不是追求至理的人所追求的。以上这些是众人都在讨论的问题，不过达到至理的人却不讨论，凡是参与讨论的都没有达到至理。就像老子所说的那样，"道可道，非常道；名可名，非常名"。大道是不可见的，与其以闻见的方式求道，不如以闭塞的方式求道。懂得这样的道理那就是最大的收获，人生才算是完满有意义的。

事实上，庄子的这段论说包含了好几层意思。人生非常短暂，只是大道变化的一个瞬间。大道流变就像骏马飞奔，人生在世就像飞马过隙；生生死死，是大道流变的自然过程、生物变化的自然程序，人皆如此，没有一个能够避免的，人皆有生死；有鉴于此，人们就应该从对死亡的哀伤和悲痛中解脱出来，顺随生物的自然变化，生而不喜，死而不悲，生死不动于心，永远保持内心的平静。做到了这一点，也就达到了至理，回归了大道，人生也达到了完美；达于至理、回归大道的人不区别有生与无生，不分辨有形与无形，将生死来去视为一体，将有形无形划为同一。正因为如此，所以也就无须言语和论辩了。

庖丁解牛与养生之道

“庖丁解牛”是庄子讲的一个寓言故事。

庖丁为文惠君宰牛，技术很是精湛，那动作也像是在跳“桑林之舞”，那声音像是在奏“经首之乐”，抑扬顿挫，优美动听。文惠君站在一旁看得出了神，不由得赞扬道：“难道宰牛的技艺也能够如此高超吗?”庖丁放下刀回答说：“我所追求的是宰牛的道理啊，道理要比技艺更高一筹。一个好的庖丁，一年换一把刀，因为他用刀去割肉，时间长了刀就钝了。一个普通的庖丁，一个月要换一把刀，因为要用刀砍骨头，用不了多久就钝了。而我这把刀，已经用了十九年，所解的牛已有数千头，可刀刃却像是新磨的一样。要知道，牛的骨节中间是有空隙的，而刀刃却是没有厚度的。拿没有厚度的刀刃刺入有空隙的骨间，游走那刀刃，一定是大有余地可行的。正因为这样，所以十九年了，我的刀刃还像新磨出来的一样。”文惠君听后感叹道：“太好了！听了你的话，我懂得了养生的道理。”

在这个故事中，虽然庖丁在讲解牛的道理，但文惠君却说懂得了怎样养生。之所以如此，是因为养生与解牛具有相似之处，这就是不要做危害己身的事。刀刃要保持长久的锋利，就不要去碰牛体的硬骨；人的身体要想长存，就不能触及那些有伤于己的硬东西。这些硬东西，在庄子看来，就是名和刑。许多人为了名誉要么真做好事，要么假做好事。真做好事，往往会忘我操劳，把身体搞垮；假做好事，就会败露于世，身败名裂。触刑，就是做坏事，肯定会有恶报。

因此，在庄子看来，人生在世，不仅仅要做好事而不做坏事，而且好事要自然而然地去做，千万不能有意去做，不能为了沽名钓誉而做。做坏事和为了获名而做好事，就像刀刃触及牛体的硬骨一样，会伤及己身。这就是庄子提出的“无近刑名，可以全生”。

螳螂捕蝉，黄雀在后

这个典故出自《庄子·山木》，集中体现了庄子在利益面前的生存智慧。

故事说：有一次，庄子在栗子园外面游玩，突然飞来了一只鹊鸟。这只鹊鸟丝毫没有注意庄子的存在，径直落在了栗林之中。庄子加快脚步跟上去，拿出弹弓，准备把它打下来。到了跟前，庄子明白了：鹊鸟之所以没有看见他，原来是为了捕捉一只螳螂。栗林中有一只蝉，正借着树阴在那里休息，可是正因为它找到了很好的休息地点，只顾享受，却忘记了自己处境的危险，没有想到在它的附近有一只螳螂突然伸出双臂捉住了它。这只螳螂捉住了蝉，非常高兴，得意之时却忘记了隐藏自己的身体，被这只鹊鸟在空中飞过时发现了，所以鹊鸟俯冲下来要啄食它；同时，也正因为这只鹊鸟一心一意要啄食这只螳螂，所以连庄子这么大的一个人它也没有看见，以至于当庄子要用弹弓打它的时候，它还不知道自己已经到了危险的关头。

看到这里，庄子很为感叹，深为这几只小动物感到悲哀，觉得它们太不懂得轻重了，为了一点蝇头小利而忘了自己的生命，由此可见物欲对生命的危害。想到这里，庄子忽然感到自己也陷入了这种可悲的境地，为了捉住这只鹊鸟，他忘记了自己的周围环境，忽视了自己所处的境地，因为很可能自己也正被当做猎物呢。有了这样的意识，他吓出了一身冷汗，赶忙扔掉弹弓，扭头就走。果然不出所料，那守庄园的人见到他进入了栗林，以为他在偷栗子，正要抓他，见到他跑了出来，正在后面追着骂他呢。

后来《韩诗外传》借用了这个典故，成为“螳螂捕蝉，黄雀在后”的成语。

庄子认为无私是立身之本。一个人有了私欲，就会利欲熏心；利欲熏心就会迷惑自己的心志；自己的心志一旦被迷惑住了，那就连自己的生命都难以保住了，至于事业就更谈不上了。

庄周梦蝶

“庄周梦蝶”是个美妙的意境。现代科学的发展还没有给梦境一个完美的解释，哲学上的概括也很难令人满意。两千多年前，庄周就用这个故事提出了人类的一种困境。如果仔细想来，精神病人或者有着奇特思想的人，他们是不是也处在梦中，因而使得他们无法被常人所理解？

“庄周梦蝶”的故事是这样的：庄周有一次做梦，梦见自己变成了一只蝴蝶，悠闲自在地飞来飞去，很是得意。突然醒来，发现自己原来是庄周。不过，人生本来就是梦，梦与梦之间流变无终，所以弄不清楚到底是庄周梦见自己变成了蝴蝶，还是蝴蝶梦见自己变成了庄周。

庄子由此认为不管是庄周梦见自己变成了蝴蝶，还是蝴蝶梦见自己变成了

庄生梦蝶图　明

庄周，蝴蝶与庄周毕竟是不一样的，它们之间的转化也就是物与物之间的转化，是一种“物化”。庄子把这个故事进一步上升到对生死的理解上，他认为生死只是一种物的转化。宇宙是一个循环不已的大混沌。就宇宙整体而言，从一无所有的朦胧状态变为有形有象的明晰世界，又由有形有象的明晰世界回归到无形无象的朦胧状态；在有形有象的明晰世界中，由一种东西变成另一种东西，又由另一种东西变成了第三种东西。如此而已，永无止境。生死不过是这一大流变中的一个瞬间。

另外，从这个故事出发，庄子还试图告诉人们，究竟是梦还是醒，是庄周还是蝴蝶，人们根本没有必要去追究。因为人们的认识标准是相对的，根本无法正确认识事物。他说当时社会上的儒、墨等各派的相互辩论，都是以自己所非而非对方所是，这样做是无法搞清是非的。他说：“假如我与你两个人进行辩论，你胜了我，难道真的是你对而我错了吗？我胜了你，难道真的是我对而你错了吗？是一个人对，另一个人错吗？还是两个人全对或者全错呢？我们两个人无法决定谁对谁错，那么请谁来断定呢？如果请第三个人来断定，同样无法断定。假如请跟你意见相同的人来决定，他既然与你意见相同，这怎么断定呢？假如请跟我意见相同的人决定，他既然与我意见相同，又怎么断定呢？假如请与我们两个人意见都相同或者都不相同的人来断定，又怎么断定呢？因此，我和你和第三者，都同样无法断定谁是谁非，是非问题是永远搞不清楚的。”

庄子妻死，鼓盆而歌

庄子从自己的哲学理念出发解释一切，反映在生死上，则是轻松自如的。

甚至在他的妻子去世时，他也能用这种超脱的哲学理念宽慰自己。真正的哲学家往往都是知行合一的。

《庄子》书中记述了一个“庄子妻死，鼓盆而歌”的故事。故事说：庄子的妻子去世了，庄子的朋友惠施前去吊唁。惠施来到庄子家，看见庄子正盘腿坐在蒲草编的垫子上敲着瓦盆唱歌呢。惠施很不理解，因而责备他说：“你的妻子与你日夜相伴，为你生儿育女，身体都累坏了。现在死了，你不哭也就罢了，却在这里唱歌，不是太过分了吗?”庄子回答：“你这句话可就不对了。你知道吗？当我的妻子刚死的时候我怎么不悲哀呢？可是后来想了想，也就不悲哀了。因为想当初我的妻子本来就是没有生命的，不但没有生命，而且连形体也没有，不但没有形体，而且连气息也没有。后来恍惚间出现了气息，由气息渐渐地产生了形体，由形体渐渐地产生了生命。现在她死了，又由有生命的东西变成了无生命的东西，之后形体也会消散，气息也会消灭，她将完全恢复到原先的样子。这样看来，人生人死就像是春夏秋冬四季交替一样，循环往复，没有穷尽。我的妻子死了，也正是沿着这一循环的道路。从一无所有的大房子中走出，又回归到她原来一无所有的大房子里面休息，而我却在这里为之号啕大哭，这不是不懂得大自然循环往复的道理吗？正因为如此，所以我停止了悲伤，不哭了。”

因此，庄子认为人是由宇宙大道演化而来的，是道在世间的具体体现形式。人的生命与其他一切生命一样，都只是宇宙演变过程中的一刹之间，人生与人死也就没有什么差别了。既然生死没有差别，人活着也算不上什么乐事，死亡了也就没有必要悲哀。因而，最为明智的人生态度是顺其自然。也就是说，人一旦出生，你就自然而然地活着，不要有什么非分之想，也用不着为活在世上而庆幸；如果死去了，你就自然而然地回归，用不着为离开人世而苦恼，也不要有太多的留恋。庄子认为如果在思想上能够认识到这一点，那就是人生的大智大慧；如果在行动上能够做到这一点，那你的一生就会有永远的快乐；如果对自己、对他人都这样认识，都这样对待，那你就会坦然一生，无忧无虑，并具有了达到圣人境界的潜质。

井底之蛙与东海之鳖

庄子特别重视个人心灵的修炼，他主张人们在认识宇宙、人生时，要保持一种虚旷、开放的心灵，千万不要使自己陷在固有的思维模式、心理结构里，不要故步自封。庄子曾经借用孔子的话表明自己的观点，他说：“我从小好学，到现在已经六十九岁了，但感觉还没有认识到最高的真理，我敢不虚心吗？”

《庄子·秋水》中用了一个河伯见北海若的故事来阐明虚心的道理：秋天来临时候，水流汇集到一处，河流变得更加宽阔，河中的神灵河伯开始自大起来，觉得自己非常伟大，天下无人能比。可是，当他顺流而下到达北海的时候，面对无边无际、烟波浩淼的大海，河伯惘然若失。在这个时候，北海中的神灵北海若教导河伯说：“我和你比较起来，的确是大得无可比拟，但如果和无限的宇宙比较起来，我就像大山中的一块小石子、一棵小树苗。”庄子借这个典故告诫人们：我们的心灵往往受到自己的生活环境、已有见识和固有成见等的限定，局限性有时候是不可避免的，但作为万物之灵的人类，具有一定的理性，我们应该认识到自己的有限，需要在无限的宇宙面前保持虚心，不要骄傲自大。

《庄子·秋水》中又用了一个井底之蛙见东海之鳖的故事来阐明不虚心的弊病：井底之蛙对远道而来的东海之鳖说：“我非常快乐！我出来时在井栏杆上跳跃，回去的时候就在破砖块旁边休息。在水里面，游动的水托着我的两腋和两腮，跳到泥里，泥巴就盖住我的脚背。你可以看看井里的虫子、螃蟹和蝌蚪啊，它们都没有我快乐。我独占一坑水，盘踞着一口井，这是最大的快乐啊。”东海之鳖听了以后，就对井底之蛙描述了大海的情形：“一千里不足以形容海的辽阔，八千尺不足以形容海的深远。大禹在世的年代，十年有九年水灾，但海水并不因此增加；商汤在世的时候，八年有七年旱灾，但海水并不因此减少。海水不会因为时间的长短而改变，也不会因为雨水的多少而有所增加或减少，这就是无限广阔的大海的快乐。”井底之蛙听了东海之鳖对大海的描述，感到非常茫然。庄子这个时候就评价说：“心胸狭小、琐碎的人去看事物，就像是从竹管子里面看天，天只有巴掌那么大，又像是用锥子去量地，地只有鞋底那么大。这样的人实在太渺小了！”

因此，在庄子看来，虚心是非常有必要的，而且是人立身处事的基本规范。任何时候都不能骄傲自大，偏执一方。我们要努力开阔自己的眼界，放眼无穷的宇宙和无尽的大道，真正使自己达到自由的境界。

濠梁观鱼

庄子记叙了一个濠梁观鱼的故事，认为人虽然有一定的理性，但仍不能判定游动的鱼是否快乐，原因很简单，因为我们不是鱼。

庄子和惠施在河堰上游玩，看到水中的游鱼上上下下，自由自在。庄子指着水中的游鱼对惠施说：“水里的鱼优哉游哉地游着，这些鱼一定很快乐呀！”

惠施说："你又不是鱼，你怎么知道鱼是快乐的呢?"

庄子说："你又不是我，你怎么知道我就不知道鱼是快乐的呢?"

惠施说："我不是你，固然不知道你的快乐；但你不是鱼，也不会知道鱼的快乐。怎么样？你无话可说了吧!"

庄子说："让我们从头说起吧！当你问我'你怎么知道鱼是快乐的'时，你已经默认了我是知道鱼的快乐的（只是想要知道我是'怎么'知道的）。我怎么知道鱼是快乐的呢？就是在这濠梁之上感悟到的。"

庄子和惠施的这段对话，从对话的逻辑上来看，惠施否认庄子能够观察到鱼的快乐，庄子也否认了惠施的观点，原因是庄子认为惠施不是自己，所以也不能体验到自己的情感。而惠施又认为庄子不是鱼，因而也认为庄子不能够观鱼之乐。表面上看起来，惠施是逻辑推理的胜利者，但他并没有涉及庄子对我们人类为什么能够认识事物的情感、意志这个问题的回答。当庄子用，"你又不是我，你怎么知道我就不知道鱼是快乐的呢?"来回答惠施"你又不是鱼，你怎么知道鱼是快乐的呢?"这一问题时，这就掉进惠施预设的人与鱼、人与人之间不能相互认识的圈子里了。其实，庄子的真实观点是人与鱼、人与人之间是可以相互认识彼此的情感、意志的。所以，庄子最后总结性地指出："我怎么会知道鱼是快乐的呢？我是在濠梁之上感悟到的。"

其实，这是哲学上一个很大的认识论问题，即在认识主体与认识客体之间，人类作为认识主体是否能够认识外在事物的情感、意志，同时在一定程度上也涉及人的认识极限的问题。庄子在这里无疑是认识论上的相对主义者。他从最高本体"道"出发，一定程度上否认了人类的认识能力。

只可意会，不可言传

春秋五霸之一的齐桓公与一个老木匠有一个故事，谈的是言和意的关系。这个故事记载在《庄子·天道》中。具体内容是：

有一次，齐桓公在堂上看古代经典，一个名叫轮扁的老木匠在公堂下做活，他看见齐桓公专心致志地读书，就放下手中的木匠工具，好奇地走上前来问齐桓公，说："请问，大王您读的是什么书啊?"

齐桓公回答说："我读的是圣人写的书。"

轮扁问："写这些书的圣人现在还活在世上吗?"

齐桓公回答说："他们早就死了。"

轮扁笑道："既然写这些书的圣人早就死了，那么您现在所读的只是些古人的糟粕罢了，哪里值得这样专心致志地下工夫呢?"

齐桓公生气地说："我在这里读古代圣人所写的书，哪里有你这样一个做车轮子的木匠说话的分？今天你要是能够说出些道理来，那还罢了，要是你说不出道理来，我就要治你的死罪。"

轮扁赶忙解释说："大王请息怒，我并没有不尊重您的意思，也不是故意要诋毁古代的圣人。我之所以这样讲，是用我自己做车轮子的经验来类比的。做车轮子是一件细致、微妙的活计，砍木头的时候，慢了，做出来的车轮就会松软而不坚固，快了，又会滞涩而难以嵌入。要做到恰到好处，即不慢不快，得心应手，这其中自有奥妙。但这种奥妙只可意会不可言传，我没办法把这样的绝技传授给我的儿子，我的儿子也没有办法从我这里学到这样的绝技，所以，我现在都七十岁了，由于找不到接班人，只好还在这里为大王做车轮子。由此类推，古代的圣人死了，他们高妙的思想因为不可言传而随圣人一道消失了，因此，您现在所读的经书，只不过是圣人的糟粕罢了！"

这个故事体现了庄子主张的言和意之间的关系。他认为语言是僵死的，人类的思想意识却是极为丰富、微妙的，因而，语言和思想是两码事，很多事情只可意会不可以言传。从现在的观点来看，应该说，庄子的言意关系论局限性很大，他把语言与思想意识加以分割，完全忽视了语言作为达意工具的价值；但从另一方面看，庄子发现了语言作为中介工具的有限性，揭示了人类意识极其丰富、微妙的特征，这又是其高明之处。

人生本来就这样迷茫吗

有一天，庄子靠椅而坐，仰天而叹，沮丧得如失魂落魄一样。

他的弟子侍立在旁，说："先生为何嘘叹？人之形体真可以使如槁木，而心固可使如死灰吗？今之靠椅而坐者，不是昔之靠椅而坐者吗？"

庄子回答说："问得好。而今我丧失了自我，你可明白？"

弟子道："自我是什么？弟子愚钝，实不明白。"

庄子道："天下万物，都是彼此相对。故没有彼就没有此，没有你就没有我，这就是相反相成；可不知是谁使成这样的？是冥冥之中的道吗？道又是什么样子？骨骼、五脏六腑，遍存于一身，自我究竟是什么？我与谁亲近些呢？是喜欢它们，还是有所偏爱？如此，则百骨九窍、五脏六腑彼此有臣妾关系吗？如果皆是臣妾，这些臣妾之间到底是相互制约呢？还是轮流为君臣呢？难道其中真有主宰者吗？唉，人一旦接受精气，成就形体，不知不觉中精力就耗尽了。天天与外物争斗摩擦，精神像马飞奔一样耗尽，而自己却不能制止，不亦太可悲了？终身忙碌而不见成功，颓然疲役而不知归宿，可不哀邪！虽说身体不死，有何益处？心神也随身体消亡，可谓大哀乎！人之生时，本来就这样茫然吗？抑或只我独觉迷茫而别人都不迷茫呢？”

材与非材

极度的悲观厌世，看不见未来的光明，这使庄周的人生态度十分消极。

他想摆脱人世间的烦恼，把贵贱得失抛到九霄，去追求绝对的精神自由，图个精神上的愉快。为此，他轻视利禄，不图仕进。

楚国国王听说庄周是个贤才，特意派使者带着钱财聘请他当宰相，结果被他讥笑了一顿，把使者轰走了。

庄周的朋友惠施在梁国当着宰相，有一次庄周到梁国，惠施因庄周才高于己，躲起来不见。后来，终于相见了，庄周讽刺惠施说：“你知道凤凰吗？它起于南海，止于北海，飞过长空。它一路上非梧桐不止，非练实（竹籽）不食，高贵得很。当它从一棵大树的上空掠过的时候，把树上那只正抱着一只死耗子的老鹰吓坏了，失声地惊叫了一声，以为凤凰会来夺走它的死耗子。”

在这个寓言故事里，庄周以凤凰自比，而把惠施比作老鹰，把相位比作死耗子，讽刺意味甚浓，表现出庄周不为利禄动心的高贵品质。不入仕途，追求逍遥，庄周想忘记人世的一切，达到“忘物忘己”的最高境界，不悦生，不厌死，任性发展。不过，这是难办到的，尽管他有随遇而安的旷达态度，但他总还有不安的时候，不可逍遥的时候，躲不开人世间矛盾的时候。自己到底要做一个什么样的人，到底抱有什么样的处世态度？放聪明一些好，还是装得糊涂一些好？他总是在考虑。

一次，他和自己的学生到树林里去，看见有的树被伐，有的树没有被伐。学生问：“为什么有的树没有被砍掉？”庄周回答：“因为不成材，没有用。”他们从树林出来，晚上借宿友人家。友人家有两只雁，一只能鸣，一只不能鸣，不能鸣的被杀来宴客。学生问：“为什么要杀不能鸣的那只呢？它不是没有用吗？”学生感到大惑不解：有用的树被砍掉，而有用的雁却不被杀，那么一个人是有才有用好，还是无才无用好？庄周回答说：“都不好，最好是处乎材与不材之间。”

至乐无乐，至誉无誉

有一次，弟子问庄子：“先生一向乐观大度，今日为何悲歌哀叹？”

庄子道：“天下有至乐的国土吗？有可以养生健身的诀窍没有？身处当今乱世，干什么正当，干什么无凶？住在哪儿为安，逃向哪儿无险？依就什么可靠，舍弃什么无忧？喜欢什么合理，厌恶什么无祸？”

弟子回答说：“天下人所尊崇的，是富贵、长寿、美丽；所喜好的，是身安、厚味、美色、美服、音乐；所鄙弃的，是贫贱、病夭、丑陋；所苦恼的，是身不得安逸、口不得厚味、身不得美服、眼不得好色、耳不得好音乐。以上不就是常人的好恶避就、养生全身的道理吗？先生还有何高见？”

庄子说：“倘若不能如愿，则大忧而惧，其对待生命的态度，岂不是很愚蠢？想那贪富者，辛苦劳作，积财很多而不能用尽，其养身之法是知外而不知内；想那求贵者，夜以继日，思虑好坏，其养身之法是知疏而不知密。人才生也，与忧俱生，寿者昏昏，久忧不死，何苦呢？其养生之法是知远而不知近。”

弟子说道：“先生之意，是说富贵、长寿等都是外在的东西，都不足以真正地养生，对吧？”

庄子点点头，又道：“烈士是为天下所称赞的人，未足以保全己身。你说烈士是该称善还是不该称善？若以为善，不能保全自己；若不以为善，却能保全他人。古人道：忠谏不听，则闭口莫争。伍子胥忠谏强争，结果被吴王害了性命；如不争，伍子胥又难成忠臣之名。你说怎样做才算善行？”

弟子似有所悟：“先生是说，名可害生，追求美名并非养生之道？”

庄子未置可否，继续说：“今世俗之所作与所乐者，我也不知其乐果真是乐，果真不乐？我看世俗之所乐，不过是举世群起追赶时髦，蜂拥向前如被鞭之羊，洋洋自得而不知何求，都自以为乐，我也不知是否真乐。不过，我视无为恬淡方是真乐，而世俗却不以为然，以为是大苦。”

弟子道：“我明白了。先生认为，至乐无乐，至誉无誉。”

庄子道：“对，对！无乐方为至乐，无为方可保命。天下是非果未定也，不过，无为可以定是非。至乐活身，惟有无为可以保命。为何这么说呢？你想：天无为而自清，地无为而自运。此两无为相合，万物皆化生。恍恍炮炮，不知所由；恍恍惚惚，不知所出；万物纷纭，皆从无为而生。因此，天地无为而无不为，谁能体会到无为的益处呢？”

窃钩者诛，窃国者为侯

在《庄子·外物》篇中讲了一个小故事，叫“儒以诗礼发家”，也就是儒家以《诗》、《礼》等经典为依据来偷挖人家的坟墓。

故事说，在偷挖坟的时候，大儒在地面上催促说：“太阳快出来了，事情怎么样了？”小儒在坟里回答：“还没解下尸体的衣裙，她嘴里含有珍珠。《诗经》本来就说过：‘青青之麦，生于陵陂。生不布施，死何含珠？（青青的麦子，生长在山坡，活着不肯把财物施舍，死了却为何含着珠子?)’” 说完就拽着尸体的鬓发，压下她的下巴，用铁锤敲她的面颊，慢慢地震开了她的嘴巴，珍珠一点没损坏就从嘴里取出来了。

这个故事虽是虚构的，用来讽刺挖苦儒家的伪善，但庄子确实认为仁义和智慧是给窃国大盗提供了有力的武器。

庄子曾说：“人们为了防备贼撬箱开柜偷东西，就把箱子、柜子绑得紧紧的，锁得严严的，这是一般人所谓的聪明的办法。可是大盗来了，连箱带柜一起都扛走了，他还怕你捆得不结实呢！那么原来所谓聪明的办法，不正是替大盗积累保存财富吗？而且不止是所谓聪明人替大盗积累财富，就是所谓圣人，有不替大盗当保管的吗？就像从前的齐国，大小城镇一个接一个，人民上山打猎，下海捕鱼，下地耕种，所到之处，方圆有两千多里。就在这片土地上，建立宗庙社稷，设置村邑乡里，这何尝不是效法圣人那一套治国办法呢？可是后来田成子杀了齐国国君，篡夺了政权，他所盗取的难道只是齐国这个国家吗？他是连同圣人的仁义礼法也一起盗窃去了。所以田成子虽然有盗贼之名，可他安乐得如同尧舜一般。小国对他不敢非难，大国对他不敢征讨，他一直占有齐国，传了十二代。这不正是他盗窃的不止是齐国，还连同圣人之法，并且用这圣人之法来保护做盗贼的自己吗？”

因此，庄子愤慨地大声疾呼：“圣人不死，大盗不止！就是有完美的圣人来治理天下，也是给大盗造成加倍的利益。圣人发明斗、斛来量东西，大盗就连斗斛一起偷走；圣人发明秤来称东西，大盗就连秤一起偷走；圣人发明契约、印章来保证信用，大盗就连契约、印章一起偷走；圣人发明仁义来矫正世风，大盗就连仁义一起偷走。怎么能证明这些呢？请看那偷衣带钩的人要被杀头，可偷了整个国家的人却当了诸侯。诸侯的大门里正有着仁义啊！这不是他盗窃了仁义和圣智吗？”

道教是如何产生的

道教是中国土生土长的宗教，来源于古代的民间巫术和神仙方术，又将《老子》、《庄子》加以附会引申，形成以长生成仙为根本宗旨的道教教义，随着相应的宗教组织和活动的出现，道教便正式诞生了。

道教的产生大体上与佛教的传入同时，它一开始就吸收儒、阴阳、谶纬和佛教各家的成分，具有庞杂性。早期道教经典《太平经》约成书于安、顺之际，它把汉代道家关于气的学说神秘化，将养生论引申为长生说，主张通过养性积德的方法，包括行孝、守一、含气、服药等，达到长生成仙的目的。它崇拜的至上神是“委气神人”，其下有神人、真人、仙人、道人，组成神仙世界。它受儒家积善余庆、积恶余殃的启发，提出“承负”说，谓先人之功过，积之既久，则延及子孙，而有福祸之异。它主张阴阳调和，五行当位，向往君、臣、民同心协力的封建太平理想。东汉有魏伯阳著《周易参同契》，综合以往炼丹方术，并与《周易》、黄老思想互相汇通，形成内外丹结合的学说，以人身为炉体，按照阴阳的变化，六十四卦的运行，修养精气结而成丹，是谓内丹。以药石炼制成丹，是谓外丹。丹成可以养性延命，乃至不死成仙。该书被称为《丹经王》，对道教教义的发展产生很大的影响。

张天师画像

灵帝之世，政治腐败，危机四起，出现了民间道教的三股有组织的势力，与朝廷对抗。三辅有骆曜，教民缅匿法，即传说中的隐身术。东方有张角，为太平道，道师持符祝，教病人叩头思过，以符水治病。汉中有张修，其道略与张角同，又设祭酒，主以《老子》五千文，为病人作三官手书，使病家出米五斗以为常，号为五斗米师。后来太平道发展到数十万人，连接八州，以三十六方为组织系统，声言“苍天已死，黄天当立，岁在甲子，天下大吉”，举行了震撼全国的农民大起义，后虽遭镇压，但汉王朝的统治根基已被动摇。张修为五斗米道首领时也举行过起义。后来张鲁袭杀张修，夺其众，据汉中，自号师君，成为后期五斗米道的首领，此后五斗米道变成张鲁割据巴汉的工具。张鲁降曹操后，被拜为镇南将军，五斗米道得到宽容被保存下来。张鲁的五斗米道实行政教合一，以祭酒为官，有严密的组织，并重视教义的建设。

据考证，《老子想尔注》当系五斗米道的《老子》讲疏，宣扬长生成仙说和忠孝仁义等封建道德，首次提出“太上老君”的神名和“道教”的教名。它在《太平经》的基础上，进一步将道戒具体化，但反对内胎炼形术与胎息之法。五斗米道由于教义与统治阶级利益相一致而被允许继续合法流传，至南北朝时以天师道的名义发展起来，成为全国性的宗教。

三清、四御、五老君

元始天尊塑像

“三清”既指天神所居之三处圣境，即玉清圣境（在清微天）、上清真境（在禹余天）、太清仙境（在大赤天），合称三清境；又指分别居住在上述三清境的三位至高神，即元始天尊（也称玉清大帝）、灵宝天尊（也称太上大道君、上清大帝等）、道德天尊（也称太上老君、混元老君、降生大帝、太清大帝等）。

“三清”之称始于六朝，开始仅指“三清境”。“三清”作为道教尊神，是伴随着道教三洞经书说逐步形成的。

“四御”是仅次于三清尊神的主宰天地万物的四位天帝。即玉皇大帝、中天紫微北极大帝、勾陈上官天皇大帝和后土皇地祇。四御中最受崇拜的是玉皇大帝，又称玄穹高上玉皇大帝、昊天金阙至尊玉皇大帝，全称昊天金阙无上至尊自然妙有弥罗至真玉皇上帝，为道教所奉的总执天道的大神，位居三清之后的四御之首。

“玉皇”之名，首见于梁陶弘景《真灵位业图》，他在所列神谱第一中位，“玉清元始天尊”之下，列“玉皇道君”，位居右位第十一；又列“高上玉帝”，位居右位第十九。

在诗人们的笔下，玉皇大帝是神仙世界的最高神，得道成仙者都必须向他朝拜，群仙犹如世上皇帝之公卿，皆列班随侍其左右。两宋崇道，对玉帝的尊崇尤甚。

次为中天紫微北极大帝，传为协助玉皇执掌天经地纬、日月星辰、四时气候之神。

三为勾陈上官天皇大帝，传为协助玉皇执掌南北极与天、地、人三才，统御诸星，并主持人间兵革之神。

“四御”又有另一不同解释，称之为“四极大帝”，北方曰北极紫微大帝总御万星，南方曰南极长生大帝总御万灵，西方曰太极天皇大帝总御万神，东方曰东极青华大帝总御万类。

“五老君”是早期道教尊奉的五位天神：东方安宝华林青灵始老君（简称青灵始老苍帝君）、南方梵宝昌阳丹灵真老君（简称丹灵真老赤帝君）、中央玉宝元灵元老君（简称元灵元老黄帝君）、西方七宝金门皓灵皇老君（简称皓灵皇老白帝君）、北方洞阴朔单郁绝五灵玄老君（简称五灵玄老黑帝君）。此五位天神，大概是源于古之“五帝”传说。

道家的修炼方式

道家功以道教典籍《道藏》所记述的功法为主，是道家学者和道教门徒练习的主要功法。在我国气功各个流派当中，道家功是最有民族特色的一种，是我国气功的优秀代表，也是惟一能和佛家功法相媲美的流派。

道家功把长生不老作为追求的主要目的，一般分为正一和全真两大派别。两大派别又分成许多小的宗派。两大派之外还有很多的小派别，各派在功理、功法方面也有自己的独到之处。不管怎样，各派在修炼功法时都是以炼养阴阳、性命双修作为第一要义，以返璞归真、天人合一作为最高境界，以延年益寿和长生不老作为追求的最终目的。

道家功以老子、庄子为祖师，《道德经》中明确提出：“虚其心，实其腹”，“专气致柔，能归婴儿乎”。

于是后来道教创立后，便遵照这些理论创造了胎息法。到了唐朝，司马承祯提出了“存想”，就是上存我之神、想我之身，以达到入静的境界。同时还要用意念导气运行进行修炼，这是以后“金液还丹”、“大小周天”等功法的创始阶段。

道家功的理论体系，没有佛教那么严谨，也不像佛教那样对气功名词、概念进行全面解释。还有，道家功理方面用隐语较多，致使许多名词的概念、含义混淆不清。从晋代之后，一些道教学家在进行理论改革时大量借鉴了佛教的功法理论，从而使道家功逐渐形成了一整套比较完善的理论体系。

道家功初期的功法比较简单，除始祖老子创立并提倡的守一法之外，就是庄子创立的心斋、坐忘、踵息、吹嘘呼吸和熊经鸟伸之类的仿生导引功。

东汉末年道教成立后，出于宗教目的吸收了许多古老的养生术和“仙术”，在总结各派气功的基础上创立了一些具有道教特色的功法后，道家功成熟起来，成为我国古代气功史上的一种主要流派。

四川成都青羊宫，是我国最古老的道观之一。

在功法方面，道家功有守一、吐纳、导引、行气、存神、坐忘、心斋、还精、辟谷、踵息、胎息、内丹、太极拳、八卦掌等等，其中的守一、导引、胎息、存神、内丹最有代表性。

魏晋玄学

魏晋时代的道家之学。它正式登上历史舞台，是在曹魏正始年间（240—248），史称“正始之音”。东汉王朝瓦解后，统治思想界的儒学失去了以往的魅力，人们对荒诞的谶纬之学、繁琐的汉代经学及为统治者服务的纲常伦理深感厌倦，于是转而寻找精神新的归属，这一特定背景令形而上的哲学论辩走到了前台。

士大夫们醉心于这种清雅的论辩，其形制宛如后代的派对、沙龙，无数风雅之士聚在一起，剖析妙理，谈论玄道，好不快哉。由于倡导者都是当时名流，如何晏、王弼均为贵族，于是清谈迅速成为一种风气。他们谈论的话题大都围绕着《老子》、《庄子》和《周易》展开。这三部经典因玄妙深奥，被清谈家称为“三玄”，“玄学”之名由此而来。

名士们清谈的内容主要涉及有无、生死、性情、形神、动静、名教与自然、圣人有情或无情、声有无哀乐、言能否尽意等问题。这些都与国计民生无关，因此在正统士大夫看来，清谈无异于误国，甚至将亡国之祸都归咎于这种清谈之风。唐人修《晋书》曾这样评价玄学之风：“学者以《老》、《庄》为宗，而黜六经；谈者以虚荡为辩，而贱名检；行身者以放浊为通，而狭节信；仕进者以苟得为贵，而鄙居正；当官者以望空为高，而笑勤恪。”所述及的也是玄学的流弊。

其实，玄学虽不是治国平天下之道，却也是一种超越传统的思维模式，是对宇宙、社会和人生所作的哲学反思，正是这种反思，带来了魏晋时代人性和个性的解放。以嵇康、阮籍为代表的竹林七贤，更是魏晋风度的化身。嵇康“越名教而任自然”的言论以及“非汤、武而薄周、孔”的举动，直到现代还闪耀着自由的光芒。

事实上，魏晋之间在玄言清谈影响下所形成的放达人生和洒脱风气，千百年之下，仍自有其魅力。东晋以后，玄学开始与佛教中的般若学合流，曾经风靡一时的思潮逐步变为佛学的附庸，渐归沉寂。

魏晋风流

想要了解中国古代文人的“风流”境界，还是要看魏晋时期的文人，尤其是竹林七贤。在《庄子注》中，向秀与郭象对于具有超越事物差别之心，“弃彼任我”而生的人，作出了理论的解释。这种人的品格，正是后人所说的“风流”。

《世说新语》记载了许多魏晋时候的清谈，记载了许多著名的清谈家。这些记载，生动地描绘了三、四世纪信奉“玄学”思想的人物。所以自《世说》成书之后，它一直是研究“玄学”的主要资料。

《世说》中有刘伶的一个故事。故事说：“刘伶恒纵酒放达，或脱衣裸形在屋中。人见讥之。伶曰：‘我以天地为栋宇，屋室为裈衣，诸君何为入我裈中？’”刘伶固然追求快乐，但是对于超乎形象者有所感觉，即有超越感。这种超越感是风流品格的本质的东西。

具有这种超越感，并以道家学说养心，即具有玄心的人，必然对于快乐具有妙赏能力，要求更高雅的快乐，不要求纯肉感的快乐。《世说》记载了当时“名士”的许多古怪行为。他们纯粹任从冲动而行，但是丝毫没有想到肉感的快乐。比如说，晋人盛赞当时一些名人的体质美和精神美。嵇康“风姿特秀”，人比之为“松下风”、“若玉山”。

阮籍、阮咸是叔侄，都是竹林七贤中的人。“诸阮皆能饮酒。仲容至宗人间共集，不复月，常杯斟酌，以大瓮盛酒，围坐，相向大酌。时有群猪来饮，直接上去，便共饮之。”这又何尝不是一种“风流”的境界。

中国的“风流”含义中有“情”的意味。庄子认为圣人无情。《世说》中也记载许多人无情的故事，最著名的是谢安的故事。

何晏与王弼关于“情”曾经有过一些讨论。王弼认为圣人有情而无累，这句话的确切意义，王弼没有讲清楚。它的含义，后来的新儒家大为发挥了。由此可见，虽然新道家有许多人是主理派，可是也有许多人是主情派。新道家强调妙赏能力，有了这种能力，再加上前面提到的自我表现的理论，于是毫不奇怪，道家的许多人随地排遣了他们的情感，又随时产生了这些情感。

《世说》记载了王戎的一个故事，故事说："王戎丧儿，山简往省之。王悲不自胜。简曰：'孩抱中物，何至于此？'王曰：'圣人忘情，最下不及情；情之所钟，正在我辈。'简服其言，更为之恸。"王戎的这番话，很好地说明了为什么新道家有许多人是主情派。可是在绝大多数情况下，他们的动情，倒不在于某种个人的得失，而在于宇宙人生的某些普遍的方面。

中国的"风流"一词也有"性"的含义，尤其是在后来的用法上。可是，晋代新道家的人对于性的态度，似乎纯粹是审美的，不是肉感的。例如，《世说》有一则说，阮籍喝醉之后经常躺在漂亮女人的身边睡觉，但从来没有其他的举动。他们都是欣赏异性的美，而不含任何性爱。或者可以说，他们只是欣赏美，忘了性的成分。

这些都是晋代玄学家"风流"精神的特征。照他们的看法，"风流"来于"自然"，"自然"反对"名教"，"名教"则是儒家的古典的传统。

桀骜不驯的嵇康

嵇康，字叔夜，生于魏文帝黄初四年（223年），死于魏元帝（曹奂）景元三年（262年），活了四十岁。他在魏做过中散大夫，故称他嵇中散。他好学不倦，无师自通，喜欢老聃和庄周的著作，不涉猎儒家经典。他有奇才绝巧，好弹琴，喜吟诗，是哲学家、音乐家和诗人。同时，嵇康又是有风仪的美男子，做了沛王的孙女婿。他性情刚烈，又爱直言不讳，得罪了一些人。

嵇康的朋友吕安被哥哥吕巽诬告下狱，嵇康挺身而出，为吕安辩护。这时，嵇康的仇人钟会趁机和吕巽相勾结，合谋陷害嵇康。钟会在司马昭面前进谗言，说嵇康言论放荡，非毁儒家经典，这是帝王所不容忍的事情，必须杀掉嵇康。嵇康在狱中时，京都的三千太学生为他请愿，豪绅们也设法营救，但都没有成功。嵇康自知不合时宜，所以对死亡并不恐惧。临刑前，他举目望天，月色尚早，便索琴而弹。

嵇康一生不爱做官。在他二十五岁那年，即249年，野心家司马懿发动政变，杀害了曹爽、何晏，抄斩八族并控制了曹魏政权。一身正义的嵇康退出政界，拒绝为司马氏效劳。

他隐居乡村，和别人一起打铁，一起灌浇菜园，吟诗弹琴，游乐饮酒。

“托好老庄，贱物贵身，志在守朴，养素全真。”他和阮籍、山涛、刘伶、阮咸、向秀、王戎结为朋友，经常聚集在乡间竹林之中，开怀畅饮，促膝倾谈。他们都是当时的名士，被称为“竹林七贤”。

嵇康像

嵇康提出“越名教而任自然”的主张，要求抛开虚伪名教的束缚而纯任自然本性。他说：“夫气静神虚者，心不存乎矜尚；体亮心达者，情不系于所欲。矜尚不存心，故能越名教而任自然；情不系于所欲，故能审贵贱而通物情。”就是说，如果一个人的心神虚静，他的内心就没有什么要追求争夺的；如果思想豁达，他的情感就不会受到欲望上的爱好与憎恶，悲哀和欢乐都不能改变它们自己的规律。

有些人所以听到音乐而感到悲哀，这是因为他心里本来就有悲哀。在音乐和声的震动下，心里有哀的人会觉得更加悲哀；心里有乐的人会觉得更加快乐。嵇康进一步举例说：“一个人是个贤人，我心里喜欢他；另一个人是个愚人，我心里憎恶他。贤愚的性质是属于那两个人的，是在外的；爱恶的情感是属我的，是在内的。同理，音乐的好坏是属于音乐的，是在外的；悲哀是我的感情，是属于我的，是在内的。因此，音乐只有好坏，并无哀乐之名。”

音乐确实能感动人，但不能因此就以为音乐有哀乐。音乐的主要性质就是和，比如酒的性质是甘苦。有人听了音乐觉得悲哀，有人听了觉得喜欢，就好比有人喝醉酒就发怒，有人喝醉了就狂欢。就这一方面说，音乐是无常的，但不能因此就说音乐有哀乐。

有一年，嵇康到汲郡共北山中采药，遇到一名叫孙登的隐者。嵇康久闻孙登之名，想同他谈上几句，可是孙登却默然相对。快要离开时，嵇康又问孙登：“我们快要告别了。先生难道没有什么可以指教我吗?”孙登见推辞不过，才慢条斯理地说：“你才多识寡，难立于当今之世啊!”说完便匆匆走了。

景元年间，钟会当上司隶校尉，因对嵇康一直怀恨在心，便设计对他加以陷害。钟会先是诬说吕安调戏其兄吕巽的妻子，说他淫秽不孝。吕安与嵇康素为好友，便请嵇康为他作证，嵇康不忍负心卖友，因此受到牵连。钟会抓住此事，借题发挥，向魏文帝献策："嵇康打算帮助毋丘俭谋反，多亏山涛没听他的，他才没有行动。过去齐国杀华士，鲁国杀少正卯，都因为他们危害社会，扰乱教化，因此圣人要杀掉他们。现在嵇康、吕安言论放荡，非议圣人的经典，是帝王所不能容忍的，应借这件事清除他们，以纯正社会风气。"

文帝听信了钟会的话，便把嵇康逮捕入狱。嵇康身遭横祸，心里悲愤，于是写了首《悲愤诗》。他在诗中写道：欲寡其过，谤议沸腾。性不伤物，频致怨憎。昔惭柳下，今愧孙登。内负宿心，外赧良朋。

在嵇康临当就刑的时候，三千名太学生拜嵇康为师，并向司马政权请愿，可是嵇康终不能幸免于死。在生命的最后一刻，嵇康从容不迫，脸不改色。他看一眼日影，向人们要来一张琴，然后轻轻地弹起《广陵散》这首曲来。弹罢琴弦，他自言自语地说道："当年袁孝尼想跟我学《广陵散》，我常常嘲笑奚落他。如今《广陵散》从此绝传了！"

这首《广陵散》从何来呢？原来，嵇康曾游学于洛西，夜宿在华阳亭，一个人悄悄地抱琴而弹。夜分，忽外面有客人求见，自称古人，于是两人共谈音律，言辞很动听。那人要过琴，弹了一首曲，声调非常优美，简直无可比拟，这就是《广陵散》。然后，客人又把这支曲传给嵇康，要他发誓不再传给别人。客人也不说出自己的名字。

弹完《广陵散》，嵇康便平静地就刑了。

玄学理论奠基人：王弼

王弼（226—249），字辅嗣，山阳郡高平人（今山东省邹城、金乡一带）。死时年仅二十四岁，只有短暂人生的王弼，却成了当时的一位重要哲学家。这与他的家世和自身的勤奋都密不可分。

王弼出生在世代书香之家，从小受到了良好的教育。万卷图书是他良好的读书条件，王弼自然得益不少。他的祖辈研治古文经学，又兼治《老子》。所以，王弼受其影响，以古文经学为基础，也包容了老子的学说。

少年王弼不仅从小学习、研讨儒、道，常有独到的见解，而且是一个多才多艺的少年。他知识丰富，能说会道，思想敏锐而深刻；他不追求文章辞藻，却有真知灼见。从十多岁开始，就特别喜欢老子的学说。老子无为的思想、思辨的哲学，庄子逍遥于天地之间，汪洋恣肆，通脱善辩，对他都有很大的吸引力。

年纪未上二十岁的王弼，对哲学问题已有了相当深度的研究。对已成为时尚的玄学思想，作了深刻的思考。所以，年轻的王弼在当时已小有名气。

有一天，王弼去拜访他的父辈裴徽。裴徽当时虽然只是个吏部侍郎，但在思想界却享有盛名。裴徽一见王弼，就很惊异，竟至马上把当时哲学领域的尖端问题向王弼提出来，他说：“夫无者，诚万物之所资。圣人莫肯致言，而老子申之无已，何邪?”这是关于有与无、儒与道、名教与自然的关系问题。用学术界尚未解决的问题去问年轻的王弼，足见裴徽对王弼的看重了。王弼则根据自己的研究和体会，明确而又简洁地回答说：“圣人体无，无又不可以为训，故言必及有，老、庄未免于有，恒训其所不足。”圣人指孔子。玄学家既尊孔，又崇老，可见当时儒道合流的事实。王弼的回答，就照顾到了当时以儒学为核心的传统的价值观念，妥善地摆正了孔子与老子的地位，把儒道融为一体。这就把前辈学者的研究向前推进了一大步，建立起以无为本，现象与本体相结合的哲学体系。

这件事很快就在学术界传开了。何晏极为赏识王弼，由衷地称赞他说：“仲尼称后生可畏，若斯人者，可与言天人之际乎!”何晏很器重他，并推荐他做了一个台郎。

王弼本是思想深刻、才识卓出、善谈玄理之人，而对做官的具体事务既不关心，也不是他的长处，所以他在官场上并不得意。王弼在世俗的为人处世方面确实存在很多毛病，他清高自负而瞧不起别人。他善于论辩，论辩时不留余地，不留情面。淮南人刘陶善谈纵横，为大家公认，王弼却常常弄得刘陶下不了台。所以，他也得罪了不少人。王黎、荀融当初与他都很友好，后来都把关系搞僵了。

正因为他不善做具体事务，而把全副精力放在哲学的研究中，所以，在魏正始十年，他把小小的台郎的位置也弄丢了。当年秋天，年仅二十四岁的王弼，被时疫夺去了生命。一代奇才、一颗智慧之星从此陨灭了。

王弼人虽死，但他在有限的时间内，写了很多著作。据史载，有《老子注》、《老子指略》、《周易注》、《周易略例》、《论语释疑》。还有早已佚失的《王弼集》五卷。他创建了自成一家的哲学体系，在经学、哲学领域内取得了巨大的成就。在当时以至后来，都产生了重大的影响。

玄学家何晏

三国魏玄学家，字平叔，南阳宛县（今河南南阳）人。汉大将军何进之孙。曹操纳晏母为妾，晏被收养，为操所宠爱。他少有才识，好老庄之言，“美姿仪而绝白”，喜敷粉，“行步顾影”，人称“傅粉何郎”。娶魏金乡公主。为人好色，服饰拟于太子，被魏文帝曹丕所憎，称其为“假子”，未授官职。

明帝曹睿在位时，以其浮华，也排斥他，仅授他虚职。

正始年间（240—248）大将军曹爽秉政，何晏依附曹爽，因而累官侍中，吏部尚书，被封为侯，仗势专政，后为司马懿所杀。

何晏与夏侯玄、王弼等倡导玄学，竞事清谈，遂开一时风气，为魏晋玄学的创始者之一。他与王弼等论述老庄，立论以为天地万物皆以无为本，“无也者，开物成务，无往不存者也”。他认为“道”或“无”能够创造一切，“无”是最根本的，“有”靠“无”才能存在，由此建立起“以无为本”，“贵无”而“贱有”的唯心主义本体论学说。

他还认为圣人无喜怒哀乐，圣人无累于物，主张“圣人无情”说，即认为圣人可完全不受外物影响，而是以“无为”为体。在思想上重“自然”而轻“名教”，与其仗势专权的实际行为多相乖违，故当时的名士傅嘏说他是“言远而情近，好辩而无诚，所谓利口覆邦国之人也”。其主要著作有《道德论》、《无名论》、《无为论》、《论语集解》等，现在较完整存世的只有《论语集解》。

玄学家郭象

郭象（约252—312），中国西晋时玄学家，字子玄，河南洛阳人，官至黄门侍郎、太傅主簿。他好老庄，善清谈，曾注《庄子》，由向秀注“述而广之”，别成一书，“儒墨之迹见鄙，道家之言遂盛焉”。后向秀注本佚失，仅存郭注，流传至今。

郭象对人们追求超出世俗而寻求自由的问题，有着独到的见解。有的人离群索居，做一个远离社会的遁世者；有的人服丹食药，希望能够羽化成仙；有的人用酒来麻醉自己，体验超脱世俗的洒脱和回复人性自然。郭象认为这些做法其实都说不上是对人性自然的深刻理解。心灵的自由不在方外（即世俗之外的自然世界），而在方内，即世俗之内的人为世界。只要人们的内心是淡泊无为的，那么世俗的名教并不妨碍他们的逍遥。

人们常说“大隐隐于朝，小隐隐于市”。隐于庙堂与隐于闹市的隐者，被称作大隐和小隐。末流的隐者才隐于山林。郭象认为人们把逍遥与淡泊寄情于山水，其实是不了解道家的逍遥，犯了“见形而不见神”的通病。圣人虽日理万机于朝廷之上，然其心却能超脱而体验着山林隐士的清静。这就像后来陶渊明的田园诗中所描写的“心远地自偏”的境界那样。

这样一种隐于世俗的理论，与郭象名教与自然的看法是分不开的。他对名教与自然的矛盾进行了一种有特色的调和。王弼想说明名教是不可少的，但名教之于自然，只是末之于本。嵇康则根本抛弃了名教。郭象则认为名教与自然其实是一回事，服从名教也就是合于自然。

庄子说过，牛马四足，此乃自然，而穿牛鼻，络马首，则是人为。庄子反对人为对于自然的扭曲和戕害。郭象在注解《庄子》时却对此进行了改造。他认为“穿牛鼻，络马首”，固然是人为，然而却并不违背自然，因为牛、马并不推辞而是接受了这样的安排。所以它也就是与自然相冥合的。在郭象看来，牛鼻之所以可以穿，马首之所以可以络，皆是按照事物的本性行事。名教与自然的关系也是一样。君臣上下的等级名分，可以说都是属于天理自然。因此，人们安于名教也就是安于人的自然本性，名教与自然的关系也就最终协调了起来。

竹林七贤

竹林七贤是指三国魏晋时期的七位名人嵇康、阮籍、山涛、向秀、刘伶、阮咸、王戎的合称。

他们常集于山阳（今河南修武）竹林之下，肆意酣畅，故世称竹林七贤。他们大都崇尚老庄之学，不拘礼法，生性放达。在政治上，阮籍、刘伶、嵇康对司马氏集团均持不合作态度，嵇康因此被杀。相反，王戎、山涛等则先后投靠司马氏，历任高官，并成为其政权的心腹。在文章创作上，以嵇康、阮籍为代表。如嵇康的《与山巨源绝交书》，他以老庄崇尚自然为论点，说明自己不屑于出仕，公开表明了不与司马氏合作的政治态度，文章颇负盛名；又如阮籍的《咏怀》诗八十二首，通过比兴、寄托等手法，隐晦地揭露最高统治集团的恶行，讽刺虚伪的礼法之士。因此，透过七贤的文章创作可以窥略他们的志向意趣。

七贤都很喜欢喝酒，但是酒品不一。有人根据他们喝酒的特点进行了总结。

下下品是刘伶。刘伶以其善饮、豪饮而闻名于世。其酒量之大，举世无双，可称为中国古代的“醉星”。“杜康造酒醉刘伶”的传说在民间流传极广，但其酒品最差。刘伶经常随身带着一个酒壶，乘着鹿车，一边走，一边饮酒，一人带着掘挖工具紧随车后，什么时候死了，就地埋之。刘伶曾写下《酒德颂》一首，大意是：自己行无踪，居无室，幕天席地，纵意所如，不管是停下来还是行走，随时都提着酒杯饮酒，惟酒是务，焉知其余。其他人怎么说，自己一点都不在意。别人越要评说，自己反而更加要饮酒，喝醉了就睡，醒过来也是恍恍惚惚的，于无声处就是一个惊雷打下来也听不见，面对泰山视而不见，不知天气冷热，也不知世间利欲感情。

下品是阮籍和阮咸。据说，阮籍家附近有一小酒店，女店主颇有姿色，阮籍常去喝酒，醉了就躺在女店主身旁酣睡，虽有醉态却从无越轨行为。“邻家少妇有美色，当垆沽酒。籍尝诣饮，醉，便卧其侧。”他母亲死时，他正与人下棋，棋友劝他赶紧回家，阮籍坚持下完棋，然后饮酒三斗放声大哭，口吐鲜血，几至昏厥。据记载，“诸阮皆饮酒，咸至，宗人间共集，不复用杯觞斟酌，以大盆盛酒，圆坐相向，大酌更饮。时有群豕来饮其酒，咸直接去其上，便共饮之”。也就是说，他每次与宗人共饮，总是以大盆盛酒，不用酒杯也不用舀酒具，大家围坐在酒盆四周用手捧酒喝。猪群来饮酒，不但不赶，阮咸还凑上去和猪一齐饮酒。

中品是山涛和向秀。据说山涛饮酒八斗而止，多一点都不喝。一次皇帝请山涛喝酒，为了证实山涛八斗之量，让人拿出八斗酒让山涛喝，趁山涛不注意时让人偷偷多加了一些酒进去，山涛喝够八斗再也不喝了，皇帝也连连称奇。向秀饮酒也毫无特色，且为仕中人，故列中品。

上品是嵇康。《晋书》：“籍又能为青白眼，见礼俗之士，以白眼对之。及嵇喜来吊，籍作白眼，喜不怿而退。喜弟康闻之，乃赍酒挟琴造焉，籍大悦，乃见青眼。”嵇康可谓阮籍知音。嵇康《酒会诗》中这样说：“乐哉苑中游。周览无穷已。百卉吐芳华。崇台邈高跨。林木纷交错。玄池戏鲂鲤。轻丸毙翔禽。纤纶出鳢鲔。坐中发美赞。异气同音轨。临川献清酤。微歌发皓齿。素琴挥雅操。清声随风起。斯会岂不乐。恨无东野子。酒中念幽人。守故弥终始。但当体七弦。寄心在知己。”每逢酒聚，凭一颗心三分酒奏出千古绝音。

《太平经》

东汉原始道教重要经典。又名《太平清领书》。据《后汉书·襄楷传》载：汉顺帝时，有琅琊人宫崇献其师于吉所得神书，号曰《太平清领书》。该神书就是《太平经》。《太平经》在东汉时很是有名，因为它曾三次出现于洛阳：第一次是宫崇献书，朝廷认为“妖妄不经”，收藏了之；第二次是襄楷到洛阳上奏又推荐此书，结果被以“诬上罔事”的罪名下狱；第三次是在灵帝即位后，灵帝认为襄楷推荐《太平经》有道理，此书遂流行天下。该经假托神人（又称天师）与六方真人问答，述说原始道教教义及方术。其规模卷帙浩繁，内容庞杂，大抵以奉天法道、顺应阴阳五行为宗旨，广述治世之道、伦理之则及长寿成仙、治病养生、通神占验之术。东汉时期，谶纬神学盛行，《太平经》也受其影响，如宣扬祥瑞灾异、因果报应等，但亦自成体系，以顺天地之法，修身治政，达于天下太平为主旨，含有朴素的辩证法思想。由于《太平经》也含有反抗统治者恃强凌弱，主张自食其力、扶危救困等思想，后来就被张角等早期民间道教领袖利用，以此发动农民起义。

《太平经》对后世道教各派的教义有一定的影响。原书共一百七十卷，分甲乙丙丁戊己庚辛壬癸十部，每部十七卷。今道藏本仅存五十七卷，另有唐人闾丘方远节录的《太平经钞》十卷，敦煌遗书《太平经目录》一卷。近人王明通过辑校补遗，撰成《太平经合校》，大体可窥原书旧貌。

《黄庭经》

《黄庭经》是中国道教重要的经典，包括《上清黄庭内景经》和《上清黄庭外景经》，统称《黄庭经》。内容是以七言歌诀讲述道教养生修炼的道理，相传为老子所写，也有认为是西晋时女道士魏华存的作品。“黄庭”一词，始见于东汉桓帝延熹八年的《老子铭》，其文曰：出入丹炉，上下黄庭。黄为中央，庭为四方之中。外黄庭指天中、人中、地中；内黄庭指脑中、心中、脾中。经分二十六章，其内容可以概括为：一是论述长生久视之道，注重五脏六腑、固精炼气。为了修炼得法，又把人体分为上中下三部，每部有八景神镇守，合称二十四真神；人如果能调养真气，就能消除疾病，长生不老；二是阐述黄庭三宫及三丹田与养生的密切关系；三是存思黄庭，炼养丹田，积精累气为宗旨，执行不殆为要诀。其中，黄庭有三宫，上宫指上丹田、脑、泥丸；中宫为中丹田、心、降宫；下宫为下丹田、气海、精门。三宫各有八景神，是为二十四真神。整部《黄庭经》字数不多，然内容深奥，语意深远，是道家必修的经典。

非常有趣的是，《黄庭经》的闻名竟与大书法家王羲之有关。王羲之曾以小楷纵行写成该经，共计六十行，一千二百余字。行文错落有致，极具动态美；运笔流畅，起止舒展，结构堪称完美。书法末尾有王羲之的落款：永和十二年五月二十四日山阴县写。王手书之《黄庭经》倍受世人喜爱，被奉为书法楷模。关于《黄庭经》，民间还流传有王羲之以书法换白鹅的故事，比如唐代诗人李白就写有“山阴道士如相见，应写黄经换白鹅”的诗句。因此后人又都习惯把王羲之手写的《黄庭经》称作“换鹅经”。

《抱朴子》

道家理论著作。东晋葛洪撰。《抱朴子》今存《内篇》二十篇，《外篇》

五十篇。《内篇》论述神仙、炼丹、符箓等事，属于道家；《外篇》论述“时政得失，人事臧否”，属于儒家。《外篇》中的《钧世》、《尚博》、《辞义》、《文行》等是关于文学理论批评的内容。据专家考证，《外篇》的写作和问世时间都要早于《内篇》，内外两部原共有一百一十六篇，后亡佚四十余篇。

严可均在《铁桥漫稿》、《代继莲龛为抱朴子叙》中云：“今本仅《内篇》之十五六，《外篇》之十三四耳。”《道藏》将内外两部合刻一处，并在《内篇》之后，《外篇》之前，间隔以《抱朴子别旨》。明人刻此书，从《道藏》中取出，总名为《抱朴子》。作为一部道家理论专著，《抱朴子》总结了战国以来神仙家的理论，将玄学与道教神学，方术与金丹，丹鼎与符箓，儒学与仙学统纳为一体，确立了道教的神仙理论体系。可以说，《抱朴子》是后人研究晋代以前道教史及思想史的宝贵材料。

《太上感应篇》

道教劝善书。简称《感应篇》，主要借太上之名，阐述“天上感应”和“因果报应”。作者不详。《宋史·艺文志》收录《感应篇》一卷。《正统道藏》太清部有《感应篇》三十卷，题“李昌龄传，郑清之赞”。《重刊道藏辑要》有《太上感应篇集注》。《道藏精华录百种》有《太上感应篇樾义》两卷。该文思想可上溯至《玉钤经》、《道戒》及《抱朴子·内篇·微旨》转引的《易内戒》、《赤松子传》和《河图记命符》等书。《太上感应篇》篇幅不长，计一千二百余字。其最早出现于北宋，最初只在民间流传，南宋时始获官方重视，宋理宗在卷首亲题“诸恶莫作，众善奉行”八字。此后，为之作序、作注者不乏其人，影响十分广泛，并流传到日本、朝鲜等国。书中大义谓祸福无门，唯人自召，善恶之报，如影随形。人若想长生多福，必须行善积德，文章还列举了诸善与众恶条文，作为趋善避恶的准绳。这些说法很符合封建伦理纲常，有利于规范人们的言行，特别是有助于维护国家、社会、家庭的秩序。由此，《太上感应篇》历经宋、元、明、清四代不衰，颇受统治者重视。

《云笈七签》

道教类书。北宋张君房编。天禧三年（1019），时任著作佐郎的张君房编成《大宋天宫宝藏》（已亡佚），又择其精要万余条，辑成《云笈七签》进献宋仁宗。编撰之初衷，张君房云："上以酬真宗皇帝委遇之恩，次以备皇帝陛下乙夜之览，下以禅文馆校雠之职，外此而少畅玄风年。"云笈，道教称藏书的容器；七籤，该书分"三洞四辅"七部。张君房在书的序言中有"掇云笈七部之英，略宝蕴诸子之奥"等语，《云笈七签》由此而来。

《云笈七签》可以说是一部道教摘录集锦。如卷一道德部，采摘《老君指归》、《韩非子》、《淮南鸿烈》、《混元圣纪序》、《唐开元皇帝道德经序》中之语，总论老子的道德概念、道教的立教之旨。卷四道教经法传授部，引《上清源统经目注序》、《灵宝经目序》、《上清经述》、《三皇经说》、《云台治中内录》等，论述上清、灵宝、三皇诸家的传授系统。其他各卷亦无不以纲带目，在一个总题目下引录若干道书。《云笈七签》引录的道书数不胜数，后人已无法判断究竟有多少。但全书的纲目仍颇为清晰，而且也基本上保留了引书的面貌。这是《云笈七签》最大的价值所在，为后人了解、研究道教提供了很多宝贵的资料。《云笈七签》原为一百二十卷。《中兴书目》、衢本《郡斋读书志》、袁本《郡斋读书后志》、《宋史·艺文志》及《文献通考》等皆著录。《遂初堂书目》无卷数。《直斋书录解题》作一百二十四卷。《正统道藏》、《四库全书》、《四部丛刊》本皆作一百二十二卷。重刊《道藏辑要》本不分卷，亦无张君房自序，缺卷甚多。因此该书有一百二十卷本、一百二十四卷本、一百二十二卷本等多种版本，其中一百二十二卷本为今通行本。

佛教与禅宗

佛教何时传入中国

佛教起源于印度，于汉代传入我国，它在中国的历史比其他外国宗教如祆教、摩尼教、伊斯兰教、基督教等都要久远。虽说仍是客人，但住得久了，相对于后来者，倒已像是个主人了。中国人对它也远比祆教、摩尼教、基督教等更为熟悉，亦更觉亲切些。恰好，这位客人的老家印度，又因历史及社会原因，佛教已由盛而衰，濒临绝灭之境。它在原生地既已不能存活，自然也就只好在此安心落户，权把他乡当故乡。所以佛学也是国学的一部分了。

在佛教史方面，中国人相信"金人入梦，白马西来"，说是汉明帝梦到金人，所以派人迎佛法，和尚摄摩腾、竺法兰才以白马驮了《四十二章经》等来中土，在洛阳建了白马寺。现在洛阳白马寺作为国家重点文物保护单位，即

维摩诘像轴　宋　李公麟

缘于此。龚鹏程先生认为，事实上竺法兰是三国时人，摄摩腾是刘宋以后人，白马寺名始见于晋，整个故事形成于齐梁，本非史实。汉明帝永平年间，汉与西域交通中绝，亦不可能遣使求法。因此这中国佛教史上第一件大事便是伪托的，此后的佛教史更是伪托不断。如禅宗说世尊拈花，迦叶微笑，固是托寓。就是达摩一苇渡江，九年面壁，创少林寺；慧可断臂求法；历代以衣钵相传，五祖弘忍半夜传法给慧能；慧能与神秀各作一偈，慧能以“本来无一物，何处惹尘埃”获弘忍赏识等，也全是伪托。而这些伪托的故事，却塑造着我们对佛教史的认知。

大乘佛教、小乘佛教

在佛教创始人释迦牟尼逝世后，佛教内部由于对释迦牟尼所说的教义有不同的理解和阐发，先后形成了许多不同的派别。按照其教理等方面的不同，以及形成时期的先后，可归纳为大乘和小乘两大基本派别。

“乘”是梵文的意译，指运载工具，比喻佛法普度众生，像舟、车能载人由此达彼一样。大乘佛教是北传佛教的主流。大乘思想根源于某些早期部派，但有许多理论创造，如不仅讲人无我，而且讲法无我，宣称人皆具菩提心可以成佛。大乘佛教则自称佛法大慈大悲，普度众生，把成佛救世、建立佛国净土为目标。

小乘佛教是南传佛教的主流，称为小乘是大乘佛教对其的蔑称，至今他们自称为“上座部佛教”。小乘佛教总的倾向是“法有我无”，即只否定人我的实在性，而不否定法我的实在性。他们要求即生断除自己的烦恼，以追求个人的自我解脱为主，从了生死出发，以离贪爱为根本，以灭尽身智为究竟。所以大乘佛教讥讽为“自了汉”。

缘起而不真

所谓“缘起”，就是说事物由因缘而起。因缘是指构成事物的因素和条件。佛教用缘起的观点说明世间一切现象，认为事物都是由一定的因素和条件凑合起来的结果，因缘聚合则事物生起，因缘离散则事物坏灭，因此事物总是依赖于一定的因素和条件，没有独立的自体（自性）。

僧肇认为事物的缘起就表明事物并非真实的存在。他说：“夫有若真有，有自常有，岂待缘而后有哉？……若有不能自有，待缘而后有者，故知有非真有。”就是说，事物如果是真实的，那么它一定是独立的和永恒的，不依赖于因缘条件的支持；如果事物不能独立，而要依赖于因缘条件的支持，那么它就不是真实的存在。按照他的观点，一个事物是否真实，就在于它是否具有独立性和永恒性，凡是独立、永恒地存在的事物就是真实的，否则就是虚假的；而要判断一个事物是否具有独立性和永恒性，那就看它是否依赖于因缘，凡是依赖于因缘才能生起的事物就不是独立、永恒的，凡是不随因缘的聚合离散而生灭变化的事物就是独立、永恒的；既然佛教的经论里已经充分说明万物依赖于因缘，那就足见万物不能独立、永恒地存在，而不能独立、永恒地存在也就意味着不是真实的存在。

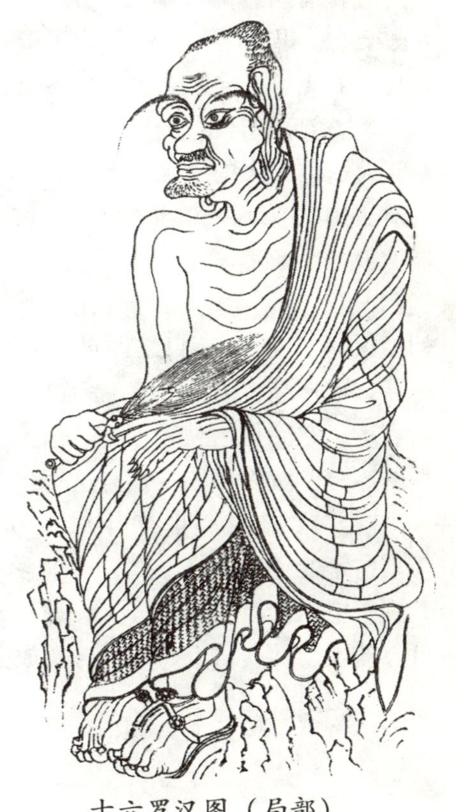

十六罗汉图（局部）
五代　贯休

中国本土的传统观念中有所谓“积善之家，必有余庆；积恶之家，必有余殃”的说法，由于这种说法与佛教的因果报应说比较近似，所以在佛教传入中国以后，因果报应说便与这种说法混杂在一起而广为流传。但是这种说法与佛教的因果报应说毕竟有所不同：一是它不涉及三世轮回的问题；二是关于报应的原因，佛教认为因果报应完全是行为主体的自作自受，中国传统的看法则认为赏善罚恶是由冥冥之中某种超人间的力量（天）执掌的。

另外，佛教传入中国以后，中国也有

很多人并不相信佛教的说法，他们根据历史的记载和现实的观察，认为人间的实际情况往往是善有恶报、恶有善报，于是对佛教的因果报应说质疑。

佛教教义中有所谓三世轮回、因果报应的说法。按照这个说法，众生的生命并不限于今生今世的一个周期，而是按照前世、现世、来世的时间顺序轮回周转，众生的一切善恶活动（因）都会招致相应的结果（果报、报应），而报应就通过生命的轮回体现出来，因此众生在每一次轮回中都根据自己前世作业的性质而相应地提升或降低其生命的层次。

更具体地说，众生在现世遭遇的寿夭祸福与贫富贵贱，都是前世的业引生的结果；众生在现世的所作所为，同样也会导致自己在来世得到相应的果报。这就是所谓“善有善报，恶有恶报”。

由苦入空

魏晋时期的佛教学者，从当时流行的玄学的背景出发，对讲性宽智慧的《般若经》和其他佛教经典作了五花八门的解释，形成了本无、即色、识含、幻化、心无、缘会六家，其中本无一家又分本无与本无异两宗，合称“六家七宗”。鸠摩罗什的弟子、东晋著名的佛学家僧肇特别作了《不真空论》，针对当时影响最大的本无、即色和心无三家的观点给予了批判性的总结。僧肇认为对于佛教空宗所说的“空”，应当从“不真”即“空”的角度去理解，而不能像般若各派那样，或者从事物没有实在的本性去理解等等。而所谓“不真”，也就是“假有”，佛教说“空”，并不是说现象世界不存在，即所谓绝对的断灭的“无”，而只是说它是不真实的虚假的存在；虚假的存在依然是一种存在，依然是“有”而不是无。所以，性空和假有其实是同一问题的两种不同表达，它们是相互依存的。例如，道士做法变出的幻化人，汉武帝便有过切身的体验，所以不能说没有这幻化人的存在，只是这幻化人不是真人是假人罢了。“空”的含义，也应当从这一角度去理解。

僧肇的“不真空”论对佛教学者更好地理解空宗性空的学说提供了帮助。其实，中国佛教的各个分支，都是力图在用不同的方式来引导人们达到对现象世界的虚幻性的认识，从而自觉放弃对主客观世界的一切执著追求，以此来摆脱人生的痛苦。

什么是禅宗

禅是禅那（巴利文 Jhāna，梵文 dhyāna）的简称，汉译为静虑，是静中思虑的意思，一般叫做禅定。此法是将心专注在一法境上一心参究，以期证悟本自心性，这叫参禅，所以名为禅宗。

相传中国禅为菩提达摩（南朝宋末人）创立，达摩于北魏末年首先活动于洛阳（今河南洛阳市），后来来到嵩山（今河南登封市）少林寺，面壁九年修持佛法，修习禅定，倡“二入四行”之禅修原则，以《楞伽经》授徒，后世以达摩为中国禅宗初祖，以嵩山少林寺为禅宗祖庭，嵩山少林寺并有“天下第一名刹”之称。达摩在少林寺有嗣法弟子慧可、道育等，僧璨为再传。璨弟子为道信。信弟子弘忍立东山法门，为禅宗五祖。门下分赴两京弘法，名重一时。其中有神秀、慧能二人分立北宗渐门与南宗顿门。神秀住荆州玉泉寺，晚年入京，为三帝国师，弟子有嵩山普寂、终南山义福；慧能居韶州曹溪宝林寺，门下甚众，以慧能为六祖。时称“南能北秀”。

北宗主张“拂尘看净”的渐修，数传后即衰微。南宗传承很广，成为禅宗正统。六祖慧能主张教外别传、不立文字，提倡心性本净、佛性本有、直指人心、见性成佛。这是世界佛教史尤其是中国佛教史上的一次重大改革。慧能以后，禅宗广为流传，于唐末五代时达于极盛。禅宗使中国佛教发展到了顶峰，对中国古文化的发展具有重大影响。南宗以《楞伽经》、《金刚经》、《大乘起信论》为主要教义根据，代表作为《六祖坛经》。

禅宗佛学特点在于其高度的理性化，几乎完全没有神学气息。禅宗修持以定慧一体为特色。禅宗强调心性的运用，以明心见性为宗旨，对于中华气功学的理论和方法有巨大贡献。

顿悟成佛

禅宗认为从众生到佛的转化就在一念之间，转化的形式就是“悟”或“顿悟”。慧能说“前念迷即凡，后念悟即佛”，“一念若悟，即众生是佛”。神会认为悟就是“一念相应，便成正觉”，它“不由阶渐”，顿时完成，所以称为“顿悟”。

为什么一念顿悟就等于觉悟成佛了呢？因为顿悟就意味着整个人心发生了质变。慧能说：“一念善，智慧即生。一灯能除千年暗，一智能灭万年愚。”就是说只要一灯明亮就打破了黑暗的状态，只要一念觉悟就灭除了迷妄的心情。神会认为觉悟解脱不是点滴积累、逐步实现的量变过程，而是人心整体的质变，这就好比斩断丝线一样，不是一根一根地切断，而是把所有的丝线合为一股，一刀全部斩断。马祖道一的弟子大珠慧海认为顿悟的当时不可以解脱成佛，因为觉悟的一念就好比刚刚出生的狮子，它虽然体形微小，但它毕竟是狮子的品种：执迷不悟就好比野干（一种体形似狐的小动物），即使它整天追随狮子，但也不属狮子的品种。

在禅宗看来，解脱与否并不在于觉悟的多少，而在于有没有觉悟；现实的人心要么觉悟，要么执迷，觉即解脱，迷即被缚，两者的性质截然不同，它们之间并没有中间状态或过渡环节。因此，即使是一念觉悟，人心的整个品质也属于佛；即使是一念执迷，人心的整个品质也属于众生。所以顿悟成佛的境界就意味着人心发生了质的变化。

佛性本来清净，烦恼掩盖佛性

既然人们本来具有智慧觉悟的本性，可是为什么会迷失本性而不能觉悟呢？禅宗从佛性与烦恼的关系回答这个问题。他们认为人心本来具有佛教觉悟的智慧，它就是人的本性；智慧觉悟的本性本来清净，但是它被人们心中的烦恼妄念所掩盖，于是人们便成为迷失本性的众生，而不能成为现实的佛。慧能把清净的本性比作日月常明，把烦恼妄念比作乌云蔽日，它使本来明亮的日月不能显现。所谓烦恼妄念掩盖了智慧本性，也就是说烦恼妄念是妨碍人们觉悟解脱的心理障碍，因此必须加以克服。

在禅宗看来，智慧本性与烦恼妄念相即不离，二者同时集于人心，但是前者不生不灭，后者生灭变幻，因此烦恼妄念是可以克服的，无论人心当中充满多少烦恼，都不能改变人们智慧觉悟的本性。慧能说“即烦恼是菩提。前念迷即凡，后念悟即佛”；“自色身中邪见烦恼、愚痴迷妄，自有本觉性”。就是说觉悟的本性就在烦恼妄念之中。二者相对，但它们的性质完全相反：佛性智慧是真实的本体，烦恼妄念是虚假的现象。为什么呢？因为智慧本性是清净的，清净就意味着无相，“性体清净，是以无相为体”，“净无形相”，“无相”就是没有任何具体的相状，“清净”是无相的比喻性说法，比如一个无色透明的物体，人们无法说它是黑的还是白的、红的还是绿的，等等。所谓佛性（本性）清净无相，也就是说佛性没有任何具体的规定性；如果从生灭的角度来说，佛性也就是无生无灭、常住不变的实体。所以慧能的弟子神会说：“佛性体常故，非是生灭法。”与此相反，烦恼妄念随生随灭、变幻不已。他认为佛性好像虚空，烦恼如同明暗，“明暗有来去，虚空无来去”，来来去去就意味着生生灭灭；二者又好比金属与矿石，“金之与矿，俱时而生。得遇金师，炉冶烹炼，金之与矿，当时自别。金即百炼百精，矿若再炼，变成灰土”。佛性与烦恼的关系也是如此，佛性常住不变，烦恼变化不居。佛教把无生无灭（常）看做真实性的象征，把生灭无常作为虚假的标志，所以禅宗说佛性不生不灭就意味着佛性是真实的本体，说烦恼有生有灭就意味着烦恼是虚假的现象。

神会认为人心中这个真实的方面就是根本性的，而虚假的方面则是派生的，所以说：“以不生不灭故，得称为常；以常故，得称为本。”既然佛性是根本性的，所以它“本有今无”，即本来具有而被“烦恼盖覆不见”；既然烦恼是派生的，所以它“本无今有”，即本来没有而后天生起。这就表明，无论人们心中充满多少烦恼，都改变不了智慧觉悟的本性；无论烦恼多么深重，人们都可以将它克服。

偶入佛门

慧能出身于没落的官僚家庭，他的父亲在慧能幼小的时候，被贬谪岭南，家境遂落，不久死亡。慧能本人目不识丁，二十四岁前一直在广东岭南山区砍柴，供养老母，生活贫苦。

一天，他在集市卖柴，听见有人诵佛经典籍《金刚般若经》，颇有感悟，使前问念经人读的是什么经，从什么人那里得来。那人告诉他：“这是《金刚般若经》，乃湖北黄梅双峰山弘忍法师所传。”自此，慧能决心寻师学佛。他告辞老母，背上简单的行李，独上双峰山，果然遇到弘忍。起初，弘忍瞧不起他这位粗俗的山林樵夫，态度十分冷淡，问：“你是何人，来此见我欲求何事?”慧能答道：“弟子岭南人，今远道求见，无他也，乃求成佛之理。”弘忍训斥道：“你为岭南穷乡僻壤的蛮人，有何资格成佛?”慧能从容回答：“人有南方北方之别，而佛性则不分南北。我虽岭南蛮人，同你尊贵的法师身份不同，但你我佛性何别?”弘忍听了十分震惊，未料这位乡下人对佛理有如此深刻的领悟，于是留他下来当行者，在寺院中打柴、推磨、做粗活。虽然慧能未有学习佛教经典的机会，但他生性聪颖，经常偷听和尚们念经，很快地领悟，逐渐得到弘忍的赏识。

六祖斫竹图　南宋　梁楷

慧能受钵

有一天，弘忍把弟子们召到面前，当众宣布让每人写一首偈，说明自己对佛理的认识。谁能真正领悟佛理真谛，袈裟和佛法就授予谁，并让他当第六代祖。

当时弘忍门下有上首弟子神秀，名声显赫。他很快就作出一偈，准备呈给师父，但走到师父住舍堂前，心里又犹豫起来。这天深夜，他端着灯，悄悄地把偈写在南廊壁间。偈中写道：身是菩提树，心如明镜台；时时勤拂拭，勿使惹尘埃。

慧能听了神秀的偈子，知道神秀尚未体悟“空性”，于是念了一首偈，由他人代为写在墙壁上。偈子为：“菩提本无树，明镜亦非台。本来无一物，何处惹尘埃？”此偈刚写完，很多和尚都围过来观看，都很惊讶，议论说：“奇怪啊！想不到像他这样做苦役的人竟有如此修行！真不可以貌取人！”弘忍见众人如此惊怪，恐怕有人从中暗害，立即用鞋擦掉慧能的偈，故意说：“亦未见本性啊！”

第二天，弘忍悄悄来到舂米房，看见慧能腰上背着石正在舂米，便自言自语说：“求道的人为了佛法而忘记肉身，应当这样吗？”接着就问：“米舂好了吗？”

慧能答：“早就舂好了，还没有筛罢了。”弘忍用禅杖敲击碓三下而离去。

夜晚三更时候，慧能偷偷来到弘忍处。弘忍用袈裟把窗户遮围住，为慧能解说《金刚经》，说：“一切事物无自性，皆从心生，如果觉悟到真实本性，心就是无所住着了。”慧能听了很有启发，领悟到佛理的真髓：“一切事物都不离本性。”弘忍看到他已经真正领悟，就对他说：“不识本心，学法无益；若识本心，见自本性，即名丈夫、天人师、佛。”接着便把禅法和衣钵秘授给慧能，说：“你为第六代祖。”还嘱他立即下山回南方隐居，待弘忍死后再继承与发展禅宗的事业。

此后，慧能一直坚守师嘱，混于众，不露声色。十六年后，弘忍去世，他才出示隐藏多年的法衣，亮明自己的身份，正式落发出家，成为禅宗的首领，在曹溪宝林寺讲法二十余年，影响遍及海内。

慧能的偈之所以得到弘忍的赞赏，是因为他对外界客观事物否定得比神秀干净彻底，什么菩提树、明镜台统统并非真实存在，世界“本来无一物”，根本谈不上沾惹尘埃，何必时时勤拂拭？只要内心一旦觉悟到世界空无的道理，就可以立地成佛。这是彻底的唯心论。

禅宗的五家七派

沩仰宗。沩山灵佑及其弟子仰山慧寂创立于湖南宁乡沩山密印寺。沩仰宗强调机和用，信位和人位，及文字和精神之间的差别。沩山在得意忘言这一点上跟庄子完全相同。

临济宗。黄檗希运禅师住持宜丰黄檗寺（今江西境内）时初露端倪，义玄从希运学法三十三年之后往镇州（河北正定）建临济院后创立。因义玄住镇州（治所在今河北正定）临济院而得名。临济宗传至楚圆门下，又分出黄龙派、杨岐派。临济宗认为无位真人就是真实的自我。

曹洞宗。由洞山良价与其弟子曹山本寂创立，良价禅师精舍在今江西宜丰县洞山，良价的弟子本寂在豫章洞山（今江西境内）普利院学法数年，后到曹山（今江西宜黄境内）弘扬师法。由于良价住洞山，本寂居曹山，所以禅林中把师徒两人创立、弘扬的新禅宗称为“曹洞宗”。曹洞宗以自忘来完成自我的实现。

云门宗。文偃创立。因文偃住韶州云门山（在今广东乳源瑶族自治县北）光泰禅院而得名。云门宗一面逍遥于无极，一面又回返人间。

法眼宗。文益创立。南唐中主李璟赐谥其为“大法眼禅师”而得名。法眼宗完全奠基于庄子的“天地与我并生，万物与我为一”。

黄龙派。慧南创立。因其住黄龙山（在今江西南昌市）而得名。

杨岐派。方会创立。因住杨岐山（在今江西萍乡县北）而得名。

什么是“机锋”

所谓“机锋”，或“斗机锋”，是禅宗因人因时因地而进行的一种宗教神秘主义的教学方法。有时对同一问题作出不同的回答，有时对不同问题作出相同的回答，有时对提出的问题不作直截了当的回答，而是以种种反理性的形式发表自己看法。

禅宗自称释迦牟尼教外别传，以心传心，所以他们把师徒之间在动作行为或言语上的相互默契看做是参学的究竟。起初一般采用隐语、比喻、暗示等方式，故弄玄虚，以曲折隐晦的兴法绕路说禅，如千年怀让以“磨砖不能成镜”启发道一放弃坐禅，而道又以类似说教引导慧海发现自心佛性。后来进而发展为拳打脚踢，棒喝交加。

下面举几个例子加以说明：

僧问：“如何是吹毛剑?”师答：“骼。”问者以为用无比锋利的般若智慧之剑可以斩断一切烦恼（这是传统大乘佛教的基本观点），就好像以最锋利的钢剑，只要把毛发向它的刃上吹去，毛发便立时而断。但是骨骼根本无毛，所以纵然有吹毛立断的利剑，也无处可施其能。这是说，从禅宗角度看，本来无菩提可证，无涅槃可得，一切执着都有害无益。

再如，僧问："如何是佛？"师答："麻三斤。"这似乎是答非所问，牛头不对马嘴，但其用意十分清楚。那就是要把禅僧的一般思路挡回去，令他引起反照，反照自己成佛的本源。每个人本来是佛，只是没有发现罢了。类似的机锋如：问："万法归一，一归何处？"答："我在青州作一领布衫重七斤。"问："如何是佛心？"答："镇州萝卜重三斤。"问："如何是祖师西来意？"答："坐久成劳。"或"板齿生毛。"

什么是"棒喝"

禅宗认为，语言、文字、概念只会给人增加负担，而不能教人去发现佛教的真理。为使禅宗放弃各种形式的外向追求，一意于自己内心的发掘上用功，禅师在机锋运用基础上，根据不同对象，采取棒喝手段，令对方从执着中猛醒过来，直下顿悟自心佛性。

相传"棒"的使用，始于黄檗希运和德山宣鉴；"喝"的使用，始于临济义玄，故有"德山棒、临济喝"之说。《古尊宿语录》卷五有一段关于义玄在希运处三度被打的记述，十分精彩。义玄初在希运门下，"行业纯一"，"与众有异"，三年未曾参问。有一天问道："如何是佛法的大意？"义玄三度发问，三度被希运棒打。后来终于醒悟。

《般若经》

《般若经》全称《般若波罗蜜多经》，因篇幅长短不一，有多种不同的译本。"般若"（梵文 prajana 音译），指通达世间法和出世间法，圆融无碍，恰到好处，绝对完全的大智慧；"波罗"（梵文 pramita 音译），意为到彼岸，是大乘佛教所讲的六种修行（即六度）之一（布施、持戒、忍辱、精进、禅定和般若）。至于般若波罗蜜，是《般若经》所要阐述的理论。概括来说，其理论就是"诸法性空"，万事万物从本质上说都是不真实的、虚假的，或如《般若经》所讲的"如幻如化如梦"，在认识上是"不可得"、"无所住"的假相。我国第一位翻译《般若经》的人是东汉末年的支娄迦谶，他于汉桓帝中平年间（178—189 年）译出了《道行般若经》；晋代时，竺叔兰和无罗叉译出了《放光般若经》。般若思想开始在我国流传。由于佛教适应当时的国情，加之魏晋玄学思想的影响，般若学的"六家七宗"开始形成，并在思想界占据一定地位。到了后秦，佛经翻译家鸠摩罗什等译出《小品般若经》（《道行般若经》的异译)、《摩诃般若经》(《放光般若经》的异译)、《金刚经》及发挥大乘般若经思想的《大智度论》、《中论》等论著，大乘佛教在我国的传播更加广泛，我国的佛教宗派由之源起。

《般若经》把人们对现象世界的正常认识称为俗谛，即世俗的真理，认为这是“颠倒”的、“凡夫愚人”的认识；而人们又执著这种认识，从而产生种种贪爱，使之流转生死，不得解脱。而只有具有“般若”精神的佛、菩萨(梵文 Eodhisattra 音译，指修持六度，求无上菩提，利益众生，成就佛果的修行者)才能彻悟“诸法性空”的真理，这就是“真谛”。菩萨用智慧引导众生，使其从执著的迷妄中，领悟“诸法性空”的道理，摆脱生死苦恼，获得解脱。在佛教修行方面，《般若经》提出了“菩萨乘”思想。菩萨乘以广度一切众生为目的，即引导众生，通过六度修行，体味“诸法性空”的道理，成就佛那样的觉悟(佛果)。般若思想是大乘佛教思想的基础，稍晚形成的《华严经》、《法华经》及《涅槃经》等都是以般若思想为基础发展起来的。译介般若经的集大成者是我国唐代高僧玄奘。他在晚年时以极大的毅力编译了六百卷的巨著《大般若波罗蜜多经》，从而使汉译般若经得以完备。在汉译佛经中，属大乘般若类的经典译本有二十几种，但都不出《大般若经》的范畴。

《心经》

全称《般若波罗蜜多心经》(梵文 Prajnaparamitahrdayasutram 音译)。简称《般若心经》或《心经》。全经只有一卷，二百六十字，是《大品般若经》六百卷中的一节，被认为是般若经类的提要。“心经”的“心”，是“核心”、“纲要”、“精华”的意思，意谓集合了六百卷般若大经的“精要”而成。《心经》有七种汉译本，较有名的是后秦鸠摩罗什译的《摩诃般若波罗蜜大明咒经》和唐朝玄奘译的《般若波罗蜜多心经》。《般若经》共有八部：《放光般若》、《光明般若》、《道行般若》、《胜天般若》、《胜天王般若》、《文殊问般若》、《金刚般若》、《大品般若》、《小品般若》。此处的《般若波罗蜜多心经》则由浅入深地概括了《大品般若》的义理精要。言简意赅，词寡而旨深。读《心经》对了解般若经类的基本精神有很大帮助。

《金刚经》

佛教的重要经典，又名《金刚般若波罗蜜经》。金刚，指最为坚硬的金属，喻指般若如金刚一样锋利无比，能破除世间一切烦恼与偏见。般若，梵语

"妙智慧"一词的音译；波罗，指到达彼岸、完成；蜜，指无极。金刚般若波罗蜜，指按照此经修持能成就金刚不坏之本质，修得悟透佛道精髓的智慧，脱离三界（欲界、色界、无色界）而到达苦海彼岸。《金刚经》于公元前994年成于古印度，是如来世尊（释迦牟尼的前身）与众弟子、长老须菩提等人的对谈记录，由弟子阿难记载。《金刚经》传入中国后，自东晋到唐朝共有六个译本（均存于《大藏经》中），分别是：鸠摩罗什译本、元魏菩提流支译本、陈真谛三藏译本、隋笈多译本、唐玄奘译本和唐义净译本。其中，鸠摩罗什的译本《金刚般若波罗蜜经》最为流行。

在《金刚经》中，全文没有出现"空"字，然而通篇讨论的却都是"空"的智慧。经文开始，由佛陀十大弟子中"解空第一"的须菩提发问：当众生立定志向要达到无上圆满的佛陀觉智时，应该将发心的目标定在哪里？如果在实践过程中心不能安住，应该如何降伏？如何在走向终极目标的过程中，对各种错误和患得患失的心理加以克服？全经即围绕着佛陀对此问题的解答而展开。在经书中，"凡所有相，皆是虚妄；若见诸相非相，则见如来"，一切法相，甚至于佛的形象，都是用文字和形象对实相（事物的本来面目）的近似表达，而非实相本身。《金刚经》卷末有四句著名的偈文："一切有为法，如梦幻泡影，如露亦如电，应作如是观"，堪称一经之精髓。通常认为，《金刚经》前半部说众生空，后半部说法空。其阐释的是彻底解放心灵的大智慧，对中国的历史和文化产生了深远的影响。《金刚经》博大精深，然而因文字晦涩、思想艰深，常人往往难以透彻理解。因此，自《金刚经》问世以来，佛教各派祖师多为其作注讲解，其中流传最广的是禅宗惠能的《六祖坛经》。

《妙法莲华经》

佛教经典，简称《法华经》。由于此经起源很早，一般认为是经过不同的历史阶段相继完成的。《妙法莲华经》曾在古印度、尼泊尔等地长期流传。目前已发现分布于克什米尔、尼泊尔和中国新疆、西藏等地的梵文经本四十余种。其语言大致分属尼泊尔体系、克什米尔体系和新疆体系。相对来说，尼泊尔体系所属的写本大致为十一世纪以后的作品，内容完整无缺，字体清晰；而克什米尔体系抄本多数属于断片，从字体上看，一般是五至六世纪的作品，非常古老。在新疆喀什噶尔等地发现的版本也多为残片，内容与尼泊尔系的抄本接近，大致为七至八世纪的作品。

《妙法莲华经》讲述的是三乘方便、一乘真实和一切众生皆能成佛等内容，是天台宗等据以立说的主要典籍，为大乘思想的集成之作。全经主要思想为空无相的空性说，与《般若经》、《涅槃经》相通，均宣扬回归净土、济世说。据相关资料记载，此经有汉译、藏译等的全译本和部分译本的梵汉对照、梵文改订本等近二十种。除后秦鸠摩罗什译的七卷二十八品（原本为七卷二十七品，后人将南齐法献于高昌所得的《提婆达多品》、隋阇那崛多译的《普门品偈》及玄奘译的《药王菩萨咒》一起编入，成七卷二十八品）为后世广泛流传外，还有晋竺法护译的《正法华经》十卷二十七品、隋阇那崛多和达摩笈多重勘梵文译就的《添品妙法莲华经》七卷二十七品。藏译本为日帝觉和智军所译，题名《正法白莲华大乘经》。法译本有巴尔诺夫的《法译妙法莲花经》。英译本有基恩译《正法华经》，编入《东方圣书》第二十一卷。日本有梵汉对照本《新译法华经》、《梵文和译法华经》、改订梵奉《法华经》等。现存的经书主要有：南朝宋竺道生《法华经疏》二卷，梁法云《法华经义记》八卷，隋智觊《法华玄义》二十卷、《法华文句》二十卷（一说为十卷），吉藏《法华经玄论》十卷、《法华经义疏》十二卷，唐窥基《法华经玄赞》十卷，元徐行善《法华经科注》八卷，明智旭《法华经会义》一卷，清通理《法华经指掌疏》七卷，日本圣德太子《法华经义疏》四卷，最澄《法华经大意》一卷等。

《维摩诘经》

《维摩诘经》又称《维摩经》，全称《维摩诘所说经》，是大乘佛教的早期经典之一，对禅宗思想有一定的影响。因为经中的主人公为维摩诘居士，故名。唐玄奘、宋法戒和尚都曾译过此经。维摩诘，梵文 Vimaiakidi 的音译，又译为维摩罗诘、毗摩罗诘，略称维摩或维摩诘，意思是以自称洁净、没有污染的人。

《维摩诘经》的主人公维摩诘是毗耶离城富有的佛教居士，精通大乘佛法。本经通过描述维摩诘与文殊师利等人讨论佛法，宣扬达到解脱不一定非要通过出家修行，关键在于主观修养。维摩诘以亲身经历阐释了自己的观点：他本是毗耶离的一个富翁，家财万贯，奴婢成群。但是他虔诚修行，勤于攻读，“虽资产无量，救摄贫民”，“虽为白衣，奉持沙门”，“虽获俗利，不以喜悦”，“虽有妻子妇，常修梵行”；“入君子中，正君子意，能使忍和”，“入人臣中，正群臣意，为作端首，使入正道；入帝王中，能正其意，以孝宽仁率化薄俗；入贵人中，能正为雅乐，化正宫女；入庶人中，软意悯伤，为兴福力”。维摩诘的观点是，只要具有佛的精神境界，即是真正的“菩萨行”。除了肯定在家修行外，经中还阐述了“在家”高于“出家”的观点，如在《维摩诘经·弟子品》中有诸童子问："居士，我闻佛言，父母不听，不得出家？"维摩诘答："然，汝等便发阿耨多罗三藐三菩提心，即是出家，是即具足。"再次强调作为佛教信徒的标准已不在于"出家"、"在家"的形式，只要有求取佛智的愿望，"在家"同样可以成佛得道。《维摩诘经》把佛教的"出世"移到了世俗世界：将僧侣的生活世俗化，让世俗人的生活僧侣化。在经中，文殊师利曾赞扬维摩诘道："彼维摩诘虽优婆塞，入深法要，其德至纯，以辩才立，智不可称。"

《六祖坛经》

中国佛教禅宗典籍。亦称《六祖大师法宝坛经》，简称《坛经》。禅宗六祖惠能说，弟子法海集录。《坛经》记载了惠能一生得法传宗的事迹和启导门徒的言教，内容丰富，文字通俗，是研究禅宗思想渊源的重要依据。由于历代辗转传抄，《坛经》的版本较多，体例各异，内容详略不同。据流传较广的金陵刻本可知，其品目为自序、般若、决疑、定慧、妙行、忏悔、机缘、顿渐、护法、付嘱等十品。核心思想是"见性成佛"。性，指众生本具之成佛可能性。"见性成佛"即所谓"唯传见性法，出世破邪宗"。《坛经》对禅宗的发展起过重要的作用。中国佛教著作尊称为"经"的，仅此一部；以个人语录汇总称"经"的，也仅此一部。《释门正统》卷八《义天传》有"大辽皇帝诏有司令义学沙门诠晓等再定经录，世所谓《六祖坛经》、《宝林传》等皆被焚"等语，《坛经》大概在宋辽时期即已被收入经录。今有明清藏本、房山石经本及流通本等。1976 年日本影印《六祖坛经诸本集成》，汇集各种版本《坛经》十一种。二十世纪初，敦煌文献中发现了惠能的《坛经》及其弟子神会的语录，《坛经》的研究又有了新的发展。近年来，中国大多数学者都认为《坛经》的基本内容代表了惠能的思想，但也不排除有后人增益的成分。

《五灯会元》

中国佛教禅宗史书。五灯，指五部禅宗灯录，它们分别是：《景德传灯录》，法眼宗道原撰；《天圣广灯录》，临济宗李遵勖撰；《建中靖国续灯录》，云门宗惟白撰；《嘉泰普灯录》，云门宗正受撰；《联灯会要》，临济宗悟明撰。宋代大儒沈静明认为：禅宗语要，尽在五灯。自六祖惠能始，禅宗更以灯喻佛法智慧，传灯意味着传法。"一灯能除千年暗，一智能灭万年愚"。灯灯相传，光明不断，即是禅宗的要旨。五灯录各三十卷，但互有重复，普济因此删繁就简，尽除其重复之处，最终成二十卷本《五灯会元》。该书以五家七宗禅分卷叙述，各禅门分派井井有条，源流清晰明了。

《五灯会元》不仅为佛教僧侣提供了禅宗史研究的资料及参禅得悟的方便途径，而且也扩大了一般文人士大夫的视野。由于书中文字语言透彻洒脱，新鲜活泼，简要精练，公案语录、问答对语趣味盎然，超脱世俗，所以深为僧俗所喜读。作为一种精神享受，元明以来士大夫好禅者，几乎家藏其书。

但对禅宗史研究者而言，此书对原材料删削过多，不如《景德传灯录》等完备。

《法苑珠林》

佛教经典。又名《法苑珠林传》、《法苑珠林集》。法苑，指佛法荟萃；珠，为美石，比喻佛陀教法融通无碍；林，法义丛集称林。由此可知，《法苑珠林》是一部汇集了一切佛法教义精华的重要典籍。唐代道世法师（？—683年）据其兄道宣所著之《大唐内典录》及《续高僧传》编集而成，具有佛教百科全书的性质，为一切佛经的索引。全书分一百卷（嘉兴藏作一百二十卷），百万余字，从《劫量篇》到《传记篇》，依其内容性质分为百余篇。概述佛教之思想、术语、法数等，博引诸经、律、论、纪、传等计四百余种（引用之文并非照经文抄录，而是录其要义；凡所引事例，皆注明出处），其中很多经典今已不存。

总的来说，《法苑珠林》百余篇内容，不仅将佛教的基本义理收罗其中，而且井然有序、分门别类地介绍了佛教教理和一般知识，如佛教的时空观、宇宙观、宣教方式、善恶报应、因果业力、僧俗二众应有之修持与德行、戒律禅观、圣凡分类、法数名相、神通咒语、音乐图像、寺塔器物、仪礼行止等。更重要的是，《法苑珠林》广泛地探讨了人世间各种社会现象和伦理是非观念，可谓一部集出世、入世思想于一体的宏伟巨著。

禅宗故事

非关文字

有位名叫无尽藏的尼姑，常常诵读《涅槃经》。六祖慧能禅师稍听一会儿，就能为她解说其中的意义。这位尼姑拿着经卷来请教不识的字，慧能说道："字我不识，但其中的意义尽管问吧。"尼姑说道："字尚且不识，如何能领会它的意义呢?"慧能禅师说道："诸佛的玄妙义理，和文字没有关系。"尼姑十分惊异，告诉乡中老人说："慧能是一位通晓佛道的人，应该受到大家的供养。"于是居民争着来拜见他。(《五灯会元》卷一)

诸佛妙理，非关文字。对佛教的理解与经书的某些文字识与不识没有关系。禅是不立文字的。

出门便是草

庆诸禅师混迹于长沙浏阳陶家坊，早出晚归，人们对他不了解。后来，有一位僧人从洞山禅师处来，庆诸问："洞山和尚有什么话开示你吗?"僧人说："盛夏之后，和尚上堂说：秋初夏末，兄弟们有的去东面有的去西方，但必须往万里没寸草的地方去。过了一阵又说：请问万里没寸草的地方在哪里呢?"庆诸禅师问僧人："有人答话吗?"僧人说："没有。"庆诸禅师说："为什么不回答说'出门就是草?'"僧人回去告诉洞山禅师，洞山说："这是能聚集一千五百名徒的高僧的话。"因为这次庆诸禅师妙语出众，众人请他住持寺院。(《五灯会元》卷五)

草，在禅语中指烦恼。"出门就是草"说明到处都生长着草，世俗生活中处处都有烦恼，要到没有寸草的地方就必须从眼前开始锄草。禅，就在眼前的生活中，不脱离世俗的生活，从眼前做起就是。

用觉悟作什么

慧忠禅师问紫璘供奉（供奉是官名）道："佛是什么意思?"紫璘供奉答道："佛是觉悟的意思。"慧忠又问："佛可曾迷惑过吗?"紫璘答："不曾迷惑过。"慧忠追问："既然不曾迷惑，还用觉悟干什么?"紫璘供奉无语以对。(《祖堂集》卷三)

这段语录说明，用形式逻辑的思维方式在禅中行不通。佛是觉悟的意思，按照形式逻辑来说就不能说他曾经迷惑过。佛并非天生就是觉悟的，也是经过修持才达到的，他是从迷而悟的。因此说佛是觉，但也曾迷惑过，二者并不矛盾。

不可思议

有僧人问惟宽禅师："狗有佛性吗?"惟宽禅师回答："有。"又问："和尚您有吗?"禅师说："没有。"问："一切众生都有佛性，和尚为什么单单没有?"禅师说："我不是一切众生。"问："既然不是众生，莫非是佛?"禅师说："不是佛。"问："那么究竟是什么东西?"禅师说："也不是东西。"问："可以看见、可以想象吗?"禅师说："思之不能及，议之不可得，所以说是不可思议。"(《五灯会元》卷三)

惟宽禅师对"我"用了不可思议来表述。禅宗对"自我"的本体看法，认为它是属于第七识的。一般人的思维属于六识，用五官去反映事物以及用心去认识，都属于六识范围。但是，六识只能认识事物的现象。对禅、对自我、对心的本性是不能认识的，所以说不可思议。

空手把锄头

善慧大士，本名傅弘，曾为梁武帝讲经说法。虽然生在禅宗以前的时代，但他的思想与禅宗是一致的。他有一首诗写道："空手把锄头，步行骑水牛；人从桥上过，桥流水不流。"(《五灯会元》卷三)

这首诗把三组矛盾交织在一起，形象地点明了禅的思维方式。

芥子纳须弥

江州刺史李渤问智常禅师道："佛所说的'须弥山容纳芥子'我并不怀疑，但'芥子容纳须弥山'，岂不是荒诞之谈吗?"智常禅师反问道："人们传说使君你读了万卷书，是吗?"李渤回答说："是的。"智常禅师问："你从头到脚也不过如椰子大，万卷书放在哪里呢?"李渤颔首信服。(《景德传灯录》卷七)

有与无

智藏禅师住持西堂后，有一位在家人问道："有天堂、地狱吗?"禅师答："有。"在家人问："有佛、法、僧三宝吗?"禅师答："有。"还有许多问题，禅师都回答说有。在家人说："和尚这样答，恐怕错了吧!"禅师就问他："你见过得道高僧吗?”在家人说：“我曾经参见过径山和尚。”禅师问：“径山对你怎么说?”在家人答道：“他说一切都无。”禅师问：“你有妻子吗?”答：“有。”禅师又问：“径山和尚有妻子吗?”在家人说：“无。”禅师说：“径山和尚说‘无’就对了。”在家人施礼道谢而去。(《景德传灯录》卷一七)

有与无因情况不同而存在，都有道理，实际上是破除人们对有无的执着。有无天堂地狱，看什么人而定。对一般人来说，为了鼓励他行善，当然是存在的。对禅者来说，不能对任何事物执着而言就要讲无了。一切存在都是按条件来组成，但条件是不断变化的，所以一切是“无”。

广厦之材，本出幽谷

僧人问弘忍禅师：“做学问为何不在城市里人们聚居的地方，而要僻居山中呢?”弘忍禅师答道：“建筑高楼大厦之木材。本来就产在幽深的山谷，而不是生长在人群聚居处。因为远离了人们，就不受刀斧砍斫之害。长成大树，就能作为栋梁之材。由此得知，在深山幽谷里培养，远远地躲避开了尘世的干扰，于山中修身养性，长期摆脱世俗事物，使眼前没有杂物事务，心中自然宁静。从此就能使道树开花、禅林结出果来了。”弘忍禅师萧然净坐，不著书立说，只凭口说禅理，默默地传授学人。(《楞伽师资记》卷一)

风动与心动

法性寺门前竖起一面幡旗。慧能走到寺庙前时，僧人正在争论风动还是幡动，各自争执不下，要求主讲法师判定。主讲法师也判定不下来，就请慧能判定。慧能说：“既不是风动，又不是幡动。”法师问道：“那么是什么东西在动呢?”慧能说：“是你自已的心在动。”(《无门关》卷二九)

心的功能发挥作用，才知道事物有动静之分，才能反映事物的动静来。风动也好，幡动也好，如果没有心的功能发挥出作用，那还是反映不出来的。换句话说，说它是风动或者说它是幡动，都是心的功能在发挥作用。

南泉斩猫

南泉神师因为东西两堂僧人争夺一只猫，便对大家说：“说出道理来就放了这只猫，说不出来我就杀死它。”见大家没有回应，他挥手把猫杀了。后来赵州禅师知道了这件事，把鞋脱了放到头上，出门走了。南泉说：“如果他刚

才在的话，那只猫就不会死了。”（《景德传灯录》卷八）

赵州禅师的顶履举动，其含意是本末倒置。和尚争猫，本末倒置；而南泉以斩猫了却和尚的纷争，也是本末倒置啊。

烧木佛御寒

天然禅师在惠林寺，天极寒冷，于是他焚木佛来御寒，院主人见此情景大加讥刺，天然禅师说道：“我将它火化，以便寻得佛骨舍利。”院主说：“木头有什么佛骨?”天然禅师讲道：“既然如此，你为何责怪我呢?”院主也随之趋前烤火，结果眉毛被烧掉。（《祖堂集》卷三）

天然禅师烧木佛御寒，充分表现了天然禅师的叛逆精神。

赵州救火

赵州禅师有一段勘验众僧人的故事。赵州禅师在伙房担任烧火僧人时，有一天，他把门窗紧闭，烧得满屋是烟，并大叫：“救火!”救火时许多僧人都奔过来，赵州禅师在里面说：“说得出我就开门。”众位僧人都无话可对。南泉禅师把钥匙从窗口递给他，他就开了门。原来这“门”指的是自性之门，别人无法打开，只有自己才能打开。南泉把钥匙从窗口递给他，是让他自己去打开这自性之门。（《景德传灯录》卷十）

这则故事告诫自我找寻，莫作他求。

呵佛骂祖

德山宣鉴禅师上堂讲道：“我对先祖的态度就不是这样，这里没有祖师爷、没有佛圣。达摩是老臊胡，释迦老头子是干屎橛，文殊、普贤是担屎的汉子，等觉、妙觉不过是破除了执见的凡夫，菩提智慧、涅槃境界只是系驴绳的木桩，十二类佛经是鬼神簿、揩拭疮疣的废纸，四果位、三贤阶、三乘十种阶位则是古坟的一群鬼，自身也难保的。”（《五灯会元》卷七）

五

语言、文学

小　学

作为经学附庸的文字之学。“小学”最初的含义，是指少年求学的场所，与今天的小学概念相近。周代时，贵族子弟满八岁就要入“小学”，习“六艺”。所谓“六艺”，指礼（礼仪）、乐（音乐舞蹈）、射（射箭）、御（驾驭车马）、书（语文）、数（算术）等六门功课。“六艺”是贵族子弟必须具备的知识和技能，因与成年之后所学的修齐治平的“大学”相别，故称“小学”。到西汉时，古“六艺”大约只剩“书”为主要课程，“书”指“六书”，即象形、指事、形声、会意、转注、假借六种造字方法。于是，“小学”顺理成章地成了文字学的代名词。

仓颉像。相传仓颉为黄帝的史官，创造了文字。

由于当时人识字的主要目的是读经，“小学”也因此成了经学的附庸，从汉至清，其地位一直如此。也因为这样的地位，古代研究语言文字的专家如许慎、段玉裁、王念孙等人亦多被视为经学家。需要说明的是，经学虽被普遍视为正宗，“小学”被当作附庸，但“小学”的地位并没有因此被降低，而是相反。因为“小学”是阐释经学的基础，“小学”通透，经学才能更上一层楼，这是古人的共识。张之洞在其《书目答问》中，就曾说道：“由小学入经学者，其经学可信；由经学入史学者，其史学可信；由经学、史学入理学者，其理学可信；以经学、史学兼词章者，其词章有用；以经学、史学兼经济者，其经济成就远大。”向初学读书之人指明了路径。

“小学”在隋唐以后，其传统意义上的范围被逐渐扩大，成为文字学、训诂学及音韵学的统称。此后，生生不息，直到入清，迎来其最为鼎盛辉煌的发展时期。在清代，文字学大家层出不穷，他们苦心孤诣，皓首穷经，破解了不少古文字学上的悬案，而其在音韵学方面的成就，更是让今人叹为观止。

六　书

汉字的六种构造条例，是后人根据汉字的形成所作的整理（并非全部原始造字法则）。分别是：象形、指事、形声、会意、转注、假借。“六书”始见于《周礼》：“保氏掌谏王恶，而养国子以道，乃教之六艺：一曰五礼；二曰六乐；三曰五射；四曰五驭；五曰六书；六曰九数。”虽有记录，但什么是“六书”，《周礼》并没有加以解释。东汉许慎在《说文解字》中云：“《周礼》八岁入小学，保氏教国子，先以六书。一曰指事：指事者，视而可识，察而可见，‘上’、‘下’是也。二曰象形：象形者，画成其物，随体诘诎，‘日’、‘月’是也。三曰形声：形声者，以事为名，取譬相成，‘江’、‘河’是也。四曰会意：会意者，比类合谊，以见指撝，‘武’、‘信’是也。五曰转注：转注者，建类一首，同意相受，‘考’、‘老’是也。六日假借：假借者，本无其字，依声托事，‘令’、‘长’是也。”《说文解字》首次对六书进行了定义。后世对六书的解说，均以其为核心。若具体分析，“象形”、“指事”属于“独体造字法”；“形声”、”会意”属于“合体造字法”；“转注”、”假借”属于“用字法”。

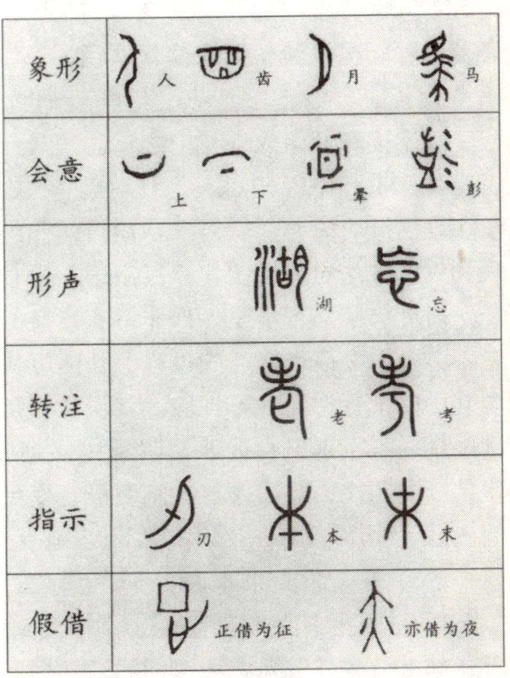

六书例字

虽然六书分析完备，但并不是先有六书后有的汉字。汉字早在商朝时，即已经相当发达。后世将汉字分析归纳，这才有了六种造字法：六书问世后，人们造新字时，都以其为依据。如后出现的“猫”是形声字，“凹”、“凸”是指事字，“烟”是会意字，“镲”则形声兼会意。六书造字法应用广泛，后来的日本文字亦依从六书而来。在这六种法则中，象形，是最直接的表达方式，因而在甲骨文、金文中，该字占了大多数；相对简便的方式为形声法，如“鲤”、“鲇”字，只要用形旁“鱼”就可以交代它们的类属，再以发音相近的声旁来区分就可以了：由于形声法造字快捷，到了近代，有百分之八十的汉字都是形声字。

音韵学

传统的语音（书面汉语的读音，即声、韵、调系统）学：它和汉语史、汉语方言学、训诂学、考古学、校勘学、中国古典文学、古代历史、古代文献学及古籍整理等学科都有密切的关联，作用是多方面的。汉语音韵学因内涵艰深，甚至有“绝学”之称：汉字最初是口口相传的，即由老师教学生；秦汉之间的识字课本如《仓颉篇》、《凡将篇》、《尔雅》等，都不标音读。由于汉字是表意文字，本身并不表音，年深日久，字音就可能失传，如在西汉宣帝时，《仓颉篇》上的一些古字，连博学的老师也无法读出，只能外聘能人正音。这种状况直到东汉许慎著《说文解字》才解决，许慎在《说文解字》中，以“读若法”为古字注音，给学者研读提供了极大的便利。到了东汉末年，研究汉字读音开始成为专门之学。这与当时佛教传入中国有关，研究梵文的学者受梵文拼音原理的启发，认为汉字也可以拼读而成，于是发明了反切注音法。发展至唐宋，随着对汉字韵目的归纳和三十六字母的创立，汉字的发音原理和发音方法更加系统化，汉字语音学日趋完善。

研究汉字语音学是一件非常有意义的事，我们可以举一个例子，如唐宋学者不清楚古今语音变迁的过程，在阅读先秦经典如《诗经》、《楚辞》时，发现其中的不少诗句很不押韵，就误认为是古人随意改变字的读音以求协韵；不满之余，甚至别出心裁地发明了“协韵”或“叶韵”说为古籍作注。这个过程持续到明代，陈第才首次阐明语音变化的时地理论，他在研究了古今汉字的韵读后，明确提出：“时有古今，地有南北，字有更革，音有转移。”此后，研究语音变化的成果不断，到了清代，成就辉煌。值得一提的是，清代的“小学（古代早期的识字功课，书中的文字，无论从字形、字音还是字义方面看，都有很多是后人无法识别的）”之所以空前发达，就是研究者将音韵学作为了它的基础，因形以其音，因音以得义，从古音求到了古义，如此，一下子揭开了先秦文献的许多千古之谜。清代的音韵考据大家群星璀璨，如顾炎武、江永、戴震、段玉裁、王念孙、孔广森、钱大昕等，他们对古音韵的研究和归纳，为现代古音韵学研究打下了坚实的基础。

四　声

古代汉语中的四种声调，即平声、上声、去声、入声。上、去、入总称仄声——故四声又称“平仄”。要知道什么是四声，得先了解声调的构成，所谓声调，即汉语（及某些其他语言）语音的高低、升降、长短，其中，高低、升降是主要因素。以普通话的声调为例，它的四个声调阴平（一声）、阳平（二声）、上声（三声）、去声（四声）中，阴平声是高平调（不升不降叫平）；阳平声是中升调（不高不低叫中）；而上声是低升调（有时是低平调）；去声是高降调。古汉语中的四个声调则和今天的普通话不完全相同，《康熙字典》中载有这样一首歌诀：“平声平道莫低昂，上声高呼猛烈强，去声分明哀远道，入声短促急收藏。”对古汉语的四声法作了形象的概括。值得一提的是，古声调中的入声，在今江浙、福建、广东、广西、江西等处都有保存，北方的一些地方如山西、内蒙古也保留了入声。然而北方和西南的大部分口语里，入声已经消失了，在北方，有的变为阴平，有的变为阳平，有的变为上声（最少），有的变为去声（最多）；在西南（从湖北到云南），入声字则一律变成了阳平。四声和韵的关系十分密切。在韵书中，什么字归什么声调，泾渭分明、不同声调的字不能算足同韵，在诗词中，不同声调的字一般则不能押韵。

韵　部

汉语韵母的分部。“韵部”的出现是音韵学上的一大进步。其最初与“反切”密切相关。学者们按照反切的规则，将汉字音节逐个分析为“声”和“韵”，类集成书，即韵书，像《声类》、《切韵》、《广韵》等。韵书中的字韵都分部归类，同韵的字归在一部，就是所谓的“韵部”了。从三国至唐宋，韵书各朝代都有，可惜多已失传。由于语言的发展，加上典籍的散佚，后世韵书分出的韵部各不相同。像以《切韵》为蓝本，成于宋代的《广韵》，分二百零六韵；《平水诗韵》有一百零六韵。之所以会有这些差别，与古人修书时多以今音读古代经典有关。在他们看来，古今韵读基本相同。即使不同，也有办法让其相同，朱熹在《诗集传》和《楚辞集注》中，就采用了“叶韵”的方法，随意改变字音以求协韵，以读《诗经》为例，《诗经》中有：“燕燕于飞，上下其音。之子于归，远送于南。”按照当时的“今音”，“南”和“音”并不押韵，朱熹这样解释：“南，叶尼心反。”言“南”在此处读为“nin”，如此一改，诗句就“协韵”了，自然也是对古韵的曲解。当时的很多学术大家，和朱熹的观点持一致的不在少数。直到明代，陈第才首次阐明了语音变化时的理论。他在比较研究古今汉字韵读后，明确指出：“时有古今，地有南北，字有更革，音有转移。”他著《毛诗古音考》，破除了“叶韵”之说，用大量的证据证明了《诗经》的古韵，得出古今韵读会因时变化的结论。陈第的理论是一个突破，他虽未能进一步概括古韵的分部，但他的观点已彻底改变了人们对古音的认知。到了清代，考据训诂之学盛行，经学大家层出不穷，顾炎武就在陈第的基础上，以《诗经》用韵为本，对古韵进行了系统的分析归纳，分古韵为十部。再经过其他学者的研究总结，韵部越细致、严密，上古韵部的主要轮廓已基本清晰。虽然疑惑、不解仍然有，但在认识上已是史无前例的飞跃了。

直音法

古汉语的注音方法。直音法，以同音字来为汉字注音。如“忉”音“刀”，“大”音“太”，注音和被注的发音完全相同。直音法操作相对要简便，只要有相同的字就可以了，但麻烦也因此而来，汉字毕竟是有限的，有些字找不到同音字，或即使有同音字也很冷僻，即使注了也很难识读。为了解决这个问题，古人还想到了一种“读若”法给字注音，就是用读音近似的字注音，如“芨，读若急”（《说文解字》），“信，读若屈伸之伸，假借字也”（《礼记·儒行》），这里的“伸”是“信”的通假字，音义都相同，读若法也相对简便易行，但和直音法一样，缺点也显而易见。

反切法

古汉语的注音方法，出现于东汉末年，盛于唐宋各代，是指用两个字来注另一个字的音的方法。具体地说，是用两字相切，取上一字的声母与下一字的韵母和声调，拼合成一个字的读音，常作“某某切”、“某某反”。如，“虹，胡笼切”，即取“胡”字的声母“h”取“笼”字的韵母和声调“óng”，拼成“虹”字的音”hóng”。又如，“难，乃但反”，即取“乃”字的声母“n”与“但”的韵母和声调“àn”，拼出“难”读音的“nàn”。宋代以前，反切法所用的代表声和韵的字是随意选取的，唐代时，僧人守温取汉字为三十六声母，宋人又以韵书的韵目字作为韵母。反切法益为精密，成为最通行的注音法。但是随着文字的发展，字音变化迅速，若用现代读音，有时无法切出，如，“令，力征反”，以现代的读法，拼成的是“lēng”。1913 年，北洋政府教育部公布了国语注音字母（声母二十四个，韵母十六个），反切法遂被淘汰。

字　母

汉语音韵学术语。音韵学家用来指称汉字声母的代表字。字母一词来自梵文摩多（梵文作 mata）。梵文摩多本指元音，后来梵文词义扩大，辅音也称摩多。字母传入中国后，当时音韵学家只用它表示声母。在此以前，汉语声母没有专门的名称，人们用双声来表示声母，反切上字与被切字双声，表明两字有相同的声母。唐末僧人守温从梵文字母得到启发，给每一声类规定了一个代表字，共提出了三十个代表汉字，到宋代又增加六个汉字，共得三十六，简称“字母”。它们分别是：见、溪、群、疑、端、透、定、泥、知、彻、澄、娘、帮、旁、并、明、非、敷、奉、微、精、清、从、心、邪、照、穿、床、审、禅、影、晓、匣、喻、来、日。它们是以唐宋语音为基础归纳出来的声母系统，与上古语音和现代语音都有很大不同。其发音的部位，按《康熙字典》的口诀，应为：“见溪群疑是牙音，端透定泥舌头音，知彻澄娘舌上音，帮旁并明重唇音，非敷奉微轻唇音，精清从心邪齿头，照穿床审禅正齿，影晓匣喻是喉音，来日半舌半齿音，后习学者自明分。”三十六字母的创立，是音韵学发展史上的一个里程碑。

等韵学

宋代以后有关汉语发音原理、方法的专门之学。为唐代名僧守温始创。我国在唐代以前，没有拼音字母，传统的注音方法是反切，即用两个字来注另一个字的音。反切的方法并不容易掌握，守温创立了字母后，宋代的音韵学家受其启发，“发明”了声母和韵母，声母，就是用这些字母作为声类的代表；韵母，就是依韵书的韵目作为韵类的代表，将声母字和韵母字一纵一横排列起来，这样一声一韵，拼切出来的就是字音，古人称之为“等韵表”或“等韵图”，它的出现对人们掌握韵书的反切很有帮助。当然，要正确读出反切所表示的字也并不容易，它的原理较复杂，简而言之，韵母发音的洪细等级（发音时口腔共鸣空间的大小），分成四等，主要指韵母主元音的洪细，据清代江永说：“一等洪大，二等次大，三四皆细，而四尤细。”随着语音的发展变化，到了清代，人们又以发音时唇的形状为标准，定为开口、齐齿、合口、撮口四种方式。同时，为了更准确地发出读音，古人又对声母的发音特点进行了归纳，根据发音部位的不同，分五音（唇音、舌音、齿音、牙音、喉音）、七音（增加半舌音和半齿音），用“清浊”描述声母的发音方法，如此一来，愈分愈细致，反切的注音法逐渐发展成了非常精密的语音系统。

训诂学

也作“诂训”、“故训”，是解释古书字义之学。“训”和“诂”最初是分别定义的，“训”指说明词语的涵义，如“穆穆、肃肃，敬也”；“诂者，古也，通古今之言，使人知也；训，道也，道物之貌以告人也”，“诂”即以今语解释古语，如“初、哉、首、基、肇、祖、元、胎、俶、落、权舆，始也”。后来“训”和“诂”二字并用，成为传统小学的一个分支。训诂的方法主要有义训、形训、声训三种。具体来说，义训，指不借助字音、字形，直接用通俗的词语对字义进行解释，有同义相训，如“征，召也”；反义相训，如“乱，治也”；有的则干脆就是描写了，如“二足而羽谓之禽”等。形训，即通过对汉字本身的分析来阐释字义，如“止戈为武”。声训，指用同音或发音近似的字来阐释字义，如“仁，人也”。几种训诂方法中，义训最常用。训诂学是传统小学的一个分支，小学又是阐释经学的基础，因此历代的训诂学家也往往都是经学大家，如顾炎武、钱大昕、段玉裁、王念孙、戴震等。

诗

《尚书·尧典》云：“诗言志，歌永言。”班固《汉书·艺文志》云：“诵其言谓之诗，咏其声谓之歌。”《毛诗序》：“诗者，志之所之也，在心为志，发言为诗。”从典籍中可知，诗最初是一种乐歌，与音乐、舞蹈为一体，能够让人载歌载舞。诗富有节奏韵律，因此发展出了各种各样的形式。现存节奏韵律最简单的诗体是《吴越春秋》上所引的一首古歌：“断竹，续竹；飞土，逐肉。”周秦以来，诗歌的节奏韵律逐渐由简入繁，出现了三言、四言、五言、六言、七言以及“杂言”不等的句式。在秦汉以前，四言是最为流行的句式，像《诗经》中的大多数作品都是四言，如《王风·采葛》：“彼采葛兮，一日不见，如三月兮。彼采萧兮，一日不见，如三秋兮。彼采艾兮，一日不见，如三岁兮。”其他如五言、六言、七言等，都是字数有所增加，句式整齐。而“杂言”则是长短句不一，如乐府民歌《上邪》：“上邪！我欲与君相知，长命无绝衰。山无陵，江水为竭，冬雷震震，夏雨雪，天地合，乃敢与君绝。”魏晋以后，五言和七言成为最流行的体式。由于四声（平、上、去、入）的发现，诗人开始讲究行文声律，诗作抑扬顿挫，铿锵悦耳，平仄参差十分讲究，如上句为“仄仄平平仄”，下句就应为“平平仄仄平”。这就是所谓“格律”。到了唐代，诗的格律规定愈发严格、缜密，无论是字数、句数还是平仄、押韵都有详细严谨的规定，诗开始有近体诗、古体诗之分。诗在我国文学史上有着举足轻重的地位，更由于被列入儒家五经，因而历来被尊为“正统文学”。汉魏以来乐府诗配合音乐，有歌、行、曲、辞等。唐人乐府诗多不合乐。此外，古绝句在唐时也有作者，都属古体诗范围。古体诗在发展过程中与近体诗有交互关系，南北朝后期出现了讲求声律、对偶，但尚未形成完整的格律，介乎古体、近体之间的新体诗。唐代一部分古诗有律化倾向，乃至古体作品中常融入近体句式。但也有些古诗作者有意识与近体相区别，多用拗句，间或散文化来避律。

赋、比、兴

赋、比、兴与风、雅、颂合称为《诗经》六义，赋、比、兴是《诗经》里的三种艺术表现手法，《诗经》是我国最早的一部诗歌总集，因此它所用的表现手法为后世所效仿。

“赋”，据朱熹说：“赋者，敷陈其事而直言之也”，就是陈述铺叙，直截了当的描写。如《汉乐府》中《陌上桑》一诗写女主人公罗敷去采桑，从头到脚，详尽地写了她的穿戴，还写了老人、青年人、耕田的、锄地的看到她的美貌后的各种表情，尽管诗中没有直接去写罗敷如何美，如何迷人，但诗中用“赋”的办法，使读者对罗敷有了完整、深刻的印象。

“比者，以彼物比此物也”，就是我们通常所说的比喻，它“或喻于声，或方于貌，或拟于心，或譬于事”（《文心雕龙·比兴》），从而使形象更加鲜明，使读者有直观的印象。在《诗经》中如《硕鼠》用老鼠来比喻统治阶级的面目可憎，又如诗句“飞流直下三千尺”，“燕山雪花大如席”，“官仓老鼠大如斗”等。

“兴者，先言他物以引起所咏之词也”，也就是借助其他事物作为诗歌的开头。作者要写内心的思想情绪，但先写外界事物，在外界事物的启发下抒发出来，比如“月儿弯弯照高楼。高楼本是穷人修。寒冬腊月北风起，富人欢笑穷人愁”。开头写月亮、高楼，由它们引起联想，进而控诉贫富不均的社会现象。

赋、比、兴这三种艺术表现手法对后世诗歌的创作产生了重大的影响。

古体诗

古代一种相对自由的诗体，与近体诗相对而言。它是近体诗形成前，除楚辞外的各种诗歌体裁。也称古诗、古风。其格律自由，不拘对仗、平仄，押韵较宽，篇幅长短不限，句子有四言、五言、六言、七言体和杂言体。其中，五言和七言诗作较多，简称五古、七古。杂言有一字至十字以上，一般为三、四、五、七言相杂，而以七言为主，故习惯上归入七古一类。我们熟悉的七言古诗有白居易的《长恨歌》、杜秋娘的《金缕衣》等。它们充分体现了古体诗的自由度，《长恨歌》洋洋洒洒达一百二十句，而乐府《金缕衣》。则只有四句。由于古体诗形式灵活，便于传达感情，因此很受诗人青睐。不少文人墨客都是古诗高手，像李白、杜甫、刘长卿等，佳作迭出，为后人津津乐道。尤其是李白，写有大量的古诗作品，如《古风》、《行路难》、《蜀道难》、《将进酒》、《长干行》等，流传千古。

近体诗

古代的格律诗，分律诗、长律和绝句三种。唐代将周、秦、汉、魏不讲究格律的诗称为“古体”或“古风”，将齐梁以来开始流行的格律诗称为“近体诗”、“今体诗”。相对于古体诗，近体诗很讲求格律，在句式、句数、平仄、对仗和押韵等方面都有规则和要求。具体来说，在句数上，近体诗没有古诗的参差变化，它具有一种整齐的美感，律诗分八句，超过八句属长律、排律；绝句分四句，句式分五言、七言，又称五律、五绝、七律、七绝。在押韵上，近体诗规定繁杂，如律诗要求二、四、六、八句押韵，也就是除首尾两联外，都要入韵；绝句则二、四句押韵，一般只押平声，且一韵到底，中途不能换韵。这都对近体诗人提出了很高的要求，既要熟悉语言的词汇、典故，更要熟谙诗韵、平仄。其中的平仄更是重中之重，它是近体诗最看重的因素，少了它也就没有近体诗的格律了。由于韵律的规则太多，古人专门成书讲这方面的知识，如隋朝的《切韵》（陆法言），北宋的《广韵》。后者分二百零六韵。到了南宋，刘渊将前人的二百零六韵合并为一百零七韵，后人再减为一百零六韵，这一百零六韵被后人奉为押韵的通则。近体诗在唐代达到了炉火纯青的境界，诗人们创作出了大量的佳作名篇，其意境、技巧，为后世叹为观止。

词

诗歌的一种韵文形式，由五言诗、七言诗或民间歌谣发展而成，如《西江月》、《风入松》、《蝶恋花》等，都是来自民间的曲调。词起于五代与唐，流行于宋，因此词又称宋词，历来与唐诗并称双绝。词原是配乐歌唱的一种诗体，句的长短随歌调而改变，因此又叫长短句。一般分婉约派、豪放派两大类。

词最初称为“曲词”或“曲子词”，是配音乐的。它和乐府是同一类的文学体裁，都是来自民间文学。后来逐渐跟音乐分离了，成为诗的别体，所以词也称为“诗余”。词的发展深受律诗的影响，其中常见律句。词虽是长短句，形式较律诗灵活，但是全篇的字数和每句的平仄都有一定之规。词大致可分为小令、中调、长调三类，一般分上下两阕。通常认为，五十八字以内为小令，五十九至九十字为中调，九十一字以外为长调。敦煌曲子词中，已经有一些中调和长调。宋初柳永写了一些长调。苏轼、秦观、黄庭坚等人继起，长调就盛行起来了。长调的特点，除了字数较多以外，就是一般用韵较疏。

词　牌

词牌，通俗地说就是指词的格式的名称，现在的词牌总共有一千多个。在最初的时候，词的曲调与内容都是一致的，如白居易的三首《忆江南》。后来逐渐发展，词的曲调和内容才分开。分开后，词牌只标明曲调，不再作为题目，与内容没有关系。

词牌的由来纷繁复杂，但不外乎以下几种情况：

一、原本是乐曲的名称。比较典型的是“菩萨蛮”，相传唐朝宣宗大中初年，女蛮国使者来大唐帝国进贡，她梳着高高的发髻，戴着金冠，满身佩挂珠宝，像菩萨一般。教坊便谱了“菩萨蛮”的曲子来款待使者，后来“菩萨蛮”也就成了词牌。又如“清平乐”，是汉代乐府中清乐与平乐两种乐调；“西江月”、“风入松”、“蝶恋花”等都是属于这一类的。

二、摘取一首词中的几个字作为词牌。“忆秦娥”，李白以一种格式写出一首词，词中有“箫声咽，秦娥望断秦楼月”的句子，后人便将这种格式的词命名为“忆秦娥”。又如，“蝶恋花”从南梁简文帝词句“翻阶蛱蝶恋花情”而来。

三、本来就是词的题目。如“踏歌词”是一种合着脚步歌唱的曲调，“浪淘沙”咏淘金人的劳动生活，“抛球乐”说的是抛绣球。

四、直接用词的字数来命名。“十六字令”全词共十六个字；“百字令”

全词共一百个字。

五、以人名、物名或故事为背景作词牌。如“沁园春”，据说东汉明帝女儿沁水公主的园林名为“沁园”，后被外戚窦宪仗势夺去，有人作词咏此事，这就产生了词牌名“沁园春”。又如“浣溪沙”，以春秋时西施浣纱的故事为背景而得名。

赋

中国古典文学的一种重要文体。赋萌生于战国，兴盛于汉唐，衰于宋元明清。在汉唐时期，诗与赋往往并举连称，有只作赋而不写诗的文人，却几乎没有只作诗而不写赋的才子。建安以后乃至整个六朝时期，对赋均推崇备至。将“赋”字用为文体的第一人应推司马迁。《史记》中称屈原的作品为赋。《汉书》也称屈原等人的作品为赋。后人因推尊《史》、《汉》，所以便把屈原等人作品称为赋。为什么一定要称“赋”呢？因为在汉文帝时“诗”已设立博士，成为经学。在这种背景下，称屈原的作品为诗并不合适。屈原的作品又往往只能诵读而不能歌唱，也不能用“歌”来定义。于是司马迁拟用“辞”与“赋”来作为新的称呼，由于屈氏的作品文辞华美，司马迁很倾向用“辞”来定义，而称宋玉、唐勒、景差等人的作品为“赋”。第一个称呼自己的作品为“赋”的人是司马相如。发展至东汉末年，“赋”的称谓就已经很普遍了。

赋的文体介于诗和文之间。一般来说，诗大多为情而造文，而赋却常常为文而造情。诗以抒发情感为重，赋则以叙事状物为主。清人刘熙载说：“赋别于诗者，诗辞情少而声情多，赋声情少而辞情多。”相对而言，赋更近于诗体。其语言以四、六字句为主，追求骈偶；语音上要求韵律协调；文辞上讲究藻饰和用典。从汉至唐初这段时期，赋尤近于诗而远于文。从主题和写作手法上看，屈原的作品对后世赋作影响深远。比如多书写自己的不幸与愁思，多铺张夸饰，及多用“香草美人”的比兴手法等。

赋在汉唐时期极为兴盛，其体式大致可分三种：骚体赋、四言诗体赋和散体赋（或称大赋）。由结构上看，散体赋、七体、设论体及唐代文体赋已经比较接近于散文，有的完全可归于散文的范畴。宋代以后，赋仍是文人学士喜爱的文体之一，其形式主要是俳赋与文赋，但像六朝那样的华美词章和唐宋时代的精品，已难得一见。值得一提的是，赋的发展亦带动了骈文。骈文起于东汉，成熟于南北朝，其文章中广泛用赋的骈比形式，如此一来，有些以赋名篇的文章甚至都被人视作骈文，如南朝宋时鲍照的《芜城赋》、谢惠连的《雪赋》及谢庄的《月赋》等。

变 文

变文是唐代通俗文学形式之一。由于唐代帝王提倡佛教，当时寺庙中讲唱佛经故事之风相当盛行，于是产生了变文。变文的特点是边讲边唱，韵文与散文相间，语言通俗易懂，故事曲折生动。内容上主要有佛经故事和世俗故事两类。佛经故事的变文有两种：一种是讲经文，一种是变文。前者先引一段经文，然后敷衍成篇，如《维摩诘经讲经文》；后者不引经文，直接讲佛教故事，如《降魔变文》、《大目乾连冥间救母变文》。这类变文篇幅宏大，想象神奇，宗教气息浓厚。世俗故事变文多取材于历史故事、民间传说和现实生活，如《孟姜女变文》、《伍子胥变文》等等。

变文对唐代传奇的发展有很大影响，许多传奇作品也采取了韵散结合的文体，如李朝威的《柳毅传》、元稹的《莺莺传》及陈鸿的《长恨歌传》等等。另外，宋元的词话、鼓子词、诸宫调等说唱文学以及杂剧、南戏等戏曲文学，也是从有说有唱的变文发展而来。现存的变文是清代光绪二十五年（1899）从敦煌藏经洞中发现的手抄本。整理出版的敦煌变文有周绍良的《敦煌变文汇录》、王重民等编的《敦煌变文集》。

传 奇

传奇是指唐代文言短篇小说。唐人小说之称为“传奇”，始自晚唐裴铏的《传奇》一书，宋以后遂以“传奇”概称唐人小说。

唐代传奇的兴盛和发展，首先是由于唐代社会生产力的发展，促进了城市经济的繁荣，新兴的市民阶层产生了对文化娱乐的要求，引起了唐代文人写作传奇的兴趣。其次，唐代举子的“温卷”风气，也对传奇的发展起了一定的促进作用，如宋赵彦卫《云麓漫钞》云：“唐世举人，先借当时显人以姓名达主司，然后投献所业，逾数日又投，谓之‘温卷’，如《幽怪录》、《传奇》等皆是也。盖此等文备众体，可见史才、诗笔、议论。”另外，唐代小说的发达，也是文学本身不断发展的结果。唐代变文、俗赋、话本、词文等通俗文学的盛行及佛道教义、神怪传说的流行都对传奇的发展产生了影响。

唐传奇的发展可分为三个时期：前期（自唐初至玄宗、肃宗时）作家，作品不多，内容与六朝志怪小说差不太多，如王度的《古镜记》、无名氏的《补江总白猿传》等。中期（自代宗至文宗时）是繁荣时期，名家、名作很多，题材包括：神怪类，如李公佐的《南柯太守传》、沈既济的《枕中记》

乐舞队图　唐

等；爱情类，如沈既济的《任氏传》、李朝威的《柳毅传》、许尧佐的《柳氏传》、白行简的《李娃传》、蒋防的《霍小玉传》、元稹的《莺莺传》等；历史类，如陈鸿的《长恨歌传》、《东城老父传》等。后期（文宗至唐末）出现了大量的传奇专集。如牛僧孺的《玄怪录》、李复言的《续玄怪录》、裴铏的《传奇》、皇甫枚的《三水小牍》、杜光庭的《虬髯客传》、袁郊的《红线传》等等。

唐代传奇标志着中国小说正式形成了自己的规模和特点，成为一种独立的文学样式。对宋以后的话本、戏曲和讲唱文学产生了很大的影响。

话　本

话本，是指宋元时代说话艺人表演所用的底本。宋元说话艺术分为小说、讲史、说经等。小说家的话本称为小说，均为短篇故事。按题材又分为灵怪、烟粉、传奇、公案、朴刀、杆棒、神仙、妖术等八类。

盲人说书图　清

现存的宋元小说话本约有三四十篇，见于明人编印的《清平山堂话本》和《古今小说》等书。其中较著名的作品有《错斩崔宁》等。讲史家的话本称作平话，篇幅较长，演说历史故事。作品有《新编五代史平话》、《三国志平话》、《大宋宣和遗事》等。说经是讲说佛经故事，没有话本流传。话本是民间口头文学的创作形式，继承了志怪传奇等古代小说的传统，对后世白话小说的发展影响很大，如《水浒传》、《三国志演义》、《西游记》等明清长篇小说和短篇小说便是宋元话本继续发展的产物。

诸宫调

诸宫调，是指宋、金、元代流行于民间的叙述体说唱文学形式。它取同一宫调的若干曲牌联成短套，首尾一韵，中间插以简短的说白，再用不同宫调的许多短套，联成长篇，讲唱长篇故事，故称诸宫调，或称诸般宫调。因用琵琶等乐器伴奏，亦称“掐弹词”或“弦索”。它是说唱、歌舞向戏剧转化时期的过渡形式。

诸宫调继承和发展了唐代变文韵散相间的体制，以同一词调重复多遍并间以说白的鼓子词，以一诗一词交替演唱并与歌舞结合的“转踏”，以及集合若干同一宫调的曲调为一套曲的“唱赚”，形成了一种篇幅更大、结构更加宏伟的、便于表现更为丰富复杂内容的文艺样式。诸宫调始于北宋，王灼《碧鸡漫志》云：“熙宁、元丰间……泽州有孔三传者，首创诸宫调古传，士大夫皆能诵之。”南宋以后，诸宫调便十分流行了。

宋金诸宫调的内容相当丰富，涉及烟粉、灵怪、朴刀、杆棒、神话、历史传说等内容。现存诸宫调作品有金代无名氏的《刘知远诸宫调》，全文十二则，今存不足五则。金代董解元《西厢记诸宫调》，是迄今唯一保存完整的诸宫调作品。诸宫调后来衰落了，但它的基本艺术手段，渐为元杂剧所吸取，成为剧本的一个组成部分。

散　曲

散曲是元代的一种新兴诗歌体裁。由于宋金时期北方民歌和少数民族音乐的输入，又吸收了宋词和一些说唱文学的有益成分而逐渐形成了这种艺术形式。宋金时期是散曲的萌芽、发生时期；至元代，散曲进入了全盛期。由于散曲在元代最为兴盛，故又称元散曲。

散曲在元代被称为乐府或词，它包括小令和套数两种形式。小令又叫“叶儿”，是散曲的基本单位。它是独立的单支曲子，分属不同的宫调，有一个单独的曲牌名，如《醉太平》、《水仙子》等。套数又叫散套、套曲，沿自诸宫调，把两首以上同一宫调的曲子联缀在一起，一般用一两支小曲开端，用“煞调”或“尾声”结束。

现存金元散曲多歌唱山林隐逸和描写男女风情之作，也有一些接触到现实生活。而一些写景咏物的小令，清丽生动，艺术价值较高。元代散曲的发展大致可分为前、后两个时期。前期著名作家有关汉卿、马致远等，他们随物赋形、曲折尽意地抒发自己的感慨，风格质朴自然；后期作家以张可久和乔吉为代表，散曲创作总的趋势是讲究格律辞藻，走向典雅工丽。

元杂剧

元杂剧是十三世纪前半叶在宋杂剧、金院本、诸宫调等基础上融合音乐、说唱、舞蹈、美术等艺术而形成的戏曲艺术形式。它主要以中国北方流行的曲调演唱，故称北曲或北杂剧。

元杂剧的体制有较为严格的格式：在结构上一般一本四折，一折大致与今天的一幕相同。一折又可以分几场，有的杂剧还有“楔子”，它的位置不固定，可以在第一折前，也可以放在折与折的中间，大致相当于现在的序幕和过场戏。楔子只用一支或两支单曲，不用套曲演出。每一折都用同一宫调的若干曲牌组成套数，且要求用韵相同。每出戏由一人主唱，由女主角主唱叫“旦本戏”，由男主角主唱叫“末本戏”。元杂剧剧本前多有题目正名，整出戏要求用北方音乐演唱。元杂剧的剧本由曲词、宾白、科范组成。曲词的主要作用是抒情，一般由一个主要演员歌唱，是元杂剧的主体。宾白是剧中人物说白，主要用于交代情节。科范简称“科”，是对演员的主要动作、表演和舞台效果的提示。元杂剧的角色大致分为末、旦、净、杂四类，正末、正旦是元杂剧中主唱的角色。

元杂剧以元武宗大德年间为界可分为前后两期，前期为繁荣期，创作中心在大都（今北京），代表作家有关汉卿、郑光祖、白朴、马致远等人；后期为衰落期，创作中心南移至杭州，代表作家有郑光祖、乔吉等人。

元杂剧按题材可分为婚恋戏、公案戏、水浒戏、历史戏、神仙道化戏、教化戏六类。在当时非常繁荣，知名作家的作品有五百种之多。

元代后期，元杂剧渐渐衰落，最终被明代传奇取代，但长久以来，元杂剧中的优秀剧目如《窦娥冤》、《西厢记》、《汉宫秋》、《梧桐雨》、《赵氏孤儿》等一直久演不衰，显示出旺盛的生命力。

元杂剧和散曲两种形式又合称元曲。

南　戏

南戏是南曲戏文的简称。它最初流行于浙江温州一带（古称永嘉），故又名“温州杂剧”或“永嘉杂剧”。南戏形成于北宋末期南宋初期，南宋末年流传到杭州，发展成为成熟的戏曲艺术。到了元代初期，蒙古统治者提倡杂剧，南戏一度衰落，到了元末，杂剧衰落，南戏才得到了发展。

明刻《牡丹亭》插图

南戏的体制比杂剧自由灵活，杂剧基本体制是四折一楔子，篇幅紧凑，情节集中，南戏则没有固定的出数，长短自由；杂剧每折限用一个宫调，一韵到底，南戏一出不限于一个宫调，还能换韵；杂剧一般由一人主唱，南戏不限角色，各种角色都可以唱，还有对唱、合唱等多种形式；杂剧题目正名在剧本末尾，南戏题目则在剧本前面，演出时还有副末"开场"，报告剧情梗概，杂剧则没有"开场"；杂剧音乐是在诸宫调基础上形成的，以北乐为主，曲调高亢，伴奏以弦乐为主，南戏曲调在东南沿海的一些民歌基础上形成，还吸收了宋代流行的词体歌曲，曲调柔缓，伴奏以管乐为主。

流传至今的南戏有十六本，题材基本上取自民间传说和现实生活，多写男女爱情故事。成就较高的有高明的《琵琶记》和有"元代四大传奇"之称的《荆钗记》、《白兔记》、《拜月亭记》、《杀狗记》。高明的《琵琶记》被称为"南曲之冠"，它以赵五娘与蔡伯喈夫妇的悲欢离合为剧情框架，展现了灾荒岁月人民苦难的生活，揭露了封建社会的黑暗现实，塑造了一个具有自我牺牲精神的下层妇女形象，具有感人的艺术魅力。这出戏结构新颖，采取双线交替发展、互相映照的手法，将相府与农村形成了鲜明的对比，戏中还注重对人物心理的揭示，语言富于文采又接近口语，具有较高的艺术价值。

南戏是中国戏曲最早的成熟形式，到了明代进一步发展为传奇，以后又与地方声腔结合，形成各种地方剧种，在戏曲史上留下深远的影响。

骈体文

骈体文从魏晋开始形成。南北朝是骈体文的全盛时代，这时候，骈体文成为文章的正宗，唐宋以后，骈体文的正统地位才被“古文”代替。骈体文的明显语言特点是骈偶和四六。

何谓骈偶？两马并驾叫骈，两人一起称偶。骈偶即两两相对，又称对仗。以骈偶为文时，其基本要求是句法结构要对称，在句法结构、词性相匹配的原则下，上下联的字数相等（句首句尾的虚词及共有的句子成分不算在对仗之内）。如吴均的《与顾幸书》：幽岫含云，深溪蓄翠。如萧统的《文选序》：风云草木之兴，鱼虫禽兽之流。诗句非常对称。

“四六”指骈体文一般用四字句和六字句，四字句如：众制锋起，源流间出。六字句如：穷者欲达其言，劳者须歌其事。另有四六句混合者如：渔舟唱晚，响穷彭蠡之滨；雁阵惊寒，声断衡阳之浦。

骈体文在语音方面也很有特点，主要讲究平仄相对和押韵。“平仄”指按照古汉语四声调“平、上、去、入”，分成平声和仄声两部分。在对仗时，在节奏点上以平对仄，以仄对平。如“冯唐易老，李广难封”对应的就是“平平仄仄，仄仄平平”。需要说明的是，古时候的语音并不完全等同于现代的语音，因此有的词读起来不押韵，但在古时候是符合韵律的。

除了语言、语音外，骈体文用词也很有特点，那就是擅长用典和堆砌词藻。前者，是为了以古事或古人的话来证明自己的观点。如：“屈贾谊于长沙，非无圣主；窜梁鸿于海曲，岂乏明时。”援引了贾谊和梁鸿的两个典故，借前人的不得志宣泄自己内心的不平与感慨。堆砌词藻，在骈体文中再常见不过，如金玉、灵禽、奇兽、香花、异草等词随处可见。目的即是为了让文章看起来更加华丽、美观。如杨炯在《王勃集序》中说，“糅之金玉龙风，乱之朱紫青黄”。仅颜色一类的词汇就满目琳琅。六朝以来，骈文华美得无以复加。甚至可以说，是藻饰和用典共同构成了骈文。

笔记小说

文言小说的一种形式。笔记的内容十分驳杂，囊括了古代的志怪、传奇、杂事、逸闻、风俗礼仪、训诂考证等等。由于分类标准不同，对于“笔记”的定位也一直有争议。刘叶秋在《历代笔记概述》中曾把笔记分为三大类：小说故事类、历史琐闻类和考据辨证类。按分类，小说故事类的笔记就是笔记小说。周勋初在《唐代笔记小说叙录》中只讲历史琐闻类的笔记，对笔记小说的范畴进一步做了限制，只认同古杂史笔记或杂事小说。事实上，笔记就是一种随笔、不拘一格的散体文字。刘勰在《文心雕龙·才略》中说："路粹杨修，颇怀笔记之工。"王僧孺《太常敬子任府君传》说："笔记尤尽典实。"今人认同笔记中带有故事性的文字为"笔记小说"。

需要说明的是，此"小说"不同于我们今天的"小说"概念。它重在实录，是记人和事的散文随笔。它的风格简洁，往往只需三言两语或一个小的段落即能叙述清楚。规模类似今天的"微型小说"。像《世说新语》中的一则：王子猷居山阴，夜大雪，眠觉，开室命酌酒，四望皎然，因起彷徨，咏左思《招隐诗》，忽忆戴安道。时戴在剡，即便夜乘小船就之。经宿方至，造门不前而返。人问其故，王曰："吾本乘兴而行，兴尽而返，何必见戴?"

《搜神记》中的《鼠妇》一则也有异曲同工之妙："豫章有一家，婢在灶下，忽有人长数寸，来灶间壁，婢误以履践之，杀一人。须臾，遂有数百人，著衰麻服，持棺迎丧，凶仪皆备。出东门，入园中覆船下，就视之，皆是鼠妇。婢作汤灌杀，遂绝。"言词简约，不加渲染。

以笔记为名的书约始于宋祁的《笔记》（原名《景文笔录》，又称《宋景文笔记》），继而又出现了《老学庵笔记》、《芥隐笔记》等。清时，以笔记命名的书种类更加繁多，如记志怪故事的《阅微草堂笔记》，谈考据辨证的《双砚斋笔记》，内容驳杂的《庸闲斋笔记》等。其中，诞生于清中期的《阅微草堂笔记》被古今视为笔记小说的正宗。

章回小说

是中国古典长篇小说的主要形式。由宋元时期"讲史"话本发展而来。讲史时，由于很难在一两次"说话"中把一段历史故事讲完，因而说话人就分次讲述，每次讲之前用题目向听众提示本回主要内容，这就是章回小说回目的起源。今天，我们仍能从章回小说中发现诸如"话说"、"看官"的字样，可见它与话本间的承继关系。"回"的意思就是"次"。通常我们听艺人讲说故事，往往到了紧要关头，他就会说"欲知后事如何，且听下回分解"。下回，即下一次。

宋元两代，是章回小说的孕育期，这一时期说唱艺人的底本，也就是长篇话本，已经具有了章回小说的雏形。如《全相平话五种》中的《乐毅图齐》，分为上、中、下三卷，各卷又依故事内容，分立若干小题目。从中可见最早的小说分回形式。经过宋元时期的发展，元末明初出现了一批章回小说，像

《三国志通俗演义》、《水浒传》等。它们在民间已经广为流传，经讲史艺人补充和文人加工后而成。相比从前的“讲史”，这些章回小说的人物、故事的核心虽然是历史的，但更多的内容已多为后人创造，篇幅也相应增长了。每卷分为若干节，节前有单句目录，如“刘玄德斩寇立功”。

到了明代中期，章回小说的发展愈加成熟，《西游记》、《金瓶梅》、《封神演义》等纷纷问世。它们的情节更加复杂，运笔更为细腻，内容和“讲史”已经基本没什么联系了，仅在体裁上还保持着“讲史”的痕迹。这一时期的章回小说已不分节，而是明确地分回，回目也由最初的单句变成参差不齐的双句，最后成为工整的对仗句。如“李贽评吴观明刻本”的《三国演义》，将二百四十回缩减一半，两回并作一回，以双句回目说明内容。回目的对偶从毛宗岗修改《三国志通俗演义》始，他为了“务取精工，以快阅者之目”，把“以参差不对，错乱无章”的回目改成了对偶整齐的二句，这种形式逐渐被固定，一直沿用到近代。

章回小说继续发展，到清代《红楼梦》出现后，达到了艺术发展的巅峰。章回体的文学样式深受国人喜爱，无论是内容还是形式都充满了中国的特色。

诗　话

评论诗人和诗的作品。诗话多为随笔性质，语言简练，言词寥寥，如南朝钟嵘的《诗品》评阮籍诗的特点道：“言在耳目之内，情寄八荒之表”，“自致远大，颇多感慨之词，厥旨渊放，归趣难求”；论《古诗十九首》云：“文温而丽，意悲而远，惊心动魄，可谓几乎一字千金。”这些印象式的品评随意、即兴，多真知灼见与真情实感，是历代文人喜闻乐见的一种谈诗论诗形式。反观刘勰的皇皇论作《文心雕龙》，在问世之初，却难觅知音。我国第一部名副其实的诗话出现于北宋，是欧阳修的《六一诗话》。此后，诗话便成为批评与鉴赏诗歌的一种流行模式。内容也不再限于评点诗作、诗人，还会记录逸闻、考订史实等，实际上成了不拘一格的笔记体。

评　点

批评并圈点（诗文）。是我国古代文学批评的常用形式。评点时，评论家即兴、随意地将自己的意见批在书眉或内文中，或圈点出自认为精彩的词句，然后公之于世。在文章不同位置做批注，名称也不同，在书眉上落笔称“眉批”，在内文中下评语称“行批”，在文末称“总批”。据说评点始于宋代，如刘辰翁曾评点《世说新语》，宋代后，评点的形式流行开来，评点的对象十分丰富，诗词歌赋、戏曲小说，无不可评。像《红楼梦》即有“脂评”（脂为脂砚斋），唐诗、宋词的评点更是数不胜数。

建安风骨

建安是东汉末年汉献帝刘协的年号（196—220），文学史上的建安时期则是指以建安年间为主体并且下延到魏明帝太和七年（233）这近四十年的文学。

这一时期的文学中心在魏国。曹操是一个具有文才武略的政治家，在统一北方的过程中，他不断延揽人才，网罗贤士，使得许多文士都集中在他的麾下，甚至有些原与他政见不合的文士，如依附于刘表的王粲，依附于袁绍的陈琳，他都委以重任。曹丕则从理论上大加提倡，他阐述文学的价值与功用，把文学看做是“经国之大业，不朽之盛事”；他分析各种文体的性质与特点，强调“诗赋欲丽”的特殊性；他论证文章的风格与作者的关系，提出“文以气为主”的命题，都推动了文学创作。再加上曹氏父子三人都积极从事创作，昭示着文人的创作热情和创作方向。因而以他们为中心，魏国形成了邺下文人集团，这是中国文学史上第一个重要的文学集团。他们给作家们以较高的社会地位，为其创作活动提供有利的条件，这便促进了文学的发展与繁盛。

这时期的作家们大多经历过战乱，饱受忧患，或是战争的直接参与者，或是战乱的目击者，对于当时社会的凄惨景象都有切身感受，这就为他们的创作

建安七子图　版画

奠定了现实基础。而当时大动乱的现实极大地削弱了儒家思想的地位，使之失去了支配人心的力量。在人们的意识里，文学不再是经学的附庸和政治的工具，而有其自身的价值和意义，因而这时期的文人既重视文学的内容，也注意艺术的形式；既在创作中自由地抒发性情，也为这种性情的抒发寻求最佳的表达方式。文学的自觉意识表现得相当浓厚。

正是由于汉末动乱的社会现实提供了广泛内容，社会意识形态的变化提供了方便条件，有了文学理论的自觉指导，再加上曹氏父子的提倡与重视，所以，建安文学得到了极大的繁荣，取得了辉煌的成就，形成了鲜明的特征。

从内容上来说，一方面，建安文学继承了汉乐府民歌的现实主义传统，反映了社会的离乱和人民的疾苦，如曹操的《蒿里行》、曹植的《送应氏》、王粲的《七哀诗》、陈琳的《饮马长城窟行》、蔡琰的《悲愤诗》等，都真实而生动地反映了军阀混战使社会遭到的破坏和人民遭受的苦难；另一方面，建安文学抒发了作家们建功立业的豪情壮志和统一天下的宏伟抱负，也流露出人生短促、壮志难酬的悲凉幽怨情绪，如曹操的《短歌行》、曹植的《白马篇》等。从艺术上来说，这时期的文学意境宏大，笔调明朗，抒情浓烈，形成了一种慷慨悲凉、刚健沉雄的风格。这种思想和艺术上的特点，后人称之为“建安风骨”。风骨就是风格，在这里特指那种意气风发、情志飞扬而辞义遒劲有力的风格，刘勰所谓“志深而笔长”、“梗概而多气”便是其本来含义。

建安文学的代表作家有曹氏父子、“建安七子”、蔡琰、诸葛亮等。

玄言诗

玄言诗是以阐释老庄和佛教哲理为主要内容的诗歌流派，约起于西晋之末而盛行于东晋。魏晋以后，社会动荡不安，不少士大夫托意玄虚以求全身远祸，这种风气逐渐对诗歌创作产生影响，加上佛教的盛行，玄学与佛教逐步结合，文人学者更倾向以诗歌的方式表达自身对玄理的领悟。玄言诗的代表作家有孙绰、许询、桓温、庾亮等。其特点是玄理入诗，以诗为老庄哲学的说教和注解。该流派严重脱离社会生活，钟嵘《诗品》评道：“永嘉时，贵黄老，稍尚虚谈。于时篇什，理过其辞，淡乎寡味。爰及江表，微波尚传。孙绰、许询、桓、庾诸公诗，皆平典似道德论，建安风力尽矣。”玄学，兴起于曹魏正始年间，以何晏、王弼为代表人物，主张“天地万物皆以无为本”。之后阮籍、嵇康继起，为文为诗皆“言及玄远，而未曾评论时事，臧否人物”。西晋初的玄学家主要有向秀、郭象等。魏晋时期的玄学是儒家唯心主义哲学在新的历史条件下的变种。从西晋末年至东晋时期，玄学入侵文学领域，于是出现了风靡一时，“理过其词，淡乎寡味”的玄言诗。其代表人物孙绰、许询并称“孙许”。南朝钟嵘《诗品·下》云：“世称孙、许，弥善恬淡之词。”玄言诗虽盛极一时，但最后多被淘汰。值得一提的是孙绰、许询二人。

孙绰（314—371），字兴公，太原中都人。早年有隐居之志，曾作《遂初赋》明志。初为著作佐郎，袭封长乐侯。后为征西将军庾亮参军、太学博士、尚书郎，迁散骑常侍，领著作郎。诗作枯淡寡味，以老庄思想为指归。其少数诗篇较清新，如《秋月》中有“疏林积凉风，虚岫结凝霄。湛露洒庭林，密叶辞荣条。抚叶悲先落，攀松羡后凋”句，较为生动，很有真实感。孙绰的赋也很有名，其名作《游天台山赋并序》中有“赤城浮起而建标，瀑布飞流而界道”之句，孙绰颇以为豪。《晋书·孙绰传》载：“孙兴公作《天台山赋》成，以示友人范荣期，云：‘卿试掷地，当作金声。’”散文有《丞相王导碑》、《太宰郗鉴碑》、《太尉庾亮碑》等。今有明人辑《孙廷尉集》传世。

许询，生卒不详，字玄度。高阳（今属河北）人。幼时聪慧，有“神童”美誉，长大后颇有文才。朝廷召其为司徒掾属，不就。他曾与王羲之遍游会稽名山，参加过兰亭集会。其五言诗很有名，简文帝赞其曰：“玄度五言诗，可谓妙绝时人。”今仅存《竹扇诗》一首及《白尘尾铭》等文。许诗多以玄言哲理成篇，艺术成就并不高。

田园诗

描写农村自然景物、田园生活的诗派。产生于东晋末年。代表人物为陶渊明，他的《归去来兮辞》、《归园田居》、《庚戌岁九月中于西田获早稻》、《饮酒》（之四）等为代表作。田园诗通过歌咏自然景物，表达一种特定的情感，如对官场的厌恶，归隐田园后的悠然自得及高洁的志趣等。诗风质朴，语言清新淡雅，如“方宅十余亩，草屋八九间。榆柳荫后檐，桃李满堂前”，“采菊东篱下，悠然见南山”等。陶渊明是田园诗的开创者，他以纯朴自然的语言、高远拔俗的意境，为中国诗坛开辟了新天地。值得一提的是，田园诗除了人们熟悉的具有道家、佛家出世的情怀外，也有表现儒家入世精神的作品，后者从另一个视角展现了农家生活，像聂夷中的《咏田家》：“二月卖新丝，五月粜新谷。医得眼前疮，剜却心头肉。我愿君王心，化作光明烛。不照绮罗筵，只照逃亡屋。”感情十分凄然。这种田园诗蕴含儒家入世的精神关怀，很受历代正统诗人的拥戴。但从艺术鉴赏的角度说，前一种田园诗更符合受众的心态，因而读者群也最广阔。

山水诗

山水诗初兴于六朝，脱胎于体悟自然之道的玄学思潮。谢灵运、颜延之是这一时期的代表诗人。齐梁之后，山水诗题材不断扩大，风格日益繁多。到了唐代，其创作空前繁荣，山水诗派开始形成。这时的山水诗人众多，盛唐时期的有王维、孟浩然、裴迪、常建、储光羲等，著名诗人刘长卿、韦应物、柳宗元等则在中唐。由于时间跨度，这些诗人往往都经历了唐朝由盛转衰的变故。他们的诗作题材十分相近，手法、风格有一脉相承之处。而且很重要的一点，他们多数都与禅学有着密切关系，在思想观念上深受禅风的熏陶。

作为山水诗派的代表，王维笃信佛教，是学者们的共识。清人徐增曾将王维与李、杜相比较，指出其诗与佛禅的关系："白以气韵胜，子美以格律胜，摩诘以理趣胜。太白千秋逸调，子美一代规模，摩诘精大雄氏（指释迦牟尼）之学，字字皆合圣教。"言王维诗"字字皆合圣教"，虽多溢美之词，却道出了其诗深于佛禅的特点。除了王维，孟浩然、裴迪、常建、刘奋虚、綦毋潜等也与禅僧多有往还，诗风也深受禅的影响。以裴迪为例，他是王维的挚友、"法侣"。所谓"法侣"，即禅门中的同道。裴迪今存诗二十九首，《辋川集》二十首是与王维唱和之作，其中颇多禅韵。在其余九首中，与禅直接相关的就有四首。字里行间毫不掩饰对禅门的向往。綦毋潜在这派诗人中不是很惹人注目，但其诗作却颇能体现山水诗派的艺术特色。綦毋潜今存诗只有二十余首，但与禅有直接关联，并在诗题上明确标注的就在十首以上。像《题招隐寺绚公房》、《题灵隐寺山顶禅院》、《过融上人兰若》等。除了参禅悟道，从质实到空明、境界灵动亦是山水诗人多有的特点。像常建的《题破山寺后禅院》："山光悦鸟性，潭影空人心。"孟浩然的《宿建德江》："移舟泊烟渚，日暮客愁新。野旷天低树，江清月近人。"拥有此意境的诗，在山水诗派中比比皆是。

山水诗派主要以山水景物作为审美对象、创作题材，在山水中展现诗人幽独的心灵。可以说，以山水取景，以禅心、空灵入境，辅之以淡远的风格，即是我们所定义的山水诗。山水诗非唐代独有，早在魏晋南北朝时期，诗作即已经在形式美感的追求上下足了功夫，但还是质实，与唐时相比，缺乏灵动的神韵。严沧浪曾谓："盛唐诸人惟在兴趣，羚羊挂角，无迹可求。故其妙处透彻玲珑，不可凑泊，如空中之音，相中之色，水中之月，镜中之花，言有尽而意无穷。"这可以看作是对山水一派诗境的绝好概括。

宫体诗

南朝时以女性为描写题材的诗派。“宫体”之名，始见于《梁书·简文帝纪》：“然伤于轻艳，当时号曰‘宫体’。”梁朝简文帝萧纲为太子时，曾在宫中聚集了一批诗人，专门描画女性，抒写男女之情，辞采艳丽、风格柔靡、情意婉转。他在编录《玉台新咏》（见“玉台新咏”条目）时，还尤其声明：“立身之道与文章异：立身先须谨重，文章且须放荡。”与传统的道理礼教背道而驰。由于该诗体首倡者为太子及其东宫僚属，故人称“宫体诗”。虽然萧纲做的大张旗鼓，但描写歌咏女性与男女之情的作品却并不是由他发端，早在《诗经》中就随处可见这样的诗篇，比如“手如柔荑，肤如凝脂”，其描写不可谓不细腻。到了南朝时，民间专歌男女之情者，如雨后春笋，不胜枚举，像《子夜四时歌》：“开窗取月光，灭烛解罗裳。含笑帷幌里，举体兰蕙香。”再如谢朓的《赠王主簿》：“轻歌急绮带，含笑解罗襦。”充满绵绵的暧昧之情，后人干脆给这类诗取了一个极为贴切的名字：艳情诗。南朝陈后主也爱好文学。由于帝王的热衷，“宫体诗”遂成为梁、陈两代文学的主流。很不幸的是，南朝多短命王朝，“宫体诗”于是被后世斥为“靡靡之音”或“亡国之音”。

新乐府运动

西汉设置乐府，掌宫廷和朝会音乐。由乐府采集和创作的诗歌遂被称做“乐府”。乐府诗相当一部分采自民间，具有通俗易懂、反映现实和可以入乐几个特点。后来文人也仿作乐府诗，唐代把南北朝以前的乐府诗统称作古乐府。

唐朝贞元、元和年间，广大士大夫要求革新政治，以中兴唐朝的统治。在这股浪潮的推动下，白居易、元稹等诗人主张恢复古代的采诗制度，发扬《诗经》和汉魏乐府讽喻时事的传统，让诗歌起到“补察时政”，“泄导人情”的作用。白居易在《与元九书》中提出：“文章合为时而著，歌诗合为事而作。”倡议为君、为臣、为民、为物、为事而作，不为文而作。在《新乐府序》中，他又全面提出了新乐府诗歌的创作原则，要求文辞质朴易懂，便于理解；说话要切中时弊，使闻者足戒；叙事要有根据，令人信服；词句要通顺，能合声律，可以入乐。除白居易外，元稹、李绅、张籍和王建等都是新乐府的积极倡导者。他们或“寓意古题”，或效法杜甫“即事名篇”，以乐府古诗之体，改进当时民间流行的歌谣，积极从事新乐府诗歌的创作。白居易的《新乐府》五十首和《秦中吟》十首，元稹的《田家词》、《织妇词》、《和李校书新题乐府十二首》，是他们的代表作。张籍的乐府三十三首以及《野老歌》、《筑城词》、《贾客乐》等诗歌，反映了战争给人民带来的苦难，揭露了统治者对人民残酷的剥削和奴役。王建在《水夫谣》中描写了纤夫生活的悲惨。《田家行》、《簇蚕辞》则揭露了封建赋役的残酷。李绅曾作新题乐府二十首，惜已无存。他的《悯农》诗二首："春种一粒粟，秋收万颗子。四海无闲田，农夫犹饿死。""锄禾日当午，汗滴禾下土。谁知盘中餐，粒粒皆辛苦。"已成为千古传诵的名篇。

新乐府运动的诗歌创作，反映了中唐时期极为广阔的社会生活面，从各方面揭露了当时的社会矛盾，提出了尖锐的社会问题，实现了自己的理论主张。这类作品，大都具有较强烈的现实意义和鲜明的倾向性。在艺术上，尽管各自的成就不同，风格有别，但大都体现出平易通俗、真切明畅的共同特色。元和十年，白居易遭谤被贬江州，新乐府运动亦因之受挫。但这场运动对后世诗歌的发展产生了深远的影响。晚唐时，新乐府运动的精神为诗人皮日休、聂夷中、杜荀鹤所继承。皮日休的《正乐府十首》、《三羞诗》，聂夷中的《公子行》以及杜荀鹤的《山中寡妇》、《乱后逢村叟》等，均深刻地揭露了唐朝末年统治者的腐朽残暴和唐末农民战争前后的社会现实。

花间派

中国晚唐五代词派，也是我国第一个词派。因词集《花间集》而得名。五代后蜀卫尉少卿赵崇祚（字弘基）于后蜀广政三年（940）辑录了晚唐五代时温庭筠、韦庄、皇甫松、孙光宪、薛昭蕴、牛峤、张泌、毛文锡、牛希济、欧阳炯、和凝、魏承班、阎选、尹鹗、毛熙震、李珣等十八家词共五百首，编为《花间集》十卷，这是我国时间最早、规模最大的文人词总集。

花间派词人大多以写冶游享乐和闺情离思见长，题材比较狭窄；艺术上讲究辞藻华美，风格软媚。

西昆体

宋真宗景德二年（1055）秋，杨亿、钱惟演、刘筠等人奉真宗诏命，在宫廷藏书的秘阁编纂大型类书《册府元龟》。他们修书之余往来唱和，还邀请未参加编书的钱惟济等人参加。后来杨亿将这些诗编成一集，并根据《山海经》和《穆天子传》中记载的昆仑山之西有玉山册府为古代帝王藏书处的典故，把诗集定名为《西昆酬唱集》，西昆体也由此而得名。

《西昆酬唱集》的创作内容狭窄，多是宫廷宴游，流连光景之作。在艺术风格上，以师法李商隐为主，兼学唐彦谦，崇尚精丽繁缛诗风，追求用典的贴切、属对的工巧、音节的和婉，仿效李商隐无题诗的隐约朦胧。这确实增强了诗歌语言的凝练美和深幽之感。但由于西昆诗人的生活内容贫乏，又只是片面追求李商隐的雕采巧丽和唐彦谦的铿锵韵律，所以难免在创作中要为文造情，钻故纸堆，以编织故事争胜。

西昆体在宋初诗坛影响很大，产生了一定的消极影响，但这种风格也在一定程度上反映了北宋前期统一帝国的堂皇气象。

婉约派

宋词风格流派之一。婉约，是宛转含蓄之意。最早见于《国语·吴语》："故婉约其词，以从逸王之志。"意谓卑顺其辞。到了魏晋六朝时，人们已用它形容文学辞章，如陈琳《为袁绍与公孙瓒书》云："得足下书，辞意婉约。"陆机《文赋》云："或清虚以婉约。"《玉台新咏》序云："阅诗敦礼，岂东邻之自媒；婉约风流，异西施之被教。"而明确提出词分婉约、豪放两派的，一般认为是明人张诠。清人王士祯《花草蒙拾》云："张南湖论词派有二：一曰婉约，一曰豪放。"可见，"婉约"一词在不同的时代有着不同的含义。在词史上，婉转柔美的风调相沿成习，由来已久。词，本是为合乐演唱而作的，起初演唱的目的多为娱宾遣兴，演唱的场所也多为宫廷贵家、秦楼楚馆，因此词的内容不外乎离思别愁、闺情绮怨、儿女情长，这就形成了以晚唐五代《花间集》为代表的"香软"词风。到了北宋，词家诸如晏殊、欧阳修、柳永、秦观、周邦彦、李清照等人承其余绪，运笔更为精妙，风韵各具，然而大体上仍未脱离宛转柔美的痕迹。后人因此多用"婉美"、"软媚"、"绸缪宛转"、"曲折委婉"等语来形容他们作品的风格。以李清照的《醉花阴》为例，"薄雾浓云愁永昼，瑞脑销金兽，佳节又重阳，玉枕纱橱，半夜凉初透。东篱把酒黄昏后，有暗香盈袖。莫道不销魂，帘卷西风，人比黄花瘦。"在这首李清照早期的词作里，细腻地表达了对远游的丈夫深切的思念，情感真切缠绵，为历代词论家所赞赏。婉约词风长期支配着词坛，南宋时，姜夔、吴文英、张炎等大批词家，无不受其影响。到了明代，人们遂以"婉约派"来概括此类型的词风。虽然在唐宋时，豪放词也已出现，但长久以来，词多趋于宛转柔美，人们还是形成了以婉约为正宗的观念。如《弁州山人词评》就以李后主、柳永、周邦彦等词家为“词之正宗”。

豪放派

宋词风格流派之一。由于词坛上长久以来都以“婉约”为正宗，因此“豪放派”被正统的词论家称为“异军”、“别宗”、“别派”等。其词作的题材、风格、用调及创作手法等都与婉约派大不相同。代表词人有苏轼、辛弃疾等；代表作有《念奴娇》（苏轼），《西江月》（辛弃疾）、《永遇乐》（辛弃疾），《六州歌头》（张孝祥）等。豪放派的形成与发展大致可分为四个阶段，首先是范仲淹《渔家傲》（塞下秋来风景异）的问世，发豪放词之先声。其次是苏轼大力提倡写壮词，与柳永、曹元宠二家分庭抗礼的阶段。当时，学苏词的人只有十之一二，学曹柳者有十之七八。豪放词派肇始于此。苏轼之后，北宋逐渐走向没落。靖康之变后，宋室南渡。随着国破家亡，豪放词派获得了迅猛发展，宋词的发展达到了巅峰。优秀的词人、词作层出不穷。除了辛弃疾外，李纲、陈与义、叶梦得、朱敦儒、张元干、张孝祥、陆游、陈亮、刘过等都有佳作流传。最后一阶段为延续阶段，代表词人有刘克庄、黄机、戴复古、刘辰翁等。他们赋词依然豪迈，但由于同事衰微，恢复无望，这种风气渐渐波及词坛及豪放词人，一种无奈的悲灰之气渐渐笼罩了当时所有的豪放词人。

豪放派的词作，大都视野广阔，气象恢弘雄放。它不仅描写花间月下、男欢女爱，更喜摄取军情国事那样的重大题材入词。格律不拘，行文汪洋恣意，“无言不可入，无事不可入”。豪放派内部的分派亦较少，仅苏派、辛派、叫嚣派三个阶段性的细支，彼此之间稍有差异。豪放派的出现有一定的政治背景，其不足也显而易见：嗜用典故、议论过多，导致一些词作韵味不浓，艰深晦涩，格律亦欠缺等。但无论怎样，豪放词派确实震动并统治了整个宋代词坛，广泛地影响着词林后学。从宋、金直到清代，历来都有标举着豪放旗帜，大力学习苏、辛的词人。

江西诗派

“江西诗派”是指以北宋诗人黄庭坚为首的一个诗歌派别。南宋初年，吕本中在其著作《江西诗社宗派图》中，首尊黄庭坚为江西诗派之祖，下列陈师道等二十五人。元代的方回又在《瀛奎律髓》中又追加陈与义，提出“一祖三宗”之说，（“一祖”指杜甫），江西诗派之说即出于此。

江西诗派以清淡瘦健为审美标准。所谓清淡，就是指诗中的描写很少色彩渲染或堆砌词藻，很少涉及男女艳情。黄庭坚的诗表现最为突出。

黄庭坚（1045—1105），字鲁直，号山谷道人，洪州分宁（今江西修水）人。与苏轼友善，著有《山谷集》。他的诗歌创作主张，铭刻着北宋后期党争、诗祸的时代烙印，注入了学者文化的审美意识。他不赞成用诗歌讽刺政治，而看重其愉悦性情、抒写襟怀、潜移默化的薰沐功能，追求一种温柔敦厚、“不怨之怨”（《胡宗元诗集序》）的诗风。在诗的语言上，他常用浓缩、省略、倒装、词语活用等一系列手段，打破正常的语法规则，把不拘平仄的古诗句式融于格律谨严的近体诗中，造成音律的拗折。

江西诗派反对浮华轻薄，崇尚老成朴拙的风格，力主出奇翻新，趋生避熟。这便是黄庭坚提倡的“以俗为雅，以故为新”。所谓“以俗为雅”，旨在以典雅的文言为主体，适当吸收方言俗语，以矫文人诗中风花雪月似的陈词滥调；而所谓“以故为新”，则是指点化成语或前人诗句，也包括用典，要求诗人有“点铁成金”之妙。

在黄庭坚的影响之下，北宋后期逐渐形成了江西诗派。江西诗派因黄庭坚是江西人而得名，诗派中的其他诗人并不都是江西人，但他们都主张宗法杜甫，有共同的创作趋向与风格。江西诗派的北宋作家，除黄庭坚外，以陈师道的成就为最高。后人将他们并称“黄陈”。

江西诗派在北宋后期蔚为一大流派，影响所及，直至明清近代。

永嘉四灵

“永嘉四灵”是指南宋中叶时浙江永嘉的四个诗人：徐照，字灵辉；徐玑，号灵渊；赵师秀，号灵秀；翁卷，字灵舒。因为他们都是永嘉人，诗风相近，名字中又都有一个“灵”字，故称“永嘉四灵”或“四灵派”。四灵里徐照、翁卷是布衣，徐玑、赵师秀做过小官。

四灵派的诗，风格上学习晚唐贾岛、姚合之体，标榜野逸清瘦之风，也融入了某些山水诗、田园诗的意味，表现出一种空灵淡泊的境界。这种风格，正好迎合了南宋中叶以后社会表面相对安定，一些在政治上找不到出路的文人暂时满足于啸傲林泉、寄意田园的闲逸情趣，成为慰藉其情绪的共鸣声响。如翁卷《行药作》中说：“有口不须谈世事，无机惟合卧山林。”赵师秀《哭徐玑》中说：“泊然安贫贱，心夷语自秀。”就很能说明这种倾向。

在艺术形式上，四灵诗以五、七言近体著称，并能以精工优美的语言刻画寻常景物，既新巧出奇，而又不大显露斧凿的痕迹，在较大程度上纠正了江西派诗人以学问为诗、以议论为诗的习气，也写出了不少优秀的诗作。如徐玑《行秋》：

嘎嘎秋蝉响似筝，听蝉闲傍柳边行。小溪清水平如镜，一叶飞来细浪生。

诗写山村的初秋景象，抓住细节特征，巧融“一叶知秋”于其中，表现了诗人的观察之细，体会之深，同时也表达出了诗人清澈明净的心灵。再如翁卷的《乡村四月》：

绿遍山原白满川，子规声里雨如烟。乡村四月闲人少，才了蚕桑又插田。

简直是一幅烟雨江南、乡村四月的农忙图。

四灵的诗大都是抒写羁旅情思，描写山水田园风光以及其他应酬唱和、流连光景之作。虽然缺乏深广的社会内容和时代风气，但也不乏痛心时事和同情人民疾苦的诗作。如徐照《促促词》、翁卷《东阳路旁蚕妇》、徐玑《传胡报二十韵》、赵师秀《抚栏》等。

四灵中以赵师秀成就较高。他的诗也常流露出身世之叹和怀念故国之情。如《多景楼晚望》：

落日栏干与雁平，往来疑有旧英灵。潮生海口微茫白，麦秀淮南迤逦青。远贾泊舟趋地利，老僧指贫说州形。残风忽送吹营角，声引边愁不可听。

诗人缅怀抗金将士，一种“麦秀”之感油然而生。其诗多灵巧圆润，悠闲清淡，句秀韵雅，亦可见其艺术技巧之工。

总的来看，四灵派的诗虽有失之于境界窄小、寄情偏僻的缺陷，但由于其艺术上的成就，仍然引起了不小的反响。

台阁体

从明朝永乐至成化年间的文学流派。代表人物号称“三杨”，即杨士奇、杨荣、杨溥。他们都是当时的“台阁重臣”，深受皇帝的宠信。他们的作品（以诗作为主，散文也包含在内）多为粉饰太平、歌功颂德或诗酒酬谢之作，由于缺少社会深意，虽雍容典雅，然实际意义不大。由于“三杨”官位显赫，加之作品流露出的富贵气度，故追慕模仿者甚多，竟形成流派，称“台阁体”。台阁体因缺乏生气，少有创新，被认为是诗歌创作上的一种倒退，甚至比宋代的“西昆体”更加不如。

后人分析台阁体的形成时，认为有这样几种因素：一是受程朱理学影响，故表现出的情感“雅正平和”，有浓厚的道学气；二由于作者属上层官僚，因此作品以应制、唱和之作居多；三与当时（特别是永乐之后）平静的政治环境相关，官员们心态悠然、志得意满。因此，文章主旨要有“施政教，适性情”的功能，内容上要“歌颂圣德，施之诏诰典册以申命行事”，在表达感情时，要“适性情之正”，抒写“爱亲忠君之念，咎己自悼之怀”。总之，作为一种文学形式，它立意平庸，既缺乏艺术创造、对自我情感的剖析，也缺乏对社会生活的关怀。台阁体文人大多追慕宋人的文学风范，董其昌曾说：“自杨文贞而下，皆以欧、曾为范。”但这种追慕，更多是以程朱理学为前提，距宋人的文学成就相距甚远。因此，以台阁体主导文人的社会影响而论，如果按照这一方向走下去，无疑会将文学引向绝境。因此台阁体在统治明前期文坛几十年后，终因流弊日益突出，饱受抨击而逐渐退出文坛。

唐诗派

明清时期的宗唐诗派。中国古典诗歌在唐代达到极盛，唐诗在读者心中有着崇高的地位。南宋的严羽在《沧浪诗话》中非常推尊唐诗，对有宋以来的“以文字为诗，以议论为诗，以才学为诗”的论调不以为然。元时，唐诗仍相当有影响。到了明代，唐诗一跃被诗坛奉为典范，以何景明、李梦阳、王世贞、李攀龙为首的前后七子，认为“诗自中唐以后，皆不足观”，倡导“诗必盛唐”，将唐诗（尤其是盛唐诗作）尊为诗的极则。由于倡导者是当时的诗坛领袖，其影响可想而知。到了清代，像王士祯、沈德潜这样的大家亦以唐诗为典则。宗唐诗派追求的是唐诗非凡的气象和情韵，他们的作为扩大了唐诗的影响，由于他们的推介、解读，唐诗在中国几乎家喻户晓。

宋诗派

清代的宗宋诗派。诗坛在宋代，有了新的气象。宋诗和唐诗各领风骚，形成了迥然不同的另一种风格。宋人作诗喜欢议论，严羽概括道：“本朝人尚理，唐人尚意兴。”和唐诗相比，宋诗缺少气象、情韵，多的是学养、理趣。钱钟书说：“唐诗多以丰神情韵擅长，宋诗多以筋骨思理见胜。”相比唐代诗歌的雄浑大气、气象万千，考究、理性的宋诗很难在广大读者心中引起共鸣，清人沈德潜甚至认为“宋诗近腐”。但也仍是在清代，宋诗迎来了复兴。乾隆、嘉庆时期，崇尚考据，诗坛受其影响，宋诗开始赢得好口碑，翁方纲曾评道：“宋诗妙境在实处。”这里的“实处”即指学问义理。直至近代，宋诗仍在诗坛占有一席之地。

常州词派

清代嘉庆以后出现的重要词派。康乾时期，词坛主要为浙派所左右。其标举南宋，推崇姜夔、张炎，追求清雅，词的内容渐趋空虚、狭窄。到了嘉庆初年，浙派词人更是专注声律格调，流弊益甚。面对这样的现象，常州词人张惠言疾呼词应与《风》、《骚》同科，强调比兴寄托，扫却琐屑、无病呻吟之风。张惠言的词论始于其嘉庆二年（1797）编成的《词选》。

《词选》中，唐宋两代词只录四十四家，一百六十首。与浙派相反，它多选唐、五代，少取南宋，对浙派推尊的姜夔只取三首、张炎仅收一首。虽遴选苛刻，但所收录的辛弃疾、张孝祥、王沂孙诸家的作品，都很有现实意义。词选印证着张氏一贯坚持的主张。由于张氏的倡导很贴合实际，因此和者颇多，蔚然成风，常州词派遂兴起。张氏之后，经周济的推阐、发展，常州词论更趋完善。当然，常州词派也有其不足，比如过分寻求前人词作的微言大义而流于穿凿附会；虽勇于立论，然疏于考史等。以温庭筠的《菩萨蛮》为例："小山重叠金明灭"句，被认为是"感士不遇也，篇法仿佛《长门赋》"。诸如此类的臆说有很多，近代学者王国维即对其颇有微词。尽管如此，张氏强调的词作比兴寄托，较之浙派追求的清雅，其格调显然还是高出一筹。常州词派对后世词坛的发展影响甚大，直至清末不衰。近代谭献、王鹏运、朱孝臧、况周颐这四大词家，也是常州词派的后劲。虽然他们的创作领域愈发狭窄，境界也不甚恢宏，但他们在词学整理研究方面颇有成绩。谭献选辑清人词为《箧中词》。王鹏运汇刻《花间集》及宋元诸家词为《四印斋所刻词》。朱孝臧校刻唐宋金元人词百余家为《疆村丛书》，保存下来大量的词学遗产。

古文运动

中国唐代中叶及北宋时期以提倡古文、反对骈文为特点的文体改革运动（涉及文学，亦兼有思想运动和社会运动的性质）。这一运动发起于中唐，成于北宋。唐代的倡导者为韩愈、柳宗元，而欧阳修、王安石、曾巩、苏洵、苏轼、苏辙则是北宋时人。

古文运动公认的领袖是韩愈，他最先提出了古文的概念。视六朝以来讲究声律、辞藻、排偶的骈文为俗下文字，认为自己的散文继承了先秦两汉文章的传统，称之为"古文"。韩愈提倡古文，还进一步强调要文以明道。道，即儒道。文道合一，以道为主，这是韩愈倡导的古文运动的基本观点。他还积极实践自己的主张，写了许多优秀的作品，大大提高了古文的水平。古文运动中的另一位大家柳宗元也取得了相当的成就。由于韩愈、柳宗元的大力倡导和创作，唐后期古文写作极盛，质朴流畅的散体终于取代骈体，成为文坛的主要风尚。值得一提的是，韩愈的古文，本有“文从字顺”和“怪怪奇奇”两种风格，后追随者们片面发展了韩文奇崛艰深的一面，古文运动开始走向衰落，骈文重又占据了主导地位。

到了北宋，王禹偁开始提倡“韩柳文章李杜诗”，同时还把“传道而明心”和“句易通、义易晓”作为古文写作的标准，纠正了唐后期古文风的流弊。王禹偁之后，为古文运动作出较大贡献的是欧阳修等人。欧阳修进一步开创了平易实用、骈散结合的古文新体制，使之成为宋代古文的基本特色。嘉佑二年（1057），是古文运动史上极为重要的一年。这一年，欧阳修主持礼部考试，苏轼、苏辙和曾巩都被录取为进士。再加上苏洵、王安石等人，欧阳修周围集结了一大批优秀的古文家。他们的政见和文学主张各有不同，但都写出了为后世典范的古文名篇，如欧阳修的《五代史·伶官传序》、《醉翁亭记》、《秋声赋》，苏洵的《六国论》，苏轼的《石钟山记》、《赤壁赋》，王安石的《答司马谏议书》、《读孟尝君传》、《游褒禅山记》等，平易流畅，文采飞扬，为后世所传颂。嘉佑二年科举改革后，古文更是日益兴盛，并从此取代骈文，占据了文坛的主导地位，支配文坛一千余年，直到五四新文化运动以后，才被白话文所取代。

前后七子

“前七子”、“后七子”都是明代的文学流派。“前七子”以李梦阳、何景明为代表，还包括徐祯卿、边贡、康海、王九思、王廷相。“梦阳才思雄鸷，卓然以复古自命……倡言文必秦汉，诗必盛唐，非是者弗道。”学古尽管不是前七子文学理论的唯一宗旨，但确实是其中最核心的主张。对于诗歌学古应取法的榜样，前七子的看法基本一致，即古诗以汉魏为师，旁及六朝；近体诗以盛唐为师，旁及初唐；而中唐，尤其是宋元以下，则不足为法。散文方面，“文必秦汉”之说，只有康海、王九思提过。对于学古的具体方法，则李、何之间存在着分歧。简言之，李偏重音声句法，何偏重修辞结构；何不像李那样主张“尺寸古法”，而提出“舍筏登岸”（《与李空同论诗书》）。

“后七子”以李攀龙、王世贞为代表，还包括谢榛、宗臣、梁有誉、徐中行、吴国伦。他们与前七子此唱彼和，声应气求，在复古的基本倾向上如出一辙。李攀龙曾“高自夸许，诗自天宝以下，文自西京以下，誓不污我毫素也”

(《列朝诗集小传》)。“后七子”中声望最高、影响最大的是王世贞，他主张诗歌要华与实统一，提倡“学古而化”。其诗歌反映现实的内容较多，对时弊多有揭露和批判。

前后七子作为以复古求革新的文学派流，在改变台阁体、八股文陈腐僵化的文风方面，有不可忽略的历史功绩。由于其作品与古人雷同，缺乏新意，渐渐引起广泛的不满，在公安派、竟陵派的攻击下已不能驾驭当时的文坛。

公安派

明代后期的一个文学派别，该派以提倡“性灵”著称，领袖是荆州公安县的袁宗道、袁宏道、袁中道，史称“公安三袁”。

袁宗道（1560—1600），字伯修，明万历十四年中进士，历任翰林院编修，春坊右庶子等职；袁宏道（1568—1610），字中郎，万历二十年中进士，历任吴县知县，吏部验封司主事等职；袁中道（1570—1626），字小修，万历年四十四年中进士，历任徽州教授、南京吏部郎中等职。三人为同胞兄弟，都是著名的文学家。其中，袁宏道成就最大，名声最著。

明代自弘治到万历中期，前后“七子”（“前七子”以李梦阳、何景明为首；到万历期间，以王世贞、李攀龙为首的“后七子”步其后尘，有加无已。风气所及，一时有所谓“前五子”、“后五子”、“广五子”、“续五子”、“末五子”之类层出不穷）相继统治文坛长达百年之久。他们“文必秦汉”、“诗必盛唐”，模拟之风盛行。许多文人学者对“七子”的文学主张颇有微同。当时，正值“后七子”领袖王世贞、李攀龙之学盛行，袁氏兄弟极力反对。袁宗道在翰林院，与同僚黄辉力排其说；万历二十三年到二十四年，袁宏道在吴县县令任内，汇集江南进步文人学士，吟诗撰文，抨击“七子”，提出了“独抒性灵、不拘格套”，“从真情实境中流出”的文学主张，这就是“公安派”的旗帜。后来，“三袁”兄弟发起，在北京城西崇国寺组织“蒲桃社”，继续进行反复古运动。对于“公安派”，钱谦益曾评道：“中郎（袁宏道）之论出，王、李之云雾一扫，天下之文人才士，始知疏瀹心灵，搜剔慧性，以荡涤模拟涂泽之病，其功伟矣。”

袁宗道、袁宏道去世后，袁中道继承并完成“公安派”的学说。除了巩固兄长的理论成果外，在各方面也都有新的创见，还被认为是“下启竟陵派第一人”。“三袁”的文学主张和清新婉丽的作品，对当时文坛的发展起了进步作用。对以后几百年的历史乃至五四文化运动都产生了积极的影响。

江左三大家

“江左三大家”是指由明入清而又曾仕清的著名诗人钱谦益、吴伟业和龚鼎孳。这三人中，龚鼎孳（1615—1673）较少特色，而钱谦益与吴伟业均居于诗坛领袖的地位。钱谦益宗宋诗，吴伟业尊唐调，两人各立门户，都是清代首开风气的诗人，影响很大。

钱谦益（1582—1664），字受之，号牧斋，人称牧翁，常熟（今属江苏）人。他著有《初学集》一百一十卷、《有学集》五十卷。钱谦益主持文坛近五十年，认为诗应该反对模拟形似，也反对片面追求声律字句，主张写诗要“有本”、“有物”。他激烈攻击前后七子的诗必盛唐说，提倡宋元诗，一时蔚为风气。钱谦益的诗作沉郁藻丽，才华雄健，出入李杜韩白苏陆之间，能融会唐宋诗于一炉，确有一定的功力。

吴伟业（1609—1672），字骏公，号梅村，太仓（今属江苏）人。留有《吴梅村集》四十卷，存诗约1000多首。吴诗华艳绮丽，缠绵凄恻。明亡后更显得苍凉凄楚、风骨遒劲。他写诗喜欢模拟唐人格调，但也有自己的特色。其中以五七言古诗，特别是七言歌行最为有名。追怀往事，自伤生平，是最能表现他的风格和才华的题材。如《圆圆曲》、《临江参军》、《松山哀》、《萧史青门曲》、《楚两生行》、《听女道士卞玉京弹琴歌》、《悲歌赠吴季子》等，都是他的代表之作。他用这种长篇叙事诗，记载明亡前后复杂的历史，不仅抒发了儿女之情，更重要的是寄托了兴亡之感，婉转苍凉，感人至深。他的歌行体，在叙事方面深受白居易的影响，但在用事和词藻方面，则更接近于李商隐。他实际上是把李商隐色泽浓丽的笔法与元、白叙事诗善于铺排的特点结合起来，使其歌行沉郁苍凉，气势磅礴，语言华丽，律度严整，音色并妙，在创作上形成了自己特有的风格。

桐城派

桐城派是清代散文的重要流派，因其主要代表人物方苞、刘大櫆、姚鼐都是安徽桐城人而得名。

方苞（1668—1749）首标“义法”为文章纲领，义指的是文章的思想内容，法指的是文章的表现形式，“义法”就是要求做到两者的统一。他所重者在于“法”，要求文章取舍精当，结构布局合理，以及语言文字雅洁。方苞、姚鼐所写的一些人物传文、碑铭，择取最能表现人物生平大节的事迹，而撇开一般的细枝末节，颇能体现剪裁的匠心。他们的文章结构严谨，条理清晰，如方苞的《狱中杂记》记事虽多，但都是围绕当时的治狱之弊来写，多而不杂，繁而有序。方苞对于语言典雅、简约的要求更为严格，且多为后代桐城派文人遵守。

刘大櫆（1698—1779）进一步发展了方苞的“义法”说，提出了“神气”、“音节”、“字句”为文章要素的理论。神气即文章的气势和风格，它要通过具体的章节和字句去表现，因此刘格外重视音调节奏。他本人的文章音调高朗，读起来铿锵有力，抑扬顿挫。桐城派把作文的音节作为通往古文殿堂的钥匙，学习古人作品，会通其神气，亦从诵读音节入手。

姚鼐（1731—1816）继承了方、刘的理论，但由于他生在乾嘉考据学风盛行之际，为文往往发挥义理，而辅以考证，更为笃实谨严。他的一些游记以记叙精确为特色。语言上，“洁净”可视为他的特色，如他的名篇《登泰山记》最后一段：

“山多石少，石苍黑色，多平方，少圆。少杂树，多松，生石罅，皆平顶。冰雪，无瀑水，无鸟兽音迹。至日观数里内无树，而雪与人膝齐。”

此段皆为短句，无一赘语，体现了他为文精确的特点。

简言之，裁减精当，结构严谨，条理清晰，文辞雅洁，声调顿挫，辅以说理考证，就是清代桐城派古文的特色。

讲史小说

明清小说流派。宋元时期，说书艺人把历代的历史都变成了故事。有的故事较长，还要分几次才能讲完。这些讲史的故事很受时人欢迎。从流传下来的《武王伐纣平话》、《东周列国志》、《隋唐演义》、《三国志平话》、《五代史平话》等看，随着讲史形式的发展，“讲史”小说已经开始有了后世章回体的雏形。到了明代，“讲史”小说分成了两支，一是“历史演义”，如《东周列国志》、《三国演义》等；一为“英雄传奇”，如《水浒传》、《说岳全传》等。“历史演义”多以正史为蓝本，以忠于史实相号召，这在仍是讲史的当时，颇有广告效应，因为人们喜欢听“真实”的故事。“英雄传奇”也写历史人物，但多取材民间传说和野史，以虚构的成分居多。讲史小说对于传播历史知识有着积极的意义，也出过一些凤毛麟角的作品，像我们熟知的《三国演义》、《隋唐演义》等，都是讲史作品中的经典之作。

神魔小说

明代后期在通俗小说领域中兴起的一类小说。“神魔小说”之名来自鲁迅先生。在《中国小说史略·明之神魔小说》中，他首次称一批表现神魔“斗法”故事的作品为“神魔小说”。这类小说受宗教思想引导，加上古代神话、六朝志怪以及唐代传奇、宋元话本的影响，得以成型。神魔小说与讲究相对正统的历史演义、英雄传奇等不同，它的主要特征是“奇幻”，以神魔怪异为主题，参照现实生活中政治、伦理、宗教等方面的矛盾和斗争，比附性地编织了种种情节。这类作品中，以出现最早的《西游记》为代表，其他如《三遂平妖传》、《东游记》、《南游记》、《北游记》、《封神演义》、《三宝太监下西洋通俗演义》等。这些小说很多是以凡人为主人公，作者往往通过凡人的活动，如西天取经、兴兵伐纣、远航西洋等为展开情节的线索，然后突出神魔间的较量。发展到后来，一些以神魔为主人公，以斗法为主要情节的小说也被列入此类，如《飞剑记》、《铁树记》、《咒枣记》、《韩湘子全传》、《绿野仙踪》、《女仙外史》等。由此，“神魔小说”正式成为明清小说中一种重要类型。神魔小说受宗教尤其是佛、道教的影响很大，但最终没有脱离中国古代小说的志怪传统。

世情小说

所谓世情小说，就是以“极摹人情世态之歧，备写悲欢离合之致”为主要特点的一类小说。小说涉及世情，可追溯到魏晋以前，但从晚明批评界开始流行的“世情书”的概念来看，主要是指宋元以后内容世俗化、语言通俗化的一类小说。从鲁迅《中国小说史略》起，学术界一般又用世情小说（或人情小说）专指描写世俗人情的长篇。于是，鲁迅称之为“最有名”的《金瓶梅》，就常常被看做是世情小说的开山之作。

《金瓶梅》，我国小说史上第一部由文人独立创作的长篇白话小说，共一百回，约九十万字，写了七百多人物。小说开头几回，借《水浒传》中武松杀潘金莲一段故事作引子，展开故事情节，虽写的是宋代，但实际上影射的是明朝的生活。小说成功地塑造了西门庆、潘金莲、李瓶儿、宋惠莲、应伯爵等形象。西门庆一生，由破落到暴发到升官。他奸占潘金莲，侵吞寡妇孟玉楼的财产，骗娶李瓶儿，勾结官府，强取豪夺。他与朝臣杨戬的党羽陈洪结亲。杨、陈被参问罪后，他又拉上太师蔡京的关系，攀附上更为强硬的靠山，当上了理刑副千户。除了行贿受贿，西门庆还放高利贷，开当铺、绸缎铺、绒线铺，向官府制取盐引，贩盐谋利。西门庆是一个具有复杂思想感情的活生生的富商形象。小说的另一个主人公潘金莲原是裁缝潘裁的女儿，从小被卖到王招宣府当奴婢，后又被转卖到张大户家做妾。在张大户家被赶出后，她嫁与武大为妻，后被西门庆勾引霸占为妾，开始走上堕落的道路，是没落的封建制度的产物。《金瓶梅》着力描写西门庆家内部妻妾间的争宠斗妍，但这种描写不是孤立的，它不但直接涉及了朝廷内部的斗争，而且把西门之家和官府、朝廷的彼此勾结连缀描写，暴露了明代官场的黑暗，政治的腐朽。

《金瓶梅》之后，明清两代的世情小说或写情爱婚姻，或主写家庭纠纷，或广阔的描绘社会生活，或专注于讥刺儒林、官场、青楼，内容丰富，色彩斑斓。其中，明末清初的《好俅传》、《玉娇梨》、《平山冷燕》等作品，将婚姻爱情故事与社会生活相联系，是《金瓶梅》与《红楼梦》之间的桥梁。《红楼梦》的出现，标志着世情小说创作的顶峰，它全景式地再现了一个贵族家族的末世景象。鲁迅曾说："自有《红楼梦》出来以后，传统的思想和写法都打破了。"此外，《醒世姻缘传》、《歧路灯》也是展现世态人情的风俗画卷。

在纷纭的世情小说中，写世态人情的占大部分，但也有很多世情小说中充斥着大量露骨的性描写。小说的本意也并非晦淫，而仅仅是一种艺术表现手法，表达了对现实的讽喻，当然也不排除有些世情小说以此为主要刻画内容来迎合淫邪媚俗之徒，这就是世情小说之下品了。

才子佳人小说

明末清初的小说流派，也被认为是世情小说的一种。明末清初之际，"历史演义"、"神魔小说"的浪潮过后，迎来了"才子佳人小说"的繁荣时代，《平山冷燕》、《好逑传》、《玉娇梨》等作品相继问世。以歌颂爱情为题材的故事本来可以写得美好动人，但因作者多为下层穷困不得志的知识分子，结果作品千人一面，千部一腔，充斥着大量的俗滥之作：小说的主人公往往是贵族出身的青年男女，一个郎有定邦之才，一个女有骄人之貌。二人一见钟情，订下终身。这时，出现豪门权贵或阴险小人，千方百计地挑拨，从中作梗。经过曲折的斗争，小人的阴谋被粉碎，才子克服种种困难，金榜题名，有情人终成眷属。在小说中，出于艺术结构的需要，才子佳人都是奇才奇情；才子先是英雄失路，佳人则慧眼识珠；二人因都饱有才学，时常以诗文传情。才子佳人小说的作者多本身不得志，其毕生追求的洞房花烛夜、金榜题名时的愿望不能实现，因此才借小说宣泄，满足自己对功名和情欲的渴望。小说的篇幅一般在十六到二十回之间。

非常有趣的是，这样被国人批为酸腐十足、庸俗不已的小说，到了国外文人的眼中，却成了绝好的上品。德国大诗人歌德，在读了这些小说的德译本后，对遥远的东方古国神往不已。据《歌德谈话录》记载，歌德曾动情地说："故事里穿插着无数的典故，援引起来很像格言，如说一个姑娘步履轻盈，站在一朵莲花上，花竟没有损伤；还有一个颇具才干的年轻人三十岁就荣幸地和皇帝谈了话；又有一对相互钟情的男女在长期相识中十分纯洁自爱，有一次，二人不得不在一间房间里过夜，就说了一夜的话，谁也不招惹谁……"据后人考证，歌德提到的就是《好逑传》。想来，读过这部小说的当代中国读者，很难会产生歌德那样美好浪漫的联想吧。

公案小说

明清小说流派。是和案件有关的小说。但凡案件，必有故事性或传奇色彩，这在古今都基本相同。让衙门案件进小说，曾一度十分流行，在宋代时，就有民间说书艺人"说公案"的记载。其内容多为社会上发生的各类案件，包括斗殴、冤情、奸情、凶杀、打家劫舍等，很能吸引公众的眼球，是人们日常乐于谈论的话题。这和我们今天的侦破小说、法制文学很有相似之处。公案小说最初都比较短，像《错斩崔宁》、《三现身包龙图断案》等。到明代后，公案小说极为繁荣，开始出现长篇，像《包公案》、《施公案》、《海公案》、《龙公案》等。它们的行文构思简明，缺少文学技巧，无外乎案发、告状、论判，最后清官结案，真相大白。这类小说贴合民众心理，因此很受欢迎。清代嘉庆、道光年间后，公案小说有了新发展，主人公多了新的形象，比如行侠仗义的侠客等，也很受百姓喜爱。这类人物的出现让公案小说多了曲折的情节，内容也愈发丰富。比较有代表性的小说有《七侠五义》、《彭公案》等。

谴责小说

晚清的一个小说流派。戊戌变法被镇压后，清廷内政反动腐朽，外交软弱无能，国势衰微到了极点。在这样的时势下，小说界出现了大量抨击时政、揭露官场阴暗与丑恶的作品。鲁迅概括这类小说的特点是"揭发伏藏，显其弊恶，而于时政，严加纠弹，或更扩充，并及风俗"（《中国小说史略》），故称之为"谴责小说"。谴责小说的题材和内容，涉及社会生活的各个领域，如官场、商界、华工、女界、战争等各方面，以写官场最为普遍。这类小说的风格很尖锐，但其出现的最初，为了适应报纸连载，往往缺乏较充裕、完整的构思和写作时间，因此小说的结构不够严密，多属联缀短篇成长篇的性质，缺乏贯串始终的中心人物。在表现手法上，“辞气浮露、笔无藏锋”，缺乏含蓄，描写夸大失实，不足是显而易见的。因此，鲁迅称其为谴责小说，就是说它还够不上称“讽刺小说”。

谴责小说的代表作有李宝嘉的《官场现形记》、吴沃尧的《二十年目睹之怪现状》、刘鹗的《老残游记》、曾朴的《孽海花》等。除了这四人的作品，可以提及的还有黄小配的《廿载繁华梦》和无名氏的《官场维新记》、《苦社会》等。在这些代表作品中，有不足也有突破，如《二十年目睹之怪现状》里的九死一生，《老残游记》里的老残，《孽海花》里的金雯青、傅彩云，虽是贯串全书的人物，但更多起着联缀情节的作用，缺少完整的典型塑造。但鲁迅又认为，《老残游记》“叙景状物，时有可观”，《孽海花》“文采斐然”。个别小说如《九命奇冤》还受西方翻译小说的影响，以倒叙手法交代事情的前因后果，突破了传统的写作藩篱。总而言之，谴责小说和现实政治、大众需求关系较紧密，顺应时势而生，意义不言自明；在艺术上，它没有什么特出的成就，与明代及清代中期的小说相比，其实际上是衰退的。

诗言志

中国诗歌理论的“开山纲领”（朱自清语）。《尚书·尧典》云：“诗言志，歌永言。”上古时代，“诗”即歌词，歌词能表达一定的意义，这就是“诗言志”的本义。上古时代的乐歌后来被汇编为《诗经》，孔子曾以它作为教材，认为“不学诗，无以言”，“《诗》三百，一言以蔽之，曰：思无邪”，将《诗经》的内涵简单化，纯净化。到了汉代，经学家赋予《诗经》诸多特定的含义，他们认为，古诗有三千篇，孔子删繁就简，取“可施于礼义”者定为三百篇，即《诗经》。汉儒认为：“诗者，志之所之也，在心为志，发言为诗”，“《诗》二三百篇，大抵贤圣发愤之所为作也”，“先王以是经夫妇，成孝敬，厚人伦，美教化，移风俗”。《诗经》从此由最初的纯净化变得具有特定的政治和伦理内涵，崇高万分。“诗言志”从以歌词传达意韵变成了有着深刻内涵的命题。一言以蔽之，“诗言志”必充满了道德情怀和政治理想。这个观点被历代文人追捧，拥趸无数。

西晋陆机后来提出了“诗缘情”，认为诗歌源自内心的情感。此观点一出，无异于在向传统宣战。“言志”，表达的是修齐治平的志向抱负；“缘情”，却强调人的七情六欲。二者一度成了对立面。陆机的理论虽也有众多应者，但终难撼动“诗言志”的正统地位，因为在传统社会，很多诗歌的作者，或出将入相或晴耕雨读或候补待命，他们多会将诗歌作为抒发抱负、理想的一种工具，如陶渊明的《饮酒二十首》、柳宗元的《早梅》、林逋的《山园小梅》、李纲的《病牛》等等，咏物言志的心意再明显不过。

诗无达诂

古代诗论的一种释诗观念，出自西汉董仲舒《春秋繁露·精华》：“《诗》无达诂，《易》无达占，《春秋》无达辞。”达诂，指确切的训诂或解释。《诗》无达诂，即对《诗经》的正确阐释不止一种，可能有多种。其最初是一种释诗观念，后来发展为对诗歌及文艺的一种欣赏原则。春秋战国时代，赋《诗经》断章取义成风。由于《诗经》本身是通过形象的方式，如“比兴”来传达意图的，因此内容究竟要表述什么，就给读者留下了广阔的思索空间。以《诗经·关雎》为例：“关关雎鸠，在河之洲。窈窕淑女，君子好逑。”有人解为“刺（讽刺）康王晏（晚）起”者，有解为“单相思”者，也有解释为“后妃之德”（关雎有别，故后妃方德；尸鸠贞一，故夫人象义）者。又如《诗经·伐檀》本是一首愤抨不劳而获的剥削者的“刺”诗，但董仲舒根据“《诗》无达诂”之说，化“刺”为“美”，认为“彼君子兮，不素餐兮”这样嘲讽的话，歌颂的是统治阶级的君子，他们“先其事，后其食”。汉武帝曾设经学博士，阐释诗经，博士们观点各异，自成派系，如就有齐、鲁、韩三家，三家各说各话。班固即指出，三家者释《诗》“咸非其本义”。学者们各取所需，纷纷借古语以说“我”之情。到了宋代，大儒朱熹更是明确指出，历代说《诗》者，说的只是“解《诗》人”自己的意思，并非圣人本意。同理，在其他的作品赏鉴中，又由于作品的含义常常并不显露，甚至于“兴发于此，而义归于彼”（白居易《与元九书》），加上鉴赏者的心态、所怀情感的不同，面对同一作品，自然也会有不同的解释。如后人分析屈原的《离骚》、曹雪芹的《红楼梦》等，也是各种看法、理解层出不穷，少有唯一正确的理解和阐释。法国诗人瓦勒利曾说，“诗中章句并无正解真旨。作者本人亦无权定夺”，可谓对我国古老的释诗观念的一种概括和认同。

美 刺

汉代关于诗歌功能的一种观念。清人程廷祚云：“汉儒言诗，不过美刺二端。”（《诗论十三再论刺诗》）“美”即歌颂，“刺”即讽刺。美，《毛诗序》

在论述《诗经》中的《颂》篇时曾云："美盛德之形容，以其成功告于神明者也"；刺，《毛诗序》在论述《国风》时曾云"下以讽刺上"。由于《诗经》风格的温柔敦厚，因此其主题被概括为"美刺"。早在先秦时期，人们就已经认识到诗歌美刺的功能。如在《国语》中，召公曾谏厉王道："天子听政，使公卿至于列士献诗……而后王斟酌焉。是以事行而不悖。"此处，供天子"斟酌"的诗，就包含着美刺的内容。《左传》中也有这样的记载。《诗经》中这样的篇章更为多见，如《卫风·木瓜》："美齐桓公也。"《大雅·云汉》："美周宣王也。"《邶风·雄雉》："刺卫宣公也。"汉儒给《诗经》增添了浓重的美刺主题，这与汉儒参政有着密切的关联，由于统治者在提倡美诗的同时，也认识到刺诗有一定的用处，可"观风俗，知得失"，因此鼓励这种文学作品出现（统治者从维护自身尊严和维护封建礼治出发，又对刺诗作了种种限制，如强调"主文而谲谏"、"止乎礼义"等），"诗三百"于是理所当然地披上了美刺的外衣，成了一部"谏书"。在此后相当长的一段时间里，"美刺"被视为诗歌创作的正统原则，经久不衰。

温柔敦厚

儒家的传统诗教。即以《诗经》教化人民。孔子曾说："入其国，其教可知也；其为人也，温柔敦厚，《诗》教也。"（《礼记·经解》）大意是说：进入一个国家，就会知道该国所施行的教化，如果百姓温柔忠厚，那么就是《诗经》教化的结果。汉代，儒学家认为，《诗经》的语言"发乎情，止乎礼义"，"哀而不伤，怨而不怒"，即使对君主抱怨，也不失忠厚之心。这种"怨而不怒"的情怀后被引入文学作品中，被定义为一种诗歌原则。如唐代著名诗人白居易写有很多新乐府诗，像《卖炭翁》、《杜陵叟》、《红线毯》等，关注民生，对人民抱有无限的同情，按说很多言论会触怒权贵，但恰恰因为诗人抱着"温柔敦厚"、"上以补察时政，下以泄导人情"的初衷，故虽言辞尖刻，却仍居高位，被视为忠臣。南宋大儒朱熹注释《楚辞》，为屈原翻案，言其并没有骂楚怀王，认为屈原对故国有着无限的依恋，"何尝有一句是骂怀王"，这也是在塑造一个"温柔敦厚"的诗人形象。

知人论世

古代文学批评的一种模式。《孟子·万章下》："颂其诗，读其书，不知其人，可乎？是以论其世也。"指读古人的诗，读古人的书，也应该知道这位古人是谁。论其世，指评论世事。最初，“颂其诗”、“读其书”、“知其人”被并列看待。到了后世，“知人论世”被放大，成为了几者中最重要的前提，并逐渐成为文学批评的一种观念，再说“知人论世”，意思变为，只有了解了作者所处的时代，才能理解作者，理解作品的内涵。近代鲁迅《且介亭杂文·序言》：“倘要知人论世，是非要看编年的文集不可的。”“知人论世”在日常口语中还可概括为了解人物，评论世事，如清代袁枚《小仓山房尺牍》云：“足下引仗马不鸣相诮，于知人论世之道，尤为疏谬。”

文以载道

传统文学的观念之一。宋代周敦颐在《通书·文辞》中云：“文所以载道也，轮辕饰而人弗庸，徒饰也，况虚车乎?”题注：“此言文以载道，人乃有文而不以道，是犹虚车而不济于用者。”这里的“道”，指儒家思想。意为将文章作为载道的工具。以文章载道的说法，早在宋代前就有，到了周敦颐，此四字方被拿来进行精确表述。由于理学在宋代一度被奉为官学，因此以文载道被视为正统文学的最高境界（所谓“正统文学”指写诗作文，由此，“文以载道”与“诗言志”便构成了“正统文学”的两大基本观念）。文，是一种方式；道，为最终目的。“文以载道”在今天，意义已十分宽泛，道，不再专限儒家学说，而是泛指各种思想、道理。

重要作家

屈　原

屈原（前340—前277），名平，字原，楚国贵族。他生活在战国后期，这一时期是中国由动乱走向统一的年代。屈原主张任贤革新、联齐抗秦，以统一中国，结果却遭到了小人的迫害，屡被放逐。他是战国时代的伟大诗人，主要作品有《离骚》、《天问》、《九章》、《九歌》等。屈原作品的艺术特色，主要体现为浓郁的浪漫主义色彩。

《离骚》是屈原诗歌创作的最高成就，全诗共三百七十三句，两千四百九十字，是我国文学史上在诗歌方面第一部伟大的诗章。炽热的感情，奇特的想象，神采飞扬的语言，在诗歌中闪耀着鲜明的个性光辉。它采用的现实主义与

屈子行吟图

浪漫主义相结合的创作方法，对后世文学的发展产生了深远影响。

屈原以前的诗歌，篇幅都比较短，而屈原结合楚国本地民歌的体裁与内容将其发展为长篇巨作。在语言形式上，屈原突破了《诗经》以四字一句为主的格局，创造了一种句法参差错落、灵活变幻的新诗歌形式——楚辞体，这种体裁词藻华美、对偶工整，句中句尾多用“兮”字，以“之”、“于”、“乎”、“夫”、“而”等虚词来协调音节，形成跌宕起伏、一唱三叹的韵致。

在表现手法上，屈原把赋、比、兴三者巧妙地融为一体，大量运用比兴手法，创造了一连串的艺术形象。

在内容上，他大量采用神话故事和寓言形式，创造出雄伟壮丽的境界，形成浪漫主义的传统。

屈原，以其满腔的爱国热忱，对本民族诗歌进行了改造，以卓越的诗篇在中国文学史上留下了难以企及的丰碑，他作为我国文学史上第一位伟大的诗人是实至名归。

贾　谊

贾谊（前200—前168），洛阳人，世称贾生，西汉初期杰出的政治家和文学家。十八岁时，他就以博学能文而闻名于郡中，二十多岁成为最年轻的博士，以见识和议论得到文帝的重视，但却因此受到一部分朝臣的诋毁，被贬为长沙王太傅。后被召回京师长安，任文帝少于梁怀王太傅。后梁怀王坠马身亡，贾谊自惭失职，年仅三十三岁便郁闷而死。

贾谊思想以儒家为主，也杂有法家、黄老的成分。所著文章五十八篇，刘向辑为《新书》，亦名《贾子》，流传过程中多有错乱和散失，残缺不全但基本可信。首篇《过秦论》是贾谊最著名的政论作品，分上、中、下三篇，都是议论秦的过失，总结秦兴亡的历史教训。

《过秦论》三篇中心明确，又各有侧重。上篇写强秦速亡，引发历史教训；中篇和下篇写秦二世和子婴应该采取什么措施，才能挽回败局。艺术价值以上篇最高，全篇以高度概括的笔墨铺排史实，极力渲染自秦孝公开始，到秦始皇统一天下那种蓬勃强大、不可逆其锋的显赫声势。为了壮此声势，还虚拟九国之师叩关攻秦，不战而败的论据，加以夸张。这种渲染和夸张，最后与其迅速崩溃形成鲜明的对比。文章有明显的特点：极富气势，铺张扬厉，雄辩滔滔，有战国纵横家文章遗风，其恢宏气度，胜过前人；夸张、渲染、对比手法的运用，大大增强了文章的形象性和说服力；语言重修饰铺排，又长短错落，显得跌宕整丽。

《治安策》是贾谊的又一优秀政论文。汉文帝时，匈奴入侵，贾谊上《治安策》，详尽地讨论国家所面临的各种危机和应取的对策。作者抱有改革政治的热情，笔端常带感情，说理缜密而直言无忌，行文畅达而又持重。

作者观察敏锐，能够看到安定表象后面所潜伏的社会危机；指陈时弊一针见血，而忧时济世的感情溢于言表；言辞犀利激切，用喻准确，具有打动人心的力量。

司马相如

赋这种文体在汉代大盛，涌现出一大批善写赋的作家，如枚乘、司马相如、扬雄等。其中司马相如是一个重要代表。

司马相如（前179—前118）字长卿，蜀郡成都人，杰出的辞赋作家。少喜读书，击剑，曾为景帝武骑常侍，但因景帝不好辞赋，辞官，与枚乘等从游于梁孝王门下。梁孝王死后，归蜀，与卓文君相爱并私奔的故事即发生于此时。汉武帝即位后，读了他的《子虚赋》，大为叹赏，于是将他召入宫中，成为宫廷辞赋家。著有《子虚赋》、《上林赋》、《美人赋》、《长门赋》等。

《子虚赋》、《上林赋》内容相连，讲的是子虚先生和乌有先生争相夸耀本国的故事。两赋极尽铺叙、夸张、想象、排比之能事，铺采摛文，张扬物色，穷声极貌，气势恢宏；同时也堆砌典故，连篇累牍，搬弄文字，刻意求新，粉饰太平，劝百讽一，真正从各个方面展示了散体大赋的特点。

这两篇赋，显然在万物描写方面超越了前人。由于二赋写于汉代社会十分昌盛、经济高度繁荣的武帝盛世，因而能够展示出中华民族进入一个新的历史时代之际那种征服世界、占有世界的自豪和骄傲，反映那个时代繁华富庶的现实，展示汉人海纳百川式的胸襟和气度。但二赋也把汉赋的艺术手法用到极致，要铺叙某地盛况，往往是“山则某某，水则某某，草木鸟兽虫鱼则某某”，结果使赋成了多识草木鸟兽虫鱼的类书，使大赋由于夸张过分，反显累赘；由于多方排比，反显板滞；由于堆砌辞藻，反显华而不实；由于好用生词僻句，反显晦涩艰深。

这两篇大赋，可以说是探索中的收获，虽然缺点与优点并存，但在文学史上的地位仍是功不可没。首先，它奠定了典型的散体大赋的体制，后来的大赋基本沿袭的它的体制。其次，它在描绘万物的技巧方面进行了全方位的探索，丰富了我国文学的表现手法；第三，由于它在语言上的刻意求新而丰富了我国的文学语言，并对汉语文字学的发展做出了贡献。

司马相如还是一位写作骚体赋的能手。他的《哀秦二世赋》借旅途景色伤今怀古，开纪行赋先河；《大人赋》借幻想中的神奇景物迎合武帝好神仙的心理，上承楚辞，下开游仙文学的先河；《长门赋》写陈皇后被幽居长门宫的孤独寂寞无奈的情怀，并对武帝的负心进行了揭露，对后来的宫怨文学有一定的影响……正因为他对后代文学的影响较大，所以他被称作西汉与司马迁并名的重要作家。

班　固

班固（32—92），字孟坚，扶风安陵（今陕西省咸阳市东）人，东汉著名史学家，文学家。以前，班固的《汉书》在一些文人学者中间一直被极力推崇，享有很高的地位。其文字被人们所喜爱，曾经产生过相当大的影响。刘知几说，《汉书》的论赞"辞惟温雅，理多惬当，其尤美者，有《典》、《诰》之遗风"（《史通·论赞》），评价十分高。明代徐孚远以为，苏轼、黄庭坚等人，"称《汉书》而不称《史记》"，就因为"班文藻赡，有过史迁"。刘熙载也说，班固之文"虽气味已是东京，然尔雅深厚，其所长也"（《艺概·文概》）。前人每以《史》、《汉》并称，认为"古来词章，无论骈散，凡雅词丽藻，大半皆出其中，文章之美，无待于言"。作为文章楷模，《汉书》可与《史记》并驾齐驱而无愧。

班固的著作除《汉书》外，还有记录章帝时白虎观议五经同异情况的《白虎通义》四卷。

他的辞赋和散文，被后人辑编为《班兰台集》。他在《两都赋序》里称赋是"古诗之流"，"或以抒下情而通讽喻，或以宣上德而尽忠孝，雍容揄扬，著于后嗣，抑亦《雅》、《颂》之亚也"。从这样的观点出发，他的赋作自然离不开歌功颂德的内容和雍容华丽的艺术风格。《两都赋》中的《西都赋》和《东都赋》都是颂扬朝廷声威的宏篇巨制。形式上模仿司马相如，缺乏独创性。但是叙述两都盛事时赡而不秽、详而有节，亦体现出班固的文史之才。《答宾戏》是一篇散文赋，表示自己决心"专笃志于儒学，以著述为业"。形式上模拟东方朔的《答客难》和扬雄的《解嘲》，但反对东方朔等，"曾不折之以正道"。这篇作品文辞繁富，但是缺乏骨力。

曹　操

曹操（155—210），字孟德，沛国谯（今安徽亳州）人。他不仅是杰出的政治家和军事家，也是开建安风气之先的文学家。他"外定武功，内兴文学"。在文学事业上，延揽天下文士，奖掖文学，对建安文学的繁荣起了促进作用；同时，他更以自己的创作，开创了建安文学的新局面。

曹操的文学成就，首先表现在诗歌方面。相传曹操"登高必赋"，每赋"被之管弦，皆成乐章"。他的诗现仅存二十多首，都是以乐府诗的形式写成。但他虽沿用乐府旧题，却并不因袭古辞古意，而是继承了乐府民歌"缘事而发"的精神，反映社会现实，抒发思想情感。曹操诗从内容上可以分为三类：

第一类，是反映汉末社会动乱和民生疾苦的，如《薤露行》、《蒿里行》、《苦寒行》、《却东西门行》等。这类诗摹写现实，感情浓郁，后人评价为"汉末实录，真诗史也"（钟惺《古诗归》）。

第二类，是抒发理想、表现积极进取精神的，如《短歌行》、《观沧海》、《龟虽寿》等。这类诗慷慨激越、深沉雄壮，表达出一个政治家的豪迈气概和博大胸襟。

此外，还有一些游仙诗，大多感叹人生无常，幻想长生不老，艺术成就不高。

曹操的诗歌在艺术上的成就表现在以下几方面：艺术形式上，曹诗多采用五言、四言。其五言诗善于叙事、描写，并融入自己的感情，推动了五言体的新发展。其四言诗成就更高，他继承"国风"和"小雅"赋比兴的手法和抒情传统，使衰落了七百年的四言诗重放光彩。语言运用上，曹诗质朴自然，又遒劲有力。他学习乐府民歌的表达方式，不事雕琢，不求藻饰，真率自然，同时又融入自己的性格，无论写事抒情，都掷地有声。如"白骨露于野，千里无鸡鸣"，"日月之行，若出其中。星汉灿烂，若出其里"。情感格调上，曹诗悲凉慷慨，沉郁雄健。他的诗无论叙写时事，还是吟咏志气，都能够在深沉忧郁的气氛中激荡着一种慷慨昂扬的情绪。

曹操的散文也很有特色。他一扫汉代儒生的文章动辄援引经义、迂阔空泛的习气，不受任何陈规旧矩的束缚，直陈胸臆，真率自然，文笔简约，辞锋爽利。鲁迅称他为"改造文章的祖师"。

曹植

曹植（192—232），字子建，曹丕弟。曾封为陈王，死后谥“思”，故世称陈思王。他是建安时期最负盛名的作家，《诗品》称之为“建安之杰”。

曹植的生平经历与创作道路可以曹丕称帝（220 年）为界，分为前后两期。前期的生活，总的来说是得意安定的。他自幼聪明过人，才华出众，下笔成章，颇受其父曹操的宠爱。他经常随曹操出征，有机会接触社会，了解民生疾苦，并树立建功立业的雄心壮志。在文学创作上，表现了意气风发的、文采富丽的风格，如《白马篇》、《泰山梁甫行》、《箜篌引》等。

而后期，由于曹丕自立为帝，曹植受到压制，开始了艰难坎坷的生活。由于生活境遇的变化，对社会和人生有了新的感受和认识，心态也更加复杂，因而这时期的诗歌不仅数量增多，而且思想内容更深刻，艺术上更加成熟。《杂诗》六首、《野田黄雀行》、《赠白马王彪》、《七哀诗》、《吁嗟篇》、《美女篇》都是其中的代表作。这些作品主要是倾诉自己不幸的遭遇和抒发被压抑的苦闷。

曹植的诗歌在艺术上取得了很高成就，在文学史上具有深远影响。他是中国文学史上第一个大力写作五言诗的人，在学习乐府民歌的基础上，他的诗具有极大的创造性，推动了五言诗的发展。这表现在：

第一，增强了五言诗的抒情成分。乐府民歌叙事性强，建安诗人重视对乐府民歌的学习，因而叙事为主的特征也便自然而然地表现在文人的创作中。而曹植的诗有鲜明的个性和强烈的抒情性，不论写什么内容，人们都能看到诗人的独特形象，体会到作者深厚的感情。

第二，加强了五言诗的文采。汉乐府民歌的语言风格是古朴质直，建安诗人的作品也大多如此。曹植的诗则在保持民歌朴素自然特点的基础上，又讲究词采和对仗，注意炼字和声色，表现出语言洗练、词采华美的特色。

第三，讲究写作技巧。他的诗结构大多较为精致，很少平铺直叙，特别是开头，多以警句起始，具有引领全篇的作用，如“高树多悲风，海水扬其波”（《野田黄雀行》），“八方各异气，千里殊风雨”（《泰山梁甫行》）等。他的诗大量运用比喻、夸张、象征、衬托等方法，恰当地表达思想感情。

钟嵘在《诗品》中评价曹植的诗是“骨气奇高，词采华茂”，前者是说他的诗始终表现出一种雄心壮志和自强不息的精神，后者是说他的诗文采斐然。这个评价是很准确的。

阮 籍

阮籍（210—263），字嗣宗，陈留尉氏（今河南尉氏县）人，是“建安七子”之一阮瑀之子。阮籍的诗以八十二首五言《咏怀诗》为代表作。这些作品并不是写于一时一地，也不是咏一事一物，作者统称之为“咏怀”。

《咏怀诗》的思想内容比较复杂，其中最突出的是表现诗人内心的孤独与苦闷。面对当时社会的黑暗，诗人也希望超脱现实，遗世高蹈，于是借对神仙的追求来表现对黑暗现实的鄙弃和对理想自由生活的向往。

如《咏怀诗》其二十三写自己进入仙界与神仙“逍遥晏兰房”；其三十二写自己“愿登太华山，上与松子游”，以仙游来逃避“世患”；其八十一更追求一种遗世长存的神仙境界：“白日陨隅谷，一夕不再朝。岂若遗世物，登明遂飘飘。”正始时期的许多名士都向往着神仙境界，把它作为一种与现实对立的美好理想来追求，因而刘勰说：“正始明道，诗杂仙心。”（《文心雕龙·明诗》）

揭露政治黑暗，描绘世道衰败，是阮籍诗的另一重要内容。

阮籍还有的诗揭露礼俗之士的丑恶，如其六十七“洪生资制度”便揭露嘲讽当时的儒生，在礼法的掩护下，道德沦丧的丑恶嘴脸。

阮籍《咏怀诗》在艺术上往往大量运用比兴手法，或借自然界的景象，或借历史故事，或描绘主观心态，以象征的手法创造意象表达情意，这就构成了《咏怀诗》含蓄蕴藉、隐约曲折的独特风格。因而他的诗可以从总体上加以体味，却无法一一指实，所以钟嵘说他的诗：“言在耳目之内，情寄八荒之表”，“厥旨渊放，归趣难求”（《诗品》）。

阮籍的咏怀诗在命题方式上具有开创意义，后来陶渊明的《饮酒》、庾信的《拟咏怀》、陈子昂的《感遇》、李白的《古风》等，都在一定程度上受到了它的影响。

陶渊明

陶渊明（365—427），又名潜，字元亮，浔阳柴桑（今江西九江）人。因其曾任彭泽令，后人又称为“陶彭泽”。陶渊明是魏晋南北朝最负盛名的作家，也是屈原之后李白之前对中国文学影响最大的诗人。

陶渊明所作诗歌，现存一百二十多篇，辞赋三篇，散文八篇，而以诗歌的成就为最高。

陶渊明的诗歌题材比较丰富，主题多有创新。但最能代表他创作成就的，则是田园诗和咏史诗。

陶渊明的诗有四分之一是田园诗，这些诗歌多方面表现了田园生活，抒发了诗人复杂的思想感情。

首先，描写出幽美恬静的田园风光，表达诗人悠然自得的感情。在这些诗中，作者把田园自然风光当做与黑暗现实、混浊官场完全对立的另一世界，看成是一种人生的安身立命之所，因而寄寓了美好的人生理想。如《归园田居》写于诗人辞官归隐的第二年，抒发了回到田园生活的愉悦心情。诗中景象远近互衬，动静结合，创造了分外清幽静谧的艺术境界。虽然现实中的田园并不是那么充满诗情画意，但作者以乐观主义、理想主义的态度描写它，从世俗与官场的对立面来看待它，这就使得本诗具有了很高的思想价值和美学价值。

其次，描绘"桃花源"的社会理想，表达平等社会的愿望。在《桃花源诗并记》中，他提出了一个"桃花源"的社会理想。这里的环境恬静和谐，人与自然融而为一。这种丰衣足食、自由自在、和平安定的社会图景，与现实社会构成鲜明对比，从而否定了君臣、王税、暴政、战乱、礼制、法规等现行的一切封建礼法制度，不仅体现了作者追求社会平等的理想愿望，也曲折地反映了人民对幸福生活的强烈向往。当然，这样的乐土，纯属作者虚构的乌托邦，在现实社会中根本不可能存在，表现了小生产者和诗人的某些局限。

陶渊明是中国文学史上第一个作田园诗的诗人，他的诗以及诗中所反映的思想，对后世文人产生了深远的影响。

谢灵运

谢灵运（385—433），祖籍陈郡阳夏（今河南太康），是东晋名将谢玄之孙，十八岁便袭爵为康乐公。他出身高门士族，聪颖博学，并热衷于政治。后来他隐居会稽始宁（今浙江上虞），大建别墅，寻山探幽。文帝时曾任临川内史，后被诬谋反而流放广州，最终被杀。

谢灵运的诗以写山水为主，他开创了山水诗这一流派，他是我国第一个山水诗人。他的山水诗大部分作于他出任永嘉太守以后。谢灵运具有极为细腻的审美感受和出色的语言表达能力，他运用富丽精工的语言，生动细致地刻画出永嘉、会稽、彭蠡湖等地的山水景色，明丽优美，情调开朗，给人以清新之感。

谢灵运的山水诗中有许多精彩的写景名句，从不同侧面再现了大自然的美丽，给人以充分的艺术美感，如"春晚绿野秀，岩高白云屯"（《入彭蠡湖口》)、“白云抱幽石，绿筱媚清涟”(《过始宁墅》)、“野旷沙岸净，天高秋月明”(《初去郡》)、“明月照积雪，朔风劲且哀”(《岁暮》)等，或写暮春的素雅，或写秋夜的旷远，或写冬日的清冷，都如初发芙蓉，清新流丽，自然可爱。

谢灵运的山水诗虽有华丽的词句，却缺少佳篇，他的诗通常采取“记游——写景——说理”的三段式结构，单调而板滞，特别是他借山水以说玄理，更显得隔阂而迂拙。

作为早期的山水诗，谢灵运诗歌的特色是明显的。他第一个把自然山水作为独立客观的描写对象，并抓住自然景物的特点进行细致刻画，力求绘声绘色、形似逼真。他的诗工于锤炼字句，语言典丽，重视辞采，讲求对偶和用典。由于结构的单调，语言上的过分雕琢，他的诗又难免有堆砌、冗长、晦涩的弊病，特别是诗歌最后玄言的尾巴，更影响了其诗的艺术效果。

总之，谢灵运是扭转玄言诗风、开创山水诗派的第一位诗人。他第一次真正把山水当做审美和描绘对象，对永明新体诗及后世山水诗的发展，均产生了深远影响。

陈子昂

陈子昂(661—702)，字伯玉，梓州射洪(今四川射洪)人，少年时代慷慨任侠，十八岁时开始立志读书。二十四岁举进士，一度得到武后赏识，官至右拾遗。二十五岁和三十六岁两次从军出征，先后到过西北边塞和燕京一带。因在朝十余年始终抑郁不得志，三十八岁便辞职还乡。最后因武三思指使县令段简加以迫害，死时仅四十二岁。

与政治上的胸怀大志和卓有才识相应，陈子昂在文学上表现出极强的革新精神。尽管他的文学主张与诗歌创作存在某种不足，比如忽略了齐梁以后诗歌艺术的新变，作品中难免有平直显露的现象，但是却强有力地冲击了浮艳诗风，荡涤了六朝余习，对初唐宫廷诗作了必要的补救，充分体现了诗歌革新的意义。

他在《修竹篇》序文中明确地反对齐、梁的“采丽竞繁，而兴寄都绝”和“逶迤颓靡”的形式主义诗风，而主张诗歌应该像建安时代的那样：既要有从现实激发出来的寄托和理想，即要有“兴寄”，也要有蕴含着充实的思想内容的明朗刚健的风格，即要有“风骨”，只有这两方面完美地结合才能够达到“骨气端翔、音情顿挫、光英朗练”那样内容和形式的统一。

《蓟丘览古》七首和《登幽州台歌》是陈子昂随军东征契丹时于燕地所

作。当时由于武攸宜指挥不当致使先锋部队大败，陈子昂多次建言献策并主动请求带兵出击，武攸宜不仅不听不允，反而将他从参谋降职为军曹。在这种处境下，陈子昂自然而然由自身的遭遇联想起燕国的史实，又不能不由燕国的君臣契合痛感自己的怀才不遇。他在《蓟丘览古》诗中，赞颂礼贤下士、知人善任的燕昭王及太子丹，羡慕幸遇明主、乘时立功的乐毅、郭隗等人，充分表达了自己生不逢时、报国无门的悲愤。如《蓟丘览古》之二《燕昭王》：

甫登碣石馆，遥望黄金台。丘陵尽乔木，昭王安在哉！霸图怅已矣，驱马复归来。

也正是在这种情境之中，他登临幽州台，仰望苍天，俯视大地，更加真切地体验到志不得伸、才不得展的人生痛苦和悲哀，也更加深刻地体会到古往今来志士仁人遭遇困顿的激愤与不平，这种痛苦和悲哀、激愤与不平融汇成不可遏止的情感激流喷薄而出，形成了震惊千古的《登幽州台歌》。诗中辽阔苍茫的时空境界，慨然独立的主体形象，孤高悲凉的情感格调，在后人心中引起强烈的共鸣。

孟浩然

孟浩然（689—740），襄阳（今属湖北）人。四十岁前在家种菜养竹，闭门读书。开元十六年（728）到长安求官，未能如愿。在江淮吴越漫游几年之后，重归故乡。开元二十五年（737），张九龄任荆州刺史，他曾应邀作过幕僚，但不久便又归隐鹿门。

孟浩然的山水诗主要有两部分，一部分是游历南北各地所写的山水景色，一部分是隐居故乡襄阳所写的自然风光。他在漫游途中描摹的山水景物生动逼真，而且富于变化，显示了卓越的艺术表现力。

孟浩然在这一类诗中追求的是一个“清”字。他的作品善于运用清淡平和的语言描绘清幽绝俗的意境，出语洒脱，诗风平易，怡然自得，韵致高远，“诵之有泉流石上、风来松下之音”（陆时雍《诗镜总论》）。

孟浩然的田园诗数量远比山水诗少，但是其风格特色却也很值得称道。脍炙人口的《过故人庄》一诗，用口语，写眼前景，叙家常事，成功地表现了简朴亲切的田园生活、真淳动人的故人情谊；全篇于自然平淡中蕴藏着深厚的情味和浓郁的诗意。

孟浩然是唐代大量写作山水景色与隐逸生活的第一人。作为初唐诗歌向盛唐高峰发展的一座里程碑，他的作品虽然还留有某些过渡的痕迹，但是却体现了鲜明的个性，因而独标风韵，自成境界，成为“盛唐之音”的第一声。

王昌龄

王昌龄（698—757），字少伯，京兆长安（今陕西西安）人。开元十五年（727）考中进士，二十二年（739）中博学宏词科。曾任江宁丞，后贬龙标尉，世称“王江宁”、“王龙标”，弃官后隐居江夏。“安史之乱”后北还途中被刺史闾丘晓杀害。

王昌龄青年时期志存高远，漫游四方，曾西至河陇，远出玉门关，实际体验过边塞生活，成为一位著名的边塞诗人。他的边塞诗大多沿用乐府旧题，采取七绝形式，一方面激昂慷慨地抒发以身许国的壮志豪情，一方面又委婉细腻地诉说难以排遣的乡思边愁，比较全面、真实地反映了边塞战士的内心世界。他的一篇《出塞》被人推为唐诗七绝的压卷之作：

秦时明月汉时关，万里长征人未还。但使龙城飞将在，不教胡马度阴山。

这首诗通过高度概括将广大士兵安边的意志与还乡的愿望浑然融为一体，在凝练明快中显得深沉含蓄、耐人寻味。

在风格苍凉豪迈的边塞诗之外，王昌龄以两类不同色调创作出不少反映妇女生活的诗歌。一类如《长信秋词》以凄惋的笔触写出妇女的不幸与哀怨：

奉帚平明金殿开，暂将团扇共徘徊。玉颜不及寒鸦色，犹带昭阳日影来。

一类如《采莲曲》用清新的文字描绘出美好的女性形象：

荷叶罗裙一色裁，芙蓉向脸两边开。乱入池中看不见，闻歌始觉有人来。

盛唐诗人中王昌龄对七绝用力最专，成就最高，后代称为“七绝圣手”。王昌龄七绝最显著的特色是，善于捕捉生活中特定的场景氛围，借助于体贴入微的想象和高度的艺术概括，表现出人物刹那间的情感体验，进而展示其复杂、深刻的内心世界，创造出形象玲珑的多重意境。所以尽管他写的是传统主题，却能使人感到意味深长，光景常新。

李　白

李白（701—762），字太白，祖籍在陇西成纪（今甘肃省泰安），隋末其祖先因故迁居西域，李白即出生于西域的碎叶城（唐时属安西都护府，在今吉尔吉斯北部托克马克附近），五岁时随父迁往绵州昌隆（今四川江油县）青莲乡居住，自号青莲居士。李白的父亲李客是商人，家境富裕。李白幼年饱读诗书，除儒家经籍外，还有六甲和百家等。爱好剑术，轻财任侠，善作诗赋。二十岁前后，在四川成都青城山读书。开元十三年，李白二十五岁，开始了漫

李白

游而兼求仕的时期。他游至安陆，与退休宰相许圉师的孙女结婚，并定居安陆。又先后北游、东游、南游，遍及大半个中国。在漫游中，他时而纵横游说，时而上书请命，时而隐居求仕。天宝元年，李白四十二岁，唐玄宗下诏征赴长安入翰林。但玄宗所赏识的是李白的才华，把他看做是点缀升平的御用文人，这不能不使李白感到政治理想的破灭。三年的翰林供奉，使他逐步认识到统治阶级的腐朽和政治的黑暗。天宝十四载，李白五十四岁，安史之乱爆发，李白隐居庐山，次年冬入永王李璘幕府。李璘因夺其兄肃宗帝位未果被灭，李白因此获罪下狱。出狱后，被流放夜郎（今贵州桐梓一带）。此时，李白已五十八岁，行至巫山，幸遇大赦，才得东归。上元二年，李白已六十一岁，从政热情未减，从金陵上路，准备从李光弼部平史朝义叛乱，不幸途中生病折回，次年病逝于当涂（今安徽当涂），终年六十二岁。有《李太白文集》传世。

李白的一生始终关注着唐王朝的政治和国家的命运，他憎恨黑暗和不合理的现实，希望自己对国家有所贡献。李白思想颇为庞杂，儒家和道家的思想对他都发生过影响，但道家的影响最深。李白一生大半过着浪游生活，因此还兼有游侠、刺客、隐士、道人、策士、酒徒等多种气质。正确认识李白政治思想的复杂性，对理解其诗歌的思想内容和艺术成就极为重要。

李白的诗现存九百多首，均收入《李白集》中。他的诗表现了他蔑视封建权贵的傲岸精神，对当时政治的腐败作了尖锐批判；对人民的疾苦表示了深切的同情；对安史叛乱势力予以强烈的斥责，极力讴歌维护国家统一的正义战争；又善于描绘壮丽的自然景色，充分表达了他对祖国山河的热爱。同时，他一生尚义任侠，交友满天下。在他的诗文中，投赠友人的作品占很大比重。李白虽曾任职于翰林，但政治上不受重视，又受权贵谗毁，政治上抱负无法实现，不免流露出一些孤独、消沉的精神，并纵酒、寻仙和放情山水，以消释其苦闷和悲愤，但这决不是他诗歌的主导方面。

一千多年来李白被称为“谪仙”、“诗仙”，但归根到底他还是一位不忘现实的积极浪漫主义的伟大诗人。杜甫称李白是“笔落惊风雨，诗成泣鬼神”。

李白《静夜思》诗意

这种神奇无比的艺术魅力，是他诗歌最鲜明的特色。他创造性地运用了一切浪漫主义的手法，真正做到了内容和形式的高度统一。其主要特征是善于运用夸张的手法、生动的比喻、丰富的想象、自由的体裁、奔放的语言表现其思想、感情和性格。其诗风独特，雄奇豪放，语言流转自然，音律和谐多变，是屈原以来浪漫主义的高峰，《蜀道难》、《行路难》、《梦游天姥吟留别》、《静夜思》、《早发白帝城》等诗篇，至今皆为人传诵。

李白除七言律诗外，对各体诗都颇擅长。但写得多的是形式比较自由的古诗和绝句，而不爱写有格律束缚的律诗。李白的七言古诗，包括乐府七言歌行和一般七言古诗，较之五言古诗具有更大的创造性。李白还擅长绝句。他的诗歌不但把我国古代五言、七言诗歌的创作推向了高峰，而且对后代的诗歌创作产生了深远的影响。唐代的韩愈、李贺，宋代的苏轼、陆游，元代的高启，清代的龚自珍等著名诗人都在不同程度上受到李白的影响，他们的诗歌进一步发展了我国古典诗歌的浪漫主义传统。

刘长卿

刘长卿（709—7807），字文房，宣城人，出生于洛阳。天宝进士，因性情耿直，得罪权门，曾被诬入狱，先后两遭贬谪。最终官任随州刺史，人称刘随州。由于多次遭逢战乱，一再衔冤被贬，刘长卿的诗既有社会灾难的真实反映，又多身世飘零的深沉感慨：

逢君穆陵路，匹马向桑干。楚国苍山古，幽州白日寒。城池百战后，耆旧几家残。处处蓬蒿遍，归人掩泪看。

（《穆陵关北逢人归渔阳》）

三年谪宦此栖迟，万古唯留楚客悲。秋草独寻人去后，寒林空见日斜时。汉文有道恩犹薄，湘水无情吊岂知？寂寂江山摇落处，怜君何事到天涯！

（《长沙过贾谊宅》）

前一首感时伤乱，反映战争的严重破坏和诗人的沉痛心情。颔联在景物描绘中渗透着诗人悲凉的感受，简练贴切，苍劲凝重。后一首怀古伤今，在对贾谊遭遇的同情中寄寓着自身的不平。颔联巧妙用典，融情入景，悲秋感兴，显得深厚浑成。

刘长卿兼擅五、七言，尤工五言，“尝自以为五言长城”（权德舆《秦征君校书与刘随州唱和诗序》）。五言诸体俱有佳作，尤其五绝篇篇可诵，特点是构思精致，风格淡远。《逢雪宿芙蓉馆主人》是其中名篇：

日暮苍山远，天寒白屋贫。柴门闻犬吠，风雪夜归人。

诗写雪夜投宿，纯用白描，语言平淡，意境幽远。

但刘长卿的诗思想内容比较狭窄，往往给人意境雷同之感，这也限制了他取得更大的成就。

岑参

岑参（715—770），南阳（今属河南）人，最主要的文学成就体现在其边塞诗中。天宝后期唐帝国的内政危机日益严重，但是在西域边境上唐朝军队兵力强盛、士气很高，局面依然稳定。岑参在此期间于西域边境生活六年之久，对边境的征战生活和自然风光十分了解，对当地的风物气候和民情习俗非常熟悉，同时他胸怀安边报国的壮志豪情，思想性格又具有好奇尚异的特点，所以他的边塞诗不仅内容特别丰富，境界空前开阔，而且写得热情洋溢、气概昂扬，风格雄奇瑰丽，富有浪漫色彩。

在他的边塞诗里，不仅仅是描写了火山云、天山雪等酷热、奇寒的边塞风光，以生动的笔触展现给我们一幅幅塞外风俗画；更重要的是，他充满激情地歌颂了边防将士的英雄精神，衬以广阔的自然背景，描写了各种样式的边塞生活。

在《走马川行奉送出师西征》一诗中，诗人首先极力渲染狂风怒吼、飞沙走石的绝域环境，借以烘托意骄气盛、来势凶猛的匈奴骑兵，有力地反衬出主帅出征的强大声威。接着又描写天寒地冻、风雪交加的恶劣气候，着意表现将士衔枚疾走、连夜赴敌的英勇斗志，成功地显示出精锐之师马到成功的必然之势。在前面两层意思的基础上，全篇最后预祝胜利显得自然而合乎情理。

诗人另一名篇《轮台歌奉送封大夫出师西征》也以唐军出征为内容，出色地表现将士的昂扬斗志和大军的无敌声威：“上将拥旄西出征，平明吹笛大军行。四边伐鼓雪海涌，三军大呼阴山动。”这里是平明出兵，不同于半夜行军，所以写法与前篇不同。但是两首诗同样都以饱满的热情、高昂的格调为唐军的“出师西征”壮行，成为激励将士、鼓舞斗志的胜利号角。

岑参的边塞诗不仅描写战争，还描写征戍生活中悠闲的一面：“幕下人无事，军中政已成。坐参殊俗语，杂乐异方声。”（《奉陪封大夫宴》）他也写征戍者的思乡之情：“故园东望路漫漫，双袖龙钟泪不干。马上相逢无纸笔，凭君传语报平安。”（《逢入京使》）

高适也是一位著名的边塞诗人。不同的是，高适的诗侧重边塞生活的描写，反映现实以深刻见长，笔力遒劲，多闻苍凉悲壮之音；岑参的诗侧重边塞景观的刻画，表现内容以丰富取胜，想象奇特，多见瑰丽雄奇之笔。

杜　甫

杜甫（712—770），字子美，原籍襄阳（今湖北襄阳），生于河南巩县，有“诗圣”之称。杜甫在诗歌艺术上取得了辉煌的成就，尤其是他的律诗。其律诗的成就，首先在于扩大了律诗的表现范围。他不仅以律诗写应酬、咏怀、羁旅、宴游，以及山水，而且用律诗写时事。以古体写时事，受限制较少，杜甫多数写时事的诗都是古体。他这部分写时事的律诗，较少叙述而较多抒情与议论，如《秋笛》、《即事》（闻道花门破）、《干命》、《征夫》等。为了扩大律诗的表现力，他还以组诗的形式，表现一些较难表现、较宽泛的内容，五律和七律都有这样的组诗。五律中的《秦州杂诗二十首》是一例。二十首诗集中地表现了他在秦州时的心境。杜甫以律诗写组诗最为成功的，是七律，如《秋兴八首》，这组诗写于滞留夔州时期。山城秋色，引发他的故园之思以及对于京华岁月的怀念，回顾一生，感悟哲理。

杜甫把律诗写得纵横恣肆，极尽变化之能事，合律而又看不出声律的束缚，对仗工整而又看不出对仗的痕迹。如《闻官军收河南河北》：

剑外忽传收蓟北，初闻涕泪满衣裳。却看妻子愁何在，漫卷诗书喜欲狂。白日放歌须纵酒，青春作伴好还乡。即从巴峡穿巫峡，便下襄阳向洛阳。

全诗把一种骤然到来的狂喜心情，表现得淋漓尽致，用“忽传”、“初闻”、“却看”、“漫卷”这些动词，加强了突然性和随意性色彩；用“即从”、“便下”、“穿”、“向”等词，连接四个地名，造成

杜甫

风驰电掣的气势。表达的方式，仿佛散文一般，感情流畅，连贯性、整体感极强，丝毫不受律体的束缚。杜甫律诗的最高成就，可以说就是在把这种体式写得浑融流转，无迹可寻，写来若不经意，使人忘其为律诗。如《江村》：

清江一曲抱村流，长夏江村事事幽。自去自来堂上燕，相亲相近水中鸥。老妻画纸为棋局，稚子敲针作钓钩。多病所须惟药物，微躯此外更何求。

这首诗以亲切随便的语气说出，不露对仗和声律安排的痕迹。有时他为了表达某种感情的需要而写拗体，晚年七律拗体更多。这种拗体与七律初期出现的某些不合律现象是有区别的，它是成熟之后的通变。

韦应物

韦应物（737—792），长安人，出身世家大族，以擅长山水田园诗而著名，向来或陶（渊明）韦并称，或王（维）、孟（浩然）、韦、柳（宗元）并称。他写的山水田园景物，清新秀雅，优美细腻，能传达出人们不易说出的感受。例如，他写春天的原野："逦迤曙云薄，散漫东风来。青山满春野，微雨洒轻埃。"（《对雨赠李主簿高秀才》）清朗润泽，令人心旷神怡。他擅长表现清淡或清冷意境，偶尔也用粗犷的笔触，勾勒出壮丽的山水画幅。如《西塞山》："势从千里奔，直入江中断。岚横秋塞雄，地束惊流满。"显露了他山水诗中雄豪的一面。而《怀琅玡深标二释子》："白云埋大壑，阴崖滴夜泉。应居西石室，月照山苍然。"仅二十字，却创造出雄浑、清幽、空寂、恬远等多种情思境界。

他善于在山水诗中融入绘画的表现技法，如"隔林分落景，余霞明远川"（《晚出沣上赠崔都水》），"残霞照高阁，青山出远林"（《善福寺阁》），不仅有丰富的色彩映衬，而且景物远近层次分明，富于空间感。他很像一位优秀的水彩画家，最善于以色调的明暗浓淡来刻画不同季节气候景物的微妙变化，如"寒雨暗深更，流萤度高阁"（《寺居独夜寄崔主簿》），"远峰明夕川，夏雨生众绿"（《始除尚书郎》）。他并不轻易用带色的字，但集中用"绿"字的诗却有五六十句之多，他是喜爱这种给人以明媚、宁静美感的绿色诗人。《滁州西涧》尤为脍炙人口：

独怜幽草涧边生，上有黄鹂深树鸣。春潮带雨晚来急，野渡无人舟自横。

此诗以动静相生的表现手法，刻画出一幅幽静深邃而又富于生机的荒山野渡景色，寄寓着诗人罢官以后萧散自在的心情，是唐代山水诗的名篇。

韩　愈

“文起八代之衰”，这是苏东坡给予韩愈的赞语。韩愈（768—824），字退之，河内河阳（今河南孟县）人，世称“韩昌黎”。

所谓“八代”，指东汉至唐以前的八个朝代，即东汉、魏、晋、宋、齐、梁、陈、隋，实际上主要指两晋六朝这个骈文鼎盛的时代。骈文是当时流行的一种文体，它的句式对偶，词藻铺排华丽，并讲究声律。骈文发展到极端，无文不骈，无语不偶，走向形式主义，以致带来骈文的危机和文学的衰落。

使文学跳出骈俪窠臼的，要首推韩愈。中唐贞元、元和时期，韩愈、柳宗元大力提倡“古文”，形成了声势浩大的唐代古文运动，“古文”因此逐渐取代了“今文”（骈文），并在散文领域雄霸了千百年。

韩愈的论说文是很有特色的。他的论说文包括哲学论文、政治论文、文学论文和“不平则鸣”的杂文等。《原道》、《原性》、《原人》、《原鬼》等哲学论文，集中体现其儒学复古思想，阐述其儒家道统观点。他在行文当中论述孔孟而不引经据典，言必己出，创造一种新的散文笔法。文章结构严谨，语言酣畅淋漓，理直气壮，最能体现韩愈论说文特色。

在文章的形式上，他用简洁的散句单行写作，文气自由通畅，从而彻底摆脱了六朝以来骈俪文的束缚，使人耳目一新。

在语言上，韩愈创造了适时通用的文学语言。他之所谓“古”，并非真要恢复先秦两汉的文体，而是“惟陈言之务去”，韩愈把秦汉堂皇的文字，变为生动活泼的日常杂文，创造了又一种艺术风格。

韩愈散文的风格雄健奔放，波澜壮阔。他善于活用成语，吸收口语，自铸新词。如：业精于勤，动辄得咎，含英咀华，牢不可破，落井下石，同工异曲，俯首贴耳，摇尾乞怜，蝇营狗苟等等。但是，韩文有的文字过于追求新奇或古奥，显得生涩难懂。

韩愈是司马迁以后最杰出的散文家。他从文学理论和创作实践两个方面，扫荡骈文的绮靡之风，所以苏轼称他“文起八代之衰”（《韩文公庙碑》），刘熙载谓其“实集八代之成”（《艺概·文概》）。韩愈散文对当时和后世的散文家都产生过广泛而深远的影响。

刘禹锡

刘禹锡（773—842），字梦得，河南洛阳人。他最为人称道的是咏史怀古的诗作。这些诗语言平易简洁，意象精当新颖，在古今相接的大跨度时空中，缓缓注入诗人深沉厚重的悲情，使得作品具有一种沉思历史和人生的沧桑感、隽永感，在中唐诗坛独树一帜。如《西塞山怀古》、《荆州道怀古》、《金陵怀古》、《姑苏台》、《金陵五题》等作品，无不沉着痛快、雄浑老苍。如《西塞山怀古》：

王溶楼船下益州，金陵王气黯然收。千寻铁锁沉江底，一片降幡出石头。人世几回伤往事，山形依旧枕寒流。今逢四海为家日，故垒萧萧芦荻秋。

诗人虽有“四海为家日”之言，实怀“萧萧芦荻秋”之感，他追怀晋灭东吴统一全国的史实，寄寓着对中唐时期割据势力的批判。诗的前四句咏史怀古，后四句写景言情，怀古幽思和现实忧患融为一体，底蕴深厚，意味隽永。

他的《金陵五题》更为人所激赏，其中有《石头城》：“山围故国周遭在，潮打空城寂寞回。淮水东边旧时月，夜深还过女墙来。”

《乌衣巷》：“朱雀桥边野草花，乌衣巷口夕阳斜。旧时王谢堂前燕，飞入寻常百姓家。”

两首诗于历史兴衰的感慨中，蕴含着警诫当朝的意旨，想象入微，描写精巧，而风格却又凝练含蓄，都是咏史诗中的杰作。

刘禹锡学习民歌的自觉程度以及创作成就，在唐代诗人中首屈一指。他在巴山楚水生活期间，学习当地歌谣，创作了《竹枝词》、《踏歌词》、《杨柳枝》、《堤上行》、《浪淘沙》等大量优秀作品：

杨柳青青江水平，闻郎江上唱歌声。东边日出西边雨，道是无晴还有晴。

（《竹枝词》）

日照澄洲江雾开，淘金女伴满江隈。美人首饰侯王印，尽是沙中浪底来。

（《浪淘沙》）

这些作品一方面吸取歌谣的特色，保持民间的风味，一方面又丰富了思想内涵，提高了文学品位，成为唐代诗苑中雅俗共赏的艺术新花。

刘禹锡的诗既不同于元、白的平易浅俗，也有异于韩、孟的刻深奇崛，实于两大诗派之外豁然别开生面。其诗境界优美，韵律自然，格意奇高，骨力刚劲，往往充溢着兀傲豪迈之气，为此作者享有“诗豪”之誉。

柳宗元

柳宗元（773—819），字子厚，河东（今山西永济）人，世称“柳河东”。他是唐代散文大家，在散文上的成就极高，与韩愈同是古文运动的中坚。其实，他也是一位著名诗人。他的诗有对时弊的揭露和批判，《古东门行》反映宰相武元衡被杀事件，《田家》三首表现农民遭受的痛苦，都是爱憎分明的力作。但他较多的是利用寓言形式，以飞禽自况，在自伤与叹世、苦闷与不平的抒写中反映政治的黑暗、斗争的残酷。其寓言诗《跛乌词》、《笼鹰词》、《放鹧鸪词》等，刻画形象，托物寄讽，和他的寓言散文手法相似、精神相通。

柳宗元的抒情诗大多是贬谪生活及其情感的生动记录。他气质抑郁，不像刘禹锡性格爽朗，因而同样身处逆境，两人诗歌风貌迥异：刘诗多雄豪之气，而柳诗则多忧怨之思。如：

城上高楼接大荒，海天愁思正茫茫。惊风乱飐芙蓉水，密雨斜侵薜荔墙。岭树重遮千里目，江流曲似九回肠。共来百越文身地，犹自音书滞一乡！

（《登柳州城楼寄漳汀封连四州刺史》）

破额山前碧玉流，骚人遥驻木兰舟。春风无限潇湘意，欲采蘋花不自由。

（《酬曹侍御过象县见寄》）

这两首诗赋中有比，象中含兴，比兴兼用，虚实相生，寄托着诗人的幽愁忧思，颇有《离骚》深邃幽洁的韵味。

除寄赠抒情诗中的景物描写，柳宗元还创作了一些山水诗。他的山水诗篇同山水散文一样，在清峭的笔墨中掩抑着深沉而复杂的情思。如《南涧中题》、《溪居》等表现诗人倘佯山林时的内心感受，其中有欣慰又有寂寞和忧伤。不过他也有部分作品，疏淡清远之风可望陶诗项背，可与韦诗比肩：

渔翁夜傍西岩宿，晓汲清湘燃楚竹。烟销日出不见人，欸乃一声山水绿。回看天际下中流，岩上无心云相逐。（《渔翁》）

千山鸟飞绝，万径人踪灭。孤舟蓑笠翁，独钓寒江雪。（《江雪》）

前篇描写渔翁悠然自得的生活，展现一种自由自在的境界；后篇以空阔的山水为背景，映衬遗世独立的渔翁形象。反映了诗人超尘脱俗、回归自然的志趣，显示出淡泊自持、清峻高洁的情怀。苏轼称道柳宗元的诗“外枯而中膏，似淡而实美”。正是由于这种简淡深远的独特风格，柳宗元以中唐名家而自立于诗人之林。

“郊寒岛瘦”

“郊寒岛瘦”是苏东坡对中唐著名诗人孟郊和贾岛的诗歌特点的概括，道出了两位诗人创作上的共性，即诗歌格局上较为窄小，缺乏韩愈、李贺等人的气势；手法上雕词琢句，呕心沥血，“两句三年得，一吟双泪流”，是著名的苦吟诗人贾岛的名句，给人寒瘦的窘迫之感。

孟郊（751—814），字东野，湖州武康（今浙江武康）人。屡试不第，四十六岁才中进士，五十岁始作溧阳尉。一生穷愁潦倒，但不苟同流俗，死后人称“贞曜先生”。孟郊作诗以内容上“吟苦”和艺术上“苦吟”著称。他有广为传诵的《游子吟》等平易近人之作，但是更多的是《苦寒吟》、《秋怀》、《寒地百姓吟》一类作品。在后一类作品中，他极力表现生活的穷困和遭遇的不幸以及从中获得的人生体验，使用频率较高的是“忧”、“愁”、“哀”、“伤”、“饥”、“寒”、“病”、“苦”一类字眼，因而作品多有孤寒凄苦的色调。同时他创意险怪，造语奇峭，追求表现上的古拙瘦硬，使诗具有强烈的心理冲击力量。“借车载家具，家具少于车。”（《借车》）“吹霞弄日光不定，暖得曲身成直身。”（《答友人赠炭》）“瘦坐形欲折，腹饥心将崩。”（《秋怀》）“南山塞天地，日月石上生。”（《游终南山》）这类奇险超俗的诗句都是他苦心搜求、刻意锤炼所实现的艺术成就。

贾岛（779—843），字阆仙，范阳（今北京附近）人，早年为僧，法名无本。他还俗以后考中进士，曾官长江主簿。他和孟郊一样以诗歌为生命，以苦吟为旨趣，前人素有“郊寒岛瘦”之说。他在《送无可上人》“独行潭底影，数息树边身”两句下面曾自注一绝：“两句三年得，一吟双泪流。知音如不赏，归卧故山秋。”由此足见他的刻意追求。与韩愈、孟郊注重古体不同，贾岛创作致力于近体。他多以五律抒写清苦寂寞的生活和荒凉冷僻的景物，并以瘦硬苦涩的风格取胜。他的才力不如韩、孟深厚，想象不如韩、孟奇诡，但是由于他苦心推敲，着力锤炼，因而作品多有佳句。“秋风生渭水，落叶满长安。”（《忆江上吴处士》）“长江人钓月，旷野火烧风。”（《寄朱锡圭》）“怪禽啼旷野，落日恐行人。”（《暮过山村》）诸如此类向来为人所激赏。若论佳篇，他的一些小诗如《剑客》、《寻隐者不遇》，历来也都传诵广远。在晚唐五代以及两宋诗人中，贾岛的影响不容忽视。

大历十才子

大历十才子是指唐代宗大历年间（766—779）的十位诗人，其所包括的诗人历代说法略有差异。唐代姚合《极玄集》卷上“李端”名下注：李端与“卢纶、吉中孚、韩翃、钱起、司空曙、苗发、崔峒、耿沣、夏侯审唱和，号十才子”。《新唐书·卢纶传》也说他们“皆能诗齐名，号大历十才子”。但南宋计有功《唐诗纪事》、严羽《沧浪诗话》所载与之稍有不同。

大历初年，安史之乱的战火初平，但国力已经大大被削弱，早已失去了“盛唐气象”。大历诗人们生活在动荡之中，因避地、仕宦、贬谪等因素漂泊不定，诗歌主题自然地趋向羁旅、相逢、离别等内容。盛唐时代的建功立业、奋发向上的慷慨豪迈之才全然黯然失色了。大历诗人大部分丧失了理想、浪漫激情和生活的方向，他们渴望安定的生活、平稳的仕途，但社会的客观环境难以为其提供有力的保障。因而，他们把诗歌从广阔的社会转向个人生活的小圈子，生老病死，悲欢离合等生活琐事，伴随着悯乱伤时的情绪成为诗歌的主要题材和基调。以洛阳、长安为活动中心的文人们忘记了时代的苦难，在觥筹交错中迎来送往，以其艺术修养和才情作为风雅的点缀，陪从游宴，酒席上分题限韵，酬唱赠答，施展才华和沽名夺价。为统治阶级歌功颂德、流连光景、闲情逸致之作，客观上起着歌舞升平粉饰现实的作用。在这种大的社会背景下才出现了“大历十才子”。

李　贺

李贺（790—816），字长吉，福昌（今河南宜阳）人。出身于没落的皇室后裔家庭。少年时已有诗名，为韩愈等人所器重，但是为避家讳（父名晋肃，“晋”与“进”音同）不能应进士考。他仅作过一任职掌祭祀仪式的小官奉礼郎，辞职后在生活窘迫和精神郁闷中度过短暂的一生，病逝时年仅二十七岁。李贺富于艺术创新精神，为着笔补造化、巧夺天工的艺术理想，他不仅注意借鉴前人的艺术经验，特别是屈原的奇诡变幻、鲍照的险峭夸饰、李白的想落天外以及古乐府的绮丽清新，同时呕心沥血、苦心孤诣，努力创造超越传统、高于生活的美学境界，以出人意表的构思、奇异瑰丽的意境、自由随意的结构、新颖独特的修辞、华美新奇的语言，构建了别具一格的诗歌形式，人称“长吉体”。如《李凭箜篌引》：“女娲炼石补天处，石破天惊逗秋雨”写出心灵的强烈震撼。再如《雁门太守行》：“黑云压城城欲摧，甲光向日金鳞开。”生动地表现出大战在即的紧张场面，艺术风格确实独特而罕见。

李贺以奇崛幽峭、秾丽凄清的诗歌开拓了新的艺术境界，在唐代诗坛乃至整个中国诗歌史上他是一位异军突起的杰出诗人。杜牧为李贺诗集撰序，并指出李贺诗多借助于荒坟野草、牛鬼蛇神等奇异的形象，表达怨恨悲愁情绪和荒诞虚幻的意境。其中荒郊野鬼、香魂梦语等阴冷幽峭意象尤为突出，如“鬼灯如漆点松花”、“嗷嗷鬼母哭秋郊”、“秋坟鬼唱鲍家诗”、“鬼雨洒空草”、“男哭复何益”等等，诗歌大量出现鬼魂的形象来寄托感情，除李贺外，前无古人、后无来者。人们在评价李贺诗也往往将其才华和诗中的“鬼”字联系到一起。所以，宋朝严羽《《沧浪诗话·诗评》》云：“人言太仙才，长吉鬼才；不然，太白天仙之词，长吉鬼仙之词。”

杜 牧

杜牧（803—852），字牧之，京兆万年（今陕西西安）人。他生活于唐帝国内忧外患、纷乱多事的时代，因此感时伤世、忧国爱民的情结常出现在他的作品中。如《感怀》、《郡斋独酌》等都是他的力作。他最不能忘怀的是久已沦为吐蕃统治的河湟一带的人民，在《河湟》诗中表示了自己深深的怀念和感慨：

牧羊驱马虽戎服，白发丹心尽汉臣。惟有凉州歌舞曲，流传天下乐闲人。

杜牧的咏史诗也很有名，当元和之后白居易的《长恨歌》正在十分流行的时候，杜牧所写的《过华清宫三绝句》可以说是为唐玄宗（李隆基）而发的史论：

长安回望绣成堆，山顶千门次第开。一骑红尘妃子笑，无人知是荔枝来。

新丰绿树起黄埃，数骑渔阳探使回。霓裳一曲千峰上，舞破中原始下来。

万国笙歌醉太平，倚天楼殿月分明。云中乱拍禄山舞，风过重峦下笑声。

这些诗指责玄宗的荒淫昏聩，且深中要害。杜牧咏史诗的特点是善于选择最典型的事件并加以形象的刻画，在不违背历史真实的情况下，又能有较强的艺术感染力。如上举三诗的形象都很生动，为人传诵。诗人并未多作议论，而指责的意思却尽寓其中。

杜牧咏史诗特别突出之处是，他往往对历史上兴亡成败的某些关键问题进行精到的评论，从而使作品富有史论的色彩。如《乌江亭》：

胜败兵家事不期，包羞忍耻是男儿。江东子弟多才俊，卷土重来未可知。

诗人对项羽的失败发表独特的观点，体现出抵掌谈兵的非凡气度。

更加为人赞赏的是《赤壁》一绝：

折戟沉沙铁未销，自将磨洗认前朝。东风不与周郎便，铜雀春深锁二乔。

这首诗运用条件假设的方式进行推论，就赤壁之战周瑜获胜的缘由提出了新说，史论、抒怀达到高度的和谐统一。后人多模仿他的论史绝句，但难以达到他这样的高度。

杜牧的绝句又多有纪行咏物、写景抒怀之作。他善于利用七绝这样短小的体制，创造鲜明生动的意象，寄寓悠远真挚的情思。他的这类作品显得才思俊逸活泼，风调清丽悠扬，声情意韵并佳，艺术成就更高。例如：

千里莺啼绿映红，水村山郭酒旗风。南朝四百八十寺，多少楼台烟雨中。

（《江南春》）

烟笼寒水月笼沙，夜泊秦淮近酒家。商女不知亡国恨，隔江犹唱后庭花。

（《泊秦淮》）

总之，杜牧以其高华俊爽的艺术风格，在晚唐诗坛上占有重要地位，在后代文人中赢得很高的声誉。

赵　嘏

赵嘏为晚唐时期较著名的诗人之一。曾与杜牧同为宣歙观察使沈传师的幕僚。登进士第，宣宗尝闻其诗名，令狐绹曾献其诗，因卷首《题秦皇》诗引起宣宗不悦，没有得到重用。

赵嘏最有代表性的是那些羁旅行役和乡愁思亲之作。大都写得情景交融，意境苍茫无旷。如《长安晚秋》便是一篇杰作：

云物凄凉拂曙流，汉家宫阙动高秋。残星几点雁横塞，长笛一声人倚楼。

紫艳半开篱菊静，红衣落尽渚莲愁。鲈鱼正美不归去，空戴南冠学楚囚。

诗中画面新颖，景象开阔，动静结合，人物形象鲜明而独具特色，为杜牧所激赏，因此诗而称之为“赵倚楼”。

韩　偓

韩偓（842—923），字致尧，或字致光，小字冬郎，自号玉山樵人，晚年自许为“天涯烈士”，年少便显露诗才，李商隐激赏为“雏凤清于老凤声”。

韩偓早年怀才不遇，放荡不羁，诗酒狎妓，这一时期的诗歌反映了他无奈和不平的生活遭遇。其中大量诗篇是描摹女子形态，抒写艳情的，有些诗篇则是借女子伤春惜时，感叹孤独寂寞中寓写身世之感。他常选择身边的日常生活等小题材，抒写所见所感，上承李商隐诗风，比李商隐的《无题》更短小、精细、轻艳、软弱，显得纤巧，丽而无骨。严羽认为韩诗“皆裙裾脂粉之语”。又因为韩偓自命诗集有一《香奁集》，后人便将这一抒写艳情的诗风称之为“香奁体”。

郑　谷

郑谷为唐末诗人。幼年即能诗，受到马戴、司空图、薛能等人赏识，司空图预言他“当为一代风骚主”。郑诗那些情景交融和感伤身世之作十分感人，虽无盛唐雄浑气势，然气格尚不卑下，以萧瑟悲凉的情调间接地反映出唐末衰退的景象。诗中佳句颇多，又浅显通俗，传播很广。北宋初郑诗被家诵户习，多用以教蒙童。可见其诗之特点。

郑谷有一首七律《鹧鸪》，盛称于当时，诗云：

暖戏烟芜锦翼齐，品流应得近山鸡。
雨昏青草湖边过，花落黄陵庙里啼。
游子乍闻征袖湿，佳人才唱翠眉低。
相呼相应湘江阔，苦竹丛深春日西。

此诗的成就并不十分突出，艺术上也不够完整。只有第二联“雨昏青草湖边过，花落黄陵庙里啼”称得上佳句。但当时却广为传诵，以为警绝，于是人号“郑鹧鸪”。

温庭筠

温庭筠（约812—866），字飞卿。是晚唐一位才华横溢的文人。他的诗与李商隐齐名，时称“温李”。他的词被奉为“花间鼻祖”。

温庭筠多才多艺，精通音律，工诗擅词，才思艳丽敏捷，工于小赋。每次考试的时候，大多是八次叉手文章就做成了。而且还为邻铺帮忙，号曰救数人。场中号为“温八吟”。无论是“八叉”或“八吟”，都从一个侧面反映出温庭筠的敏捷才思。

李 煜

李煜（公元937—978）是南唐最后一位皇帝，世称李后主。他继中主即位时，宋已代周立国，南唐形势岌岌可危。宋灭南唐后，他被俘到汴京，客死在那里。

李煜工书善画，精通音律，诗词文赋无所不能，词的成就尤为突出。他存词三十余首。因为经历由帝王降为囚徒的巨大变化，他的词明显表现出前后两个时期的不同风貌。前期的词主要是宫廷生活的反映，如《浣溪沙》（红日已高三丈透）等。

李煜后期以泪洗面，以血作词，词中追怀故国往事，一往情深；抒写自身处境，哀伤不已，充分表达出国破家亡的巨大悲痛和无穷悔恨。如其入宋之初所作《破阵子》：

四十年来家国，三千里地山河。凤阁龙楼连霄汉，玉树琼枝作烟萝。几曾识干戈？一旦归为臣虏，沈腰潘鬓销磨。最是仓皇辞庙日，教坊犹奏别离歌。垂泪对宫娥。

再如他死前不久所作的《虞美人》：

春花秋月何时了，往事知多少？小楼昨夜又东风，故国不堪回首月明中！雕栏玉砌应犹在，只是朱颜改。问君能有几多愁？恰似一江春水向东流。

这些词作境界阔大，感慨良深，具有很强的感染力，尽管抒写的只是词人一己之情感，但是却能广泛引起读者的同情，产生心灵的共鸣。

李煜的创作不仅由前期的闲适词、恋情词变为后期抒写家国哀痛的词，扩大了词所表现的题材范围；而且由于他的创作无论前期、后期始终着力于表现人生，直接地抒写性灵，富于真情实感，因而使词摆脱长期以来所处的花间樽前娱宾遣兴的地位，真正成为词人用以言志抒情的新诗体。

同时，李煜的创作善于以今与昔、梦与真的强烈对比结构篇章反映生活；善于对人生的情感体验进行准确、凝练的艺术概括；善于用简洁的白描、精妙的比喻以及平易自然的语言，创造真切可感的形象，构成清新高远的意境，因而在艺术上超越以往的词人，取得杰出的成就。作为一位杰出的词人，李煜上集唐五代词之大成，下启两宋词坛之鼎盛，在词的发展中占有重要的历史地位。

林　逋

林逋（967—1028），字君复，钱塘（今浙江杭州）人，少年家境贫寒，衣食不足。早年他曾漫游于江淮之间，后来回到杭州，居住在西湖孤山，二十余年不曾到过杭州城，隐居自娱。林逋终身不娶，也不曾做官。他养鹤种梅，以梅、鹤为伴，人称其“梅妻鹤子”。终年六十二岁，赐谥和靖先生。

林逋不仅品行高尚，而且善于作诗，与梅尧臣、范仲淹等人往来唱和。他居住孤山数十年，清净幽雅的生活环境供给了他独特的诗材，因此描写湖山景色便成为他诗歌的重要主题。尤其是林逋所居多养梅畜鹤，因而他的咏梅诗更负盛名，其中《山园小梅》其一最为脍炙人口。第三、四句“疏影横斜水清浅，暗香浮动月黄昏”，抓住了梅花疏淡幽香的特点，又以溪水、明月来映衬，巧妙地刻画出梅花的骨秀神清的高贵品格，因而赢得了历代文人墨客的交口称赞。林逋咏梅诗所取得的巨大成就，是与他“梅妻鹤子”的生活经验分不开的。

晏殊、晏几道

北宋初年的晏殊（991—1055）、晏几道（1030？—1106？）父子二人，以其词作相映生辉于当时，世称“二晏”，或“大小晏”。他们的词，承南唐遗风，但不淫艳轻薄，具有自己的特色。晏殊一生富贵，屡任要职，官至仁宗朝宰相，词多写升平景象，雍容闲雅。《浣溪沙》是他的代表作：

一曲新词酒一杯，去年天气旧亭台。夕阳西下几时回？无可奈何花落去，似曾相识燕归来。小园香径独徘徊。

上阕写对酒听歌，语言简练、明净，异于当时风尚，令人耳目一新。下阕的落花、归燕，另有境界，耐人寻味。

晏几道词的风格同父亲一样接近南唐，但由于父亲去世后，家道中落，使他一改父亲的雍容气息，形成凄婉低回的吟唱。他的词情韵俱佳，以深婉见长，甚至有人认为其造诣要超过其父。如《临江仙》：

梦后楼台高锁，酒醒帘幕低垂。去年春眠却来时，落花人独立，微雨燕双飞。记得小蘋初见，两重心字罗衣。琵琶弦上说相思。当时明月在，曾照彩云归。

词以清新的语言，在思前忆旧中展现了一幅情景交织的凄迷心境，这是典型的小晏词的风格。

柳　永

柳永（987—1053），字耆卿，原名三变，崇安（今属福建）人。出身仕宦世家，幼时聪慧，谙识音律，擅作歌词。多次科考失败后，出入烟花柳巷，与歌妓乐工相往返，颇具浪子作风。他是北宋第一个专力写词的作家，今存词二百一十多首。

柳词思想内容的一个重要方面，是在酬酢奉献之作中，以铺叙之笔描写都市的繁华富庶。柳词的另一个重要内容，是以歌妓为描写对象的狭邪之作。这类词在《乐章集》中占有较大分量，它与前人同类作品的不同之处，在于描写同属市民阶层的浪子与歌妓之间的冶艳情事，表达感情真实大胆，毫无顾忌地突破封建礼教和道德规范的束缚，反映了市民阶层特有的思想感情、生活态度和文化趣味。柳词还有一个重要内容，是表现羁旅行役的情怀。

柳永词标志北宋词发展的一个转折，显示出迥异前人的创新精神。在词的体制结构、题材开拓和表现手法等方面，柳永都做出了卓越贡献，推动了词的发展。

首先，他大量改制、创作了新的词调，特别是制作了许多慢词长调，大大拓展了词体，为词家在传统采用的小令之外，提供了能够容纳更多内容的新形式，为后来苏轼词“无意不可入，无事不可言”创造了条件，从而为宋词的繁荣发展奠定了基础。

其次，柳永扩大了词的题材范围，他用词叙写都市的繁华富庶，描述男女艳冶情事，抒发羁旅行役情怀，还写过一些自叙怀抱，感慨身世遭际的作品。柳词突破了晚唐、五代至宋初词的狭隘内容，使词的内容题材有了新的开拓。

再次，柳永丰富并发展了词的表现手法，形成了自己的风格。他长于铺叙，由以往填词多用比兴手法，发展为较多运用赋的方式。他善于运用白描手法，语言明白如话，多吸收口语，不避俚俗，便于词作广泛流传。他的词情景交融，点染得法，使作品在浅近易懂、淋漓酣畅的基础上，保持了隽永深邃的韵味。柳永词以通俗流利著称，虽然他也有一些受文人士大夫叹赏的雅体词，但“俗”则是柳词的重要特色。柳词反映市民阶层生活情趣与艺术需求，风格平易直辟，又典丽清疏，开创了宋词中的俚俗派。从柳永词开始，词作有了雅词和俚词的区别。

张　先

张先（990—1078），字子野，乌程（今浙江湖州）人，天圣八年（1030）进士及第。历官都官郎中，晚年退居乡里，卒年八十九岁。有《张子野词》。

张先词多写士大夫的诗酒生活和男女之情，对大都会的生活也有所反映。在艺术风格上，张先追求词境的含蓄蕴藉之美，以善于写事物的影像著称，在描绘事物和抒发情感中，深得以影藏形的余音远致之妙。张先词中写到影的约有二十多处，其中写得最出色的还是月下的花影、絮影、秋千影。据《古今诗话》中记载：“有客谓之野曰：‘人皆谓公张三中，即心中事、眼中泪、意中人也。’公曰：‘何不目之为张三影？’客不晓，公曰：‘云破月来花弄影’，‘娇柔懒起，帘压卷花影’，‘柳径无人，堕风絮无影’，此余平生之得意也。”（《苕溪渔隐丛话·前集》卷三七）因此，人称张先为“张三影”。

苏　轼

苏轼（1037—1101），字子瞻，号东坡居士，眉州（今四川眉山县）人。父苏洵、弟苏辙在当时都极为有名，文学史上合称“三苏”。他自少年起即刻苦读书，涉猎极广。仁宗嘉祐二年（1057）进士及第，得到主考官欧阳修的热情赞扬，官至翰林学士、知制诰、礼部尚书。一生经历仁宗、英宗、神宗、哲宗、徽宗五朝，在新旧两党斗争中屡遭排挤打击，几经贬谪，仕途坎坷不平。但他在各地做地方官时勤政爱民，兴利除弊，深得人民的拥戴。

苏轼像

苏轼是艺术上的全才，除文学外，书法和绘画也都取得了很高的成就。在文学创作上，无论诗、词、散文都堪称大家，对后世有深远的影响。苏轼在词的创作上也取得了非凡的成就。在苏轼现存的三百六十二首词中，大多数词的风格仍与传统的婉约柔美之风比较接近，但已有相当数量的作品表现出奔放磊落的新风格，这就是我们所说的创立于苏轼的豪放词风。苏轼将传统中用来表现离愁别恨、男欢女爱的词用来表现性情、豪情以及对人生的思考，从而大大扩展了词的功能。

苏轼的散文风格随着表现对象的不同而变化自如，像行云流水一样自然、畅达。他的议论文往往是夹叙夹议，兼带抒情，以艺术感染力来加强逻辑说服力，显得生动活泼。辞赋和小品文则往往情景兼备，韵味隽永。

苏轼以其杰出的文学成就在当时文坛上享有巨大声誉，并发现和培养了许多文学人才。其中成就较大的有黄庭坚、张耒、晁补之、秦观等，合称“苏门四学士”。苏轼的作品在当时就闻名遐迩，在辽国、高丽等地都广受欢迎，并对后世产生了深远的影响。南宋辛派词人、明代公安派、清代宋诗派直至清代陈维崧等都从苏轼的诗、词、文中受到重要启迪。苏轼进退自如、宠辱不惊的人生态度更是成为后世文人景仰的典范，其为民造福、乐观豁达、幽默机智的种种故事也千百年来在民间流传不衰。

李清照

李清照（1084—1155?），号易安居士，山东济南人，是北宋过渡到南宋的著名女作家，她的诗、词、散文都很有成就，尤以词的成就更高。她的词的风格以婉约著称，而又兼得豪放之长，尤其是她的后期词，无论是反映生活的广度，抒发感情的深度，还是艺术概括的高度，都有突破性的提高，从而形成了她独具特色的“易安体”。其艺术特色大致表现为以下四个方面：

首先，李清照词的最大特色就是擅长以女性特有的心灵感受，用委婉细腻的笔触，来抒写自己在不同境况中的内心活动，具有深切感人的抒情性。如

《点绛唇》："见有人来，袜划金钗溜，和羞走。倚门回首，却把青梅嗅。"通过一连串的动态描写，把少女那妩媚婀娜的外表神态和含羞多情的内心世界极其生动逼真地传递给读者。《一剪梅》："此情无计可消除，才下眉头，却上心头。"抒写少妇的相思愁情，"下眉头"似有缓解，"上心头"反转增加，十分生动传神。

其次，善于运用白描的艺术手法，塑造鲜明生动、丰满感人的艺术形象，并通过这些成功的艺术形象抒情表意，大大增强了作品的感染力。如《如梦令》中的"应是绿肥红瘦"，通过对叶儿长胖了，花儿消瘦了的形象白描，表达了恋春惜花的情怀，蕴藉而含蓄。《醉花阴》中的"人比黄花瘦"，通过清瘦的菊花形象，传达人的相思憔悴之情，更是妙笔传神。

李清照像

第三，善于运用叠字艺术来深化意境，加重语气，增强词的表现力。如《南歌子》中的"旧时天气旧时衣，只有情怀，不似旧家时"，连用三个"旧"字，描绘词人国破家亡、离乡背井的情怀，加重了"物是人非"的感叹。《声声慢》更是这方面的突出例子。此词起句一下连用十四个叠字"寻寻觅觅，冷冷清清，凄凄惨惨戚戚"，后面又有"点点滴滴"四叠字，如此连续重叠，却毫无生硬堆砌之感，相反却显得十分自然妥帖，流转如珠，获得了意美音佳的艺术效果。尤其是起句的十四个叠字，不仅笔法大胆新奇，而且从精神上写出了词人感情变化的因果历程，由表及里，由浅入深。且先声夺人，一下子就把愁情送上了高峰，并且浓烈地渲染了气氛，具有提携全篇、深化意境的功用，因此深受历代词话家的赞许。

第四，李清照词的语言自然清新，凝练优美，生动新颖；既明白如话，又流转如珠，富有音乐美，口语俚语的运用尤为精当传神。这种"用浅俗之语，发清新之思"的语言特色，几乎在李清照的全部词作中均有表现。由于作者善于以寻常语入音律，使词的语言和词的音律以及词的意境达到高度的和谐统一，在炼字炼句中求得炼意炼格，获得了辞清如水而味醇如酒的艺术感染力。

总之，李清照的词能以故为新，以俗为雅；语浅意浓而跌宕多姿；意境优美而思想深刻；形象鲜明而感情真挚，把传统的婉约词发展到了后人"难乎为继"的高峰，因而赢得了许多著名词人的赞赏。

辛弃疾

南宋词人，辛弃疾（1140—1207）是以慷慨豪迈著称而被誉为“横扫六合，扫空万古”的伟大爱国词人。他与北宋苏轼以相似的词风双峰并峙，代表两宋词的最高成就。

辛词内容丰富，思想深刻，风格多样，技法高超，艺术特色鲜明。突出表现为以下几个方面：

一是善于创造宏大的意境和雄壮的声势，表现出慷慨豪迈的风格。如《破阵子》词中，作者在宏大的意境中显示出不可阻挡的声势：

醉里挑灯看剑，梦回吹角连营。八百里分麾下炙，五十弦翻塞外声，沙场秋点兵。马作的卢飞快，弓如霹雳弦惊，了却君王天下事，赢得生前身后名，可怜白发生！

真正是磅礴雄壮，气吞山河，威势凛然。辛弃疾的这种词风，一扫剪红刻翠、烟水迷离的柔弱境界，代之以金戈铁马、千岩万壑的刚健气势，把苏轼以来的豪放词风推向了高峰。

二是善于运用奇特的想象、夸张和比兴寄托手法，表现出浓厚的浪漫主义色彩。为了表达理想与现实的矛盾，辛弃疾常常借助奇特的想象、大胆的夸张、丰富的幻想，以特殊的精神和性格，寄托自己雄伟壮美的理想，具有强烈的艺术感染力。

三是打破词固有的传统形式和格律束缚，表现出大胆的创新精神。辛弃疾在继承苏轼“以诗为词”的革新精神的基础上，进而采用“以文为词”的手法，使词的艺术形式更加解放，更加丰富多彩。这种创新精神，突出地表现在语言和谋篇布局上。辛词的语言，不仅运用古、近体诗的句法，还大量吸收骈文、散文的句法；不论经史诸子楚辞，还是李杜诗、韩柳文、成语典故、时人口语，往往拈来便是，而又自然妥帖，音韵和谐。如《永遇乐·京口北固亭怀古》连用了刘裕、刘义隆、廉颇等人的典故，而又紧扣京口怀古，抒写个人情怀，非常新鲜生动。

四是善于博采众家之长，表现出风格的多样化。辛弃疾的词风向来以“豪放”著称，但绝不是单纯的豪放。他的词有的慷慨激昂，有的苍凉沉郁，有的含蓄婉转，有的清丽明媚，而且往往把各种风格综合运用，刚健柔婉，嘻笑怒骂，皆成妙笔。例如《摸鱼儿》词，以惜春、留春、伤春、怨春的曲折笔调，表现忧虑国家大事、抒发胸襟大志、痛斥权奸误国的重大主题，这样就使婉约词风和豪放词风有机结合，成为一体，浑然无痕。

总之，辛弃疾的笔下没有不可描绘的事物，没有不可表达的意境，没有不可运用的手法。他以大胆创新的精神赋予了词抒情、状物、记事、议论的多种功能，使词这种文学样式获得了空前的艺术力量，从而使辛词成为雄视词坛的典范。

陆　游

南宋诗人陆游晚年为自己的书斋起名“老学庵”，并作《老学庵》诗记叙这件事。陆游在诗题下自注云：“予取师旷老而学如秉烛夜行之语名庵”，其诗云：

穷冬短景苦匆忙，老学庵中日自长。名誉不如心自肯，文辞终于道相妨。吾心本自同天地，俗学何知溺秕糠。已与儿曹相约定，勿为无益费年光。

这首诗表明，陆游晚年以“老学庵”名书斋，既是为了敦促自己不要浪费大好时光，要老而好学，又寄寓了陆游深沉的身世之感和报国无门的愤懑之情。

陆游像

在陆游的文集中，有一部名为《老学庵笔记》，作于淳熙、绍熙年间。书中大多写作者读书与日常生活中的所见所闻，内容丰富，涉及面很广。并且书中多记述当时的抗金活动，流露出作者对广大人民群众爱国热情的高度赞扬和对妥协投降派的强烈愤恨。《笔记》中还有一些关于诗论的记载，对于了解陆游的诗歌理论也很有价值。《老学庵笔记》讲求实学，不务空谈，是宋人笔记中的上乘之作。

耶律楚材

耶律楚材（1190—1244），字晋卿，契丹族，有《湛然居士文集》十四卷。他被元人称为一代词臣，他的诗歌创作，可以上溯到成吉思汗时期，他随成吉思汗西征到达西域时写了大量诗歌。在他去世前十年，蒙古王朝已经统一北方。

耶律楚材确是早期蒙古王朝中一枝独秀的诗人。他的诗尚平易自然、尚古雅，又重清新雄奇。他诗作的风格也是多样的，有天然、雄豪、绚烂、温纯诸多风格。雄奇如《过阴山和人韵》：

阴山千里横东西，秋声浩浩鸣秋溪。猿猱鸿鹄不能过，天兵百万驰霜蹄。万顷松风落松子，郁郁苍苍映流水。天丁何事夸神威，天台浮罗移到此。云霞掩翳山重重，峰峦突兀何雄雄。古来天险阻西域，人烟不与中原通。细路萦纡斜复直，山角摩天不盈尺……

此诗明显受到李白影响，虽然气势逊于李白，但也有自己的特色。

耶律楚材诗中令人神往的，是那些以清新优美之笔写异域风情的作品，其中《西域河中十咏》最具代表性，其三写道："寂寞河中府，遐荒僻一隅。葡萄垂马乳，杷榄灿牛酥。酿春无输课，耕田不纳租。西行万余里，谁谓乃良图。"他还写了不少富于神韵的小诗，其中《过济源登裴公亭》、《和薛伯通四绝》之一等篇，都属绝句佳作。从以上内容可以看出，耶律楚材不愧为元朝第一位著名诗人。

吴敬梓

吴敬梓（1701—1754），清代著名小说家、诗人。字敏轩，自号文木老人。又因曾移居南京，故又自号秦淮寓客。出身于官僚家庭。曾祖吴国对是顺治年间探花，官至翰林院侍读，提督顺天学政；祖辈也多显达。到了他的父亲吴霖起，家道开始衰微。吴霖起是拔贡出身，曾任江苏省赣榆县教谕，不慕荣利，为人正直，对吴敬梓的思想有一定影响。吴敬梓年幼聪颖，少年曾随父宦游大江南北，对社会有了初步了解。

二十三到三十三岁，是吴敬梓生活的第二阶段。二十三岁，他的父亲去世，为争夺田产，他的亲族一个个都撕下"孝悌慈爱"的假面具，这就发生了《移家赋》中所说的"兄弟参商，宗族诟谇"的财产纠纷。这使他看清了世人的真面目。由于吴敬梓性格豪爽，"遇贫即施"，加之挥霍无度，不到十年，产业荡尽。同族人骂他为败类。他曾经热衷科举，也很早就中了秀才，但一直未能中举。这一时期，他从亲身经历中体会到了封建家族的道德沦丧和科举的弊端，从而厌倦功名，并逐渐形成了傲岸不屈、鄙弃世俗的性格。

吴敬梓在三十三岁时，举家迁往南京，开始了卖文生涯。在与社会的广泛接触中，更是认清了儒林、科举制度的真面目。三十六岁，他曾被荐应博学鸿词廷试，借病推辞。四十九岁，乾隆皇帝巡视江南，士大夫夹道拜迎，他却企足高卧，表现了鄙薄权势的个性。在这一时期，他创作了《儒林外史》。吴敬梓经历了从热衷功名到绝意仕进，从封建家庭的一员到封建家庭的逆子这一坎坷过程，这就是《儒林外史》的思想基础。《儒林外史》对科举制度和儒林群丑作了尖锐的批判，并旁及当时人伦关系、官僚制度以至整个社会风尚，奠定了中国古典讽刺小说的基础，“于是说部中乃始有足称讽刺之书”（鲁迅《中国小说史略》）。

吴敬梓晚年潜心研究《诗经》，著有《诗说》七卷，今佚。五十四岁逝于扬州。

刘　鹗

刘鹗（1857—1909），近代小说家，字铁云，别号洪都百炼生。江苏丹徒（今江苏镇江）人，出身官宦之家。受太古学派影响，师从太谷学派创始人周太谷的弟子李光炘。他厌恶科场文字，对数学、医学、水利等颇感兴趣，喜好“西学”，想走实业救国的道路。他曾经做过河南巡抚吴大澄、山东巡抚张曜的幕宾，又因治理黄河有功，被任为知府。后因被弹劾私售仓粟贬谪至新疆，次年死于乌鲁木齐。

刘鹗处于封建社会的末世，面对国家的日益衰败和官僚的腐败无能的状况，他深感痛心，但是他仍寄希望于“西学”，否定致力于推翻现行统治秩序的革命运动，幻想借西学走实干之路以挽救其衰落之势，这条道路无疑是行不通的。

刘鹗的这种思想明确地体现在他的代表作《老残游记》之中。作品借一个走江湖的医生老残在游历途中的所见所闻，真实地展现了晚清社会的黑暗现实，客观上揭示了封建社会无可挽回的颓势。小说的第一回为刘鹗政治思想的体现，他运用隐喻的手法将船上之人分成几类，分别代表当时中国社会的几种政治势力。刘鹗通过对几类人的分析表达出他封建统治阶级维新派的政治见解，这无疑是有局限性的。但刘鹗文笔细腻生动，写景、叙事均有值得称道之处，尤其是在语言运用方面达到了臻妙绝伦的境界，这些都是刘鹗艺术才华的体现。

鲁迅在《中国小说史略》中评论这部作品说：“其书假借铁英号老残者之游行，而历记其言论闻见，叙景状物，时有可观，作者信仰，并见于内，而攻击官吏之处亦多。”

六

国学典籍

经　部

“十三经”的由来

两千年来，宣扬儒家思想的典籍浩如烟海。不过作为重要经典的儒家著作，最初只有六部，即孔子所说的《诗》、《书》、《礼》、《乐》、《易》、《春秋》，其中《乐》早在战国后期已失传。

后来历朝历代不断扩展和改变，到了宋朝时，定为十三部，这就是通常所说的“十三经”。它们分别是：《诗》、《书》、《易》、《周礼》、《仪礼》、《礼记》、《春秋公羊传》、《春秋穀梁传》、《春秋左氏传》、《论语》、《孝经》、《孟子》和《尔雅》。

南宋以后，有人把十三经以及比较好的注、疏、正义合刻在一起，形成一整套经书及其注文，称为《十三经注疏》。这十三部经书的注疏作者分别如下：

《周易》魏王弼、韩康伯注，唐孔颖达等正义；

《尚书》伪孔安国传，唐孔颖达等正义；

《诗经》汉毛亨传，汉郑玄笺，唐孔颖达等正义；

《周礼》汉郑玄注，唐贾公彦疏；

《仪礼》汉郑玄注，唐贾公彦疏；

《礼记》汉郑玄注，唐孔颖达等正义；

《春秋公羊传》汉何休注，唐徐彦疏；

《春秋穀梁传》晋范宁注，唐杨士勛疏；

《春秋左氏传》晋杜预注，唐孔颖达等正义；

《论语》魏何晏注，宋邢邴疏；

《孝经》唐玄宗注，宋邢邴疏；

《孟子》汉赵岐注，宋孙奭疏；

《尔雅》晋郭璞注，宋邢邴疏。

《周易》

《周易》是中华文明史上一部内涵精深、影响广泛、流传久远的典籍，有“群经之首”和“大道之源”之称。几千年来，《周易》以其外在的魅力（奇特的结构形式和抽象的符号显示），以及博大精深的内涵（千古永辉的义理和复杂神奇的运算机制），吸引着人们在各个领域对其进行研究和应用，形成了庞大的易学研究体系。

《周易》一书由《易经》和《易传》两部分所构成，从总体上看，它是我国古代一部指导人们认识和利用自然规律及社会发展规律的哲学典籍。其中，《易经》是我国古代先哲通过对自然现象和社会现象的长期观察，以及对各种社会实践活动及其结果进行高度总结概括后而形成的。它集中反映了宇宙万事万物的现象和发展变化的规律。《易传》则是对《易经》进行解说，用来阐发义理的哲学典籍。

《周易》历经数千年之沧桑，已成为中华文化之根，《周易》的品格和精神深藏于中华民族的民族性格中。易道讲究阴阳相济、刚柔有应，提倡自强不息、厚德载物。在五千年文明史上，中华民族之所以能够久历众劫而不覆，多逢危难而不倾，独能遇衰而复振，不断地发展壮大，根源一脉传至今，是与我们民族对易道精神的时代把握息息相关的。

对《周易》书名含义，历代有多种各有一定道理的解说，其中东汉易学家郑玄说：“《周易》者，言易道周普，无所不备”，是讲“日月之道普照周天”。

一、阴阳：《易传·系辞·上》说：“一阴一阳之谓道。”阴阳观念指出：自然界和人类社会的万物万象，在其内部同时存两种相反的属性，它们互相依存、互相为用，处于不断的变化之中；其运动是以彼此消长的形式进行的。并始终处于彼消此长，此进彼退的动态平衡状态之中，保持着事物的正常发展变化态势。阴阳观念是一种朴素的唯物思想和辩证思想，《周易》的主旨，就在于指导我们在与自然界和人类社会的关系上保持阴阳的动态平衡。

二、爻：在《易经》中，爻是组成卦的基本单位，其中“—”称作阳爻，“——”称作阴爻。

三、卦：由阳爻和阴爻按照一定规律分别组合，进而说明自然界和人类社会变化规律的排列符号，就叫做“卦”。卦是为特定目的《占筮》而组成的符号排列，是《易经》的基本组成单位。

四、八卦：八卦是乾、坎、艮、震、巽、离、坤、兑八个卦的统称，是由阳爻和阴爻按不同的组合规律，以三个爻为一组分别组成的八种符号排列。《易传·系辞·上》说：“是故易有太极，是生两仪，两仪生四象，四象生八卦。”这八个由三个爻组成的卦，也叫经卦或单卦。

五、六十四卦：由八个单卦以不同的次序两两重合，就产生了六十四卦，六十四卦分别由六个爻组成，也叫别卦或重卦，其中由八个单卦自身相重所成的六爻之卦，也叫做纯卦，其卦名同单卦。

六、《易经》的构成：《易经》有其特殊的文字体裁，即不分篇章节次，而是由六十四卦组成。而每个卦又由内外卦、卦画、卦名、卦辞、爻题、爻辞几部分构成。《易经》分为上、下经两部分，上经计三十卦，起于乾卦，止于离卦；下经计三十四卦，起于子咸卦，止于未济卦。

《周易》提出了“道”，但没有展开对“道”的阐述，老子在其《道德经》中对“道”进行了阐释，并发挥了自己的看法。所以《周易》和老子的《道德经》是中国古代乃至世界古代谈辩证法的经典，至今仍有它的生命力。目前世界各国有不少人在谈《易》论《道》，有人认为，《周易》开创了世界数理哲学的先河；还有人认为它是开创世界数学史上二进位制的始祖。

可见，玄妙而神秘的《周易》，是中国以及世界一份十分珍贵的文化遗产。它的宝藏，还有待于人们继续求索、挖掘，使它放发出更加耀眼的光芒。

《尚书》

《尚书》是我国最早的一部史书，也是古代世界著名的历史典籍之一。古人“尚”与“上”通用，“书”原来就是史。上古时，史为记事之官，书为史官所记之史，由于这部书所记载的是上古的史事，所以叫做《尚书》。《尚书》也就是上古史的意思。

《尚书》也是我国最早的一部文件汇编，它的“典”、“谟”、“训”、“诰”、“誓”、“命”六体，有的是讲演辞，有的是命令、宣言，有的是谈话记录。《尚书》记事的内容，上起原始社会末期的唐尧，下至春秋时的秦穆公。《尚书》按时代先后，分为《虞书》、《夏书》、《商书》、《周书》四个部分，共一百篇。

《尚书》是由谁编纂的呢？历来有不同的说法，但司马迁和班固都肯定它是孔子编纂的。孔子是中国古代文化承上启下的集大成者，他生活的年代是《礼》、《乐》废，《诗》、《书》缺的春秋末期。所以他周游列国之后回到鲁国，把晚年的精力都花在编订《诗》、《书》、《礼》、《乐》、《易》、《春秋》六经上面，还为《尚书》写了序。孔子收徒讲学时，《尚书》是重要的教材。

秦始皇统一中国之后，把《尚书》列为禁书，规定民间所藏的《尚书》均需烧毁。此后，引起了今文《尚书》和古文《尚书》的争论。秦焚书时，济南有个名叫胜的博士伏生，他秘密地把《尚书》藏在宅中的墙壁间。汉初局势稳定之后，他从壁中取出藏书时，书已散乱不堪，只得二十八篇。伏生用这二十八篇的不全《尚书》，讲学于齐鲁之间。由于这些篇章是用当时的隶书写成的，故称为今文《尚书》。这部书被汉朝政府列于学官，据多数学者的考证，认为它是真的。

汉武帝时，鲁共王刘余为了扩大自己的宫殿范围，拆毁了孔子的旧宅，并从孔宅墙壁中发现了许多用蝌蚪文字（汉以前的大篆或籀文）写成的竹简，为古文《尚书》。当时的学者孔安国（孔子的后代），把它和通行的今文《尚书》互相校读了一遍，多出了十六篇。这部古文《尚书》一直没有被汉朝所重视，没有列于学官，也没有人传授。到王莽时才把这部古文《尚书》列于学官；到东汉时，逐渐盛行，当时的大学者马融、郑玄等人并为它作了注释，于是才盛行于世。但它与今文《尚书》相比较，还是不如今文《尚书》被人重视。后来，它就逐渐散失了。

东晋元帝（司马睿）时，豫章内史梅赜曾经向朝廷献上二十五篇的古文《尚书》（它与汉代的古文《尚书》也不同），还有伪造的孔安国《尚书传》。东晋政府把它列于学官，影响较大，在社会上流传了很长的时间。到唐朝贞观五年（631），唐太宗命令修撰群经正义，孔颖达作《尚书正义》和陆德明写《经典释文》时，都是根据梅赜所献的这个本子。于是它便成了官府的标准本，以后又收入《十三经注疏》中，广为流行。

到了南宋初年，朱熹等学者开始怀疑梅赜这部书，认为从文字看，不像周秦时的文词。到明清时，有更多的学者继续指责梅赜这部书，伪书便成定论。

由于汉朝时从孔府壁中取出的蝌蚪文《尚书》早已散失，东晋梅赜的古文《尚书》虽被认为是伪书，但它们被收入《十三经注疏》中，广为流行，也就弄假成真了。我们今天通行的《十三经注疏》本《尚书》，是今文《尚书》与梅氏所献的古文《尚书》的合编本，共五十八篇，即《虞书》五篇、《夏书》四篇、《商书》十七篇、《周书》三十二篇。

《尚书》为我们研究我国原始社会末期和夏商周奴隶社会历史，留下了珍贵的资料。如《尧典》记载着尧、舜、禹的“禅让”故事，反映了原始公社制度权位继承情况。《禹贡》是我国最早的历史地理文献。《盘庚》记述商朝迁都情况。

《尚书》是难读的。司马迁写《史记》时，采用了《尚书》的材料，或录全文，或取部分文字，但他运用了“以训诂代经文”的原则，把《尚书》的原文翻译了一遍，使先秦的古书，变成为汉代通行的语言文字。例如《尚书·尧典》中有“钦若昊天”的话，《史记·五帝本纪》便写为“敬顺昊天”。又如《尧典》中的“瞽子”，《五帝本纪》中改作“盲者”。所以我们可以把《尚书》和《史记》中的《五帝本纪》、《夏本纪》、《殷本纪》、《周本纪》等对照来读。

历代研究、注释《尚书》的著作很多，最通行的是《十三经注疏》本的《尚书正义》，由于它是今文《尚书》和古文《尚书》的合编，其中真伪参半，我们必须予以分辨。即使是伪造的那一部分，也是出于魏晋人之手，对于研究《尚书》来说，也是有参考价值的。清代学者孙星衍的《尚书今古文注疏》，是比较好的注本，它吸收了清代一些学者的研究成果。近人曾运乾的《尚书正读》和牟庭的《同文尚书》等，也可供我们参考。

《诗经》

《诗经》是我国第一部诗歌总集，共三百零五篇。相传为孔子编成。按作品的乐调不同，分为风、雅、颂三部分。各篇创作年代，大体上是从西周初年到春秋中叶这五百年间，作者大多不可考。这些作品经过长期的积累，大约在春秋末年由孔子重新编订，作为其学生的教科书。先秦时代统称为“诗”或“诗三百”，到了汉代，儒家把它奉为经典，才称为《诗经》。

《诗经》里的作品内容十分广泛，主要包括：祭祀、农事、宴飨、怨刺、战争和徭役、爱情和婚姻等。《蒹葭》、《采薇》、《关雎》等都是《诗经》中的名篇。

可以说，无论是形式体裁、语言技巧，还是艺术形象和表现手法，《诗经》都显示出我国最早的诗歌作品在艺术上的巨大成就。

《诗经》的句式，以四言为主，其间杂有两言至八言不等。二节拍的四言句带有很强的节奏感，构成了《诗经》整齐韵律的基本单位。同时，还常用重章叠句和双声叠韵，使诗歌可以围绕同一旋律反复吟唱，而且在意义表达和修辞上，也有很好的效果。

《诗经·豳风》中的“八月剥枣图”

赋、比、兴的运用，是《诗经》艺术特征的重要标志，也开创了我国诗歌创作的基本手法。

《诗经》表现出的关注现实的热情，强烈的政治和道德意识，真诚积极的人生态度，被后人概括为“风雅”精神，直接影响了后世诗人的创作。

《诗经》是我国有史以来第一部诗歌总集，为五经之首被列入教科书中。

在世界文学史上，《诗经》也属最早的诗歌总集之一，与古希腊的《伊利亚特》、《奥德赛》，古印度的《摩诃婆罗多》、《罗摩衍那》等史诗争奇斗艳，且以大量描写现实生活并富有人情味的优美抒情诗为特色，称得上是远古世界独一无二的瑰宝。

秦代曾经焚毁包括《诗经》在内的所有儒家典籍。但由于《诗经》是易于记诵的、士人普遍熟悉的书，所以到汉代又得到流传。汉初传授《诗经》学的共有四家，也就是四个学派：齐之辕固生，鲁之申培，燕之韩婴，赵之毛亨、毛苌，简称齐诗、鲁诗、韩诗、毛诗（前二者取国名，后二者取姓氏）。齐、鲁、韩三家属今文经学，是官方承认的学派；毛诗属古文经学，是民间学派。但到了东汉以后，毛诗反而日渐兴盛，并为官方所承认；前三家则逐渐衰落，到南宋，就完全失传了。今天我们看到的《诗经》，就是毛诗一派的传本，因此也被叫做《毛诗》。

《周礼》

《周礼》亦称《周官》或《周官经》，它是儒家的经典之一。

现在我们所能见到的礼书，有《周礼》、《仪礼》和《礼记》。《周礼》是讲周朝官制的，《仪礼》是讲各种典礼节仪的（如冠、婚、丧、祭等具体仪式），《礼记》是孔子学生以及后人传习《礼经》的记录，内容有关礼的性质、意义和作用。东汉学者郑玄分别给《仪礼》、《礼记》作了注解之后，才有了“三礼”这一名称。“三礼”都与孔子礼的思想有关，但只有《仪礼》（十七篇）是由孔子整理编订的。

《周礼》是搜集周王室官制和战国时代各国制度、添附儒家政治理想、增减排比而成的汇编，相传是西汉河间献王刘德从民间收集的一部古籍。由于我国早在夏、商、周时就进入了奴隶社会，而周为奴隶社会的鼎盛时代，所以《周礼》是中国最早和最完整的官制记录，也是世界古代一部最完整的官制记录。全书六篇，即《天官冢宰》、《地官司徒》、《春官宗伯》、《夏官司马》、《秋官司寇》、《冬官司空》，各篇分为上下卷，共十二卷。这六篇中的《冬官司空》早佚，到汉时补以《考工记》。

《周礼》为何人所作，何时产物？历来也是有争论的。古文经学家认为，它是周公旦所作。今文经学家认为，它出于战国，也有人认为是西汉末刘歆所伪造。近人从周秦铜器铭文所载官制，参证该书中的政治、经济制度和学术思想，多数人认为是战国时的作品。也有人认为，《周礼》成于汉初。

《周礼》在发现之初并未受重视。西汉末年王莽摄政，以周公自居，模仿周制，于是本书特受青睐，当做“国典”。王莽亡，又遭冷遇。直至东汉郑玄作注，才又为人重视。北朝西魏宇文泰执政时，以《周礼》设置六官。北宋王安石以《周礼》作为变法的历史依据。其后虽无人再把《周礼》付诸实践，但一直作为儒家经典，成为学人必读之书。

《周礼》一书，东汉郑玄撰有《周礼注》，唐朝贾公彦作《周礼正义》，清代孙诒让也撰有《周礼正义》，这些注释对后人研究《周礼》提供了参考资料。

《仪礼》

《仪礼》，原名《礼》，是记载古代礼制的著作，今本通行十七篇。因为它是士大夫必习的礼节，所以汉朝时又称《士礼》。相对《礼记》而言，又叫《礼经》。晋代人认为其所讲的并非礼的意义，而是具体的礼节形式，故称之为《仪礼》。与《礼记》、《周礼》合称“三礼”。历朝礼典的制定，大多以《仪礼》为重要依据，对后世社会生活影响至深。

《仪礼》主要记载了贵族子弟成人、结婚、交往的礼节，古代基层组织

“乡”，国君、诸侯、大夫等的活动，以及丧葬祭祀的礼节。历来，中华民族被称为礼仪之邦，自有其原始。“礼仪文化”是文化中国的核心，这保证了我们的民族在任何历史时刻，都具有高度的凝聚力。

《仪礼》开篇即是《士冠礼》，一个人成人，就意味着他开始独立地承担自己的责任，参与人间的各项事务，仪式是有意味的形式，每一个细节都承载着不同的功能，在看似繁琐的各项程序中，先民们表达对神、对现世生活的慎重与热爱。《史记》载：“孔子为儿嬉戏，常陈俎豆，设礼容。”可见圣人儿时的游戏都是制礼作乐。

唐贾公彦撰有《仪礼疏》十七卷，南宋时与郑注合刊为《仪礼注疏》。清代研究者有十余家，以胡培翚《仪礼正义》为世所称。

《礼记》

《礼记》是战国至秦汉年间儒家学者解释说明经书《仪礼》的文章选集，是一部儒家思想的资料汇编。《礼记》的作者不止一人，写作时间也有先有后，其中多数篇章可能是孔子的七十二弟子及其学生们的作品，还兼收先秦的其他典籍。

《礼记》的内容主要是记载和论述先秦的礼制和礼意，解释仪礼，记录孔子和弟子等的问答，记述修身做人的准则。实际上，这部九万字左右的著作内容广博，门类很多，涉及政治、法律、道德、哲学、历史、祭祀、文艺、日常生活、历法、地理等诸多方面，几乎包罗万象，集中体现了先秦儒家的政治、哲学和伦理思想，是研究先秦社会的重要资料。

《礼记》全书用散文写成，一些篇章具有相当的文学价值。有的用短小生动的故事阐明某一道理；有的气势磅礴、结构谨严；有的言简意赅、意味隽永，有的擅长心理描写和刻画，书中还收有大量富有哲理的格言、警句，精辟而深刻。

《礼记》与《仪礼》、《周礼》合称“三礼”，对中国文化产生过深远的影响，各个时代的人都从中寻找思想资源。

《礼记》由多人撰写，采自多种古籍遗说，内容极为庞杂，编排也较零乱，后人采用归类方法进行研究。东汉郑玄将四十九篇分为通论、制度、祭祀、丧服、吉事等八类。

汉代把孔子定的典籍称为“经”，弟子对“经”的解说是“传”或“记”，《礼记》由此得名，即对“礼”的解释。到西汉前期《礼记》共有一百三十一篇。

据传，《礼记》一书的编定者是西汉礼学家戴德和他的侄子戴圣。戴德选编的八十五篇本叫《大戴礼记》，在后来的流传过程中若断若续，到唐代只剩下了三十篇。戴圣选编的四十九篇本叫《小戴礼记》，即我们今天见到的《礼记》。这两种书各有侧重和取舍，各具特色。东汉末年，著名学者郑玄为《小戴礼记》作了出色的注解，后来这个本子便盛行不衰，并由解说经文的著作逐渐成为经典，到唐代被列为“九经”之一，到宋代被列入“十三经”之中，成为士人必读之书。

《左传》

由于《春秋》言辞隐晦，表述过于简约，给后人学习带来诸多不便。为了更好地表现《春秋》经文的内容大义，很多学者为其著文诠释，以补原书之不足。据《汉书·文艺志》记载，汉代传注《春秋》的有五传。后来《邹氏传》十一卷、《夹氏传》十一卷亡佚，只有《左氏传》、《公羊传》、《穀梁传》流传至今，被称为“《春秋》三传”。

《左传》又称《春秋左氏传》或《左氏春秋》，三十卷。《左传》的作者是谁，历来颇有争议。汉代时司马迁、班固皆认为是与孔子同时代的鲁国史官左丘明。左丘明在口授《春秋》以教弟子时，怕弟子“各安其意，以失其真”（《汉书·艺文志》），故用事实来补订《春秋》，作《左氏传》。清代今文经学家们则认为《左传》是刘歆托名改编。近人认为根据传文和结束年代等方面分析，《左传》是战国初年人根据各国史料编成的，可能并非出于同一作者之手。

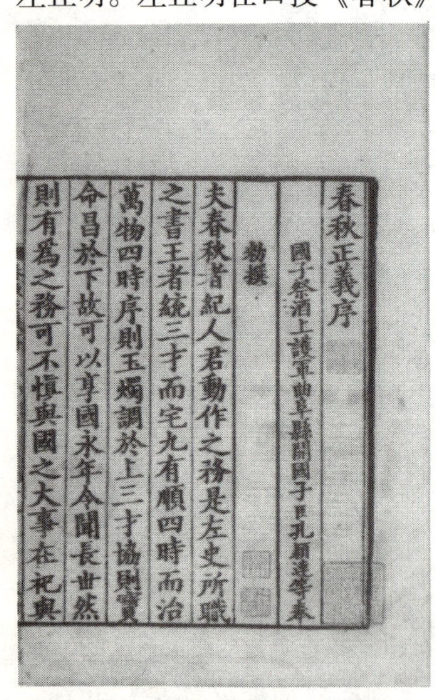
春秋正義序
國子祭酒上護軍曲阜縣開國子臣孔穎達等奉
勑撰
夫春秋者紀人君動作之務是左史所職
之書王者統三才而宅九有順四時而治
萬物四時序則玉燭調於上三才協則寶
命昌於下故可以享國永年令聞長世然
則有爲之務可不慎與國之大事在祀與

《左传》书影

《左传》的体例是编年纪事体，内容大部分是传注史事，叙述《春秋》经文重要史事的过程。起于鲁隐公元年（前722年），终于鲁悼公四年（前464年），比《春秋》多出十七年。若按叙事时间论，则到鲁悼公十四年（公元前454年）为止，下限比《春秋》多二十七年。所记鲁国君主也比《春秋》多一位，为十三位。文字增加更多，共计约十八余万字，内容大大丰富了。

《左传》与《春秋》相比，传文内容与

经文内容并非十分密切配合，或经文有而传文缺，或传文有而经文无。故后人认为《左传》虽因《春秋》而作，但在编年体例上比《春秋》完备，在史料和文字价值上也远远超过《春秋》，完全可以独立称为史书，所以称其为《左氏春秋》。

《左传》补充并丰富了《春秋》的内容，不但记鲁国一国的史实，而且还兼记各国历史；不但记政治大事，还广泛涉及社会各个领域的“小事”；一改《春秋》流水帐式的记史方法，代之以有系统、有组织的史书编纂方法；不但记春秋时史实，而且征引了许多古代史实。这就大大提高了《左传》的史料价值。如春秋时的几次大的战役：齐楚召陵（郾城）之役（鲁僖公四年）、晋楚城濮（濮县）之役（鲁僖公二十八年）、秦晋濮（陕县）之役（鲁僖公三十三年）、楚晋邲（郑县）之役（鲁宣公十二年）、齐晋鄢陵之役（鲁成公十六年）等等，《左传》皆有生动翔实的记载，为我们研究春秋时大国争霸的历史提供了史料。又如鲁昭公二十六年王子朝告诸侯之事，是西周王室兴衰的生动写照。因此，《左传》是研究春秋史的宝贵参考书籍。

《左传》注本主要是西晋杜预作《春秋经传集解》。唐时孔颖达作《春秋左传正义》，陆德明撰《经典释文》，均采用杜注。

《公羊传》、《穀梁传》

《公羊传》又称《春秋公羊传》、《公羊春秋》，儒家经典之一。上起鲁隐公元年，止于鲁哀公十四年，与《春秋》起讫时间相同。相传其作者为子夏的弟子，战国时齐人公羊高。

起初只是口说流传，西汉景帝时，传至玄孙公羊寿，由公羊寿与胡母生（子都）一起将《春秋公羊传》“著于竹帛”。《公羊传》有东汉何休撰《春秋公羊解诂》、唐朝徐彦作《公羊传疏》、清朝陈立撰《公羊义疏》。

《穀梁传》亦称《春秋穀梁传》、《穀梁春秋》，为儒家经典之一。起于鲁隐公元年，终于鲁哀公十四年。体裁与《公羊传》相似。其作者相传是子夏的弟子，战国时鲁人穀梁赤（赤或作喜、嘉、俶、寘）。起初也为口头传授，至西汉时才成书。晋人范宁撰《春秋穀梁传集解》，唐朝杨士勋作《春秋穀梁传疏》，清朝钟文烝所撰《穀梁补注》为清代学者注解《穀梁传》的较好注本。

《公羊传》与《穀梁传》的内容和特点在今人看来大同小异，二者都重视阐释《春秋》之“大义”或“宗旨”，不重历史事实的传注，因而史料价值远远低于《左传》。从经学的角度看，二者则各有所侧重。《公羊传》的主要精

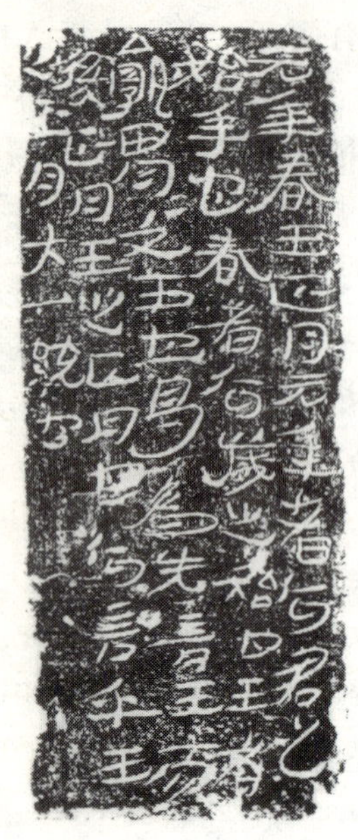
《公羊传》砖拓本
西汉初

神是宣扬儒家思想中拨乱反正、大义灭亲，对乱臣贼子要无情镇压的一面，为强化中央专制集权和“大一统”服务。《公羊传》尤为今文经学派所推崇，是今文经学的重要典籍，历代今文经学家都常用它作为议论政治的工具。它也是研究战国、秦、汉间儒家思想的重要资料。《穀梁传》则着重宣扬儒家思想的另一方面：重礼义教化和宗法情谊，为缓和统治集团的内部矛盾，稳定封建统治的长远利益服务，因而也受到统治阶级的极大重视。它是我们研究秦汉间及西汉初年儒家思想的重要资料。

《春秋》及三传作为儒家经典，备受历代统治者的推崇，长期成为封建统治阶级的教科书和科举取士的考试内容。《左传》在唐宋两代被定为“大经”；《穀梁传》和《公羊传》在唐代被定为“小经”，在宋代被定为“中经”。三传与《春秋》合刊，均被列入十三经中。

《论语》

《论语》是孔子及其弟子的语录结集，结集工作是由孔子的门人及再传弟子完成的。《论语》全书共二十篇，每篇包括若干章，每章记一件事或几句话。内容相当广泛，涉及哲学、政治、文学、教育、伦理等。

《论语》一书反映了孔子的思想，中心是讲做人的道理。他提出了“为政以德”的主张，认为治国要以道德教化为基础；为改变当时“天下无道”的局面，恢复社会安定，他提出以“仁”为核心的道德思想体系，并致力于道德教育。

《论语》的思想融政治、道德与教育为一体，而中心是做人的道理，其中包含了许多有普遍意义的原则。他强调道德与刑政不同，单纯依靠刑罚和行政手段，百姓慑于刑罚，不敢做坏事，却不会有知耻之心，不会自觉不去做坏事。他提出了正人先正己、先富后教、取信于民等重要原则。

在仁学中，一方面倡导爱人，匹夫不可夺志，提倡独立的人格精神；另一方面又要求仁以为己任，见利思义，见义勇为，把社会责任放到第一位，提出了一种把个人人格与社会责任、社会义务相统一的人生观。

在人我关系上，他提出“己所不欲、勿施于人”的原则，提出了孝、悌、忠、信、恭、宽、敏、勇、直等一系列道德规范；还特别强调“为仁由己”，启发每个人的自觉道德精神，在教育方面，孔子提出有教无类、启发式教学等许多有价值的思想。这些思想对中国教育和文化的发展有深远的影响。所以两千多年来，《论语》一书，浸润濡染，影响着国人的道德素质、心理结构和风俗习惯，对中华民族起着不可估量的凝聚作用。

《论语》是语录体散文，是我国散文最初的一种形态。多以三言两语为章，言简意赅，发人深省，许多已成为至理名言。《论语》里许多精彩的语言经过长期的凝聚或沿用已成为今天习见习用的成语，如三思而行、过犹不及、择善而从、见贤思齐、因材施教、当仁不让、色厉内荏、祸起萧墙等等。况且，比起《尚书》来，《论语》里语言要显得流畅通达，活泼生动，语气词、叠句、排比、对偶大量运用，感情色彩很浓。

《论语》虽然篇幅不大，但作为儒家经典之一，它所表现的人生态度和思想观念，不仅在我国文化思想史上留下了极为广泛和深刻的影响，就是在今天，也仍然引起中国和世界文化人士的广泛重视和潜心研究。

《孟子》

《孟子》是记载孟子及其学生言行的一部书。全书共七篇，三万余字，在这有限的篇幅中，却提炼了孟子儒家思想的精华，言简意赅，形象生动。

《孟子》是儒家经典。此书是“拟圣而作”，它既吸收《论语》中的精华，也接受了《大学》、《中庸》的一些特点。在《孟子》一书中，反映最突出的是仁义思想。仁是儒家学说的中心，孔子常讲仁很少讲义，孟子则仁义并重，他有句名言，即“舍生取义”。汉文帝时把《论语》、《孝经》、《尔雅》和《孟子》各置博士之官，叫“传记博士”；《孟子》被视为辅翼经书的传记。两汉时，《孟子》已和《论语》并列。到五代时，后蜀主孟昶命毋昭裔楷书《易》、《书》、《诗》、《仪礼》、《周礼》、《礼记》、《公羊》、《穀梁》、《左传》、《论语》、《孟子》十一经刻石；宋太宗又加以翻刻，这是《孟子》被列入“经书”的开始。到南宋孝宗时，理学家朱熹在《礼记》中取出《大学》和《中庸》两篇，认为是曾子和子思的作品，与《论语》、《孟子》合在一起，称为四书，于是孟子的地位更加提高了。

《孟子》还是一部优秀的散文集。孟子为人耿直豪爽、泼辣大胆，这一性格在《孟子》一书中，得到了充分的反映。例如，他教导学生说：“说大人则藐之，勿视其巍巍然。”（《尽心下》）他见了梁襄王之后，对人说：“望之不似人君，就之而不见所畏焉。”（《梁惠王上》）以上这些语言，“如闻其声，如见其人”。所以塑造了一个栩栩如生的抒情主人公孟子的形象，这是《孟子》散文的一个重要艺术特征。

语言的高度形象化，是构成《孟子》散文形象性的极其重要手段。孟子不愧是我国古代的语言巨匠之一，《孟子》首先给人的印象是，明白晓畅，深入浅出。例如，孟子劝说梁惠王施行仁政的一段话：

“王如施仁政于民，省刑罚，薄税敛，深耕易耨；壮者以暇日修其孝悌忠信，入以事其父兄，出以事其长上，可使制梃以挞秦楚之坚甲利兵矣。”（《梁惠王上》）

精炼、准确是《孟子》语言的另一特色。例如，孟子劝说梁惠王不要好战时，描述了当时社会的阶级关系，说了这样的一段话：

“庖有肥肉，厩有肥马，民有饥色，野有饿莩，此率兽而食人也。兽相食，且人恶之；为民父母行政，不免于率兽而食人，恶在其为民父母也?”（《梁惠王上》）

这好像是一幅画卷，把两千多年前社会阶级对立的情景再现于我们眼前。《孟子》还特别注意细节的精工镂刻。有一次，孟子和齐宣王谈论管理国家时，他问齐宣王：“假如一个国家的政治搞不好，做国君的该怎么办呢?”宣王被逼得无话可说，《孟子》一书对这种窘境，只用了“王顾左右而言他”七个字，既不写脸色，也不记言语，只用了一个“顾”字，真是画龙点睛。这一描绘，使宣王理屈词穷，只好回过头来左右张望，把话题扯到别处去了的心理活动，暴露无遗。

孟子在文学上的成就，主要是他的散文创作，并且对后世影响很大，唐宋时的散文大师，几乎都以孟子的文章为典范。所以《孟子》一书，是一部优秀的古代散文集。

后世研究和注释《孟子》的著作很多，其中重要的有三部书，即赵岐的《孟子章句》，朱熹的《孟子集注》和清代焦循的《孟子正义》。以上三部书各有特色，都是研究《孟子》一书必不可少的参考资料。今人杨伯峻有《孟子译注》。

《孝经》

《孝经》中国古代儒家的伦理学著作。有人说是孔子自作，但南宋时已有人怀疑是出于后人附会。清代纪昀在《四库全书总目》中指出，该书是孔子“七十子之徒之遗言”，成书于秦汉之际。自西汉至魏晋南北朝，注解者及百家。现在流行的版本是唐玄宗李隆基注，宋代邢昺疏。全书共分十八章。

该书以孝为中心，比较集中地阐发了儒家的伦理思想。它肯定“孝”是上天所定的规范，“夫孝，天之经也，地之义也，人之行也。”书中指出，孝是诸德之本，“人之行，莫大于孝”，国君可以用孝治理国家，臣民能够用孝立身理家，保持爵禄。《孝经》在中国伦理思想中，首次将孝亲与忠君联系起来，认为“忠”是“孝”的发展和扩大，并把“孝”的社会作用绝对化神秘化，认为“孝悌之至”就能够“通于神明，光于四海，无所不通”。

《孝经》对实行“孝”的要求和方法也作了系统而繁琐的规定。它主张把“孝”贯串于人的一切行为之中，“身体发肤，受之父母，不敢毁伤”，是孝之始；“立身行道，扬名于后世，以显父母”，是孝之终。它把维护宗法等级关系与为封建专制君主服务联系起来，主张“孝”要“始于事亲，中于事君，终于立身”，并按照父亲的生老病死等生命过程，提出“孝”的具体要求：“居则致其敬，养则致其乐，病则致其忧，丧则致其哀，祭则致其严。”该书还根据不同人的等级差别规定了行“孝”的不同内容：天子之“孝”要求“爱敬尽于其事亲，而德教加于百姓，刑于四海”；诸侯之“孝”要求“在上不骄，高而不危，制节谨度，满而不溢”；卿大夫之“孝”则在“上不骄，高而不危，制节谨度，满而不溢”；卿大夫之“孝”则一切按先王之道而行，“非法不言，非道不行，口无择言，身无择行”；士阶层的“孝”是忠顺事上，保禄位，守祭祀；庶人之“孝”应“用天之道，分地之利，谨身节用，以养父母”。

《孝经》还把封建道德规范与封建法律联系起来，认为“五刑之属三千，而罪莫大于不孝”；提出要借用国家法律的权威，维护封建的宗法等级关系和道德秩序。

《孝经》在唐代被尊为经书，南宋以后被列为《十三经》之一。在长期的封建社会中它被看做是“孔子述作，垂范将来”的经典，对传播和维护封建纲常起了很大作用。

《大学》

《大学》，原是《小戴礼记》里一篇，旧说为曾子所作，实为秦汉时的儒家作品，这是中国古代讨论教育理论的重要著作。经北宋程颢、程颐竭力尊崇，南宋朱熹又作《大学章句》，最终和《中庸》、《论语》、《孟子》并称“四书”。宋、元以后，《大学》成为学校官定的教科书和科举考试的必读书，对古代教育产生了极大的影响。

《大学》提出了“三纲领”和“八条目”，强调修己是治人的前提，修己的目的是为了治国平天下，说明治国平天下和个人道德修养的一致性。《大学》开头就说："大学之道，在明明德，在亲民，在止于至善。"这就是后人所说的《大学》"三纲领"。所谓"明明德"，就是发扬光大人所固有的天赋的光明道德。所谓"在亲民"，是指发扬了善性之后，即从事治民。治民要亲爱人民。所谓"止于至善"，就是要求达到儒家封建伦理道德的至善境界。"为人君止于仁，为人臣止于敬，为人子止于孝，为人父止于慈，与国人交止于信。"这是《大学》提出的教育纲领和培养目标。

《大学》还说："古之欲明明德于天下者，先治其国。欲治其国者，先齐其家。欲齐其家者，先修其身。欲修其身者，先正其心。欲正其心者，先诚其意。欲诚其意者，先致其知。致知在格物。"格物、致知、诚意、正心、修身、齐家、治国、平天下，后世称之为《大学》的"八条目"，这是实现"三纲领"的具体步骤。"八条目"的中心环节是修身，"自天子以至于庶人，壹是皆以修身为本"。对于培养目标和方法，《大学》反复强调的是个人的道德修养。

"格物"、"致知"是八条目的基础。所格的"物"，所致的"知"都是指伦理和道德原则，是指修己治人的道德修养。

所谓"诚意"，就是要不自欺，要慎独。在与别人相处时是这样，在独处时也应该是这样。内心如此，表现于外更是如此，即所谓"诚于中形于外，故君子必慎其独也"。慎独是一种主观的道德修养方法，注重道德理想和动机的培养。

所谓"正心"，就是教人防止个人感情、欲望的偏向。它说："身有所忿懥则不得其正，有所恐惧则不得其正，有所好乐则不得其正，有所忧患则不得其正。"人类不可能避免愤忿、恐惧、好乐、忧患等感情，但防止、克服不正当的感情、欲望还是必要的。

"修身"是"八条目"的基本，是格物、致知、诚意、正心所要达到的目的，即把个人修养达到完善的地步，也是《大学》中讲培养人的最高要求。只有这样才能"齐家"、"治国"、"平天下"。

《中庸》

《中庸》原是《小戴礼记》中的一篇。旧说《中庸》是子思所作。其实是秦汉时儒家的作品，它也是中国古代讨论教育理论的重要论著。

北宋程颢、程颐极力尊崇《中庸》。南宋朱熹又作《中庸集注》，并把《中庸》和《大学》、《论语》、《孟子》并列称为"四书"。宋、元以后，《中庸》成为学校官定的教科书和科举考试的必读书，对古代教育产生了极大的影响。

《中庸》是儒家阐述“中庸之道”，并提出人性修养的教育理论著作。《中庸》郑玄注：“中庸者，以其记中和之为用也；庸，用也。孔子之孙子思作之，以昭明圣祖之德也。”

《中庸》强调中庸之道是人们片刻也不能离开的，但要实行“中庸之道”，还必须尊重天赋的本性，通过后天的学习，即《中庸》所说的“天命之谓性，率性之谓道，修道之谓教”。

“天命之谓性”，是说人性是由天赋予的。“率性之谓道”，是说循着这种天性而行就合于道，认为人性是善的。教育的作用就在于治儒家之道，所以说“修道之谓教”。实行“中庸之道”既是率性问题，也是修道的问题，这是发展了孔子“内省”和曾子“自省”的教育思想。

《中庸》要人们贯彻孔门相传的“忠恕之道”，说：“忠恕违道不远，施诸己而不愿，亦勿施于人。”正是孔丘“己所不欲，勿施于人”思想的发挥，要求在处理人与人的关系上合于“中庸之道”。

《中庸》又提出了有德之人必须好“三达德”，实行“五达道”，才能达到“中庸”的境界。所谓“五达道”即“君臣也，父子也，夫妇也，昆弟也，朋友之交也”。处理这五方面关系的准则是：“君惠臣忠”、“父慈子孝”、“夫义妇顺”、“兄友弟恭”、“朋友有信”。“五达道”的实行，要靠“三达德”：智、仁、勇。而要做好“三达德”，达到中庸的境界，就要靠“诚”。教育的目的就是要人们努力进行主观心性的养成，以达到“至诚”的境界。

《中庸》还阐述了学习程序，并强调“择善而固执之”的勤奋不懈精神。它说：“博学之，审问之，慎思之，明辨之，笃行之。”这是为学必有的过程。它又说：“有弗学，学之弗能弗措也；有弗问，问之弗知弗措也；有弗思，思之弗得弗措也；有弗辨，辨之弗明弗措也；有弗行，行之弗笃弗措也。人一能之，己百之；人十能之，己千之。果能此道矣，虽愚必明，虽柔必强。”在教育上它所提出的为学程序与顽强的学习精神，至今仍有借鉴意义。

《尔雅》

《尔雅》是我国最早的一部训诂学的专著，也是第一部按照词义系统和事物分类来编纂的词典。作为书名，“尔”是“近”的意思（后来写作“迩”），“雅”是“正”的意思，在这里专指“雅言”，即在语音、词汇和语法等方面都合乎规范的标准语。

《尔雅》的意思是接近、符合雅言，即以雅正之言解释古语词、方言词，使之近于规范。《尔雅》最早著录于《汉书·艺文志》，但未载作者姓名。对于《尔雅》的写作年代及作者，历来说法不一。有人认为是西周初年周公旦所作，后来孔子及其弟子作过增补，有人认为是孔子弟子编写的。这种种说法都不可信。《尔雅》成书的上限不会早于战国，因为书中所用的资料，有的来自《楚辞》、《庄子》、《吕氏春秋》等书，而这些书是战国时代的作品。书中谈到的一些动物，如狻麑（即狮子），据研究，不是战国以前所能见到的。《尔雅》成书的下限不会晚于西汉初年，因为在汉文帝时已经设置了《尔雅》博士，到汉武帝时已经出现了犍为文学的《尔雅注》。

从《尔雅》的性质来看，它本是一部以解释五经的训诂为主，通释群书语义的训诂汇编。因为从春秋战国到西汉，几百年间，语言文字发生了很大的变化，一般人已经不大看得懂古书，需要有专门的学者来讲解。而汉代的统治者力图用儒家的经典来巩固自己的统治，于是尊《诗》、《书》、《礼》、《易》、《春秋》为五经，并设立五经博士，在官学里讲授经义。这就促进了训诂的繁荣。经学家们纷纷给先秦流传下来的儒家经典作注解，并随后把这些随文而释的各种典籍的注解汇集到一起，按照一定的体例分类编排起来。《尔雅》就是这样一部训诂汇编。它并非是一人一时之作，最初成书当在战国末年，是由当时一些儒生汇集各种资料而成。历经秦国战乱之后，这部书在汉代初年重新问世，又经过经师儒生的陆续增补，才成为今天所见到的《尔雅》。

《尔雅》全书收词语四千三百多个，分为两千零九十一个条目。它的词条是这样的：

木谓之华，草谓之荣，不荣而实者谓之秀，荣而不实者谓之英。（释草）

枞，松叶柏身。桧，柏叶松身。（释木）

有足谓之虫，无足谓之豸。（释虫）

鲲，鱼子。（释鱼）

舒雁，鹅。舒凫，鹜。（释鸟）

罴，如熊，黄白文。（释兽）

狗四尺为獒。（释畜）

在历史上，《尔雅》备受推崇。这是由于《尔雅》汇总、解释了先秦古籍中的许多古词古义，成为儒生们读经、通经的重要工具书。在汉代《尔雅》就被视为儒家经典，到宋代被列为十三经之一。事实上，《尔雅》并不是经，也不是某一部经书的附庸，它是一本独立的词典。人们借助于这部词典的帮助，可以阅读古籍，进行古代词汇的研究；可以了解古代社会，增长各种知识。《尔雅》在中国语言学史和词书史上都占有显著的地位。

《尔雅》首创的按意义分类编排的体例和多种释词方法，对后代词书、类书的发展产生了很大的影响。后人模仿《尔雅》，写作了一系列以“雅”为书名的词书，如《小尔雅》、《广雅》、《埤雅》、《骈雅》、《通雅》、《别雅》等等，而研究雅书又成为一门学问，被称为“雅学”。

从汉唐到清代，为《尔雅》作注的人很多。现存的最早最完整的注本是晋代郭璞的《尔雅注》。《十三经注疏》中的《尔雅注疏》采用的是郭璞的《尔雅注》和北宋邢昺的《尔雅疏》。清人研究《尔雅》的著作不下二十种，其中最著名的是邵晋涵的《尔雅正义》和郝懿行的《尔雅义疏》。今人注有徐朝华的《尔雅今注》，文字深入浅出、简明扼要，并附有笔画索引，最利于翻检、学习。

《方言》

《方言》一书的全称是《輶轩使者绝代语释别国方言》，作者扬雄（前53—18），字子云，西汉蜀郡成都（今四川成都）人。他是文学家、哲学家，又是著名语言学家。

《方言》不仅是我国语言学史上第一部对方言词汇进行比较研究的专著，在世界语言学史上也是一部开辟语言研究的新领域，独创个人实际调查的语言研究的新方法的经典性著作。

扬雄虽是我国第一部方言专著的编撰者，但方言调查的做法，在周秦时代就已存在了。扬雄给刘歆的信，东汉应劭的《风俗通义·序》中都谈到，周秦时代的每年八月，中央王朝都派出乘坐车輶车（一种轻便的车子）的使者到全国各地调查方言、习俗、民歌民谣。扬雄和应劭称这种人叫“輶轩之使”。政府通过了解各地方言，以了解各地的风土人情，加强中央王朝与地方上的联系。

扬雄大约在四十岁左右从老家到长安，以后一直在长安任职。这就使他有机会熟悉带有今天普通话性质的当时的“通语”，有机会接触来自各个方言区的人。在给刘歆的信里扬雄说，在长安时，他常常手握毛笔，携带白绢（写字用），向来自各地的孝廉和士卒询问各地方言异语，回到家里即加以整理排比。这样的实际调查工作，一直进行了二十七年之久。扬雄七十一岁时死在长安。他一生官位不高，家境素贫，很少有人到他门上造访。扬雄把他的后半生几乎全都奉献给了方言调查研究工作。扬雄的足迹虽只由蜀郡至长安，但他握笔携绢的记录工作，已开创现代方言调查的先河。

《方言》经东晋郭璞注释之后流传至今。今本《方言》计十三卷，大体轮廓可能仿《尔雅》体例，但卷内条目似不及《尔雅》严格有条理。大体上，卷一、二、三是语词部分，其中有动词、形容词，也有名词；卷四释衣服；卷五释器皿、家具、农具等；卷六、七又是语词；卷八释动物名；卷九释车、船、兵器等；卷十也是语词；卷十一释昆虫；卷十二、十三大体与《尔雅》的“释言”相似，往往以一词释一词，而没有方言词汇比较方面的内容，与前十卷大不相同。

《方言》一书所涉及的方言区域，东起齐鲁，西至秦、陇、凉州，北起燕赵，南至沅湘九嶷，东北至北燕、朝鲜，西北至秦晋北鄙，东南至吴、越、东瓯，西南至梁、益、蜀、汉，中原地区则几近包罗无余。由此我们可以考见汉代方言分布的大致区域，绘制出大致的方言地图。《方言》还为我们提供了研究汉代社会生活某些方面情况的资料。尤为重要的是，《方言》给我们提供了研究汉语发展史、汉语方言史、汉语词汇史、汉语音韵史的丰富资料。

《说文解字》

《说之解字》又简称《说文》，作者是东汉许慎。它是我国语言学史上第一部分析字形、说解字义、辨识声读的字典。同时，它是文献语言学的奠基之作。

《说文》全书共收单字九千三百五十三个，另有重文（异体字）一千一百六十三个，附在正字之末，把九千三百五十三个字分别归在五百四十个部首之中。

《说文》一书的突出贡献可以概括为以下四点：

1. 建立部首。这是许慎的重大创造之一。汉字是凭借形体来表示意义的，因此，对汉字义符加以分析，把所有汉字都按所属义符加以归类，这是汉字学家的工作，这项工作，由许慎最先完成了。《说文》一共分五百四十部，除了个别部首还可以合并与调整外，从总体上说都是合理的，都符合造字意图。许慎在安排五百四十部的次序上煞费苦心，把形体相近或相似的排在一起，这等于把五百四十部又分成若干大类，这可以帮助读者更深刻地理解义符，更正确地理解字义。这与后世从检字法角度的分部和按笔画多少分类迥然不同。

2. 训释本义。许慎之前的经学家为经典作注，都是随文而释，所注释的字（词）义，基本上是这个字在一定语言环境中的具体意义和灵活意义。许慎在《说文》中紧紧抓住字的本义，并且只讲本义（由于历史的局限，个别字的本义讲得不对），这无疑等于抓住了词义的核心问题，因为一切引申义、比喻义等都是以本义为出发点的，掌握了本义，就能够以简驭繁，可以推知引申意义，解决一系列有关词义的问题。此外，许慎在训释本义时，常常增加描写和叙述的语言，使读者加深对本义的理解，扩大读者的知识面，丰富本义的内涵和外延。

3. 对汉字形音义三方面分析。许慎在每个字下，首先训释词义，然后对字形构造进行分析。如果是形声字，在分析字形时就指示了读音；如果是非形声字，则常常用"读若某"、"读与某同"等方式标示读音。汉字是属于表义系统文字，是由最初的图画文字演变而来的，这样通过字形分析来确定、证实字义完全符合汉民族语言文字的一般规律。而语音是语言的物质外壳，文字不过是记录语言的符号，许慎深知"音义相依"、"义傅于音"的原则，所以在《说文》中非常重视音义关系，常常以声音线索来说明字义的由来，这为后世训诂学者提供了因声求义的原则。

4. 以六书分析汉字。在许慎之前，有仓颉依据六书造字的传说。现代文字学家认为，六书是对汉字造字规律的总结，而不是汉字产生之前的造字模式。在许慎之前，仅有六书的名称：象形、指事、会意、形声、转注、假借，没有具体阐述，更没有用来大量地分析汉字。许慎发展了六书理论，明确地为六书下定义，并把六书用于实践，逐一分析《说文》所收录的九千三百五十三个汉字，这在汉字发展史和研究史上有着承前启后、继往开来的重要意义，从而确立了汉字研究的民族风格、民族特色。

《说文》问世以后，也很快就引起当时学者的重视，在注释经典时常常引证《说文》。到了南北朝时代，学者们对《说文》已经有了比较完整、系统的认识。唐代科举考试规定要考《说文》。自唐代以后，一切字书、韵书及注释书中的字义训诂都依据《说文》。

《广雅》

《广雅》是我国最早的一部词典，《广雅》是仿照《尔雅》体裁编纂的一部训诂汇编，相当于《尔雅》的续篇，篇目也分为十九类，各篇的名称、顺序、说解的方式，以致全书的体例，都和《尔雅》相同，甚至有些条目的顺序也与《尔雅》相同。例如："释诂"的前六条是"始也"、"君也"、"大也"、"有也"、"至也"、"往也"，与《尔雅》完全相同。所不同的是，《广雅》取材的范围要比《尔雅》广泛。书取名为《广雅》，就是增广《尔雅》的意思。

《广雅》的作者是三国时魏人张揖。张揖，字稚让，清河（今河北临清县）人，在魏明帝太和年间（227—232 年）任博士。他是一个博学多闻，精通文字训诂的学者。

因为《尔雅》以解释五经的训诂名物为主，所收集的训诂还不够完备，而由西汉初到三国，已经四百多年，由于生产和文化的进步，语言和文字都有了新的发展，不见于《尔雅》的新词、新义、新字日益增多，所以社会需要新的语言文字著作。张揖编著《广雅》正适应了社会的这种需要。

《广雅》原书分为上中下三卷，总计一万八千一百五十字。拿《广雅》和《尔雅》相比，多出七千多字。从条目来看，前三篇中“释诂”篇幅最长，计有八百零九条，比《尔雅·释诂》多出六百多条。后十六篇中“释器”篇幅最长，计有三百五十九条，比《尔雅·释器》多出二百多条。

《广雅》是在《尔雅》后出现的“雅”书中最有价值的一部训诂词典。《广雅》书中收录了不见于《尔雅》的许多词语，其中包括汉魏以前经传子史的笺注，以及《三苍》、《方言》、《说文》等字书当中的训诂，为后人考证周秦两汉的古词古义提供了非常宝贵的资料。

《广韵》

韵书是一种按韵编排的字典。《广韵》是现今保存最完整的、最古老的、也是最重要的一部韵书。它完整而详细地记录中古的（从南北朝到宋末）语言系统，今天的学者可以依据《广韵》确知中古语音的声母、韵母及声调情况。学者还以《广韵》为桥梁，上推古音（两汉以前的语音）、下证今音（现当代语音）。所以说《广韵》是研究汉语语音史、研究当代汉语方言不可缺少的典籍。另外，作为韵书，从它问世的那一天起，一直起着供文人写作诗文查找韵字及辨析字音、字形、字义的作用。

《广韵》是北宋陈彭年、邱雍等人奉旨编撰的，成书于大中祥符元年（1008 年），一说成书于景德四年（1007 年）。书成后皇帝赐名为《大宋重修广韵》，简称《广韵》。《广韵》是宋代的官韵，也是我国第一部官修的韵书。《广韵》是在《切韵》、《唐韵》基础上增广而成的。要了解《广韵》，应先对《切韵》、《唐韵》有所了解。《切韵》是隋陆法言编撰的，成书于仁寿元年（601 年）。

参加讨论该书编写原则的有刘臻、颜之推、魏渊、卢思道、李若、萧该、辛德源、薛道衡八人，在当时他们都是地位很高的学者和文人。在审音上萧该、颜之推起的作用最大。二十年以后，陆法言根据讨论的大纲编成《切韵》。

据学者考证，陆法言《切韵》共一百九十三韵，全书按四声分五卷，平声分上下两卷，上去入各一卷。平声五十四韵，上声五十一韵，去声五十六韵，入声三十韵。共收一万一千字左右。

《切韵》到了唐代，更名为《唐韵》，除了增字加注外，语音体系没有什么变化。《广韵》就是在《切韵》、《唐韵》的基础上增广而成。

《广韵》分二百零六韵，比《切韵》增加十三韵。虽然增了韵数，语音体系并没有发生变化，因为增加的韵只是把某些包含两个韵母的韵析成两韵。《广韵》收单字两万六千一百九十四字，比《切韵》增加1.5倍。注文十九万一千六百九十二字，比原本《切韵》增加若干倍。《广韵》注文引证丰富，使韵书具有一般字典或辞典的作用。

《四书集注》

朱熹（1130—1200），南宋理学家、文学家。字元晦，一字仲晦，号晦庵，婺源（今江西婺源）人。他被视为理学正宗，为理学之集大成者，对后世影响很大，著有《四书集注》、《周易本义》、《楚辞集注》等。

“四书”指的是《大学》、《中庸》、《论语》、《孟子》这四部书。将这四部书合为一书，始于朱熹的《四书集注》。在编排次序上，首列《大学》，次列《论语》和《孟子》，最后列《中庸》。他的意图是要人先读《大学》，以定其规模；次读《论语》，以立其根本；次读《孟子》，观其发越；次读《中庸》，以求古人微妙之处。《大学》被朱熹视为修身治国的规模和为学的纲目。对孔孟形象及其精神的重塑与发挥，对中国传统文化的汇聚和提炼，朱熹的功劳不可磨灭。《四书集注》就是他重塑孔孟形象、发挥儒家精神、宣传理学道义的最简要、最普及、最权威的一部教科书。因此，有人说它的地位几乎和欧美的《圣经》、阿拉伯国家的《古兰经》相等。

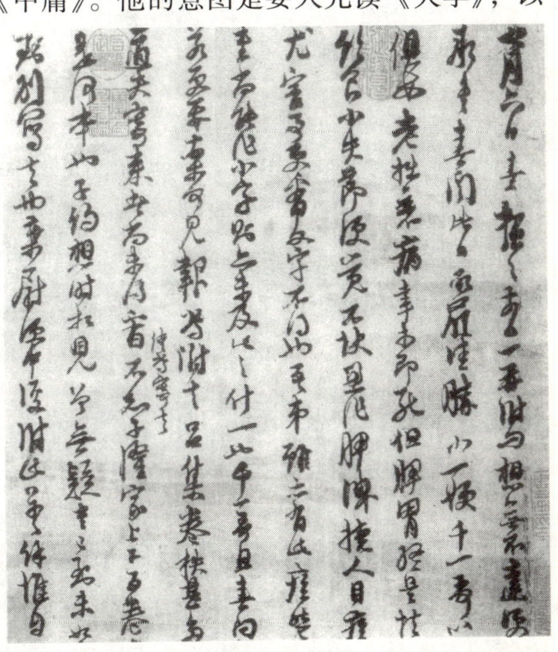

朱熹墨迹

朱熹几乎用了毕生精力研

究"四书"。他在三十四岁时写成了《论语要义》，十年后又写成《论语正义》，之后又写《论语集注》、《孟子集注》、《论语或问》、《孟子或问》。六十岁时，他撰写《大学章句》、《中庸章句》，之后还写了《大学或问》、《中庸或问》。他在临死前三日还修改《大学·诚意章》的注释。"四书"经过他的反复研究，颇为完整，条理贯通，无所不备。"四书"在南宋以后之所以能代替"五经"的权威，与朱熹的努力是分不开的。

在注释方式上，朱熹不同于汉唐学者的作风。汉唐学者注释，注重经书的原本，文字的训诂和名物的考证分量很重，做法繁琐。朱熹注释则注重阐发"四书"中的义理，并往往加以引申和发挥，其意已超出"四书"之外。总之，朱熹注释"四书"，目的不仅仅是整理和规范儒家思想，宣扬和贯彻儒家精神，更主要的是把"四书"纳入到自己的理学轨道，用"四书"中的哲理作为构造自己整个思想体系的框架。从这个意义上说，《四书集注》不仅是儒家学说的大成，而且是朱熹儒学体系的基础，对中国传统文化的传承具有积极而巨大的贡献。

史　部

什么是正史

正史，史籍类别之一。按照《四库全书总目》的说法，最早将"正史"作为史籍类名的，是《隋书》。作为唐代的官修史书，《隋书》代表的是官方意见，也就是说，它是被官方认定的"正统"史籍。"正史"究竟有多少，历代说法不同，宋代有"十七史"；明代有"二十一史"；到了清代，乾隆皇帝钦定"二十四史"，即《史记》、《汉书》、《后汉书》、《三国志》、《晋书》、《宋书》、《南齐书》、《梁书》、《陈书》、《魏书》、《北齐书》、《周书》、《隋书》、《南史》、《北史》、《旧唐书》、《新唐书》、《旧五代史》、《新五代史》、《宋史》、《辽史》、《金史》、《元史》、《明史》，北洋政府时又增《新元史》为"正史"，于是又有"二十五史"一说。至近代，《清史稿》也被加入。由于变化不断，有人感叹道："一部二十四史。不知从何说起。"在如上"正史"中，除了《史记》、《南史》、《北史》等为通史外，其余大都为断代史，以纪传体的方式行文。在纷纭的各类史籍中，"正史"的内容相对最为可靠，虽然其中不乏曲笔或隐讳，但权威性不减，原因是，它们成文依据的材料一般都是最为原始、全面的。除此之外，编修“正史”的学者多是当时一流的专家，这对“正史”也是质量上的保障。另外值得一说的是，唐代以后的“正史”多为官方修订，并多由当朝宰相（或其他当权者）挂名，负责对一些敏感问题定夺、拍板，这亦是统治者操纵史笔的一种方式。

什么是杂史

杂史，史籍类别之一。“杂史”，顾名思义，其收录的内容非常驳杂，不仅形式杂，内容也杂，如先秦两汉时期的史籍《国语》、《战国策》、《逸周书》、《竹书纪年》、《穆天子传》、《山海经》、《列女传》、《风俗通义》，科技史籍《齐民要术》、《农政全书》、《天工开物》，学术类史籍《宋元学案》、《明儒学案》、《汉学师承记》，传记史籍《高僧传》、《碑传集》，地理方志类史籍《水经注》、《大唐西域记》、《大清一统志》、《四川通志》等，都可归入“杂史”。其他如笔记、考辨及各种类书、目录书等，也都被收录进“杂史”。“杂史”大多为私家撰述，偶尔也有官修的。其体例没有“正史”严谨、系统，多掌故性质，有闻辄录，忌讳较少。正因如此，“杂史”才保存下了许多珍贵的史实旧闻，成为今天难得的史料。

什么是别史

别史，史籍类别之一。是官定“正史”之外有体例、系统、组织的史书典籍。一般来说，“别史”与“正史”较容易区分，就在于是否经过官方认定。最容易混淆的是“别史”与“杂史”，近人张之洞在《书目答问》中，以“关系一朝大政者入别史，私家记录中多碎事者入杂史”作为两者的区分；该分法基本上被学界认可。前面说过，记录“正史”的体裁只限于纪传体，而“别史”则形形色色，有纪传体，如《续汉书》；有编年体，如《资治通鉴》；有典志体，如《通典》、《通志》；有纪事本末体，如《宋史纪事本末》；有实录体，如《明实录》、《清实录》；还有会要体，如《唐会要》、《宋会要》等，种类繁多。由此可见，“别史”无论从内容，还是行文体裁，都比“正史”要丰富，其史学价值是很高的。

什么是野史

野史，即古代私家撰写的杂史，是一种口语化的称谓，不属于目录学上的标准分类。之所以称“野史”，主要是针对官方钦定的“正史”而言。就内容来说，多为作者道听途说或耳闻目睹的一些逸闻趣事，文字多涉历史掌故。“野史”并不都是信史，传疑传信，风格有的近于“小说家言”，因此又有“稗官野史”一称。其为私家撰述，少有忌讳，很多人们在“正史”中难得一见的事件，在“野史”中往往可以寻到蛛丝马迹，甚至详细描述，如宋太祖“烛影斧声”之谜，明清两代的“文字狱”，雍正帝的死因等，在“野史”中都有记载，可供后人参考、分析。相对于“正史”、“别史”的“正襟危坐”，“野史”能够让人们更多地看到有关官场、宫闱的秘闻，社会生活的细枝末节，风土人情的变迁及生活中的悲欢离合等，形形色色，不一而足。“野史”，是今人了解过去的一扇重要窗口。鲁迅先生就对“野史”非常看重，他甚至认为，要想真正了解中国的历史，就必须多读历代“野史”，对“正史”不能完全听信。简而言之，“野史”的价值不菲，它为后世读者提供的是解读历史的另一种角度。

什么是纪传体

纪传体，记录“正史”所用的体裁。“纪”指“帝王本纪”，主述帝王事迹。“传”指“列传”，叙述人臣事迹。纪传体，就是以人物为记述中心从而展现一代或历代历史的体裁，由西汉司马迁始创。

司马迁著《史记》，将先秦史籍如《禹本纪》、《尚书》、《周谱》、《世家》、《穆天子传》、《帝王诸侯世谱》等所采用的各色体裁熔冶一炉，成“本纪”、“表”、“书”、“世家”、“列传”等五大部分，记载从三皇五帝至西汉武帝时期的一段通史。对于《史记》所采用的纪传体，清代史学家赵翼曾评说：“司马迁参酌古今，发凡起例，创为全史。本纪以序帝王，世家以记侯国，十表以系时事，八书以详制度，列传以志人物。然后一代君臣政事，贤否得失，总汇于一编之中。自此例一定，历代作史者，遂不能出其范围，信史家之极则也。”具体来说，“本纪”，以历代帝王为中心，为全书的总纲，按时间记录帝王事迹，实际上也是编年的全国大事记；“表”，谱列帝王、诸侯、贵族、将相大臣的世系、爵位及相关的政治活动；“书”，以事件为纲，记载经济、水利、天文、地理、礼乐、律法等的具体情况和典章制度；“世家”，记载诸侯列国和有特殊地位及影响的历史人物，如孔子、陈涉（即陈胜）等；“列传”，有专传和类传之分，记载历代名人、三教九流的事迹及异族他国的一些概况，某些“列传”收录庞杂，被认为是后代史书《四夷传》和《外国传》的滥觞之作。

以后出现的《汉书》、《后汉书》等，基本都沿用了《史记》的体例，《汉书》稍作修改，将“本纪”改称“纪”，“列传”改称“传”，“书”改称“志”，“世家”不录，从而形成了“纪”、“传”、“表”、“志”四位一体的结构。

什么是编年体

编年体是我国古代史书体裁之一。它是最早存在的史书体裁，先秦史籍使用的就是这种体裁。它以年代来编排史事，故称“编年体”。

《春秋》是我国传世最早的编年体史书，它以年月日来记录、编排史事。另外一部先秦史籍《竹书纪年》使用的也是编年体。此后如汉代荀悦的《（前）汉纪》、晋代袁宏的《后汉纪》、宋代司马光的《资治通鉴》都是编年体；《通鉴》续书自然也都是编年体。此外，历代实录、起居注使用的也是这种体裁。

编年体以时间为线索叙事的方式，最为切近历史事件本身发生、发展的规律，所以此类史书能从时间上展现给人完整的历史面貌，线索分明。但这种体裁由于同一时间既要叙述此事，又要叙述彼事，一时间千头万绪，势必打断某一事件的连续性，造成事件的前后割裂、首尾不连贯，甚至是支离破碎。此外，这种体裁也难以把人物的生平事迹和典章制度的来龙去脉原原本本地叙述清楚。

什么是纪事本末体

纪事本末体，历代“别史”所采用的体裁之一。其以历史事件为纲，记事前后连贯，条理分明，由南宋袁枢始创。谈纪事本末体，必要提及北宋司马光的《资治通鉴》。《资治通鉴》以编年体的形式，叙述了从周威烈王二十三年（公元前403年）至后周显德六年（公元959年）的历史，规模宏大，卷帙浩繁。其往往关于一件史事的记载“隔越数卷，首尾难稽”，读者难以看完一件事的本末。《资治通鉴》成后，就连司马光本人也不无遗憾地说：“修《通鉴》成，惟王胜之借一读，他人读未尽一纸，已欠伸思睡。”其不足明显。到了南宋，袁枢突发奇想，将《资治通鉴》按年记载之事，摘抄在一起，自成一个单元，这样就将编年体的《资治通鉴》改编为以二百三十九个事件为中心的《通鉴纪事本末》。如秦灭六国、豪杰亡秦、高帝灭楚、三家分晋、匈奴和亲等，各事件均从始至终，连贯而有条理。袁枢的一时突发奇想、剪裁拼凑，不意竟开创了一个全新的体裁编纂模式：纪事本末体。它最大的优点是将繁杂的历史作了归纳、整合，将陈述治乱兴衰的《资治通鉴》故事化、人性化，非常契合读者的阅读习惯，因此《通鉴纪事本末》一成书，立即广为流传。此后，这一全新的体裁发展得蔚为大观，陆续有《左传纪事本末》、《宋史纪事本末》、《元史纪事本末》、《西夏纪事本末》、《辽史纪事本末》、《金史纪事本末》、《明史纪事本末》、《清史纪事本末》等问世。也就是说，从袁枢之后，中国几千年的历史，都有了"纪事本末"版。

什么是典志体

典志体，以典章制度为中心的史籍体裁之一。在东汉以前（含东汉），有很多非独立成书的典章制度专史，如《史记》中有"八书"，《礼书》、《乐书》、《律书》、《历书》、《天官书》、《封禅书》、《河渠书》、《平准书》等，较系统地记述了汉武帝之前历代典章制度的概况。《汉书》中则有"十志"，《律历志》、《礼乐志》、《刑法志》、《食货志》、《郊祀志》、《天文志》、《五行志》、《地理志》、《沟洫志》、《艺文志》等，较之《史记》的记录更加丰富。

东汉以后，与典章制度有关的专史开始出现，如《汉宫仪》（应劭）、《汉旧仪》（卫宏）、《皇典》（丘仲孚）、《政礼》（何胤）等。到了唐代，编纂之风一度盛行，典志书籍如雨后春笋，像《唐六典》（李林甫）、《稽典》（唐颖）、《太宗政典》（李延寿）、《通典》（杜佑）等，都为典章制度专史。其中，杜佑的《通典》的意义非同一般，它创立了一种全新的史籍编纂体裁，即"典志体"（也称为"政书体"），也是我国第一部通史式的典章制度专史。其上起传说中的黄帝，下迄唐天宝年间，跨越千余年。

到了南宋时，学者郑樵则别出心裁，编纂了一部纪传体的《通史》（后改名《通志》）。《通志》并非典章制度专史，但后世史家亦颇为看重，将其与《通典》及元代的《文献通考》并称"三通"。到了清朝乾隆年间，朝廷还特设"三通馆"，组织学者续编"三通"，先后成书《续通典》、《续通志》、《续文献通考》（简称"续三通"）、《清通典》、《清通志》、《清文献通考》（简称"清朝三通"）。原"三通"加上此"六通"再加上民国时刘锦藻的《清朝续文献通考》，我们今天能看到的共有"十通"。这些典志体史书是今人了解古代典章制度及其演变必不可少的资料。

什么是会要体

会要体，典志史籍的体裁之一，是会聚朝廷典章制度之要的断代专史

（或说是典志体的断代专史），始创于唐德宗年间。《旧唐书·苏冕传》载：“（苏）冕缵国朝政事，撰《会要》四十卷，行于时。”苏冕编纂的《会要》，从唐高宗叙至唐代宗，共历九朝。到唐宣宗时，崔铉等人又修撰了《续会要》四十卷，增添了唐德宗至唐宣宗共七朝的事迹。北宋初，学者王溥在前代两部会要的基础上，新编《唐会要》一百卷，后又编成《五代会要》。“会要体”更趋完善。宋代之后，官方都要组织人力编修本朝的“会要”，如《宋会要》、《元经世大典》、《明会典》、《清会典》等。除了官方修纂外，也有学者根据前代的史书和文献，私修各代“会要”，如南宋的《西汉会要》、《东汉会要》（徐天麟纂），明代的《七国考》（董说纂），清代的《春秋会要》（姚彦渠纂）、《秦会要》（孙楷纂）、《三国会要》（杨晨纂）、《西晋会要》（朱铭盘纂）和《南朝会要》（朱铭盘纂）等。由于修纂会要之风盛行，至清代，各朝“会要”已基本齐备。从内容来说，“会要”之书一般分十五个左右的大门类，下系百余子条目，载有政治、经济、军事、外交、法律、教育、礼乐、文化等各方面的制度及沿革概况，其功用类似于工具书和汇编类书籍，是后人研究古代典章制度的重要参考。

什么是学案体

学案体，记述学术源流的史书体裁，始创于明末清初。黄宗羲、全祖望等撰著《明儒学案》、《宋元学案》即为学案体代表作。学案体史书实为学术思想史专著，也是继编年体、纪传体、纪事本末体、典志体等主要史书体裁之后出现的又一新的史书体裁。其体例为：每学案前先设一表，备举师友弟子，标明学派渊源及传授系统。每一案主均立小传，叙其生平概况及学术宗旨。对案主学术论著，均一一注明出处，材料采选颇为广泛，为深入研讨其学术思想提供方便。案主小传后，另有附录，载其遗闻轶事。亦附时人及后学之评论，备录其短长得失，以供后学自行判断。为后学研究断代或历代学术思想史及沿革，提供了翔实可靠的文献资料。

什么是起居注

起居注是古代记载帝王言行、兼记朝政大事的日记体史册。它是一种完全纪实的记录册，算不上史书。

起居注的源头可以上溯到周代，当时史官对天子言行的记录就类似于起居注。起居注的正式名称始于汉代，西汉武帝时有《禁中起居注》，东汉明德马皇后自撰有《明帝起居注》，但都是由内官写成的。魏晋以后，开始设立专官记注，以后历代沿袭。不过，历代起居注大多已经散佚，留传下来的只有唐初温大雅的《大唐创业起居注》，以及明代的一些零散片断；只有清代的保存较为完整，今存约一万余册，起于康熙十年（1671）九月，迄于宣统二年（1910）十二月（中间亦有散佚）。

起居注是当时人记当时事，且有相应的规制，保证记注无遗，所载史实一般翔实可靠，是纂修实录和正史的原始材料，具有重要的史料价值。帝王逝去后，史官即根据“起居注”编纂成“实录”，“实录”完成，“起居注”立即烧毁。因此历代的“起居注”后世都见不到。即使在当时，“起居注”由于事关皇帝的点滴言行，也是被严格收藏的，就连皇帝本人也不能阅览。这样做，无非是想保证“起居注”的真实性，还原历史的本来面目。

《资治通鉴》上曾记了这样一段事。唐太宗时，负责撰写“起居注”的官员是褚遂良。有一次，唐太宗很想看“起居注”，就对褚遂良说：“卿犹知‘起居注’，所书可得而观乎?”褚遂良立即拒绝：“史官书人君言动，备记善恶，庶几人君不敢为非，未闻自取而观之也。”唐太宗又问：“朕有不善，卿亦记之耶?”褚遂良答道：“臣职当载笔，不敢不记。”

到了宋代以后，“起居注”就必得皇帝本人过目才行了。由此，史官的忌讳越来越多，行事谨小慎微，不敢有闻必录，只是采录敕旨，“起居注”的真实性也就随之大打折扣了。

什么是实录

实录是我国古代记载皇帝在位期间重要史实的资料性史书，其体裁也称“实录体”。它按时间编年记录，因此也属于编年体史书。一般以所记皇帝的谥号或庙号为书名标志，如唐《顺宗实录》、清《世祖章皇帝实录》。也有以王朝命名的合刊本，如《明实录》、《清实录》。

实录体史书在南北朝时期已经形成。《隋书·经籍志》卷二就著录有周兴嗣撰《梁皇帝实录》，记载南朝梁武帝时史事，但未能流传下来。唐代以后，实录均由官修，前一位皇帝去世，即由新皇帝诏令史臣撰修先皇实录。此后历代相沿，成为定制，而且愈来愈详尽。至清末，历代各朝共纂修实录达一百一十余部。可惜大多已经失传，今天所能见到的只有明、清两代的全部，此前所存的极少。

实录为一朝官方史料的总汇，具有较高的史料价值。由于根据档案及起居注等原始资料编撰，所记历史事件在人物、时间、地点及主要情节方面大都有史实根据，比较可信。不过，由于皇室时有重修乃至窜改（尤其是清前期）之事，故实录也有不实之处。实录修成后，草稿焚毁，抄本一般藏在宫禁之中，秘而不宣，只有朝廷敕修史书时，史臣们才得以阅览使用，且不能带出、传抄。

什么是方志

方志是一种传统的史地类书籍，也叫地志、地方志、志书。它以地区为主，综合记录该地自然和社会方面的有关历史与现状；此外，专门记载名山大川、城池都邑、寺庙宫观、名胜古迹、风土人情的书籍，也可以归入此类之中。按传统的分类法，此类书籍归史部。

方志起源很早，《周礼·春官》就有“外史”“掌四方之志”的说法。方志起源于古地理书，如《山海经》、《禹贡》。秦汉魏晋南北朝时期是方志的形成阶段，内容侧重于地理方面，名称多为“地志”、“志记”。现存第一部比较完整的方志书《越绝书》（相传为东汉袁康所撰），就出现在这个时期。此后各代，修志日多，至清而达到全盛。

我国地方志数量庞大，种类繁多。就所写地域范围而言，可分为全国性总志和地区性方志两类；而后一类除省志（一般称“通志”）、府志、县志之外，还有更小行政区划的乡村镇志、里坊志，专门行政（或军事、经济）单位的志书，如卫所司志、边关志、盐井志等，也属此类。就所写内容的范围而言，可分为通志和专志，通志即一般意义上的志书，内容包括该区域各方面的内容；而专志则是记述某一专门内容的志书，如山川、寺庙、都邑、人物、风土等等。

什么是类书

类书，即分类编排各种资料以供检索之用的工具书，与近代的“百科全书”类似。书分若干部（如天文、地理、职官、帝王、服饰等），下设若干子目（如“天”部之下，又细分日、月、星、云、雾、雨、雷等）。每个子目下都有依次罗列的古书中的各种资料。我国的类书起源很早，早在三国曹魏时，文帝曹丕即召集群儒编排《皇览》，被誉为“类书”的滥觞之作。此后，编纂类书蔚然成风，如南北朝时的《古今注》（崔豹纂）、《集林》（刘义庆纂）、《四部要略》（萧子良纂）、《类苑》（刘孝标纂）等，可惜多已失传。唐宋以后，官方编纂类书成为惯例，留下了诸如《艺文类聚》、《初学记》、《太平御览》、《太平广记》、《册府元龟》、《永乐大典》、《古今图书集成》等熠熠生辉的名著。值得一提的是，官方编纂类书一般都是在开国之初，这与在政治上拉拢、安抚前朝旧臣有很大关系；士大夫往往有“编书情结”，朝廷则正好将这些影响颇大的饱学之士收罗在自己身旁，为己所用。抛开统治者的种种盘算，类书的功用是非常实在的，比如人们想查某一个掌故，只要翻开对应的丛书，检索到词条，就可以看到相关的种种记载了，很丰富也很方便，因此颇受古代学者钟爱。

什么是丛书

丛书，即将独立的著作汇刻或汇编成集。“丛书”之名，最早出现于明代。现今发现最早的丛书，是南宋宁宗嘉泰元年（1201）编刻的《儒学警悟》，收宋人著作六种。编刻的丛书在清代最为兴盛，除了官修的《四库全书》外，私家汇刻的各种丛书也极其丰富，专门性的丛书如《十三经注疏》、《宋六十名家词》、《二十四史》等；综合性的丛书如《知不足斋丛书》等；以区域划分的丛书如《畿辅丛书》、《安徽丛书》等；以朝代为限的丛书如《汉魏丛书》、《唐宋丛书》等；以个人著作汇编而成的丛书如《船山遗书》（王夫之）、《章氏遗书》（章学诚）等。到了民国时，汇刻的古籍丛书仍然很多，如《四部丛刊》、《四部备要》、《丛书集成初编》等。丛书有其绝佳的好处，首先它给学者提供了阅览的方便，另外使很多古籍善本得以完存。比如说，汉魏的古书也好，唐宋的野史、杂著，明清的别集、笔记也罢，有的没有单行本，有的虽有却早已失传，十分稀有；而另外一些篇幅短小或尚未完成的作品，很难单独刊印，但有了丛书之后，它们夹杂其间，得以保存了下来。目前，我国尚存的各类古籍丛书有两千七百九十多种，历经岁月洗礼，弥足珍贵，为后人研究古典文化提供了宝贵的资源。

《国语》

《国语》为国别体史书，相传为春秋时左丘明所撰，现一般认为是先秦史家编纂各国史料而成。全书共二十一卷，分《周语》、《鲁语》、《齐语》、《晋语》、《郑语》、《楚语》、《吴语》、《越语》八个部分，《晋语》最多。全书起自周穆王，终于鲁悼公，以记述西周末年至春秋时期各国贵族言论为主，因其内容可与《左传》相参证，所以有《春秋外传》之称。

《国语》的思想比较复杂。它重在纪实，所以表现出来的思想也随所记之人、所记之言不同而各异。如《鲁语》记孔子语则含有儒家思想；《齐语》记管仲语则谈霸术；《越语》写范蠡功成身退，带有道家色彩。《国语》与《左传》、《史记》不同，作者不加“君子曰”或“太史公曰”一类评语。所以作者的主张并不明显，比较客观。

就文学价值说，《国语》虽不及《左传》，但比《尚书》、《春秋》等历史散文有所发展和提高，主要表现为：作者比较善于选择历史人物的一些精彩言论，来反映和说明某些社会问题。如《周语》“召公谏弭谤”一节，通过召公之口，阐明了“防民之口，甚于防川”的著名论题；在叙事方面，亦时有缜密、生动之笔，如《晋语》记优施唆使骊姬谗害申生。《吴语》和《越语》记载吴越两国斗争始末，多为《左传》所不载，文章波澜起伏，为历代传诵之名篇。

《战国策》

《战国策》简称《国策》，记载了从公元前452年（周贞定王十七年）到公元前216年（秦始皇三十一年）前后共二百三十四年的史实。全书分东周、西周、齐、秦、楚、赵、魏、韩、燕、宋、卫、中山等十二国策，三十三卷，十七万字。因为主要是叙述战国时期谋士周游各国或互相辩论时提出的政治主张和斗争策略，故名《战国策)。此书在一定程度上反映了当时复杂的政治斗争和社会现实，对研究战国时期的历史很有参考价值。

《战国策》着重记述战国纵横家的言论和行动，表现他们的才能和辩智，宣扬士人在历史上的作用，对凭借口舌乃至以权诈猎取功名利禄的行径也直言不讳。虽然《战国策》中也包罗了儒、道、墨、法诸家的思想，但就全书的主要倾向看，它主要反映了纵横家的思想，是部典型的“战国纵横家书”。

《战国策》继承并发扬了《左传》、《国语》的传统，对后世史传散文和政论文的发展有着深远的影响，在文学史上占有重要地位。主要表现在以下几个方面：

善于写游说之辞。《左传》即以长于辞令著称，《战国策》的策士更是辩才无碍，铺张扬厉，气势奔放，酣畅淋漓。苏秦、张仪游说各国的许多长篇大论就是典型的代表。

善于刻画人物。同《左传》的一般只能用片段的情节和简约的文字点染人物相比，《战国策》的许多篇章情节更为曲折，故事更为完整，人物形象更为丰满。如《苏秦始将连横说秦惠王》通过苏秦前贫贱后富贵，家人前倨后卑的鲜明对比，把朝秦暮楚、变化无常的策士形象，刻画得鲜明生动。《荆轲刺秦王》通过错综复杂的情节安排，感人的细节描写，无不写得有声有色，令人难忘。这类作品，显示了由《左传》编年体向《史记》纪传体的过渡。

善于取譬设喻。运用比喻和寓言说明抽象的道理，是诸子散文的共同特点，而《战国策》由于是策士用于游说的辅助，使对方易于理解和接受，在取譬的浅显通俗、巧妙机警方面表现得更为突出。邹忌以自己受到妻、妾、客的蒙蔽为例，说服齐王广开言路，虚心纳谏，就是用浅显、警策的比喻说明深刻的道理。此外像“画蛇添足”、“狐假虎威”、“鹬蚌相争”、“南辕北辙”、“惊弓之鸟”等寓言，浅显通俗，巧妙奇警，千百年来脍炙人口，流传不衰。

“二十四史”

“二十四史”，中国古代各朝撰写的二十四部史书的总称。它上起传说中的黄帝（前2550年），止于明朝崇祯十七年（1644年），计两千二百一十三卷，约四千万字，用统一的有本纪、列传的纪传体编写。

“二十四史”称法有其形成的历史。三国时社会上已有“三史”之称。“三史”通常是指《史记》、《汉书》和东汉刘珍等写的《东观汉记》。《后汉书》出现后，取代了《东观汉记》，列为“三史”之一。“三史”加上《三国志》，称为“前四史”。历史上还有“十史”之称，它是记载三国、晋朝、宋、齐、梁、陈、北魏、北齐、北周、隋朝十个王朝的史书的合称。后来又出现了“十三代史”，“十三代史”包括了《史记》、《汉书》、《后汉书》和“十史”。

到了宋代，在“十三史”的基础上，加入《南史》、《北史》、《新唐书》、《新五代史》，形成了“十七史”。明代又增以《宋史》、《辽史》、《金史》、《元史》，合称“二十一史”。清朝乾隆初年，刊行《明史》，加先前各史，总名“二十二史”。后来又增加了《旧唐书》，成为“二十三史”。从《永乐大典》中辑录出来的《旧五代史》也被列入。乾隆四年（1739年），经乾隆皇帝钦定，合称“二十四史”，并刊“武英殿本”。1920年，柯劭忞撰《新元史》脱稿，民国十年（1921年）大总统徐世昌以《新元史》为“正史”，与“二十四史”合称“二十五史”。但也有人不将新元史列入，而改将《清史稿》列为二十五史之一。或者，如果将两书都列入正史，则形成了“二十六史”。

“二十四史”名称及编著者如下：

《史记》，西汉，司马迁。《汉书》东汉，班固。《后汉书》，南朝，范晔。《三国志》，西晋，陈寿。《晋书》，唐朝，房玄龄等。《宋书》，南朝梁，沈约。《南齐书》，南朝梁，萧子显。《梁书》，唐朝，姚思廉。《陈书》，唐朝，姚思廉。《魏书》，北齐，魏收。《北齐书》，唐朝，李百药。《周书》，唐朝，令狐德棻等。《隋书》，唐朝，魏征等。《南史》，唐朝，李延寿。《北史》，唐朝，李延寿。《旧唐书》，后晋，刘昫等。《新唐书》，宋朝，欧阳修、宋祁。《旧五代史》，宋朝，薛居正等。《新五代史》，宋朝，欧阳修。《宋史》，元朝，脱脱等。《辽史》，元朝，脱脱等。《金史》，元朝，脱脱等。《元史》，明朝，宋濂等。《明史》，清朝，张廷玉等。

《史记》

《史记》，司马迁著，约成书于前104年至前91年，早称“太史公记”、“太史公书”、“太史公传”，后人因“太史公记”而省略成《史记》。近人梁启超称赞这部巨著是“千古之绝作”。鲁迅誉之为“史家之绝唱，无韵之《离骚》”。

《史记》是我国史学上一个划时代的标志，是一部“究天人之际，通古今之变，成一家之言”的伟大著作。全书包括本纪、表、书、世家和列传，共一百三十篇，五十二万六千五百字。“本纪”除《秦本纪》外，叙述历代最高统治者帝王的政绩；“表”是各个历史时期的简单大事记，是全书叙事的联络和补充；“书”是记载历代朝章国典，以明古今制度沿革的专章，分别叙述天文、历法、水利、经济、文化、艺术等方面的发展和现状，与后世的专门科学史相近；“世家”主要叙述贵族侯王的历史；“列传”主要是各种不同类型、不同阶层人物的传记，少数列传则是叙述国外和国内少数民族君长统治的历史。

陕西韩城太史祠全景

《史记》就是通过这样五种不同的体例和它们之间的相互配合和补充而构成了完整的体系，上自黄帝，下至武帝太初（前104—101年）间，全面地叙述了我国上古至汉初两千年来的政治、经济、文化多方面的历史发展，是我国古代历史的伟大总结。

《史记》的诞生，是中国文化史上的一件大事，就中国史学的具体发展而言，《史记》的贡献巨大：第一，《史记》开创了“纪传体”体例，建立杰出的通史体裁，是中国史学史上第一部贯通古今，网罗百代的通史名著。第二，秉笔直书的史学传统，所谓秉笔直书，就是史学家必须忠于历史史实，既不溢美，也不苛求，按照历史的本来面貌撰写历史，反对那种“誉者或过其失，毁者或损其真”的做法。第三，建立了史传文学传统，司马迁的文学修养深厚，其艺术手段特别高妙。往往某种极其复杂的事实，他都措辞非常妥帖，秩序井然，再加以视线远，见识高，文字生动，笔力洗练，感情充沛，信手写来，莫不词气纵横，形象明快，使人惊呼击节，不自知其所以然。

历代注释和评价《史记》的书很多，其中最有影响的是俗称“三家注”的刘宋时裴骃《史记集解》、唐司马贞《史记索隐》、唐张守节《史记正义》。

《汉书》

《汉书》，班固著。班固（公元32—92年）字孟坚，东汉扶风安陵（今陕西省咸阳市东）人。《史记》只写到汉武帝的太初年间，因此，后有刘向、刘歆、扬雄等人为它编写续篇。班固的父亲班彪（公元3—54年）对这些续篇感到很不满意，遂“采其旧事，旁贯异闻”为《史记》“作《后传》六十五篇”。班彪死后，年仅二十几岁的班固，整理父亲的遗稿，决心继承父业，着手编撰《汉书》。不久，班固因以“私改作国史”被告发入狱，后授兰台令史而得续作。班固死后，他妹妹班昭学问精深，完成第七表《百官公卿表》，第六志《天文志》。《汉书》一书出于班氏三人，始于汉高帝刘邦元年（前206年），终于王莽地皇四年（23年），包括本纪十二篇，表八篇，志十篇，列传七十篇，共一百篇，后人划分为一百二十卷。

《汉书》的体例与《史记》相比，已经发生了变化。《史记》是一部通史，《汉书》则是一部断代史。《汉书》把《史记》的“本纪”省称“纪”，“列传”省称“传”，“书”改曰“志”，取消了“世家”，汉代勋臣世家一律编入传。《汉书》新增加了《刑法志》、《五行志》、《地理志》、《艺文志》。《刑法志》第一次系统地叙述了法律制度的沿革和一些具体的律令规定。《地理志》记录了当时的郡国行政区划、历史沿革和户口数字，有关各地物产、经济发展状况、民情风俗的记载更加引人注目。《艺文志》考证了各种学术别派的源流，记录了存世的书籍，它是我国现存最早的图书目录。《食货志》是由《平准书》演变来的，但内容更加丰富了，它有上下两卷，上卷谈“食”，即农业经济状况；下卷论“货”，即商业和货币的情况，是当时的经济专著。

《史记》与《汉书》孰优孰劣，是史学史上颇受争议的问题，此不赘述。《汉书》有颜师古注本。

《东观汉纪》

《东观汉纪》是记载东汉历史的编年体史书。东观为东汉都城洛阳宫殿中的藏书之所，也是修书之地，故称。

此书修于东汉当代，共有四次集中纂修，班固、蔡邕等均曾参与其中。记事起于光武帝，止于灵帝。修成之时，卷帙颇大，但因董卓之乱，献帝时已散佚不全，但《隋志》著录仍有一百四十三卷。

《后汉书》流行后，此书遂逐渐湮没。今本仅存二十四卷，是清人辑佚而成。在唐代以前，《东观汉纪》影响较大，与《史记》、《汉书》并称“三史”，颇受重视，人多诵习。魏晋以来撰著东汉史书者，主要素材多取自此书。

《后汉书》

《后汉书》是记述东汉历史的纪传体史书。因其接续《汉书》所述历史编撰，所以也称《续汉书》。《后汉书》共一百二十卷，包括纪十卷、传八十卷、志三十卷。纪、传为南朝宋范晔撰；志为晋司马彪撰，一般称《续汉志》。

范晔（398—445），南朝宋史学家，字蔚宗，顺阳（今河南淅川）人。曾做过宋文帝刘裕之子彭城王刘义康的参军，后升至尚书吏部郎。元嘉九年(432)，因王妃去世时深夜饮酒、听挽歌为乐而触怒刘义康，贬职为宣城太守，郁郁不得志，遂以著述为事，撰写《后汉书》。后又陷入刘义康与宋文帝刘义隆的权力之争，于元嘉二十二年以谋反罪被杀。

《后汉书》的另一作者司马彪，字绍统，晋宗室高阳王司马睦长子，少时笃学不倦，但喜好女色，行为不端，被其父斥责，失去了继承王位的资格。从此不事交往而专务习学，遂有成就，撰著了《后汉书》的志。

《后汉书》纪、传的编次与《汉书》有所不同，纪的最后一篇是《皇后纪》，相当于《汉书》的《外戚传》，皇后由传入纪。传在《汉书》之外创立了七篇类传，包括《党锢传》、《宦者传》、《文苑传》、《独行传》、《方术传》、《逸民传》、《列女传》。这些类传都是根据东汉社会的实际情况和思想风尚设置的，有的为后世纪传体史书所效法。

《后汉书》除了体例上的创新之外，范晔的议论不仅爱憎分明、议论风生，而且多有创见。与此相应，那些官高爵厚而无所创建的人物则不予立传。不过，他对黄巾起义的态度却不像司马迁对陈涉起义，未予立传，而是附于皇甫嵩传中。

《三国志》

《三国志》是记述魏、蜀、吴三国历史的不完全纪传体的史书，晋陈寿撰，南朝宋裴松之注。全书共六十五卷，包括魏志三十卷，蜀志十五卷，吴志二十卷。

陈寿（233—297），字承祚。蜀国巴西安汉（今四川南充北）人，仕蜀时为散骑黄门侍郎，入晋后曾任著作郎、治书侍御史。晋灭吴后，陈寿利用当时人王沈的《魏书》、鱼豢的《魏略》、韦昭的《吴书》，并自采蜀国史料，撰成《三国志》，此外还著有《古国志》、《益都耆旧传》。关于陈寿，有人称其善于叙事，有良史之才；也有人认为他以私废公、褒贬失当。这主要是说他的父亲曾受过诸葛亮的刑罚，所以在书中说“将略非其所长”。其实陈寿并未贬低诸葛亮，所写也符合历史，后人的评价反倒有些不公允。

《三国志》以曹魏为正统，魏志列在全书之首，称曹操、曹丕、曹睿为帝。吴、蜀君主即位，都记魏的年号。东吴只有孙权称“主”，孙亮等都称名。这是因为晋朝受禅于魏，晋的史家尊重本朝的合法性，就必须以魏为正统。孙吴为晋所灭，孙皓是晋的降臣，没有必要尊重。蜀汉刘备父子称先主、后主，不同于孙吴，反映出陈寿对于蜀汉的故国之思。

《三国志》有纪、传而无志（这也是称其为不完全纪传体的原因），因此所记主要是人物。该书取材审慎谨严，文字也以简洁见长，所以前人说其书“裁制有余，文采不足”。此外，陈寿对于晋朝皇室的叙述时有曲笔，尤其是对魏晋禅代时司马氏的所作所为多有讳饰。

裴注《三国志》

在二十四史的注书之中，《三国志》裴松之的注释（简称“裴注”）是最为著名的，它的分量多于原书数倍（原书二十万字，裴注六十余万字），对事实有许多补充，因此其价值不下于陈寿的原书。

裴注和《史记》、《汉书》等的注不同。《史记》、《汉书》旧注多属于考订制度、解释文字方面；裴注对文字制度也偶尔加以注释，但更主要的是补充原书记载的遗漏和纠正错误。同一事件几家记述不同的，他都收录进来，以备参考。对于史事和人物，裴注有所评论；对于陈寿议论不当的，裴注也加以批评。裴注的最大优点是广泛引证各家原文史料来注陈寿原书，所引用的书多达一百四十余种，其中百分之九十以上是今天已经亡佚的。而且引用时首尾完整，不删不改，保持原貌。裴注的史料价值，对于三国时代历史研究的重要性并不弱于《三国志》。

裴松之（372—451），字世期，河东闻喜（今属山西）人，祖父时已迁居江南。他大约与《后汉书》作者范晔同时，晚于范晔去世，在《南史》中与范晔同传。刘宋时，裴松之任中书侍郎，后奉宋文帝之命作《三国志注》，元嘉六年（429）奏上。

裴松之在《上三国志注表》中说，陈寿的书“铨叙可观，事多审正”，但又指出它“失在于略，时有所脱漏”。所以“采三国异同，以注陈寿《三国志》”。裴注比原书多出三倍，但后人不但不批评他喧宾夺主，而且还称赞他是“《三国志》之功臣”。

《晋书》

《晋书》是记述西晋、东晋历史的纪传体史书。全书共一百三十卷，包括纪十卷、志二十卷、列传七十卷、载记三十卷。叙事始自司马懿，到刘裕取代东晋为止，并用载记的形式兼述割据政权十六国的史事。

《晋书》为唐人所修，撰著者署名历来并不一致，有署唐太宗御撰的（他写过其中晋武帝等四人的论赞），有署房乔的（即房玄龄，他是主持编纂者），有人则认为令狐德棻出力最多（他与敬播是审订者，而且是全书体例的确定者）。

《晋书》的创制是设立载记。唐代以前的纪传体史书中，少数民族的历史大都归入列传，排在末尾。《晋书》将除前凉、西凉以外的东晋时期由少数民族建立的十四个政权的历史，作为纪传以外的独立部分，称为“载记”。在二十四史中，载记为《晋书》独有。

《宋书》

《宋书》是记述南朝刘宋历史的纪传体史书，梁沈约撰。全书含本纪十卷、志三十卷、列传六十卷，共一百卷。该书很注意为豪门士族立传，所以篇幅较大。此外，它收录当时的诏令奏议、书札、文章等各种文献较多，保存了原始史料，有利于后代的研究。另一个特点是书中的八种志往往上溯到魏晋乃至三代秦汉，可以弥补《三国志》等前史的缺略。

《礼志》把祭祀天地、祭祖、朝会、舆服等合在一起，《乐志》详述乐器、记载乐章，都是较好的体例。《律历志》详细记载杨伟《景初历》、何承天

《元嘉历》、祖冲之《大明历》全文，可以反映当时自然科学水平。特设《符瑞志》，从远古叙起，体例上是创制，内容却荒诞不经。

该书体例不全（无表，无食货、艺文志），成书草率（一个人仅用了一年多），叙事又多忌讳（当代人写当代事），是其不足。

《南齐书》

《南齐书》是记述南朝萧齐历史的纪传体史书，初名《齐史》，或《齐书》，后为区别于李百药所撰的《北齐书》，北宋人曾巩等给它加了一个“南”字，才有了今天的书名。

此书为萧子显（约489—537）撰。萧子显是南朝豫章王萧嶷的儿子，齐高帝萧道成的孙子，以文才著称。萧子显是以前朝帝王子孙身份而修前朝史书的，在二十四史中仅此一家。

《南齐书》共六十卷，现存五十九卷，包括本纪八卷、志十一卷、列传四十卷，所佚的一卷为序录。由于此书基本上是当代人写当代史，一方面保留了可信的原始资料，一方面又难免毁誉出于恩怨、抑扬有所偏颇。该书比较可取的是志，《州郡志》每州之下除地理建置沿革外，还简略叙述风土人情，史料价值颇高。

另外，此书叙事比较简洁，后来《南史》用《南齐书》一般都有所增添。

《梁书》、《陈书》

《梁书》、《陈书》是分别记述南朝梁、陈历史的纪传体史书，撰著者均署名姚思廉。姚思廉（557—637），唐代史学家。本名简，以字行，雍州万年（今陕西西安）人。父姚察（533—606），字伯审，在梁朝以文才著称，陈时任吏部尚书。陈灭后入隋，任秘书丞，隋文帝杨坚命他继续修撰早已着手的梁、陈两代历史。史称其“学兼儒史，见重于三代”。隋代大业二年（606）姚察去世，遗嘱姚思廉继续完成两部史书。唐代贞观初年，姚思廉任著作郎、弘文馆学士，后官至散骑常侍。贞观三年（629），他奉诏与魏征共同修撰梁、陈二书，约于贞观十年修成。姚思廉虽然生长在六朝，但他所著的史书使用质朴的古文，没有沾染六朝的骈俪习气。

《梁书》包括本纪六卷，列传五十卷，共五十六卷。《陈书》包括本纪六卷，列传三十卷，共三十六卷，是二十四史中卷帙最少的一部。

《梁书》、《陈书》的主要作者是姚思廉，但其父姚察的功绩不可抹煞，魏征也在其中留下了痕迹。《梁书》二十六卷梁朝前期人物列传以及《陈书》中的两卷，卷末论赞称“陈吏部尚书姚察曰”，可以推见是姚察的原稿；《梁书》卷六《敬帝纪》后总论有梁一代兴亡的论赞署名“史臣郑国公魏征”，可见魏征曾参与该书论赞的撰写。

《魏书》

《魏书》是记述北朝拓跋氏所建立的北魏及东魏历史的纪传体史书，北齐魏收撰。全书共一百二十四卷，包括本纪十二卷、列传九十二卷、志二十卷，记述了拓跋氏一百七十多年的史事。

魏收（506—572），字伯起，钜鹿下曲阳（今河北晋县西）人。北魏中兴元年（531）曾以散骑侍郎典起居注，并修国史；东魏时也一直参与纂修国史，北齐受魏禅后，魏收任中书令，仍兼著作郎。天保二年（551）受诏撰魏史。五年三月奏上本纪、列传，十一月奏上十志。自北魏末经东魏到北齐，魏收参与修史达二十余年。

《魏书》在当时及隋唐时毁誉参半，甚至有人称其为“秽史”。原因是魏收为人恃才傲物，嫉贤妒能，利用修史的便利，一方面凌辱有过节的人，有的甚至骂到别人的高祖、曾祖，致使申诉不公平者达一百多人；另一方面，他收受贿赂、为人遮掩，如传说他因受金而为尔朱荣作佳传。其实“秽史”之说，只是一些门阀士族计较自已祖先在书中的形象而编造的夸大不实之辞，并不完全符合事实。更可贵的是，魏收在《魏书》中新创释老、官氏二志，符合时代状况，也为后人提供了方便。魏晋以后，佛、道二教影响到社会思想的许多方面，应在史书中有所反映。《魏书》始设《释老志》，不能不视为卓识创举。北魏时鲜卑部族蕃衍，太和以后又有改鲜卑姓为汉姓之举。《魏书》仿汉人氏族谱牒之意，结合北方民族部落族姓的风习，设《官氏志》，在百官之外兼志氏族，是适应时代特征的处理方法，为后人研究北魏历史提供了极大方便。

《北齐书》

《北齐书》是记述北朝高氏创建的北齐历史的史书，唐李百药撰。李百药（565—648），字重规，定州安平（今河北深县）人。为人不拘小节，喜欢豪饮。能奖掖后进，又仗义疏财，俸禄供亲友共用。擅长文词，所写之诗樵夫、仆人都能读懂。其父李德林，北齐时曾参预修撰国史，完成纪、传二十七卷。隋代开皇初年，奉诏续撰，增为三十八卷。唐贞观元年（627），李百药拜中书舍人，又受诏撰《齐书》。他根据父亲的旧稿，杂采他书，扩充改写为五十卷，贞观十年成书，加散骑常侍、太子左庶子。

《北齐书》原名《齐书》，宋代始加“北”字，以区别于《南齐书》。全书共五十卷，包括本纪、列传四十二卷。至北宋时，该书已有残缺，今本只有十八卷是李氏原书，其余是后人用《北史》、高峻《小史》补足的。

该书的一大特点是口语的运用，由此而保存了不少当时的口语。比如卷二十三写魏恺被调任青州长史，却无论如何都不去，被人报入宫中，皇帝大怒，说：“何物汉子，我与官，不肯就！明日将过，我自共语。”之所以如此运用口语，可能与李百药利用了王劭所撰《齐志》有关。王劭是隋代史家，他曾撰《齐志》，受到刘知几的极口称赞，可惜其书不传。刘知几称赞王书的其中一点，就是它运用了“方言世语”，使叙述更真实、生动。李百药正是因为采录了部分《齐志》原文，并受该书编撰及当时风气影响，才多用口语的。

《周书》

《周书》是记述北朝北周一代历史的纪传体史书。唐令狐德棻撰。

令狐德棻（583—666），宜州华原（今陕西耀县）人。在唐初颇有文名，多次参加官书的编写。武德五年（622）任秘书丞，向唐高祖李渊提出：梁、陈和北齐还有记载保存，而由于隋末战乱，北周、隋文献多有遗缺。现在耳目所及，还能得到可以凭信的史料。唐因隋继承北周历数，唐朝祖先建立功业都在北周时，因此令狐德棻建议，修梁、陈、北齐、北周、隋五朝之史。高祖采纳其意见，并给每一史都委派了主持人。时过数年，修史事业未能成就。贞观三年（629），唐太宗李世民又下令修撰五朝史，周史由令狐德棻等负责，贞观十年成书，即《周书》。全书共五十卷，包括纪八卷、列传四十二卷。此书仅记二十余年的历史，有纪、传而无表。不过，《周书》的史料颇有不足、失实之处，因此刘知几称其“多非实录”（《史通·杂说》）。

《周书》的另外一个特点，就是文字古奥。之所以如此，在于北周君主宇文泰觉得自己门望不如中原、文化不如江南，所以特别发展了一套制度与文化，突出表现就是官制用周朝时的官制，文字用先秦时期的文字，以示托古改制。因此，此书的文字像周朝的文告，非常深奥。

《周书》的列传收人很多，近三百人。这是因为隋、唐两代与北周关系密切，这些人的子孙在唐代大多官居显要，自然要让祖宗名垂青史。正因如此，研究隋唐制度源流与人物家世，多要参考《周书》。

《南史》、《北史》

《南史》、《北史》是记述南北朝时期历史的纪传体史书，均为唐李延寿撰。李延寿（生卒不详），字遐龄，出于陇西大姓，世居相州（今河南安阳）。父亲李太师，熟悉前代旧事，认为南北朝互相隔绝，各朝史书详于本国而略于他国，有褒贬不当和失实之处，因而有意按编年体记述南北朝史事，未成书而去世。李延寿追承父志，修成《南史》、《北史》。两史条理分明，详简适宜，远远超过了旧史。李延寿还曾参与《晋书》和《五代史志》（即《隋书》十志）的修撰；又撰《太宗正典》，受到唐高宗的褒奖。去世时任符玺郎，并兼修国史。

《南史》、《北史》这两部史书并非新撰，而是分别汇合、删节南朝的四部史书《宋书》、《齐书》、《梁书》、《陈书》及北朝的三部史书《魏书》、《北齐书》、《周书》编成的。

《南史》共八十卷，包含宋本纪三卷、齐本纪二卷、梁本纪三卷、陈本纪二卷，列传七十卷。该书记述从宋永初元年（420）至陈祯明三年（589）南朝宋、齐、梁、陈四代共一百七十年的史事。

《北史》成书于贞观十七年（643），共一百卷，包含魏本纪五卷、齐本纪三卷、周本纪二卷、隋本纪二卷，列传八十八卷。该书记述从魏登国元年（386）至隋义宁二年（618）北朝北魏、北齐（包括东魏）、北周（包括西魏）和隋四代二百三十三年的史事。

《南北史》简化了南北朝的七种旧史，把不同朝代的父子祖孙，以家族为单位合为一卷，使史事更加有条理，两史配合也较好。此外，新增《贼臣传》（贬侯景），这是前史所无，属于创制。

《隋书》

《隋书》是记述隋朝历史的纪传体史书，全书共八十五卷，包括帝纪五卷，志三十卷，列传五十卷。纪、传主要记载隋文帝开皇元年（581）至恭帝义宁二年（618）共三十八年的历史。

该书的署名有两种情况，一是全书署“魏征等撰”；一是把纪、传和志分开，纪、传体魏征撰，志体长孙无忌撰。魏氏和长孙氏都是位在宰辅的唐初名臣，其实他们只是监修者（魏征写了一些序言），编撰者为颜师古、孔颖达、李淳风等。

《隋书》的志原本叫《五代史志》，单独成书，后来编入《隋书》。因此，《隋书》的志虽然比帝纪、列传卷数要少，篇幅则不相上下。《隋书》的十志（礼仪、音乐、律历、天文、五行、食货、刑法、百官、地理、经籍）内容丰富。比如，天文、律历二志记载魏晋以来特别是南北朝时期著名天文学家、历法学家的成就和流派，并作了比较和评论。祖冲之对圆周率的研究，张子信和刘焯关于“日行盈缩”的探讨，以及汉魏以来历代度量衡变迁的情况，志中都有较详细的记载。又如《经籍志》，概括自汉至隋六百年来书籍的情况，叙学术源流，考书籍存亡，是继《汉书·艺文志》以来对中国古代书籍的第二次总结，提供了一部非常重要的书目，在学术文化史上贡献突出。

《旧唐书》

《旧唐书》是记载唐代历史的纪传体史书。本来称《唐书》，后来为与《新唐书》相区别，改称《旧唐书》。全书二百卷，包括帝纪二十卷，志三十卷，列传一百五十卷。五代后晋时刘昫、张昭远等撰。记载了唐朝自高祖武德元年（618）至哀帝天佑四年（907）共二百九十年的历史。

《旧唐书》出于多人之手，全书比较粗糙，多有缺失，诸如：前半部分颇为详明，后半部分则或繁琐冗杂，或缺漏较多；列传有重复，前后表、疏也有重出的，等等。因此，在北宋《新唐书》修成刊行以后，该书受到冷遇。不过，因后晋离唐代不远，《旧唐书》修纂时又有原文照录的“毛病”，所以就保存史料而言，有《新唐书》所不能替代的价值。因此，司马光主编《资治通鉴》时，两《唐书》史料都有使用，而用旧史为多。

《新唐书》

《新唐书》是记述唐代历史的纪传体史书，北宋欧阳修、宋祁等撰。它修成于宋仁宗嘉佑五年（1060），前后共历时十七年。其中宋祁（998—1061）始终参与其事，撰成列传一百五十卷；欧阳修在设立唐书局十年后奉命参加，负责编修纪、志与表，并审定全书。全书二百二十五卷，包括纪十卷、志五十卷、表十五卷、列传一百五十卷。

《新唐书》是为补旧史的不足而纂修的，其中手段之一就是增加史料，包括搜罗新史料和增加篇幅与门类，这些都很好地达到了。但是，《新唐书》“增事省文”，有时则给史料的真实性和完整性带来了损害。比如，《旧唐书》帝纪三十万字，《新唐书》简化为九万字，还增加了史事，因此人称“简极”。

新书删去了六十一人列传，其中有不当删去的。宋祁好省字，所以他所修列传削减过多，不仅使文字艰涩，而且也有损史实。相较而言，《旧唐书》更多地保存了唐代实录和国史的原始资料，这并非《新唐书》所能取代。

《旧五代史》

《旧五代史》是记述五代历史的纪传体史书，北宋薛居正等撰。因记述五代历史，因此原名叫《梁唐晋汉周书》；后来为区别于欧阳修《五代史记》，称《旧五代史》。

《旧五代史》修成后约八十年，欧阳修的《新五代史》面世，旧史读者日渐减少；金代立《新五代史》于学官后，该书渐废。现在所见《旧五代史》是清乾隆年间修《四库全书》时，馆臣邵晋涵等从《永乐大典》中辑出，并参考其他书编排而成的，实际上是《旧五代史》辑本。

《新五代史》

《新五代史》是记述五代历史的纪传体史书。北宋欧阳修自撰，是唐以来惟一的私修正史。原名《五代史记》，后为了与薛居正所撰的《旧五代史》相区别，称《新五代史》。

《新五代史》共七十四卷，包括纪十二卷、传四十五卷、考三卷、世家及年谱十一卷、四夷附录三卷。材料多从薛居正《五代史》，加以删削，并兼采小说、笔记资料，补充了薛史之缺。体例上，薛居正之书系五代分叙，该书则将五代融而为一。传都用类传，有家人、死节、死事、一行、唐六臣、义儿、伶官、杂传等传目，多为新创。

该书为私修史书，欧阳修又学《春秋》笔法，必然多所褒贬，所以不肯轻易示人，生前并未上呈朝廷。欧氏去世后，此书面世，并因其简洁流畅而为人所喜，使薛氏《五代史》湮没。金章宗泰和七年（1207 年），明令立该书于学官，从此大行于世。但正因其简洁和“春秋笔法”，此书也受到了批评。由于其发议论时，都用“呜呼”二字开头（如《一行传》序：“呜呼！五代之乱极矣，传所谓‘天地闭、贤人隐’之时欤?”），所以后人戏称此书为“呜呼传”。

欧阳修《新五代史》是唐以后惟一的私修正史，且生前不肯示人，故书中比较能表达自己的意见、主张。这方面的突出表现是“春秋笔法”。

欧史的“春秋笔法”，一方面体现在体例安排上。如书中有《唐六臣传》，所写均为唐末助朱温篡唐的大臣，名为“唐臣”，意在讽刺；《杂传》指历仕各代、无类可归者，实为贬斥传主操守不谨、了无忠信。

另一方面体现在褒贬议论上。欧史有许多正面议论，以“呜呼”二字发端，代替前史的“论曰”、“赞曰”、“史臣曰”。在议论中，欧氏不仅反复感叹五代的黑暗，对当时人物也是否定的多、肯定的少，对冯道、张全义等当时有好评的人也痛加贬斥。

欧史的“春秋笔法”旨在维护君臣、父子的封建秩序，有些评价未免失当，史料的主观取舍则有玷史笔。因此，这一点受到了后代许多史家的批评。王鸣盛《十七史商榷》说：“欧公手笔诚高，学《春秋》正是一病，……意主褒贬，将事实一意删削，若非旧史复出，几嗟无征。”钱大昕也表达了同样的意见。邵晋涵在《南江文钞》中更具体指出：“修极讥五代文章之陋，只述司天、职方二考，而于礼乐、职官、食货之沿革，削而不书，考古者茫然于五代之陈迹，即职方考于十国之建置迹多流漏，所恨于修者，掌故不备也。”

《宋史》

《宋史》是记述宋代历史的纪传体史书。它与《辽史》、《金史》同为元朝官修，几乎同时撰成，作者署名脱脱。书中本纪四十七卷，志一百六十二卷，表三十二卷，列传二百五十五卷，共四百九十六卷。

《宋史》卷帙浩繁，是二十四史中最庞大的。它向来被批评为繁芜杂乱，但又有许多漏略，大体上是北宋详而南宋略。不过，史家认为繁芜固是不足，但对保存史料却是长处。此外，《宋史》志和表的参考价值较高。列传里又有《忠义传》，在《儒林传》外又有《道学传》，也反映了宋代的一些历史特点。

《宋史》成书仓促，缺陷十分明显。清代史学大家钱大昕曾指出《宋史》有四弊：

一是南渡诸传不备。总体来说，南宋七朝略于北宋九朝，而南宋宁宗以后的后四朝又不如前三朝之详；具体而言，南宋文坛作者如林，但《文苑传》遗漏甚多，甚至宋词豪放派三大家之一的刘克庄竟未能列传。

二是重复列传，如程孟师已见列传第九十，而《循吏传》又将其列入；李熙静已见列传第一百一十六，而第二百一十二《忠义附传》又有李熙靖，“静”“靖”同音，实为一人。

三是编次失当，如不同时代人同列一传，时代不同的人前后颠倒等。

四是褒贬不可信。诸如把变法的吕惠卿列入《奸臣传》，而汉奸史弥远却未入《奸臣传》；对王安石变法持否定态度，对新党动辄嘲弄，等等。

《辽史》、《金史》

《辽史》、《金史》是分别记述辽、金两朝历史的纪传体史书，两书署名作者均为元丞相脱脱，实则以翰林学士欧阳玄等人出力居多。

《辽史》全书一百一十六卷，包括纪三十卷、志三十一卷、表八卷、列传四十五卷。记载辽代（907—1125）和建国以前的契丹及西辽的历史。辽朝在中国历代王朝中历史很长（共296年），但《辽史》记录简略，篇幅很不相称。此外，往往同一事实分见于纪、志、表、传，重复甚多；前人讥讽《辽史》编撰为“纵横舞剑”，即指此类而言。不过，由于辽代的记载流传不多，有关资料极少，因此《辽史》也就成为辽代的惟一史书。

《金史》全书一百三十五卷，包括本纪十九卷、志三十九卷、表四卷、列传七十三卷，记述了从女真族的兴起到金朝建立和灭亡的历史。后附《金国语解》一卷。由于《金史》有比较完整的《实录》以及相关史著为依据，元初以来又经几次修撰，实际上是经营已久，与宋、辽二史仓卒成书不同，故在三史之中号称最善。

《辽史》、《金史》都在书末附有《国语解》，内容是对少数民族语言的官制、宫卫、部族等进行简略注释，以便让读者能明了其义。这是两史的独特之点，很有益处。

脱脱（1314—1355），元代大臣、史官，字大用，蒙古族，清代乾隆时曾改译其名为“托克托”。曾任元顺帝朝大臣，至正元年（1341）任中书右丞相，主持“更化”。三年，脱脱主修辽、金、宋三史，任都总裁官，后辞相复相，并升任太师。后因位高权重为元顺帝所忌，至正十一年被削爵流徙，次年被毒死。

脱脱只是三史修撰的最高领导，欧阳玄才是其中出力最多者。欧阳玄（1274—1358），字原功，浏阳（今属湖南）人。他是宋、辽、金三史修纂的主要总裁官之一，并且始终参与修史工作。后因修史之功而被越级提拔。此外的总裁官还曾有铁木儿塔识、贺惟一、张超宕、李好文、揭傒斯等。

《元史》

《元史》是记述元朝史事的纪传体史书，明宋濂、王祎等撰。全书共成二百一十卷，包括本纪四十七卷、志五十八卷、表八卷、列传九十七卷。

《元史》纂修于洪武初期，撰写不足一年，分类编排则只用了三十三天。

由于仓促成书，又出于众人之手，留下了不少错误，受到许多学者的非难。主要问题是随得随抄、不加剪裁，前后重复、牴牾；蒙文、汉文的译改失实，有的竟与原义相反；照抄案牍，有的有姓无名、有职无名；史料中没有庙号的皇帝改写时弄错不少；纂修者对前代和元蒙典章制度不熟，出现错误。所以，清代史学家嘲笑“修《元史》者，皆草泽腐儒，不谙掌故”，因此下笔“无不差谬”。

其实，《元史》在保存史料方面不仅不比别的正史差，而且有超出之处。元代十三朝的实录和《经世大典》失传，其部分内容赖《元史》得以保存。《元史》的本纪和志占全书一半，虽不合正例，却起到了保存史料的作用；列传部分对于蒙古、色目人的记录也远较其他史书详尽。后人虽多有重修元代史的，但都不能取代《元史》。

宋濂（1310—1381），明初大臣、学者，字景濂，号潜溪，金华潜溪（今属浙江）人。元末因李善长推荐，投入朱元璋起义军。明立国后任翰林学士承旨，侍朱元璋左右备顾问。洪武二年（1369）诏修《元史》，任总裁官。他博通经史百家，是当时的文章大家，享有盛名，四方学者皆以太史公相称。因辅佐朱元璋有功，与刘基、叶琛、章溢开并称“四先生”。谥文宪。有《宋学士全集》二十四卷传世。

王祎（1322—1373），明初大臣、学者，字子充，义乌（今属浙江）人。元末即以文名，后为朱元璋召用，甚受礼遇，授江南儒学提举司校理。王祎与宋濂同任《元史》总裁官，书成拜翰林侍制，同知制诰，兼国史院编修官。后奉旨招谕元梁王，在云南尽节而死。著有《王文忠公集》。

《新元史》

《新元史》是记述元代历史的纪传体史书，民国柯劭忞撰。此书是众多新修元代史之一，当时的民国大总统徐世昌曾命令将其列为正史。

《新元史》的主要价值，在于将明、清以来关于元史研究的成果加以综合整理，汇编成一部组织系统较为严密的史书。它纠正了《元史》缺漏史实、详略不均、重复牴牾、错讹失实等不足，但未能补正的部分仍然不少。而且由于它只是直录旧著原文，未作进一步的融会贯通，所以全书笔调颇不一致，甚至时有谬误分歧之处。至于史料价值，却反不如旧史。

柯劭忞（1850—1933），字凤荪，山东胶州人。光绪十二年（1886）年进士，历任翰林院侍讲、学部左丞、国史院修撰等职。民国成立后隐居不仕，著述自娱。他早年即有志于研究元史，曾受命审查魏源《元史新编》，因而触发编修新史之念。此后广泛收集资料，陆续撰成。1919 年，民国时任大总统的徐世昌为之作序，命令列为正史，并且出资刊印，1922 年印出，后又时加修订，1930 年写成最后定本。此外，柯氏还著有《春秋穀梁传注》、《蓼园诗钞》、《清史天文志稿》等。

《明史》

《明史》是记述明代历史的纪传本史书，署名张廷玉撰。全书共三百三十二卷，包括本纪 24 卷、志七十五卷、表十三卷、列传二百二十卷，另有目录四卷。

《明史》是历史上修撰时间最长的官修史书，它始修于清康熙十八年（1679），成书于乾隆四年（1739），修撰过程经历了三个阶段，前后长达九十五年。

《明史》也是官修正史中最为完善的一部。由于有著名史家万斯同等的整理和考订，该书体例严谨，叙事清晰，编排得当，文字简明，引述的资料具有较高的史料价值。

《明史》体例多有不同于前代正史或其他史书者。《历志》中的图表，简便易明，为过去所未有；《艺文志》只记述明代著述，不同于前代正史《艺文志》的历朝并录；在表的部分，较前代诸史增加了《七卿表》；另专门立有《阉党》、《流贼》、《土司》等列传，突出记述了明代的主要社会问题。但《明史》的记载有些过于简略，如所记社会经济和南明史事，多有缺漏或不足；有关建州先世及其与明朝的关系，因碍于清朝文网密布，记载零星，语焉不详，且多失实之处；立传的人物也不够完备，且回避之处甚多。

《明史稿》

万斯同（1638—1702），清代史学家，字季野，号石园，浙江鄞县人，是黄宗羲的学生。他精通前代诸史，熟悉明朝典籍掌故。明代从洪武到天启的实录都能“暗诵”。由于是明朝遗民，万斯同以布衣参与《明史》修撰，不署衔、不受俸。修撰之初，他就受监修徐文元之邀住在其家，发凡起例，拟类分题，分工编写。后又住新总裁王鸿绪家。稿成之后，他又先后予以审定，称“万氏《明史稿》”，但未进呈，后卒于王鸿绪家。

《明史稿》是记述明代历史的纪传体史书，《明史》即由此脱胎而来。

万斯同去世后，王鸿绪对“万氏《明史稿》”略加改动，先后进呈。全书共三百一十卷，包括本纪十九卷、志七十七卷、表九卷、列传二百零五卷，此即“王氏《明史稿》”。后来，王氏子孙私刻此书，书名为《横云山人史稿》。雍正、乾隆年间，清廷重开史局，以大学士张廷玉等为总裁，续修《明史》，于雍正十三年（1723）成书，乾隆四年（1739）刻印。这部《明史》就是现在的通行本《明史》，而它的基础是“万氏《明史稿》。

《清史稿》

《清史稿》是记述清代历史的纪传体史书，民国赵尔巽主编。这部书未被列入正史，原因在于它是初稿（所以叫《清史稿》），没有得到官方的承认。但后来由于并无定本，也无新修权威清史面世，故也有人把它与二十四部正史合在一起，称“二十五史”。

《清史稿》修于民国年间。1914 年起修，1927 年修成，1928 年刊印。共印一千一百部，其中七百部存北京，称“关内本”；另四百部存东北，称“关外本”。现在的标点本就是用“关外本”为底本刊行的。

《清史稿》共五百二十九卷，包括本纪二十五卷，共十二类；志一百三十五卷，共十六类；交通、邦交二志为前史所无；表五十三卷，共十类；列传三百一十六卷，畴人、藩部、属国三传为新建。该书详细叙述了清代的人物、史事及典章制度，是一部比较重要的大型清史著作。但又存在许多谬误和缺陷：编撰者多系清朝遗老，立场顽固，对其统治大加夸美，而对反清人物、史事则一概加以贬斥；编纂者来不及直接利用清宫中的大量档案，致使该书价值有所降低；该书未经复审核定便仓促成书，史实、人物、时间、地点多有错漏。

《竹书纪年》

《竹书纪年》又叫《汲冢书》，是战国时魏国史书。该书原无名题，后世以所记史事，属于编年体，称为《纪年》，又以原书为竹简，也称为《竹书》，一般称为《竹书纪年》或《汲冢书》。晋太康二年（281），汲县（今河南卫辉西南）人不准盗掘当地古墓，发现了一批写在竹简上的古书。盗墓者“不以为意，往往散乱”，并烧竹简照取宝物。后来官府前往，又“收书不谨，多毁落残缺”。《竹书纪年》是其中较完整的一种。

这批竹简由汲县运到京师洛阳，晋武帝命中书监荀勖、中书令和峤负责整理。竹简长度为古尺二尺四寸，以墨书写（或作“漆书”，亦即墨书），每简四十字，应是一种较为规范的战国文字。整理工作首先是排比竹简的次第，其次是用当时的文字写出释文，最后是撰著提要。荀勖所撰《穆天子传》提要尚存。

《竹书纪年》共十三篇，叙述夏、商、西周和春秋、战国的历史，按年编次。平王东迁后用晋国纪年，三家分晋后用魏国纪年，至“今王”二十年为止。荀勖等整理时，经过与其他史书比对，认为“今王”是魏襄王，古墓即魏襄王的坟墓；卫恒、束皙却认为是魏安釐王。

《竹书纪年》有不少地方与传统记载大异，比较接近史实，如“太甲杀伊尹”、“文丁杀季历”、“共伯和干王位”等。此外，有的还与甲骨文、金文符合。清代朱右曾和当代陈梦家、杨宽等重谱战国年表，所根据的基本上是《竹书纪年》。《纪年》对研究先秦史有很高的史料价值，在中国史学史上也是一部重要著作。

一般认为，古墓不在魏都大梁而在汲县，不应是魏襄王或魏安釐王的坟墓；出土古书有《易》、史书《国语》、《琐语》、《纪年》等，又与近年长沙马王堆汉初古墓所出古书近似，可能是魏国贵族的坟墓。《纪年》作者当是魏襄王时的史官。

《竹书纪年》原简可能在永嘉之乱时亡佚，但初释本和考正本仍继续传抄流行。直到唐玄宗开元以前此书仍旧存在。宋《崇文总目》、《郡斋读书志》、《直斋书录解题》已不加著录，可能在安史之乱到唐末五代，传抄本也逐渐散佚。元末明初和明朝中期出现的《竹书纪年》刻本，一般称为“今本”，清钱大昕等认为是明人伪书。

《汉纪》

《汉纪》是记载西汉历史的编年体史书，东汉荀悦撰。为区别于《后汉纪》，亦称《前汉纪》。

荀悦（148—209），东汉末年史学家，字仲豫，颍阳（今河南许昌）人。他早年丧父，家贫无书，却刻苦为学，博闻强记，过目成诵，与孔融侍讲宫中，为汉献帝所赏识。献帝喜读史书，又觉《汉书》卷帙过大，不便翻检，便命荀悦仿《左传》体例，改编《汉书》。荀氏历时三年编成进呈，希望能给献帝启发。此外，荀氏还著有《申鉴》等书。

《汉纪》的改编，是把《汉书》传、志、表的资料，按时间先后加以剪裁，去繁就简，安排到各个帝纪之内。全书三十卷，包括高、惠、高后、文、景、武、昭、宣、元、成、哀、平共十二帝纪；起于秦二世元年，止于王莽灭亡，秦末事附《高帝纪》，王莽事附《平帝纪》。

《汉纪》全书只有十八万字，只有《汉书》的四分之一，而西汉一朝的重要人物、重大事件以及典章制度，无不备载。此外还有荀氏精心撰写的史论，标“荀悦曰”，总结为政得失，不乏卓见。故此书向来有“词约事详”之誉，甚至称其“历代褒之，有逾本传”。

梁启超称赞《汉纪》为“善钞书者”，盖因荀悦此书以提纲挈领的方式精炼地概括了《汉书》的主要内容，且组织严密，文笔简洁，成为了解西汉历史的良好入门书。

“班荀二体”

“班荀二体”指班固《汉书》、荀悦《汉纪》所分别完善的纪传体和编年体史书体例。纪传、编年二体非班、荀所创，但他们完善之功甚巨，且均为断代史，后世两类史书均依两书为范式，故称。

班固《汉书》对司马迁《史记》编写体例上的发展完善，主要在于舍“世家”，改“本纪”为“纪”、“列传”为“传”、“书”为“志”，并新设传类、志类、表类，并断代记事。相比较来说，荀悦《汉纪》对编年体史书编写体例的贡献更大。

在《春秋》、《左传》以编年体记事之后，由于《史记》等纪传体史书的问世和影响，编年体史书再未出现。荀悦《汉纪》是两书之后第一次使用编年体，从而使这种体式臻于成熟。《春秋》等编年体史书，因编年纪事而割裂史事和人物，荀悦《汉纪》记述人物活动或重大事件时，突破了时间的界限，或补叙前因、交代后果，或兼及相关的人和事。这种写法吸收了纪传体的长处，弥补了编年体的不足，使编年体不仅可以记事，也可以写人，还可以载述典章制度，成为一种可与纪传体并驾齐驱的体式。

《后汉纪》

《后汉纪》是记载东汉历史的编年体史书，东晋袁宏撰。

袁宏（328—376），东晋文学家、史学家，字彦伯，阳夏（今河南太康）人。他少有捷才，工诗能赋，曾做过大司马桓温的记室。他还著有《竹林名士传》、《东征赋》、《北征赋》和《三国名臣颂》。

《后汉纪》共三十卷，包括光武、明、章、和、殇、安、顺（附冲）、质、桓、灵、献共十二帝纪，记事起于更始元年（23），终于建安二十五年（220）曹丕废汉自立。

《后汉纪》虽与《前汉纪》体例相同，但却有独到之处。首先，它并不像《前汉纪》是奉命之作，只是要给皇帝老子提供一部简明的历史教科书，而是深感当时流行的东汉史书“烦秽杂乱”，意欲发奋撰著传世佳作。其次，此书出于《后汉书》之前，是参考众书编写而成，费时八年。再次，两书内容基本相符，间有不同，可互相参证。

《资治通鉴》

《资治通鉴》是中国古代史学巨著。因旨在为统治者治政提供借鉴，故名，习惯上也简称《通鉴》。北宋司马光撰。全书二百九十四卷，另有《目录》三十卷、《考异》三十卷。全书起自《周纪》、迄于《五代纪》，记载了周威烈王二十三年（前403）到后周世宗显德六年（959）共一千三百六十二年的历史。

《通鉴》征引史料极为丰富，除十七史外，所引杂史诸书达数百种。对于唐五代史事，甄采书籍最多，史传文集之外，还有实录、谱牒、家传、行状、小说等各种史料。书中叙事，往往一事用数种材料写成。遇到年月、事迹有歧异处，均加考订，并注明斟酌取舍的原因。因此，《通鉴》具有相当高的史料价值，尤以《隋纪》、《唐纪》、《五代纪》史料价值最高。

《通鉴》是一部编年体的通史，按时间先后叙述史事，同时往往用追叙和结语的手法，说明史事的前因后果，使人得到系统而明晰的印象。此书使编年体史书又一次为史家所重视，续书、仿作层出不穷。

《通鉴》由司马光一人精心定稿，统一修辞，故文字优美，叙事生动，既具有较高的史料价值，又具有相当高的文学价值，历来与《史记》并列为中国古代史笔“双璧”。叙事之外，《通鉴》还选录了前人史论九十七篇，司马光自己又撰写史论一百一十八篇，比较集中地反映了其政治、历史观点。

《资治通鉴》是司马光的发愤之作。他有感于历代史籍浩繁、学者难以遍览的现象，立志撮取精要撰成编年史。起初成书八卷，从战国至秦二世，名为《通志》，表进于宋英宗。治平三年（1066），英宗下诏在崇文院设置书局，继续编撰。神宗赐书名为《资治通鉴》。司马光因反对王安石变法，退居西京洛阳，历任闲职，以书籍自随，专志修史。元丰七年（1084）书成，历时十九年。

《资治通鉴》是一部集体编写的著作，刘恕、刘攽、范祖禹协修，司马光总其大成。编写分为三步：第一步把收集的史料标明事目，按照时间顺序加以排列，力求完备，叫做“丛目”。第二步把丛目中的史料进行考辨，择其记述较为详尽者重新编写，叫做“长编”。这前两步工作都由协修人员担任，抄录则另有书吏。第三步由司马光就长编所载，考其同异，删其繁冗，修改润色，写成定稿。

《续资治通鉴长编》

《续资治通鉴长编》是记述北宋九朝史事的编年体断代史，南宋李焘（1115—1184）撰。李焘，字仁甫，号巽岩，眉州丹棱（今属四川）人。他进士及第后，先后任礼部侍郎、敷文阁学士、国史修撰等职。

此书在古代私家著述中卷帙堪称最大，原本九百八十卷，记事起自宋太祖赵匡胤建隆，迄于宋钦宗赵桓靖康。由于卷帙浩繁，难于传写，也未印刷，所以传本极少。到清代，传本只有一百零八卷。今本是四库馆臣从《永乐大典》中辑出的，五百二十卷，英宗、神宗两朝有缺，徽、钦两朝全无。清人黄以周撰《通鉴长编拾补》，补出了李书今本所缺。

《续资治通鉴长编》继承了《通鉴》的优长之处，不仅广征博采，保存资料极为完备，而且排比史料、考校异同，凡有不同的说法，就用“考异”说明自己的意见。作者虽然不敢自比《通鉴》而称《长编》，但近代研究宋史的学者对该书史料价值评价很高，认为是研究辽、宋、西夏等史的基本史籍之一。

《续资治通鉴》

《续资治通鉴》也是《通鉴》续书，清人毕沅撰。

在李焘《续资治通鉴长编》之后，尚有《通鉴》续作，如明代陈柽《通鉴续编》、王宗沐《宋元资治通鉴》，清徐乾学《资治通鉴后续》，但均不理想。毕沅续书出，诸书失色。

《续通鉴》实非毕氏一人所作，当时知名学者如严长明、程晋芳、邵晋涵、洪亮吉、孙星衍、章学诚皆受知门下，充作幕宾，助成此书。

《续通鉴》共二十二卷，起于宋建隆元年（960），止于元至正二十八年（1368），共四百零八年，二十六帝。资料主要依据脱脱《宋/辽/金史》及宋濂《元史》，参考李焘《长编》、李心传《要录》及叶隆礼《契丹国志》，此外还参考了各家文集百十余种。体例仿照《通鉴》，历三十余年、四易其稿而成。其中北宋部分写得较好，辽、夏、金均有涉及；元代部分较为简略，全抄旧史，缺少熔铸。总之，学者称此书资料皆有所本，颇有学术价值。

毕沅（1730—1797），清代学者，字秋帆，一字纕蘅，号弇山，又号灵岩山人。江苏镇洋（今江苏太仓）人。他进士及第后，历官陕西、河南、山东巡抚，卒于湖广总督任，赠太子太保。

毕沅好学爱士，宦迹所至，广聘学者，校释古籍，搜求金石碑版。当时著名学者，如邵晋涵、程晋芳、洪亮吉、孙星衍、章学诚，皆先后招入幕府。题署其名的《续资治通鉴》，即出自幕宾之手。毕氏博通文史，亦工诗文，尤长于考据，于金石、地理、音韵、训诂等多所涉及。著作尚有《经典文字辨证书》、《传经表》、《音同异义辨》、《山海经校本》、《关中金石记》、《中州金石记》，以及《灵岩山人诗集》。

《东华录》

《东华录》是清代的编年体史料性著作，保存了丰富的清代各朝史料（共十一朝，光绪朝未及收录），在《清实录》未刊行之前，它颇受史学家们的重视，《清史稿》的撰修等多有引用。

《东华录》有“蒋录”、“王录”之分。乾隆三十年（1765），重开国史馆，蒋良骐（字千之，广西全州人，乾隆辛未进士）任纂修，就《清实录》及其他官书文献摘录清初六朝五帝史料，成书三十二卷。因国史馆在东华门内，故题为《东华录》，通称《蒋氏东华录》，即“蒋录”。

光绪年间，王先谦（字益吾，湖南长沙人，同治乙丑进士）据改修本实录，仿蒋氏抄录乾隆、嘉庆、道光三朝史料，辑为《东华录续编》，共二百三十卷。对“蒋录”则重新加以详编和补充，增为一百九十五卷，于光绪十年（1884）成书，称《九朝东华录》。后潘颐福辑咸丰朝《东华录》，王氏亦加以增补，共一百卷。加上自己辑录的同治朝《东华录》一百卷，合称《十一朝东华录》，俗称《王氏东华录》，即“王录”。

两种《东华录》中，“蒋录”虽然简略，但所用资料是乾隆年间改定本以前的旧本实录，所以某些部分的史料价值在“王录”以上。

《明实录》、《清实录》

《明实录》、《清实录》是现存比较完整的实录体史书，集录了明、清两代丰富的史料，具有很高的价值。

《明实录》共五百册，两千九百二十五卷，包括自太祖到熹宗十三朝（建文帝附太祖，景泰帝附英宗）及崇祯朝的辑补本。有正副二本，正本藏于内府（嘉靖十三年后转藏皇史宬），副本藏于文渊阁，供后代阁臣、史官修史书等参阅。

《清实录》共一千二百二十册，四千四百零四卷，包括自太祖至德宗（光绪帝）十一朝。修成的实录，分别以汉、满、蒙三种文字缮写正本四部、副本一部。正本有大红绫本两部，一贮皇史宬，一贮奉天大内（沈阳清宫崇谟阁）；小红绫本两部，一藏乾清宫，一藏内阁实录库。副本为小黄绫本，也藏在内阁实录库。1936 年，伪满将其与《宣统政记》合并影印，名《大清历朝实录》。

《大唐创业起居注》

《大唐创业起居注》是记载李渊创建李唐王朝的编年体史书，唐温大雅撰。温氏是李渊大将军府的记室参军，此书是他随军记录而成。

此书共三卷，记述李渊起兵反隋到攻克长安、废除隋帝、正式称为唐帝的史事，时间共三百五十七天。书中所记与新旧《唐书》及《通鉴》多有不合。《起居注》说李渊起兵出于己意，两《唐书》则说秦王李世民首谋；《起居注》历记李渊雄才大略，两《唐书》则将其描述得慵懦无能；《起居注》记录了李建成的多次战功，两《唐书》或归于秦王、或不记，《通鉴》虽间或记录也不提建成之名。由此可知李世民即位后篡修史书，不无抑扬；也可见《起居注》保存资料的可贵。

《大唐创业起居注》是我国现存最早的起居注，也是清代以前惟一传世的起居注。

《通鉴纪事本末》

《通鉴纪事本末》是我国第一部纪事本末体史书，南宋袁枢编撰。

袁枢（1131—1205），字机仲，建安（今福建建瓯）人。曾任职地方，上言抗金。又曾任国史院编修、国子监祭酒等职。他喜读司马光《资治通鉴》，但苦其浩博，难以寻究史事的终始，于是根据《通鉴》旧文，按事件摘录原文，依年月编排，共辑出大事二百三十九件、小事六十六件，共三百零五件。成书后由参知政事（宰相）袭茂良奏上，宋孝宗读后嘉许其“治道尽在是矣”，赐给东宫并分赐江上诸帅，让他们熟读。此后，该书便迅速流行起来。

《通鉴纪事本末》原本四十二卷，明代散文大家张溥在每篇后作一论，故卷数为二百三十九卷。起自“三家分晋”，止于“周世宗征淮南”，共一千三百六十二年史事。其内容均属政治、军事方面的事情，经济、文化全书仅有三条。就此而言，它只有贯通史事、方便阅读的功能，而《通鉴》原著的作用不能被取代。

袁枢撰著此书，只是把《通鉴》的分散记录依事集中起来，抄录原文和“司马光曰”，除了标出题目外，并无一句自己的话。但此书发凡起例，创造新的史书体裁，嘉惠后学，功不可没。

“九朝纪事本末”包括哪些书

在袁枢纪事本末体续书之后，此种体裁的史书不断涌现，几乎覆盖了历朝历代，坊间更有所谓“九朝纪事本末”，具体如下：

《左传纪事本末》五十三卷，清高士奇撰。《左传事纬》，清马啸撰。二书同样取材《左传》，后者编排略胜，但流传不广。

《通鉴纪事本末》四十三卷，宋袁枢撰。记事上起三家分晋，下迄五代周世宗征淮南。

《宋事纪事本末》一百零九卷，明陈邦瞻撰。记事始于宋太祖建国，迄于元初。

《辽史纪事本末》四十卷，清末李有棠撰。

《金史纪事本末》五十二卷，清末李有棠撰。

《西夏纪事本末》三十六卷，明张鉴撰。除记史以外，有《年表》、《西夏堡塞附图》、《历代疆域节略》和《职方表》各一篇，是研究西夏的重要史料，也是纪事本末体编撰的创例。

《元史纪事本末》二十七卷，明陈邦瞻撰。

《明史纪事本末》八十卷，清谷应泰撰。此书早于《明史》成书，价值较高。

《三藩纪事本末》四卷，清杨陆荣撰。

另外，还有《清史纪事本末》八十卷，黄鸿寿撰。记事起于满族兴起，终于清帝逊位。成书早于《清史稿》，资料主要来源于《东华录》和私修野史。

历代会要

自徐天麟纂修《西汉会要》、《东汉会要》之后，后人编撰前古代会要者代有人出，遂使各代大体都有会要，基本成一体系。兹简述历代会要如下：

《春秋会要》四卷，清姚彦渠编。原书名《春秋三传汇要》，取材限于《春秋》及其“三传”，以五礼为纲，成《列国世系》、《吉礼》各一卷，《凶礼》与《军礼》、《宾礼》与《嘉礼》各合为一卷，共记九十八件大事。

《七国考》十四卷，明末清初董说编。以《战国策》与《史记》为材料，兼取先秦诸子及杂史，分类辑录秦、齐、楚、赵、韩、魏、燕七国的典章制度，分职官、食货、都邑、宫室、国名、群礼、音乐、器服、杂记、丧制、兵制、刑法、灾异、瑞征十四门。

《秦会要》二十六卷，晚清孙楷编。采录《左传》、《国策》、《史记》、《两汉书》，以及先秦诸子、杂记、类书等四十余种书籍，分十四门、三百零一目，以史事系其下，并标明所引书名。

《西汉会要》、《东汉会要》，宋徐天麟编。

《三国会要》二十二卷，清杨晨编。采录一百五十六种书籍，分十五门、八十四目，后附杂录。采录较为广博，可视为《三国志》“志”的补作。

《两晋会要》，清朱铭盘编；《晋会要》，清汪兆庸编。

《南朝会要》，清朱铭盘编。

《唐会要》，宋王溥编。

《五代会要》，宋王溥编。

《宋会要辑稿》，宋人编，清徐松辑。

《明会要》八十卷，清龙文彬编。分十五门、四百九十八类事。晚出于《明会典》，亦不如《会典》详赡。

《清会要》，有书，但因有《清会典》而名不显，亦无大用。

《两汉会要》

徐天麟（生卒不详），宋代学者。字仲祥，临江（今江西清江西南）人。他出身于史学世家，为《三朝北盟会编》作者徐梦莘之侄，其父得之、兄孟坚也都有史著。进士及第后，徐天麟曾任府教授、州通判等职，《宋史》称其“所致兴学明教，有惠政”。徐氏父子三人均对汉史情有独钟。唐、宋诸会要出，徐天麟仿其体例，辑录两汉书中有关史事和政治制度，汇集成《西汉会要》、《东汉会要》，从而成为后代作古代会要的第一人。

《两汉会要》虽出一人之手，但亦有区别。首先是分门不同。两书均分十五门，《西汉会要》为帝系、礼、乐、舆服、学校、运历、祥异、职官、选举、民政、食货、兵、刑法、方域、蕃夷；《东汉会要》无学校、运历、祥异，增文学、历数、封建。其次，前者取材不出《汉书》，后者则除《后汉书》外，兼及《东观汉纪》、《汉宫仪》乃至《通典》诸书。再次，前者不加论断，后者则有议论。因此，两书相较，后书略胜于前书。

《唐会要》

《唐会要》是记载唐代典章制度的专书，是现存最早的会要体史书。宋人王溥撰。它的价值在于存录了许多唐代史料，其中一些内容为他书所不载，尤为珍贵。

《唐会要》共一百卷，分帝系、礼、宫殿、舆服、乐、学校、刑、历象、封建、佛道、官制、食货、四裔十三类，下又细分五百一十四目，另有不少条目下有“杂录”，将与该条有关联又不便另立条目的史事列入。书中不少史事是《新川日唐书》以及《通典》所无，是研究唐代典章制度的重要资料。由于唐代的起居注、实录已经亡佚，唐人所撰的两种会要（苏冕《会要》、崔铉《续会要》）也已亡佚，部分内容靠此书得以保存，所以弥足珍贵。

王溥所撰的另一部会要《五代会要》，共二百八十九目，根据五代实录撰成。五代典章制度靠此书得以保存，因此也是极为重要的史料著作。

《宋会要》

《宋会要辑稿》是宋代官修的会要体史书，是汇辑宋代典章制度的资料巨著。也叫《宋会要》，因现在所见之本是从《永乐大典》中辑出的，而且未加整理，所以叫“辑稿”。辑录者是清人徐松。

宋代朝廷设有专门的会要编纂机构会要所，编写了不少会要。现可查考的宋代会要共十一种：《庆历国朝会要》、《元丰增修五朝会要》、《政和重修会要》、《乾道续四朝会要》、《乾道中兴会要》、《淳熙会要》、《嘉泰孝宗会要》、《庆元光宗会要》、《嘉泰宁宗会要》、《总类国朝会要》（即《嘉定国朝会要》）和《国朝会要总类》（即李心传《十三朝会要》）。但这些《会要》后来逐渐散佚了。

《宋会要辑稿》共三百六十六卷，约八百万字。分十七类：帝、后妃、乐、礼、舆服、仪制、瑞异、运历、崇儒、职官、选举、食货、刑法、兵、方域、藩夷、道释；类下分门，各门篇首有简短的序言加以概括，然后按年、月、日顺序，摘取有关诏令、奏章，眉目清晰，便于检阅。该书保存了大量《宋史》及其他史书所不载的宋代史料，记述较为原始而详细，便于查核元修《宋史》各志的纰缪和疏略，有很高的史料价值。

《明会典》、《清会典》

会典是汇辑典章制度的官修史书，是由宋、元时期的会要发展而来的。明、清两代均有自己的会典，分别为《大明会典》（通称《明会典》）和《大清会典》（通称《清会典》）。由于后来历朝时有补充重修，故而形成了不同版本。

《明会典》始纂于明孝宗弘治十年（1497），正德四年（1509）刻印颁行，称《正德会典》。此后，嘉靖八年（1529）又曾续纂，未及刊行。万历四年（1576）再续纂，万历十五年刊行，通称《万历重修会典》，后世称引《明会典》即指此本。该书共二百四十卷，卷一至二百二十六记文职衙门，卷二百二十七至二百二十八记武职衙门。

《清会典》初修于康熙二十三年（1684），雍正、乾隆、嘉庆、光绪曾四次重修。光绪《清会典》一百卷，事例一千二百二十卷，图二百七十卷，记事从清初到光绪二十二年。《清会典》的编纂形式上仿照《明会典》，但具体类目颇有增损；又把典则与事例分开，称“会典”和“会典事例”，大致“以典为经，例为纬”，事例作为会典的辅助。嘉庆、光绪《清会典》中，将户部的舆图，礼部的仪式、祭器、卤簿，钦天监的天体图等，绘图成编，称“会典图”；整体编排注重实用，便于查考。

《华阳国志》

《华阳国志》是记述巴蜀地区历史与地理的著作，东晋常璩撰。它是古代地方性史地书中较为完整的一部，向来受人称道。

《华阳国志》以华阳（华山的阳面）、黑水为南北界，记述巴蜀之事。全书分为巴志、汉中志、蜀志、刘先主（备）志、刘后主（禅）志等十二卷。

此书以地理志、编年史及人物志三者结合的形式，记述晋代以前以益州为中心的巴蜀地区的历史与地理。书中包含不少政治经济、郡县沿革、古代氏族等方面的重要史料，如巴蜀古代史事，诸葛亮征南的经过，各民族历史、传说、风俗等，可补正史之不足。其中关于李冰任蜀郡郡守时开岷江以灌溉成都平原以及四川盐井、火井的记载等，具有十分重要的史料价值。另外，此书结构严谨、系统，深受好评。

《水经注》

《水经注》，是注释《水经》并记述全国河道水系的历史地理专著，四十卷，北魏郦道元注。郦道元，字善长，范阳涿县人，出身官宦世家，后入仕途。他一生好学，博览群书，晚年因遭谗言，为雍州刺史杀害。《水经注》沿用《水经》因水证地之法，以河水（黄河）和江水（长江）为主线，依自然地理特点，由南向北分述南北朝时期遍布我国甚至域外的大小河流一千二百五十二条，囊括了人文地理、自然地理和历史资料三方面的内容，引用古文献四百三十余种，采录了许多今已失传的金石碑刻、民间传说、诗词歌赋，具有极高的学术价值。

据说郦道元任职期间，以执法威猛严峻著称，甚至曾经因“严酷”免职，以这样的态度治学，其严谨可想而知。此书既是一部严肃的学术著作，也是不可多得的奇文妙作、别开生面的散文作品，其文笔深峭清丽，精妙优美，并且，在实事求是地记述地理历史之际，郦道元也穿插了多姿多彩的传说故事和风土人情等等，增强了文章的可读性，许多成为脍炙人口、传诵一时的佳作。唐代李白、柳宗元以及宋代的苏轼，都对其十分推崇。苏轼曾说过：“嗟我乐何深，水经亦屡读。”

此书注本以清全祖望《七校水经注》、王先谦《合校水经注》及近人杨守敬、熊会贞《水经注疏》最为著名。有 1984 年的上海人民出版社出版的王国维《水经注校》。

《洛阳伽蓝记》

《洛阳伽蓝记》，伽蓝，梵文音译，僧伽蓝摩之略称，意译为“众园”或“僧院”，为佛教寺院之统称。北魏洛阳佛寺及园林建筑志，五卷，北魏杨衒之撰，成书于东魏武定五年。杨衒之，生卒年不详，北平人，博学多才，以文章传家，与佛界人士多往还，亲睹洛阳城佛寺兴衰，感慨系之，乃撰此记。本书按地域分卷，其体例为先写立寺人、寺庙防卫及建筑风格，再写相关人物、事件、传说、逸闻等，是一部重要的佛教典籍，也保存了许多洛阳地区的掌故、风土人情和中外交流诸事，此外，其文笔生动优美，“秾丽秀逸，烦而不厌“，兼用骈俪，风格与《世说新语》相类，亦是上品文章，为我国早期地区专业志的佳作之一。

北魏之际，佛教盛行，寺庙林立，僧尼遍布。杨衒之著此书之目的一为存史，二为劝诫资政，借古讽今，臧否人物，使今人得以流连忘返于青灯古佛之际，梦回洛阳古都，察其风俗，观其人物，增广逸闻，陶冶情致。

此书版本以明嘉靖隐堂本最善，另有《四部备要》、《丛书集成》等。今有上海古籍出版社 1958 年版。

《贞观政要》

《贞观政要》，是一部专题性史书，唐吴兢撰，约成书于唐开元初年。吴兢（670—749），汴州人，著述很多，仅存《贞观政要》一部流传于世。他写作此书是借古讽今，借歌颂唐太宗时代的德政，告诫后世君王要择善从之，以利江山稳固。此书的体例和方法与《尚书》、《国语》相类，所记基本为贞观年间唐太宗与魏征等四十五位大臣的问答，也有大臣的劝谏奏疏及政治、经济上的重大措施。内容广泛，对唐太宗君臣治国安邦的经验进行了全面总结，将贞观年间的太平盛世展现在读者眼前，对于唐太宗的过错，吴兢也秉笔直书，列举唐太宗晚年的奢靡放纵。

《贞观政要》问世之后，唐代皇室列为必读经典，宋代则仿其例编撰《三朝宝训》、《两朝宝训》、《仁皇训典》及《圣政》等等政治文献，作为皇帝、太子的讲读内容。元、明、清三朝对《贞观政要》同样十分重视，推崇备至，表明历代帝王都知道从这部书中可以得到借鉴，追求政权与国家的长治久安。此外，唐以来的许多名臣文士也对该书十分赞许，唐代柳芳，后晋刘昫，宋代宋祁、欧阳修、司马光、范祖禹、吕祖谦等大臣、史家、学者都对《贞观政要》发表过评论，元代的戈直加以搜集并加注后，刊刻成书，流传至今。

《贞观政要》在国外也广为流传，至今日本国还保存着此书的多种版本，其中有园田种成的整理本《贞观政要定本》，足见其影响之广远。

《史通》

随着史学的不断发展，史学批评也随之开展起来。唐代，刘知几写出我国第一部系统性的史论专著《史通》。它兼有史学理论和史学批评两方面内容，是集唐以前史论之大成的宏伟巨著。

刘知几生于唐代名门，父兄都是唐高宗和唐玄宗时的官僚。但他仕途颇不得意，于是私家撰写《史通》来阐述他的思想和主张，到公元 710 年完成。

《史通》共二十卷，包括内篇和外篇两部分，各为十卷。内篇有三十九篇，外篇有十三篇，合计五十二篇。今存仅有四十九篇。另有《序录》一篇，为全书的序文。

《史通》在我国史学的发展中有着重要的意义。首先，它历述了中国史馆的起源及变迁，列举历代官修和私撰的各种史书，以及各家史书的体裁，加以评论，形成了唐以前史学史的规模，为我国史学史的发展奠定了基础。其次还对历史编纂学提出了一些可贵的见解。《史通》主张删除正文中的天文、艺文、五行三种，而增加都邑、方物、氏族等志。在编纂方法方面，他指出叙事是撰史的重要手法，而叙事最避忌繁芜，提出使用“当世口语”撰史。此外，刘知几指出对史料需加以选择和鉴别。这些主张都有很大借鉴价值，再次提出了合理的史学方法。刘知几提出的史学方法自成体系，从史料的范围、史料的采摘、史料的鉴别、史料的区分，到编纂的次序、史事的判断、人物的评论等等，都作了创造性地研究和规划，给后来历史学者很大的影响，把中国史学向前推进了一大步。

另外，《史通》提出了史家修养的标准：刘知几认为史家要有科学的修养，公正的态度，实事求是的精神。有了这三个条件，历史才能反映社会真实情况。他提出的这些标准，在当时是很有见地的。

《史通》开辟了史评的道路，刘知几的评论立论高远、全面系统、史法谨严，把对史书的评论大大向前推进了一步。

《通典》

《通典》是我国第一部，也是成就最高的一部典章制度专史。编者为唐代杜佑。杜佑（735—812），字君卿，唐京兆万年（今陕西西安）人，出身于名门大族，青年步入仕途，四十岁以后任岭南、淮南等地的长官，近七十岁时任宰相。

《通典》全书二百卷，分为《食货典》、《选举典》、《职官典》、《礼典》、《乐典》、《兵刑典》、《州郡典》、《边防典》八类。它的结构具有严密的内在逻辑联系。所记上起远古时期，下至唐代天宝末年，唐肃宗、代宗以后的史实多以夹注的形式补入。它基本包罗了封建社会政治、经济制度的主要方面。它的《食货典》十二卷，叙述历代的土地、财政制度，对历代土地形态的变迁、租税的轻重、户口的盛衰、货币的变革、盐铁的管理、杂税的兴起等情况都作了详尽的考察。《职官典》二十二卷，叙述历代官制的沿革变化。把从中央到地方，从文官到武官，从员额到官阶的情况，都叙述得清清楚楚。《兵刑典》二十三卷，叙述兵略、兵法和历代的刑法制度。它把唐以前所有战争的胜负经验，兵法上的原理原则，统一归纳起来，各标以适当的题目，成了一部有系统的军事理论著作。《边防典》十六卷，叙述历代的边防与四境各族政权的情况，交代了丰富的民族地区历史发展变化情况，为民族史和国防史研究提供了很大方便。《通典》中《礼典》有一百卷，占了全书卷数的一半。它详记了古代礼制情况，材料是相当丰富的。在封建政权建设中，礼是关键环节之一，杜佑对此表现出极大的兴趣，这与他的身份地位和他对封建制度的理解，有着直接的关系。《通典》为人们研究、了解典章制度，提供了系统的知识和材料。

从总体看，全书编排得整齐有序、条理井然、眉目清楚，便于读者阅读、查考。《通典》在历史编纂学史上占有重要地位，它是典章制度专史的开创之作。

《通志》

我国史书浩如烟海，其中关于叙述典章制度的史书最著名的是“三通”，即杜佑的《通典》、郑樵的《通志》和马端临的《文献通考》。《通志》是南宋史学家郑樵穷毕生精力完成的二百卷巨著。

《通志》是一部纪、传、表、志俱全的通史，内容所叙述的历史时间，各部分很不一致。本纪自三皇五帝到隋，《后妃传》自汉到隋，列传自周到隋，二十略自传说时代到北宋。

《通志》的体例和编纂方法，在我国史学发展史上有过一定的影响。清乾隆年间所修的《续通志》和《清朝通志》，就是根据《通志》的体例和方法修成的。甚至马端临的《文献通考》以及《九通》中的其他著作，在体例上也吸取了《通志》的成果。

《通志》的二十略是其精华，郑樵在这二十略中用了他大部分的精力，提出了一些超越一般史家水平的卓越见解。这二十略有些是郑樵独创的，提供了许多珍贵的史料。

郑氏在编纂《通志》这部五百多万字的巨著时，其方法是值得重视的，他先从各个专门的学问入手，通过对史料的考订和实践的调查，把所有的史料“会同”起来，所谓“会同”，是指把各种史料加以综合整理，也就是尽可能全面地汇总各种史料，按照年代先后予以整理、编排，探其源流，理出各种事物从古到今的发展过程。

郑氏最后把其研究成果，归入纪、传、谱、略、载记等体例之中，编成了独创一格的《通志》。郑氏这种求实的治学态度，是他在史学史上最重要的贡献之一。

由于郑樵受时代和阶级的局限，《通志》也存在一些不足，譬如二十略的体例虽有所创新，但从《通志》的整体来说，它仍然没有突破正统的旧史的格式；在史料的考订方面，也难免有主观片面的臆断。还有其立场观点上的问题，对农民起义持批判态度。此外，郑樵还存在着地理史观、宿命论以及复古主义思想等。

《文献通考》

《文献通考》是宋元时期马端临所著。马端临（约1254—1323），字贵与，饶州乐平（今江西乐平）人。南宋右相马廷鸾之子。以荫补承事郎，宋亡，隐居不仕，据说，其从三十四岁左右开始编纂《文献通考》，以二十余年精力著成。《文献通考》可补唐杜佑《通典》之不足。

《文献通考》全书分为二十四门，三百四十八卷。自《经籍》至《物异》等五门为《通典》所未有者，此外十九门均为《通典》的原目或子目。书的内容起自上古，终于南宋宁宗嘉定年间。就其体例与内容来看，实为《通典》的扩大与续作，这是本书的第一个特点。本书的取材中唐前以《通典》为基础，并进行适当补充。中唐以后则是马端临广收博采的结果，尤其是宋代部分，当时《宋史》尚未成书，而马氏所见到的宋代史料最丰富，所以其所收之材料多为《宋史》所无者。取材广博、网罗宏富，可以说是本书的第二个特点。此外，《通典》以《食货》为首，说明杜佑对国家经济的重视；郑樵《通志》移之于《选举》、《刑法》之后，而马端临更将之列于全书之首，且增加为八门之多，可知马氏对经济的重视更超过杜氏、郑氏。《通典》之《礼典》一百卷，占去全书一半，而《通考》之《社郊考》则才三门六十卷，不及全书五分之一。又《兵考》一门，详列古今兵制沿革，使《兵典》只叙用兵方法的偏差得到改正。这些都是《通考》的优点。

《通典》、《通志》和《文献通考》三书都以贯通古今为主旨，又都以“通”字为书名，故后人合称之为“三通”。“三通”在中国古代史籍中占有非常重要的地位。

《册府元龟》

北宋四大部书之一，史学类书。景德二年（1005），宋真宗赵恒命王钦若、杨亿等十八人一同编修历代君臣事迹。采择了经、史、《国语》、《管子》、《孟子》、《韩非子》、《淮南子》、《晏子春秋》、《吕氏春秋》、《韩诗外传》和历代类书、《修文殿御览》，分类编纂。用编年体和纪传体相结合，共勒成一千一百零四门。门有小序，述其指归。分为帝王、闰位、僭伪、列国君、储宫、宗室、外戚、宰辅、将帅、台省、邦计、宪官、谏诤、词臣、国史、掌礼、学校、刑法、卿监、环卫、铨选、贡举、奉使、内臣、牧守、令长、宫臣、幕府、陪臣、总录、外臣等三十一部。部有总序，言其经制。历八年成书，总计有一千卷，诏题名《册府元龟》。“册府”是帝王藏书的地方，“元龟”是大龟，古代用以占卜国家大事，意即作为后世帝王治国理政的借鉴。由于该书征引繁富，也成为后世文人学士运用典故、引据考证的一部重要参考资料。其中唐、五代史事部分，是《册府元龟》的精华所在，不少史料为该书所仅见，即使与正史重复者，亦有校勘价值。

《册府元龟》北宋本已无前帙，南宋本仅存八卷，明钞本舛错颇多，至不能句读。

陆心源藏有北宋残本四百八十三卷，与崇祯本校勘，将宋本多出页数、条数撰成《册府元龟题跋》，后其书流入日本静嘉堂。张元济东渡访书，向静嘉堂借抄四百四十四卷，又向国内藏书家借抄一百零六卷，共五百五十卷。傅增湘据照相毛样校于崇祯本上，该书藏于北京图书馆。1960 年中华书局影印崇祯本，据陆心源跋所载，将宋本多出的页数、条数，校于每卷之后，即今通行本。

《蒙古秘史》

《蒙古秘史》是一部宫廷实录，是蒙古族第一部极为珍贵的历史著作。作者不详。《蒙古秘史》是蒙文的汉译名称，又称《元朝秘史》，简称《秘史》。原书是用蒙古文写成的，成书地点在蒙古高原的克鲁伦河（今蒙古国克鲁伦河）流域，年代大约是十三世纪。该书不仅是蒙古族著名史书典籍，也是世界的优秀文化遗产之一。

此书详细地记录了从成吉思汗到窝阔台时期的历史。书中突出描述成吉思汗建立蒙古汗国的过程，记载蒙古汗国南征并进兵中亚、远征欧洲的情况。塑造了成吉思汗的光辉形象，把他描绘成一位英勇善战的军事统帅和雄才大略的政治家。他的性格坚忍不拔、知人善任而富有远见卓识；他能顺应历史的潮流，在尖锐复杂的部落战争中纵横捭阖，运用正确的战略战术结束了旷日持久的纷争割据局面，建立了横跨欧亚的蒙古军事帝国。

本书的内容极其广泛，涉及蒙古古代游牧社会生产、生活的各个方面。以时间上讲，从蒙古民族图腾、成吉思汗的远祖，一直写到成吉思汗的儿子——窝阔台汗在位时期；从地域角度，横跨蒙古高原。全书共分十二章二百八十二节，内容大致可分为三部分：一是成吉思汗先祖的谱系；二是成吉思汗本人一生的活动历史；三是窝阔台汗的活动历史。

成吉思汗陵壁画

为什么编著者会将该书命名为“秘史”呢？是因为当时蒙古古代史官一般把记载成吉思汗黄金家族的历史书称为“金册”、“简册”，或称“脱卜赤颜”。“金册”，均珍藏于皇宫之中，历代皇帝皆如此。在元朝末年，明军北伐，围攻大都（今北京），元末皇帝元惠宗妥欢帖睦尔仓皇逃离大都，来不及携带此文献，后被明军保存，朱明王朝仅用三百三十一天的时间就编纂了《元史》，最主要的文献材料来源于元朝王室内的那些金册。由于藏此书的地方在皇宫内，不仅外人看不到，就连朝廷中的一般史官也未曾见过，保存得比较秘密，所以人们把它称为《蒙古秘史》，又因为是记载元朝的变化发展的，所以又称《元朝秘史》。

该书采用了编年体和纪传体相结合的体例形式。所用语言淳朴自然、简洁明快，音韵节奏感强，散发着浓烈的草原生活气息。

《十七史商権》

《十七史商榷》是清代学者王鸣盛的一部历史考证专著。王鸣盛（1722—1797），清朝史学家、经学家、考据学家。字凤喈，一字礼堂，别字西庄，晚号西江。嘉定（今上海市）人，官至侍读学士、内阁学士兼礼部侍郎、光禄寺卿。他以汉学考证方法治史，为“吴派”考据学大师，撰《十七史商榷》百卷，为传世之作。

《十七史商榷》将上自《史记》，下迄五代各史中的纪、志、表、传相互考证，分清异同，互作补充，又参阅其他历史名著纠正谬误。对其中的地理、职官、典章制度均详为阐述，为清代重要史学名著之一。中国史学发展到清代，经历了两千多年的厚重积累，成就固然伟大，流弊也积重难返。每当一种史学思潮形成以后，都要按其宗旨对前代的书籍加以整理和改造，这固然促进了史学的发展，但也不可避免地造成种种人为的舛误，出现古代史籍被歪曲和篡改的积弊。王鸣盛的《十七史商榷》，就是在这样的历史背景下问世的。

《十七史商榷》在主旨、结构、内容、笔法、治史方法等方面均具有鲜明的特色，具体表现为：主旨鲜明，求实为本；结构合理，条分缕析；突出"商榷"，考论兼具；见解独具，识断决然；钩稽贯串，动态考察。

子 部

《老子》

《老子》，又名《道德经》，道家学派的经典著作，人多认为成书于战国初期。老子，姓李名耳，字聃，春秋时期楚国人，曾做过周朝管理图书的史官，及周室衰，西出函谷关，退隐。道教兴起后，封老子为教主，奉为"太上老君"，唐高宗追封"太上玄元皇帝"。今本《老子》全书共五千余言，故又称《老子五千文》。西汉河上公曾作《老子章句》，将《老子》分为八十一章，称前三十七章为《道经》，后四十四章为《德经》，名之为《道德经》。

《老子》以"道"解释宇宙万物的演变，以为"道生一，一生二，二生三，三生万物"，"道"乃"夫莫之命（命令）而常自然"，因而"人法地，地法天，天法道，道法自然"。"道"为客观自然规律，同时又具有"独立不改，周行而不殆"的永恒意义。

《老子》书中包括大量朴素辩证法观点，如以为一切事物均具有正反两面，"反者道之动"，并能由对立而转化，"正复为奇，善复为妖"，"祸兮福之所倚，福兮祸之所伏"。又以为世间事物均为"有"与"无"之统一，"有无相生"，而"无"为基础，"天下万物生于有，有生于无"。

此外，书中也有大量的民本思想，"天之道，损有余而补不足，人之道则不然，损不足以奉有余"；"民之饥，以其上食税之多"；"民之轻死，以其上求生之厚"；"民不畏死，奈何以死惧之?"其学说对中国哲学发展具深刻影响。

长沙马王堆汉墓帛书《老子》甲、乙本是最古的本子。魏王弼《老子注》最为通行。清魏源《老子本义》掘其意蕴。近人马叙伦《老子校诂》则详于章句训诂。今人张松如有参照马王堆帛书《老子》甲、乙本而作的《老子说解》。

《庄子》

《庄子》，又称《南华经》，庄周及其后学撰。庄子，名周，曾受号南华仙人，战国时期蒙（一说安徽蒙城，一说河南商丘）人。曾做过漆园吏，后厌恶仕途，隐居著述。《庄子》约成书于先秦时期，《汉书·艺文志》著录五十二篇，今本三十三篇。其中内篇七，外篇十五，杂篇十一，全书以内篇为核心，内篇的《齐物论》、《逍遥游》和《大宗师》集中反映了庄子的哲学思想。以“寓言”、“重言”、“卮言”为主要表现形式，继承和发扬了老子的学说，后世并称“老庄”，指称道家。

在先秦诸子散文中，《孟子》与《庄子》最富于文学性，庄子汪洋恣肆、意出尘外的文风，诡谲神秘、奇妙瑰丽的论说，使其成为先秦诸子文章的典范之作。

文人墨客，在现实中受了挫折，往往痛读庄子，幻想虚静无为，放浪形骸，做“逍遥游”，生云外之志，且中国的文人，大都在现实的纷争中以孔子思想自励，又在内心世界以庄子自遣，所以，几千年来，庄子给人们提供了在现世心灵安顿的“文字游戏”场所。全书始终以“游”作为庄子眼中的最高境界。

不必因为受了挫折才找到庄子，炎炎夏日，冽冽寒冬，和聪明睿智、才气横溢的庄子对话，神与物游，岂不美哉！此外，君若非庄子，必要备酒一壶，方可“齐物我”、“化蝴蝶”，与天地叁！

《墨子》

《墨子》，先秦时期墨家学派的著作总集，《汉书·艺文志》著录七十一篇，现仅存十五卷，五十三篇，一般认为是由墨子的弟子及其后学在不同时期记述编纂而成。

墨子，姓墨，名翟，相传早年受孔子的儒家教育，后弃儒学而开创与儒学相对独立的墨家学派，这是一个组织严密的学派性政治团体，其宗旨是推行墨子的主张。墨子的学说思想主要包括以下几点：

兼爱非攻。所谓兼爱，包含平等与博爱的意思。墨子要求君臣、父子、兄弟都要在平等的基础上相互友爱，“爱人若爱其身”，并认为社会上出现强执弱、富侮贫、贵傲贱的现象，是因天下人不相爱所致。

天志明鬼。宣扬天志鬼神是墨子思想的一大特点。墨子认为天之有志——兼爱天下之百姓。因“人不分幼长贵贱，皆天之臣也”，“天之爱民之厚”，君主若违天意就要受天之罚，反之，则会得天之赏。墨子不仅坚信鬼神其有，而且尤其认为它们对于人间君主或贵族会赏善罚恶。墨子宗教哲学中的天赋人权与制约君主的思想，是墨子哲学中的一大亮点。

尚同尚贤。尚同是要求百姓与天子皆上同于天志，上下一心，实行义政。尚贤则包括选举贤者为官吏，选举贤者为天子国君。墨子认为，国君必须选举国中贤者，而百姓理应在公共行政上对国君有所服从。墨子要求上面了解下情，因为只有这样才能赏善罚暴。墨子要求君主能尚贤使能，即任用贤者而废抑不肖者。墨子把尚贤看得很重，以为是政事之本。他特别反对君主用骨肉之亲，对于贤者则不拘出身，提出“官无常贵，民无终贱”的主张。

节用节葬。节用是墨家非常强调的一种观点，他们抨击君主、贵族的奢侈浪费，尤其反对儒家看重的久丧厚葬之俗。他认为君主、贵族都应像古代大禹一样，过着清廉俭朴的生活。墨子要求墨者在这方面也能身体力行。

较好的注本有清毕沅《墨子注》、孙诒让《墨子间诂》、近人吴毓江《墨子校注》。

《荀子》

荀子（约前313—前230），名况，战国后期赵国人，时人尊称为荀卿，汉时称为孙卿。年五十，始游学于齐国，曾在齐国首都临淄（今山东淄博市）的稷下学宫任祭酒，因遭谗而适楚国，任兰陵（今山东苍山县）令。以后失官家居，著书立说，死后葬于兰陵。著名的学者韩非、李斯均是他的学生。

荀子是一位儒学大师，在吸收法家学说的同时发展了儒家思想。他尊王道，也称霸力；崇礼义，又讲法治；在“法先王”的同时，又主张“法后王”。孟子创“性善”论，强调养性；荀子主“性恶”论，强调后天的学习。这些都说明他与嫡传的儒学有所不同。他还提出了人定胜天，反对宿命论，万物都循着自然规律运行变化等朴素唯物主义观点。

《荀子》一书今存三十二篇，除少数篇章外，大部分是他自己所写。他的文章擅长说理，组织严密，分析透辟，善于取譬，常用排比句增强议论的气势，语言富赡警炼，有很强的说服力和感染力。

注本有唐杨倞的《荀子注》、清本王先谦《荀子集解》，近代梁启超的《荀子柬释》。通行本有1988年中华书局出版的《荀子集解》。

《韩非子》

《韩非子》，战国时法家代表著作，二十卷，五十五篇，《汉书·艺文志》著录五十五篇，与今本同。韩非，名非，战国时期韩国人，为韩国公子，与李斯同学于荀子，喜好刑名法术之学。

全书由五十五篇独立成文的论文集辑而成，大都出自韩非之手，除个别文章外，篇名均表示该文主旨。主要阐述了韩非以君主专制为基础的法、术、势结合的法治理论，以及他进化论的历史观和讲求实际的哲学观，反映了战国时期经济、政治、思想、文化各方面的重要情况，其中《解老》、《喻老》是中国最早注释和解说《老子》的著作。该书善用寓言，在系统整理之后又分门别类编辑为各种寓言故事集，《内外储说》、《说林》、《喻老》、《十过》等篇即是。

史载，韩非口吃，不善言谈，长于著书，使秦之时，被同学李斯等的谗言所害入狱，服毒自杀。司马迁说“韩非囚秦，《说难》、《孤愤》”，属于“发奋著书”类型，《韩非子》是先秦诸子卷帙最为浩繁者之一，口不能言，笔下汹涌，其语言简洁，鞭辟入里，又不乏生动活泼之态。韩非寡言少语之际，遭同窗暗算之时，有更多的时间和机会对社会进行冷峻犀利的观察，个中滋味，岂足为外人道！观此书，明司马之意，知韩子之文，畅“无情”之法治，有所本矣！注本中，较好的有清王先慎的《韩非子集解》以及今人陈奇猷《韩非子集释》。

《列子》

《列子》，道家著作，八卷，相传为列子所撰，约成书于晋太康二年后。列子，名御寇，战国时代郑国人，主张空、静、无为，独立处世，善于修身养性。《列子》内容形式多为民间传说、寓言故事和神话等，具有很高的文学价值，并包含深刻的哲学思想，以《天瑞》、《力命》、《杨朱》三者为最。主旨为万物产生于无形，并变化不居，任何事物都不是完美的，包括天地及圣人，人要掌握并利用自然界的规律。唐朝诏告《列子》为《冲虚真经》，北宋加封为“至德”，列为道教的重要经典之一。

《列子》里面的先秦寓言故事和神话传说中不乏有教益的作品。如“纪昌学射”、“薛谭学讴”等故事告诉我们：在学习上，不但要知其然，还要知其所以然；真正的本领是从勤学苦练中得来的；知识技能是没有尽头的，不能只学到一点就满足了。还有情节更离奇的“妻不识夫”，说明一个人是可以移心易性的。

列子之学，本于黄帝、老子为宗。相传他曾向关尹子问道，拜壶丘子为师，后来又先后师事老商氏和支伯高子，得到他们的真传。《吕氏春秋》说：“子列子贵虚。”他认为“至人之用心苦镜，不将不迎，应而不藏，故能胜物而不伤”。列子穷而面有饥色，但拒绝郑国暴虐的执政者子阳馈赠的粮食。其弟子严恢问之曰：“所有闻道者为富乎?”列子曰：“桀纣唯轻道而重利是亡!”他认为应摆脱人世间贵贱、名利的羁绊，顺应大道，淡泊名利，清静修道。

《吕氏春秋》

吕不韦，生卒不详，战国后期卫国人。本是阳翟富商，在邯郸经商时，受到秦公子楚的赏识，后被奉为丞相，弃商从政。秦始皇执政后，被免职，迁往蜀郡，忧惧自杀。

《吕氏春秋》又称《吕览》，乃吕不韦召集门下三千宾客，“兼儒墨，合名法”，编纂而成，有八览、六论、十二纪，共一百六十篇，《汉书·艺文志》将其归入“杂家”。该书兼收并蓄，细大不捐，是先秦思想文化之总结，以儒家为主流，以道家基础，取老子顺应客观的思想，舍其消极避世的成分，旁采名、法、墨、兵、农、阴阳诸家之长，初步形成了包括政治、经济、哲学、道德、军事等各方面内容的理论体系，同时保存了医学、音乐、天文历法及农业等多方面的宝贵资料。文章明朗犀利，故事、比喻、议论有机结合，成书之后，曾布之于咸阳市门，有能增益一字者悬赏千金。盖吕不韦想借此向世人昭示他一统天下和治理天下的政见。可惜志未申而身先死，其理论不能行于当世。汉兴起后，吸取亡秦教训，王霸并用，崇尚无为，与民休息，许多方面与《吕氏春秋》的思想一致。

最早为《吕氏春秋》作注的是东汉的高诱，今人许维遹《吕氏春秋集释》、陈奇猷《吕氏春秋校释》是比较完备的注本。

《晏子春秋》

《晏子春秋》是记述春秋末期齐国著名政治家晏婴言行的一部著作。本书共八卷，包括内篇六卷（谏上下、问上下、杂上下），外篇两卷，全部由短篇故事组成。全书通过一个个生动活泼的故事，塑造了主人公晏婴和众多陪衬者的形象。

《谏上》、《谏下》主要记述晏婴劝谏齐君的言行，《问上》、《问下》主要记叙君臣之间、卿士之间以及外交活动中的问答，《杂上》、《杂下》主要记叙晏婴其他各种各样的事件。外篇两篇内容较为驳杂，与内篇六篇相通而又相别。各篇之间的内容既有相对的独立性，又互有联系，个别的还有互相矛盾之处。

《晏子春秋》所表现出来的最可贵的思想是重民与爱民。从重民和爱民出发，晏子主张节俭，反对向人民横征暴敛，反对大兴土木，以减轻人民的负担。

晏子还提倡节俭。他认为，节俭是一个贤人的基本品质，所以，他对那些富贵骄奢、铺张浪费的人或行为从心底里抱有一种反感。他曾对齐景公的穷奢极欲进行了多次的批评。他自己也以节俭来约束自己。齐景公多次要给他调整住宅，还趁他出使在外替他建了一座新宅，他都坚决辞谢了。

《晏子春秋》还十分突出地表现了晏子对礼的重视。他说："礼者，所以御民也……无礼而能治国家者，婴未之闻也！"把礼看做是治国的根本，统治百姓的工具，可见礼在晏子心目中的地位。在这一点上，晏子与后来的孔子是很有相似之处的。

《商君书》

商鞅（约前390—前338），战国中期政治家，法家代表人物。他出身卫国公族，原名卫鞅。少时学刑名之术。秦孝公下令求贤，他应召入秦，见孝公，提出变法主张。前359年，商鞅任左庶长，不久升大良造，主持变法。前340年，以功封于商（今陕西商县东南），号为商君。其重要政见经后人整理，成《商君书》二十九篇，《汉书·艺文志》有著录，今存二十四篇。

此书侧重记载了法家革新变法、重农重战、重刑少赏、排斥儒术等言论，主要反映了法家的政治思想。

首先是革新变法的思想，这是法家思想的精髓。《更法》篇详细记述了商鞅与甘龙、杜挚在秦孝公面前争论变法的问题。针对秦孝公怕变更法度、改革礼制受天下人非议的想法，商鞅说："行动迟疑就不会有名，做事犹豫就不会成功。法度是爱护人民的，礼制是利于国事的。所以圣人治国，只要能使国家强盛，就不必沿用旧的法度；只要有利于人民，就不必遵守旧的礼制。"

其次是重农重战的思想，这是法家思想的重要内容。《商君书》中有关重农重战的论述最多。如《农战》篇说："国之所以兴者，农战也。"《靳令》篇说："农有余粮，使民以粟出官爵，官爵必以其力，是农不怠。"朝廷让人民拿剩余的粮食捐取官爵，农民就会卖力耕作。《算地》篇说："故圣人之为国也，入令民以属农，出令民以计战。……胜敌而革不荒，富强之功，可坐而致也。"国家富强的功效就在农战两项。

其三是重刑少赏的思想。加重刑罚，轻微奖赏（有时也说厚赏），是法家的重要思想。

其四是重本抑末，反对儒术。"本"是指农战，"末"是指商业和手工业。

《鬼谷子》

《鬼谷子》，旧传鬼谷子著，实为后学者根据其言论整理而成，成书于先秦时代，三卷，上中两卷十四篇，其中两篇有目无篇，下卷收有《本经阴符七术》。

鬼谷子，战国时楚人，号鬼谷先生，为纵横家的鼻祖，专门研究言谈之道和养生之术。《隋书·经籍志》始列为纵横家，后世兵家以为兵书。该书内容十分丰富，涉及政治、军事、外交等领域，大抵崇尚黄老而侧重"心术"，以阴阳论为基础，为纵横家提供了理论依据，也含有辩证法思想。

该书的前十四篇，专论"纵横之术"，类似于我们现在的演讲技巧、社交方式之类。据说，张仪、苏秦两位战国"名嘴"就是鬼谷子的学生，师傅的水平可见一斑。时至今日，《鬼谷子》在国内外仍有着广泛的影响。

晋皇甫谧注本为三卷，今本为南朝梁陶弘景注。又有《四库备要》本。

《公孙龙子》

《公孙龙子》，又名《守白论》，三卷，战国后期名家公孙龙的著作。《汉书·艺文志》著录十四篇，列为名家，现存六篇。公孙龙，字子秉，战国时期赵国人，他的哲学理论以"白马非马"论著称，常常与孔子后人孔穿及邹衍等人辩论，本书是针对社会上名不符实的现象所作。

《公孙龙子》首篇《迹府》是后人编辑的有关公孙龙的简介，其余五篇是公孙龙的作品。其中《白马论》所提出的"白马非马"的命题，以及《坚白论》所提出的"离坚白"的命题，是公孙龙名辨思想的中心。该书着重探讨了概念的内涵和外延以及事物的共性和个性、存在和思维的关系，构成了一个完整的学说体系。

《公孙龙子》的新注有栾星的《公孙龙子长笺》、庞朴的《公孙龙子研究》。

《尹文子》

尹文，战国时期齐国人，生平不详，流传于世者唯《尹文子》一书。

《尹文子》，旧列名家，今本仅一卷，分《大道》上下两篇，语录与故事混杂，各段自成起讫。上篇论述形名理论，下篇论述治国之道，可以看作是形名理论的实际运用。其思想特征以名家为主，综合道法，亦不排斥儒、墨。自道以至名，由名而至法，上承老子，下启荀子、韩非。《尹文子》的形名论思想，为研究中国逻辑思想史者所重视，其对语言的指称性与内涵等关系的思考，颇值得玩味。文章善于运用寓言说理，虽然不如“白马非马”有名，但是却很有趣味，其中讲一个人，给儿子取名“盗”和“殴”，结果挨了一顿打。

主要版本有明《子汇》本、《诸子集成》本。新注本有历时熙的《尹文子简注》。

《六韬》

《六韬》相传是周朝的姜尚所著，但后人普遍怀疑。作者已不可考。现在一般认为此书成于战国时代。全书以太公与文王、武王对话的方式编成，所以又称《太公兵法》。

《六韬》是一部集先秦军事思想之大成的著作，对后代的军事思想有很大的影响，被誉为是兵家权谋的始祖。《六韬》被列为《武经七书》之一，为武学必读之书。

《六韬》分别以文、武、龙、虎、豹、犬为标题，各为一卷，共六十一篇，近两万字。内容十分广泛，涉及战争观、军队建设、战略战术等有关军事的许多方面，其中又以战略和战术的论述最为精彩，它的权谋家思想也很突出。

《司马法》

《司马法》是我国古代一部著名的兵书。相传是姜子牙所写，但到了战国时已经散失。司马穰苴，春秋末期齐国人。原来姓田，名穰苴，曾领兵战胜晋、燕，被齐景公封为掌管军事的大司马，后人尊称为司马穰苴。根据《史记·司马穰苴列传》记载：“齐威王使大夫追论古者司马兵法，而附穰苴于其中，因号曰《司马穰苴兵法》。”

《司马法》最早见于《汉书·艺文志》的礼类，称《军礼司马法》，共计一百五十五篇。汉朝以后，在长期流传过程中，该书多有散佚，至唐代编《隋书·经籍志》时录为三卷五篇，列入子部兵家类，称为《司马法》，即今本《司马法》三卷五篇的原型，为《仁本》、《天子之义》、《定爵》、《严位》、《用众》，另有逸文六十余条，一千六百多字。《司马法》论述的范围极为广泛，基本涉及了军事的各个方面；保存了古代用兵与治兵的原则，包括夏商周三代的出师礼仪、兵器、徽章、赏罚、警戒等方面的重要史料。此外，还有很丰富的哲理思想，很重视战争中精神、物质力量之间的转化和轻与重辩证关系的统一。对于人的因素、士气的作用非常重视。

此书受到历代兵家及统治者的高度重视。汉武帝曾“置尚武之官，以《司马法》选任，秩比博士”。司马迁称该书：“闳廓深远，虽三代征伐，未能竟其义，如其文也。”北宋元丰年间，《司马法》被列为《武经七书》之一，作为考试武臣、选拔将领、钻研军事的必读之书。

《孙子兵法》

《孙子兵法》又称《吴孙子兵法》、《孙子》、《孙武兵法》，十三篇，孙武著。孙武，字长卿，生卒年不可考，春秋末期齐国人，从齐国流亡到吴国，辅助吴王经国治军，显名诸侯，被尊为“兵圣”。

《兵法》每篇皆以“孙子曰”开头，继承、发展了前人的战争经验和进行兼并战争的军事理论，揭示了战争的若干客观规律，具有朴素的唯物论和辩证法思想。把政治作为决定战争胜败的首要因素，这是《孙子兵法》的重要贡献，二千年来一直被视为军事著作中的经典之作，他总结的用兵原则，至今仍具有重大的现实意义。毛泽东对《孙子兵法》推崇备至。世界各大军事院校和军事研究机构，都把《孙子兵法》作为教材和研究资料。

“兵者，国之大事，死生之地，存亡之道，不可不察也。”近年来，越来越多的“商场”人士，在传统文化中寻找智慧，《孙子兵法》当然是首选。此书文句趋向整齐，善用排比铺陈叙说，比喻生动具体，使理论通俗易懂，以作战的缜密思维为文章谋篇布局，对孙武而言，如烹小鲜。所以，即使是对兵法没有兴趣，也没有机会实战演习，阅读此书，对于提高自己的思维，也大有裨益。

迄今最早的传世本为银雀山竹书《孙子兵法》，可惜为残简，不能窥其全貌。注本以曹操注最早，今人新出的有吴九龙主编的《孙子校释》、吴如嵩的

《孙子兵法新论》等。

《孙膑兵法》

《孙膑兵法》又名《齐孙子》，系与《孙子兵法》区别之故。孙膑，战国时期杰出的军事理论家和军事指挥家，齐国人，曾跟自号鬼谷子的王诩学习兵法。

《汉书·艺文志》称"《齐孙子》八十几篇，图四卷"，但自《隋书·经籍志》始，便不见于历代著录，大约在东汉末年便已失传。1972年，临沂银雀山汉墓竹简出土，这部古兵法始重见天日。但由于年代久远，竹简残缺不全，损坏严重。经竹简整理小组整理考证，文物出版社于1975年出版了简本《孙膑兵法》，共收竹简三百六十四枚，分上、下编，各十五篇。对于这批简文，学术界一般认为，上篇当属原著无疑，系在孙膑著述和言论的基础上经弟子辑录、整理而成；下篇内容虽与上篇内容相类，但也存在着编撰体例上的不同，是否为孙膑及其弟子所著尚无充分的证据。1985年，文物出版社出版的《银雀山汉墓竹简（一）》中，收入《孙膑兵法》共十六篇，系原上编诸篇加上下篇中的《五教法》而成，其篇目依次为：擒庞涓、见威王、威王问、陈忌问垒、篡卒、月战、八阵、地葆、势备、兵情、行篡、杀士、延气、官一、五教法、强兵。张震泽撰有《孙膑兵法校理》。

《黄石公三略》

《黄石公三略》又称《三略》。此书的作者，过去很多人认为是黄石公。但后来学者考证认为此书的作者并不是黄石公，而可能是西汉末年一位精通兵法、熟悉张良事迹、拥护汉宗室的隐士，称之为《黄石公三略》，不过是伪托而已。它广泛吸收了道、法、兵诸家思想的特点。

《黄石公三略》分为上略、中略、下略三卷，全书三千八百余字，作为一部兵书，它的内容主要侧重于阐发它独特的军事思想。上略是《黄石公三略》的主要部分，全篇通过对"设礼赏，别奸雄，著成败"的分析，论述了以"柔弱胜刚强"为指导，以收揽人心为中心，以"任贤擒敌"为宗旨的治国统军的战略思想及其实现的方法。这个战略思想的特点是重政治，尤其是重"人心"。它首次从战略的高度提出，人心的向背关系着国家的治乱兴替。在军事战略上，它提出控制战略要地的思想，指出："获固守之，获厄塞之，获难屯之。"明确地把战略要地概括为固、厄、难三种类型，而且分别提出了守、塞、屯三种处置方法。这是《黄石公三略》的一大发明。

此外，此书还主张崇礼重禄，礼贤下士，威恩并重，赏罚必信。

《新书》

《新书》，又称《贾子》，西汉贾谊撰，《汉书·艺文志》列为儒家，著录五十八篇，今本有十卷五十八篇，其中《问孝》、《礼容语上》两篇有录无书，实际为五十六篇，主要阐述政治思想，有一些篇章也包含一定的哲学思想。《新书》认为道德造化以成万物，事物之间可以回旋转化，如制陶器的陶轮般旋转不息，对待认识对象，要“清虚而静”，历史的发展是有规律可循的。故此，开篇即总结了秦朝灭亡的历史教训，提出了一系列政治主张。他的政论散文体现了汉初知识分子，在汉帝国大一统创始期之积极进取、意气风发，力图建功伟业的豪情壮志，代表汉初政论散文的最高成就。鲁迅先生说：“贾谊文章为西汉鸿文，沾溉后人，其泽甚远。”

贾谊，二十余岁即被召为博士，迁太中大夫，后遭谗言，贬为长沙王太傅，渡湘水时，作《吊屈原赋》以自伤，后为梁怀王太傅，怀王坠马死，“谊自伤为傅无状，常哭泣，”不久逝世，仅三十三岁。读至此，不仅潸然，翻开《新书》第一卷，《过秦论》之排山倒海，挥斥方遒的气势，犹且余音绕梁，此时满腔笔墨竟化之为泪水！谪居长沙第三年，有一只类似于猫头鹰的不祥之鸟飞入贾宅，贾生写《鵩鸟赋》，即已预感到了死之将至：“纵躯委命兮，不私与己。其生兮若浮，其死兮若休。澹乎若深泉之静，泛乎若不系之舟。”文中列举史书中祸福相依的例子，聪明的贾生，可否料到自己身后不寂寞，成为千百年来文人笔下伤才悯时的绝佳榜样呢?

英年早逝，贾谊与扬雄不同，贾谊在人心目中永远是年轻的“贾生”，“可怜夜半虚前席，不问苍生问鬼神”。贾谊也更多地成为后代诗人吟咏的对象，贾生的泪水、贾生的才气也成了诗人笔端常常出现的意象。

通行的版本有《四部丛刊》本、《诸子集成》本、卢文弨《抱经堂丛书》本等。上海人民出版社 1975 年出版《贾谊集》。最新注本有王洲明、徐超《贾谊集校注》，阎振益、钟夏《新书校注》等。

《淮南子》

《淮南子》，又名“淮南鸿烈”。鸿，广大也，烈，光明也，意即包含了光明宏大之理，二十一卷，西汉皇室贵族淮南王刘安招致宾客，在其主持下编著。成书年代大约在景、武帝之间。

刘安，汉高祖刘邦少子淮南厉王刘长之子，刘长死后，袭父爵为淮南王。此书为汉初黄老学派著作，《汉书·艺文志》列为杂家，载《淮南子》内二十一篇，外三十三篇，今只流传内二十一篇。全书博奥深宏，融道家、阴阳家、墨家、法家、儒家思想于一体，但主要是发挥先秦道家思想，是汉代学者对汉以前古代文化一次最大规模的汇集与融合。《淮南子》之通篇主题为“道”，既讲自然之道，也讲治世之道，提出了“漠然无为而无不为”，“漠然无治而无不治”的政治理想。在最后一篇《要略》中，概括全书以阐明宗旨，“言道”与“言事”，即掌握自然界的规律与考究社会历史变化规律，此外，还综述了各家思想及其产生的历史背景和思想渊源，具有很高的价值。

据史籍记载，王族刘安喜欢读书鼓琴，厌倦皇室盛行的歌舞游猎，又想积阴德，流芳百世，招致宾客，集体创作，采百家之长，故此内容庞杂，近乎一部“先汉学术史”。但是此书并非凭虚蹈空，而是处处紧密联系现实，并多用历史、神话、传说、故事来说理，文风新异瑰奇，繁富有序。如果你对医学、天文、地理乃至神话感兴趣，都可以在这本书里发现弥足珍贵的资料。

刘熙载说：“《淮南子》连类喻义，本诸《易》与《庄子》，而奇伟宏富，又能自用其才，虽使与先秦诸子同时，亦足成一家之作。”将其与先秦诸子比肩，赞誉颇高。

《法言》

《法言》，西汉扬雄拟《论语》体裁，采用问答形式而撰写的哲学著作，成书于汉哀帝元寿元年。《法言》十三卷，其基本宗旨是用礼义、孔孟之道，批判先秦诸子及谶纬、神仙迷信，维护儒家正统观念，故名之曰“法言”。主张文学应当宗经、征圣。强调知识的重要，反对老庄“学无益”之观点，人性论上主张善恶混合说，承认历史之进化，肯定改革之必要，且因其对宗教迷信的批判，成为王充唯物主义学说的先导。

扬雄（前53—18），字子云，少壮时喜词赋，晚年视为“童子雕虫篆刻”，壮夫不为，转而潜心向学，研究哲理，亦有《太玄经》，仿《周易》而作。扬雄的词赋洋洋洒洒，可能因为“悔少作”，绚烂之极归于平淡，把自己打扮成道学先生，时值西汉末年，谶纬之术流行，宗教迷信弥漫一时，扬子云表现出了可贵的独立思考精神。

据《汉书》载，扬雄为人“简易佚荡，口吃不能剧谈，默而好深湛之思，清静无为，少耆欲，不汲汲于富贵，不戚戚于贫贱”。王莽做皇帝后，家贫嗜酒，好古而乐道，欲求文章成名于后世，故经、传、史、赋皆附会名篇而著。扬子云一生未做大官，对屈原投江颇为不然，以为君子“得时则大行，不得时则龙蛇，遇不遇命也，何必湛身哉”，表现得十分澹然。龙蛇于时，亦当有大行之精神，岂非扬子云之愿乎？

该书有诸子集成本、四部丛刊本。《法言》的注释本，晋代有李轨的《扬子法言注》，宋代有司马光的《法言集注》，清代有汪荣宝的《法言义疏》等，内容较为详备。

《论衡》

《论衡》一书为东汉王充（27—97 年）所作，现存文章有八十五篇。

东汉时代，儒家思想在意识形态领域里占支配地位，但与春秋战国时期所不同的是儒家学说打上了神秘主义的色彩，掺进了谶纬学说，使儒学变成了“儒术”。而其集大成者并作为“国宪”和经典的是皇帝钦定的《白虎通义》。王充写作《论衡》一书，就是针对这种儒术和神秘主义的谶纬说进行批判。《论衡》细说微论，解释世俗之疑，辨照是非之理，即以“实”为根据，疾虚妄之言。“衡”字本义是天平，《论衡》就是评定当时言论的价值的天平。它的目的是“冀悟迷惑之心，使知虚实之分”（《论衡·对作》篇）。因此，它是古代一部不朽的唯物主义的哲学文献。正因为《论衡》一书“诋訾孔子”，“厚辱其先”，反叛于汉代的儒家正统思想，故遭到当时以及后来的历代封建统治阶级的冷遇、攻击和禁锢，将它视之为“异书”。汉儒思想体系是董仲舒提出的唯心主义哲学思想，其核心是“天人感应”说，由此生发出对其他一切事物的神秘主义的解释和看法。“天人感应”的要旨就是“天帝”有意识地创造了人，并为人生了“五谷万物”；有意识地生下帝王来统治万民，并立下统治的“秩序”。

《论衡》提出，天地万物（包括人在内）都是由“气”构成，“气”是一种统一的物质元素。《论衡》否定“天”和“人君”是历史发展的力量，指出“天人感应”说的虚妄。它对世界的认识虽有历史局限，但它敢于宣布世界是由物质构成的，敢于否认鬼神的存在，敢于向孔孟的权威挑战，并确立了一个比较完整的古代唯物主义体系，这在历史上是起了划时代的作用的。

《论衡》对今后的唯物主义者、无神论者，诸如魏晋时期的哲学家杨泉、南朝宋时的思想家何承天、南朝齐梁时的无神论者范缜、唐朝时期的刘禹锡和柳宗元、明清之际的思想家王夫之等等，都产生了不同程度的影响。

《人物志》

《人物志》是我国一部辨析、评论人物的专著，刘劭著，约成书于曹魏明帝统治时期（227—239）。魏文帝曹丕接受陈群建议，用九品中正制选拔人才。该书即是在推行九品中正品评人物、选择人才的大背景下形成的专著，旨在为推行九品中正制在理论上提供依据，在实践上总结经验，以推动这一制度的发展和完善。

刘劭以人之筋、骨、血、气、肌与金、木、水、火、土五行相应，而呈现弘毅、文理、贞固、勇敢、通微等特质。此“五质”又分别象征“五常”——仁、义、礼、智、信，表现为“五德”。换言之，自然的血气生命，具体展现为精神、形貌、声色、才具、德行。内在的材质与外在的征象有所联系，呈显为神、精、筋、骨、气、色、仪、容、言等，是为“九征”，这相当于所谓“气质”的层次。

依照不同的才性，刘劭将人物分为“兼德”、“兼才”、“偏才”等三类。透过德、法、术等三个层面，依其偏向，又可分为“十二才”，即清节家、法家、术家、国体、器能、臧否、伎俩、智意、文章、儒学、口辩、雄杰，依其才能不同，适合担任的官职也不同。

今版《人物志》书影

在《人物志》中，刘劭将才、德并列标举，作为选拔人才的标准。刘劭的品评，以中和为最高，讲究平澹无味，是为圣人。所谓中和，在于兼具“平澹”与“聪明”两种层次，聪明为才，而平澹则是生命所展现的境界，已不单纯是道德修养的层次。除中和外，其余为偏至之才。“九征”兼至的人，“阴阳清和，中睿外明”，就是中庸，称为圣人，是君王之才；具体而微，称为“德行”，是大雅之才；偏于一才的人，称为偏材，是为小雅。此外尚有依似、无恒等级别。

对于甄别人才，刘劭进而提出“八观”、“五视”等途径。“八观”由人的行为举止、情感反应、心理变化由表象而深至内里，反复察识。“五视”则在居、达、富、穷、贫特定情境中，考察人的品行。

《神灭论》

范缜（约450—约510），南朝齐梁间思想家，字子真，南乡舞阴（今河南泌阳北）人。他出身寒微，秉性耿直，少勤学，后与萧衍、沈约、谢朓同为萧子良“西邸”文士，曾任宜都太守、晋安太守、尚书左丞等职。他发展了汉魏以来朴素唯物论现点，与当时盛行的佛学思想进行针锋相对的斗争，发表了著名的《神灭论》。

中国古代南北朝时期，正值佛教盛行。佛教认为，人的富贵贫贱都是命中注定的，是前世积善行恶的因果报应；范缜却坚决否认这种说法。有一次，竟陵王萧子良问范缜：“您不相信因果报应，可是人为什么会有富贵贫贱的不同呢?”范缜回答说：“人生好比树上开的花，遇到风花瓣便会随风飘落，自然就会有的越过窗户落在席垫之上，有的则翻过篱墙落人粪秽之中。落在席垫上的人，就如殿下您，落入粪秽之中的人就是我呀。人的贵贱际遇虽然各不相同，但哪里有什么因果?”范缜的回答使竟陵王在众多宾客面前无言以对。

《神灭论》的基本思想主要体现在“形神相即”、“形质神用”，认为形体和精神是结合在一起，不可分离的，形体是质料，精神是形体的功用。就如同刀刃和锋利一样，没有刀刃，也就没有锋利，没有形体，也就没有精神了。《神灭论》指出佛教流行，伤风败俗，危害政治。应该破除佛教，实行无为政治，可以全生、匡国、霸君。

《颜氏家训》

南北朝时期记述个人经历、思想、学识以告诫子孙的著作。颜之推撰。七卷，共二十篇。颜之推（531—599 年），字介。颜氏原籍琅琊临沂（今山东临沂北），先世随东晋渡江，寓居建康。梁承圣三年（554 年），西魏破江陵，之推被俘西去。他为回江南，先逃奔北齐。但南方陈朝代替了梁朝，之推南归之愿未遂，即留居北齐，官至黄门侍郎。他于 577 年齐亡入周，隋代周后，又仕于隋。家训一书在隋灭陈（589 年）以后完成。

颜之推出身士族，深受儒家名教礼法影响，又信仰佛教。但他博识有才辩，处事勤敏，应对闲明，所以在南北胡汉各政权之下，先后都受宠任。他年逾六十的一生中，“三为亡国之人”，行踪遍及江南、河北、关中，又死在南北统一之后的隋开皇年间，所以经验、阅历都较丰富，非南朝或北朝局促一隅的高门士族所可比拟。该书包含不少有关南北朝社会、政治、文化的细致的观察和通达的议论。书中记载的许多情况，有很高史料价值。诸如对南北士族风尚的异同、治学为文之方法，乃至语言杂艺都进行比较，求其得失。谈到梁代子弟之脆弱、邺下读书人教子之方法等，都是密切有关南北朝史事的。《书证》、《音辞》两篇，反映了颜之推的学术成就。

该书的注本，有王利器《颜氏家训集解》、周法高《颜氏家训汇注》，该书还有邓嗣禹的英文译本。

《二程集》

《二程集》，是中国北宋程颢、程颐全部著作的汇集，重要的理学著作。近代学者王孝鱼以清代涂宗瀛所校《二程全书》为底本，参照明清其他刻本，经校勘、标点，由中华书局于1981年出版，计八十七万五千字。

程颢（1032—1085），字伯淳，人称明道先生，宋洛阳人。程颐（1033—1107年），字正叔，人称伊川先生，为程颢之胞弟，世称“二程”。兄弟二人开创“洛学”，奠定了理学基础。《二程集》包括《遗书》、《补书》、《文集》、《易传》、《经说》、《粹言》六种，其中程颐的著作居多。书中第一次把“理”作为宇宙本体，阐述天地万物生成和身心性命等问题，奠定了以“理”为中心的唯心主义哲学体系。其中，程颢的识仁、定性，程颐的性即理、主敬、体用一源等许多重要哲学概念和命题，是哲学史上第一次提出，为后世沿用，对宋、明哲学产生了重大影响。

《朱子语类》

《朱子语类》，是朱熹与弟子问答的语录汇编。朱熹（1130—1200），中国南宋思想家，字元晦，号晦庵，徽州婺源（今属江西）人。他三十一岁正式拜程颐的三传弟子李侗为师，专心儒学，成为程颢、程颐之后儒学的重要人物。淳熙二年（1175），朱熹与吕祖谦、陆九渊等会于江西上饶铅山鹅湖寺，是为著名的鹅湖之会，朱、陆分歧由此更加明确。朱熹在“白鹿国学”的基础上，建立白鹿洞书院，订立《学规》，讲学授徒，宣扬道学。在潭州（今湖南长沙）修复岳麓书院，讲学以穷理致知、反躬践实以及居敬为主旨。他继承二程，又独立发挥，形成了自己的体系，后人称为程朱理学。朱熹对于经学、史学、文学、佛学、道教以及自然科学，都有所涉及或有著述，著作广博宏富，主要哲学著作有《四书集注》、《四书或问》、《太极图说解》、《通书解》、《西铭解》、《周易本义》、《易学启蒙》等。中国宋代景定四年（1263

年）黎靖德以类编排，于咸淳二年（1270）刊为《朱子语类大全》一百四十卷，即今通行本《朱子语类》。此书编排次第，首论理气、性理、鬼神等世界本原问题，以太极、理为天地之始；次释心性情意、仁义礼智等伦理道德及人物性命之原；再论知行、力行、读书、为学之方等认识方法；又分论《四书》、《五经》，以明此理，以孔孟周程张朱为传此理者，排释老、明道统。《朱子语类》基本代表了朱熹的思想，内容丰富，析理精密。主要版本有宋咸淳二年《朱子语类》书影刊本、明成化九年（1473）陈炜刻本、清吕留良宝诰堂刻本、广州书局本等。中华书局有排印本。

《象山全集》

《象山全集》，是中国南宋思想家、教育家陆九渊著作全集。陆九渊（1139—1192）字子静，江西抚州金溪县人，曾在贵溪龙虎山建茅舍聚徒讲学，因其山形如象，自号象山翁，世称象山先生。

陆学继承孟子的“万物皆备于我”的“心学”，认为“人心至灵，此理至明；人皆具有心，心皆具是理”；“宇宙便是吾心，吾心便是宇宙”。他认为人的心和理都是天赋的，是永恒不变的，仁义礼智信等封建道德也是人的天性所固有的。学的目的就在于穷此理，尽此心。人难免受物欲的蒙蔽，受了蒙蔽，心就不灵，理就不明，必须通过师友讲学，切磋琢磨，鞭策自己，以恢复心的本然。修养功夫在于求诸内，存心养心。具体方法是切己体察，求其放心，明义利之辨。自称这种方法为“简易功夫”，是“立乎其大者”，是“知本”，是“明本心”。象山最重视《大学》、《中庸》、《论语》和《孟子》，反对习注疏章句之学、颂德之文，以谋求利禄。

陆九渊与朱熹，两人都是理学家，但朱属于客观唯心主义，而陆属于主观唯心主义。两人常相辩难，有两次会讲颇具影响，第一次是在淳熙二年（1175年）“鹅湖之会”，朱主张先博览而后归之于约，认为陆的教法太简易；陆主张先发明人的本心而后使之博览，认为朱的教法为支离。第二次是在淳熙八年（1181年），朱请陆登白鹿洞书院讲堂，讲“君子喻于义，小人喻于利”，朱认为切中学者隐微深固之疾，当共守勿忘。

有人曾劝陆九渊著书，他说：“六经注我，我注六经”，又说“学苟知本，六经皆我注脚”，陆学为明代王守仁（阳明）所发展，世称“陆王学派”。著有《象山全集》行世。

《传习录》

《传习录》，是王阳明的语录和论学书信集。王守仁（1472—1528），明朝理学家。幼名云，五岁改名守仁，字伯安，余姚（今浙江余姚）人。曾在阳明洞讲学，学者称阳明先生，亦称王阳明。他于弘治进士，先后任刑、兵部主事。著有《传习录》、《文录》、《文录续编》等。

《传习录》分成上、中、下三卷。上卷是同徐爱讲论《大学》宗旨，阐述了他“格物致知说”和“心与理一”、“知行合一”的思想。为门人徐爱、陆澄、薛侃所辑。中卷是与友人论学的书信，这些书信反映了他“致良知”、“知行合一”、“心物合一”、“天人合一”、“天地万物为一体”等思想。由门人南大吉所辑，后经钱德洪改编。下卷是与门人的谈话。嘉靖三十七年（1558年），胡宗宪将三卷合一刊刻，统称《传习录》。

《传习录》的“传习”出自《论语》的“传不习乎”。全书基本包括了王阳明主要的哲学思想。上卷是得到过他本人亲自审阅的；中卷的论学书信都是出自他的亲笔；下卷虽未经其本人审阅，但也比较具体地解说了他晚年的各种思想。

集　部

《楚辞》

《楚辞》，楚辞者，楚国之词章也，为战国时代楚国屈原所开创之新诗体。前汉刘向集屈原全部作品及宋玉等人“承袭屈赋”的作品编辑成集，名之曰“楚辞”。在《楚辞》初本的十六卷中，共收屈原的诗作八卷二十余篇。其他八卷收的是宋玉、贾谊等的作品，《楚辞》之代表为《离骚》，因此，楚辞又被以“骚”代称，与以“风”代称的《诗经》一道，构成了我国整个文学中的“风骚”传统。《诗经》诗句以四字句为主，篇幅短小，风格朴素；《楚辞》则篇章宏阔，汪洋恣肆，参差错落，富于变化，且感情奔放、想象力丰富、文采华美、风格绚烂，代表着我国文学现实主义与浪漫主义的两大源头。

楚辞之鼻祖屈原，名平，在《离骚》自称名正则，字零均，战国时期楚国人，曾得楚怀王信任，后遭谗言，为怀王疏远，继而又遭流放，幽愤自伤，自沉于汨罗江，成就中国文学史上乃至中国历史上最值得纪念、最美丽、最诗情画意的一段死亡，留下“香草美人以配忠贞”的讽喻传统。

人们也往往将屈原与庄子并提，两者都以浪漫主义的写法述说此生之悲，明清学者认为，“屈原之悲悲一时一事，庄子之悲悲万时万世”。屈原以悲写悲，悲以谴悲；庄子以乐写悲，悲不胜悲。庄子与屈原之悲，皆源于对理想之苦苦追求。

东汉王逸作《楚辞章句》，是今存最早的注本。南宋朱熹有《楚辞集注》，清代王夫之有《楚辞通释》，今人有姜亮夫的《屈原赋校注》，刘永济的《屈赋通笺》。

《列女传》

《列女传》，西汉经学家刘向著。刘向作《列女传》，其目的就在于以此作为妇女的教育用书。《列女传》原本共八卷，现存的本子是七卷，每卷十五人，共一百零五人，每一卷的后面都有颂。

明刻《列女传》插图

全书按其编排顺序依次为《母仪》、《贤明》、《仁智》、《贞顺》、《节义》、《辩通》、《孽嬖》。《母仪传》，主要以封建伦理道德为标准，选取那些言行仪表中合封建礼仪道德的母亲，以兴教化。《贤明传》主要选取贤明廉正、行止有节、通晓事理、遵纪守法的女性。如周宣王后姜氏，贤而有德，非礼不言，非礼不动。《仁智传》选取的是聪明仁智、能预识难易、避危趋安的女性。《贞顺传》选取的是谨遵妇礼、忠贞不二的女性。《节义传》选取的是好善慕书、终不背义、为了节义而不避死亡的女性。《辩通传》选取的是智慧聪颖、能言善辩、以讽喻而排忧解难的女性。《孽嬖传》选取的是淫妒昏惑、背节弃义、指是为非、终致祸败的女性，如殷纣之妃妲己。

后来史学家班昭补了一个《续传》，共收二十人，也以“母仪”、“贞顺”、“仁智”等区分之。

《列女传》在中国古代妇女史中占有很重要的位置。

《博物志》

《博物志》，是一部很有影响的志怪小说集。作者张华（232—300），字茂先，魏晋之际著名的文学家、政治家，范阳文城（今河北涿州）人。魏末曾任大常博士、中书郎。惠帝时任太子少傅、中书监，官至司空，后被赵王伦所杀。

《博物志》“闻见甚广，取材宏富”，是研究中国文学史的重要参考书之一。它对后世文言小说、戏曲作品等产生过很大的影响。

《博物志》中记有山川地理、飞禽走兽、人物传记、奇异的草木和虫鱼以及奇特怪诞的神仙故事，包括神话、古史、博事物等内容。其中关于“八月槎”的神话，充满了美妙的神思遐想，说有人八月乘浮槎至天河见牛郎、织女，展示了天上的星宫景象。

博物类中“蜀南多山，猕猴盗妇人”的故事亦写得完整、生动、有趣，称猕猴以长绳引来大道上漂亮的女子作为妻子，产子还送女家食养，颇通人性。这是猿类故事的原型，后有唐传奇的《补江总白猿传》、《剪灯新话》和《申阳洞记》等承此衍传下来。

《博物志》所记山川地理深受《山海经》的影响。如前三卷所记为山川物产，外国、异人、异俗、异产、异兽、异鸟、异虫、异鱼等，性质大略相当于《山海经》的缩写，内容部分采自古籍，又杂以新的传闻。其中既有五岳，又叙“海外各国”，称五岳为“华、岱、恒、衡、嵩”。

据晋王嘉《拾遗记》称，张华“好观秘异图纬之书，捃采天下遗逸，自书契之始，考验神怪，及世间间里所说”，所以写成了这部广罗各种奇闻怪异的著作。宋李石《续博物志》、明游潜的《博物志补》均可视为张华此书的续书。

《古诗十九首》

《古诗十九首》，组诗名，最早见于《文选》，为南朝梁萧统从传世无名氏《古诗》中选录十九首编入，编者把这些亡失主名的五言诗汇集起来，冠以此名，列在“杂诗”类之首，后世遂作为组诗看待。

《古诗十九首》习惯上以句首标题，依次为：《行行重行行》、《青青河畔草》、《青青陵上柏》、《今日良宴会》、《西北有高楼》、《涉江采芙蓉》、《明月皎夜光》、《冉冉孤生竹》、《庭中有奇树》、《迢迢牵牛星》、《回车驾言迈》、

《东城高且长》、《驱车上东门》、《去者日以疏》、《生年不满百》、《凛凛岁云暮》、《孟冬寒气至》、《客从远方来》、《明月何皎皎》。

关于《古诗十九首》的作者和时代有多种说法，一般认为它并不是一时一人之作，它所产生的年代应当在东汉顺帝末到献帝前，即公元140—190年之间。

《古诗十九首》是乐府古诗文人化的显著标志。汉末文人对个体生存价值的关注，使他们与自己生活的社会环境、自然环境，建立起更为广泛而深刻的情感联系。过去与外在事功相关联的，诸如帝王、诸侯的宗庙祭祀、文治武功、畋猎游乐乃至都城宫室等，曾一度霸踞文学的题材领域，现在让位于与诗人的现实生活、精神生活患患相关的进退出处、友谊爱情乃至街衢田畴、物候节气，文学的题材、风格、技巧，因之发生巨大的变化。

《古诗十九首》在五言诗的发展上有重要地位，在中国诗史上也有相当重要的意义，它的题材内容和表现手法为后人师法，几至形成模式。它的艺术风格，也影响到后世诗歌的创作与批评。就古代诗歌发展的实际情况而言，称它为“五言之冠冕”、“千古五言之祖”是并不过分的。

《玉台新咏》

据唐朝刘肃所著《大唐新语》卷三记载：“梁简文帝（萧纲）为太子，好作艳诗，境内化之，浸以成俗，谓之‘宫体’。晚年改作，追之不及，乃令徐陵撰《玉台集》以大其体。”《玉台新咏》共十卷，其中一至八卷为五言诗，第九卷以七言诗为主，兼收杂言，第十卷是五言四句的小诗，为后来五言绝句的前身，题材上主要收录汉魏以来涉及妇女的诗篇。

萧纲让徐陵编此书的目的是，使这部书既收录宫体诗，也收入历代大量情诗，这既可为宫体诗找到依据，又可掩盖他始作宫体的丑行。

又据近人考证，徐陵是专为梁元帝（萧绎）的徐妃编辑《玉台新咏》，供她阅读以消愁解闷。全书共选汉至梁诗歌七百六十九首，均是艳歌。或写闺怨，或抒弃妇之哀情，虽多脂粉气，然也有些在文学史上有重要影响的情诗，如《古诗为焦仲卿妻作》，虽是情诗，但却有反封建礼教、争取婚姻自由的积极的思想意义。在艺术上结构严谨，层次清晰，详略得当，语言朴实无华却生动形象。可以说，没有《玉台新咏》，岂见《孔雀东南飞》！

《昭明文选》

《昭明文选》本名《文选》，是中国现存的最早一部诗文总集，由南朝梁武帝的长子萧统组织文人共同编选。萧统死后谥“昭明”，所以他主编的这部文选称作《昭明文选》。

书中选录先秦至梁的诗文辞赋，不选经、子，史书中也只略选“综辑辞采”、“错比文华”的论赞，可以看出编者已初步注意到文学与其他类型著作的区分，认为只有“事出于沉思，义归于翰藻”者方可入为文学作品，在艺术形式上，尤注重骈俪、华藻。

全书共六十卷，分为赋，诗，骚，七，诏，册，令，教，文，表，上书，启，弹事，笺，奏记，书，檄，对问，设论，辞，序，颂，赞，符命，史论，史述赞，论，连珠，箴，铭，诔，哀，碑文，墓志，行状，吊文，祭文三十七类。所选多大家之作，时代愈近入选愈多。其中以楚辞、汉赋和六朝骈文占有相当比重，诗歌则多选对偶严谨的颜延之、谢灵运等人作品，陶渊明等人平易自然之作则入选较少。作品划分的类别，则能反映汉魏以来文学发展、文体增多的历史现象。

“选学”在唐朝与“五经”并驾齐驱，盛极一时士子必须精通《文选》。时至北宋年间，民间尚传谣曰：文选烂、秀才半。宋代有“文章祖宗”之说。延至元、明、清，有关《文选》的研究亦未尝中辍。是今人研究梁以前文学的重要参考资料。

《文心雕龙》

《文心雕龙》，梁刘勰著，十卷，五十篇，大约成书于南朝齐和帝中兴元到二年，于现存古代文学理论著作中，为时代为先、体系最完整、结构最严密之名著，素有“体大思精”之誉。

刘勰，字彦和，东莞县人，侨居京口。他自幼家贫，曾依沙门僧佑，协助整理佛经，研读经史百家和文学作品。大约三十一二岁开始写作《文心雕龙》，其动因是想补救时弊，扭转晋宋以来文人辞采浮艳、雕琢空虚的文风。书成之后，得当时文坛领袖沈约赏识，遂为世知，入梁出仕，曾任东宫通事舍人，后世称其为刘舍人。

全书分“文之枢纽”（总纲）、文体论、创作论、批评论、自序五大部分，全面总解了先秦以来文学艺术的经验，再起基础上形成了自己的文学理论体系，是中国文学史上第一部“笼罩群言”的专著，为古今中外的理论家所瞩目。

刘勰在《序志》篇中说自己三十多岁时曾梦见孔子，“随仲尼而南行”，以之为莫大的荣幸，表达他对儒家圣人孔子的仰慕之情。《文心雕龙》以骈文写就，汲取魏晋以来以骈俪偶语论事析理之经验，使骈文说理的艺术发挥得淋漓尽致。篇末赞语，尤显文才，极富理趣与诗意。

现存最早的本子为唐写本残卷，其后则有元至正刻本，明万历刻本。通行的注释本有清黄叔琳辑校本。今人范文澜《文心雕龙注》、杨明照《文心雕龙校注拾遗》、刘永济《文心雕龙校释》都是用力甚勤的著作。

《诗品》

《诗品》，是中国古代第一部讨论五言诗的专著，被称为“诗话之源”，南朝梁钟嵘著，《梁书》本传中称《诗评》，《隋书·经籍志》中或曰《诗品》，唐宋时二名并行，宋以后，《诗品》一名渐次流行，直至今日。

钟嵘（468—518），字仲伟，颍川长社人，曾任晋安王萧刚纪室，世称“萧纪室”，历时十余年，写作成《诗品》。

该书品评了自汉魏到齐梁共一百二十多名作家五言诗之上下优劣，故称《诗品》。五言诗当时已成为诗坛最主要的诗歌形式，齐梁之际，文学思潮浮靡讹滥，《诗品》之作，正是感于创作与批评两方面的“淆乱”，欲为创作立高标，为批评树标准的。钟嵘仿照班固《汉书·古今人表》和刘歆《七略》的品论方法，把诗人分为上中下三品，每品又依时代先后次序排列，一一予以品评，每品为一卷。钟嵘在《诗品》中除了品评之外，还在序中提出了关于诗歌创作的重要理论，即“吟咏情性”。提出诗歌自然和谐的标准、诗的“滋味”说，倡导“直寻”，强调诗的“自然英旨”，反对专事用典，饶有滋味的诗篇在内容和形式上的体现，便是“干之以风力，润之以丹彩”，他的诗歌主张对后世诗文创作有深远影响。此外，对作家作品的风格渊源进行了分析，提出了较为系统的看法。《诗品》的评论言之切切，时能一语中的，为历代所推崇。但言辞颇尖锐激烈，有些地方有失偏颇；对作家的分品也有不妥之处，如将曹操贬为下品，陶潜、鲍照等抑于中品，等等，都是引起后世非议之处。虽如此，钟嵘的《诗品》对后代的诗话影响仍是十分深远。

现存最早全本为宋代张如愚辑的类书《山堂先生群书考索》本，流行较多的是明代胡文焕《津逮秘书》本和清代《学津讨源》本。注释本有许文雨的《诗品讲疏》、陈延杰的《诗品注》、吕德申的《钟嵘诗品校释》等。

《搜神记》

《搜神记》，笔记体志怪小说集。晋干宝撰，《隋书·经籍志》著录为三十卷，今本凡二十卷，系后人缀辑增益而成。

干宝，晋新蔡人，初为著作郎，以平杜弢功，封关内侯，是一个有神论者，他在《自序》中称，“及其著述，亦足以发明神道之不诬也。”就是想通过搜集前人著述及传说故事，证明鬼神确实存在。故《搜神记》所叙多为神灵怪异之事，也有不少民间传说和神话故事，主角有鬼，也有妖怪和神仙，杂糅佛道。大多篇幅短小，情节简单，设想奇幻，极富浪漫主义色彩。《搜神记》对后世影响深远，如关汉卿的《窦娥冤》、蒲松龄的《聊斋志异》、神话戏《天仙配》等许多传奇、小说、戏曲，都和它有着密切的联系。

最初刊行于《秘册汇函》中，后收入《津逮秘书》和《学津讨源》中。今有中华书局汪绍楹校注本。

《世说新语》

《世说新语》，中国古代志人小说集，题为南朝宋临川王刘义庆撰，实际是他组织门下文人杂采众书编纂而成，南朝梁刘孝标为其作注。

刘义庆，彭城人，刘宋宗室，袭封临川王。此书为六卷，分德行、言语等三十六门，记述自汉末到南朝宋时高门名士之遗闻轶事，主要为有关人物品藻、清谈玄言和机智应对的故事。编者对清谈名士的遗世独行颇多赞许，对他们的狂放简傲亦有微词，有时对人物不分轩轾，高下自见。文字质朴，记事记言均言简意赅、生动隽永，记人则个性鲜明，切中传神，鲁迅先生概括其艺术特色为“记言则玄远冷隽，记行则高简瑰奇”。《世说新语》反映了门阀世族的思想风貌，保存了社会、政治、思想、文学、语言等方面史料，影响深远，有许多至今广泛应用的成语便是出自此书，例如“难兄难弟”、“拾人牙慧”、“咄咄怪事”、“一往情深”等等。

《世说新语》一直受到后人的喜爱，今人评其为“一部魏晋风流的故事集”，“名士教科书”，是魏晋名士的群体像，此言不虚。所谓千金易得，名士难求，若非真性情，即非真名士，魏晋虽然已不可再至，人世间真性情却永远不可言废。不妨读一下本教科书，名士风流，众生世态，尽收眼底。

今人有余嘉锡《世说新语笺疏》，考证详明；徐震堮《世说新语校笺》则重词语的诠释。

《大唐西域记》

玄奘 （日本）无名氏

《大唐西域记》，是一部地理名著，作者为唐代高僧玄奘。玄奘（602—664），本姓陈，名祎，洛州缑氏（今河南偃师南）人，通称三藏法师，俗称唐僧。佛教经典著名翻译家，中国佛教唯识宗的创始人。贞观元年（627），他从长安出发，只身西行，万里孤征，在外十九年，行程五万里，行经一百多个古国，遍游印度各地；于贞观十九年归来，受到长安民众空城迎接，第二年奉敕完成《大唐西域记》。

该书记载了玄奘亲身经历的西域一百一十个地区和传闻的二十八个古国和城邦，并记载了各国的里程、疆域、都城、山川形势、交通道路、物产气候、贸易、货币、宗教、风土人情、语言文字、文化政治等内容，是继法显的《法显传》之后，更为详细地描述西域各国的书籍，与《法显传》是前后遥相辉映的两部伟大地理著作。《大唐西域记》开大唐撰述海外各国地理之风气，其内容也广为唐以后描述西域的史书所援引。是被世人公认的世界名著。

《反经》

《反经》，唐代赵蕤所著。赵蕤，字太宾，又字云卿，梓州盐亭（今四川）人。他善纵横学说，活动于盛唐，时人称“赵蕤术教，李白文章”，与大诗人李白一起显名于开元盛世。据说赵蕤“明主屡征不起”，后一直隐居山林。

《反经》原名《长短经》，有是非、得失、长短、优劣的意思。《反经》“不以成败论英雄”，摆脱了以忠奸评价历史人物的传统定式，以发展的辩证唯物的观点对唐之前历代智谋权术做了一次全面的阐述和总结，真实生动地再现历史事件，提醒人们对任何人和事物，要“既知其一，又知其二”，不能“只知其正，不知其反”，真正做到识人量才、知人善任。

《反经》的整体框架以谋略为经，历史为纬，交错纵横，蔚然成章，行文有如流水，通俗易懂。书中所引的前代著述，经史子集几乎无所不包，所引书目中更有今已散佚的著述，如《玉钤经》、吴人张微的《墨记》等。《反经》集政治学、谋略学、人才学、社会学为一体，兼具了文学、史料、镜鉴三重价值。

《乐府诗集》

《乐府诗集》为北宋郭茂倩所编。郭茂倩，生平不详。“乐府”，本是掌管音乐的机关名称，最早设立于汉武帝时，南北朝也有乐府机关。其具体任务是制作乐谱，收集歌词和训练音乐人才。歌词的来源有二：一部分是文人专门作的；一部分是从民间收集的。后来，人们将乐府机关采集的诗篇称为乐府，或称乐府诗、乐府歌辞，于是乐府便由官府名称变成了诗体名称。

郭茂倩编的这部《乐府诗集》现存一百卷，是现存收集乐府歌辞最完备的一部。主要辑录汉魏到唐、五代的乐府歌辞兼及先秦至唐末的歌谣，共五千多首。它搜集广泛，各类有总序，每曲有题解。它是继《诗经·风》之后，一部总括我国古代乐府歌辞的著名诗歌总集。

《乐府诗集》的重要贡献是把历代歌曲按其曲调收集分类，使许多作品得以汇编成书。这对乐府诗歌的整理和研究提供了很大的方便。例如汉代一些优秀民歌如《陌上桑》、《东门行》等见于《宋书·乐志》，《孔雀东南飞》见于《玉台新咏》，还有一些则散见于《艺文类聚》等类书及其他典籍中，经编者收集加以著录。特别是古代一些民间谣谚，大抵散见各种史书和某些学术著作。杂歌谣辞一类所收，多为前人所忽视者。至于后来杜文澜的《古谣谚》等著作，则远比此书为晚，显然是在它的基础上编撰的。

《容斋随笔》

《容斋随笔》是南宋史学家洪迈的一部笔记小说。洪迈（1123—1202），字景庐，鄱阳（今江西波阳）人。曾为翰林学士，龙图阁学士。他涉猎经史，考阅典故，著作甚多。有《容斋五笔》、《夷坚志》等。

《容斋随笔》是作者用了近四十年光阴和精力撰写出的不朽名著。又称《容斋五笔》，因为该书包括五部分：《随笔》、《续笔》、《三笔》、《四笔》、《五笔》，文字总量达五十多万字。《容斋随笔》之所以称之为“随笔”，是因为洪迈读书每有心得，便随手记录下来，历时数十年的集腋成裘而撰写成书。《容斋随笔》内容博大精深，涉及领域极为广泛，自经史百家、文学艺术、人物评价到历代典章制度、医卜星历、掌故志怪等，无不有所论说，而且其考证辨析之确切，议论评价之精当，皆高人一筹。各篇短小精悍、多姿多彩，可读性极强。

宋代的笔记体著作数以百计，洪迈的《容斋随笔》堪称同类作品中的佼佼者。《四库全书总目提要》推《容斋随笔》为南宋笔记小说之冠，甚至有人赞誉此书是补《资治通鉴》之不足、集中国数千年历史文化之精粹的珍品。该书一问世便受到了当朝皇帝的称赞，从此成为历代皇家所必藏的经典书籍，对后世产生了较为深远的影响。

《菜根谭》

《菜根谭》是明代的一部语录体著作，作者洪应明，字自诚，号还初道人，籍贯不详。根据他的另一部作品《仙佛奇踪》可知，他早年热衷于仕途功名，晚年归隐山林，洗心礼佛。

《菜根谭》由上下两卷和《菜根谭续遗》三部分组成，共五百三十六条。书成于明代万历年间。书名《菜根谭》，取自宋儒汪革语："咬得菜根断，则百事可成。"意思是说，一个人只要能够坚强地适应清贫的生活，不论做什么事情，都会有所成就。

该书糅合了儒家的中庸、道家的无为、佛家的出世和自身生活的体验，形成了一套出世入世的法则，表现了中国古人对人性、人生和人际关系的独到见解。作者从历代文献典籍中撷取了大量的古籍名句、先哲格言，作为本书的骨架，又从民间搜集了普通百姓口头上流传的处世警句、民俗谚语，并且在字句上加以整理，作为该书的血肉，读起来音节和谐，朗朗上口，引人入胜，发人深思。作者贯穿了这样的中心论题：作为一个正常的人，应当如何进行自我修养，如何培养自己的道德情操和心理品质，如何处理人际关系，如何面对人生的酸甜苦辣，从而修养成与人为善、内心安适、刚毅坚忍、处世恬淡的健康人格。因而该书一出，立刻在社会上产生了较大的影响。明清至民国时期各种版本在社会上流传，而且被翻译成日文等外国文字，引起不少外国人的关注，可谓是概括中国人为人处世策略的经典。

《随园诗话》

《随园诗话》是一部笔记体作品。袁枚（1716—1797），清朝诗人。字子才，号简斋，别号随园老人，钱塘（今浙江杭州）人。乾隆年间进士，入翰林，曾任溧水、江浦、沭阳诸县县令。后任江宁（今江苏南京）县令，于南京小仓山筑“随园”，创作诗文，悠游其中五十年。他以诗名闻当世，创作讲求性情个性，反对清初以来拟古和形式主义的风气，风格清新，有《小仓山房集》、《随园诗话》等。

《随园诗话》是袁枚晚年的时候在随园写成的，是一部优秀的笔记体作品。他卜居在这里，记载了这里的酬唱吟咏事。照他自己的话说，前人编选诗集，那要容易得多，现在，他要先“话”，然后“诗”，难度是很大的。尽管如此，他仍然喟叹道，选诗如选色，满意的总是不多。整部《诗话》，讲的就是“性灵诗学”，他认为诗必须“独写性灵”，“诗难其真也，有性情而后真”，“风趣专写性灵，非天才不办”，“自《三百篇》至今日，凡诗之传者，都是性灵，不关堆垛”。又说，如果一个人骨子里没有诗，那他就怎么也不可能是诗人；一个人不写诗，但他骨子里有诗，他也是诗人。他的“性灵说”对后来的诗人影响很大，直至今日。

《随园诗话》总共有十六卷，补遗十卷，实乃皇皇巨著，是袁枚一生在诗歌理论上的追求与寄托。鲁迅先生说：“《随园诗话》，就不是每个帮闲都做得出来的。”毛泽东曾多次为《随园诗话》做批注。

《阅微草堂笔记》

纪昀（1724—1805），清朝大臣、文学家，字晓岚，号石云、春帆，河北献县人。乾隆进士，授翰林院庶吉士、编修，以学识为乾隆帝赏识。曾获罪戍乌鲁木齐，后召还，被命为《四库全书》总纂官。著有《纪文达公遗集》、《阅微草堂笔记》。

《阅微草堂笔记》共二十四卷，包括一千余则笔记，内容广泛博杂。书中所记虽多为怪异故事，但作者在写作意图与叙事方法上均有意与《聊斋志异》分庭抗礼。据其自序，其写作意图不外维护风教，进行劝惩。此与蒲松龄宣泄“孤愤”之意截然不同，故书中所记颇多忠孝节义、劝善惩恶、因果报应之谈。但书中仍不乏可取之作，如作者以见解所致，能对宋儒空谈性理、苛察不情及泥古不化、伪言劣行，进行尖锐讽刺。有书中记两位以道学自任的塾师，却阴谋抢夺寡妇田地，对人情伪诈作了揭露。作者从人道精神出发，能反对为富不仁、凌虐奴仆，对民众不幸及其反抗也能予以同情。如卷十六记童养媳不堪虐苦而逃亡，卷十八记妓女戏富室粜谷。卷十一《唐打狗》、卷十六《老河兵》表现普通民众的正直、纯朴和智慧。书中很多神鬼狐妖故事，颇具寓言意味，一些不怕鬼的故事，写来饶有风趣，脍炙人口。

此外，书中一些考辨文字颇具灼见，描绘异域风光，也给人耳目一新之感。

在写作方法上，作者斥蒲松龄的细腻描写为“燕昵之词，蝶狎之态”，尚质黜华，反对虚构想象，故其文笔简约精粹，叙事点到为止，说理明畅透辟。在清代文言小说中，自成一派。

《唐诗三百首》

杜甫绝句诗意

《唐诗三百首》，唐诗选集，清代孙洙、徐兰英选编，成书于乾隆二十八年，道光、光绪间有陈婉俊、章燮补注本。六卷，或作八卷。

孙洙（1711—1778），字临西，号蘅塘退士，江苏无锡人。徐兰英，孙洙继室。该书选诗三百一十首，按五、七言古近各体编排。所收作者七十七人，包括帝王、士大夫、僧、歌女、无名氏等，但大多数是唐代重要诗人，并重点突出了杜甫、王维、李白等人，其内容大致反映了唐代的社会生活和诗歌风貌。按体裁分卷，各卷中所录诗按作者年代编次，七绝选录李商隐、杜牧，多于盛唐之作，不囿于诗必盛唐的成见。此书原是为童蒙学习诗歌而编的家塾课本，编选者自称，“为家塾课本，俾童而习之，白首亦莫能废。”实际上也是如此，编者汲取了《千家诗》易于成诵的优点，成为雅俗共赏、流行久远的读物。

“熟读唐诗三百首，不会作诗也会吟。”唐诗是中国诗歌发展的不可逾越的高峰，取法乎上，得中足矣！

注释本有今人喻守真《唐诗三百首详析》、金性尧《唐诗三百首新注》等。

《西厢记》

《西厢记》全名《崔莺莺待月西厢记》，大约写于元贞、大德年间（1295—1307 年）。作者王实甫，元代著名杂剧作家，大都（今北京）人，他一生写作了十四种剧本，《西厢记》是其代表作。这个剧一上舞台就惊倒四座，博得男女青年的喜爱，被誉为“西厢记天下夺魁”。

《西厢记》故事，最早起源于唐代元稹的传奇小说《莺莺传》。这个故事到宋金时代流传更广，一些文人、民间艺人纷纷改编成说唱和戏剧，王实甫编写的多本杂剧《西厢记》就是在这样丰富的艺术积累上进行加工创作而成的。

明刻《西厢记》插图

《西厢记》最突出的成就是从根本上改变了《莺莺传》的主题思想和莺莺的悲剧结局，把男女主人公塑造成在爱情上坚贞不渝，敢于冲破封建礼教的束缚，并经过不懈的努力，终于得到美满结果的一对青年。这一改动，使剧本反封建倾向更鲜明，突出了“愿普天下有情人都成眷属”的主题思想。在艺术上，剧本通过错综复杂的戏剧冲突，来完成莺莺、张生、红娘等艺术形象的塑造，使人物的性格特征生动鲜明，加强了作品的戏剧性。《西厢记》的曲词华艳优美，富于诗的意境，可以说每支曲子都是一首美妙的抒情诗。曹雪芹在《红楼梦》中，通过林黛玉的口，称赞它“曲词警人，余香满口”。

《三国演义》

《三国演义》，全名《三国志通俗演义》，是中国古代第一部长篇章回体小说，是历史演义小说的经典之作。该书描写的是从东汉末年到西晋初年之间近一百年的历史风云。全书反映了三国时代的政治军事斗争，反映了三国时代各类社会矛盾的渗透与转化，概括了这一时代的历史巨变，塑造了一批叱咤风云的英雄人物。在对三国历史的把握上，作者表现出明显的拥刘反曹倾向，以刘备集团作为描写的中心，对刘备集团的主要人物加以歌颂，对曹操则极力诋毁鞭挞。尊刘反曹是民间传说的主要倾向，在元末明初的时代隐含着人民对汉族复兴的希望。

三国故事在我国古代民间颇为流行。宋元时代即被搬上舞台，金、元演出的三国剧目达三十多种，元代至治年间出现了新安虞氏所刊的《全相三国志平话》。元末明初罗贯中综合民间传说和戏曲、话本，结合陈寿《三国志》和裴松之注的史料，根据他个人对社会人生的体悟，创作了《三国志通俗演

东吴招亲版画

义》。最流行的本子，是清初毛纶、毛宗岗父子增删、评点过的一百二十回《三国演义》。

全书文不甚深、言不甚俗，简洁明快、气势充沛、生动活泼。《三国演义》的过人之处在于刻画了近二百个人物形象，塑造的一系列人物形象在我国已家喻户晓，妇孺皆知，其中最为成功的有诸葛亮、曹操、关羽、刘备等人。书中描写了大大小小的战争，构思宏伟，手法多样，使我们清晰地看到了一场场刀光剑影的战争场面，其中官渡之战、赤壁之战等战争的描写波澜起伏、跌宕跳跃，读来惊心动魄。

《水浒传》

《水浒传》是中国四大名著之一，又题为《忠义水浒传》，通行本简称《水浒》，作于元末明初。作者历来有争议，一般认为是施耐庵所著，一说施耐庵作、罗贯中编辑。施耐庵（约1296—1370）中国元末明初作家，名子安，一说名耳，兴化（今江苏兴化县）人，原籍苏州。他三十五岁中进士，后弃官退居故乡，从事创作。传说他同元末农民起义运动有一定的联系。

水浒传的故事早就在民间传诵。南宋时，《东都事略》等书已有零星记载。宋末遗民龚圣与作有《宋江三十六赞》；无名氏的《大宋宣和遗事》记述了宋江等人的事迹。元代有二十五种水浒题材的剧目，水浒故事传到元末大致形成了今本《水浒》的规模。《水浒传》是中国历史上第一部用白话文写成的章回小说，参考、借鉴和吸取了很多素材，包括史籍、笔记和某些完整的小说、戏曲作品或其中的某些片段，加工定型。全书以农民起义的发生、发展过程为主线，通过各个英雄被逼上梁山的不同经历，描写出他们由个体觉醒到走上小规模联合反抗，到发展为盛大的农民起义队伍的全过程，表现了“官逼民反”这一封建时代农民起义的必然规律，塑造了农民起义领袖的群体形象，深刻反映出北宋末年的政治状况和社会矛盾。作者站在被压迫者一边，歌颂了农民起义领袖们劫富济贫、除暴安良的正义行为，肯定了他们敢于造反、敢于斗争的革命精神。

《水浒叶子》 明 陈洪绶刻

《水浒传》的结构独具一格，先以单个英雄故事为主体，上一个人物故事结束时，由事件和场景的转换牵出另一个人物，因人生事，开始下一个故事，环环相扣，环环相生。其中也有一些自成段落的故事，集中表现了众多英雄好汉，智取生辰纲和三打祝家庄等即为其例。一个个的小故事如同涓涓细流流向长江大河，终于汇合成滔天洪流，汇合成声势浩大的英雄大聚义。作者善于把人物放在真实的历史环境中，紧扣人物身份和经历刻画人物性格；善于把人物放在尖锐的斗争中及生死存亡的关头来描写人物性格，还善于运用比较法、反衬法来突显人物性格。

《西游记》

《西游记》是一部古典神魔小说，为中国“四大名著”之一，著者吴承恩。吴承恩，字汝忠，号射阳山人，淮安府山阳（今江苏省淮安市）人，约生于明正德初年（1510），约卒于万历十年（1582年）。

唐僧取经是历史上一件真实的事。唐太宗贞观元年（627年），年仅二十五岁的青年和尚玄奘离开京城长安，历尽艰难险阻，只身到天竺（印度）游学。贞观十九年（645年）玄奘回到了长安，带回佛经六百五十七部。他这次西天取经，前后十九年，行程几万里，是一次传奇式的万里长征。后来玄奘口述西行见闻，由弟子辩机辑录成《大唐西域记》十二卷。但这部书主要讲述了路上所见各国的历史、地理及交通，没有什么故事。他的弟子慧立、彦琮撰写的《大唐大慈恩寺三藏法师传》，则为玄奘的经历增添了许多神话色彩，从此，唐僧取经的故事便开始在民间广为流传。吴承恩也正是在民间传说和话本、戏曲的基础上，经过艰苦的再创造，完成了这部令中华民族为之骄傲的伟

明刻《西游记》插图

大文学巨著。

《西游记》不仅有较深刻的思想内容，艺术上也取得了很高的成就。它以丰富奇特的艺术想象、生动曲折的故事情节、栩栩如生的人物形象、幽默诙谐的语言，构筑了一座独具特色的《西游记》艺术宫殿。《西游记》在艺术上的最大成就，是成功地塑造了孙悟空、猪八戒这两个不朽的艺术形象。《西游记》自问世以来在中国及世界各地广为流传，被翻译成多种语言。在中国乃至亚洲部分地区，《西游记》家喻户晓，其中孙悟空、唐僧、猪八戒、沙僧等人物和“大闹天宫”、“三打白骨精”、“火焰山”等故事尤其为人熟悉。成为世界文学的经典。

《金瓶梅》

《金瓶梅》，明代长篇小说，共一百回，成书约在隆庆至万历年间，作者署名兰陵笑笑生。兰陵今属山东枣庄，作者大约是山东人。《金瓶梅》借《水浒传》中武松杀嫂一段故事为引子，通过对兼有官僚、恶霸、富商三种身份的封建时代市侩势力的代表人物西门庆及其家庭罪恶生活的描述，暴露了明代中叶社会的黑暗和腐败，具有较深刻的认识价值。《金瓶梅》描绘了一个上自朝廷内擅权专政的太师，下至地方官僚恶霸乃至市井间的地痞、流氓、帮闲所构成的“鬼怪”世界。

《金瓶梅》明崇祯刻本

《金瓶梅》是中国文学史上第一部由文人独立创作的长篇小说。从此，文人创作成为小说创作的主流。《金瓶梅》之前的长篇小说，莫不取材于历史故事或神话、传说。《金瓶梅》摆脱了这一传统，以现实社会中的人物和家庭日常生活为题材，使中国小说现实主义创作方法日臻成熟，为其后《红楼梦》的出现做了必不可少的探索和准备。

《金瓶梅》的思想内容存在着一些严重缺点。作者对于暴露的黑暗现实，缺乏鲜明的爱憎感情和严肃的批判态度。小说对剥削阶级的腐朽糜烂生活肆意渲染，特别是大量露骨的色情描写，秽心污目。在解释人生和社会生活方面，该书有宿命论思想和虚无观念。全书有些描写过于琐屑，不够精练。

“三言二拍”

“三言”，是《喻世明言》、《警世通言》、《醒世恒言》三部小说集的总称，由明朝冯梦龙（1574—1646）编著。“三言”每集四十篇，共一百二十篇。这些作品有的是辑录了宋、元、明以来的旧本，有的是据文言笔记、传奇小说、戏曲、历史故事，乃至社会传闻再创作而成，故“三言”包容了旧本的汇辑和新著的创作，是我国白话短篇小说在说唱艺术的基础上，经过文人的整理加工到文人进行独立创作的开始。它“极摹人情世态之歧，备写悲欢离合之致”，是宋、元、明三代最重要的一部白话短篇小说的总集。它的出现，标志着古代白话短篇小说整理和创作高潮的到来。

《警世通言》插图

在“三言”的影响下，凌濛初编著了《初刻拍案惊奇》和《二刻拍案惊奇》各四十卷，人称“二拍”。凌濛初（1580—1644），字玄房，号初成，别号即空观主人。“二拍”与“三言”不同，基本上都是个人创作，“取古今来杂碎事可新听睹、佐谈谐者，演而畅之”。它已经是一部个人的白话小说创作专集。

后有抱瓮老人从“三言二拍”中选取四十种编成《今古奇观》，后三百年中，它就成为一部流传最广的白话短篇小说的选本。

《长生殿》

清代初期，有许多人在作品中影射和探索明代灭亡的教训，《长生殿》就是其中一部。《长生殿》是清初剧作家洪升（1645—1704）所作的剧本，取材自唐代诗人白居易的长诗《长恨歌》和元代剧作家白朴的剧作《梧桐雨》，讲的是唐玄宗和贵妃杨玉环之间的爱情故事，重点描写了唐朝天宝年间皇帝昏庸、政治腐败给国家带来的巨大灾难，导致王朝几乎覆灭。剧本虽然谴责了唐玄宗的穷奢极侈，但同时又表现了对唐玄宗和杨玉环之间的爱情的同情，还寄托了对美好爱情的理想。这部剧本以宫廷生活为主线，穿插社会政治的演变，情节跌宕起伏，有几个高潮。作者让苏州音乐家徐麟严格地按照曲律填词，使整个音乐布局与曲词密切配合，风格各异，与人物场景配合得恰如其分，成为曲、词兼雅妙的经典，至今仍盛演不衰。

《桃花扇》

《桃花扇》，清初孔尚任著，共四十出，分上下两卷，是一部忠于史实的优秀历史剧，它与《长生殿》、《西厢记》、《牡丹亭》并称“中国古典四大名剧”。“借离合之情，写兴亡之感”是《桃花扇》的重要主题，作者以侯方域、李香君的爱情故事为线索，利用真人真事和大量文献资料，形象而深刻地揭示了明末腐朽、动乱的社会现实，谴责了南明王朝昏君当朝，权奸掌柄，争权夺利，置国家危亡于不顾的腐朽政治。剧中主人公李香君虽为歌伎，却有明确的生活思想和是非界限。她把坚贞的爱情与反对邪恶势力的正义立场统一起来，不为利诱，不畏权奸，感人至深。全剧在一派悲歌声中结束，最后一出《余韵·哀江南套》，曲终人杳，江上峰青，留有余不尽之意于烟波浩渺间。悲慨苍凉，催人泪下。

《红楼梦》

《红楼梦》是一部长篇小说，写成于清朝乾隆中期（甲戌，1754 年），《红楼梦》书内提及的书名还有《石头记》、《情僧录》、《风月宝鉴》、《金陵十二钗》等，清乾隆四十九年甲辰（1784 年）梦觉主人序本正式题为《红楼梦》，在此之前，此书一般都题为《石头记》。此后《红楼梦》便取代《石头记》而成为通行的书名。《红楼梦》曾被评为中国最具文学成就的古典小说及章回小说的巅峰之作，被认为是“中国四大名著”之首。在现代产生了一门以研究《红楼梦》为主题的学科——“红学”。

《红楼梦》是一部中国封建社会末期的百科全书，内蕴着一个时代的历史容量。小说通过对“贾、史、王、薛”四大家族荣衰的描写，以上层贵族社

《红楼梦图咏》 清光绪年间刻

会为中心图画，展示了广阔的社会生活视野，包罗万象，囊括了多姿多彩的世俗人情，真实、生动地描写了十八世纪上半叶中国封建社会末期的全部生活，是这段历史生活的一面镜子和缩影，也是中国古老封建社会已经无可挽回地走向崩溃的真实写照。

《红楼梦》之所以成为“中国小说文学难以征服的顶峰”，不仅仅是因为它具有很高的思想价值，还在于它非凡的艺术成就。全书的结构，新颖而奇巧，以神话故事，“假语村言”掩去内容的实质，将作品置入扑朔迷离的雾色之中，而改借用“真”“假”观念，托言“梦”“幻”世界，使得整部小说按着这一以假寓真的结构铺陈发展，最后营造出一个“生活世界”。在《红楼梦》中，除却著名的金陵十二钗，其他有名有姓的人物就有四百多个，这众多的人物如“过江之鲫”，纷繁多姿、个性鲜明、生气勃勃，绝无重复，囊括了世间各色人形；即便在同一个人的塑造上，也是一人千面，令人叫绝。曹雪芹用细腻的笔触，写出了人物心灵深处的微妙情感和丰富的性格。同时，全书用宝玉、黛玉、宝钗的爱情悲剧串起贾府的现实生活，折射了当时的社会众生相。各线索交叉连接，浑然天成。

由于《红楼梦》内容的浩大，不同的人赋予它不同的主题，总之，仁者见仁，智者见智。正如鲁迅所说：“单是命意，就因读者的眼光而有种种，经学家看见《易》，道学家看见淫，才子看见缠绵，革命家看见排满，流言家看见宫闱秘事……在我眼下的宝玉，却看见他看见许多死亡……”亦如王蒙所说：“它自成一个宇宙，一个世界，既丰富又复杂，既深邃又玄秘，既真实生动又意味无穷。”

《聊斋志异》

《聊斋志异》是蒲松龄的代表作，“聊斋”是他的书屋名称，全书有短篇小说四百九十一篇。《聊斋志异》是一部文言短篇小说集。有传奇、志怪、逸

聊斋故事图　清

事等，诸体兼备，为中国文言小说集大成之作。内容十分广泛，多谈狐、魔、花、妖，以此来概括当时的社会关系，反映了十七世纪中国的社会面貌。

从题材内容来看，《聊斋志异》中的作品大致可分为以下五类：第一类，是反映社会黑暗，揭露和抨击封建统治阶级压迫、残害人民罪行的作品，如《促织》、《红玉》、《梦狼》、《梅女》、《续黄粱》、《窦氏》等；第二类，是反对封建婚姻，批判封建礼教，歌颂青年男女纯真的爱情和为争取自由幸福而斗争的作品，如《婴宁》、《青凤》、《阿绣》、《连城》、《青娥》、《鸦头》、《瑞云》等；第三类，是揭露和批判科举考试制度的腐败和种种弊端的作品，如《叶生》、《于去恶》、《考弊司》、《贾奉雉》、《司文郎》、《王子安》、《三生》等；第四类，是歌颂被压迫人民反抗斗争精神的作品，如《商三官》、《席方平》、《向杲》等；第五类，总结生活中的经验教训，教育人要诚实、乐于助人、吃苦耐劳、知过能改等，带有道德训诫意义的作品，如《种梨》、《画皮》、《崂山道士》、《瞳人语》、《狼》等。

书中写的是一个花妖鬼狐的世界，既有对如漆墨黑的社会现实的不满，又有对怀才不遇、仕途难攀的不平；既有对贪官污吏狼狈为奸的鞭笞，又有对勇于反抗，敢于复仇的平民的称赞；而数量最多、质量上乘、写得最美最动人的是那些人与狐妖、人与鬼神以及人与人之间的纯真爱情的篇章。它成功地塑造了众多的艺术典型，人物形象鲜明生动，故事情节曲折离奇，结构布局严谨巧妙，文笔简练，描写细腻，堪称中国古典短篇小说的高峰。

《儒林外史》

《儒林外史》，清吴敬梓作，原本有五十五回，今已失传。现在通行的刻本是五十六回，唯末回似为他人所补。《儒林外史》刻画了各种士人利欲熏心、虚伪丑陋的精神面貌，对于士林阶级进行了无情的鞭挞、含泪的批判。鲁迅先生曾经说过《儒林外史》“秉持公心，指擿时弊。机锋所向，尤在士林；其文又戚而能谐，婉而多讽”。作者以悲天悯人的手笔描写了八股制度下众多儒林人士的悲剧性命运，进而展开了一幅封建科举时代的社会风情画，通过对种种不和谐、悖于人情、逆于常理的荒谬现象的揭露，通过描写人物的自吹自擂、大言不惭、自作聪明、弄巧成拙、欺世盗名、自命清高、自相矛盾等，抨击了制度的腐朽和社会的黑暗，使《儒林外史》成为中国古典讽刺小说中的圣品。

《儒林外史》作为古讽刺文学的巨著，擅长运用“皮里阳秋”的笔法，也就是“口无所臧否，而心有所褒贬”。作者并没有直接向我们褒贬什么，但每个形象都饱含着巨大力量的褒贬，传达着作者明确的正义观，这是一种富有现实主义色彩的叙事方式。另一个艺术特色是速写式和剪影式的人物形象，《儒林外史》是一部主角不断变换的长篇小说，或者说是一部由无数短篇交替而成的长篇小说，基本上不可能详细描写某人一生经历，以及在曲折的故事情节中表现人物的性格特点和精神世界。所以，吴敬梓把重点集中在人的性格中最刺目的特征上，从而深入细致地表现一个相对静止的人生相。这就如同从人物漫长的性格发展史中截取一个片断，再让它在人们面前转上一圈，把此时此地的“这一个”，放大给人看。这是勾画讽刺人物的一个很出色的手法，它使人物形象色彩分明，情节流动迅速，好像人物脸谱勾勒一成，这段故事便告结束，而给读者留下深刻印象的也正是这些精工提炼的精彩情节。

《古文观止》

《古文观止》，中国历代散文选本，清代吴楚材、吴调侯编选，并经吴兴祚审定。

《古文观止》以散文为主，兼取骈文，上起先秦，下迄明末，大体反映了先秦至明末散文发展的轮廓和面貌。全书收文共二百二十二篇，分为十二卷。与《文选》以后的古文选本相比，它跨越的时代既广，卷帙又不甚繁，且文章体裁多样，较少偏见，可谓广收博采，繁简适中。编排上按时代先后分为七个时期，每个时期皆突出重点作家作品。由此可纵观古文发展之源流，也可参照分析作家之不同风格。体例方面不因循前人按文体分类之惯例，而是以时代为经、作家为纬，入选的文章也兼顾思想性和艺术性，语言精练、篇幅短小，多为久经传诵之佳作。

据说，编者吴楚材、吴调侯是两位好读经史、同时又擅长写作八股文的文人，他们编选的初衷是为当时的学童和其他读书人编撰一本启蒙读物，没想到，一“编”惊人，受到普遍欢迎，两个人借此而名留史册。今人若想方便快捷地一览古今文章全貌，《古文观止》当然是首选，我们今天熟悉的著名文章，基本都在此选本之列，堪称“观止”。

《曾国藩家书》

曾国藩像

《曾国藩家书》收录了曾国藩在清道光三十年至同治十年前后的翰苑和从武生涯中的近一千五百封书信。所涉及的内容极为广泛，小到人际琐事和家庭生计的指示，大到进德修业、经邦纬国之道的阐述，十分详备，是曾国藩一生的主要活动和其治政、治家、治学之道的生动反映。曾氏家书行文从容镇定，形式自由，随想而到，挥洒自如，在平淡中蕴涵真知良言，具有极强的说服力和感召力。

曾国藩的这些书信，不仅生动有趣，更具价值的是，这些书信中包含了许多即使是在今天看来也很有意义的经验教训。可以说，《曾国藩家书》就是一部协调人际关系的指南，一部正直、严肃的为人处世的教科书。所以，从清代末年以来，这部书就已广为流传，民国年间更是畅销风行，很多人都争相购买作为家教教材。

《文苑英华》

《文苑英华》是南朝梁至唐五代诗文总集，为宋四大部书之一，宋太宗时李昉、宋白、徐铉等编，共一千卷，选录作者二千二百人，作品近两万篇，唐人作品占十分之九。编纂工作始于太平兴国七年（982）九月，成于雍熙三年（986）十二月。此书上继《昭明文选》，且仿其体例，但比《昭明文选》分目更细。其分类有：赋、诗、歌行、杂文、表状、檄、疏、序、论、议、铭、箴、诔、碑、祭文等共三十八类。宋真宗景德、大中祥符年间，朝廷命馆臣对它进行了芟繁补缺和复校工作，于南宋孝宗时由周必大、胡柯、彭叔夏校订后刊行，今存者即此校定本。南宋以来，此书一共刊刻过两次。第一次在南宋宁宗嘉泰元年（1201）始，到嘉泰四年（1204）秋天完工。第二次在明世宗嘉靖四十五年（1566）。1966年，中华书局用宋刊本残本一百四十卷、明刊本八百六十卷影印，并校正了原书的许多错误。

《文苑英华》选录有滥缺之病。李慈铭的《越缦堂日记》曾指出它所收的唐赋“陈陈相因”。但所辑文献相当丰富，因此有极高的文献价值：一方面它保存了唐代许多作家的文集，因为《文苑英华》将唐代许多作家的文集全部收入，而当时唐代作家的文集极少刊刻；另一方面，现存的文集亦可以与《文苑英华》相校雠，没有的可以从中辑佚。

《文苑英华》作为一部资料书，部头过大，修纂未精，其中错误较多。宋孝宗时，曾命周必大等校雠。周必大退休后，又邀请彭叔夏、胡柯等学者遍求别本、详加考订，并将其成果荟萃为《文苑英华辨证》十卷。其书堪称精密，但未尽善。清人劳格亦曾撰《文苑英华辨证拾遗》，顾广圻、岑仲勉对《文苑英华辨证》也有订正。

《文苑英华》的编纂目的，据李焘《续资治通鉴长篇》说：“太宗以诸家文集，其数实繁，虽各擅所长，亦蓁芜相间。乃命翰林学士宋白等精加铨择，以类编次。”《玉海》卷五十四引太宗诏书亦云：“近世以来，斯文浸盛，虽述作甚多，而媸妍不辨。遂令编辑，只取英华。”其实《文苑英华》的编纂的实际目的是为了给读书人和做官者提供科举考试和办公应酬的范本，同时也有保存资料的意图。

《文苑英华》自刊行以来，给后人的鉴赏辑佚、校勘、考订等工作提供了极其重要的资料。

《太平御览》

中国古代类书。宋太宗命李昉等十四人编辑，始于太平兴国二年（977），成于八年（983）。因编于“太平兴国”年间，初名《太平总类》，太宗按日阅览，改题此名。全书一千卷，分五十五部，每部之下又分若干子目，共四千五百五十八类。以引证广博见称。据书前“图书纲目”所载，引用图书一千六百九十种，连同杂书、诗、赋、铭、箴等，引书实用两千五百七十九种。所引用的古书十之七八已失传，是保存古代佚书最为丰富的类书之一。

此书体例是每条引证都先写书名，次录原文，按时间先后排列。不加己见。所采多为经史百家之言，小说和杂书引得很少。正文作大字，注文作双行小字，附于本句之下，较其他类书更为明晰。此书以《四部丛刊三编》的影印本为最好，1960年中华书局据此本重新印行。

《永乐大典》

成书于明代初期的《永乐大典》，是我国古代最大的一部类书，也是我国历史上最大的一部百科全书。

1403年（永乐元年），明成祖朱棣命翰林院侍读学士解绪等人，组织编纂一部便于查索的大型类书。第二年，解绪等人编出《文献大成》，朱棣认为过于简略，又于1405年组织人力重修。这次参加编纂缮写工作的官员、文士，多达两千一百六十九人，至1408年（永乐六年）冬全部完成，由朱棣将该书定名为《永乐大典》（以下简称《大典》）。

《大典》辑有上古至明初的图书七八千种，包括经、史、子、集、释藏、道经、医药、戏剧、平话、工技、农艺等著作，汇集了当时的天下群书。全书计有两万两千八百七十七卷，是一部规模宏大，内容极为丰富的皇皇巨制！《大典》的编排体例以《洪武正韵》为纲，按韵分列单字。天文、地理、人事、名物、诗文词曲、奇闻异见等等，都随字收载。尤其值得称道的是，当时规定所辑入的书，不准删改，必须照原著整部、整篇、整段地编入，因此《大典》保存了我国宋元以前大量的珍籍。

《大典》编成后，只缮写了一部。朱棣从南京迁都北京后，《大典》也运至北京。由于卷帙过多，此书始终未能刻版付印，直到明嘉靖末年，才照原本摹写了一部作为副本。《大典》的正本约于明亡之际被焚毁，副本在清朝前期由皇家档案库移至翰林院藏存。乾隆年间纂修《四库全书》时，由于官吏们的偷盗，《大典》缺失了两千四百多卷；1900年八国联军攻陷北京后，《大典》惨遭浩劫，部分被烧毁，部分被抢走，剩下的仅有六十四册了。这部出类拔萃的文化典籍遭到如此摧残，是我国文化史上无法估量的损失。

解放后，经多方努力，到1959年为止，已搜集《永乐大典》二百一十五册，加上复制本等，共七百三十卷，1960年由中华书局影印出版。虽然这七百三十卷只是原书的百分之三，但其中仍然保存了不少散佚的珍贵资料。

《四库全书》

《四库全书》，丛书名，清乾隆时编纂，1772年开始，经十年编成，为中国古代最大的一部官修书，也是中国古代最大的一部丛书，分经、史、子、集四部。据文津阁藏本，该书共收录古籍三千五百零三种，七万九千三百三十七卷，装订成三千六百余册，保存了丰富的文献资料。“四库”之名，源于初唐，初唐官方藏书分为经史子集四十书库，号称“四部库书”或“四库之书”。经史子集四分法是古代图书分类的主要方法，它基本上囊括了古代所有图书，故称“全书”。

《四库全书》的底本的四个来源：内府藏书；清廷官修书；从各地征集的图书；从《永乐大典》中辑出的佚书。《四库全书》的不足之处：第一，重视儒家著作，把儒家著作放在突出的位置，把儒家经典放在四部之首，把一般儒家著作放在子部之首。第二，轻视科技著作。认为西方现代科学技术，是“异端之尤”，可以“节取其技能，禁传其学术”。除了农家、医家和天文算法类收录少数科技著作之外，一般科技著作是不收录的。第三，不收戏剧著作和章回小说。第四，图书正文或有删节或篡改。虽然《四库全书》在编纂过程中，有删削、改动内容等过错，但就整体而言，应当是功大于过。首先，它保存了大量古籍，是古代文化的一次总结。其次，在古籍整理的方法上，尤其是在辑佚、校勘、目录学、汇刻丛书等方面给后人留下许多有益的启示，《四库全书总目提要》即是一部重要的目录学著作。

从《四库全书》修成至今已有二百余年，七部之中，文源阁本、文宗阁本和文汇阁本已荡然无存，只有文渊阁本、文津阁本、文溯阁本和文澜阁本传世至今。文渊阁本今藏台湾省，文津阁本今藏北京图书馆，文溯阁本今藏甘肃省图书馆，文澜阁本在战火中多所残阙，后来递经补抄，基本补齐，今藏浙江省图书馆。

《古文辞类纂》

《古文辞类纂》是我国古代重要的古文总集，由清代桐城派大家姚鼐编。此部古文总集集中体现了桐城派的文章观点，入选的作品以唐宋八大家的古文为主，占了全书的绝大部分篇幅。此外选入了部分战国、秦汉、六朝作品，唐宋时代其他少数文家元结、李翱、张载、晁补之等的作品，以及唐宋以后明代的归有光、清代的桐城派代表方苞、刘大櫆的作品。全书按体裁分为论辩、序跋、奏议、书说、赠序、诏令、传状、碑志、杂记、箴铭、颂赞、辞赋、哀祭十三类，文约七百篇。合为七十四卷。虽然此书的编选有很强的倾向性，某种程度上的经典性不如更为流行的《古文观止》（清人吴楚材、吴调侯编），而在选文广度上又不及《经史百家杂钞》（曾国藩编），但是本部选集所勾勒出的中国古文发展的轮廓还是很有道理的，在很大的程度上体现了中国古文创作的核心范例与创作高峰——其顶点是唐宋八大家的手笔，而在后代的又一大发展则是桐城派的创作。从这个意义上来说，任何对中国古文感兴趣的人都绝不应该忽视这一部具有总结性质的重要选本。

《考工记》

《考工记》是先秦时期一部重要的科技专著，原来注明作者及成书年代，一般认为它是春秋战国时代经齐人之手完成的。今见《考工记》一书是作为《周礼》的一个部分出现的。

《周礼》一书原有六官之纪，即“天官冢宰”、“地官司徒”、“春官宗伯”、“夏官司马”、“秋官司寇”、“冬官司空”，但冬官早佚。据说西汉时期，河间献王刘德修学好古，喜欢收集先秦经典，为购求此篇，曾费千金而不得，不得已乃以《考工记》补之。此书原无名称，《考工记》之名亦是汉代人手笔，后又经刘歆父子之手，才得今本。

《考工记）一书包括两个部分，第一部分约与总目、总论相当，主要述说了“百工”的含义，它在古代社会生活中的地位，获得优良产品的自然和技术条件。第二部分分别述说了“百工”中各工种的职能及其实际的“理想化”了的工艺规范。书中说国有六职，即王公、士大夫、百工、商旅、农夫、妇功。百工系六职之一，它又包括了六类三十个工种，分别是：攻木之工、攻金之工、攻皮之工、设色之工、刮摩之工、搏埴之工（制陶者）。

《考工记》的特点在于：

一、内容丰富，涉及面广。由上可知，先秦官府手工业的一些主要部门大体都已列入，对每一工种，都简要地介绍了有关产品的形制、结构和工艺技术规范，其中还涉及大量的物理、化学、天文、数学、生物等问题。

二、时间范围较宽，上下至少包罗八百年。

三、其技术内容既具有实践性，又富有理想性；许多文字既是生产经验的总结，又可作为指导生产实践的一种工艺规范。

四、其许多技术规范反映了周王朝的一些典章制度。如“玉人之事”条说：“镇圭尺有二寸，天子守之；命圭九寸，谓之桓圭，公守之；命圭七寸，谓之信圭，侯守之；命圭七寸，谓之躬圭，伯守之。”等等。

总之，《考工记》一书从多方面反映了先秦科学技术的发展状况和先进水平，以及人们对生产过程规范化的一些设想和周王朝的一些典章制度。这是我国古代比较全面地反映整个手工业技术的第一部专著。

《齐民要术》

贾思勰，北魏农学家，生卒年不详，山东益都（今山东寿光）人。曾任北魏高阳郡太守，具有深厚的农事知识。南北朝期间，战乱频仍，民不聊生，作者从传统的农本思想出发，著书立说，介绍农业知识，以求富国安民，由此，写成了世界农业史上最早的专著——《齐民要术》。

《齐民要术》是我国现存的第一部完整的农书，分为十卷，共九十二篇，十一万字，其中正文约七万字，注释约四万字。另外，书前还有“自序”、“杂说”各一篇，其中的“序”广泛摘引圣君贤相、有识之士等注重农业的事例，以及由于注重农业而取得的显著成效。《齐民要术》内容广泛，包括谷物种植法、菜蔬瓜果种植法、种树法、养家畜家禽及养鱼法、酿造法、做菜法等，正如贾思勰在自序中所说："起自耕农，终于醯醢，资生之业，靡不毕书。"《齐民要术》还记载了有关农作物的异闻以及中原以外的外国的一些植物品种。《齐民要术》不但集《氾胜之书》以来北方农业生产经验之大成，而且反映了当时农村生活状况和社会经济状况，价值很大。贾思勰是一个极为博学的人，他的著作中所征引的古书，有名可考的即达百余种，有些重要古书，如《氾胜之书》、《四民月令》等，主要由于他的征引才得以部分留传下来。但贾思勰并不局限于此，他作《齐民要术》时"采捃经传，爰及歌谣，询之老成，验之行事"，把丰富的书本知识同农民的生产经验以及自己的实践密切结合在一起，这样就更增加了《齐民要术》的科学价值。

《农政全书》

中国明代农副业科学技术著作，作者徐光启（1562—1633年），字子先，上海人，他根据多年经验，从天启五年（1625年）动笔写《农政全书》，到去世时尚未完成，后由陈子龙整理遗稿刊行，全书六十卷，约七十万字；内容分农本、田制、农事、水利、农器、树艺、蚕桑、蚕桑广类、种植、牧养、制造和荒政十二门，每门又各分若干子目。内容虽然大量摘录前代农书和有关文献，但经作者精心剪裁，取其要旨，并用夹注、旁注或评语等形式加入了许多作者自己的精辟见解和经验体会，使该书成为一个完整的农学体系。书中以大量篇幅阐述开垦西北荒地、兴修水利、救济灾荒的各种规划、建议和技术，为历代农书所少见，系作者企图针对明末朝政腐败、生产凋敝、农民无法生存的严重情况所提补救措施，因为《农政全书》不仅单纯地囊括了古代农业生产和人民生活的各个方面，而且其中贯穿着一个基本思想，即徐光启的治国治民的"农政"思想。而这正是本书不同于前代大型农书的特色之所在。本书按内容大致可分为农政措施和农业技术两部分。前者是全书的纲，后者是实现纲领的技术措施。于是在书中可以看到开垦、水利、荒政这样一些不同寻常的内容，并且占了全书将近一半的篇幅，这是前代农书所鲜见的。但是本书并没有因为着重农政而忽视技术，相反徐光启还根据自己多年从事农事试验的经验，极大地丰富了古农书中的农业技术内容，例如种植棉花和甘薯的技术等。本书堪称是中国古代农业的集大成的作品，并且在现在仍然具有很高的参考价值。

《神农本草经》

《神农本草经》，简称《本经》，由于《帝王世纪》有"炎帝神农氏……

尝味草木，直药疗疾，著本草四卷”之说，故使人认为《本经》作者是神农。后来学者认为神农在历史上是传说中的人物，况神农时代，尚未有文字，因此不能确定是神农所著。故现代学者一般都认为《本经》为东汉末年（约公元200年）之作品，非一人之手笔，是集体所创作，而托名于神农。

《神农本草经》载药三百六十五种，其中有植物药二百五十二种，动物药六十七种，矿物药四十六种（此据顾观光辑本统计之数，其他各本，互有出入）。根据药物的性能和使用目的，分为上、中、下三品。上品一百二十种，无毒。大多属于滋补强壮之品，如人参、甘草、地黄、大枣等，可以久服。中品一百二十种，无毒或有毒，其中有的能补虚扶弱，如百合、当归、龙眼、鹿茸等；有的能祛邪抗病，如黄连、麻黄、白芷、黄芩等。下品一百二十五种，有毒者多，能祛邪破积，如大黄、乌头、甘遂、巴豆等，不可久服。

《神农本草经》对每味药所记载的内容，有性味、主治、异名及生长环境。如“当归味甘温，主咳逆上气，温疟寒热，妇人漏下，绝子，诸恶疮疡金疮，煮饮之。一名干归。生川谷”。这些内容以当时的水平来衡量，是比较切实的。

《神农本草经》还在其《序录》中简要地提出药之基本理论及用药原则：“药有酸咸甘苦辛五味，又有寒热温凉四气及有毒无毒。”“疗寒以热药，疗热以寒药，饮食不消以吐下药……各随其所宜”。并总结了“药有君臣佐使”，“有单行者”，以及物的产地，采集药物的时间、方法、真伪。提出制成各种剂型，要随药性而定；用毒药应从小剂量开始，随病情的发展而递增；服药时间应按病位所在确定在食前或食后、早晨或睡前服药。如此等等，对临床用药都有一定的指导意义。

《神农本草经》是汉以前劳动人民在实践中所积累的用药经验的总结，它将药物分为上、中、下三品，是中药学按功用分类之始。它所述的药物主治大部分是正确的，有一定的科学价值，如水银治疥疮，麻黄平喘，常山治疟，黄连治痢，牛膝堕胎，海藻治瘿瘤。不但确有实效，而且有一些还是世界上最早的记载。如用水银治皮肤疾病，要比阿拉伯和印度早五百至八百年。

《神农本草经》的问世，对我国药学的发展影响很大。历史上具有代表性的几部《本草》，如《本草经集注》、《新修本草》、《证类本草》、《本草纲目》等，都是在《神农本草经》的基础上发展起来的。可以说，《神农本草经》是我国最早的一部药学专著。

《黄帝内经》

《黄帝内经》是我国现存最早的一部医书，据许多专家考证，它约成书于春秋战国时期。《黄帝内经》是上古时代民族智慧在医学和养生学方面的总结和体现。它不但清晰地描述了人体的解剖结构及全身经络的运行情况，而且对人体生理学、医学病理学、医学地理学、医学物候学等的论述，都非常精深、全面。

《黄帝内经》比较全面地阐述了中医学理论体系的内容及其结构，是中国文化史上一部伟大的著作，也是中国古代医学的奠基之作，它完整地体现了中国古人对人体与四季时节气候关系的独特理解以及人体各部分互为映照的整体观念，是一部统领中国医学、古代养生学、气功学的绝世巨著。它也是中医理论体系的泉源，是用阴阳五行学说解释人体生理、病理、诊断和治疗，以及用“天人相应”整体观念说明人体内外环境统一性的典范，所以它为学习中医的必读之书。

《黄帝内经》与《伏羲八卦》、《神农本草经》并列为“上古三坟”。中国医学史上的重大学术成就的取得以及众多杰出医学专家的出现，与《黄帝内经》无不有着紧密的联系，被历代医学家称为“医家之宗”。全书涉及地理、养生学、哲学、天文学、心理学、季候、风水、历法、阴阳五行等各个方面，是中国古代文化宝库中的一部奇书。

《伤寒杂病论》

东汉时期张仲景刻苦学习《黄帝内经》，广泛收集医方，写出了传世巨著《伤寒杂病论》。本书是我国医学史上影响最大的古典医著之一，也是我国第一部临床治疗学方面的巨著。它系统地分析了伤寒的原因、症状、发展阶段和处理方法，创造性地确立了对伤寒病的“六经分类”的辨证施治原则，奠定了理、法、方、药的理论基础，是中医临床的基本原则和中医的灵魂所在。在这部著作中，张仲景创造了三个世界第一：首次记载了人工呼吸、药物灌肠和胆道蛔虫治疗方法。《伤寒杂病论》奠定了张仲景在中医史上的重要地位，并且随着时间的推移，这部专著的科学价值越来越显露出来，成为后世从医者人人必读的重要医籍，张仲景也因对医学的杰出贡献被后人称为“医圣”。直到目前，《伤寒杂病论》和《金匮要略》仍是我国中医院校必学的书籍。

《金匮要略》

《金匮要略》原为《伤寒杂病论》的一部分，今同《伤寒杂病论》、《黄帝内经》、《神农本草经》一起被誉为祖国医学四大经典名著，作者为东汉时代我国著名医学家张仲景。书名“金匮”，言其重要和珍贵之意，“要略”，言其简明扼要之意，表明本书内容精要，价值珍贵，应当慎重保藏和应用。它是我国现存最早的一部专门研究杂病的医学专著，共分三卷二十五篇。《金匮要略》在理论上以脏腑经络学说为依据，认为“夫人禀五常（五行），因风气而生长”。在写作方法上，其每篇的篇名均标明“病脉证治”，以显示出其病与症（或脉与证）相结合的诊治原则，是一本以论述内因为主的杂病医书。本书的内容极其丰富，体现了张仲景的“天人相应，整体观念”的医学理论，充分地反映了我国传统医学特点。它的问世给我国传统医学奠定了深厚的基础，为后世祖国医学理论的深入发展，以及方书的涌现开创了先河。

《针灸甲乙经》

《针灸甲乙经》为我国医学经典，是一部影响我国针灸学的划时代著作。作者皇甫谧（215—282年），字士安，幼名静，自号玄晏先生，安定朝那（今甘肃省灵石县朝那镇）人。汉太尉皇甫嵩之曾孙。皇甫谧四十二岁患严重风痹症，不为病魔屈服，悉心钻研针灸，以《黄帝内经》中《素问》、《灵枢》及《明堂孔穴针灸治要》为据，总结验证，删其浮辞，论其精要，撰成《针灸甲乙经》。皇甫谧被誉为中国古代十大名医、“世界针灸学之祖”、世界级历史文化名人。

《针灸甲乙经》在中国独具特色的针灸疗法的发展中，发挥了承先启后、继往开来的重大作用。众所周知，在此以前，中医学典籍《素问》、《灵枢》等虽有关于针灸学理论与技术的阐述，也有若干专门论述针灸经络的小册子，然而或已散落残佚，或只散见而不成系统，《针灸甲乙经》正是在这样的历史背景下对针灸经络、腧穴、主治等从理论到临床进行了比较全面系统的整理研究而成书的。该书在针灸理论上，强调：“上工治未病。”即要求一位高明的针灸医生要学会运用针灸来达到保健预防疾病之目的。他所指出的“中工刺未成”则是强调仅能做到疾病早期治疗者，也只能算做一位较好的针灸医生——中工。这表现了该书对预防疾病和提倡早期治疗的重视。然后，他以“下工刺已衰，下下工刺方袭”，将不能做到预见和早期诊断治疗的针灸医生一概称之为下工、下下工，视之为不合格的针灸医生。这一先进思想为发展针灸作出了重要贡献。同时，该书还对针灸用针之形状制作、针灸经络、孔穴部位之考订、针灸的临床适应症、针灸操作方法以及临床经验的总结等进行了系统的论述。

该书对针灸穴位之名称、部位、取穴方法等，逐一进行考订，并重新厘定孔穴之位置，同时增补了典籍未能收入的新穴，使全部定位孔穴达到三百四十九个。在此之后穴位数虽每有增减，但该书为之奠定了可靠的基础。

另外，《针灸甲乙经》在晋以前医学文献的基础上，对经络学进行了比较全面的整理研究，对人体的十二经脉、奇经八脉、十五络脉以及十二经别、十二经筋等内容、生理功能、循行路线、走行规律以及其发病特点等作了传统理论的概括和比较系统的论述，成为后世对此学说研究论述的依据。

《针灸甲乙经》是一部影响中国针灸学发展的划时代著作。远在隋唐时期，此书就已作为医学教育的必学课本，并被视之为经方。

《千金要方》

我国中医学综合性临床医著，全称《备急千金要方》，简称《千金要方》或《千金方》，三十卷，唐代著名医学家孙思邈著。孙思邈认为生命的价值贵于千金，而一个处方能救人于危殆，价值更当胜于此，因而用《千金要方》作为书名。本书集唐代以前诊治经验之大成，孙思邈集录了从东汉至唐初各家的医论，以及治疗方剂，并将个人的治疗经验融汇其中，编成了这部《千金要方》。其书首篇所列的《大医精诚》、《大医习业》，是中医伦理学的基础；其妇、儿科专卷的论述，奠定了宋代妇、儿科独立的基础；其治内科病提倡以脏腑寒热虚实为纲，与现代医学按系统分类颇有相似之处，而其中的将飞尸鬼疰（类似肺结核病）归入肺脏症治，提出霍乱因饮食而起，以及对附骨疽（骨关节结核）好发部位的描述、消渴（糖尿病）与痈疽关系的记载，均显示了相当高的认识水平；另外，此书关于针灸孔穴主治的论述，为针灸治疗提供了准绳，而“阿是穴”的选用、“同身寸”的提倡，对针灸取穴的准确性颇有帮助。因此，《千金要方》长期以来都为后世的医学家所重视。并且本书还流传至国外，产生了相当大的影响。

孙思邈像

《本草纲目》

《本草纲目》是我国人人皆知的一部医学经典，是我国明代医学家李时珍三十余年心血的结晶。全书共有一百九十多万字，记载了一千八百九十二种药物，分成六十类。其中三百七十四种是李时珍新增加的药物。绘图一千一百多幅，并附有一万一千多个药方。这本书是几千年来祖国药物学的总结。这本药典，不论从它缜密的科学分类，或是从它包含药物的数目之多和流畅生动的文笔来看，都远远超过古代的任何一部本草著作。它的成就，首先在药物分类上改变了原有上、中、下三品分类法，采取了“析族区类，振纲分目”的科学分类，把药物分矿物药、植物药、动物药，每一种底下又细分，这样的分类法，已经过渡到按自然演化的系统来进行了。从无机到有机，从简单到复杂，从低级到高级，这种分类法当时在世界上都是十分先进的，尤其是对于植物的科学分类，要比瑞典著名的分类学家林奈早了二百年。此外，本书在化学、地质、天文等方面的记录，也都有着非常突出的贡献，显示了我国古代科学所达到的较高水平。本书的影响是巨大的，公元1606年《本草纲目》首先传入日本，1647年波兰人弥格来中国，将《本草纲目》译成拉丁文流传至欧洲，后来又先后译成日、朝、法、德、英、俄等文字，受到了各国医学界的一致推崇。

《灵宪》

《灵宪》是东汉科学家张衡（78—139）积多年的实践与理论研究心得写成的一部天文巨著，也是世界天文史上的不朽名作。该书全面阐述了天地的生成、宇宙的演化、天地的结构、日月星辰的本质及其运行等诸多重大课题，将我国古代的天文学水平提升到了一个前所未有的新阶段，使我国当时的天文学研究居世界领先水平。

《灵宪》一书的主要内容有：

第一，论述了宇宙的起源和宇宙的结构。关于天地的生成问题，《灵宪》认为天地万物是从原始的混沌未分的元气发展来的。元气最初混沌不分，后来才始分清浊，清气和浊气相互作用，便形成了宇宙。清气所成的天在外，浊气所成的地在内。这种天体演化思想，是从物质运行的本身来说明宇宙的形成，认为宇宙结构不是亘古不变的，而是不断发展变化的。这些观点，与现代宇宙演化学说在基本原理上是相通的。

第二，月食的成因。在浑天说的基础上，科学地阐述了月食的原因。张衡在《灵宪》中写道：“月光生于日之所照；魄生于日之所蔽。当日则光盈，就日则光尽也。”大意为：月亮本身是不发光的，而是太阳光照射到月亮上，月亮才折射出光，太阳光照不到的地方则出现亏缺，正所谓“月有阴晴圆缺”。如果月亮进入地影——张衡将地影取名叫“暗虚”，就会发生“月食”。可见，《灵宪》对月食原因的解释是很科学的。

第三，宇宙的有限性和无限性。虽然张衡把天比作一个鸡蛋壳，把地比作蛋壳中的鸡蛋黄，但他并不认为硬壳是宇宙的边界。关于宇宙的有限性和无限性，一直就是古今中外天文学界长期争论的一个问题。张衡在撰写《灵宪》时，受到了扬雄《太玄经》中一些天文观点的影响，但在宇宙的无限性上却没有遵循扬雄观点，而是自有见解。张衡认为，人们目之所及的宇宙世界是有限的，但在人们目之所及之外，就“未之或知也。未之或知者，宇宙之谓也，宇之表无极，宙之端无穷”。

第四，测日和月的平均角直径值。张衡实测出日、月的角直径是整个周天的1/736，转换为现行的360度制，即29度21分，这与近代天文测量所得的日和月的平均角直径值31度59分和31度5分相比，绝对误差仅有2度。囿于两千多年前的科学技术水平及观测条件，这个数值可以说是相当精确的。

第五，重制载星三千的新星表。张衡在认真观察天体的基础上，对前人留传下来的好几种星表作了整理、汇总，建立了恒星多达三千的新星表。

《灵宪》是我国古代天文学史上最杰出的天文学著作之一，也是我国天文学发展到一个新高度的里程碑，虽然其中还有一些错误和不足，但在天文学史上的意义并不因此而逊色。

《九章算术》

刘徽，生平不详。据史书记载推测，他是山东人，大约出生于三国时期。所著的《九章算术》，奠定了我国古代数学的基础。

《九章算术》是我国秦汉时期的一部杰出的数学著作，又称《皇帝九章算法》、《九章算经》，是《算经十书》中最重要的一部数学著作。它对战国、秦汉时期我国劳动人民取得的数学知识进行了系统总结，反映的是中国先民在生产劳动、丈量土地和测量容积等实践活动中所创造的数学知识。这是一本问题集形式的书，含有上百个计算公式和二百四十六个应用问题，共分为九章，包括方田、粟米、衰分、少广、商功、均输、盈不足、方程、勾股，是中国古代算法的基础。有完整的分数四则运算法则，比例和比例分配算法，若干面积、体积公式，开平方、开立方程序，方程术——线性方程组解法，正负数加减法则，解勾股弦公式和简单的测望问题算法。其中许多成就处于世界领先地位。在西方，也或迟或早地出现了这些内容，而这些内容包括了我们从小学一直到中学所学习的“算术”课程的全部。

《九章算术》是我国数学方面流传至今最早也是最重要的一部经典著作。它承前启后，一方面总结了秦汉以前的数学成就，另一方面又成为汉代以来数学研究与创造的源泉，该书在中国数学史上产生了巨大而深远的影响，被尊为“算经之首”，成为数学著作的典范。

《大明历》

祖冲之（429—500），南朝宋齐间科学家，字文远，范阳道（今河北涞水）人。历任南徐州从事史、公府参军、娄县令、长水校尉等职。博学多才，尤擅长历数。首次把圆周率准确推算到小数点后六位，比欧洲早一千多年。撰《缀术》及《大明历》。

《大明历》是祖冲之撰写的一本讲述天文和历法方法的著作。其主要内容：

一是改革闰法。我国人民很早就知道了阴历和阳历两种历法。阳历是把地球围绕太阳一周所需的时间，算做一年；阴历是把月圆到下次月圆的一段时间算做一月，一年为十二个月的积累。

但两者的天数并不相等，我们的祖先便采用了闰法——隔两三个阴历年，就加上一个闰月，使之相等。人民逐渐发现最早的十九年七闰并不准确，就开始改革闰法。祖冲之根据自己的观察，再加上前人的启发，进一步认识到废除古法十九年七闰的重要性和必要性，并将之改为在三百九十一年中设置一百四十四个闰年。在他的影响下，闰法问题成为以后历法改革的主要内容之一。

二是第一次在中国历法中运用了岁差。以前和当时的天文学家都认为太阳从头年冬至运行一年，到次年冬至，刚好回到原来出发的位置上。实际上，太阳并没有回到原来的位置。这种现象在天文学上叫“岁差”。在这个设想被提出一百多年后，祖冲之首先证实了它的存在，并进一步计算出冬至点每四十五年多要向西移一度。祖冲之将岁差运用到了历法当中，是我国历法史上一项划时代的成就。

祖冲之不仅在天文学上成绩斐然，更是一位杰出的数学家，他在数学上做出了更杰出的贡献。大家知道，在求圆的面积、周长、体积等时，总要用到一个常数 π——圆周率。我国古代人民最初只能粗略地用 3 来做圆周率。后来由于生产劳动的需要，数学家们逐渐计算出了新值，如 3. 1547、3. 155 等，但都不够理想。到了祖冲之，他算出了圆周率 π 的真值在 3. 1415926—3. 1415927 之间，π 的约率≈3. 14，密率为 335/113，这是世界数字史上的卓越成就，而且比欧洲要早一千多年。

公元 462 年，祖冲之将《大明历》送给当时的官府，希望能替下当时采用的旧历，将之作为新历颁行。但宋孝武帝根本不懂历法，就命令他的宠臣——懂得天文、历法的戴法兴出面和祖冲之辩论。戴法兴是一个保守主义者，他在辩论中提出许多非难的意见，企图把祖冲之驳倒，不改行新历。戴法兴认为太阳的运动没有一定的规律，日月星辰运行的快慢，凡人是不可知的，而且历法是古代留传下来的，不应随便改，应永远采用。他的这些保守的理论，都被祖冲之用事实一一驳回。祖冲之当时只是一个官位很低的小官吏，却敢于对戴法兴这样的权贵进行义正辞严的批驳，不迷信传统学说，坚持自己的新主张和看法。

辩论到最后，双方都不肯让步。在场的多数大臣都认为祖冲之是正确的，但惧怕戴法兴的权势，不敢出面支持。一个叫巢尚之的大臣，也是皇帝的亲信，他举出了不少事实说明《大明历》优于旧历。而宋孝武帝通过双方的辩论也知道了《大明历》的优点，就决定在公元465年改用新历。这场辩论也成为中国历法史上著名的论战之一。

《梦溪笔谈》

沈括（1031—1095），字存中，钱塘（今杭州）人，北宋治平元年（1064年）进士。他博学多才，为一代学问大家，史称：“博学善文，于天文、历志、律历、音乐、医药、卜算，无所不通，皆有所论著。”所著《梦溪笔谈》在中国历史上具有深远的影响。

《梦溪笔谈》全书按内容分为故事、辩证、乐律、象数、人事、官政、权智、艺文、书画、技艺、器用、神奇、异事、谬误、讥谑、杂志、药议十七门，涉及典章制度、财政、军事、外交、历史、考古、文学、艺术，以及科学技术等广阔的领域，可谓包罗万象，应有尽有。

如叙典章制度，有官制、礼制、兵制、舆服、仪卫、文牍、掌故。叙财政，有茶法、盐法、均输法，以及北宋历朝铸造铜钱之情况。叙军事，有阵法、兵器、筑城、屯边、战守、粮运、谋略。叙外交，有作者熙宁八年受命使辽，与辽方谈判边界争议的记述，为史籍中关于宋辽使节往来之最翔实、精确的实录。其于史学，除全书所记述大多为可靠史实外，又有很多记述，为其他史籍所无，或较其他史籍记载翔实。如王小波、李顺起义事件，以及不少科学技术发明事略，即是如此。这些记载，弥补了史料之缺陷，或考证了史料之错讹。其于考古，对各种出土文物之时代、形状、花纹、文字等，均有细致的

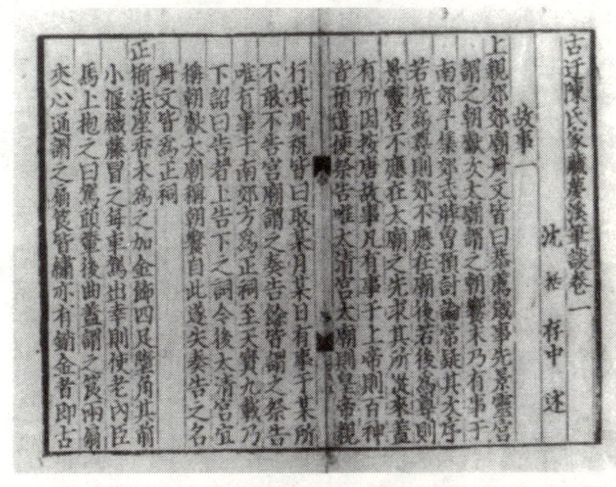
古迂陳氏家藏夢溪筆談卷一
沈括　存中　述
故事一
上親郊郊廟冊文皆曰恭薦歲事先景靈宮謂之朝獻次太廟謂之朝饗末乃有事于南郊予集郊式時曾預討論常疑其次序若先爲尊則郊不應在廟後若後爲尊則景靈宮不應在太廟之先求其所從來蓋有所因按唐故事凡有事于上帝則百神皆預遣使祭告唯太清宮太廟則皇帝親行其冊祝皆曰取某月某日有事于某所不敢不告宮廟謂之奏告餘皆謂之祭告唯有事于南郊方爲正祠至天寶九載乃下詔曰告者上告下之詞今後太清宮宜稱朝獻太廟稱朝饗自此遂失奏告之名冊文皆爲正祠
正衙法座香木爲之加金飾四足墮角其前小偃織藤冒之每車駕出幸則使老內臣馬上抱之曰駕頭輦後曲蓋謂之筤兩扇夾心通謂之扇筤皆繡亦有銷金者即古

《梦溪笔谈》书影

考证，对宋代考古学之发展，影响颇大。其于文学，除文字流畅、洗练，描述条理清晰，层次分明，其本身就是一部笔记体文学佳作外。于诗、词亦有独到之论，其叙艺术，有书法、绘画、音乐，更有清乐、雅乐、燕乐，以及律制、音制、乐器等。书中强调把形式、内容升华，追求“意韵萧然，得于声外”的艺术境界，如是等等。可见全书极富学术价值和历史价值。而本书之著名，尤以科学技术价值见称。

全书所论及之科学技术内容极为广泛，据英国专事中国科技史之大家李约瑟博士统计，书中有关科学技术之条文有二百零七条，占全书的三分之一。内容包括有天文、历法、数学、地质、地理、地图、气象、物理、化学、生物、农学、医药学、印刷、机械、水利、建筑、矿冶等各个分支。

本书反映了十一世纪时期中国科学技术的水平，其中不少成就在当时世界科学技术领域中居于领先的地位。因此，本书被视为中国科学技术史上里程碑式之典籍，在中国历史上留下了广泛而深远的影响。

《天工开物》

宋应星（1587—1663），字长庚，江西奉新人，万历年间举人。曾任江西分宜教谕、福建汀州府推官，南京亳州知州等职。著《天工开物》一书，为我国古代科学技术名著。另著有《野议》、《论气》、《谈天》等。

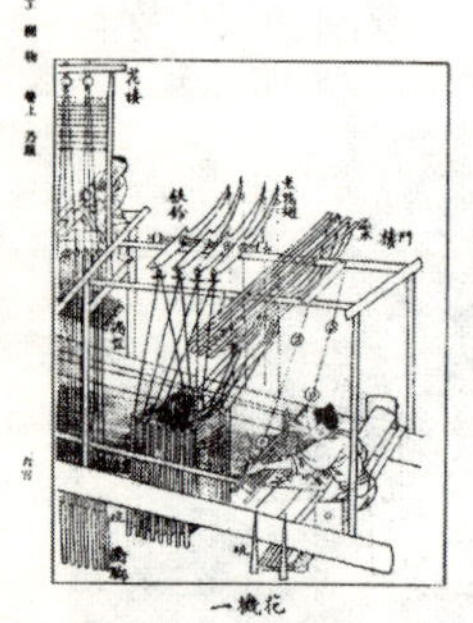
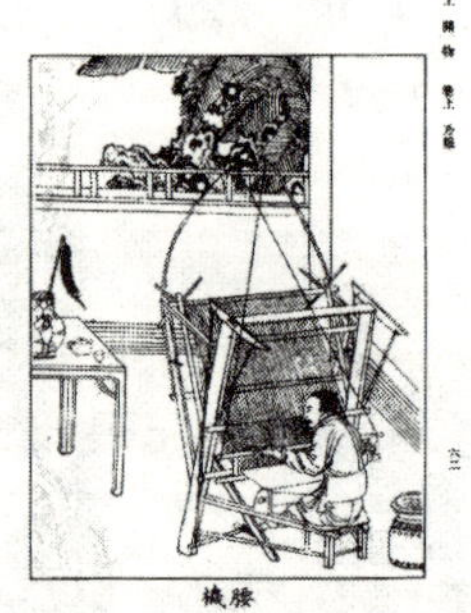

《天工开物》插图

《天工开物》全书共十八卷，分三编。上编包括谷类种植、棉麻栽培、养蚕、缫丝、染料、食品加工、制盐、制糖等；中编包括制造砖瓦、陶瓷、钢铁器具，建造舟车，采炼石灰、煤炭、硫黄，榨油、制烛、造纸等；下编包括五金开采及冶炼、兵器、火药、朱墨、颜料、农药的制造和珠玉采琢等。全面系统地记述了我国古代农业和手工业的生产技术和经验。在编撰中，作者始终坚持严谨求实的科学态度，书中不但如实地记载、总结了当时已有的科学技术，而且对一些错误的观点进行了澄清，例如在《乃粒》篇中，纠正了人们对荞麦的错误归类，指出荞麦实际上并非属于麦类。又如在《佳兵卷》中，著者对古代流传的关于“狼粪烟”和“江豚灰”的说法表示了怀疑。“狼粪烟”和“江豚灰”是军事上用以报警的燃料，相传“狼粪烟”在白天燃烧时呈现黑色的烟雾，到了晚上，则显现为红色，遇见有风的天气，能够扶摇直上；而“江豚灰”还能顶着风燃烧。宋应星则认为传说不足为信，重要的是要有现实的依据。

另外，《天工开物》一书还提到了某些国外的技术成就，例如对日本和朝鲜的船只，葡萄牙、西班牙的枪炮等，都做了大概的描述。可以说该书是我国古代劳动人民长期生产劳动的结晶。它的许多生产经验及技术不但对传统的农业和工业有着重要的指导意义，而且对现、当代科学技术发展也做出了一定的贡献，有很高的文献价值。

迄今为止，《天工开物》全书已被翻译成日、法、德等多种文字，成为举世瞩目的光辉著作。

蒙 学

什么是蒙学

广义上的“蒙学”是中国封建时代对儿童进行启蒙教育的学校。蒙，取《易·蒙卦》“匪我求童蒙，童蒙求我”之义。蒙学的主要授课内容是教儿童识字、写字和进行封建道德教育。教材一般是《千字文》、《三字经》、《百家姓》、《四书》等。狭义上的“蒙学”，专指启蒙教材，即蒙学文献。下面我们对一些主要的“蒙学”教材进行简要介绍和列举。

《三字经》

《三字经》，古代童蒙读物最有代表性的教材之一，一卷，相传为宋儒王应麟所作，书中有关元明清部分为后人所加。从南宋起就被广泛用作蒙学教材，直到明末清初。

王应麟，字伯厚，号深宁居士，先世浚仪人，迁居庆元，知识渊博，著作颇丰，对经史百家、天文地理等都有研究，熟悉掌故制度，擅长考证。

此书共三百八十句，结构严谨，文字简练，三字或三字倍数成句，句句谐韵，朗朗上口，深入浅出，流畅有趣。内容分为六个部分，每一部分有一个中心，涵盖面极广，涉及伦理道德规范、名物常识、经史子集、历史次第等，许多语句，如“养不教，父之过”、“勤有功，戏无益”等等成为妇孺皆知、世代传诵、脍炙人口的名言警句，被誉为“千古一奇书”。特别是其中对历史知识的叙述，尤为精炼，仅用了三百字就概括了从远古到清统一的五千年中华历史，真乃“袖里通鉴纲目”。在中国古代蒙书教材中，《三字经》是影响最大、最有代表性的。

《三字经》的版本很多，清朝道光年间刊行的版本是最通行的一种。

《百家姓》

《百家姓》，蒙学读本，一卷，著者佚名，旧题钱塘老儒所作。将常见的姓氏编成四字韵文，虽乏文理，但编排巧妙，读来顺口，便于记诵，因此，流传至今，影响极深。《百家姓》收录姓氏四百九十八个，其中单姓四百三十六个，复姓六十二个。据南宋学者王明清考证，该书前几个姓氏的排列是有讲究的：赵是指赵宋，既然是国君的姓，理应为首；其次是钱姓，钱是五代十国中吴越国王的姓氏；孙为当时国王钱俶的正妃之姓；李为南唐国王李氏，他判断《百家姓》“似是两浙钱氏有国时小民所著”。

颇具实用性的《百家姓》与《三字经》、《千字文》相配合，成为我国古代蒙学中的固定教材，其中《百家姓》是我国流行最长、流传最广的一种蒙学教材。

《千字文》

《千字文》，原名《次韵王羲之书千字》，童蒙读物，一卷，南朝梁周兴嗣撰，约成书于梁大同年间。辑录书法家王羲之笔迹不同字一千个，因此而得名。四言韵语，共二百五十句，叙有自然、社会、历史、伦理、教育等方面知识，行文流畅，气势磅礴，辞藻华丽，朗朗上口，自隋开始流行。因《千字文》流传甚广，以致文书编卷，常采用“天地玄黄”来代替数字。兄弟民族地区也出现了满汉、蒙汉文的对照本字。由于历代不少大书法家都曾书写，更使《千字文》至今仍是学习各种书法的范本。

据史书记载，梁武帝为了教他的儿子识字，派殷铁石从王羲之的书法作品中选出了一千个不重复的字，让周兴嗣重新组织编成韵文。为了完成皇帝的任务，周兴嗣用了一个晚上就编好了，头发都白了，一千个杂乱的字被他组织成了构思精巧、对仗工整、婉转有致的“绝妙文章”。无论是否信实，这则记载都表现了周兴嗣的才华。

后有各种注本，如《千字文考略》、《叙千文》、《训蒙千文》等。版本有明万历十年汪以成经义斋刻本等。

《千家诗》

《千家诗》，南宋诗人刘克庄编选的诗集，刘克庄纂集唐五代及宋人的有关诗作，编为《分门纂类唐宋时贤千家诗选》，此书在清朝时被著名学者阮元抄录献给皇帝，作为《四库全书》未收书编入“宛委别藏”。但刘选并非专为启蒙的通俗读物。后世所传《千家诗》，有五绝、五律者为清王相补选本。所收录皆近体，浅明易懂，为童蒙初学所编。一说为南宋谢枋得选，王相注。全书取材广泛，不偏门户，两百余首诗中，包括了一百二十四位作者，上至皇帝、宰相、名人学士，下逮和尚、牧童、无名氏，不论门第高低，只以内容为选录标准。所选诗作皆为五七言绝句、律诗。本次选编，特意配有精美插图，乃“诗情画意”之谓。

《弟子规》

《弟子规》是清朝康熙年间山西绛州秀才李毓秀编著的，书的原名叫《训蒙文》。全书以《论语·学而》开篇，列举了为人子弟其在家、外出、接人待物等应有的规范与礼仪。《弟子规》浅显易懂，押韵顺口，内容符合封建伦理，尤其讲求家庭教育与生活引导，在当时极有影响。

《增广贤文》

又名《昔时贤文》、《古今贤文》。据推测成书于明朝万历年间。历经明清两代文人的不断增补，成为今日流传的样本《增广昔时贤文》，通称《增广贤文》。作者未见史书记载，因此有人认为该书是民间创作的结晶。《增广贤文》内容十分丰富，从礼仪道德、典章制度到风物典故，几乎无所不含。其核心内容讲述的是人生哲学、处世之道。其中有积极的部分，比如强调读书的重要、孝义的可贵，倡导人行善做好事等；也有消极的成分，如笃信宿命、因果报应及主张隐忍消除祸患等。今人读《增广贤文》，应注意区分、识辨，发扬其中的优良传统，摒弃其不足。

《声律启蒙》

《声律启蒙》是训练儿童应对、掌握声韵格律的启蒙读物。编者为车万育，清康熙年间进士。该书按韵分编，包罗了天文、地理、花木、鸟兽、人物、器物等的虚实应对。从单字对到双字对、三字对、五字对、七字对到十一字对，不一而足，声韵协调，朗朗上口，从中可得到语音、词汇、修辞等方面的训练。能够行文属对是古代文人的一个标志，因此《声律启蒙》一类的读物在启蒙书籍中经久不衰，有着很高的地位。明清以来，《训蒙骈句》、《笠翁对韵》等书，均以《声律启蒙》为蓝本刊行并广为流传。《声律启蒙》的影响可见一斑。

《幼学琼林》

《幼学琼林》最初叫《幼学须知》，又称《故事寻源》、《成语考》。初为明末西昌人程登吉（字允升）编著（也有认为编者是明景泰年间的进士邱睿）。清朝康熙、雍正年间，邹圣脉作了一些补充，更名为《幼学琼林》，也叫《幼学故事琼林》。《幼学琼林》在古代蒙学中影响极大。其内容广博，包罗万象，历史人物、典籍制度、天文地理、释道鬼神等，无不涉及。全书为骈体文，全部以对偶句写成，书中有大量的成语、警句、格言，至今仍传诵不绝。“读了增广会说话，读了幼学走天下”，《幼学琼林》是中国古代蒙学读物中名副其实的精品。

《龙文鞭影》

《龙文鞭影》是中国古代著名的儿童启蒙读物，原名《蒙养故事》，由明代萧良有编撰，杨臣诤对其增订后改名为《龙文鞭影》。所谓“龙文”，原是古代一种千里马的名称，据说它只要看见鞭子的影子就会奔跑驰骋。编者的寓意是，读了《龙文鞭影》，就有可能成为“千里马”。该书主要介绍了中国历史上的人物典故和逸事传说。行文四字一句，两句押韵，读起来抑扬顿挫，朗朗上口。该书问世后，深受百姓喜爱。人们认为它不仅有益于童蒙，也有益于童蒙之师，所以民间大量刻印，版本众多。到了清代中晚期，《龙文鞭影》更是广为流传，成为了深受蒙学师生欢迎的启蒙教材。

《五字鉴》

《五字鉴》为明代李廷机所撰。李廷机，字尔张，晋江（今福建省泉州市）人。《五字鉴》原名为《鉴略》，是李廷机根据我国古史资料编写的蒙学读物，流传久远。该书以时代为序，将我国上自远古，下至元明的社会历史，以简明的五言诗句韵文形式进行了总述和概括。可以说，《五字鉴》是一部专述我国社会政治历史发展的蒙学读物。全书万余字，叙事分明，脉络清晰，行文言简意赅，在当时与《三字经》、《增广贤文》、《幼学琼林》一样，有着很高的声誉。清人邹梧桐曾说："有明李廷机先生，胸罗全史，手著《鉴略》，自皇古以乞宋元事迹，举其大纲，略其小目，俾读者开卷了然，俨与历世受命之主，赓扬一堂；更可喜者，句调叶律，有类诗歌，与人可诵可读，一部二十一史之要领也。"《五字鉴》的特点与其在读书人心中的地位可见一斑。

《小儿语》

《小儿语》为明代吕得胜所撰。吕得胜，字近溪，河南宁陵人，生活在嘉靖时期。他很关心儿童的成长和教育工作，强调对儿童进行正确的引导和教育。在当时，民间流传的一些儿歌对幼儿的品德修养及后来的发展没有什么益处，他便编写新的儿歌，于是有了这本《小儿语》。《小儿语》语言浅显，以四言、六言、杂言的形式，宣讲一些做人的道理，其中虽不乏消极的成分，却更有每个人都应该具备的良好品德。《小儿语》刊行后，很受百姓认可，在民间广为流传，产生了很大的影响。

《笠翁对韵》

《笠翁对韵》的作者李渔一生著述甚丰，写有诗文杂著集《笠翁一家言全集》，戏曲《十种曲》，短篇小说集《无场戏》、《十二楼》，长篇小说《合锦回文传》等。《笠翁对韵》是其仿照《声律启蒙》写就的一本训练儿童应对、掌握声韵格律的启蒙读物。内容声韵协调，合辙压韵，从单字到多字的层层属对，如唱如吟，十分优美，对加强初学者语音、词汇、修辞方面的训练很有裨益。

七

国学典故

不食周粟

不吃周朝的粮食。形容坚守节操，志向高洁。典出《史记·伯夷列传》：商朝末年，周武王准备讨伐商纣王，商朝贵族伯夷、叔齐坚决反对，武王没有接受他们的意见。他俩便避至首阳山，采薇充饥，不食周粟，最后活活饿死。

箪瓢陋巷

箪：盛饭的竹器。比喻安贫乐道。典出《论语·雍也》：子曰：贤哉回也！一箪食，一瓢饮，在陋巷，人不堪其忧，回也不改其乐。贤哉回也！”孔子称赞颜回能坚守清贫的生活而自得其乐，是一个贤者。

盗　泉

指宁死不接受不义之物，以保持清白节操。典出《尸子》卷下：春秋时，有一个泉叫“盗泉”，孔子经过盗泉时，虽然口渴，但恶其名，坚持不喝这里的水。

结　缨

指慷慨献身。典出《左传·哀公十五年》：孔子的学生子路在卫国做官，因不从乱而被攻击，混乱中，子路的帽带被击断。临死前，他把击断的帽带结好，说：“君子死，不免冠。”

鸥鸟忘机

机：机心，巧诈之心。比喻心地纯真，无巧诈之心。典出《列子·黄帝》：传说海边有个人喜欢鸥鸟，而无侵害，成群的鸥鸟跟他友好相处。后来他父亲让他捉鸥鸟回来赏玩，他存心捕捉时，鸥鸟便飞翔而不停留下来。

尾生抱柱

指坚守信约。典出《庄子·盗跖》：传说古代有名叫尾生的人与一女子相约在桥下相会，结果女子没来。这时洪水上涨，尾生便抱住桥柱，直到被水淹死。

许由洗耳

许由：尧时的高洁之士。指隐逸之士安贫乐道，志向高洁。典出东汉蔡邕《琴操》：尧时，许由隐居箕山，尧准备将天下让给他，使者把这消息告诉他。许由听后，说他隐居养性，绝不为禄位所动摇，还认为使者的话玷污了他，于是就到河边去洗耳。

坐怀不乱

形容男女相处，品行高洁。典出《荀子·大略》：春秋时，柳下惠夜宿城门，遇一女子求宿，柳怕她受凉，解开外衣把她裹在怀里，一夜而无越轨的行为。女子坐在怀中也无淫乱的举动。

请君入瓮

比喻以其人之道还治其人之身。典出《新唐书·周兴传》：唐武则天为女皇时，大臣来俊臣和周兴是有名的酷吏，他们惯用各种酷刑逼人招供。有人告发周兴谋反，武则天派来俊臣审问。来俊臣请周兴吃酒，宴中问周兴："犯人不肯招供怎么办？"周兴说："拿个大瓮，周围用炭火烤，叫犯人站在瓮中，还怕他不招吗？"于是来俊臣叫人拿来大瓮，四面加火，对周兴说："奉旨审问老兄，现在请您入此瓮。"周兴惶恐叩头伏罪。

曲突徙薪

突：烟囱。薪：柴火。比喻有先见之明，防患于未然。典出《汉书·霍光传》：相传古时有人看见一户人家烟囱很直，旁边堆着柴草，就向主人建议："把烟囱改成曲形，把柴堆移到别处，不然会发生火灾。"主人不听。不久，这户人家果然失火。邻人都来救火，终于把火扑灭了。主人杀牛备酒，感谢邻人，请在救火时被烧伤的人坐上席。有人提醒主人说："你先前如果依照建议的话做，现在就不会花费牛酒，更永久不会失火。"主人忙把原来提建议的人请来上席。

退避三舍

舍：古时行军以三十里为一舍。比喻为避免冲突而对人让步。典出《左传·僖公二十三年》：春秋时，晋公子重耳曾逃亡到楚国，楚国国君收留了他，并给予十分优厚的待遇。晋公子重耳答应如果将来回国执政，遇到晋楚交战，一定先退避三舍之地，作为报答。后来重耳当上晋国国君，在晋楚城濮之战中，果然先后退了三舍。

引而不发

引：拉引；发：射箭。拉开弓却不把箭射出去。比喻善于启发引导。也比喻做好准备暂不行动，以待时机。典出《孟子·尽心上》："君子引而不发，跃如也。中道而立，能者从之。"

半部《论语》

旧时认为只要熟悉和运用半部《论语》，就可以治理好国家。典出宋人罗大经《鹤林玉露》：宋代的开国宰相赵普，在宋太宗时再次做宰相，朝中有人不服，讥笑他平生所读只一部《论语》而已。宋太宗闻言召见赵普询问。赵普回答："臣平生所知，确实不超出《论语》的范围。过去以半部《论语》辅佐太祖定天下，今还想用这半部书辅助陛下使天下达到太平。"

掉书袋

讥讽人爱引用古书词句，卖弄才学。现在常称那些好引经据典、卖弄学问的人为“掉书袋”。典出宋马令《南唐书·彭利用传》：五代南唐的彭利用，对家中的小孩和仆人讲话时，都要引经据典，使用上古书上的词语，人们都说他“掉书袋”。

明末文学家张岱在他著的《陶庵梦忆》中记载一则趣事：有一次他到一个读书人家去做客，天黑时，他要告辞回家，主人挽留他道：“请宽心再坐会儿，等看了‘少焉’再走吧!”张岱不明白“少焉”是什么意思，便请主人解释。主人说：“我们这儿有位官宦先生喜欢‘掉书袋’，因为苏东坡的《赤壁赋》里面有‘少焉月出于东山之上’的句子，于是就把月亮叫做‘少焉’。刚才我讲的‘少焉’，就是指月亮。”

难兄难弟

最初是比喻兄弟才德都好，难分高下。这个成语来源于《世说新语·德行》：东汉陈寔有两个儿子，一个叫元方，一个叫季方，都有很高的德行。有一天，元方和季方的儿子为自己父亲的功德争论起来，都说自己的父亲功德高，相持不下，便一同来请祖父陈寔裁决。陈寔说：“元方难为兄，季方难为弟。”意思是他俩的功德都很高，难以分出上下。后来这个成语指共患难过的人或彼此处于同样困境的人，用于此意时，“难”字的读音为去声。

吴下阿蒙

吴下：现长江下游的吴国。比喻学识尚浅薄的人。典出《三国志·吴书·吕蒙传》裴松之注引《江表传》：三国时，吴国大将吕蒙，因军务繁忙不肯读书，后来接受孙权的劝告，才努力学习。有一次鲁肃同他讨论事情，意见被他驳倒，鲁肃赞道：“我原以为你只懂武，现在才知道你学识渊博，不是过去的‘吴下阿蒙’了。”

乌台诗案

元丰二年（1079）四月，苏轼到湖州上任不久，朝廷御史台（旧称乌台）

派人将苏轼逮捕，罪名是作诗讽刺朝廷。苏轼被押回汴京大牢，审讯在即。罪证是别人为苏轼刻的一部诗集，将这诗集当罪证的正是《梦溪笔谈》的作者沈括。

苏轼在牢中曾想自尽，他与儿子约好每天送饭都要有菜和肉，被判死刑时要送鱼。一天家里没米了，儿子出去买，托亲戚给苏轼送饭，亲戚恰恰送了鱼。苏轼以为死到临头了，就写了两首绝命诗，本来嘱咐狱吏转给他弟弟苏辙，结果被宋神宗看见了，很感动。恰好太后病重，神宗决定大赦天下，以求上天保佑，太后说："只放苏轼一人我就满足了。"苏轼于是获释，贬到地方做官，乌台诗案就此了结。

田横五百士

楚汉相争时，刘邦派郦食其去劝降齐地的田横兄弟，事情本来进展很顺利，田横兄弟也愿意归顺刘邦了，可是韩信却不顾承诺，突然逼宫，田横以为郦食其欺骗他，一怒之下把郦食其煮死了。

田横难以抵挡汉军，就带五百人逃到一个海岛上。后来刘邦又一再招降他，他终于带了两个随从去见刘邦，行至距洛阳三十里左右时，想想自己与汉王都曾南面称王，现在却要俯首称臣，自觉是奇耻大辱，始终过不了自己那一关，于是沐浴更衣，自杀而死。两个随从按照他的吩咐，割下田横的头，飞奔洛阳，呈给刘邦。刘邦不胜唏嘘。田横下葬后，两个随从拔剑自杀。更让人感慨的是，岛上近五百壮士也尽数自杀。

草木皆兵

东晋时代，秦王苻坚率兵南下攻晋，大将谢石、谢玄领兵抵抗。苻坚得知晋军兵力不足，就想以多胜少，抓住机会，迅速出击。谁料，苻坚在寿春一带被晋军出奇兵击败，损失惨重，大将被杀，士兵死伤万余。秦军的锐气大挫，军心动摇，士兵惊恐万状，纷纷逃跑。此时，苻坚在寿春城上望见晋军队伍严整，士气高昂，再北望八公山，只见山上一草一木都像晋军的士兵一样。苻坚后悔自己过于轻敌。后以"草木皆兵"比喻士气不振、心理恐慌。

华亭鹤唳

华亭：今上海松江。指做官遭难，思念故土眷恋人生之情。典出《世说新语》：西晋时，陆机文采出众，为一代名士。成都王司马颖爱才，重用陆机。计伐长沙王司马义时，用陆为主帅，统领兵士二十余万。陆机请辞，成都王不允。部将见这个南方主帅书生气十足，都不服调配，加上陆机缺乏作战经验，结果损兵折将，大败而归。

有人诬陷陆机与长沙王有私，成都王遂派人抓捕陆机。陆机闻讯，苦笑脱去战袍，叹道："华亭鹤唳，可复闻乎?"于是平静地接受极刑。

孟母断织

相传孟轲年少时，中途辍学回家。正在织布的孟母见状，拿刀割断了尚未织完的布，说："你读书半途而废，就像我割断这机上织的布一样。"孟轲自此从早到晚勤学不怠，并师事子思，终于成为天下闻名的大儒。亦作"断机"。

后以"断织"为母亲督子勤学的典故。孟母之贤，不仅在于其督子以勤，更在于她善以形象而艺术的方式教育子女。这样的教子方略，值得今天的父母好好揣摩。

千金市骨

战国时，燕昭王求贤，郭隗向他说古时有个君主以千金买千里马，三年也未买到。后来派出一个内侍，他竟用五百金买下死千里马的头骨，国君大怒。内侍说："天下人得知你肯花五百金买骏马骨，千里马必然会来。"果然，此事一传开，有良马者争售，不到一年就得到三匹千里马。亦作"千金买骨"、"千金求骏骨"。

沧海一粟

北宋时，苏东坡与朋友凭吊赤壁古战场。他的朋友不禁由古代的兴衰联想起自己的不幸，感叹道："曹操可以说是一代英豪了，可现在哪儿还有曹操呢？还不是像其他人一样死去了。一个人生活在永恒的天地间，生命却像蜉蝣一样短暂！像大海里的一颗小米一样渺小。"

东坡见自己的朋友如此悲观，便劝慰他不可用那种虚无态度去看待世界和人生。他借清风和明月阐明宇宙和人生都不是永恒的，而人生的挫折和政治上的不得志，也只是暂时的，应该乐观进取，绝不可悲观失望。

后用“沧海一粟”喻指微不足道。

白云苍狗

唐代诗人杜甫曾为他的好友诗人王季友写了这样一首《可叹》诗，开头如此：天上浮云似白衣，斯须变幻为苍狗；古往今来共一时，人生万事无不有！

原来，王季友这个人，好学却出身贫穷，但他人穷志不穷，为人清正。他娶了个妻子，却嫌弃他的贫贱，终于离开了他。当时，有很多人不了解内情，纷纷议论，对王季友颇有微词。

杜甫的这首《可叹》诗，就是针对那些不公正的议论而发的。这首诗并没有叹惜王季友好夫无好妻，也不叹他好人不交好运，而是叹惜王季友这样一个忠厚的人，竟也会遭到世人的贬斥。

此诗用比兴手法开头，描述了天上的浮云分明像清白洁净的衣服，一会儿却变成了一只灰毛狗的样子了。须臾，指顷刻间。苍狗，指毛色青灰的狗。

现以“白云苍狗”比喻世事变化无常。

沧海桑田

《神仙传》一书中收集了九十四个神仙的传说，麻姑便是其中一位。据说麻姑曾应道士王方平之召，降临蔡经家。虽然这仙女看上去有十八九岁的样子，可是当王方平问起她实际年龄时，连她自己也说不准到底有多大了，只说已经三次见到海变为田，田又变为海了。

海变为田，田变为海，这种人世间的巨大变化只有在很长的历史时期甚至千年万载中才能见到，而麻姑已经经历了三次，可见她的年龄已经大得无法计算了。但正因为她是神仙，所以看上去才只有十八九岁的样子。

结草衔环

春秋时晋大夫魏武子生病，先遗命死后将其爱妾改嫁；病危时，又命以妾殉葬。其子魏颗在父亲死后，依照初命，将父妾改嫁。后来魏颗与秦将杜回作战，有一老人结草把杜回绊倒，秦军大败。魏颗夜梦结草老人说，他就是魏颗所嫁之女的父亲，因感魏颗救女之恩，所以结草绊杜回以报答。又传说东汉杨宝九岁时，至华阴山，见一黄雀为鸱枭搏击坠地，便将伤雀带回家，用黄花喂养。百余日后，黄雀伤愈飞去。当天夜里，杨宝梦见黄衣童子对他说：“我是西王母使者，承蒙您搭救我，今赠白环四枚，祝您家子孙清白，四代位登三公，一如此环。”亦作“结草之报”、“结草”。

杵臼之交

杵、臼：指舂粮时用的工具，代指贫贱生活。汉儒生公沙穆到京城游学，因资粮匮乏，就变装受雇为吴佑舂米；吴佑跟他交谈，发现他很有才能，二人就定交于杵臼之间。后以“杵臼之交”指不计身份贵贱的友谊。

相濡以沫

庄子在说明人不应局限于形躯，而应忘怀一切、融合于自然时，打了一个比方：泉水干涸时，泉中的鱼一起受困，用湿气互相嘘吸，用口沫互相湿润，虽然彼此相助，但求生仍十分艰难，倒不如在江湖里彼此相忘，却活得自由自在。后以“相濡以沫”比喻在困境中以微小的力量互相帮助。

解衣推食

汉高祖刘邦器重韩信，授予他上将军印，并脱下自己衣服给他穿，将好菜好饭让给他吃。亦省作“解推”。后以“解衣推食”形容对人的深切关怀和帮助。

东山再起

东晋谢安，字安石，初为著作郎，因病辞官，隐居在会稽的东山。朝廷多次召请都不出，直到他年四十方任司马这一官职。好友高崧到新亭送他时，对他说：“你过去屡违朝旨，高卧东山，大家都说你对不起苍生，现在苍生又是怎样对你的呢?”谢安听后很惭愧。复出后谢安屡立大功，官至司徒，对东晋的稳定起了很大作用。亦作“东山起”、“东山复起”。后以“东山再起”喻重新出仕或失势后再次得势。

苏武节

汉武帝天汉元年派中郎将苏武执节出使匈奴，被匈奴扣留十九年，流放北海（即贝加尔湖，今属俄罗斯）牧羊，并断绝食物供应。苏武啮雪、吞毡、掘野鼠吃以活命，旄节上的毛尽落，须发尽白。亦作“苏卿节”、“苏生节”。后以“苏武节”为赞美忠贞节操之典。

陈蕃室

东汉陈蕃十五岁时，所居室院污秽，父友薛勤来访，问他：“为什么不洒扫待客?”蕃答：“大丈夫应当扫除天下，何在乎一室呢?”薛勤奇蕃有大志。亦作“陈室”。后用“陈蕃室”借指胸怀天下者的居室。今常用“一屋不扫，何以扫天下”说明做大事、成大业需从小事做起，反驳此典中陈蕃因大放小的观点。

程门立雪

北宋时，杨时、游酢二人去向当时的大儒程颐求学，适值程颐坐着打瞌睡，二人便在雪天里侍立等着。待程颐醒来，门外已雪深盈尺了。后以“程门立雪”比喻尊师重道。

一字师

五代时李相读《春秋》，误将“叔孙偌”的“偌”字读错，被在一旁的小吏听到，婉转地纠正了过来，因而被李相尊为“一字师”。唐代末年，有个叫齐己的和尚作了一首题为《早梅》的诗，中有“前村深雪里，昨夜数枝开”句。诗人郑谷看了，指出既是早梅，不应是数枝同开，应改为“一枝开”。齐己听后，钦佩不已，时人誉为“一字师”。又宋代杨万里在馆中与人闲谈，一时误将晋代干宝说成“于宝”，一名官吏立即纠正了他，被杨万里奉为“一字师”。类似情况，古籍中记载颇多。后常用来形容人的谦虚好学。

李广难封

汉将军李广，屡击匈奴，身历七十余战，战功显赫，有“飞将军”、“猿臂将军”之称。诸部校尉以下，才能、名声居李广之下而因军功封侯者有数十人，惟独李广终未封侯。唐代王勃《滕王阁序》：“冯唐易老，李广难封。”后以“李广难封”慨叹功高不酬。

南柯梦

唐代李公佐作传奇小说《南柯太守传》，叙述淳于棼做梦到大槐安国，被国王招为驸马，又任命为南柯太守，三十年中有了五男二女，享尽荣华富贵。不料邻国进犯，他出征吃了败仗，妻子也死去，终于被打发回家。醒后根据梦中光景寻找，发现所梦大槐安国原来是门前大槐树树洞中的蚂蚁窝，槐树南枝下的另一个蚁穴，就是他做太守的南柯地方。后以“南柯梦”泛指梦境，或慨叹人生如梦，富贵无常。

郢匠挥斤

古代郢人鼻尖上沾上一点如苍蝇翅膀般大小的白垩，他让匠人把白垩削掉。匠人挥动斧子呼呼有风，得心应手地削尽了白垩，而郢人鼻子却不曾受伤，脸上也毫无惧色。亦作“郢人斤斫”、“郢匠风斤”。后以“郢匠挥斤”形容技艺精妙高超，出神入化。

中山狼

明代马中锡寓言《中山狼传》，记述了中山一只恶狼被打猎的赵简子用箭射中，逃命中被过路的东郭先生救下，狼不但不感恩，反而想吃掉东郭先生的故事。后以“中山狼”比喻恩将仇报、毫无良心的恶人。

鼓盆而歌

庄子妻死，惠子前去吊丧，看到庄子正伸开两腿坐着敲击瓦盆唱歌，就责备庄子做得不近人情。庄子说：“人死是复归，人的生死变化如同四季运行一样。人家已静静安息于大自然中，而我还在啼哭，这岂不是不通情理吗？想到这一点，我就停止哭泣了。”后以“鼓盆而歌”表示对生死的达观态度。

沆瀣一气

唐朝僖宗年间，书生崔瀣，想参加科考，进取功名，偏巧主考官也姓崔，叫崔沆。当他审阅考卷时，见到崔瀣二字，很是高兴，暗地里说：“我姓崔，他姓崔。我叫沆，他叫瀣。沆瀣者又是连在一起的。这个考生，我一定录取。”发榜之后，人们议论纷纷。有人就编出俏皮话：“座主门生，沆瀣一气。”后指同流合污。

好好先生

汉末司马徽在荆州时，知道荆州刺史刘表昏聩无能，不辨是非，一定会听信谗言加害贤能之人，于是就缄口不言，对世人的评论保持沉默。当时有人问他如何看待和评价时事时，他每次都说“好”，一副“好好先生”的模样。妻子劝他说：“别人要你解惑，你应当品评优劣，诚恳回答，可你一概都说‘好’，这不是辜负了向你讨教问题的人吗？”司马徽又习惯性地回答：“你所说的这番话，也很好。”

皮里阳秋

本作“皮里春秋”。皮里，指肚子里，内心。春秋，指著名的史书《春秋》，相传为孔子编定，对历史人物和事件寄寓褒贬，但并不直言，读起来耐人寻味。这个典故是指口头上不作评论，心里却有所褒贬。晋简文帝（司马昱）母郑后名阿春，避讳“春”字，遂改称“皮里阳秋”。

抱　刺

刺：名片。比喻求人引荐。典出《后汉书·文苑传上·祢衡》：东汉祢衡生性傲慢，为了寻找名人替他引荐，他用木片做了一块名刺，外出求人，但一直找不到适合的对象。久而久之，名刺上的字都磨灭了。

周公吐哺

周公：西周文王之子，曾助兄武王灭商，武王之子成王年幼，他又辅政，竭尽全力。此典形容求贤心切，礼贤下士。典出《史记·周鲁公世家》：周公为了招揽天下贤士，对求见的人不敢怠慢，“一沐三捉发，一饭三吐哺”，一次沐浴要多次握着头发，一餐饭要多次吐出口中的食物。曹操有诗云：“周公吐哺，天下归心。”

楚　囚

楚囚是指春秋时楚国人钟仪。楚共王在位时，楚国攻郑，钟仪随军出征，由于战败，钟仪沦为战俘，郑国把他抓住后，又转送晋国，成了“楚囚”。在被囚期间，他怀念故国，不忘家乡，被关押两年，仍带着自己国家的帽子。后来晋景公感其忠贞，将他释放。此典比喻陷入敌方阵营仍坚贞不二的人。

马齿徒增

比喻人的年龄增长而无所成就。典出《左传·僖公二年》：春秋时，晋国用荀息计，以良马与璧玉为礼品，取得虞国的同意，让晋国借道灭了虢国。五年后，晋国又灭了虞国，荀息手持璧玉说：“璧玉没变而马齿加长矣。”

树犹如此

感叹岁月飞逝，人生无常。典出刘义庆《世说新语》：晋桓温率师北伐，途经金城，看见昔日种下的柳树已长得很粗大，便感叹地说：“木犹如此，人何以堪!”辛弃疾《水龙吟·登建康赏心亭》词：“可惜流年，忧愁风雨，树犹如此。”

祸起萧墙

萧墙：古代宫室外靠大门做屏蔽用的短墙。比喻内部发生祸乱。典出《论语·季氏》：春秋时，鲁国大夫季孙氏权势很大，准备攻打鲁国的附属小国颛臾。孔子知道后说，季氏最大的烦恼、痛苦、忧愁，不在颛臾这个小国家，而是在萧墙之内，在季氏自己兄弟之间。孔子说了这个话不久，季家兄弟果然发生了问题。

散木

比喻无用之才。亦作自谦之词。典出《庄子·人间世》：相传古时有一棵很大的栎树，枝叶能遮阴几千头牛，树干有百尺围。来看的人很多，但有一个姓石的匠人不去看。他说，这是散木，做什么都不行。做船船会沉，做棺材会很快腐烂，做用具会坏得快，做屋柱会蛀。

棠棣

棠棣：树木名。后比喻兄弟或兄弟之谊。典出《诗经·小雅》：相传周公为管叔、蔡叔兄弟不和而悲伤，召公为此作《棠棣》之歌，共八章，第一章云：棠棣之华，鄂不韡韡，凡今之人，莫如兄弟。

击壤歌

壤：一种鞋形状的木块。击壤，古代一种游戏，把一块壤侧立于地上，在三四十步远处，手持另一块壤击中之，击中倒地为胜。歌颂太平盛世，人民安康快乐。典出《乐府诗集》：相传帝尧时，有一老人边在田里击壤，边唱道："日出而作，日入而息。凿井而饮，耕田而食。帝力于我何有哉！"意思是，过着自给自足的生活，多么惬意，遥远的皇帝佬我也不稀罕喽，和我有什么关系呢？

挂冠

指辞官或辞官隐居。典出《后汉书·逸民传·逢萌》：汉代王莽执政时，杀了逢萌的儿子。逢萌见政治黑暗，天下将大乱，就解冠挂在长安东郭城门上，携家眷浮海而去，客居于辽东。

接舆歌凤

接舆：春秋时代楚国著名的隐士。姓陆，名通，字接舆。平时"躬耕以食”，因对当时社会不满，剪去头发，佯狂不仕，所以也被人们称为楚狂接舆。典出《论语·微子》：楚国隐士接舆唱着歌从孔子身边经过。当时，孔子到楚国去，接舆在城门附近游逛并唱道：“凤鸟，凤鸟，你的德行为何衰退了呢？过去的事情不可挽回，未来还可以争取啊！算了吧，那些政客都陷入危机了！”是以规劝孔子，世乱无救，不必风尘仆仆终日奔波。

断袖之癖

指帝王贵人喜爱男宠（古称男子同性恋为“男宠”）。典出《汉书·佞幸传·董贤》：西汉的董贤长得很秀美，深得汉哀帝宠爱。两人形影不离，同床共枕。有一次哀帝醒来，衣袖被董贤压住，他怕惊醒董贤，于是用刀将袖子割断，可见其爱恋之深。

问 鼎

据《左传》记载，春秋时楚庄王曾率兵北伐至洛水，向周王朝炫耀武力，周定王不得不派王孙满前去犒劳楚军，而楚庄王竟骄横地向王孙满询问周朝传国之宝九鼎的大小轻重。这个问鼎的典故，显示了楚庄王觊觎周室之意。《晋书·王敦传》因而也云：“有问鼎之心，帝畏而恶之。”“问鼎”成了“篡夺”的替代词。

长乐老

指不顾名节长保官位的人。典出《新五代史·冯道传》：五代时，冯道历仕后唐、后晋、后汉、后周和契丹五朝，均担任宰相要职。他颇为自得，为自己写传，自号“长乐老”，引以为荣。

弹冠相庆

指即将做官而互相庆贺。多用于贬义。典出《汉书·王吉传》：汉王吉与贡禹很要好，王吉做了官，贡禹也拿出帽子，弹去灰尘，准备出仕。人们说他俩志趣相投。

五日京兆

京兆：即京兆尹，京都行政长官。指官吏任职时间短。典出《汉书·张敞传》：汉京兆尹张敞，因与已被治罪的大臣关系密切被迫离职。离职前，他派手下捕盗官絮舜去办事，絮舜认为他即将离职，不肯按他的指示办事，对人说："他不过是五日京兆罢了，还能过问什么事情?"张敞得知，将他逮捕下狱。

身无长物

长物：多余的东西。比喻清贫。据《世说新语》记载，王恭从会稽回京城，其叔父王忱去看望他。王忱看见王恭坐着一张六尺长的竹席子，便对他说："你从东边回来，自然会有这种东西，可以拿一张给我。"王恭没说什么。王忱走后，王恭就把所坐的那张竹席让人给他送去，自己则坐在草席子上。后来王忱听说这件事，很吃惊，对王恭说："我原以为你有多余的，所以才向你要。"王恭回答说："您不了解我，我从来没有多余的东西。"

捉刀人

捉刀人原指曹操。后来将代人作文者称为"捉刀人"。典出《世说新语·容止》：魏武（曹操）将见匈奴使，自以形陋，不足雄远国，使崔季珪代帝，自捉刀立床头。既毕，令间谍问曰："魏王何如?"匈奴使答曰："魏王雅望非常，然床头捉刀人，此乃英雄也。"

坠楼人

"坠楼人"指晋石崇的宠姬绿珠。典出《晋书·石崇传》：石崇宠爱丽姬绿珠，为她造金谷园。绿珠能吹笛，又善舞。石崇自制《明君歌》以教之。孙秀闻其名惊其艳，故遣使人求绿珠。石崇怒曰："吾所爱，不可得也!"孙秀恼羞成怒，在赵王司马伦前陷害石崇。其时崇正宴于楼上，有士兵来缉拿他。崇谓绿珠曰："我今为尔获罪。"绿珠泣曰："当效死于君前!"遂自投于楼下而死。杜牧有诗：日暮东风怨啼鸟，落花犹似坠楼人。

羞与哙伍

原意是指以跟樊哙这种人交往为羞。也作“羞与为伍”。典出《史记·淮阴侯列传》：樊哙，是汉高祖刘邦的同乡，出身贫穷，以屠狗为业，后因追随刘邦有功而封侯。这时，大将军韩信却被刘邦削去兵权，改封为“楚王”，接着又降为“淮阴侯”。有一次，韩信从樊哙门前走过，樊哙知道了，马上赶出去迎接，并且仍像以前对待大将军一样对待他，向他跪拜，说：“大王光临臣家，真是荣幸极了！”韩信后来发牢骚说：“我竟然和樊哙这样的人平起平坐，真是羞耻极了！”

伴食宰相

伴食：陪着人家一道吃饭。用来讽刺无所作为，不称职的官员。典出《旧唐书·卢怀慎传》：唐代官员卢怀慎，与名相姚崇共同处理军机大事。他胆小怕事、懦弱无能，遇事都不敢自己做主，一切事务全推给姚崇处理。很多人都对卢怀慎的这种吃饭不做事的行为不满，私下送他“伴食宰相”的外号。

弄獐宰相

“弄璋”、“弄瓦”，在两千多年前的周代，已作为生男生女的代称。后世惯以“弄璋之喜”、“弄瓦之喜”庆贺亲友家喜获龙凤，成了旧时广为流传的一种祝辞，至今还偶见使用。唐代宰相李林甫不学无术，他的亲戚姜度得了个儿子，他去信祝贺，写了句“闻有弄獐之庆”。美玉之“璋”成了獐头鼠目之“獐”，客人看了都掩口而笑。这个典故专门形容没文化的权贵。

唾面自干

指逆来顺受，宽容忍让。典出《新唐书·娄师德传》：娄师德的才能得到了武则天的赏识，招来很多人的嫉妒，所以在他弟弟外放做官的时候，他对他弟弟说：“我现在得到陛下的赏识，已经有很多人在陛下面前诋毁我了，所以你这次在外做官一定要事事忍让。”他弟弟就说：“就算别人把唾沫吐在我的脸上，我自己擦掉就是了。”娄师德说：“这样还不行，你擦掉就是违背别人的意愿，你要能让别人消除怒气，就应该让唾沫在脸上自行干掉。”

执牛耳

比喻在某一方面居于领导地位。典出《左传·哀公十七年》：当时各国诸侯订立盟约，必须举行“歃血为盟”的仪式。先将牛耳割下取血，并将牛耳放在珠盘上，由主盟者执盘，当时便称主盟者为“执牛耳”。主盟者率先将祭拜过天地神灵的牛血涂在口上，与盟者接着相继歃血，表示彼此之间有天地神灵为鉴，要坚守盟约，要言而有信。倘若有违约者，必将遭受神灵的惩罚，最终将像牛一样死亡。这种“歃血为盟”的仪式在古代是很隆重的。

因此，“执牛耳”原本是一种仪式，后来泛指在某方面居于领导地位之人，也当做“第一”的代名词。

画虎不成反类犬

比喻好高骛远，终无成就，反贻笑柄。亦喻仿效失真，反而弄得不伦不类。典出《后汉书·马援传》：东汉伏波将军马援的两个侄子喜欢结交游侠，马援写信告诫他们：“你们应当学谦恭好学的龙伯高，而不要学豪侠好义的杜季良。因为豪侠学不到，反而成为轻薄，就像画虎不成反类狗一样。”

应声虫

比喻自己没有主见，人云亦云的人。典出唐代刘悚《隋唐嘉话》：相传古时有人得了应声虫病，他说什么，肚里的虫也说什么。有人叫他读《本草》，当他读到中药“雷丸”时，虫就不作声了。后来他就吃“雷丸”，果然病就好了。

上下其手

比喻玩弄手法，串通作弊。典出《左传·襄公二十六年》：春秋楚襄王二十六年，楚国出兵侵略郑国。当时楚强郑弱，郑国遭败，郑王颉被楚将穿封戌俘虏。战事结束后，楚王弟公子围与之争功，说郑王颉是由他俘获的，于是穿封戌和公子围发生争执，彼此都不肯让步，最后请伯州犁作公正人，判定这是谁的功劳。

伯州犁有意偏袒公子围，于是主张要知道这是谁的功劳，最好是问问被俘的郑王。于是命人带了郑王颉来，伯州犁便向他说明原委，接着手伸二指，用上手指代表楚王弟公子围，用下手指代表楚将穿封戌，然后问他是被谁俘获的。郑王颉因被穿封戌俘虏，很是恨他，便指着上手指，表示是被公子围所俘虏。于是，伯州犁便判定这是公子围的功劳。

丧家之犬

无家可归的狗。比喻无处投奔，到处乱窜的人。典出《史记·孔子世家》：春秋时期，孔子带领他的学生到各诸侯国讲学，因孔子是保守派，与当时诸侯争霸不合拍，常常受到冷遇。一次孔子与弟子走散，孔子呆在东门旁发呆，子贡去找孔子，有人对子贡说："东门外有个人，他的额头像尧，脖子像皋陶，肩膀像子产，腰以下比禹短三寸，落魄得像一条无家可归的狗，那是你的老师吗？"

食言而肥

指只图自己占便宜而言而无信。典出《左传·哀公二十五年》：春秋时，孟武伯掌有实权，但经常说话言而无信，鲁哀公对此很有意见。有一次，哀公宴请吃饭，孟武伯问哀公的宠臣郭重："你怎么长得这样肥？"哀公乘机讽刺说："他是食言多了，能不肥吗？"

逐客令

指赶走客人的言辞或行为。典出《史记·李斯列传》：秦国大臣劝秦始皇下令驱逐在秦做官的外国人。楚人李斯在秦做客卿，也在被驱逐之列。李斯写出了著名的《谏逐客书》，慷慨陈词，反对逐客。秦始皇被李斯说服，废除了逐客令，并恢复了李斯的官职。

杜　撰

比喻主观臆造。典出宋代王楙《野客丛书》：相传古时候，有个叫杜默的人，喜欢做诗。但是，他写的诗，内容空乏，不着边际，毫无真情实感。而且，他的诗不讲韵律，有人说他写的东西，诗不像诗，文不像文，实在是不伦不类。他却常常在诗的后面署上自己的大名"杜默撰"三字，所以经常被人耻笑。后人把不合乎常规的事情都称为“杜撰”；再后来，“杜撰”又被引申为不真实地、没有根据地编造的意思了。

牛衣对泣

原指睡在牛衣中，相对涕泣。后喻夫妻共度贫困之生活，常用此语。典出《汉书·王章传》：王章，字仲卿，少时为诸生，求学于长安，与妻共居。一日，王章得病，因贫无被，睡于麻编的牛衣中，自料必死，与妻诀别而泣。其妻骂他说：“仲卿！京师朝中贵人无一超乎君？今贫病交迫，不自发奋图强，反而啜泣，无志气也！”

青蝇吊客

原指死后只有青蝇来做吊客。后喻人生无一知己，毕生落落寡合，孤独无友。典出《艺文类聚·礼部下》：三国时，吴国虞翻为人刚直，志气高雅，孙权时为骑都尉，数次向孙权进谏而触犯圣意，被孙权流放到交州。翻被弃南方，不禁感慨：自己死后无人治丧，惟有苍蝇作吊客，若有一人作为知己，死而无憾矣。

董狐笔

“董狐笔”现在用来比喻用作直书不讳。典出《左传·宣公二年》：春秋时期，晋灵公昏庸无道，听信谗言，陷害大臣赵盾，赵盾被迫逃亡。后来赵穿杀死了晋灵公，赵盾登上相位。当时的太史董狐写道：“秋七月，赵盾弑其君。”赵盾质问董狐道：“谁都知道，先君不是我杀的，你们这些史官怎么让我承担罪名呢？”董狐回答道：“你身居相位，曾经逃亡而没有走出国境，回来后又不惩办凶手。这不是你的责任，又是谁的责任呢？”

孔子评论这件事时说，董狐没有错，他据法直书而不加隐讳，是一位好史官。

糟　糠

指患难之妻。典出《后汉书·宋弘传》：东汉宋弘为官清廉，不徇私情，深得光武帝的信赖。光武帝的姐姐湖阳公主寡居在家，对宋弘产生了爱慕之情，于是光武帝招宋弘进宫，与他交谈，并让湖阳公主在屏风后面倾听。光武帝笑着对宋弘说："人显贵了，就要另交朋友；发财了，就要改娶妻子。这是人之常情啊！"宋弘一听就明白了皇上的用意，正色道："古人说过，贫贱之交无相忘，糟糠之妻不下堂。"光武帝听后便不再提起此事。

社鼠

"社鼠"典出《韩非子·外储说上》：春秋初期，齐桓公任用管仲为相，最终成为春秋五霸中的第一位霸主。一天，齐桓公询问管仲，治理国家最大的忧患是什么。管仲回答说是社庙里的老鼠，桓公对此大为不解。管仲解释说，社庙里的墙壁是用木材涂上泥土做成的，老鼠喜欢在里面打洞，人们要消灭老鼠是非常困难的。如果用火熏，害怕烧坏木料；用水灌，又担心毁坏泥墙，老鼠之所以没有消灭，究其原因就在于社庙的墙壁。国家亦如此，国君亲信的那些小人，他们在外作威作福，搜刮民财，欺压百姓；在内又互相勾结，蒙蔽君王。如果不及早动手，发觉并处死这类人，就会酿成祸害。这种人就是贻误国家的社鼠啊！

后来，人们以"城狐社鼠"比喻依仗权势作恶。

掩鼻工谗

"掩鼻"典出《韩非子·内储说下》：战国时期，楚怀王得到一位美人，非常宠爱。楚王的夫人郑袖格外嫉妒，但表面上并没有表露出来，反而对这位美人大献殷勤。有一天，郑袖对这位美人说："君王非常喜欢你的美貌，可是不喜欢你的鼻子，你要得到君王的长久宠爱，今后见君王时，最好把鼻子掩住。"这位美人听了就按她说的去办。楚王对此大为不解，就前去问郑袖其中的缘故。郑袖装出欲说不说的样子，在楚王的再三追问下，她才说这位美人是厌恶楚王有臭味。楚王听后，非常生气，于是下令把这位美人的鼻子割掉。

后来，人们用"掩鼻工谗"表示因嫉妒而设计陷害。

八

国学名句

治学篇

玉不琢，不成器；人不学，不知道。（《礼记》）

吾尝终日而思矣，不如须臾之所学也。（《荀子》）

胸中无学，犹手中无钱。（南北朝·庾信）

人皆知食以愈饥，不知学以愈愚。（《荀子》）

学，所以益才也。（《说苑》）

人之有学也，犹物之有治也。（《潜夫论》）

何必读书，然后为学？（《论语》）（意思是：求学为什么一定要读书呢？）

夫学，殖也；不殖，将落。（《左传》）（意思是：学如农之殖苗，不学如苗之不殖，田畴必将荒芜衰落。）

明智之所求者，学问也。（《潜夫论》）

学如不及，犹恐失之。（《论语》）（失：掌握不牢。）

以能问于不能，以多问于寡。有若无，实若虚。（《论语》）（能：有才能的人。多：见闻多的人。）

不知则问，不能则学。（《荀子》）

温故而知新。（《论语》）

学而不思则罔，思而不学则殆。（《论语》）（罔：迷惑。殆：松懈。）

三人行，必有我师焉。择其善者而从之，其不善者而改之。（《论语》）

吾生也有涯，而知也无涯。（《庄子》）

物固莫不有长，莫不有短，人亦然。故善学者，假人之长，以补其短。（《吕氏春秋》）

尽信书，则不如无书。（《孟子》）

学贵心悟，守旧无功。（北宋·张载）
知之为知之，不知为不知。（《论语》）
读书破万卷，下笔如有神。（唐·杜甫）
百尺竿头须进步。（《传灯录》）

惜时篇

少壮轻年月，迟暮惜光辉。（南北朝·何逊）
勿谓今日不学而有来日。（《朱子语录》）
圣人不贵尺之璧，而重寸之阴，时难得而易失也。（《淮南子》）
少壮不努力，老大徒伤悲。（两汉乐府诗）
莫等闲，白了少年头，空悲切！（南宋·岳飞）
盛年不再来，一日难再晨；及时当勉励，岁月不待人。（东晋·陶渊明）
志士惜日短，愁人知夜长。（西晋·傅玄）
尺璧非宝，寸阴可惜。（南北朝·萧绎）
少年辛苦终身事，莫向光阴惰寸功。（唐·杜荀鹤）
昨日之日不可追，今日之日须臾期。（唐·卢仝）
志士惜年，贤人惜日，圣人惜时。（清·魏源）
来世不可待，往世不可追也。（战国·庄子）
莫教辜负艳阳天，过了维金何处买？（北宋·欧阳修）
落日无边江不尽，此身此日更须忙。（北宋·陈师道）
东隅已逝，桑榆非晚。（唐·王勃）
光景不待人，须臾发成丝。（唐·李白）
百年能几回，忍不惜光阴。（唐·杜荀鹤）
君不见高堂明镜悲白发，朝如青丝暮成雪。（唐·李白）

德行篇

君子上交不谄，下交不渎。（《周易·系辞下》）（谄：谄媚。渎：傲慢。）
君子喻于义，小人喻于利。（《论语·里仁》）
不义而富且贵，于我如浮云。（《论语·述而》）
得道者多助，失道者寡助。（《孟子》）
君子之德风，小人之德草。草上之风，必偃。（《论语》）
为政以德，譬如北辰，居其所而众星拱之。（《论语·为政》）

君子成人之美，不成人之恶。小人反是。(《论语·颜渊》)

穷则独善其身，达则兼善天下。(《孟子》)

德不孤，必有邻。(《论语·里仁》)

见贤思齐焉，见不贤而自省也。(《论语·里仁》)(齐：赶上。省：反省。)

天行健，君子以自强不息。(《周易·乾》)

君子怀德，小人怀土；君子怀刑，小人怀惠。(《论语·里仁》)

君子固穷，小人穷斯滥矣。(《论语·卫灵公》)

良药苦口利于病，忠言逆耳利于行。(刘向《说苑》)

勿以恶小而为之，勿以善小而不为。(晋·陈寿《三国志·蜀书》)

仰不愧天，俯不愧人，内不愧心。(唐·韩愈)

忧劳可以兴国，逸豫可以亡身。(宋·欧阳修《五代史·伶官传序》)

志向篇

玩人丧德，玩物丧志。(《尚书》)

三军可夺帅也，匹夫不可夺志也。(《论语》)

不得志，独行其道。(《孟子·滕文公下》)

锲而舍之，朽木不折；锲而不舍，金石可镂。(《荀子·劝学》)

燕雀安知鸿鹄之志哉？(《史记·陈涉世家》)

有志者事竟成。(《后汉书》)

处事篇

天下大事，必作于细。(《老子》)

君子和而不同，小人同而不和。(《论语·子路》)

巧言乱德。小不忍，则乱大谋。(《论语·卫灵公》)

有国有家者，不患寡而患不均，不患贫而患不安。(《论语·季氏》)

祸莫大于不知足，咎莫大于欲得。(《老子》)(欲得：贪欲。)

人无远虑，必有近忧。(《论语·卫灵公》)

二人同心，其利断金。(《易经·系辞上》)

高飞之鸟，死于美食；深泉之鱼，死于芳饵。(《吴越春秋》)

不涸泽而渔，不焚林而猎。(《淮南子·主术训》)

自伐者无功，自矜者不长。(《老子》)

持而盈之，不如其已。揣而锐之，不可长保。金玉满堂，莫之能守。富贵而骄，自遗其咎。（《老子》）（意思是：端水端得太满，不如适可而止。一味锋芒毕露，不可能持久。没有谁能将金玉满堂完好保存下来。富贵而骄傲的人，只会给自己留下祸患。

口惠而实不至，怨灾及其身。（《礼记》）

水至清则无鱼，人至察则无徒。（汉·班固《汉书·东方朔传》）

君子先择而后交，小人先交而后择。（隋·王通《文中子》）

非澹泊无以明志，非宁静无以致远。（诸葛亮《诫子书》）

生活篇

己所不欲，勿施于人。（《论语·颜渊》）

恶言不出于口，忿言不返于身。（《礼记》）

积善之家，必有余庆；积不善之家，必有余殃。（《周易·坤》）

士而怀居，不足以为士矣。（《论语》）（怀居：贪恋安逸。）

饱食终日，无所用心，难矣哉！（《论语》）

人有不为也，而后可以有为。（《孟子·离娄》）

兄弟阋于墙，外御其侮。（《诗经·小雅》）

流水不腐，户枢不蠹，动也。（《吕氏春秋》）

古之君子，交绝不出恶声。（《战国策》）

君子之交淡若水，小人之交甘若醴。君子淡以亲，小人甘以绝。彼无故以合者，则无故以离。（《庄子》）

以财交者，财尽而交绝；以色交者，华落而爱渝。（《战国策·楚策一》）

世道篇

匹夫无罪，怀璧其罪。（《左传·桓公十年》）

与善人居，如入兰芷之室，久而不闻其香，则与之化矣。（汉·刘向《说苑·杂言》）

覆巢之下，岂有完卵呼？（南朝宋·刘义庆《世说新语·言语》）

世异则事变，时移则俗易。（《淮南子》）

其曲弥高，其和弥寡。（《楚辞》）

众口铄金，积毁销骨。（《战国策》）

十步之泽，必有香草；十室之邑，必有忠士。（汉·刘向《说苑·谈丛》）

政治篇

王者藏于民，霸者藏于大夫，残国亡家藏于箧。（春秋·管仲《管子》）

民为贵，社稷次之，君为轻。《孟子·尽心上》

域民不以封疆之界，固国不以山溪之险，威天下不以兵革之利。（《孟子》）

明德在于论贱，行政在于信贵。（刘向《战国策·赵策》）

政之所兴在顺民心，政之所废在逆民心。（《管子·牧民》）

大匠不斫，大勇不斗。（《吕氏春秋·贵公》）

民之治乱，在于吏；国之安危，在于政。（贾谊《新书·大政下》）

不以求备取人，不以己长格物。（唐·吴兢《贞观政要·任贤》）

能用度外人，然后能周天下。（宋·沈括《梦溪笔谈》）（度外：常规之外。）

治大国如烹小鲜。（《老子》）

鱼不可脱于渊，国之利器不可以示人。（《老子》）

一张一弛，文武之道。（《礼记·杂记下》）

说理篇

九折臂而成医。（屈原《楚辞·九章》）

观水有术，必观其澜。《孟子·尽心上》

临渊羡鱼，不如退而结网。（班固《汉书·董仲舒传》）

道可道，非常道；名可名，非常名。无名，天地之始；有名，万物之母。（《老子》）

祸兮福之所倚，福兮祸之所伏。（《老子》）

生于忧患而死于安乐。（《孟子·告子下》）

孔子登东山而小鲁，登泰山而小天下。故观于海者难为水，游于圣人之门者难为言。（《孟子·尽心上》）

末大必折，尾大不掉。（《左传·昭公十一年》）

形而上者谓之道，形而下者谓之器。（《易经·系辞上》）

千里之路，不可扶以绳。（《管子·宙合》）（意思是：千里长的道路，不可能把它修得像绳子一样直。比喻事情是变化曲折的，不可拘泥守旧。）

九

国 粹

古 乐

古 琴

古称琴、瑶琴、玉琴，现称古琴、七弦琴，是中国最早的弹弦乐器，距今已有约三千年的历史，称为“国乐之父”。在古时文人心中被视为高雅的代表，是中国古代地位最崇高的乐器，被列为“琴棋书画”四艺之首。是古代每个文人的必修之器。古琴也是孔子办学重要的六艺之一。它属于典型的独奏乐器，较少用于合奏。古时也常作为文人吟唱时的伴奏乐器，其发音浑厚深沉，余音悠远，具有浓厚的中国民族特色。演奏技巧复杂，有滑奏、揉弦和泛音奏法等特殊技巧，表现力丰富。古琴形制多样，现今以“仲尼式”最为多见。一般分为琴体和琴弦系统两部分。

编 钟

编钟是我国古代的一种打击乐器，用青铜铸成，它由大小不同的扁圆钟按照音调高低的次序排列起来，悬挂在一个巨大的钟架上，用丁字形的木锤和长形的棒分别敲打铜钟，能发出不同的乐音，因为每个钟的音调不同，按音谱敲打，可以演奏出美妙的乐曲。根据文献记载和出土文物，发现我国在西周时期就有了编钟，在中国古代，编钟是上层社会专用的乐器，是等级和权力的象征。在先后出土的许多古代的编钟中，湖北随县曾侯乙墓发现的曾侯乙编钟是数量最多、规模最大、保存较好的。这套编钟工艺精美，音域可以达到五个八度，音阶结构接近于现代的C大调七声音阶。另外，编钟上还标有和乐律有关的铭文两千八百多字，记录了许多音乐术语，显示了中国古代音乐文化的先进水平。编钟音乐清脆明亮，悠扬动听，能奏出歌唱一样的旋律，又有歌钟之称。

磬

磬是古代石制的一种打击乐器。起源于某种片状石制劳动工具，其形在后来有多种变化，质地也从原始的石制进一步有了玉制、铜制的磬。最早用于先民的乐舞活动，后来用于历代帝王、上层统治者的殿堂宴飨、宗庙祭祀、朝聘礼仪活动中的乐队演奏，成为象征其身份地位的“礼器”。唐宋以后新乐兴起，磬仅用于祭祀仪式的雅乐乐队。磬的历史悠久，新石器时代晚期（相当于尧或舜做部落联盟酋长时），磬已在使用。按照使用场所和演奏方式，磬可以分为特磬和编磬两种：特磬是皇帝祭祀天地和祖先时演奏的乐器；编磬是若干个磬编成一组，挂在木架上演奏，主要用于宫廷音乐。二十世纪七十年代在山西夏县东下冯遗址出土了一件大石磬，长六十厘米，上部有一穿孔，击之声音悦耳。经测定，此磬距今约四千年，属于夏代的遗存，这是迄今发现最早的磬的实物。

箜篌

箜篌是十分古老的弹弦乐器，最初称“坎侯”或“空侯”，文献中有“卧箜篌、竖箜篌、凤首箜篌”三种形制。箜篌历史悠久、源远流长，音域宽广、音色柔美清澈，表现力强。古代除宫廷雅乐使用外，在民间也广泛流传。现常用于独奏、重奏和为歌舞伴奏，并在大型民族管弦乐队中应用。竖箜篌，汉代自西域传入，后被称为“胡箜篌”。在中国盛唐（618—907年）时期，随着经济文化的飞速发展，箜篌演奏艺术也达到了相当高的水平，也就是在这个时期，中国古代的箜篌先后传入日本、朝鲜等邻国。在日本奈良大寺的寺院中，至今还保存着两架唐代箜篌残品。但是，这件古老的乐器，从十四世纪后期便不再流行，以致慢慢消失了，人们只能在以前的壁画和浮雕上看到一些箜篌的图样。直到二十世纪八十年代初，一种新型箜篌——雁柱箜篌才又被音乐工作者们研制出来。

古 筝

古筝为弦乐器，木制长形。唐宋时有弦十三根，后增至十六根，现发展到二十五根弦。也叫筝。是一件古老的民族乐器，战国时期盛行于“秦”地，古筝常用演奏手法采用右手大、食、中三指拨弦，弹出旋律、掌握节奏，用左手在筝柱左侧顺应弦的张力、控制弦音的变化，以润色旋律。筝的指法颇多，右手有托、劈、挑、抹、剔、勾、摇、撮等，左手有按、滑、揉、颤等。因为现代筝改良后使用钢丝弦，一般弹古筝者带着假指甲，通常由玳瑁制成。筝常用于独奏、重奏、器乐合奏和歌舞、戏曲、曲艺的伴奏，因音域宽广，音色优美动听，被称为“众乐之王”，亦称为“东方钢琴”。

琵 琶

琵和琶原是两种弹奏手法的名称，琵是右手向前弹，琶是右手向后挑。琵琶是我国历史悠久的主要弹拨乐器。经历代演奏者的改进，至今形制已经趋于统一，成为六相二十四品的四弦琵琶——琵琶音域广阔、演奏技巧繁多，具有丰富的表现力。演奏时左手各指按弦于相应品位处，右手戴赛璐珞假指甲拨弦发音。琵琶由历史上的直项琵琶及曲项琵琶演变而来，据史料记载，直项琵琶在我国出现得较早，秦、汉时期的“秦汉子”，是直柄圆形共鸣箱的直项琵琶（共鸣箱两面蒙皮），它是由秦末的弦鼗发展而来的。“阮咸”或“阮”是直柄木制圆形共鸣箱，四弦十二柱，竖抱用手弹奏的琵琶。晋代阮咸善奏此乐器，故以其名相称，即今天的阮。琵琶传统上是五声音阶。到了民国时期，已开始按照十二平均律增加琴码，目前标准的琵琶已有八相三十品（相，是琴上部的三角形部分；品，是下部的长条。），琵琶表现力和适应力大大加强，不仅可以演奏传统乐曲，而且可以演奏西洋和现代作品，并且有利于与交响乐队合作。

笛 子

笛子是中国广为流传的吹奏乐器，因为是用天然竹材制成，所以也称为“竹笛”。笛子的历史可以追溯到七千多年前的骨笛，在河姆渡遗址出土的骨笛可以完整地发出五声音阶。大约在四千五百多年前，笛子由骨制改为竹制。在公元前一世纪末汉武帝时，它就在鼓吹乐中占有相当重要的地位。从七世纪开始，笛子又有了改进，增加了膜孔，使它的表现力有了很大的发展，并且演奏技术也发展到相当高的水平。到了十世纪，随着宋词元曲的崛起，笛子成了伴奏吟词唱曲的主要乐器，在民间戏曲以及少数民族剧种的乐队中，笛子也是不可缺少的乐器。笛子的表现力非常丰富，它既能演奏悠长、高亢的旋律，又能表现辽阔、宽广的情调，同时也可以奏出欢快华丽的舞曲和婉转优美的小调。然而，笛子的表现力不仅仅在于优美的旋律，它还能表现大自然的各种声音，比如模仿各种鸟叫等。

洞 箫

洞箫是吹孔气鸣乐器，流行于中国民间的吹管乐器，以竹制作。相传此种乐器原出于羌中。清代以前的箫多指排箫，汉代的陶俑和嘉峪关魏晋墓室碑画上已可见到吹洞箫的形象。但单管箫当时多称“笛”。现洞箫通常用九节紫竹制，全长约八十厘米，吹口在顶端，管身开有六孔，前五后一，近尾端有出音孔二至四个。洞箫发音润柔轻细，甘美而幽雅，适于独奏或重奏，常与古琴合奏或用于传统丝竹乐队中，也有用来独奏的。把两支箫分别刻上龙凤来配对的称“龙凤箫”。独奏曲目有《鹧鸪飞》、《妆台秋思》、《柳摇金》等，琴箫合奏曲有《梅花三弄》、《平沙落雁》等。

二 胡

二胡是中国民族乐器家族中主要的擦弦乐器之一。主要部分有琴杆、琴轸、琴筒、琴托、千斤、蛇皮、琴码、琴弓。是用于京剧、粤剧等传统戏曲中的乐器之一。弦有两根，琴弓类似小提琴之琴弓，以马尾毛为弓毛，演奏时弓毛置于双弦之中拉奏，这是全世界所有的擦弦乐器中少见的特点。二胡始于唐代，至今已有一千多年的历史。它最早发源于我国古代北部地区的一个少数民族，那时叫“奚琴”。在传统中国，二胡仅是民间戏曲及地方音乐的伴奏乐器，地位不高。音乐教育家刘天华（1895—1932）先生是二胡现代派的始祖，他借鉴了西方乐器的演奏手法和技巧，大胆、科学地将二胡定位为五个把位，从而扩充了二胡的音域范围，丰富了表现力，确立了新的艺术内涵。由此，二胡从民间伴奏中脱颖而出，成为独特的独奏乐器，也为以后走进大雅之堂的音乐厅和音乐院校奠定了基础。

葫芦丝

葫芦丝又称葫芦箫，傣语称之为筚南母倒（南母倒即葫芦之意），流行于西双版纳、德宏、保山、瑞丽等傣族地区，在阿昌族、布朗族、德昂族中也较为流行。葫芦丝的起源可追溯到先秦时代，民间流传着许多关于葫芦丝起源的动人传说。葫芦丝的构造较特殊，所用材料均取天然，纯手工完成制作过程。它由葫芦、主管、簧片、附管组成，主管开有七个孔，音域为3567123456，附管持续发一个音。葫芦丝发音优美、亲切，略带鼻音，善于表示温柔细腻的感情，给人以含蓄朦胧的美感。因为它发出的音有如抖动丝绸那样飘逸、轻柔，所以称它为葫芦丝。

巴乌是在云南哈尼族、彝族等少数民族中普遍流行的中音簧管乐器，用嘴包着口横吹，它和葫芦丝有着共同的渊源，其发音原理相同，音域相同，演奏方法也一样，音色也很相似，只是巴乌的音色较厚实，所以有“会吹葫芦丝就会吹巴乌”的说法，因此称它们为姐妹乐器。

《高山流水》

琴曲《高山流水》，见于先秦《列子》一书，《吕氏春秋》亦有此传说。言伯牙善鼓琴，钟子期善听，伯牙方鼓琴，志在泰山，子期曰：善哉乎鼓琴，巍巍乎如泰山；志在流水。子期曰：洋洋乎若流水，伯牙所念，子期必得之。钟子期死，伯牙终身不复鼓琴。《高山流水》一曲被录入金唱片上，于1977年8月22日发射到太空，向宇宙星球的高级生物传播中华民族的智慧和文明信息。关于《流水》之意境，张孔山的弟子欧阳书唐于《天闻阁琴谱》中云：“起首二、三段叠弹，俨然潺湲滴沥，响彻空山。四、五两段，幽泉出山，风发水涌，时闻波涛，已有蛟龙怒吼之象。息心静听，宛然坐危舟，过巫峡，目眩神移，惊心动魄。几疑此身在群山奔赴、万壑争流之际矣。七、八、九段，轻舟已过，势就淌洋，时而余波激石，时而旋洑微沤，洋洋乎！诚古调之希声者乎！”

《梅花三弄》

古琴曲《梅花三弄》是我国古琴音乐中保存下来年代较早的一首作品，旋律优美、流畅，形式典雅、独特，具有很高的艺术性。相传此曲为东晋桓伊所作。他既是一位杰出的军事家，也是一位出色的音乐家，尤其善于吹笛（现在的箫，古代称笛）。有一次王徽之（书法家王羲之的儿子）在路上偶尔遇见桓伊，因为仰慕其大名，便请他吹奏一曲。桓伊为人非常谦逊，虽然当时他已经很有地位，和王徽之又素不相识，他仍然下车为王徽之吹奏了一支曲子，这首乐曲据传就是著名的《梅花三弄》。之所以被称做《梅花三弄》，一则是因为乐曲内容是表现梅花的；二则是由于音乐中有一个相同的曲调在不同的段落中重复出现三次（这是我国古代音乐中的一种曲式手法，曾有“高声弄”、“低声弄”、“游弄”之说）。琴曲《梅花三弄》以泛声演奏主调，并以同样曲调在不同徽位上重复三次，故称为三弄。

《阳关三叠》

《阳关三叠》为中国唐代歌曲，歌词为王维的七言绝句《送元二使安西》。据考证，此曲亦曾用于唐代大曲《伊州》之中。大曲歌词多采用五、七言绝句或截取律诗四句，以反复咏唱的叠唱方法，尽情发挥诗中意趣。《阳关三叠》乃三次叠唱之意。明代初年，龚稽古所编《浙音释字琴谱》所收《阳关三叠》琴曲谱为所见最早谱本。今常见乐谱出自清末张鹤所编《琴学入门》。全曲三大段，即三次叠唱，每叠除原诗外，加上若干由原诗诗意发展的词句，结束时添加尾声。

《秦王破阵乐》

秦王破阵乐图　唐

《秦王破阵乐》为中国唐代宫廷乐舞曲。最初用于宴飨，后用于祭祀，属武舞类。据史载，武德三年(620年)，秦王李世民破叛将刘武周，解唐之危；河东（山西永济）士庶歌舞于道，兵士利用军中旧曲填唱新词，欢庆胜利，遂有《秦王破阵乐》曲流传于世，后编入乐府。音乐以汉族清乐为基础，吸收龟兹乐因素，是中国历史上著名的歌舞大曲之一。唐高宗时的《神功破阵乐》、唐玄宗时的《小破阵乐》皆源于此。

《夕阳箫鼓》（《春江花月夜》）

《夕阳箫鼓》原来是一首琵琶独奏曲。约在1925年，此曲首次被改编成民族管弦乐曲，更名为《春江花月夜》。解放后，又经多人整理改编，更臻完善，深为国内外听众珍爱。乐曲通过委婉质朴的旋律，流畅多变的节奏，巧妙细腻的配器，丝丝入扣的演奏，形象地描绘了月夜春江的迷人景色，尽情赞颂江南水乡的风姿异态。全曲就像一幅描绘精细、色彩柔和、清丽淡雅的山水长卷，引人入胜。第一段“江楼钟鼓”描绘出夕阳映江面，熏风拂涟漪的景色；第二、三段表现了“月上东山”和“风回曲水”的意境。接着如见江风习习，花草摇曳，水中倒影，重叠恍惚；进入第五段“水深云际”，那种“江天一色无纤尘，皎皎空中孤月轮”的壮阔景色油然而生；第七段琵琶用扫轮弹奏，恰似渔舟破水，掀起波涛拍岸的动态。全曲的高潮是第九段“唉乃归舟”，表现归舟破水，浪花飞溅，橹声“唉乃”，由远而近的意境。归舟远去，万籁皆寂，春江显得更加宁静，全曲在悠扬徐缓的旋律中结束，使人回味无穷。

《汉宫秋月》

《汉宫秋月》原为崇明派琵琶曲，现流传有多种谱本，由一种乐器曲谱演变成不同谱本，且运用各自的艺术手段再创造，以塑造不同的音乐形象，这是民间器乐在流传中常见的情况。《汉宫秋月》现流传的演奏形式有二胡曲、琵琶曲、筝曲、江南丝竹等。主要表达的是古代宫女哀怨悲愁的情绪及一种无可奈何、寂寥清冷的生命意境。二胡《汉宫秋月》由崇明派同名琵琶曲第一段移植到广东小曲，粤胡演奏。1929 年左右，刘天华记录了唱片粤胡曲《汉宫秋月》谱，改由二胡演奏。江南丝竹《汉宫秋月》采用的原为“乙字调”，由孙裕德传谱，原来沈其昌《瀛州古调》丝竹文曲合奏用“正宫调”，琵琶仍用乙字调弦法，降低大二度定弦，抒情委婉，抒发了古代宫女细腻深远的哀怨苦闷之情。中段运用了配器之长，各声部互相发挥，相得益彰，给人以追求与向往。最后所有乐器均以整段慢板演奏，表现出中天皓月渐渐西沉，大地归于寂静的情景。

《阳春白雪》

《阳春白雪》由民间器乐曲牌仪《八板》（或《六板》）的多个变体组成的琵琶套曲“八板头”变体的循环再现，各个《八板》变体组合在一起形成变奏的关系，后又插入了《百鸟朝凤》的新材料，因此它是一首具有循环因素的变奏体结构。《阳春白雪》流传有两种不同版板，“大阳春”和“小阳春”，《大阳春》指李芳园、沈浩初整理的十段、十二段乐谱。《小阳春》是汪昱庭所传，又名《快板阳春》，流传很广。其中《小阳春》表现的是冬去春来，大地复苏，万物欣欣向荣的初春美景。旋律清新流畅，节奏轻松明快，分七段：一、独占鳌头，二、风摆荷花，三、一轮明月，四、玉版参禅，五、铁策板声，六、道院琴声，七、东皋鹤鸣小标题出自李芳园之手，与乐曲内容并无多大关系。全曲七段可分成起、承、转、合四个组成部分，是一首具有循环因素的变奏体乐曲。

《渔樵问答》

《渔樵问答》是一首流传了几百年的古琴名曲，反映的是一种隐逸之士对渔樵生活的向往，希望摆脱俗尘凡事的羁绊。音乐形象生动、精确。曲谱最早见于《杏庄太音续谱》（明萧鸾撰于1560年）。现在的谱本有多种。《琴学初津》云此曲：“曲意深长，神情洒脱，而山之巍巍，水之洋洋，斧伐之丁丁，橹声之唉乃，隐隐现于指下。”乐曲开始曲调悠然自得，表现出一种飘逸洒脱的格调，上下句的呼应造成渔樵对答的情趣。该曲刻画出隐士豪放不羁，潇洒自得的情状。其中运用泼剌和三弹的技法造成的强烈音响，应和着切分的节奏，使人感到高山巍巍，樵夫咚咚的斧伐声。第一段末呈现的主题音调经过移位，变化重复贯穿于全曲，给人留下深刻的印象。

《胡笳十八拍》

蔡文姬胡笳十八拍图
南宋　李唐

《胡笳十八拍》为中国古代琴曲，根据汉代流传的同名叙事诗谱曲而成。原诗一说为汉蔡琰所作，但难以定论。汉末著名文学家、古琴家蔡邕的女儿蔡文姬，在兵乱中被匈奴所获，留居南匈奴嫁予左贤王为妃，生了两个孩子。后来曹操派人把她接回，她写了一首长诗，叙唱她悲苦的身世和思乡别子的情怀。全诗共十八段，谱作成套歌曲十八首。据郭沫若说，突厥语称“首”为“拍”，十八拍即十八首之意。又因该诗是她有感于胡笳的哀声而作，所以名为《胡笳十八拍》或《胡笳鸣》。其音乐为唐人传谱。六朝时已有《胡笳调》、《胡笳曲》流传，宋人郭茂倩

《乐府诗集》引南朝宋元嘉时人张永《元嘉正声技录》所列曲目有（器乐合奏曲）《大胡笳鸣》、《小胡笳鸣》。唐宋以后《胡笳十八拍》在唐人传谱基础上，成为流传甚广的琴曲。琴书、琴谱多有著录。琴曲音乐带有深沉的倾诉性，虽流于平铺直叙，但仍耐人寻味。最初刊见于明代《神奇秘谱》。

《广陵散》

《广陵散》为中国古代琴曲，又名《广陵止息》，是以战国时聂政刺韩相为题材的大型器乐叙事曲，东汉末至三国时已流行。“散”有散乐之意，先秦的散乐是指有别于宫廷雅乐的民间音乐。《广陵散》曾作为汉晋间相和歌及楚调曲广为流传。今传《广陵散》曲谱者有三：明朱权《神奇秘谱》本；明汪芝《西麓堂琴统》甲、乙两种谱本。以前者为最早，也较完整，今使用最广。全曲共四十五段：开指一段、小序三段、大序五段、正声十八段、乱声十段、后序八段，每段皆冠以小标题。该曲旋律优美而具有叙事性。音乐特征与标题吻合，采用一种作为琴的调弦法的慢高调，即降低第二弦商音与第一弦宫音相同。双弦弹奏低音，浑厚坚实、气势磅礴，有助于表现激昂慷慨的情绪。《广陵散》是我国现存古琴曲中唯一的具有戈矛杀伐战斗气氛的乐曲，直接表达了被压迫者反抗暴君的斗争精神，具有很高的思想性及艺术性。

《平沙落雁》

明朝此曲称《落雁平沙》。该曲曲调悠扬流畅，通过时隐时现的雁鸣，描写雁群降落前在天空盘旋顾盼的情景。对于曲情的理解，有“取清秋寥落之意，鸿雁飞鸣”来描写秋天景物的；有“取秋高气爽，风静沙平，云程万里，天际飞鸣，借鸿鹄之远志，写逸士之心胸”的；也有从鸿雁“回翔瞻顾之情，上下颉颃之态，翔而后集之象，惊而复起之神”，“既落则沙平水远，意适心闲，朋侣无猜，雌雄有叙”，发出世事险恶，不如雁性的感慨的。现在流传的多为七段，主要的音调和音乐形象大致相同，旋律起而又伏，绵延不断，优美动听；基调静美，但静中有动。琵琶曲《平沙落雁》的乐谱最早见于华秋苹在 1818 年编的《琵琶谱》，它是我国第一部正式出版的琵琶谱，共分三卷。

《十面埋伏》

《十面埋伏》又名《淮阳平楚》，琵琶独奏曲。是以公元前 202 年我国历史上的楚汉相争为题材编写的乐曲，音乐扣人心弦，有很强的戏剧性和一定的写实性，可以说是把古代琵琶表演艺术发挥到登峰造极的地步，创造了以单个乐器的独奏形式，表现波澜壮阔的史诗场面（而现代，这往往需要大乐队式的交响曲体裁方能得以完成），直到今天，《十面埋伏》依然是琵琶演奏艺术领域最具代表性的传统名作。全曲时间约6分36秒，由三个大部分十个小段组成。《十面埋伏》的艺术特点主要表现在反映古代重大历史题材时，抓住了典型时间、典型环境，在描写楚汉相争这一历史特定背景时，选择了最有代表意义的垓下决战的场面，在表现垓下大战中又突出了呐喊，形成全曲高潮，完成了对汉军这一进攻者、追击者、胜利者生龙活虎的形象塑造，成功地展现出古代战场上激烈壮观的场景。

《霓裳羽衣曲》

《霓裳羽衣曲》是唐代大曲中法曲的精品，唐歌舞的集大成之作，也是中国古代音乐舞蹈史上一颗璀璨的明珠。此曲约成于公元718—720年间，关于它的来历，则有三种说法：一是说玄宗登三乡驿，望见女儿山（传说中的仙山），触发灵感而作。第二种说法则是唐玄宗根据西域传入的歌曲《婆罗门曲》改编。第三种则折中前两种说法，认为此曲前部分（散序）是玄宗望见女儿山后悠然神往，回宫后根据幻想而作；后部分（歌和破）则是他吸收印度《婆罗门曲》的音调而成。《霓裳羽衣曲》全曲共三十六段，分散序（六段）、中序（十八段）和曲破（十二段）三部分，融歌、舞、器乐演奏为一体，描写唐玄宗向往神仙而去月宫见到仙女的神话，其舞、其乐、其服饰都着力描绘虚无缥缈的仙境和舞姿婆娑的仙女形象，给人以身临其境的艺术感受。

棋 道

围 棋

围棋起源于中国，有超过三千年的历史。围棋蕴涵着古代哲学中一元生两仪、两仪生四象、四象生八卦、天圆地方、十九农节气、二百六十周天之数等含义，其变化丰富，意韵深远，魅力无穷。今日，围棋已经走出国门，在亚洲会下围棋的人数有百万，在欧美国家也有不少人会下围棋。围棋的规则十分简单，却拥有十分广大的空间可以落子，使围棋的变化多得数不清，颇为复杂了。这就是围棋的魅力。下一盘围棋一般花的时间比较多，快则一二十分钟，慢则要几天，多数时候下一盘棋需要一到两个小时。下围棋对人脑有帮助，可增强一个人的计算能力、记忆能力、思想能力、判断能力，使精神更集中。

围棋也称作弈。《说文解字·三上》也说：“弈，围棋也。”这是围棋最常见的别称。其他别称还有黑白、方圆等。

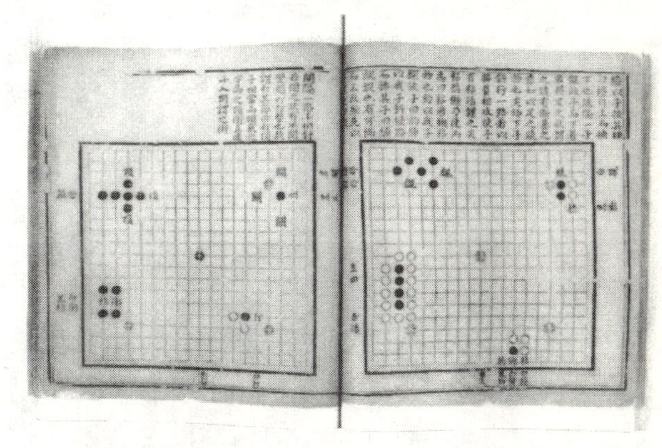

《棋经十三篇》 北宋 张凝

围棋为九品制，其最早始于三国时期，魏人邯郸淳根据曹操实行的九品中正制，将围棋棋手的等级划分为九品：一品入神，二品坐照，三品具体，四品通幽，五品用智，六品小巧，七品斗力，八品若愚，九品守拙。其中一品等级最高。

围棋的术语主要有：定式，布局，做眼，宫子，打劫，天元。“天元”一词早被引用于《史记·历书》。

中国象棋

中国象棋具有悠久的历史。战国时期，已经有了关于象棋的正式记载。经过近百年的实践，象棋于北宋末定型成近代模式：三十二枚棋子，有“河界”的棋盘，“将”在九宫之中等。南宋时期，象棋“家喻户晓”，成为流行极为广泛的棋艺活动。李清照、刘克庄等文学家，洪遵、文天祥等政治家，都嗜好下象棋。

象棋有如下术语：

楚河汉界。象棋棋盘中的“楚河、汉界”是红方和黑方的分界线，是把下棋比做历史上西楚霸王项羽与汉高祖刘邦之间在徐州一带的一场楚汉相争。

九宫。指棋盘上由斜交叉线构成的“米”字形方格。类似古代战争发号施令的“中军帐”。是将（帅）、士（仕）活动的地区。

将军。也称“照将”，简称“将”。比赛时，一方下一步棋要吃对方将（帅）时的称谓。如走动一步棋而可使两个棋子去吃对方将（帅），则称“双照将”。被“将军”的一方采取保卫着法，称为“应将”。无法应将者称为

“被将死”。后人逐渐将“将军”一词活用，意思是使对方陷入被动难堪的境地。

动子。在循环着法中，双方相应所走动的棋子习惯上称“动子”，它是给一着棋定性时必须首先考虑的棋子对象。

书 法

甲骨文

甲骨文是我国最早的可识文字，也是我国最早的书法之一。之所以叫甲骨文因为它是刻在龟甲、兽骨上的文字。因为是以契刀刻画的，故又名“契文”、“契刻”。甲骨文文字的内容除少许的记事外，大部分都是当时的卜辞。它产生于公元前1400年的商代，然而，直到清光绪二十五年（1889），它才被人发现。据统计，已发现的甲骨文有十五万片以上，不重复的字约有四千五百多个，可识的约有一千五百字。这些字用尖利的工具契刻，也有用类似毛笔所写的墨书或朱书文字。其笔画瘦硬方直，线条无论粗细都显得遒劲而有立体感，表现出契刻者运刀如笔的娴熟技巧，书法风格也随着时期的不同而迥异，或纤细谨密，或草率粗放。

泰山刻石。相传为秦丞相李斯手书，书体是标准的小篆，结构特点直接继承了石鼓文，只是更加简化和方整。

金 文

金文是铸刻在青铜器上的一种文字，它产生于商代，盛行于周代。钟多是乐器，鼎多为礼器，例如九鼎则为传国重器，王都所在即鼎之所在，故称定都为“定鼎”。铸刻上面的文字，多为记事或表彰功德的内容。这种铭文，有的是凹下的阴文，有的是凸出的阳文。前者称为“款”，是“刻”的意思；后者称为“识”，是“记”的意思，所以金文也可统称为“钟鼎款识”。以后书法“款识”或“款式”的名称即由此演化而来。金文一般是铸，少数是刻。金文的铸作是先把文字书写在软坯上制成范模，然后用烧熔的铜液浇铸。在金文刻范和铸的过程中，对原来书写的笔画虽有所损益，但仍能更多地保留和显示书写时的笔意、字形丰腴、体势凝重，有极高的艺术性。

篆 书

篆书广义包括隶书以前的所有书体以及延属，如甲骨文、金文、石鼓文、六国古文、小篆、缪篆、叠篆等；狭义主要指“大篆”和“小篆”。而广义的“大篆”指“小篆”以前的文字和书体，包括甲竹文、钟鼎文、籀文和六国文字等；狭义专指周宣王太史籀厘定的文字，即“籀文”。大篆的代表作品有《石鼓文》和《秦公簋》铭文等。“小篆”与“大篆”对称，亦称“秦篆”，意指秦始皇统一天下文字而命李斯所制也，小篆笔画圆转流畅，较大篆整齐。秦时刻石如《泰山》、《峄山》、《琅琊台》等，传为李斯所书，为小篆之代表作品。唐李阳冰、五代徐锴与清代的邓石如均是小篆大家。

隶 书

隶书也叫“隶字”、“古书”，它起源于秦朝，在东汉时期达到顶峰，书法界有“汉隶唐楷”之称，也有说法称隶书起源于战国时期，分“秦隶”（也叫“古隶”）和“汉隶”（也叫“今隶”）。它是在篆书基础上，为适应书写便捷的需要产生的字体，就小篆加以简化，又把小篆匀圆的线条变成平直方正的笔画，便于书写。隶书结体扁平、工整、精巧，书写效果略微宽扁，横画长而直，竖画短。讲究“蚕头燕尾”、“一波三折”。到东汉时，撇、捺等笔画发展为向上挑起。轻重顿挫富有变化，具有书法艺术美，风格也趋多样化，极具艺术欣赏的价值。隶书的出现是中国文字的又一次大改革，使中国的书法艺术进入了一个新的境界，是汉字演变史上的一个转折点，从而奠定了楷书的基础。

草 书

草书是为书写便捷而产生的一种字体，始于汉初，其特点是结构简省、笔画连绵。草书有章草、今草、狂草等。章草起于西汉，盛于东汉，字体具隶书形式，笔画省变有章法可循，字字区别，不相纠连；今草起于东汉末期，风格多样，不拘章法，笔势秀丽流畅，晋王羲之、王献之父子擅长今草；狂草亦称大草，笔意奔放，体势连绵，如唐朝张旭《千字文》、《古诗四帖》，怀素《自叙帖》等，字字区别，不相连接，而笔意活泼、秀媚。草书自狂草起开始成为完全脱离实用的艺术创作。

楷书

楷书又称正书，或称真书，因为它是汉字发展史上的正体，是“楷模”。一般认为楷书是由“古隶”演变而成的，始于东汉。在楷书的发展衍化过程中，三个重要的时期形成了三种不同的风格，即晋楷、魏楷和唐楷。楷书四大家，是对书法史上以楷书著称的四位书法家的合称，也称四大楷书、楷书四体。唐朝欧阳询（欧体），其楷书法度严谨、笔力险峻，世称“唐人楷书第一”，代表作《九成宫醴泉铭》。唐朝颜真卿（颜体），其楷书端庄雄伟、气势开张，世称“颜体”，代表作《多宝塔碑》。唐朝柳公权（柳体），其楷书清健遒劲、结体严谨、笔法精妙、笔力挺拔，世称“柳体”，代表作《玄秘塔碑》和《神策军碑》。元朝赵孟頫（赵体），其楷书圆润清秀、端正严谨，又不失行书之飘逸娟秀，世称“赵体”，代表作《玄妙观重修三门记》。

行书

行书大约是在东汉末年产生的，是介于今草和楷书之间的一种字体，可以说是楷书的草化或草书的楷化。它不像草书那样难写难认，也不像楷书那样严谨端庄，所以古人说它“非真非草”。它的特点是运用了一定草法，部分地简化了楷书的笔画，改变了楷书笔形，草化了楷书的结构，行书中带有楷书或接近于楷书的称为“行楷”，带有草书或接近草书的则称为“行草”。代表作最著名的是东晋书法家王羲之的《兰亭序》，前人以“龙跳天门，虎卧凤阁”形容其字雄强俊秀，赞誉为“天下第一行书”。唐颜真卿所书《祭侄文稿》，写得劲挺奔放，古人评之为“天下第二行书”。

钟繇

钟繇（151—230），三国魏书法家，字元常，颍川长社（今河南长葛）人。曾为官侍中尚书仆射，封东亭武侯，魏初任相，明帝时迁太傅，世称“钟太傅”，卒谥成侯。据说楷书就是他最初衍化而来的。后以其正楷书法享誉一时。钟繇所处的正是隶楷错变的时代，因此在他的真书中也带有浓厚的隶意。他的小楷体势微扁，行间茂密，点画厚重，笔法清劲，醇古简静，富有一种自然质朴的意味。其传世书作真迹已无存。宋以来法帖中所刻《宣示表》、《贺捷表》、《荐季直表》、《力命表》、《墓田帖》等，都出于后人临摹。

王羲之

王羲之，字逸少，东晋书法家，琅琊临沂（今山东临沂）人，曾任秘书郎、长史、宁远将军、江州刺史、会稽内史。因任过右军将军，故后人称他为王右军。王羲之为官时，主张实行清明政治，后辞官，定居会稽山阴（今浙江绍兴），专心研习书法。王羲之少年时就曾经师从卫夫人学习楷书，后改变初学，草书学张芝，楷书学钟繇，并博采众长，精研体势，推陈出新，一变汉魏以来质朴的书风，形成妍美流变的新体。王羲之辞官后更加专注于书法研究，最终成为一代大家。他的书法兼备诸体，尤善楷书、行书，字势雄奇而多变化，为历代书法家所崇尚，对后世影响极大，王羲之也因此享有“书圣”之称。

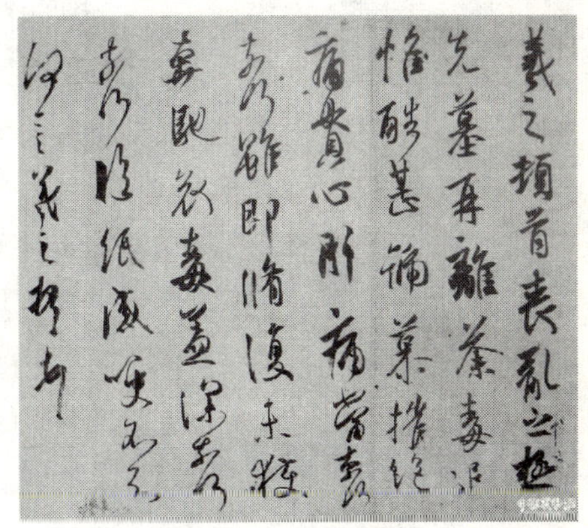

王羲之《丧乱帖》

王羲之的书迹刻本甚多，多散见宋代以来所刻的丛帖中，行书保存在唐代僧人怀仁集书《圣教序》内最多；草书有《十七帖》等，真迹无存，唯有唐代人双勾廓填的行书《姨母》、《奉橘》、《丧乱》、《孔侍中》及草书《初月》等帖；其《兰亭序》更是流传千古的经典之作，被后人誉为“天下行书第一”。

欧阳询

欧阳询（557—641），字信本，潭州临湘（今湖南长沙）人。官至太子率更令、弘文馆学士，封渤海县男。与虞世南、褚遂良、薛稷并称为“初唐四家”。他博览古今，书则八体尽能，尤工正、行书。他的楷书笔力险劲，结构独异，后人称为“欧体”，以《九成宫醴泉铭》等为代表，此外他所写的《化度寺邑禅师舍利塔铭》、《虞恭公温彦博碑》、《皇甫诞碑》被称为“唐人楷书第一”。欧阳询最大的贡献，是他对楷书结构的整理。相传欧阳询总结了有关楷书字体的结构方法共三十六条，名为“欧阳询三十六法”；欧阳询的儿子欧阳通，颇有父亲之风。父子均闻名于书坛，被称为“大小欧阳”。

张 旭

张旭，盛唐时期人，生卒不详，字伯高，吴郡人。他少年时即好书法，出仕后初为常熟县尉，后官至金吾长史，故人称“张长史”。张旭为人洒脱不羁、豁达大度、才华横溢、学识渊博，与李白、贺知章交情甚密，杜甫将他三人列入“饮中八仙”。张旭的书法始于张芝、二王一路。他的楷书端正严谨，规矩至极，黄庭坚誉之为“唐人正（楷）书无能出其右者”。若说他的楷书是继承多于创造，那么他的草书则是书法上了不起的创新与发展。张旭把当时流行的“今草”书体，发展成为笔法放纵、字形繁多变化的“狂草”体，做到笔未落而意在先，书虽尽而心相连，成为中国狂草书体的奠基人。《草书古诗四首》是张旭狂草代表作之一，极为珍贵。其内容前两首是南北朝文学家庾信的《步虚词》，后两首是南朝诗人谢灵运的《王子晋赞》和《四五少年赞》。通篇笔画丰满，绝无纤弱浮滑之笔。行文跌宕起伏、动静交错，满纸如云烟缭绕，是草书中的巅峰之作。

张旭“狂草”书法的出现，打破了中国汉字的基本构成，虽然大部分难以辨认，但正是这种连鬼神都不可端倪的“雄逸天纵”的书法，成了人们为之倾倒的艺术，并把中国书法推到了纯艺术的高峰。

怀 素

怀素，唐朝书法家，字藏真，俗姓钱，永州零陵（今湖南零陵）人。以“狂草”名世，史称“草圣”。怀素七岁时到零陵县城河西的“书堂寺”为僧，后到东门外的“绿天庵”为僧。怀素自幼对书法怀有浓厚兴趣，经禅之余，勤学书法。因为无钱买纸练字，他就在寺旁空地种下许多芭蕉，以蕉叶代纸练字，故名其庵为“绿天庵”。经长期勤学精研，秃笔成堆，埋于山下，名曰“笔冢”。旁有小池，因他常洗砚水而变黑，名为“墨池”。前人评其书法：继承张旭笔法，而有所发展，所谓“以狂继颠”，并称“颠张醉素”。怀素草书，笔法瘦劲，飞动自然，如骤雨旋风，随手万变。他的书法虽率意颠逸，千变万化，而法度俱备。

怀素与张旭形成唐代书法双峰并峙的局面，也是中国草书史上两座不可企及的高峰。怀素传世书迹有《自叙帖》、《苦笋帖》、《食鱼帖》、《圣母帖》、《论书帖》、《大草千文》、《小草千文》诸帖。其中《食鱼帖》极为瘦削，骨力强健，谨严沉着；而《自叙帖》其书由于与书《食鱼帖》时心情不同，风韵荡漾，各尽其妙。米芾《海岳书评》："怀素如壮士拔剑，神采动人，而回旋进退，莫不中节。"唐代诗人对其书法多有赞颂，如李白有《草书歌行》，曼冀有《怀素上人草书歌》等。

颜真卿

颜真卿（709—785），字清臣，京兆万年（今陕西临潼）人，祖籍唐琅琊临沂（今山东临沂）。他是书法史上，继二王之后成就最高、影响最大的书法家。其书初学张旭、初唐四家，后广收博取，一变古法，反初唐书风，行以篆籀之笔，化瘦硬为丰腴雄浑，结体宽博而气势恢宏，骨力遒劲而气概凛然，这种风格也体现了大唐繁盛的风度，并与他高尚的人格契合，是书法美与人格美完美结合的典范。他的书体被称为"颜体"，与柳公权并称"颜柳"，有"颜筋柳骨"之美誉，传世碑刻有《多宝塔碑》、《麻姑仙坛记》、《李元靖碑》、《颜勤礼碑》、《颜家庙碑》等。他的最为著名的行书有《争座位帖》、《祭侄文稿》。其中《祭侄文稿》被称为"天下第二行书"。

柳公权

柳公权（778—865），字诚悬，唐朝京兆华原（今陕西耀县）人，官至太子少师，世称"柳少师"。柳公权的书法在唐朝当时极负盛名，民间更有"柳字一字值千金"的说法。他的书法结体遒劲，而且字字严谨，一丝不苟。在字的特色上，以瘦劲著称，所写楷书，体势劲媚、骨力劲健，以行书和楷书最为精妙。也由于其作品独到的特色，柳公权的书法有"柳体"之称，其遒媚劲健的书风，可与颜真卿的雄浑雍容书风相媲美，被后人誉为"颜筋柳骨"，在书法史上具有很大影响。柳公权传世墨迹有《送梨帖题跋》，著名碑刻有《金刚经碑》、《玄秘塔碑》、《神策军碑》等。

黄庭坚

黄庭坚（1045—1105），字鲁直，号山谷道人，洪州分宁（今江西修水）人。出生于诗书之家，自幼纵览六艺，博学多闻，治平年间中进士，是"苏门四学士"（黄庭坚、张耒、晁补之、秦观）之一。政治上与苏轼共进共退，屡遭贬谪。他以文学著称，追求奇拗诗风，开创江西诗派，影响很大；尤以书法为世所重，为宋四家（苏轼、黄庭坚、米芾、蔡襄）之一，是宋书尚意的重要人物，与苏轼一起将宋代书法的人文气息推向高峰。黄庭坚书法的最大特点是重“韵”，持重风度，写来疏朗有致，如朗月清风，书韵自高。主要传世墨迹有《松风阁诗》、《华严疏》、《经伏波神祠》、《诸上座》、《李白忆旧游诗》、《苦笋赋》等。

米芾

北宋书法家。祖籍太原，后迁居湖北襄阳，长期居住在润州（今江苏镇江），曾任校书郎、书画博士、礼部员外郎。工于书法，擅长篆、隶、楷、行、草等书体，长于临摹古人书法，能够达到以假乱真的程度。他初师欧阳询、柳公权，字体紧结，笔画挺拔劲健，后转师王羲之、王献之，体势展拓，笔致浑厚爽劲，自谓“刷字”，与苏轼、黄庭坚、蔡襄并称宋代四大书法家。其绘画擅长枯木竹石，尤工水墨山水，以书法中的点入画，用大笔触水墨表现烟云风雨变幻中的江南山水，人称“米氏云山”，富有创造性。米芾传世的书法墨迹有《向太后挽辞》、《蜀素帖》、《苕溪诗帖》、《拜中岳命帖》、《虹县诗卷》、《草书九帖》、《多景楼诗帖》等，无绘画作品传世。所著《山林集》，已佚。其书画理论见于所著《书史》、《画史》、《宝章待访录》等书中。

赵孟頫

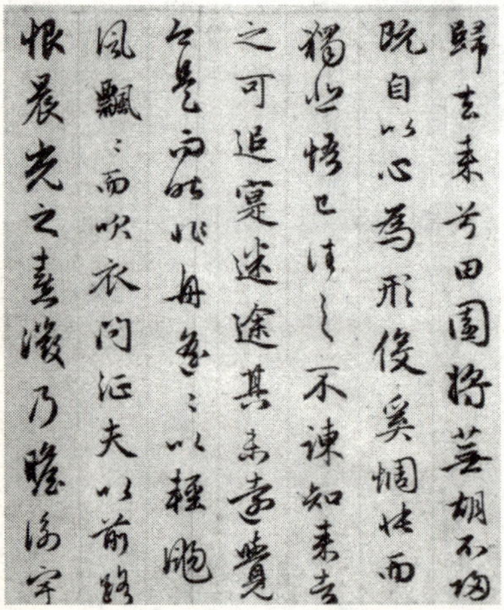

赵孟頫《归去来辞》

赵孟頫（1254—1322），元代文学家、画家、书法家。字子昂，号松雪，又号水精宫道人。湖州（今浙江湖州）人。宋宗室。宋亡后入元，经举荐仕元，官至翰林学士承旨，封魏国公，谥文敏。他博学多才，工古文诗词义通音律、精鉴赏，书画方面造诣尤深。其书法篆、籀、隶、真、行、草，冠绝一时。他在书法上提倡复古，博采众长，初学赵构；后上追魏晋诸家，于钟繇、王羲之等用功尤深；晚年又研习李邕、颜真卿、米芾诸家，兼融包蓄，发展变化，形成结构严整、笔法圆熟、气势浑健的独特书风，人称赵体，代表作有楷书《千字文》、《洛神赋》、《胆巴碑》等。著有《尚书注》、《松雪斋文集》等。

《兰亭序》

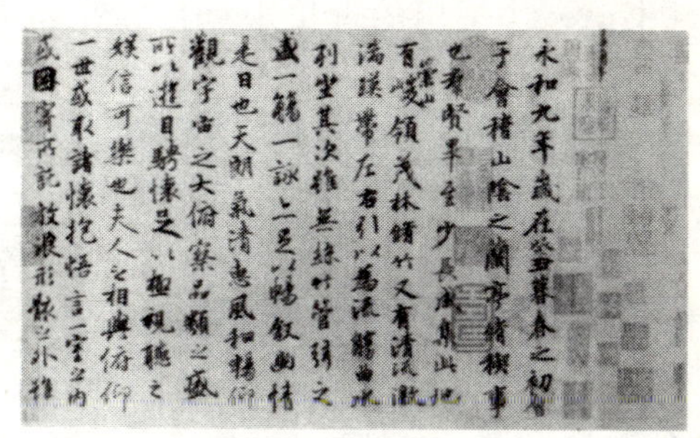

王羲之《兰亭序》

这篇文字是书法大家王羲之于东晋永和九年（353）三月三日在一些文人举行的“修契”聚会上，为他们的诗写的序文手稿。序中记叙兰亭周围山水之美和聚会的欢乐之情，抒发作者好景不长、生死无常的感慨。法帖相传之本，共二十八行，三百二十四字，章法、结构、笔法都很完美，是王羲之三十三岁时的得意之作。后人评道：“右军字体，古法一变。其雄秀之气，出于天然，故古今以为师法。”因此，历代书家都推《兰亭序》为“天下第一行书”。

《中秋帖》

《中秋帖》传为东晋书法家王献之所书，与王羲之的《快雪时晴帖》、王珣的《伯远帖》合称“三希”，现藏故宫博物院。人们称此帖为“一笔书”之祖。“一笔书”所体现的是一笔下去连绵无尽的审美特质，是书法美的魅力所在。《书断》中说：“字之体势，一笔而成，偶有不连，而脉不断，及其连者，气候通其隔行。”《中秋帖》书法纵逸豪放，应是王献之创造的新体。

《真草千字文》

《真草千字文》是隋书法大家智永的代表作品。此帖书体法度严谨，笔力精到，或字字区别、个个独立，或映带相关、连绵一气。但都下笔有源，使转有法，体现所谓“意在笔先，熟能生巧”，达到了“神化自若，变态无穷”的意境。遒劲丽美，字体古雅，用笔藏头护尾，一波三折，含蓄而多奇趣，确非唐以后人所能及。

《书谱》

《书谱》不仅是唐代书法家孙过庭最著名的草书杰作，也是一部叙述书法理论的著作；不仅是后世学习草书的标准范本，也是研究书法艺术的珍贵文献。《书谱》的书风完全得自“二王”，用笔果断干净，不作上下牵连，结体空旷圆润，章法浑然天成，正是“宪章二王，工于用笔”。值得一提的还有《书谱》中提出的理论观点，如违而不犯，和而不同，留不常速，遣不恒疾，带燥方润，将浓遂枯，泯规矩于方圆，遁勾绳之曲直，乍显乍晦，若行若藏，穷变态于毫端、合情调于纸上等，都是独到的见解。

《祭侄文稿》

《祭侄文稿》又称《祭侄季明文稿》，是唐代书法家颜真卿书法作品中的精华，也是书法史上的瑰宝，历来被誉为“天下第二行书”，足以与王羲之的《兰亭序》相媲美。《兰亭序》以典雅怡人心神，《祭侄文稿》则以悲壮夺人魂魄。此书是作者为纪念在“安史之乱”中罹难的侄子所作，写时满怀着失去亲人的悲痛和对叛臣的仇恨。开卷尚能平静，后则越写越激昂，运笔的节奏跌宕起伏，最后愤怒的激情喷涌而出，点画飞动，动人心魄，有一泻千里之势。《祭侄文稿》总共二百二十八字，三十三行，字数不多，但字字体现了颜真卿深厚的书法艺术造诣。用笔流畅、随意、遒劲；用墨浓淡、枯润相宜，参差有别。

《神策军碑》

《神策军碑》全称《皇帝巡幸左神策军纪圣德碑》，为唐代书法大家柳公权传世的佳作。全书从“皇帝巡幸左神策军”起至“来朝上京嘉其诚”止，

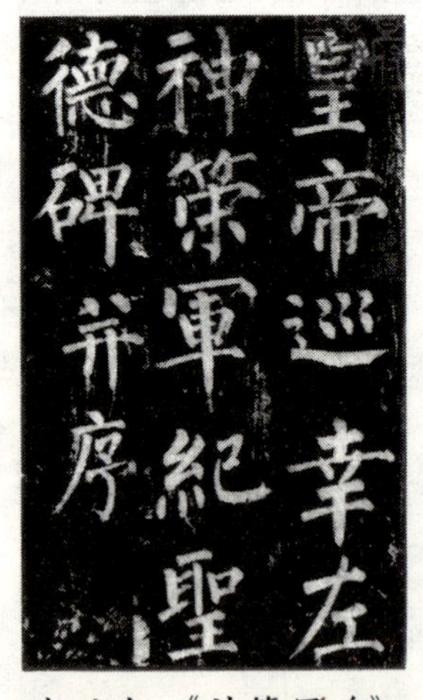

柳公权《神策军碑》

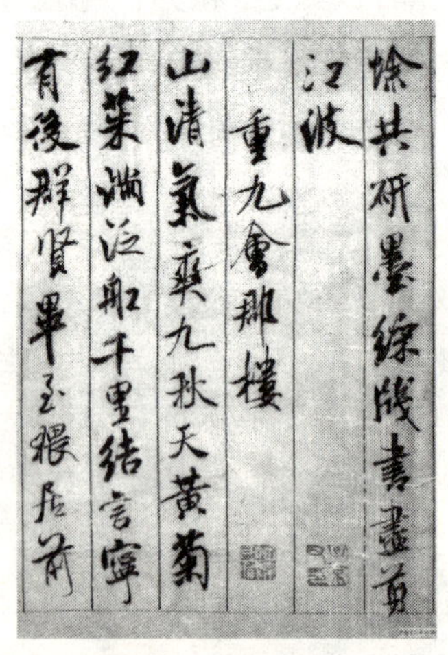
米芾《蜀素帖》

约七百余字，但已有二百多字模糊不清，仅就清晰的四百多字来看，其点画遒劲而富于变化，笔力凝练内含，骨力洞达，结体内敛外放，欹正相生，顾盼天成，气脉贯通，神清气健，超尘脱俗。清人孙承泽评此碑云："书法端劲中带有温恭之致，乃其最得意之笔。"清人安岐《墨缘汇观》称："其碑微有剥落，然字画中锋芒棱角，俨然如新，盖当时在禁中，少经捶拓也。"

《蜀素帖》

宋代书画家米芾以行书闻名，笔势开张，酣畅淋漓。《蜀素帖》是米芾中年时的行书作品。从总体看，字体开始向外展拓，笔画趋于丰肥。米芾自称学褚最久，因而深受褚书的影响。《蜀素帖》因是书于绢素之上，故多渴笔，略显刚健；字体欹侧，行气多变，有王献之笔意；用笔以侧锋为主，起笔落笔变化多端，有"云烟卷舒飞扬之态"。它与同期的代表作《苕溪诗帖》均达到了行书的最高成就。

《黄州寒食诗帖》

《黄州寒食诗帖》为苏轼最著名的墨迹，有"天下第三行书"之誉。这帖是苏轼的行书诗稿，作诗时正值他被贬官至黄州，心情格外沉重，所以诗的内容也充满着悲苦、凄凉、抑郁的情绪，而这种情绪充分地宣泄在他的书法之中。其书自然奔放，激情横溢，到后来简直心手两忘，如狂风骤雨般从腕底倾泻出来，字体时大时小，时紧时疏，折射出作者不平静的心境。苏轼的好友黄庭坚看后，题道："东坡此诗似太白，犹恐太白有未到处。此书兼颜鲁公、杨少师、李西台笔意，试使东坡复为之，未必及此，它日东坡或见此书，必笑我于无佛处称尊也。"从这段话中可见其对苏轼书艺的赞叹。

绘 画

中国画

中国画为中国传统绘画的主要种类。中国画在古代无确定名称，一般称之为丹青，主要指的是画在绢、纸上并加以装裱的卷轴画。近现代以来为区别于西方输入的油画（又称西洋画）等外国绘画，而称之为中国画，简称"国画”。它是用中国所独有的毛笔、水墨和颜料，依照长期形成的表现形式及艺术法则而创作出的绘画。中国画按其使用材料和表现方法，又可细分为水墨画、重彩、浅绛、工笔、写意、白描等；按其题材又有人物画、山水画、花鸟画等。中国画的画幅形式较为多样，横向展开的有长卷（又称手卷）、横披，纵向展开的有条幅、中堂，盈尺大小的有册页、斗方，画在扇面上面的有折扇、团扇等。中国画在思想内容和艺术创作上，反映了中华民族的社会意识和审美情趣，集中体现了中国人对自然、社会及与之相关联的政治、哲学、宗教、道德、文艺等方面的认识。

写意

写意俗称“粗笔”，与“工笔”对称，为中国画技法名，属于简略一类的画法。这种技法要求通过简练概括的笔墨，着重描绘物象的意态神韵，故名。如南宋梁楷、法常，明代陈淳、徐渭，清初朱耷等，均擅长此法。清代恽寿平说：“宋人谓能到古人不用心处，又曰写意画。两语最微，而又最能误人，不知如何用心，方到古人不用心处；不知如何用意，乃为写意。”宋代韩拙说：“用笔有简易而意全者，有巧密而精细者。”前者乃指“写意”。

工笔

工笔亦称“细笔”，与“写意”对称，为中国画技法名，属于工整细致一类密体的画法，用细致的笔法制作。工笔画着重线条美，一丝不苟，是工笔画的特色，如宋代的院体画，明代仇英的人物画，清代沈铨的花鸟走兽画等。北宋韩拙《山水纯全集》有“用笔有简易而意全者，有巧密而精细者”之说，工笔的要求乃属于后者。工笔画的技法有：描、分、染、罩。所谓描指的是白描，画者分别用浓墨、淡墨描出底稿；分是指用墨色上色，用清水分蕴开来，表现出画面的层次；染和分是一个意思，只不过用的不再是墨色，而用彩色来分蕴画面；罩色指的是整体上色，比如整片叶子上的绿色。

皴法

早期山水画的主要表现手法以线条勾勒轮廓，之后敷色。随着绘画的发展，为表现山水中山石树木的脉络、纹路、质地、阴阳、凹凸、向背，逐渐形成了皴擦的笔法，形成中国画独特的“皴法”。其基本方法是，以点线为基础来表现山岳的明暗（凸凹）；因地质构造的不同，山石的形貌亦各不相同，因而形成了各种类型的皴擦方法与名称，一般有披麻皴、乱麻皴、芝麻皴、大斧劈皴、小斧劈皴、卷云皴、雨点皴（雨雪皴）、弹涡皴、荷叶皴、矾头皴、骷髅皴、鬼皮皴、解索皴、乱柴皴、牛毛皴、马牙皴、斫皴、点错皴、豆瓣皴、刺梨皴、破网皴、折带皴、泥里拔钉皴、拖泥带水皴、金碧皴、没骨皴、直擦皴、横擦皴等。

泼 墨

相传，唐代王洽以墨泼纸素，脚蹴手抹，随其形状为石、为云、为水，应手随意，图出云霞，染成风雨，俯观不见其墨污之迹（见《唐朝名画录》）。唐代张彦远认为："泼"一不能过甚，有"吹云泼墨"之说。明代李日华《竹懒画媵》中记载："泼墨者用墨微妙，不见笔迹，如泼出耳。"清代沈宗骞《芥舟学画编》中记载："墨曰泼墨，山色曰泼翠，草色曰泼绿，泼之为用，最足发画中气韵。"后世把笔酣墨饱，或点或刷，水墨淋漓，气势磅礴的技法，皆称之为"泼墨"。现代亦有以彩色为主的纵笔豪放的画法，称为"泼彩"。

破 墨

破墨的提法始见南朝梁萧绎《山水松石格》中"或离合于破墨"。唐代张彦远《历代名画记》称曾见王维、张璪的破墨山水。现代黄宾虹说："破墨之法，淡以浓破，湿以干破。皴染之法，虽有不同，因时制宜可耳。"又说："齐白石作花卉草虫，深得破墨之法，其多以浓墨破淡墨，少见以淡墨破浓墨。"潘天寿认为用墨："在干后重复者，谓之积，在湿时重复者，谓之破。"作画用破墨法，目的在于使墨色浓淡相互渗透掩映，达到滋润鲜活的效果。

白 描

白描是中国画中完全用线条来表现物象的画法，有单勾和复勾两种。以线一次勾称为单勾，有用一色墨，亦有根据不同对象用浓淡两种墨勾成。复勾则光以淡墨勾成，再根据情况复勾部分或全部，其线并非依原路刻板复叠一次，其目的是为加重质感和浓淡变化，使物象更具神采。复勾线必须流畅自然，否则易呆板。物象之形、神、光、色、体积、质感等均以线条表现，难度很大。

因取舍力求单纯，对虚实、疏密关系刻意对比，故而白描有朴素简洁、概括明确的特点。中国古代有许多白描大师，如顾恺之、李公麟等都取得了突出成就。

十八描

十八描是指古代人物衣服褶纹的各种描法。明代邹德中《绘事指蒙》载有“描法古今一十八等”，分别为：高古游丝描、琴弦描、铁线描、行云流水描、马蝗描、钉头鼠尾描、混描、撅头丁描（秃笔线描）、曹衣描、折芦描、橄榄描、枣核描、柳叶描、竹叶描、战笔水纹描、减笔描、柴笔描、蚯蚓描。亦见于明代汪砢玉《珊瑚网》，其中钉头鼠尾作钉头鼠尾描，撅头丁作撅头描，其余相同。上述各种描法，都是根据历代各派人物画的衣褶表现程式，按其笔迹形状而起的名称。《芥子园画谱》有示范稿本。古今服饰不同，现代衣褶描法已有所发展。

顾恺之

顾恺之（约346—407），东晋画家，字长康，小名虎头，晋陵（今江苏无锡）人。义熙初年（405—418年）任通直散骑常侍，博学多能，工诗善书精丹青，沉浸艺术，孜孜不倦，有“才绝、画绝、痴绝”之称。绘画尝师从卫协，擅作佛像、人物、山水、走兽、禽鸟，尤善点睛，注意描绘生理细节，表现人物神情。顾恺之善于利用环境描绘来表现人物的志趣风度，画谢鲲像于岩壑中，突出了人物的性格志趣。其画人物衣纹用高古游丝描，线条紧劲连绵，如春蚕吐丝，春云浮空，流水行地，自然流畅。顾恺之的作品无真迹传世。史称曹不兴、顾恺之、陆探微、张僧繇为“六朝四大家”。顾恺之又通画理，著《论画》一篇，对后人颇有启迪。他画迹甚多，有《司马宣王像》、《谢安像》、《刘牢之像》、《王安期像》、《阮修像》、《阮咸像》、《晋帝相列像》、《司马宣王并魏二太子像》、《桂阳王美人图》、《荡舟图》、《夏禹治水图》等。传世作品有《列女仁智图》卷、《洛神赋图》卷（为宋人摹本），现均藏故宫博物院。

阎立本

阎立本（？—673），唐朝画家，雍州万年（今陕西临潼）人，隋将作少监阎毗第三子。阎立本与长兄阎立德受父亲影响，皆机巧有思，也都擅长绘画。父子三人并以工艺、绘画驰名隋唐之际。阎立本的绘画艺术先承家学，后师张僧繇、郑法士，所画人物、车马、台阁都达到很高水平，特别长于刻画人物神貌，笔法圆劲，气韵生动。他的《太宗真容》、《秦府十八学士图》、《凌烟阁功臣二十四人图》，图绘唐太宗李世民及众臣，形象逼真传神，是当时名作，时人誉之为“丹青神化”。北宋宣和年间，御府尚藏有阎立本作品四十二件，其中有《王右军（羲之）像》、《窦建德图》、《李思摩像》、《凌烟阁功臣图》、《魏征进谏图》、《步辇图》等。现存相传为阎立本的作品（或摹本）有《历代帝王图》（现藏美国波士顿艺术博物馆）、《步辇图》、《职贡图》等。《步辇图》描绘的是唐太宗与迎接文成公主入藏的吐蕃使臣会见的情景，是反映汉藏和亲的历史画卷。

吴道子

吴道子（约685—758）原名吴道玄，画史尊称吴生，阳翟（今河南禹州）人。中国唐代著名画家，被称为“百代画圣”。吴道子幼年家境贫寒，年轻时即有画名。他曾漫游洛阳，从事壁画创作。当时将张旭草书、裴旻舞剑、吴道子作画并称为“三绝”。开元年间以善画被唐玄宗召入宫中，以后一直为宫廷服务。吴道子擅画佛道、神鬼、人物、山水、鸟兽、草木、楼阁等，尤精于佛道、人物，长于壁画创作，据载他曾于长安、洛阳两地寺观中绘制壁画多达三百余堵，奇踪怪状，无有雷同，其中尤以《地狱变相》闻名于时。吴道子的绘画具有独特风格。其山水画有变革之功，所画人物衣褶飘举，线条遒劲，潇洒秀逸。吴道子的绘画对后世影响极大，他被人们尊为“画圣”，被民间画工尊为祖师。苏轼曾称赞他的艺术为“出新意于法度之中，寄妙理于豪放之外”。吴道子在历史记载中名声很大，但因为他大量的创作是壁画，所以很少有传世作品保留下来，无真迹传世，传至今日的《送子天王图》可能为宋代摹本。另外还流传有《宝积宾伽罗佛像》、《道子墨宝》等摹本，敦煌石窟第103窟的维摩诘经变图，亦被认为是他的画风。

宋徽宗

宋徽宗赵佶（1082—1135），北宋皇帝，画家、书法家。宋神宗十一子，宋哲宗之弟。宋哲宗病死后，太后立他为帝，为宋朝第八位皇帝（1100—1125年在位），在位二十五年，国亡被俘受折磨而死，终年五十四岁。宋徽宗治国无能，但艺术才能颇高，书法称“瘦金体”，传世画作有《芙蓉锦鸡图》、《池塘晚秋图》等，并能诗词。未做皇帝之前，就喜好书画，与驸马都尉王诜、宗室赵令穰等画家往来。赵佶本人的创作手法并不像他要求画院画家的那样工谨细腻，而是偏于粗犷。传世作品中，有其签押的作品较多，但所画比较工细的，如《祥龙石图》、《芙蓉锦鸡图》、《听琴图》、《雪江归棹图》（以上均藏于故宫博物院）、《瑞鹤图》（辽宁省博物馆藏）、《翠竹双雀图》（美国大都会博物馆藏）等作品皆被有些专家认定为是画院中高手代笔之作。只有藏于美国纳尔逊艺术博物馆的《四禽图》卷和上海博物馆藏的《柳鸦图》卷被认定是他的亲笔，两画都是水墨纸本，笔法简朴，不尚铅华，而得自然之趣。台北故宫博物院收藏的《池塘晚秋图》也属此类。

李公麟

李公麟是北宋舒城（今安徽舒城）人。曾任中书门下省删定官、御史台检法、朝奉郎。后因病辞官，隐居桐城龙眠山庄。李公麟博学多才，富文辞，有建安风格；工书法，得晋宋人韵致；家富收藏书画古器，精于鉴赏，为修养全面的文人画家。他擅道释、人物、鞍马、宫室、山水、花鸟等，亦精于临摹。其画初学顾恺之、陆探微、吴道子，后广泛师法历代名家。他师古能化，以为己有。他将过去的线描粉本（草稿），加以发展提高，使其成为独立的具有高度概括力与表现力的艺术形式——白描。他重视对客观物象的观察与体验，所画人物能成功地表现其不同地区、民族、阶层的特点，且各具神态形貌，性格突出。所画道释人物，将观音、维摩诘描绘成人间少女和现实中的文人士大夫，使宗教绘画进一步世俗化。有《五马图》、《临韦偃牧放图》、《维摩诘像》、《免胄图》等传世。

五马图（局部）　宋　李公麟

马　远

马远祖籍河中（今山西永济），后移居钱塘（今浙江杭州）。南宋光宗、宁宗时任画院待诏。马远出身绘画世家，曾祖马贲、祖父马兴祖、伯父马公显、父马世荣、兄马逵等皆为宋代知名画家。马远擅山水、花鸟、人物画，其山水师法李唐，多画江浙山水，树木杂卉多用夹笔，用大斧劈皴带水墨画山石，方硬严整；构图取自然山水之一角，山峦雄奇峭拔，或峭峰直上而不见顶，或绝壁直下而不见其脚，或近山参天而远山则低，或孤舟泛月而一人独坐，风格独特，富有诗意。其花鸟作品善于在自然环境中描绘花鸟的神情野趣。所画人物，取材广泛，多画佛道、贵族、文人雅士、渔樵、农夫等，闲雅轩昂，神气盎然。马远在当时影响极大，有独步画院之誉，与李唐、刘松年、夏圭并称“南宋四家”，又与夏圭并称“马夏”。有《踏歌图》、《水图》、《梅石溪凫图》、《孔丘像》等传世。

张择端

张择端，字正道，又字文友，东武（今山东诸城）人。早年游学汴京（今开封），后习绘画，宋徽宗时在翰林图画院任职。他擅画风俗画，尤擅绘舟车、市肆、桥梁、街道、城郭等，是北宋末年杰出的现实主义画家。其作品大都失传，存世的《清明上河图》、《金明池争标图》为中国古代的艺术珍品。《清明上河图》描绘了当年汴京近郊清明时节社会各阶层的生活景象，真实生动，是一件具有重要历史价值的优秀风俗画。《金明池争标图》描绘的是皇帝带领近臣到金明池观水战、赛龙舟的热闹场面，画面紧凑，结构严谨，主题突出。

唐　寅

唐寅（1470—1523），字子畏、伯虎，号六如居士、桃花庵主，自称江南第一风流才子。明代画家、文学家，吴县（今江苏苏州）人。少时读书发愤，青年时中应天府解元，后赴京会试，因舞弊案受牵连入狱，出狱后又投宁王朱宸濠幕下，但发现朱有谋反之意，即脱身返回苏州，从此绝意仕途，潜心书画，形迹放纵，性情狂放不羁。擅山水、人物、花鸟，早年随周臣学山水画，后师法李唐、刘松年，又加以变化，画中山重岭复，以小斧劈皴为之，雄伟险峻，而笔墨细秀，布局疏朗，风格秀逸清俊。人物画多为仕女及历史故事，师承唐代传统，线条清细，色彩艳丽清雅，体态优美，造型准确；亦工写意人物，笔简意赅，饶有意趣。其花鸟画，长于水墨写意，洒脱随意，格调秀逸。除绘画外，唐寅亦工书法，取法赵孟頫，书风奇峭俊秀。有《骑驴思归图》、《山路松声图》、《事茗图》、《王蜀官妓图》、《李端端落籍图》、《秋风纨扇图》等绘画作品传世。

徐 渭

徐渭，明代画家。字文长，号天池，晚号青藤，山阴（今浙江绍兴）人，幼丧父，青年时屡试不第，曾在胡宗宪府中任幕僚。胡案发后因怕牵连而一度发狂，自杀未遂，后因失手杀妻而入狱七年。徐渭晚年以书画为生，生活贫困。

徐渭多才艺。其画擅山水、人物，尤长于大水墨写意花鸟，师法林良、周之冕、陈淳，融合前人泼墨、破墨、积墨、简笔、写意手法，挥毫泼洒，随意点染，画面水墨交融、淋漓酣畅、气势豪放、充满激情，充分表达了他孤傲不群的个性和激昂郁愤的思想感情。所绘物象意态生动，简明精练，有《墨葡萄图》、《牡丹蕉石图》、《榴实图》等传世。其书法长于行草书，兴之所至，笔走龙蛇，狂放恣肆。他在文学上亦有成就。

八大山人

朱耷水墨画

八大山人（1626—1705），清代画家、僧人。原名朱耷，江西南昌人，明宗室后裔，明亡后出家，一生字、号、别号极多，主要有：法名传棨，号雪个、个山、屋驴、人屋，尤以八大山人最为知名。他在画作上署名时，常把“八大”和“山人”竖着连写。前二字又似“哭”字，又似“笑”字，而后二字则类似“之”字，哭之笑之，以寄托愤懑。据载，他还曾弃僧入道，改名朱道朗，字良月。作为明宗室后裔，朱耷身遭国亡家破之痛，一生不与清王朝合作。他性情孤傲倔强，行为狂怪，以诗书画发泄其悲愤抑郁之情，一生清苦，命运多舛。朱耷擅花鸟、山水，其花鸟承袭陈淳、徐渭写意花鸟画的传统。发展为阔笔大写意画法，其特点是通过象征寓意的手法，并对所画的花鸟、鱼虫进行夸张，以其奇特的形象和简练的造型，使画中形象突出，主题鲜明，甚至将鸟、鱼的眼睛画成“白眼向人”，以此来表现自己孤傲不群、愤世嫉俗的性格，从而创造了一种前所未有的花鸟造型。其画笔墨简朴豪放、苍劲率意、淋漓酣畅，构图疏简、奇险，风格雄奇朴茂，他的山水画初师董其昌，后又兼取黄公望、倪瓒之长，多作水墨山水，笔墨质朴雄健，意境荒凉寂寥。

八大山人亦是元明以来写意派画家中的大师，他的绘画艺术对我国画坛影响很大，后世的大笔写意派画家，都或多或少受了他的影响，如扬州八怪、吴昌硕等。他是我国古代画家中的巨匠。

石 涛

石涛（约 1642—1707）本姓朱，名若极，明宗室靖江王赞仪之十世孙，原籍广西桂林，广西全州人。清代画家、僧人。石涛工诗文，善书画。其擅画山水，兼工兰竹。其山水不局限于师承某家某派，而广泛师法历代画家之长，将传统的笔墨技法加以变化，又注重师法造化，从大自然吸取创作源泉，并完善表现技法。作品笔法流畅凝重，松柔秀拙，尤长于点苔，密密麻麻，劈头盖面，丰富多彩；用墨浓淡干湿，或笔简墨淡，或浓重滋润，酣畅淋漓，极尽变化；构图新奇，或全景式场面宏阔，或局部特写，景物突出，变幻无穷。画风新颖奇异、苍劲恣肆、生趣盎然。其花鸟、兰竹，亦不拘成法，自抒胸臆，笔墨爽利峻迈，淋漓清润，极富个性。石涛的绘画，在当时即名重于世，对清代以至现当代的中国绘画发展产生了极为深远的影响。有《搜尽奇峰打草稿图》、《淮扬洁秋图》、《惠泉夜泛图》、《山水清

石涛水墨画

音图》、《细雨虬松图》、《梅竹图》、《墨荷图》、《竹菊石图》等传世。著《苦瓜和尚画语录》，阐述了他对山水画的认识，提出一画说，主张“借古以开今”，“我用我法”，和“搜尽奇峰打草稿”等，在中国画史上具有十分重要的意义。

扬州八怪

竹石图　清　郑燮

扬州八怪是清代乾隆年间活跃在江苏扬州画坛的革新派画家总称，即“扬州画派”。人数和姓名说法不一。李玉棻《瓯钵罗室书画目过考》中，指金农、郑燮（郑板桥）、黄慎、李鱓、李方膺、汪士慎、罗聘、高翔八人。其实不止八人，且人名亦不固定。“扬州八怪”的共同特点是，他们愤世嫉俗，不向权贵献媚，了解民间疾苦，重视思想、人品、学问、才情对绘画创作的影响。他们的文学及书法修养都很高。画题以花卉为主，也画山水、人物，在于继承宋、元以来写意的传统，摆脱了画坛上保守派遵从清规戒律的影响，高度发挥了即景写生，即景抒情的创造意志。他们又都擅长书法、文学、印章。因之形成诗、书、画综合艺术的整体，人称“三绝”，为绘画艺术的发展，开辟了新的途径，与当时所谓的“正统”画风迥然不同。

赵之谦

赵之谦，清代书画家，会稽（今浙江绍兴）人，书法、绘画、篆刻均有极高成就，自成一家。他自幼读书习字，博闻强识，曾以书画为生；参加过三次会试，皆未中；四十四岁时任《江西通志》总编，任鄱阳、奉新、南城知县，卒于任上。

赵之谦擅绘人物、山水，尤工花卉。起初，其画风工丽，后取法徐渭、朱耷、扬州八怪诸家，笔墨趋于放纵，挥笔泼墨，笔力雄健，洒脱自如，色彩浓艳，富有新意。其书法初师颜真卿，后取法北朝碑刻。所作楷书笔致婉转圆通，人称“魏底颜面”；篆书在邓石如的基础上掺以魏碑笔意，别具一格，亦能以魏碑体势作行草书。赵之谦篆刻初摹西泠八家，后追皖派，参以诏版、汉镜文、钱币文、瓦当文、封泥等，形成章法多变、意境清新的独特风貌，并创阳文边款。

吴昌硕

吴昌硕，名俊卿，初字香补，后更字昌硕，亦署仓硕、苍石，别号缶庐、老苍、苦铁、大聋、石尊者、破荷亭长等，1844年生于浙江安吉鄣吴村，1927年卒于上海。吴少时喜刻印，得其父指点；青年时曾四处避战乱，在务农的同时，读书习印，钻研书法；二十二岁中秀才，往来于江浙、上海等地，结交文人、画家，临摹法书名画；后定居上海，向任颐等求教绘画；曾任安东县令，月余便辞官南归；后与叶为铭、丁仁、王提等人发起成立西泠印社，被推为社长。吴昌硕工诗词，善书法、绘画，精篆刻，其画擅花卉，间作山水，曾得任颐指点，并师法赵之谦、徐渭、朱耷、扬州八怪诸家，以篆书、草书笔法画梅、藤、竹、菊、石等，笔墨老辣，苍劲深厚，富有金石气，设色浓艳鲜丽，注重诗、书、画、印的有机结合，对近现代大写意花鸟画的发展有极大影响。其书法、篆刻亦有很高成就。

《洛神赋图》

《洛神赋图》在北京故宫博物院收藏，这幅画根据曹植著名的《洛神赋》而作，为顾恺之传世精品。这卷宋摹本在一定程度上保留了顾恺之艺术的若干特点，千载之下，亦可遥窥其笔墨神情。全卷分为三个部分，曲折细致而又层次分明地描绘着曹植与洛神真挚纯洁的爱情故事。人物安排疏密得宜，在不同的时空中自然地交替、重叠、交换，而在山川景物描绘上，无不展现一种空间美。全画用笔细劲古朴，恰如“春蚕吐丝”。山川树石画法幼稚古朴，所谓“人大于山，水不容泛”，体现了早期山水画的特点。此图卷无论从内容、艺术结构、人物造型、环境描绘和笔墨表现的形式来看，都不愧为中国古典绘画中的瑰宝之一。

《历代帝王图》

《历代帝王图》是中国唐代画家阎立本人物画代表作，又称《古帝王图》。此图为绢本，设色，纵51.3厘米，横531厘米。现藏于美国波士顿美术馆，全卷共画有自汉至隋十三位帝王的画像，包括汉昭帝刘弗陵、汉光武帝刘秀、魏文帝曹丕、吴主孙权、蜀主刘备、晋武帝司马炎、陈文帝陈蒨、陈废帝陈伯宗、陈宣帝陈顼、陈后主陈叔宝、北周武帝宇文邕、隋文帝杨坚、隋炀帝杨广，加上诗人共四十六人。帝王均有榜书，有的还记述其在位年代及对佛道的态度。阎立本既注意到刻画封建统治者的共同特性和气质仪容，而又根据每个帝王的政治作为，不同的境遇命运，成功地塑造了个性突出的典型历史人物形象，体现了作者对这些帝王的评议。从画像来看，虽仍有程式化的倾向，但在人物个性刻画上表现出很大的进步，不落俗套，而显得个性分明；画中按等级森严的封建伦理观念，处理人物的大小。《历代帝王图》用重色设色和晕染衣纹的方法，有佛教艺术的影响。

《辋川图》

《辋川图》是唐代诗人王维晚年隐居辋川别业时所作，现存为唐人摹本。图中绘群山环抱中的一处别墅，庭院中有亭台楼阁，树木掩映；庭院外有云水流肆，舟楫过往。整幅作品创造出一种淡泊超尘的意境。王维与孟浩然同为田园山水诗的代表人物，王维的作品被宋代苏轼赞为“诗中有画，画中有诗”，这也成为后来文人画追求的最高境界。

《韩熙载夜宴图》

《韩熙载夜宴图》是画家顾闳中奉南唐后主李煜之命，夜至韩熙载的宅第窥视其夜宴的情景而作的。全图采用了中国传统表现连续故事的手法，随着情节的进展而分段，以屏风为间隔，主要人物韩熙载在每段中出现。通过听乐、观舞、歇息、清吹、散宴等情节，叙事诗般描述了夜宴的全部情景。画家在构

《韩熙载夜宴图》　五代　顾闳中

图上作了精心安排，每段一个情节、一个地点、一个人物组合，每段相对独立，而又统一在一个严密的整体布局当中，繁简相约，虚实相生，富有节奏感。

《清明上河图》

《清明上河图》是北宋画家张择端最富盛名的一幅精品，现存北京故宫博物院。此画为北宋风俗画作品，为传世名作、一级国宝。《清明上河图》是中国绘画史上最著名的作品之一，它以精致的工笔记录了北宋末叶、徽宗时代首都汴梁（今开封）郊区和城内汴河两岸的建筑和民生。该图描绘了清明时节，北宋京城汴梁以及汴河两岸的繁华景象和自然风光。作品以长卷形式，采用散点透视的构图法，将繁杂的景物纳入统一而富于变化的画面中，画中五百多人物，衣着不同，神情各异，其间穿插各种活动，注重戏剧性，构图疏密有致，注重节奏感和韵律的变化，笔墨章法都很巧妙。全图分为三个段落。首段，汴京郊野的春光；中段，繁忙的汴河码头；后段，热闹的市区街道。总计在五米多长的画卷里，除五百五十多个各色人物外，还绘有牛、马、骡、驴等牲畜五六十匹，车、桥二十多辆、座，大小船只二十多艘。房屋、桥梁、城楼等也各有特色，体现了宋代建筑的特征。张择端的《清明上河图》是一幅描写北宋汴梁城一角的现实主义的风俗画，具有很高的历史价值和艺术水平。

《溪山行旅图》

《溪山行旅图》为北宋范宽所绘，绢本墨笔，纵206.3厘米，横103.3厘米。米芾对范宽的绘画风格曾做过这样的描述："范宽山水丛丛如恒岱，远山多正面，折落有势。山顶好作密林，水际作突兀大石，溪山深虚，水若有声。物象之幽雅，品固在李成上，本朝自无人出其右。晚年用墨太多，势虽雄伟，然深谙如暮夜晦暝，土石不分。"此画单从构图方面说，应属于平易之境，但它却产生了非凡的力量。究其原因一是造型的峻巍，其次是笔墨的酣畅厚重。

溪山行旅图　北宋　范宽

《千里江山图》

《千里江山图》为北宋王希孟所绘的山水画作品。王希孟十八岁为北宋画院学生，后召入禁中文书库，曾得到宋徽宗赵佶的亲自传授，半年后即创作了《千里江山图》。该画为绢本，设色，纵 51.5 厘米，横 1191.5 厘米，藏北京故宫博物院。画中描写岗峦起伏的群山和烟波浩淼的江湖。依山临水，布置以渔村野市、水榭亭台、茅庵草舍、水磨长桥、并穿插捕鱼、驶船、行路、赶脚、游玩等人物活动。形象精细、刻画入微，人物虽细小如豆，而意态栩栩如生，飞鸟虽轻轻一点，却具翱翔之势。山石皴法以披麻与斧劈画法相结合，综合了南、北两派的特长。设色继承了唐以来的青绿画法，于单纯统一的蓝绿色调中求变化。用赭色为衬托，使石青、石绿颜色在对比中更加鲜亮夺目。整个画面雄浑壮阔，气势磅礴，充满着浓郁的生活气息，将自然山水描绘得如锦似绣，分外秀丽壮美，是一幅既写实又富理想的山水画作品，是中国传统山水画中少见的巨作。

《孟蜀宫伎图》

孟蜀宫伎图　明　唐寅

《孟蜀宫伎图》俗称《四美图》，为画家唐寅所作，描绘的是五代前蜀后主王衍的后宫故事。画面四个歌舞宫女正在整妆待君王召唤侍奉。她们头戴金莲花冠，身着云霞彩饰的道衣，面施胭脂，体貌丰润中不失娟秀，情态端庄而又娇媚。唐寅创作此画，旨在揭示前蜀后主王衍荒淫腐败的生活，寓有鲜明的讽喻之意。同时也显示出了他在造型、用笔、设色等方面的高超技艺。

中国文物精品

红山文化玉龙

红山文化玉龙被称为“中华第一龙”，于 1971 年在内蒙古翁牛特旗三星他拉村出土，是中国迄今发现最早、保存最好的龙的形象，再早的则是龙的“雏形”。该玉龙用整块墨绿色软玉雕刻而成。体蜷曲呈“C”字形，昂首扬颈、弯背卷尾、吻部前伸、鼻端截平、梭眼上翘、头似猪首、颈鬣上卷。龙背重心处对穿一孔。该龙除龙头部分用浮雕和阴刻的手法表现眼、鼻、嘴外，龙身上下光素无纹，通体磨光，使其看上去如蟒似蛇、生气凛然。此龙形体之大、雕工之细，实属罕见。它可能是红山先民的神灵崇拜物或氏族部落的象征及保护神，也可能是祭司祈天求雨的法器。

司母戊方鼎

司母戊方鼎是中国商代晚期最重的青铜器，是商王文丁为祭祀其母亲“戊”而特地铸造的，为现存最大的青铜器。1939 年，司母戊方鼎在河南安阳出土。原物通高 133 厘米，长 166 厘米，重 875 千克，是中国已发现的青铜器中最大的一件。造型朴实而厚重，方正的鼎腹，圆柱形的鼎足和谐地结合在一起，沉稳而又庄严。鼎体饰以饕餮纹，耳上铸有两虎相向食人头的形象。该鼎器形凝重，纹饰华美，是商代青铜器风格的典范。鼎腹内壁有三个字铭文“司母戊”，鼎也因此得名。

四羊方尊

四羊方尊代表了商代的青铜冶铸技术的最高水平。四羊方尊于 1938 年在湖南省宁乡县出土，尊高 58. 3 厘米，每边长 52. 4 厘米，重 34. 5 千克，是中国现存商器中最大的方尊。器呈方形，口沿外沿形成喇叭状方口，长颈鼓腹，颈饰蕉叶夔纹和兽面纹，肩部四条龙互相盘缠，四肩、腹、圈足有四个大卷角羊头，犄角弯曲有力，羊头上饰雷纹，羊背和胸部有鳞纹，前腿雕有长冠鸟，圈足雕有夔纹，器的整体以雷纹为底，每角均有长棱脊背。四羊方尊集线雕、浮雕、圆雕于一器，把平面图像和立体雕塑结合起来，把器皿和动物形状结合起来，以异常高超的铸造工艺制成，独具匠心，恰到好处。

侯马盟书

1965 年，在山西侯马秦村西北发现祭祀坑四百余座，在其中四十余个坑中出土了五千多件盟书。这种写在石、玉两种材料上的毛笔文字，多为朱书，少为墨书。文字记录着春秋时期晋国卿大夫之间订立盟誓时的言辞，是春秋战国时期统治阶级内部立盟起誓的载书，也是东周时期晋国独有的家族政治史料。侯马盟书中相当一部分，记载了春秋时期晋卿赵鞅联合韩、魏、智氏与范氏、中行氏进行斗争的事，其历史背景是新兴地主之间为争夺领地而展开的斗争，同时也是晋国国力强盛的有力见证。

越王勾践剑

越王勾践剑是中国春秋晚期的越国青铜器，1965 年在湖北江陵望山一号墓出土。在墓主人身体的左手边，有一把装在黑色漆木箱鞘内的名贵青铜剑。青铜剑与剑鞘吻合得十分紧密。拔剑出鞘，寒光耀目，而且毫无锈蚀，刃薄锋利。试之以纸，二十余层一划而破。剑长 55.7 厘米，其中剑身长 45.6 厘米，剑格宽 5 厘米。剑首为圆箍形，剑柄以丝绳缠缚，剑格正面用蓝色玻璃、背面用绿松石嵌出花纹，剑身饰菱形暗纹。剑身有“越王勾践自作用剑”八个鸟篆铭文。该剑现藏于湖北省博物馆。

曾侯乙墓玉佩

曾侯乙墓玉佩 1978 年出土于湖北省随州市西北郊擂鼓墩曾侯乙墓东室墓主棺内。玉佩全长 48 厘米，宽 8.3 厘米，由十三片镂空的各种形式或图案的玉片及二十四个圆环、半圆环或方扣连接而成。其中有四个银挺玉插入，拆卸银挺玉之后便成为五块长度不同、环片多少不等的连环玉佩。折叠起来便形成一块玉团状。

此玉佩经过精心周密的设计之后加工而成。第一块玉上、下片以自身凸出的玉环连成一体，上片近似方形夔龙，下片是四角出夔凤的涡文环；第二块玉最上层一片镂四个勾连活环，第二片是半椭圆形镂空变相夔龙纹环，第三片和第四片琢成腰圆形片，均以十字间隔，每一空间内饰镂空涡纹；第三块小玉琢成饰以蛇纹的扁方形扣，中间一素环勾连一夔龙环；第四块椭圆形玉 7.3 厘米宽，上下两层腰圆玉片均为镂空螭虎纹，各琢镂两个固定的半圆环与侧面出脊角的扁方二孔扣环连接，扣环饰夔龙纹；第五块玉最上的方形玉片为镂空夔花纹，上下镂二方孔，与其下之镂空二夔龙、二蛇纹扁方孔玉片相连，再其下是以二环连接的尖首玉片，宽 8.1 厘米，饰镂空蛇首纹，最下方的玉片为镂空螭纹，有固定的半圆环。佩纹饰均用隐起阴线琢法，起伏自然顺理，琢工精巧妩媚，是迄今发现的多节活动链状玉佩中最长、最精美的一件，堪称战国玉雕中的瑰宝。

曾侯乙编钟

曾侯乙编钟1978年出土于湖北省随州市西北郊擂鼓墩曾侯乙墓，是中国目前出土数量最多、重量最重、音律最全、气势最宏伟的一套编钟，堪称“编钟之王”。因下排甬钟上铭刻有“曾侯乙”而得名。

曾侯乙编钟包括钮钟十九件，甬钟四十五个，外加楚惠王赠送的一件编钟，共六十五件，总重量达二千五百多千克。全部编钟以大小和音高为序编成八组，悬挂在铜木结构的三层钟架上，全面反映了公元前五世纪的中国在乐律学上所达到的领先水平。

钟上刻有关于记事、标音、律名关系的铭文二千八百二十八个字，加上钟架笋梁（横梁）、编悬配件上的铭文、磬铭文、磬盒铭文总字数三千七百七十五个字，其内容是先秦乐律的重要资料。

金村战国银着衣人像

十九世纪二十年代末，在中国河南洛阳金村周墓中被盗掘出土的银着衣男像，已流入日本。此像高约九厘米，两臂下垂，两手半握，科头露髻，穿着长抵膝部的深衣、窄裤，跣足（光着脚）。背后的衣裾上刻有一行记重铭文。曾有人认为它是胡人像。但其发髻、服装都是华夏族的式样，跣足在华夏族当时的礼俗中表达君前示敬之意，故此像所表现的是一位华夏族宫廷小臣。其面貌憨厚，表情恭谨，作者对人物的身份和性格都塑造得恰如其分。它是在秦始皇陵兵马俑之前，中国早期雕塑中最富于写实风格的人像之一。由于银器在当时很珍罕，作为银人像，它是中国已发现的最早的两例之一，故尤为宝贵。

虎　符

虎符是中国古代帝王授予臣属兵权和调发军队的信物。虎符盛行于战国和秦汉时期。虎符大多是用青铜铸成老虎的形状，背部刻上铭文。一个虎符被分为左右两半，右半部分留在皇帝或朝廷那里，左半部分交给统掌兵权的将帅或地方官。遇到战事，需要调兵遣将的时候，国君就会派使臣带着那右半个虎符到军中去传达命令。统帅军队的将军拿出左半个虎符来验证，如果两部分合成了一个完整的虎符，就证明使臣真的是皇帝派来的，将军就要按照使臣传达的命令调动军队。“窃符救赵”的故事，就很好地说明了虎符用途。

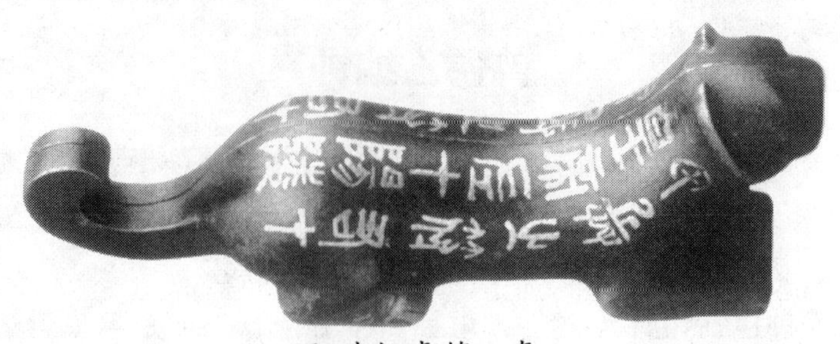

阳陵铜虎符　秦

虎座凤架鼓

虎座凤架鼓是战国时期楚国乐器的典型代表，2002 年 12 月在湖北枣阳的九连墩战国楚墓二号墓出土，是中国目前在楚墓中发掘出的最大虎座凤架鼓之一。虎座凤架鼓以对称布局的双凤、双虎作为鼓架，长 87.8 厘米，宽 15.9 厘米，高 104.2 厘米。鼓身上生动的彩绘，精彩绝艳，难有相匹，证明了楚地发达的漆器生产和髹饰工艺。它以黑漆为底，用红、黄、蓝等色在不同的部位描绘出虎的斑纹以及凤鸟的喙、眼和身上的羽毛。凤和虎都两两背向，可人的卧虎，有着修长美妙双腿的凤鸟，虽形神各异，但俏丽优雅，形态都极为生动。木鼓是典型的战国时代楚式风格，这只虎座凤架鼓是当年楚国祭祀行为的历史见证，在楚文化遗物中具有代表性。出土时，虎座、双鸟及鼓皆已分离，并略有残缺，亏得发掘者的精心修补，才大致恢复原状，木鼓现藏于湖北省博物馆。

商鞅铜方升

商鞅铜方升是战国时期秦国商鞅监制的一升铜量器。全长 18.7 厘米、内口长 12.4 厘米、宽 6.9 厘米、深 2.3 厘米。器壁三面及底部均刻铭文，左壁刻："十八年，齐率卿大夫众来聘，冬十二月乙酉，大良造鞅，爰积十六尊（寸）五分尊（寸）壹为升。"器壁与柄相对一面刻"重泉"二字。底部刻秦始皇二十六年诏书："廿六年，皇帝尽并兼天下诸侯，黔首大安，立号为皇帝，乃诏丞相状、绾，法度量则不壹歉疑者，皆明壹之。"右壁刻"临"字。"重泉"与左壁铭文字体一致，应是一次所刻，而"临"字与底部诏书为第二次加刻。铭文中的十八年，即秦孝公十八年（公元前 344 年）。方升底部加刻秦始皇二十六年诏书，证明秦始皇统一中国后，仍以商鞅所规定的制度和标准统一全国的度量衡。商鞅铜方升是中国度量衡史上极重要的珍品，今藏在上海博物馆。

秦始皇陵兵马俑

秦始皇陵兵马俑是秦始皇陵随葬用的大型陶塑作品，1974 年在秦始皇陵东侧约 1.5 千米处发现，是当代最重要的考古发现之一。一号坑是当地农民打井时发现的，后经钻探又先后发现二、三号坑，其中一号坑最大，面积达 14260 平方米。三个坑共发掘出七百多件陶俑、一百多乘战车、四百多匹陶马、十万多件兵器。陶俑身高在 1.75—1.85 米之间，根据装束、神态、发式的不同，可以分为将军俑、武士俑、车士俑等。

第一号兵马俑坑东西长 230 米，南北宽 62 米，深近 5 米，总面积 14260 平方米。坑内有与真人马大小相同的武士俑和拖战车的陶马六千多件，排成方阵，造型逼真。在兵马俑博物馆里，人们还可以感受到当时秦国军队的气势浩荡的阵势。二号坑有一千多件兵马俑，是以战车、骑兵为主组成的四个兵种混编的阵列。三号坑属于指挥位置所在的小坑，有六十多个兵马俑。

马踏飞燕

马踏飞燕是东汉时期的青铜器，1969 年于甘肃省武威雷台东汉时期镇守张掖的军事长官张某及其妻的合葬墓中出土。奔马身高 34.5 厘米，身长 45 厘米，宽 13 厘米。形象矫健俊美，别具风姿。马昂首嘶鸣，躯干壮实而四肢修长，腿蹄轻捷，三足腾空、飞驰向前，一足踏飞燕着地。一匹躯体庞大的马踏在一只正疾驰的小燕子背上，小燕子吃惊地回过头来观望，表现了骏马凌空飞腾、奔跑疾速的雄姿。艺术家巧妙地捕捉到闪电般的刹那，将一只凌云飞驰、骁勇矫健的天马表现得淋漓尽致，体现出汉代人崇尚的奋发向上、豪迈进取的精神。该作品不仅构思巧妙，而且工艺十分精湛，不仅重传神，而且造型

马踏飞燕　西汉

写实。按古代《相马经》中所述的良马的标准尺度来衡量铜奔马，几乎无一处不合尺度，故有人认为它不仅是杰出的艺术品，而且是相马的法式。

金缕玉衣

金缕玉衣又称“玉押”或“玉匣”，为汉代高级贵族死后特制的葬服。1968 年 7 月，河北满城西郊陵山内发现了西汉中山靖王刘胜及其妻窦绾的墓，出土了两套完整的金缕玉衣。玉衣的形制头部为一套，脸盖上刻画出眼、鼻和嘴的形象；上衣的前胸、后背、两袖都是分开的；裤的两腿分开，手呈五指形；脚作鞋靴状。窦绾的金缕玉衣是女式玉前衣，与刘胜所穿的稍有不同。刘胜的玉衣全部使用金丝编缀。窦绾玉衣的前胸和后背玉片比较大，且是用丝带连结而成的，其他部分才有金丝编缀。

刘胜的玉衣共用玉片两千四百九十八片，用金丝一千一百克。窦绾的玉衣用玉片两千一百六十片，金丝约七百克。这大小不等的两千多片玉片，都经过严密的设计和加工，按照现在的工艺水平推算，汉代制作这样的一件玉衣，约需一名玉工费十多年的时间。

长信宫灯

长信宫灯是汉代青铜器。此宫灯因曾放置于窦太后（刘胜祖母）的长信宫，故名。它于 1968 年出土于河北满城中山靖王刘胜之妻窦绾墓。宫灯灯体为一表面鎏金、双手执灯跽坐的宫女，通高四十八厘米，神态恬静优雅。长信宫灯设计十分巧妙，宫女一手执灯，另一手袖似在挡风，实为虹管，用以吸收油烟，既防止了空气污染，又有审美价值。

中　医

四诊法

四诊法是战国时期的名医扁鹊根据民间流传的经验和自己多年的医疗实践，总结出来的诊断疾病的四种基本方法，即望诊、闻诊、问诊和切诊。望诊，是用肉眼观察病人外部的神、色、形、态，以及各种排泄物（如痰、粪、脓、血、尿、月经和血带等)，来推断疾病的方法；闻诊，是通过听觉和嗅觉，收集病人说话的声音和呼吸咳嗽散发出来的气味等状况，作为判断病症的参考；问诊，是通过跟病人或知情人，了解病人的主观症状、疾病发生及演变过程、治疗经历等情况，作为诊断依据的方法；切诊，主要是切脉，也包括对病人体表一定部位的触诊，中医切脉大多是用手指切按病人的桡动脉处（腕部的寸口)，根据病人体表动脉搏动显现的部位、频率、强度、节律和脉波形态等因素组成的综合征象，来了解病人所患病症的内在变化。

针 灸

针灸是一种中国特有的“内病外治”的物理治疗疾病的手段，由“针”和“灸”构成，它是利用金属针具或艾炷、艾卷，通过经络、腧穴的作用，在人体特定的部位进针施灸，以达到治疗疾病、解除病痛的目的。对于一般疾病，在临床时通常使针与灸两者并用，因此，通常称为针灸。它主要包括毫针刺法、灸法、拔罐法三类。针灸在长期的医疗实践中形成了由十四经脉、奇经八脉、十五别络、十二经别、十二经筋、十二皮部以及孙络、浮络等组成的经络理论，以及三百六十一个腧穴、经外奇穴等腧穴与腧穴主病的知识，发现了人体特定部位之间特定联系的规律，创造了经络学说，并由此产生了一套治疗疾病的方法体系。针灸也由此成为中国医学的一枝奇葩，在世界上享有盛誉。

推 拿

推拿有“按跷”、“跷引”等称号，古称按摩，是一种非药物的自然疗法、物理疗法，推拿由来已久，有学者赞之为“元老医术”，是祖国医学宝库中一颗璀璨的明珠。推拿是一种以人疗人的方法，通常是指医者运用自己的双手作用于病患的体表、受伤的部位、不适的所在、特定的腧穴、疼痛的地方，具体运用推、拿、按、摩、揉、捏、点、拍等形式多样的手法。以期达到疏通经络、推行气血、扶伤止痛、祛邪扶正、调和阴阳的疗效。由于推拿的方法简便无副作用，治疗效果良好，所以几千年来在我国不断地得到发展、充实和提高，现在已经得到全世界的广泛重视。

刮 痧

刮痧是我国传统的自然疗法之一。它是以中医皮部理论为基础，根据中医十二经脉及奇经八脉理论，遵循“急则治其标”的原则，用器具（牛角、玉石、火罐）等在皮肤相关部位刮拭，直到刮出皮下出血凝结成像米粒样的红点为止。通过这种良性刺激，充分发挥营卫之气的作用，使经络穴位处充血，改善局部微循环、祛除邪气、疏通经络、舒筋理气、去风散寒、清热除湿、活血化淤、消肿止痛、以增强机体自身潜在的抗病能力和免疫机能，从而达到扶正祛邪、防病治病的作用。刮痧对感冒、发烧、中暑、头痛、肠胃病、落枕、肩周炎、腰肌劳损、肌肉痉挛、风湿性关节炎等病症尤为有效。

拔火罐

拔火罐是我国民间流传很久的一种独特的治病方法，俗称“拔罐子”、“吸筒”，在《本草纲目拾遗》中叫做“火罐气”，《外科正宗》中又叫“拔筒法”。拔火罐是一种充血疗法，利用热力排出罐内空气，形成负压，使罐紧吸在施治部位，造成充血现象，从而产生治疗作用，中国人称它为郁血疗法。古代多用于外科痈肿，起初并不是使罐，而是用磨有小孔的牛角筒，罩在患部排吸脓血，所以一些古籍中又取名为“角法”。后来，牛角筒逐渐被竹罐、陶罐、玻璃罐所代替，治病范围也从早期的外科痈肿扩大到风湿痛、腰背肌肉劳损、头痛、哮喘、腹痛、外伤淤血、一般风湿感冒及一切酸痛诸症，由于这种方法简便易行、效果明显，所以在民间历代沿袭，至今不衰。

药　膳

药膳是以药物和食物为原料，经过烹饪加工制成的一种具有食疗作用的膳食。它是中国传统的医学知识与烹调经验相结合的产物，既不同于一般的中药方剂，又有别于普通的饮食，而是“寓医于食”，既将药物作为食物，又将食物赋以药用，药借食力，食助药威；既具有营养价值，又可防病治病、保健强身、延年益寿。它可以使食用者得到美食享受，又使身体得到滋补，疾病得到治疗，变“良药苦口”为“良药可口”，特别能满足人们“厌于药，喜于食”的天性。因而，中国传统药膳的制作和应用，不但是一门科学，更是一门艺术。一直到现在，这种传统中医药中的现代所称的功能性食品，特别为人们所喜爱。

经　脉

经脉指中医理论中人体内纵行于深层的主干脉，可分为正经和奇经两类。

正经有十二条，即手足三阴经和手足三阳经，合称“十二经脉”。十二经脉的名称为：手太阴肺经、手厥阴心包经、手少阴心经、手阳明大肠经、手少阳三焦经、手太阳小肠经、足太阴脾经、足厥阴肝经、足少阴肾经、足阳明胃经、足少阳胆经、足太阳膀胱经。十二经脉是气血运行的主要通道，也是经络系统的主体。

奇经有八条，即督、任、冲、带、阴跷、阳跷、阴维、阳维，合称“奇经八脉”，它们与十二正经不同，其循行别道奇行，故称奇经。它们有统率、联络和调节十二经脉的作用。

十二经别是十二正经离、人、小、合的别行部分。是正经别行深入体腔的支脉，它主要是加强十二经脉中相为表里的两经之间的联系，能补正经之不足。

穴　位

穴位的学名是腧穴，别名包括“气穴”、“气府”、“节”、“会”、“骨空”、“脉气所发”、“砭灸处”。穴位是指神经末梢密集或神经干线经过的地方。很早以前，我国古代医学家就知道依据腧穴治病，并在长期实践过程中形成了腧穴学的完整理论体系，人体周身约有五十二个单穴、三百个双穴、五十个经外奇穴，共七百二十个穴位。有一百零八个要害穴，其中有七十二个穴一般点击不至于致命，其余三十六个穴是致命穴，俗称“死穴”。

方　剂

方剂是按照医师处方为某一位患者专门调制，并且明确指出用法用量的药剂，在中医学中，是在中医理论的指导下，在辨证审因、决定治法之后，选择适当的中药，按组方原则，酌定用量、用法，妥善配伍而成。方剂一般由君药、臣药、佐药、使药四部分组成。君药是方剂中针对主症治疗的药物，是必不可少的，其药味较少，药量根据药力相对较其他药大。臣药协助君药，以增强治疗作用。佐药是协助君药治疗兼症或次要症状，或抑制君、臣药的毒性和剧烈性，或为其反佐。使药引方中诸药直达病症所在，或调和方中诸药作用。

太极图

太极图被称为“中华第一图”，图案是黑白交互、中间以 S 曲线分割，两侧宛如两条颠倒的小鱼。太极是中国古代的哲学术语，意为派生万物的本源。太极图是古代哲学家、道家、丹家等为解说阴阳理论的模式图，形象化地表达了它阴阳轮转、相反相成这一万物生成变化根源的哲理。中医药学以阴阳五行学说为理论基础，自然也就用了太极图为志徽，但在医药行业中多称之为阴阳鱼。在医药书籍上常印有太极图，而在中药铺门两侧的招幌上，则是在一串膏药、丸药下面挂条鱼，即以鱼谐音愈（治愈），又左右两鱼合而为一太极。但鱼是不闭眼睛的，这又寓意医生和药商，要像鱼一样，昼夜不闭眼睛，随时行医投药以服务于病人。把阴阳鱼和医德观念联系起来作为医药的志徽，就更富有象征性了。

十大名医

扁鹊：战国时医学家，真名为秦越人，善用“针石”、“服汤”、“熨”等治病，所著《扁鹊内经》、《外经》早佚。

华佗：东汉末医学家，精内、妇、儿、针灸各科，外科尤为擅长，华佗使用的“麻沸散”为世界医学史上最早之全身麻醉药，他还发明了“五禽戏”。

张仲景：东汉医学家，辞官业医，博采众方，著有《伤寒杂病论》。

皇甫谧：魏晋医学家，著有《针灸甲乙经》，总结了晋以前的针灸学成就，另著有《帝王世纪》等。

葛洪：西晋思想家、医药学家，著有《抱朴子内篇》和《抱朴子外篇》，内篇论丹方药术。

孙思邈：唐初医学家，一生致力于医药研究工作，著有《千金方》，创立脏病、腑病分类系统，在医学上有较大贡献。

钱乙：北宋医学家，始以儿科著名，后擢升为太医丞，为公卿宗戚看病，名声大震，著有《伤寒指征》、《婴孩论》等书。

朱震亨：元朝医学家，主张“因病以制方”，著有《格致余论》、《伤寒辨疑》等书。

李时珍：明朝医学家，穷搜博采。历三十年，三次易稿而成《本草纲目》，该书为我国医学史上一大巨著。

叶天士：清医学家。著有《温热沦》，对治奇经、脾胃、儿科等病尤为擅长，尚有《叶案存真》、《末刻本医案》等书。

十

国学大师简介

俞　樾

俞樾（1821—1907），字荫甫，号曲园，浙江湖州府德清县城关乡南埭村人，晚清著名文学家、教育家、书法家。他是清道光进士，官至河南学政，被罢官后侨居苏州，主讲紫阳书院，晚年又主讲杭州诂经精舍。他是晚清有影响的学者，长于经学和诗词、小说、戏曲的研究，所作笔记搜罗甚广，包含有中国学术史和文学史的珍贵资料。俞樾一生著述不倦，主要著述有《春在堂全书》、《小浮梅闲话》、《右台仙馆笔记》、《茶香室杂钞》等。在俗小说方面的重要贡献是修改《三侠五义》，使这部小说得以广泛流传。

孙诒让

孙诒让（1848—1908），又名德涵，字仲容（一作仲颂），晚号籀顷，浙江瑞安人。他是我国近代著名的一代经师，由于他的学术研究极为朴实，故又称朴学家，并誉为“有清三百年朴学之殿”，他十三岁就著成《广韵姓氏刊误》，十八岁写成《白虎通校补》，一生著作达三十五种，对经学、史学、诸子学、文字学、考据学、校勘学等方面都有卓越的成就。主要著作《周礼正义》是解释周礼最精审详备之作；《墨子闲诂》为训诂名著，被誉为“现代墨子复活”；《契文举例》是考释殷墟文字最早著作。

孙诒让苦心经营，筹建资金在温州先后成立学堂三百余所，为浙南近代教育奠定了良好的基础，并为地方启蒙运动和刷新乡土社会风气起着巨大作用。近代学术界俞樾、章太炎、张謇、梁启超、鲁迅、郭沫若、胡适等对他都有中肯的高度评价。《清史稿》为他列传，温州和瑞安各地还修建了“籀园”等建筑物，纪念这位大学问家和大教育家。

刘师培

刘师培（1884—1919），江苏仪征人。1904年在上海与章炳麟交游，倾向革命，著有《中国民约精义》，抵制专制。后来与章炳麟发生龃龉，他由革命派走向对立面，参加筹安会，为袁世凯阴谋称帝效力。1917年，蔡元培聘他为北京大学教授。1919年1月，与黄侃、朱希祖、马叙伦、梁漱溟等成立“国故月刊社”，成为国粹派。该年因肺结核病逝于北京，年仅三十六岁。其主要著作由南桂馨、钱玄同等搜集整理，计七十四种，称《刘申叔先生遗书》。

刘师培作为经学大师，在继承《左氏》家学的同时，善于把近代西方社会科学研究方法和成果，吸收到中国传统文化研究中来，开拓了传统文化研究的新境界，成果很多。他运用进化论思想研究古代社会生活的《论小学与社会学之关系》、《读书随笔》、《国学发微》、《小学发微补》等，具有开创意义；关于《左传》的研究成果，有《春秋左氏传古例诠征》、《春秋左氏传例略》、《春秋左氏传答问》、《春秋左氏传时月日古例考》、《读左札记》等。他研究《周礼》所著的《周礼古注集疏》、《礼经旧说考略》、《逸礼考》以及《古书疑义举例补》、《论文札记》等，都有较高的学术地位。

严　复

严复（1853—1921），原名宗光，字又陵，后改名复，字几道，福建侯官人。少年时期，严复考入了家乡的船政学堂，接受了广泛的自然科学的教育。1877年到1879年，严复等被公派到英国留学，先入普茨茅斯大学，后转到格林威治海军学院。留学期间，严复对英国的社会政治发生兴趣，涉猎了大量资产阶级政治学术理论，并且尤为赞赏达尔文的进化论观点。回国后，严复从海军界转入思想界，积极倡导西学的启蒙教育，完成了著名的《天演论》的翻译工作。他的译著既区别与赫胥黎的原著，又不同于斯宾塞的普遍进化观。

在《天演论》中，严复以“物竞天择”、“适者生存”的生物进化理论阐发其救亡图存的观点，提倡鼓民力、开民智、新民德、自强自立、号召救亡图存。译文简练，首倡“信、达、雅”的译文标准。

他的著名译著还有亚当·斯密的《原富》、斯宾塞的《群学肄》、孟德斯鸠的《法意》等，他第一次把西方的古典经济学、政治学理论以及自然科学和哲学理论较为系统地引入中国，启蒙与教育了一代国人。

严复像

严复《天演论》手稿

辛亥革命后，京师大学堂改名为北京大学。1912 年严复受袁世凯命担任北大校长之职，这也说明严复在思想界和学术界的令人信服的显赫地位。此时严复的中西文化比较观走向成熟，开始进入自身反省阶段，趋向对传统文化的复归。他担忧中国丧失本民族的“国种特性”会“如鱼之离水而处空，如蹩跛者之挟拐以行，如短于精神者之恃鸦片为发越，此谓之失其本性”，而“失其本性未能有久存者也”。出于这样一种对中华民族前途与命运的更深一层的忧虑，严复曾经试图将北京大学的文科与经学合而为一，完全用来治旧学，“用以保持吾国四五千载圣圣相传之纲纪彝伦道德文章于不坠”。

沈曾植

沈曾植（1850—1922），字子培，号乙庵，晚号寐叟，浙江嘉兴人。他博古通今，学贯中西，被誉为“中国大儒”。光绪六年（1880）进士，历官总理衙门章京等职。1901 年任上海南洋公学（上海交通大学前身）监督（校长），改革旧貌，成绩卓著。他也是书法大家，早精帖学，得笔于包世臣，壮年嗜张裕利；其后由帖入碑，融南北书流于一炉。他写字强调变化，抒发胸中之奇，几忘纸笔，心行而已，受到当时书法界的推崇，海内外求其字者颇多。

沈曾植以草书著称，取法广泛，熔汉隶、北碑、章草为一炉。碑、帖并治，尤得力于“二墨”，体势飞动朴茂、纯以神行、个性强烈，为书法艺术开出一个新的境界。

寐叟在临终前数小时仍握笔挥书，写成三联。甲联书于五尺西冷金笺上：

“石室竹卷长三尺，山阴草迹编千文。”有陈散原、冯梦华、吴昌硕等三十九人题跋。乙联写在五尺宣纸上：“岑碣熊铭入甄选，金沙锈断肋薪纰。”题跋者有马一浮等十六人。

沈曾植的书法艺术影响和培育了一代书法家，为书法艺术的复兴和发展作出了重要贡献。于右任、马一浮、谢无量、吕凤子等一代大师皆受沈书的影响。

辜鸿铭

辜鸿铭是一位“狂儒”。二十世纪初，西方人曾流传一句话：到中国可以不看三大殿，不可不看辜鸿铭。

辜鸿铭（1857—1928），生在南洋，学在西洋，婚在东洋，仕在北洋。他精通英、法、德、拉丁、希腊、马来亚等九种语言，获十三个博士学位，倒读英文报纸嘲笑英国人，说美国人没有文化，第一个将中国的《论语》、《中庸》、《大学》用英文和德文翻译到西方。辜鸿铭凭三寸不烂之舌，向日本首相伊藤博文大讲孔学；与文学大师列夫·托尔斯泰书信来往，讨论世界文化和政坛局势；被印度圣雄甘地称为“最尊贵的中国人”。

从1901至1905年，辜鸿铭发表了一百七十二则《中国札记》，反复强调东方文明的价值。1909年，英文著本《中国的牛津运动》（德文译本名《为中国反对欧洲观念而辩护：批判论文》）出版，在欧洲尤其是德国产生巨大的影响，一些大学哲学系将其列为必读参考书。1915年《春秋大义》（即有名的《中国人的精神》）出版。他以理想主义的热情向世界展示中国文化才是拯救世界的灵丹，同时，他对西方文明的批判也是尖锐的深刻的。很快《春秋大义》德文版出版了，在正进行“一战”的德国引起巨大轰动。

辜鸿铭狂放的姿态，是他带泪的表演，是以狂放来保护强烈的自尊。当时西方人见到中国街市当中，遍挂“童叟无欺”四字，常对辜说：于此四字，可见中国人心欺诈之一斑。辜顿时语塞，无以自辩。实际上，因为眼界比同时代的人要开阔许多，那种不幸辜鸿铭比任何人都体会得更清楚、更深刻。由此，他不惜用偏执的态度来表达自己对中华文化的热爱。例如，他用偏激的行为方式——留辫子、穿旧服，为纳妾和缠足进行头头是道的辩解，来对抗整个社会弃绝中华传统的畸形走向。

辜鸿铭在北京大学任教，梳着小辫走进课堂，学生们一片哄堂大笑，辜平静地说：“我头上的辫子是有形的，你们心中的辫子却是无形的。”闻听此言，北大学生一片静默。

罗振玉

罗振玉（1866—1940），字叔蕴，一字叔言，号雪堂，又号贞松老人，语言文字学家。祖籍浙江上虞，客籍江苏淮安。他在语言文字方面的贡献主要体现在甲骨文的收集研究、铜器铭文的编纂印行、简牍碑刻等古文字资料的搜罗与刊布等方面。在甲骨文研究者中，罗振玉占有重要地位，为“甲骨四堂”之一，是甲骨学的奠基者。

他对甲骨学的贡献主要体现在：

一、他搜集、保存、印行了大批原始资料。著有《五十日梦痕录》、《殷虚书契菁华》、《铁云藏龟之余》等书，同时编有《殷虚古器物图录》及《附说》各一卷。

二、他率先正确地判定了甲骨刻辞的性质及出土处之地望。指出卜辞属于殷商时代，是王室遗物；断定它作为文字学资料能代表中国文字的来源，作为史料，它比正史更可靠。同时他还指出甲骨出土地小屯即殷虚遗址，也就是殷朝国都。这对后来的甲骨学研究具有重大的意义。

三、他考释出大量的单字。他以甲骨文字本身的特点为主要依据，参照《说文解字》，并将甲骨文与金文、古文、籀文、篆文做比较，以阐释文字的渊源与流变情况。他还利用字形或后世文献资料推求字的本义及其通假关系。

四、他首创了对卜辞进行分类研究的方法，为后世的甲骨分类研究开创了先例。

五、与王国维一起，确证了甲骨文中的合书的现象。他的工作内容丰富、甄别谨严、成绩浩瀚、方法崭新，郭沫若评价他“为我们提供出了无数的真实的史料”。

章太炎

章太炎（1869—1936），名炳麟，初名学乘，字枚叔，号太炎，浙江余杭人。清末民初民主革命家、思想家、著名学者，研究范围涉及小学、历史、哲学、政治等等，著述甚丰。

1897 年任《时务报》撰述，因参加维新运动被通缉，流亡日本。1900 年剪辫发，立志革命。1903 年因发表《驳康有为论革命书》，并为邹容《革命军》作序，触怒清廷，被捕入狱。1904 年与蔡元培等合作，发起光复会。1906 年出狱后，孙中山迎其至日本，参加同盟会，主编同盟会机关报《民报》，与改良派展开论战。1911 年上海光复后回国，主编《大共和日报》，并任孙中山总统府枢密顾问。曾参加张謇统一党，散布“革命军兴，革命党消”言论。1913 年宋教仁被刺后参加讨袁，为袁禁锢，袁死后被释放。1917 年脱离孙中山改组的国民党，在苏州设章氏国学讲习会，以讲学为业。1935 年在苏州主持章氏国学讲习会，主编《制言》杂志。晚年愤日本侵略中国，曾赞助抗日救亡运动。

早年接受西方近代机械唯物主义和生物进化论，在他的著作中阐述了西方哲学、社会学和自然科学等方面的新思想、新内容，主要表现在《訄书》中，认为“精气为物”，“其智虑非气”；宣称“若夫天与上帝，则未尝有矣”，否定天命论说教。其思想又受佛教唯识宗和西方近代主观唯心主义影响。随着旧民主主义革命失败，他思想上渐趋颓唐。

在文学、历史学、语言学等方面，均有成就。他宣扬革命的诗文，影响很大，但文字古奥难解。所著《新方言》、《文始》、《小学答问》，上探语源，下明流变，颇多创获。关于儒学的著作有《儒术新论》、《订孔》等。

一生著作约有四百余万字。著述除刊入《章氏丛书》、《续编》外，遗稿又刊入《章氏丛书三编》。

梁启超

梁启超（1873—1929）字卓如，一字任甫，号任公，别署饮冰子、饮冰室主人、哀时客、中国之新民等。广东新会人，著名政治家、学者。十二岁中秀才，十七岁中举，次年访康有为，被这位文经学大师所折服，于是依毅然退出学海堂，从康学三年，自称“生平知有学自兹始”。戊戌政变后，出亡日本，广读西书。1912 年回国，1918—1920 年旅欧，回国后不遗余力地从事讲学和著述，研究重点为先秦诸子、清代学术、史学和佛学。1922 年起在清华学校兼课，1925 年应聘任清华国学研究院导师。

梁启超的研究范围十分广泛。他对史学研究领域的贡献也是非常巨大的，影响深远。在他生活的时代，达尔文进化论的影响非常之大，自立自强成了每一个爱国知识分子的强烈愿望。梁启超在呼唤社会的同时，深感到历史的重要。他认为，要探讨一个民族、一个国家盛衰的根本原因，仅仅旧的历史是不够的。他说，历史是国民的明镜，是爱国心的源泉，要想救国，必须进行史学的革命。他的史学革命，不仅要求扩大史学研究的范围，更要求阐明社会进化的原理。在当时的国情下，他的史学革命表达了他强烈的爱国激情。

他不仅说，而且以身作则地去实践。他写了许多历史著作，其中不少是各门类的开山之作，《清代学术概论》、《中国近三百年学术史》等更是其中的经典之作。

在历史教学中，为了指导学生对中国史的研究，他还写了一部《中国历史研究法》。在书中他不但讲述史料种类，采集整理的方法，做史的目的、任务等等，还提出史家应有“四长”，即史德、史学、史识、史才。史学、史识、史才是唐代史学家刘知几提出来的史学家应具备的品质，称为“三长”。梁启超不仅对三长进行了阐明和补充，还增加史德一长，要求做史的人，心术应该端正。他以为，史家第一件道德，莫过于忠实，“对于所叙述的史迹纯采客观的态度，不丝毫参以自己的意见”。《中国历史研究法》是中国第一部系统阐述资产阶级史学理论及其方法的专著，在史学界具有重大影响，在中国近代史学史上也是一座里程碑。

王国维

王国维（1877—1927），字伯隅、静安，号观堂、永观，浙江海宁人。近代中国著名学者，杰出的古文字、古器物、古史地学家，诗人、文艺理论学、哲学家。

王国维家境清寒，早年屡应乡试不中，后结识“东方学社”主持人罗振玉，并在罗的资助下于1901年赴日本留学。

1902年王国维因病从日本归国，后又在罗振玉推荐下执教于南通、江苏师范学校，讲授哲学、心理学、伦理学等，重新埋头文学研究，开始其“独学”阶段。1906年随罗振玉入京，任清政府学部总务司行走、图书馆编译、名词馆协韵等。其间，著《人间词话》、《宋元戏曲史》等名著。

1911年辛亥革命后，王国维随儿女亲家罗振玉逃居日本京都，从此以前清遗民处世。其时，在学术上穷究于甲骨文、金文、汉简等研究。1922年受聘北京大学国学门通讯导师。翌年，与罗振玉、杨宗羲等人应召任清逊帝溥仪“南书房行走”，食五品禄。1924，冯玉祥发动“北京政变”，驱逐溥仪出宫。王国维引为奇耻大辱，愤而与罗振玉等前清遗老相约投金水河殉清，因阻于家人而未果。

1925年，王国维受聘任清华研究院导师，教授古史新证、尚书、说文等，与梁启超、陈寅恪、赵元任、李济被称为“五星聚奎”的清华五大导师，桃李门生、私淑弟子遍充几代中国史学界。

1927年6月，国民革命军北上时，王国维留下“经此世变，义无再辱”的遗书，投颐和园昆明湖自尽。在其五十岁人生学术鼎盛之际，为国学史留下了最具悲剧色彩的“谜案”。

作为中国近代著名学者，王国维从事文史哲学数十载，是近代中国最早运用西方哲学、美学、文学观点和方法剖析评论中国古典文学的开风气者，又是中国史学史上将历史学与考古学相结合的开创者，确立了较系统的近代标准和方法。这位集史学家、文学家、美学家、考古学家、词学家、金石学家和翻译理论家于一身的学者，生平著述六十二种，批校的古籍逾二百种。

王国维被誉为“中国近三百年来学术的结束人，最近八十年来学术的开创者”。梁启超赞其“不独为中国所有而为全世界之所有之学人”，而郭沫若先生则评价他“留给我们的是他知识的产物，那好像一座崔嵬的楼阁，在几千年的旧学城垒上，灿然放出了一段异样的光辉”。

郭沫若

郭沫若（1892—1978），原名郭开贞，又名郭鼎堂，四川乐山人，著名诗人、学者、社会活动家。他在史学方面也造诣颇深，对我国古代社会的研究产生重大影响。

他根据对甲骨文的研究写出的《中国古代社会研究》，是第一部以马克思辩证唯物主义的观点和方法研究中国古代社会的社会形态的著作，1930 年由上海联合书店出版。它对中国古代的社会分期及社会形态的研究产生了巨大的影响。

1928 年 2 月，由于遭到国民党政府的通缉，郭沫若逃往日本。在十年流亡期间，写下了《甲骨文字研究)、《殷周青铜器铭文研究》、《金文丛考》等极有学术价值的作品。

他在甲骨文的研究方面取得了重要的成就，与罗振玉、王国维、董作宾齐名，被钱玄同推誉为“甲骨四堂”：罗振玉号“雪堂”，王国维号“观堂”，董作宾号“雁堂”，郭沫若号“鼎堂”。

其实，郭沫若在研究甲骨文方面采用马克思辩证唯物主义的观点和方法，利用甲骨文这一新材料，对中国古代社会的社会形态进行研究，写下了《中国古代社会研究》。

在《中国古代社会研究》的序言中，他指出：对于未来的期望使得我们不能不清算过去的社会，要清算中国的古代社会，就必须跳出国学的圈子。他认为世界上的人，无论人种肤色，其所组成的社会是一样的，其社会的发展也应有相同的规律。他明确地说，他用以研究中国古代社会的方法，就是恩格斯《家庭、私有制和国家的起源》的方法。

《中国古代社会研究》得出的“商代和商代以前的社会都是原始公社社会的结论”，是在对甲骨文研究尚不够充分的情况下得出的。随着殷墟考古的不断发现，甲骨文的不断破译，郭沫若对这一结论又做过修改，将商代的社会形态定为奴隶制社会。但他所采用的方法是正确的。它是第一部以马克思辩证唯物主义的观点和方法研究中国古代社会的社会形态的著作。

郭沫若多才多艺，是近代以来所罕见的。他文思泉涌，充满激情，学识渊博，著作等身，在学界被视为泰山北斗。

胡　适

胡适（1891—1962），字适之，祖籍安徽绩溪。幼年在绩溪老家私塾受过九年旧式教育，打下一定的旧学基础。1904 年到上海进新式学校，接受《天演论》等新思潮，并开始在《竞业旬报》上发表白话文章。1910 年夏赴美留学，在哥伦比亚大学追随实用主义哲学家杜威学习哲学。1917 年完成博士学位论文《古代中国逻辑方法之进化》。在此期间，胡适热心探讨文学改良方案，并试作白话诗。而与《新青年》主编陈独秀的通信，以及《文学改良刍议》一文的发表，更引发了一场声势浩大影响深远的文学革命。同年胡适学成归国，被聘为北京大学教授，并参与《新青年》杂志的编辑，至此一发而不可收，成为新文化运动的主将之一。

在新文化运动中，胡适另一主要贡献是输入新思想。其《易卜生主义》、《贞操问题》，当年都是振聋发聩之作。而从问题与主义之争，到《人权论集》，再到主办《独立评论》，胡适始终坚持独立姿态和批判精神。抗战军兴，胡适出任驻美大使；胜利后又先后担任北京大学校长和中央研究院院长。但其始终保持书生本色，不曾背叛五四主义知识分子。

胡适称新文化运动为“中国的文艺复兴”，并断言其有四重目的：研究问题；输入学理；整理国故；再造文明。照他的理解，所谓整理国故，就是用科学方法对三千年来破碎的古学进行一番有系统的研究。故胡适治学特重方法，屡次撰文介绍清儒与西哲的“科学方法”，以至于再三声称他的学术研究都是为了证明并推广其“科学方法”。

胡适治学有两个主要领域，一是中国哲学史，一是中国文学史。尽管《中国哲学史大纲》只出版了上卷，《白话文学史》也没有下编，可这两部书都是建立规范并奠定学科基础的经典性著作。后人可以赞赏，也可以批评，却无法漠视其存在。前者的平视诸子以及历史的眼光，后者的双线文学观念，都是对本世纪学术发展影响甚深的“大胆假设”。另外，他首创新红学，重修禅宗史，以及用历史演进法来研究中国章回小说，都是开一代新风，功不可没。

抗战以后，因奔走国事，再加上自身学术路数的内在限制，胡适学术上未能更上一层楼；晚年沉醉于《水经注》疑案，下力甚大，可惜成果不尽如人意。

黄侃

黄侃（1886—1935），字季刚，号量守居士，湖北蕲春人。黄侃治学勤奋，以愚自处，主张“为学务精”、“宏通严谨”。他重视师承，但不墨守师说，常以“刻苦为人，殷勤传学”以自警。虽是名声赫赫之学者，且身体虚弱，但仍致力学术而不倦，“惟以观天下书未遍，不得妄下雌黄”，发愿五十岁后才著书。所治文字、声韵、训诂之学，远绍汉唐，近承乾嘉，多有创见，自成一家；在音韵学方面对古音作出了切合当时言语实际的分类。晚年主要从事训诂学之研究。

黄侃著作甚丰，其重要著述有《音略》、《说文略说》、《尔雅略说》、《集韵声类表》、《文心雕龙札记》、《日知录校记》、《黄侃论学杂著》等数十种。

钱玄同

钱玄同（1887—1939），著名文学理论家、思想家，中国五四新文化运动的倡导者之一。原名钱夏，字中季，号德潜，又号疑古。浙江吴兴人，1906年赴日本留学，1907年加入同盟会。曾从章太炎习国学，开始致力于文字学、音韵学、训诂及《说文解字》研究。

1910年回国后，钱玄同在浙江、北京等地中学任教。1916年任北京高等师范学校教授兼北京大学教授。1917年后，曾任《新青年》编辑。1920年曾化名王敬轩发表《致新青年诸君子》一文，与刘半农演双簧信，鼓吹文学革命。1928年后，任北京大学国文系主任，参与编纂中国大辞典，筹备国语统一工作。

1918年至1919年的《新青年》杂志，钱玄同是轮流编辑之一。在这期间，他曾动员鲁迅给《新青年》写文章。鲁迅的小说《狂人日记》就是钱玄同催促他写出的头一篇作品。

钱玄同在教学和学术研究方面的贡献也是很显著的。他所著的《文字学音篇》是我国高等学校最早的音韵学教科书，数十年来影响颇大，迄今仍为音韵学家所称引。当代许多音韵学家如罗常培、魏建功、白涤洲、赵荫棠、王静如、丁声树等或是他的学生，或受过他的教益。

他早年积极宣传汉语改用拼音文字，曾采用国际音标制定汉语拼音字母。后来他和赵元任、黎锦熙等数人共同制定“国语罗马字拼音法式”。1935 年他抱病坚持起草了《第一批简字表》。可以说，建国以后文字改革的三大任务——简化汉字、推广普通话、制定和推行《汉语拼音方案》，钱玄同早在半个世纪以前就做过很多坚实的奠基工作，他称得起是文字改革工作的前驱。

张君劢

张君劢（1887—1969），名嘉森，字君劢，一字士森，号立斋。出生于江苏嘉定县一个儒医兼经商的家庭。十六岁应宝山县乡试，中秀才。1906 年，东渡扶桑，考入日本早稻田大学修习法律与政治学。留学期间，结识了具有师友关系的梁启超，并参与发起梁启超主持的“政闻社”。

1910 年，张君劢于早稻田大学毕业，回国应试于学部，取得殿试资格，次年经殿试被授予翰林院庶吉士。为逃避袁世凯迫害，1913 年他取道俄国赴德入柏林大学攻读政治学博士学位。1918 年，他曾随梁启超去欧洲考察。

张君劢创办过政治大学、学海书院和民族文化书院，当过北京大学和燕京大学教授，是 1923 年“人生观论战”的挑起者和后来《文化宣言》的发起人，与丁文江、陈独秀和胡适打过笔墨官司，并先后有《人生观》、《民族复兴之学术基础》、《中华民国民主宪法十讲》、《社会主义思想运动概论》、《中国专制君主制之评议》、《主国之道》、《明日之中国文化》、《新儒家思想史》等论著发表和出版，被公认是现代新儒家的重镇。

他早年追随梁启超从事立宪活动，是政闻社的骨干人物；自三十年代起，又先后组建过或参与组建过中国国家社会党、中国民主政团同盟和中国民主社会党；参加过两次民主宪政运动，是国防参议会参议员、国民参政会参政员；1946 年为政治协商会议代表，并起草过《中华民国宪法》。

赵元任

赵元任（1892—1982），字宣仲，江苏武进人，生于天津。1910 年为游美学务处第二批留学生，入美国康奈尔大学，主修数学，1914 年获理学士学位。1918 年获哈佛大学哲学博士学位。1920 年回国任清华学校心理学及物理教授。

1921年再入哈佛大学研习语音学，继而任哈佛大学哲学系讲师、中文系教授。1925年应聘到清华国学院任导师，指导范围为“现代方言学”、“中国音韵学”、“普通语言学”等。1929年6月底国学研究院结束后，被中央研究院聘为历史语言研究所研究员兼语言组主任，同时兼任清华中国文学系讲师，授“音韵学”等课程。1938年起在美国任教。

赵元任精通多门外语，擅长各地方言。他一生中最大的快乐，是到了世界任何地方，当地人都认他做“老乡”。二战后，他到法国参加会议。在巴黎车站，他对行李员讲巴黎土语，对方听了，以为他是土生土长的巴黎人，于是感叹：“你回来了啊，现在可不如从前了，巴黎穷了。”

后来，他到德国柏林，用带柏林口音的德语和当地人聊天。邻居一位老人对他说：“上帝保佑，你躲过了这场灾难，平平安安地回来了。”

1920年，英国哲学家罗素来华巡回讲演，赵元任当翻译。每到一个地方，他都用当地的方言来翻译。他在途中向湖南人学长沙话，等到了长沙，已经能用当地话翻译了。讲演结束后，竟有人跑来和他攀老乡。

赵元任曾表演过口技“全国旅行”：从北京沿京汉路南下，经河北到山西、陕西，出潼关，由河南入两湖、四川、云贵，再从两广绕江西、福建到江苏、浙江、安徽，由山东过渤海湾入东三省，最后入山海关返京。这趟“旅行”，他一口气说了近一个小时，“走”遍大半个中国，每“到”一地，便用当地方言土话，介绍名胜古迹和土货特产。

这位被称为“中国语言学之父”的奇才，会说三十三种汉语方言，并精通多国语言。研究者称，赵先生掌握语言的能力非常惊人，因为他能迅速地穿透一种语言的声韵调系统，总结出一种方言乃至一种外语的规律。

他还被称为罕见的通才、一个“文艺复兴式的智者”。作为与梁启超、王国维、陈寅恪并称于世的清华国学研究院“四大导师”，语言学是他着力最深的领域，然而他同时还兼授物理、逻辑等课程。

他雅好音乐，曾专攻和声学与作曲法，会摆弄多种乐器，毕生都与钢琴为伴。他一生创作过一百多件音乐作品，包括声乐和器乐。

顾颉刚

顾颉刚（1893—1980），江苏苏州人，是现代古史辨学派的创始人，也是中国历史地理学和民俗学的开创者，还是中国近代学术发展史上有着重要影响的一位学者。

顾颉刚于1913年考入北京大学预科，1920年北京大学本科哲学门毕业后留校，开始古书辨伪，发起编辑《辨伪丛刊》。

北京大学哲学门的前身是京师大学堂的经学门，顾颉刚对经学颇有兴趣，于是进了哲学门。在北京大学，他听了五四运动的主将之一胡适讲授的《中国哲学史大纲》。胡适提出：史料的真伪须要有证据方能使人心服，都须经过校勘、训诂、贯通的整理。胡适还提出“大胆假设，小心求证”，并以身作则，写了《水浒传考证》。所有这些使顾颉刚大受启发。

1923年，顾颉刚在《读书杂志》上提出“层累地造成的中国古史”说，认为中国的上古史是后人一步一步不断积累造成的。他说，在西周时，周人心中最古不过的人物是禹，但是到孔子的时候增加了尧舜，到战国时增加了黄帝和神农，到秦时增加了三皇，到汉代则又增加了盘古。他指出“时代愈后，传说的古史期愈长”；他说周人心中最古的人物是禹，但禹原来并不是人，而是上帝派下来的神，逐渐被变成了人。他把儒家津津乐道的上古三皇五帝的辉煌彻底推翻。

1930年，顾颉刚写了《五德终始说下的政治和历史》，揭露西汉末年按“五德终始说”编造的从“太昊伏羲氏”到王莽的古代帝王体系，并弄清每一帝王被编入这一体系的来龙去脉，对中国封建古史体系以致命的一击。

顾颉刚大胆疑古，惊世骇俗，虽得到许多人称赞，也曾受到不少批评。他的《古史辨》的出版，在史学界掀起了强大的疑古之风，形成了史学界中的疑古派，或称“古史辨派”，对我国的古史研究产生了重大影响。顾颉刚原打算对旧的古代史进行一次彻底的清算，他对大量典籍进行了深入的研究，特别是对《尚书》多有发明。他曾任教于多所大学。解放后，任中国科学院历史所研究员，担任《资治通鉴》的总校，并为中华书局标点《二十四史》工作的完成做出了重要贡献。

顾颉刚一生著述颇丰，除所编《古史辨》之外，重要的尚有《汉代学术史略》、《秦汉的方士与儒生》、《尚书通检》、《中国疆域沿革史》、《史林杂识》等等。

吕思勉

吕思勉（1884—1957），字诚之，江苏常州人，幼年因家贫无力延师，由其父母授以史部著作。十五岁，考入阳湖县学。十六岁，自学古史典籍，以求系统了解古代政治历史和政治制度。1905 年起，先后在苏州东吴大学、常州府中学堂、南通国文专科学校、上海私立甲种商业学校、沈阳高等师范学校（后改为东北大学）、江苏省立第一师范专修科任教，并任中华书局、商务印书馆编辑。1926 年起，任上海光华大学国文系教授，后任历史系教授兼系主任。1941 年，上海租界沦陷，光华大学迁川，乃携眷归乡，闭户著书。抗战胜利后，重返光华大学。1949 年后，任华东师范大学历史系一级教授、上海历史学会理事、江苏省政协委员。

吕思勉注重排比史料，分类札记，长于综合研究和融会贯通，坚持不懈地涉猎古文献，又广泛阅读新出报刊和从西方引进的新文化、新思想和研究方法。他著述宏富，主要有：《白话本国史》、《吕著中国通史》、《中国民族史》、《理学纲要》、《中国制度史》、《吕思勉读史札记》等。其中《白话本国史》强调中国是多民族国家，按照历史顺序，分别叙述每个王朝与周围少数民族的关系，为通史写作开辟了新路。《吕著中国通史》上册分门别类，系统论述社会经济、政治制度和文化学术的发展情况；下册分章按历史顺序叙述政治历史变革，其中婚姻、族制、阶级、财产、衣食住行等题，都是过去史书缺乏系统记载的。他所著先秦、秦汉、两晋南北朝、隋唐五代四部断代史，共三百余万字。每书分前后两部分，前半部是政治史，包括王朝兴亡盛衰、各种重大历史事件的前因后果、政治措施的成败得失，以及与少数民族的关系等，采用新的纪事本末体；后半部是社会经济、文化史，分社会经济、政治制度、民族疆域、文化学术等方面的发展情况，采用新的叙述典章制度的体例。这四部书对先秦到隋唐五代的历史研究有疏导开拓之功。其他涉及民族史、思想史、文化史、制度史，以及史学方法方面的著作，也各具有特色。

吕思勉对经学、文字学、文学亦有独到见解。他治学严肃，作风踏实，为人诚朴，谦虚谨慎。他晚年想通读《道藏》，研究道教思想，为后人开辟途径，惜未如愿，于 1957 年 10 月 9 日逝世于上海。

熊十力

熊十力（1885—1968），原名继智，号子真，晚年号漆园老人，湖北黄冈人，著名哲学家。幼时在家随兄读书，十四岁从军，1905 年考入湖北陆军特别小学堂，在校期间，加入武昌“科学补习所”、“日知会”等反清革命团体，武昌起义后参加光复黄州，后赴武昌，被任命为湖北军政府参谋。1917 年赴广州参加孙中山领导的“护法运动”。失败后，决意专心从事哲学研究。先后在武昌文华大学、天津南开中学、北京大学、浙江大学任教。全国解放后，以“特别邀请人士”身份参加首届全国政治协商会议，后被选为全国政协二、三、四届委员。1968 年因病在上海逝世。

熊十力著有《新唯识论》、《原儒》、《体用论》、《明心篇》、《佛家名相通释》、《乾坤衍》等书。其学说影响深远，在哲学界自成一体，“熊学”研究者也遍及全国和海外。《大英百科全书》称“熊十力与冯友兰为中国当代哲学之杰出人物”。

梁漱溟

梁漱溟（1893—1988），原名焕鼎，字寿铭、萧名、漱溟，后以其字行世，祖籍广西桂林，生于北京。著名的思想家、哲学家、教育家、社会活动家，主要研究人生问题和社会问题，现代新儒家的早期代表人物之一，有“中国最后一位儒家”之称。重要著作有《东西文化及其哲学》、《人心与人生》、《中国文化要义》、《印度哲学概论》等。

1917 至 1924 年任北京大学印度哲学讲师。1925 年任山东省立六中（今菏泽一中）高中部主任。1928 年至 1929 年，梁漱溟担任广东省立第一中学（今广雅中学）校长，他将广雅精神提炼为“务本求实”四个字，并成为延续至今的校训。1931 年在邹平创办山东乡村建设研究院。1939 年发起组织“统一建国同志会”；1941 年该会改组为“中国民主政团同盟”，任中央常务兼同盟刊物《光明报》社长。1950 年后任全国政协常委、中国孔子研究会顾问、中国文化书院院务委员会主席等职。

关于梁漱溟的学术思想，他自称：“中国儒家、西洋派哲学和医学三者，是我思想所从画之根柢。”把孔子、孟子、王阳明的儒家思想，佛教哲学和西方柏格森的生命哲学糅合在一起。他把整个宇宙看成是人的生活、意欲不断得到满足的过程，提出以“意欲”为根本，又赋予中国传统哲学中“生生”概念以本体论和近代生物进化论的意义，认为“宇宙实成于生活之上，托乎生活而存者也”，“生活就是没尽的意欲和那不断的满足与不满足罢了”（《东西文化及其哲学》）。在东西文化观上，他把人类文化划分为西洋、印度和中国三种类型，称“中国文化是以意欲自为调和、持中国其根本精神的”，与向前看和向后看的西方和印度文化有别。中国文化以孔子为代表，以儒家学说为根本，以伦理为本位，它是人类文化的理想归宿，比西洋文化要来得“高妙”，认定“世界未来的文化就是中国文化复兴”，认为只有以儒家思想为基本价值取向的生活，才能使人们尝到“人生的真味”。断定中国是一个“职业分途”、“伦理本位”的社会，缺乏“阶级的分野”（《中国文化要义》），因此反对阶级斗争的理论，以为应该通过恢复“法制礼俗”来巩固社会秩序，并“以农业引导工业的民族复兴”（《乡村建设理论》）。

陈寅恪

陈寅恪像

陈寅恪（1890—1969），江西义宁（今修水县）人，是我国著名历史学家。他学识渊博，精通我国历史学、古典文学和宗教学，通晓二十多种文字，著有《隋唐制度渊源略论稿》、《唐代政治史述论稿》、《元白诗笺证稿》、《寒柳堂集》、《柳如是别传》等。在国内外学术界享有崇高的声誉。

陈寅恪出身于书香门第，祖父陈宝箴做过湖南巡抚，父亲陈三立是清末民初著名诗人，长兄陈衡恪（字师曾）为民国初年的著名书画家。

陈寅恪几度出国留学，就读的几乎都是名牌大学。但是，他的目的只是为了求得真知，从不在意学历、文凭之类在现代人看来至关重要，甚至是惟一孜孜以求的东西。所以，他没有要一个文凭。但他的学识却是举世公认的。

1925 年，陈寅恪出任清华国学研究院导师，清华改制后，任中文、历史、哲学三系合聘教授。陈寅恪在清华大学任教二十余年，其授课以博大精深著称。他的一个学生后来回忆说：陈先生讲课时，学生总觉得学识不够。他会的文字非常之多，英、法、德、俄、日、希腊诸国文字自不必说，还精通满文、蒙文、藏文、拉丁文，甚至一些已死的古文字，如梵文、巴利文、突厥文、西夏文等等。授课时，学生常常听不懂，一写才知道这是德文，那是梵文。倒是一些著名教授经常去听陈先生的课，如吴宓、朱自清等。他的学生说：只要得到陈先生任何一个方面的真传，都可以成为名家。的确如此，他的许多学生后来都成为著名的学者。所以，时人称陈寅恪为“教授的教授”。

陈寅恪对佛经翻译、校勘、解释，以及对音韵学、蒙古源流、李唐氏族渊源、府兵制源流、中印文化交流等课题的研究，均有重要发现。他在《中央研究院历史研究所集刊》、《清华学报》等刊物上发表了四五十篇很有分量的论文，是国内外学术界公认的博学而有见识的史学家。1938 年日本史学权威白鸟库吉研究中亚史遇到疑难问题，向德、奥知名学者求助，未能解决，柏林大学乃推荐陈寅恪。他向陈寅恪请教后，才得到满意解答。前苏联考古学家发掘一突厥文碑石，无人能辨识，请教陈寅恪，终于得到准确破译。

新中国成立后，他先后被选为中国科学院社会科学部委员、中国文史馆副馆长、第三届全国政协常务委员等职，继续任中山大学教授。自 1956 年，陈毅、陶铸、周扬、胡乔木等中央领导人，都先后去看望过他。1962 年，胡乔木前往看望，关心他的文集出版。他说：“盖棺有期，出版无日。”胡乔木笑答：“出版有期，盖棺尚早。”

十年动乱期间，他最伤心的是，他珍藏多年的大量书籍、诗文稿，多被洗劫。陈寅恪于 1969 年 10 月 7 日在广州去世。

钱　穆

钱穆（1895—1990），中国现代历史学家，江苏省无锡人，字宾四，笔名公沙、梁隐、与忘、孤云。钱穆九岁入私塾，熟习中国的传统文献典籍。十三岁入常州府中学堂学习，1912 年因家贫辍学，后自学。1913—1919 年任小学教员。1923 年后，曾在厦门、无锡、苏州等地任中学教员。1930 年以后，历任燕京、北京、清华、四川、齐鲁、西南联大等大学教授，也曾任无锡江南大学文学院院长。1949 年迁居香港，创办了新亚书院，任院长。1966 年，钱穆移居台湾台北市，1990 年 8 月逝世。

钱穆像

钱穆是完全靠自修苦读而在学术界确立地

位的一个学者。其治学颇受清儒章学诚“六经皆史”思想的影响，对中国历史尤其是对中国历代思想家及其思想源流的研究和考辨，均自成一家之言。

在历史研究中，他重视中国历史发展的特殊性和悠久的传统，在通史、文化史、思想史、史学理论与方法等方面都有深入研究，闻名海内外。

钱穆重视探求中华民族文化的内在精华，并给予其高度评价，他认为“我民族国家之前途，仍将于我先民文化所贻自身内部获其生机”。晚年的钱穆比较偏重于文化哲学的研究，并就中西文化的问题作了很多深入的思考。

钱穆著述颇丰，专著多达八十种以上。其代表作有《先秦诸于系年》、《中国近三百年学术史》、《国史大纲》、《中国文化史导论》、《文化学大义》、《中国历代政治得失》、《中国历史精神》、《中国思想史》、《宋明理学概述》、《中国学术通义》等。

吴宓

吴宓（1894—1981），字雨僧、雨生，笔名余生，陕西省泾阳县人。早年赴美国留学，攻读新闻学，1918年改读西洋文学。留美十年间，吴宓对十九世纪英国文学尤其是浪漫诗人作品的研究下过相当的功夫，有过不少论著。

1926年吴宓回国，即受聘在国立东南大学文学院任教授，讲授世界文学史等课程，并且常以希腊罗马文化、基督教文化、印度佛学整理及中国儒家学说这四大传统作比较印证。吴宓在东南大学与梅光迪、柳诒徵一起主编于1922年创办之《学衡》杂志，十一年间共出版七十九期，于新旧文化取径独异，持论固有深获西欧北美之说，未尝尽去先儒旧义，故分庭抗议，别成一派。这一时期他撰写了“中国的新与旧”、“论新文化运动”等论文，采古典主义，抨击新体自由诗，主张维持中国文化遗产的应有价值，尝以中国的白璧德自任。他曾著有《吴宓诗文集》、《空轩诗话》等专著。

吴宓离开东大后到东北大学、清华大学外文系任教授，1929年9月钱钟书考入其父钱基博曾执教的清华大学外文系，成为吴宓的得意门生，师生间常有诗词赠答与唱和；然而1937年因钱钟书一篇书评，师生关系曾紧张了多年。

吴宓于1941年被教育部聘为首批部聘教授。1943—1944年吴宓代理西南联大外文系主任，1944年秋到成都燕京大学任教，1945年9月改任四川大学外文系教授，1946年2月吴宓推辞了浙江大学、河南大学要他出任文学院院长之聘约，到武昌武汉大学任外文系主任，1947年1月起主编《武汉日报·

文学副刊》一年，其间清华大学梅贻琦和陈福田一再要他回去。解放前夕，广州岭南大学校长陈序经以文学院院长之位邀他南下，且其好友陈寅恪亦在岭南；教育部长杭立武邀他去台湾大学任文学院长，女儿要他去清华大学。而他决定到重庆相辉学院任外语教授，兼任梁漱溟主持的北碚勉仁学院文学教授，入蜀定居了。1950 年 4 月两院相继撤销，吴宓到新成立的四川教育学院，9 月又随校并入西南师范学院历史系（后到中文系）任教。

1981 年 1 月 17 日病逝老家，终年八十七岁。

冯友兰

冯友兰（1895—1990），字芝生，河南唐河人。1912 年入上海中国公学大学预科班，1915 年入北京大学文科中国哲学门，1919 年赴美留学，1924 年获哥伦比亚大学博士学位。回国后历任中州大学、广东大学、燕京大学教授，清华大学文学院院长兼哲学系主任。抗战期间，任西南联大哲学系教授兼文学院院长。1946 年赴美任客座教授。1948 年末至 1949 年初，任清华大学校务会议主席。曾获美国普林斯顿大学、印度德里大学、美国哥伦比亚大学名誉文学博士。1952 年后一直为北京大学哲学系教授。

1923 年夏，冯友兰以《人生理想之比较研究》（又名《天人损益论》）顺利通过美国哥伦比亚大学博士毕业答辩，获哲学博士学位。1924 年写成《人生哲学》，作为高中教材之用，在这本书中，冯友兰确立了其新实在主义的哲学信仰，并开始把新实在主义同程朱理学的结合。在燕京大学任教期间，冯友兰讲授中国哲学史，分别于 1931 年、1934 年完成《中国哲学史》上、下册，后作为大学教材，为中国哲学史的学科建设做出了重大贡献。

从 1939 年到 1946 年，冯友兰连续出版了六本书，称为“贞元六书”：《新理学》、《新世训》、《新事论》、《新原人》、《新原道》、《新知言》。通过“贞元六书”，冯友兰创立了新理学思想体系，使他成为中国当时影响最大的哲学家。

新中国成立后，冯友兰放弃其新理学体系，接受马克思主义，开始以马克思主义为指导研究中国哲学史。著有《中国哲学史新编》等书。

徐复观

徐复观（1903—1982），原名秉常，字佛观，后由熊十力更名为复观。湖北浠水人。徐复观在抗战时期曾师事熊十力，接受熊十力“欲救中国，必须先救学术”的思想，从此下决心去政从学。其为学不喜形而上学的哲学，以为探讨中国文化不能离开具体平实的现实世界，着重于历史时空中展现的具体世界。徐复观在先秦两汉思想史研究方面颇有建树。主张要在中国文化中找出可以和民主衔接的内容，力图揭示历史上个人主义与专制政体、道德与政治的对立和冲突。强调对中国封建专制主义与传统思想文化应加以区分，认为儒家思想在长期专制压迫下必然会歪曲和变形，说明专制政体压歪和阻隔了儒家思想的正常发展，却不能说儒学就是专制的“护符”。认为中国传统思想始于殷周之际，以人性论为其主干，而孔、孟、老、庄及宋明理学家的人性论就是中国人性思想的主流。提出一种不同于宗教恐怖绝望意识的“忧患意识”概念，认为正是在这种忧患意识的激发下产生了中国的道德使命感和文化精神，它成为中国传统文化的主流。

徐复观对中国传统作了深入分析，他有一个基本认识，即中国历朝历代一直贯穿着体现人文精神的圣人之道，或曰理，与表现为无限制的君主专制的势的矛盾和冲突，这是“中国历史的死结”。虽然士大夫始终坚持道尊于势，但是中国数千年政治社会的严酷事实却是势远远强于道，知识分子在这种道与势的紧张冲突中，形成了精神上的重负和奴才性格，变成君主专制的工具。他的剖析的最终目的是要论证只有引进民主与科学，才能解开中国历史的死结。此外，他还特别重视从传统深处发掘其内在的精神生命力，把中国固有的人文精神转化为民主和科学。

主要著作有：《中国人性论史》、《两汉思想史》、《中国思想史论集》、《公孙龙子讲疏》、《儒家政治思想与民主自由人权》、《周官成立之时代及其思想性格》、《中国经学史基础》、《中国艺术精神》、《石涛研究》、《中国文学论集》等。

钱钟书

钱钟书（1910—1998），字默存。现代著名学者，文学家。曾先后获清华大学外国语文系学士学位，英国牛津大学英文系副博士学位。钱钟书博采众长，学贯中西，在小说、散文和文学评论等方面都取得突出成就。著有散文集《写在人生边上》，比较文学著作《十六、十七、十八世纪美国文学里的中国》，短篇小说集《人·兽·鬼》。诗文评论《谈艺录》、《宋诗选注》、《管锥编》等。1947年发表的《围城》是他惟一的一部长篇小说，也是中国现代文学中少数的可以传世的佳作，被推崇为“一部近代中国的经典著作”。

《管锥编》是研究中国古代文化的学术著作。作者考证了《周易正义》、《太平广记》等十部著名古典文学著作中的一些问题。以文艺为主，囊括了中外文、史、哲各方面的内容。作者旁征博引，共引用了中外著作近万种，以纵横对比的方法着重探讨了中西作者在艺术作品的构思和创作上的共同规律。《管锥编》作于文革期间，是钱钟书的一部“忧患”之作。在当时险恶的政治环境下，钱钟书将自己对国事的关心和忧虑融入了写作之中，字里行间都表现出了爱国忧世的思想内容。《管锥编》内容广博、材料丰富、分析精当、文采斐然，被誉为中外比较文学的高峰。

《谈艺录》出版于1948年，是钱钟书早年最有影响的文艺批评著作。后来，经过修订，共收论文二百多篇。采用传统诗话的札记形式，内容包括对历代文学及作家的评论，还有对文学原理的探讨。钱钟书成功地运用中外系统的理论分析方法，对中国古代文论进行了阐发和校验，克服传统诗话的弊病，构建了独特而完备的理论体系。该作品被夏志清评价为“中国诗话的里程碑”。他以渊博的才学和独到的眼光，提出了许多超出前人的创见，在对中外文学的比较研究方面，开一代风气之先。

《管锥编》和《谈艺录》两书，一前一后，对中国的传统文化进行了全面探讨，形成了完整的框架，充分体现了钱钟书渊博的学识和严谨的治学态度。这两部著作沟通古今中外，打破了陈旧的文学体裁的限制，几乎囊括了人文学科的所有门类，可谓百科全书式的巨著。